바른성경
바른복음 바른영성

부제(副題): 하나님의 탄식과 슬픔

著者: 玉 正 男 사역자(목사)

♡ 벧후 1:15~21 ♡
바른복음 성경연구원

The true Bible
The true Gospel, The true Spirituality

by
Ministers, Jeong-Nam Ok

PUBLISHED
by
THE TRUE GOSPEL BIBLE RESEARCH INSTIUTE
SEOUL, KOREA
2007

머 리 말

하나님께서 이사야 선지자로 말씀하시기를 "소경이 누구냐 내 종이 아니냐 누가 나의 보내는 사자 같이 귀머거리겠느냐, 누가 나와 친한 자같이 소경이겠느냐, 누가 여호와의 종 같이 소경이겠느냐, 네가 많은 것을 볼지라도 유의치 아니하며, 귀는 밝을지라도 듣지 <**주목, 순종, 분별, 지각**> 아니하는도다. 여호와께서 자기의 의로우심을 인하여 기쁨으로 그 교훈을 크게 하며, 존귀케 하려 하셨으나, 이 백성이 도적 맞으며, 탈취를 당하며, 다 굴속에 갇히며, 옥에 갇히도다. 노략을 당하되 구할 자가 없고, 탈취를 당하되 도로 주라 할 자가 없도다. 너희 중에 누가 이 일에 귀를 기울이겠느냐, 누가 장래사를 삼가 듣겠느냐" 고(사 42:19~23) 하셨다.

또한 예수님께서 "우리도 소경인가" 라고 반문하는 바리새인들에게 "너희가 소경되었더면 죄가 없으려니와, 본다고 하니 너희 죄가 그저 있느니라" 고(요 9:39) 하셨다.

이 말씀들이 오늘날 기독교에는 해당되지 않겠는가? 하나님(예수님)께서, 앞서 그 말씀하신 생각이 오늘날 기독교에 무엇을 의미하는지 구태여 설명을 붙이지 않아도 누구나 알만 할 것이다. 이 책의 부제(副題)를 『**하나님의 탄식과 슬픔**』이라 한 것은, 창조주 하나님께서 어떤 심정으로 탄식하시며 오래 참아 오시는가를 대변하는 말이 되기 때문이다. 이방 불신자들이 하나님을 탄식케 하고 슬프시게 하는 것보다, 하나님의 백성 이스라엘과 기독교인들이 훨씬 더 하나님을 탄식케 하고 슬프시게 한다.

이 책은 참으로 중대(重大)한 사실(事實), 특히 오늘날 기독교에 가장 심각한 문제인 바른성경, 바른복음, 바른영성에 대하여 서술(敍述)하면서, 전인치유(全人治癒) 곧 예수님께서 전하신 복음사역대로 영과 혼과 몸이 완전하고 확실하게 구원 <*σώζω* 소조 **구해냄, 고침, 완전하게 만듬**> 받아, 말할 수 없이 신비하고 놀라우며, 복되고 영광스러운 하나님의 은혜를 찬양하며, 참으로 바르고 확실한 구원의 복음을 증거하며, 주님께서 강림하심을 기다리는 자가 되게 하는데 목적을 두었다.

이 책은 건성으로 대충 대충 보아 넘겨서는 소화가 안되고, 도리어 체하기 쉽다. 식사할 때 매번 50번을 씹어 먹으라는 말이 있듯이, 성경구절 하나라도 아는 것이라 스쳐가지 말고, 천천히 조금씩, 조금씩, 영(靈)으로 묵상하며 읽음이 좋을 것이다. 자동차로 시속 50-100Km로 달리면서 길가의 고운 꽃들을 감상할 수 없고, 새들이 지저귀는 소리를 들을 수 없으며, 구름의 움직임을 관찰할 수가 없다. 스쳐갈 뿐이다. 진리는 가까이 있는 것이지만, 다만 주의하지 않아 발견치 못할 뿐이다. 하나님의 은총으로 저자는 본서에서, 말로 다 표현할 수 없는 놀라운 진리의 말씀을 설파하게 되었는데, 거기다가 모든 인류가 쉽게 사용할 수 있고 사용해야 하는, 만유인력 발견 같은 육신의 건강비법을 또한 발견케 하여 주신 것이다. 너무나 놀라운 일이다.

말씀의 진리는, 경건한 인내로 천천히 전진하는 심령에 발견되어지는 하나님의 보화이다. 음악에도 쉼표가 있다. 쉼표를 따라 반 박자나 한 박자 또는 세 박자를 쉬게 된다. 쉬지 않고 마냥 노래를 부르기만 한다고 잘하는 것이 아니다. 본서에서 사이사이에 '쉼터' 를 둔 것은 그와 같은 이치이다.

진리에 대한 갈망이, 여타 욕심보다 강해야 진리를 찾을 수 있다. 참된 행복은 진리의 보화를 찾음에 있다. 진리의 보화는 눈에 눈물이 쏟아지지 않고는 보이지 않는다. 먼저 마음의 눈에서 허위와 편견의 비늘이 벗겨져야 한다. 진리의 분별력이 약할 때는, 편견이 강력하게 힘을 발휘하여 진리를 보지 못하게 한다.

그리고 어떤 때, 신호등이 빨간 불인데도 사람들이 우루루 건널 때면, 자신도 모르게 따라 건너가다 잘못된 줄 알고, 멋쩍어 할 때가 있다. 한두 사람이 말하는 것보다 많은 사람이 가고 있고 말하고 있으면, 그것이 참된 진리인 것으로 착각한다. 원래 'Hebrew(히브리)' 라는 말은 '혼자서 다른 쪽에 선다' 라는 의미라 한다. 그만한 성령님으로 인한 확신과 용기가 있는 자라야 한다.

당장 내 생각에 반대되더라도, 곧바로 단정하지 말고, 깊이(오래) 묵상하고 기도하여야 한다. 실패하는 사람들은 대개 참을성이 부족한 사람들이다. 진리는 많은 인내와 시간이 필요하다.

하나님께서 에스겔 선지자에게 "인자야 이스라엘 족속에게로 가서, 내 말로 그들에게 고하라 … 그러나 이스라엘 족속은 이마가 굳고 마음이 강퍅하여 네 말을 듣고자 아니하리니, 이는 내 말을 듣고자 아니함이니라, … 내가 네게 이를 모든 말을 너는 마음으로 받으며, 귀로 듣고, 사로잡힌 네 민족에게로 가서, 그들이 듣든지 아니 듣든지, 그들에게 고하여 이르기를, 주 여호와의 말씀이 이러하시다. 하라" 하셨던 것처럼(겔 3:4~11) 이 책은 "**하나님(예수님)의 말씀이 이러하시다**" 함이다.

이 책을 읽는 독자 제위의 심령 위에 성 삼위일체 하나님의 특별하신 은총이 부어지시기를 간절히 축원하는 바이다. 아멘! 아멘!

“

평강＜평화＞의 하나님이 친히, 너희로 온(완)전히 거룩하게 하시고, 또 너희＜의 전체＞ 영과 혼과 몸이 우리 주 예수 그리스도 강림하실 때에, 흠 없게 보전되기를 원하노라. 너희를 부르시는 이는 미쁘시니, 그가 또한 이루시리라.

【데살로니가전서 5:23, 24】

”

차 례

제 I 부 바른성경

제Ⅱ부 바른 복음

예수님(사도들)께서 전하신 복음

제 2 장

제 III 부 바 른 영 성

제 3 장

제 I 부
바른성경

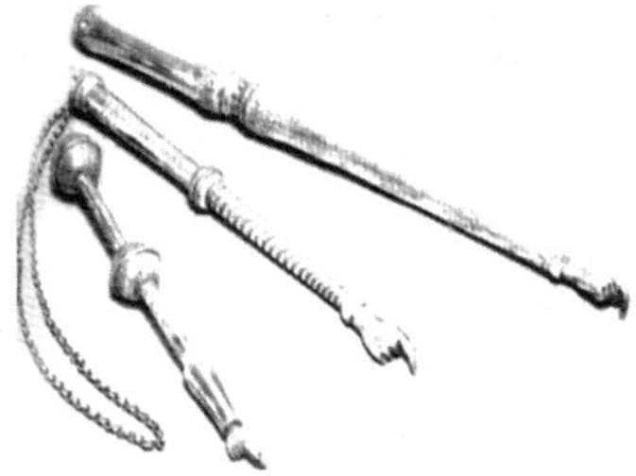

[파리. 유대미술관 소장]

금으로 만든 손으로 율법서를 읽는 랍비

1952년 여름에 발견된 동굴로 들어가는 입구

쿰란 동굴

1947년 봄 한 베두인 소년은 잃어버린 양를 찾아 나섰다가 사해의 서쪽 해안의 절벽 지대의 한 동굴 속의 항아리에 보관되어 있던 양피지에 기록된 구약성서의 두루마리사본들을 발견하게 되었다.
그때까지 서기 1008년에 기록된 레닌그라드 사본이 가장 오래된 구약성서의 사본이었는데 이 사해 사본은 그보다 무려 1100여년이나 앞선 서기 전 100년을 전후하여 기록된 것이어서 성서 학계의 비상한 관심을 끌게 되었다. 주전 150년 전-주후 68년 사이에 도시의 유혹을 떠나 기도와명상에 적합한 광야로 나온 엣세네 집단 공동체는 사해를 내려다보는 이 곳에서 나름대로의 성경 해석을 따라 여호와의 오심을 기다리고 있었다 (사40:3).
프랑스의 성서 고고학자 드보는 쿰란 언덕에

쿰란에서 발견된 사본과 로마 시대의 잉크병

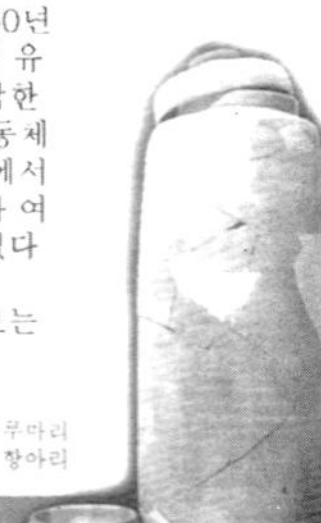

구약성서의 두루마리 사본들이 발견된 항아리

쿰란 동굴

서 언

※ 표시 범례 :
<히브리어, 헬라어 바른 뜻> ≮성경원어 삭제된 것≯
≲바뀐, 본래 성경원어≳

'바른성경' 이 무엇인가? 바른성경이 있고 바르지 않은 성경이 있다는 말인가? "하나님의 말씀인 (한글개역 · 번역)성경은 정확무오하다" 고만 인식되어 온 (한국 · 세계)기독교인 거의 모두는, 지구촌에서 원 저서가 다른 언어로 번역된 헤아릴 수 없이 많은 책들 중에서, 하나님의 말씀인 (한글개역 · 여러)성경이 본래의 성경에서 가장 오류가 많게 번역된 대표적 책이라면, 도무지 믿기지 않으며 저항감이 앞설 것이다. 그러나 진정하고 이 글을 신중히 읽어보면 이해가 될 것이다.

그렇기 때문에 (한국 · 세계)기독교가 하나님 앞에 이 문제야말로 구원을 받고 못받는 문제 그 이전에, 하나님의 말씀을 어떻게 다루었느냐 하는, 하나님 앞에 엄중한 심판을 받을 중대한 문제임으로, 우선 다루고자 한다.

하나님께서 아담 <אָדָם아담 **사람**>을 한 혈통으로 지으셨으나, 그 아들 가인과 아벨이 악인과 의인의 두 계통으로 나뉘어졌던 것처럼, 하나님께서 기록케 하여 주신 성경은 하나이나, 이후 기독교의 성경사본은 두 계통으로 양분되어 있는 실정이다.

지면상 양쪽의 견해를 다 제시할 수는 없지만, 필자가 무게를 두는 전통원문 쪽의 견해를 종합적으로 제시하고, 필자의 입장을 견지(堅持)하되, 독자님들 각자가 그리스도 예수님의 심판대 앞에서 '저는 이렇게 판별했습니다' 고 설명해야 하고, 주님으로부터 최종 판결을 받아야 할 것이므로,(롬 14:10~13) 그런 심정으로 이 글을 읽으시기를 바라는 바이다. 이 책 III부까지 전체가 그런 관점이다.

비록 진리를 바르게 가르치지만, 성경에서도 보는바, 사람들은 설복당하기를 싫어하기 때문에 진리를 깨우치기 결코 쉽지 않다. 진리는 인내와 시간이 절로 밝혀주기 때문에, 서둔다고 되지 않는다. 그러므로 정죄하거나 강요하지 않는다. 많이 자제를 하였지만, 그래도 어쩔 수 없이 간혹 질타하는 듯한 말이 있더라도, 이는 필자의 너무나 절박하고 안타까운 심령에서 터쳐 나오는 탄성임을 독자님께서 너그러이 보아주시기를 부탁드리는 바이다. 나의 입장에서 보다, 항상 주님 앞에서 듣는다는 입장이면 좋겠다.

또한 사물의 관찰에 있어서 중요한 것은 자신의 성장이다. 자신의 성장만큼 사물을 관찰하고 파악할 수 있다. 마치 초등학생이 고등 수학을 이해할 수 없고, 중학생이 박사 논문을 이해할 수 없는 것처럼, 자신의 영적 성장도에 따라 진리의 이해도가 다른 것이다. 그러므로 영적 진보를 끊임없이 힘쓰되, 다 된 줄 알고 현재 자신의 이해도로 모든 사실을 판단하는 우를 범하지 않도록 항상 겸비해야 한다. 하나님의 진리 앞에 인간의 자만은 가장 가증한 것이다.

진실로 위대한 일들은, 모두가 서서히 눈에 뜨이지 않는 시간과 성장 속에서 이루어지는 것이다.

한가지 부언코져 하는 바는, 본서에서 한글 개역성경의 변개

됨을 통탄하고 지적하면서 한글 개역성경을 인용한 것은, 전통원문에 비교하여, 어느 부분이 어떻게 변개되어졌는가를 예로 들어서 나타내 보여야 하기 때문이며, 또한 한국교회 신자 99.9% 이상이 한글 개역성경을 사용하고 있기 때문에, 바른 이해하기를 원함에서 개역성경의 변개 또는 변역되지 않은 구절을 그대로 사용한 것이다.

이 책 발행과 함께 한국교회 합동측에서 신구약 성경 직역 프로젝트를 세우고 있음이 알려져(2004.3.24.국민일보) 기대하는 바가 크다. 중요한 것은 『전통원문(Textus Receptus TR)』으로 직역해야 하는 것이다. 주님께서 한국교회를 긍휼히 여기셔서 바른원문 직역성경이 속히 출간되기를 간곡히 기도 드리는 바이다. 아멘!

♤ 쉼터 ♤

오늘 먹을 음식은 내일로 미루지 않으면서 오늘의 영의 양식은 곧잘 내일로 미룬다.

제 1 장

두 가지 계통의 성경 사본(원문)이 있음을 알아야 한다

전세계 각 언어로 번역된 모든 성경들이 모두 한가지 성경 원어 사본(구약－히브리어, 신약－헬라어)에서 번역된 것이 아니고, 크게 두 가지 계통의 사본(**원문**)에서 번역되어 많은 차이가 있다는 사실을, 성경의 역사와 실제를 고찰하여 본 사람이면 누구나 알수 있다. 한글 개역성경과 영어 NIV성경을 보면 많은 삭제, 변개, 오역은 두고라도, 우선 (**없음**)이라고 한 구절이 **13**구절이나 되는데, 독일 루터성경이나 킹제임스 영어성경 등 전통원문에서 번역된 성경에는 그 구절들이 다 있으니, 분명히 차이가 있다.

사도 바울 당시에 다른 예수를 전하는 자들이 있고, 다른 영을 받게 하고, 다른 복음을 전하는 자들이 있으며, 신자들은 그것을 잘 용납하고 따른다고 하였듯이,(고후 11:4; 갈 1:6~9) 성경도 변개되고 오역된 성경을 용납하고 따르는 기독교인이 훨씬 많은 것이다. 비상한 주의와 관찰을 하지 않으면 기독교의 근본이 되는 이 문제에 실족할 수밖에 없는 것이다. 정말 최우선적이고 중대한 문제의식을 가져야 한다.

1. 최초에 기록한 성경 원본들

모세로(주전 1,445년경)부터 구약성경이 기록되기 시작하여 선지자 말라기(주전 397년경)까지, 약 1,048년을 지내오면서 구약성경이 기록되었고, 그리고 신약성경은 제일 먼저 기록된 데살로니가전서(주후 50~53년경)부터 요한계시록(주후 96년경으로 추정← 본 저자는 주후 67년경 예루살렘 멸망 전으로 봄)까지 약 17년 어간에 기록되었다. 최초에 기록한 성경말씀을 원본이라 하는데, 주후 1450년 독일의 요한 쿠텐베르크에 의해 인쇄기술이 발명되기까지, 구약 때부터 무려 2,800년 이상,(성경이 인쇄되기는 지금까지 약 550년 정도밖에 되지 않았다. 오늘날은 성경을 구하기가 너무 쉬워서 귀중한 줄 모르고 잘 읽지도 않는다. 풍요 속에 빈곤이다.) 손으로 한 자 한 자 베껴서 성경책을 만들었다. 이렇게 베낀 성경책을 사본 또는 원문이라고 한다.

● 구약성경 원본들

그런데 최초의 원본은 오랜 세월 동안 베끼는 과정에서 낡아지고 닳아서, 유대인들은 그것을 경건하게 땅에 묻었고, 대신에 원본과 같은 필사본을 사용하였다. 필사본 역시 오래된 것은 그렇게 묻혀졌다. 신구약 성경 모두 마찬가지였다.

그런데 원본 중에 한 장이라도 남아 있다면, 이스라엘 백성들이 모세가 광야에서 만들어 장대에 달았던 '놋뱀'을 히스기야 왕때까지 774년간을 간수하다가 그 앞에 분향하였다고 하였으니(왕하 18:4), (오늘날 예수님의 수의라고 하여 숭상하는 것처럼) 성경원본이 남아 있으면 그렇지 않겠는가? 하나님의 섭리는 성경원본이 없어지게 하는 것이었다. 그러나 하나님께서는 성경원본이 사본으로 완전하게 보존되고 전수되게 하셨기 때문에(시 12:7) 믿을 수 있다는 것은 이 글을 좀 더 읽으면 알게 될 것이다.

● 신약성경 원본들

신약성경 원본도 그러했다. 인쇄기술이 발명된 것은 신약성경 중에서 마지막으로 기록된 요한계시록이 기록된지 1382년 후였으니, 무려 2,800년 이상 그 오랜 세월 동안 신구약 성경은 여전히 베낀 필사본으로 전수된 것이다. 성경원본이 없어지고 모세오경의 경우 2800년 이상 거듭 필사되어져 왔는데, 오늘날까지 어떻게 조금도 변개없이 성경이 전해졌는가? 참으로 신기한 일이 아닐 수 없다.

하나님께서 인쇄기술이 이렇게 늦게 발명되게 하시고, 그렇게 오랜 세월 동안 성경을 한 자 한 자 베껴서 사용토록 해 오신 뜻이 무엇이겠는가? 인쇄기술이 발명된(주후 1450년) 이후에 성경 변개는 더욱 만연됐다는 사실을 보면 알 수 있다. 문명 발달이 편리함을 주기는 하나, 좋은 것만은 아니다. 영적으로는 타락을 조장한다는 사실이다.

♡ 묵상과 기도

2. 필사한 성경 사본(원문)들

구약이나 신약의 최초 원본이나 고대(古代) 필사본이 남아 있지 않더라도, 하나님의 말씀인 성경의 완전함에 대하여 조금도 의문을 품지 않을 수 있는 것은 무엇보다,

● 성경을 보존하시는 하나님의 의지 때문이다.

하나님께서, 친히 하신 그 말씀을 얼마나 귀중히 여기고, 어느 정도로 보존하시는지 그분의 의지를 보아 알 수 있다. 지금부터 약 3,450년 전 하나님께서 모세를 통해 이스라엘 자기 백성들에게 말씀을 주시면서, 모세로 하여금 기록하게 하시고(출 24:4, 12, 34:27), "내가 너희에게 명하는 말≪들≫을 너희는 가감하지 말고, 내가 너희에게 명하는 너희 하나님 여호와의 명령을 지키라. <שָׁמַר(샤마르) **둘레에(가시로) 울타리 치라, 즉 지키라, 보호하라, 조심하라, 신중하라, 주의를 기울이라, 세심히 보라, 준수하라, 보존하라, 주시하라, 보관하라, 망보라(파수꾼)**>" (신 4:2, 12:32) 하셨고, "주께서 주의 말씀을 주의 모든 이름 위에 높게 하셨음이라" 고(시 138:2) 하였으며, "여호와의 말씀≪들≫은 순결함이여, 흙 도가니에 일곱 번 ≪מְזֻקָּק(메주카크) **깨끗하게 하고**≫ 단련한 <צָרוּת(짜루프) **정련한**> 은 같도다. 여호와여≪**당신께서**≫ 저희를(말씀들을) 지키사<שָׁמַר(샤마르) **둘레에(가시로)울타리 치다, 즉 지키다, 보호하다, 보존하다, 주시하다, 망보다(파수꾼)**> 이 세대로부터 영영토록 보존<נָצַר(나짜르) **보존, 보호, 파수**>하시리이다" 고(시 12:6~7) 하셨다.

그리고 예수님께서도, "천지가 없어지기 전에는 율법의 일

점(י **요드－히브리어 알파벳의 가장 작은 글자**) 일 획(כ **카프와** ב **베트처럼 획의 위치에 따라 다른 글자가 되고,** ה **헤 대신** ח**헤트가 사용되면 '찬양' 이 '신성모독' 으로 된다**)이라도 반드시<*οὐ μὴ*(우 메) **절대로**> 없어지지 아니하고 다 이루리라" (마 5:18), "천지는 없어지겠으나 내 말≮들≯은 ≮*ου μὴ*(우 메) **절대로**≯ 없어지지 아니하리라" (눅 21:33), "성경은 폐하지 못하나니 하나님의 말씀을 받은 사람들을 신이라 하셨거든" (요 10:35), "내가 이 책의 예언의 말씀들을 듣는 각인에게 증거하노니, 만일 누구든지 이것들 외에 더하면, 하나님이 이 책에 기록된 재앙들을 그에게 더 하실 터이요, 만일 누구든지 이 책의 예언의 말씀≮들≯에서 제하여버리면, 하나님이 이 책에 기록된 생명나무와≲*ἀπὸ βίβλου*(아포 비블루) **생명책으로부터← 전통원문**≳ 및<*καὶ* **그리고**> 거룩한 성에≮*αὐτοῦ*(아우투) **그의**≯참예함<*μέρῦ*(메로스) **부분을**>을 제하여 버리시리라" (계 22:18~19) 하신 것이다.

이렇게까지 말씀하셨는데, 성경이 보존되도록 하시지 않고 사탄과 인간들로 말미암아 하나님(예수님)**께서 친히 하신 말씀이 훼손되고 변개되도록 내버려두시겠는가? 그렇다면 그런 하나님**(예수님)**과 성경을 어떻게 믿을 수 있겠는가?**

● 성경을 보존하기 위하여 유대인을 선택하여 맡기심

그리고 하나님께서는 친히 하신 말씀을 보존하고 전수시키기 위해 이스라엘 곧 유대인을 선택하신 것이다. "그런즉 유대인의 나음이 무엇이며 할례의 유익이 무엇이뇨? 범사에 많으니 첫째는 저희가 하나님의 말씀을 맡았음이니라" (롬 3:1~2)고 하였다. 그리고 유대인들은, 그 어떤 이방인도 성경에 손을 대지 못하게 하였다. 유대인 자신들 마저도 하나님의 말씀인 두루마리 성경을 깨끗지 못한 손을 대고 가리키는 것을 삼가하기 위해 금으로 작은 손을 만들어 사용했다는 것이다.(**제1부 첫 면 사진 참조, 파리 박물관에 소장되어 있다**) 하나님의 말씀인 성경을 얼마나 존중하고 아꼈는가를 보여주는 것이다.

구약성경만 아니라 신약성경도 기록한 사람들은 모두가 유대인이요 이방사람은 하나도 없다.(롬 3:1~2) "여호와의 말씀이 예루살렘에서부터 나올 것"이라고 예언되었고(사 2:3), 예수님께서도 "구원이 유대인에게서 나온다"고(요 4:22) 하셨으며, 구원의 복음이 오순절 예루살렘에서 유대인들로부터 시작하여 사마리아와 땅 끝까지 이방인들에게 전파되어질 것이라고 하셨다(눅 24:47; 행 1:8).

그리고 유대인들이 히브리어 구약성경을 필사하고 보존하는데 얼마나 엄격한 규칙으로 충실하였는지를 알면, 오늘날 기독교인들이 바른성경에 대한 관념을 어떻게 가져야 할지, 많은 말이 있을 수 없다.

H.S. 밀러는 그의 저서(총체적인 성경 개관, General Biblical Introduction, 1960. pp.184~185)에서 유대인들이 구약성경을 필사할 때 지켰던 8가지의 규칙을 제시하고 있다. 이 규칙들은 탈무드에 언급되어 있다.

1. 파취멘트(양피지)는 정결한 동물 가죽으로 만든 것이어야 하며, 오로지 유대인들만이 만들 수 있다. 또한 가죽은 정결한 동물의 힘줄로 한 데 묶어야 한다.
2. 각 면의 난마다 48줄 정도, 혹은 60줄 이상 되어야 한다. 전체를 필사할 경우 처음에 선을 긋고 시작해야 한다.
3. 잉크는 검은색 외에 다른 색을 사용해서는 안된다. 잉크는

특별한 방법으로 조제한 것이어야 한다.

4. 어떤 단어나 글자도 외워서 필사할 수 없다. 필사자는 출처가 분명한 필사본을 자기 앞에 놓고 있어야 하며, 필사에 앞서 먼저 단어 하나 하나를 읽되 소리내어 발음해야 한다. 예를 들어 당신이 "태초에 하나님이 천지를 창조하시니라" (창 1:1)를 필사하려면 단어 하나 하나를 히브리어로 소리내어 발음해야 한다. 즉 '베레쉬트' (태초에), '엘로힘' (하나님께서), '에트 하샤마임' (하늘과), '베에트 하아레쓰' (땅을), '바라' (창조하셨느니라). 이와 같이 필사자는 자기 앞에 놓인 출처가 분명한 필사본을 베끼기 전에 한 단어 한 단어를 발음해야 했던 것이다. 그때는 속으로만 읽어서도 안되고, 반드시 소리내어 발음해야 한다. 이것은 이중으로 기록하거나 빠뜨리는 등의 어떠한 실수도 피하기 위한 조치이다.

5. 필사자는 '하나님(엘로힘)' 이라는 단어를 필사하기 전에는 펜을 조심스럽게 닦아내야 하며 '여호와' 라는 단어를 필사하기에 앞서서는 그의 몸 전체를 목욕해야 한다. 이는 거룩하신 이름을 더럽히지 않기 위해서다.

6. 엄격한 규칙들은 글자들, 단어들, 절들 간의 간격, 펜의 사용법, 파취멘트(양피지)의 색상 등, 필사본의 형식에 관한 것들이다.

7. 필사본의 교정은 필사를 완료한 후 30일 내에 해야 한다. 만약 그렇지 않으면 그 필사본은 가치가 없게 된다. 만일 한 면에 한 개의 오류가 발견되면, 그 면을 폐기해야 한다. 또 어떤 한 면에 세 개의 오류가 발견되었을 때는, 그 필사본 전체를 폐기처분 해야 한다.

8. 단어 하나 하나와 글자 하나 하나의 수를 세었다. 그런데

> 만일 한 글자가 빠져 있다면, 일단 임시로 글자를 그 자리에 삽입시켜 놓는다. 또 만일 어떤 글자가 다른 글자와 겹쳐 있으면 그 필사본은 즉시 폐기처분 하였다.

이러한 규칙들 가운데서 몇 가지는 어떻게 보면 극단적이고 불합리한 것처럼 느껴질지도 모르지만, 그것들이야말로 구약성경의 수호자들이었던 유대인들(롬 3:2)이 얼마나 거룩한 말씀을 존중했는지 시사하고 있는 것이다. 유대인들은 또한 우리가 참된 구약성경을 소유했다는 사실을 믿도록 우리에게 강력한 도전을 주고 있다.

유대인들이 전수해 오고 있던 이 성경은 예수님께서 회당에서 읽으셨던 것과 동일한 바로 그 성경이며(눅 4:16~21), 예수님은 유대인들이 그토록 성경보존에 심혈을 기울였기 때문에 원본이 아니지만 유대인들의 필사본을 읽으셨고, 바른성경으로 인정하셨던 것이다. 그렇게 전수되어 온 마소라 히브리어 전통원문은 하나님의 영감으로 주신 최초의 원본과 동일한 바로 그 성경이다(miller, op.cit. p.184).

히브리어 구약성경의 역사를 간략하게 살펴보면, '마소라' 라는 말은 히브리어 '마살(מָשַׁל)' 에서 온 말로 "대대로 전수되었다"는 의미이다. '마소라' 들은 히브리어 구약성경 원문을 보존했던 사람들이다. 이들 '마소라' 들은 주후 1000년경까지 활동했다.(주후 67년 이전까지 유대인 사도들을 통해 기록된 신약 27권 헬라어 성경 사본의 필사도 동일한 정신으로 오순절 이후 성령님으로 충만했던 유대인 그리스도인들로 말미암아 박해시대에 엄밀히 전수되었다)

주후 600~700년 사이에 자음으로만 되어 있던 구약 본문에 발음에 필요한, 단어 아래 모음 점들을 붙여 넣음으로써, 이를

「표준마소라원문」이라고 부르게 되었다. 그리고 다니엘 봄베르그가 A.D. 1516~1517년에 편집한 것을 「제1랍비성경」이라 부르고, 그후 A.D. 1524~1525년에 봄베르그는 아브라함 벤 하임 이벤 아도니아가 편수한 두 번째 편집본을 출간했는데, 이것을 히브리어 원문중 「벤 하임 편집본」이라고 하며, 히브리어 구약성경의 표준간행판이 되었다. 그것은 완전한 마소라(Masorah)를 최초로 제시한 것이었고, 시간이 지나자 '공인본문(Textus Receptus)' 이 되었다. 이후 400년에 걸쳐 수많은 간행본으로 증쇄되었으며, 오늘날에 이르기까지 여러 역본들뿐만 아니라 영어 권위역과 네델란드 'statenvertaling' 같은 개혁시대 역본들의 구약성경의 기초로 사용되었다.

킹제임스 영어성경(A.D. 1611년)은 여기에서 번역된 역본이다.(Harrison, Walkie and Guthrie, 성경비평 – 역사비평, 문학비평, 원문비평, 1978, pp, 47~82).

따라서 신약성경의 원본들 역시, 저자가 유대인 사도들과 기자들이고, 오순절 예루살렘에 모였던 유대인들로부터 기독교의 복음이 전파되기 시작하여 안디옥을 기점으로 이방인에게로 전파되어 갔으므로, 주후 1450년 인쇄기술이 발명되기까지 오랜 세월을 하나님께서 유대인들의 구약성경 보존과 같이, 거듭나고 성령충만한 유대인 사도들과 성도들로 말미암아 구약과 함께 신약성경도 1400년 이상 끊임없이 필사되고 보존되어 오게 하신 것이다. 다만 사탄의 간계로 변개된 사본성경이 함께 존재하게 된 것이다.

♡ 묵상과 기도

3. 변개된 성경 사본(원문)들

원본에서 필사되어 온 히브리어 · 헬라어사본(원문)에서 직접 번역한 것을 역본이라 한다. 히브리어 구약성경을 헬라어로 번역한 70인역(72인이 번역한 것은 모세오경 뿐이었음.)이나, 독일의 루터 성경, 프랑스의 올리베땅 성경, 그리고 영국 킹제임스 성경 등이 히브리어 사본(원문)과 헬라어 사본(원문)에서 직접 번역한 역본이다.

그런데 문제는 구약 히브리어 사본(원문)이 두 종류가 있고, 신약 헬라어 사본(원문)도 두 종류 계통이 있다는 것이다. 왜 성경의 사본(원문)이 두 가지 즉, 두 계통이 있는 것인가?

하나님의 말씀이 기록된 후 오랜 세월 동안 성경원본은 대대로 많은 사본으로 필사되고, 사도시대에 이미 여러 사람들이 하나님의 말씀을 변개하고 <*καπηλεύω*(카펠루오) **~을 섞어서 품질을 떨어뜨리고**→고후 2:17>, 혼잡케<*δολόω*(돌로오) **섞음질, 거짓되게, 질을 나쁘게**→고후 4:2>한다고 한 것처럼, 특히 근대인 주후 1500년대 이후에 와서 계몽운동과 인문주의의 발흥으로 성경 비평사본 편집과 역본이 발행되는 과정에서 사탄은 교묘하게 성경을 변개하고 혼잡케 하는데 총력을 다한 것이다. 그리하여 지금은 성경 사본이 크게 두 계통으로, 세계 기독교 내에서 견해가 나뉘어지는 것이다. 사탄은 하나님의 말씀을 변개시키고 혼잡케 하는 것이 하나님과 인간을 원수 되게 하고, 믿는 자와 믿는 자 끼리 하나되지 못하게 하는 가장 효과적인 수단임을 알아 교묘히 이용하는 줄을 깨닫고, 기독교인 모두가 분노하고 가슴 아파해야 한다.

사탄은 인류역사의 시초인 에덴동산에서부터 인간으로 하여금 하나님의 말씀을 변개시키고 혼잡케 하는데 혈안이 되어왔고 교회역사 가운데, 그리고 세상 마지막까지 이 일에 집착할 것이다. 에덴동산에서의 경우를 보면 사탄은 얼마나 교활하고 교묘한지 이루 말할 수 없다.

사탄은 여러 사람들을 그의 일꾼들로 동원해서, 신약성경이 기록되던 당시에도 하나님의 말씀을 변개시키고 혼잡케 하고자 역사했거니와(고후 2:17, 4:2) 지금까지도 그 역사는 계속되고 있다. 그리하여 사본 편집과 번역과정중 성경의 여러 구절과 많은 단어들을 삭제하여 없애고, 단어들을 변경하며, 다르게 번역하게 하였다.

● 구약성경 사본(원문) 변개

구약성경의 기록이 종결된(주전 397년경) 이후, 신약성경이 기록되기까지 신구약 중간기 약 400년간, 사탄은 기회를 타서 인간들의 생각대로 성경에 관련된 것들을 기록한 것(외경 14권)을 하나님의 말씀이라고 주장하게 하였다. (카톨릭에서는 제2정경이라고 함. 참고; 구약 39권을 정경으로 정한 때는 주전 90년경 얌니아(Jamnia) 회의에서, 그리고 신약 27권을 정경으로 정한 때는 주후 393년 휩포 레기우스에서였다.)

또한 신약성경이 기록되고 있던 당시에도 성경을 변개시키는 무리들이 있었고(고후 2:17, 4:2), 이러한 변개의 역사는 계속되어 신약의 기록이 종결된(주후 67년) 이후에도 헬레니즘과 그리이스 철학체계로 무장한 필로(Phillo of Alexan dria), 판태누스(Pantaenus), 클레멘트(Clement of Alexandria)의 배교의 맥을 이은 오리겐(Adamhitius Origen, A.D. 184~254)이 헥사플라

(Hexapla, 6란성경)를 만들었는데 그 중 제5란은 그가 변개시킨, 소위 「70인역」으로서 구약성경의 변개는 바로 이 오리겐의 「70인역」을 통해 이루어졌다. 그는 또한 시리아 계열의 사본을 가져다가 변개시킴으로서 알렉산드리아사본을 양산시켰는데(주후 231년) 이것이 초기 성경변개의 절정이라 할 수 있다.

그후 4세기에 콘스탄틴의 명령에 따라 유세비우스(Eusebius)와 팜필루스(Pamphilus)가 50권의 성경을 만들었는데, 이때 오리겐의 「70인역」과 그의 자료들을 가지고 성경 복사본을 만듦으로 인해서 변개된 성경의 대표적인 「시내사본」과 「바티칸사본」이 만들어진 것이다. 여기서 제롬이 「라틴 벌게이트」를 번역함으로 카톨릭의 주도하에 변개된 「라틴어성경」이 유포되었으며(주후 427년), 카톨릭 공식성경인 영어 「림즈두웨이역본」이 출간되었던 것이다.(주후 1582년)

그리고, 나치 독일의 히틀러에게 반유대주의 사상을 주입시킨 루돌프 키텔은 1937년 자기가 편집한 마소라 성경 BHK 제3판에서 전통원문인 『벤 카임 마소라 본문』을 「벤 아세르 마소라 본문」으로 바꾸어 버렸다. 1906년과 1912년에 출간한 제1판과 제2판에서는 전통원문인 『벤 카임 마소라 본문』을 사용하였으나, 1937년에 출간한 제3판에서는 '레닌그라드사본' 에 기초한, 학자들이 「벤 아세르 마소라 본문」이라고 부르는 원문으로 바꾼 것이다. 이 과정에서 키텔은 구약성경 전체에서 20,000군데 이상의 변개를 시도한 것이다. 레닌그라드 사본은 주후 1008년에 편집된 것으로 『전통 마소라 본문』과는 매우 다른 것이다. 키텔의 1937년판 구약성경사본 「BIBLIA HEBRAICA」에는 페이지마다 각주에 15~20 군데의 수정 사항이 들어 있으며, 따라서 구약성경 전체에 최소한 20,000군데 이상 수정사항이 들어 있는 것이다.

마소라 본문이라고 해서 다 같은 것이 아니고, 어느 마소라 본문을 사용했느냐에 따라 구약의 내용이 다를 수밖에 없다.

● 신약성경 사본(원문)의 변개

신약 헬라어 사본은 A.D. 1881년 웨스트코트와 호르트라는 두 명의 학자가 「시내사본(외경을 담고 있음)」을 근거로 친카톨릭 원문을 편집하였는데, 이는 오리겐 이후 성경변개의 절정을 이룬 것이다. 웨스트코트는 영국 성공회의 주교였으며, 호르트는 케임브리지 대학의 교수였다. 이들은 강신술등에 심취한 영성주의자들이며, 지옥이나 마귀와 악령들을 문자 그대로 믿지 않고, 창세기 기록을 신화로 생각한 인본주의자들이었다.

그들은 당시 공인본문(Textus Receptus TR)에서 무려 5,604 군데나 수정하여 소위 「수정본문」이라는 개악된 본문을 만들었다. 구체적으로 이들이 「공인본문」에서 빼거나 변개시키거나 추가한 단어들은 무려 9,970개나 되며, 이것은 신약성경 전체 본문에 나오는 140,521개 단어의 7%를 차지하는 것이다.

이와함께 독일에서는 에버하트 네슬(Eberhart Nestle)이 「시내사본」과 「바티칸사본」, 그리고 웨스트코트와 호르트의 사본을 근거로 「네슬원문」을 만들고, 그의 아들 어윈 네슬(Erwin Nestle)이 「네슬판」을 계속 출간했으며, 커트 알란드가 동참함으로 인해 「네슬－알란드원문」이 출간되기에 이르렀다. 커트 알란드(Kurt Aland)와 브루스 메츠거(Bruce M. Metzger), 메투 블랙(Matthew Blak), 알렌 윅그린(Allen Wikgren), 칼로 마티니(Carlo M. Martini)등이 「네슬－알란드 25, 26, 27판」과

「연합성서공회원문 1, 2, 3, 4판」등을 만듦으로 성경변개가 전 세계 성경번역에 영향을 미치게 되었다.

그리고 A.D. 1898년에 편집하여 만들어진 헬라어 신약「네슬레/알란드판」은 A.D. 1992년까지 무려 26번이나 판을 개정하였는데 알란드는 배도한 독일인이었다.

A.D. 1988년에 무어만 목사는「공인본문」의 단어와 현대역본(한글 개역성경)의 근간이 된「네슬레/알란드판」의 헬라어 본문의 단어 수를 비교하였는데, 그 결과「네슬레/알란드판」의 본문이「공인본문」에 비해 무려 2,886 단어나 부족하다는 것을 알게 되었다. 웨스트코트와 호르트의「수정본문」이 1,952 군데를 삭제한데 비해「네슬레/알란드판」의 본문은 그보다 934 단어를 더 삭제한 것이다. 이만큼 단어가 삭제되면 결과적으로 신약성경에서 베드로전후서에 상당하는 분량이 없어지게 되는데 이「수정본문」으로 번역한 현대역본(**NIV나 한글 개역성경**)을 읽게 되면 그만큼 짧은 성경을 읽는 것이나 다름이 없는 것이다.

♡ 묵상과 기도

성경 사본(원문) 변개에 공헌한 대표적 인물들
-인터넷에서 옮긴 것임-

I 》 구약성경 사본 변개

◆오리겐 (Adamahitius Origen, A.D.184~254)

하나님의 말씀에 변개를 가하는 일은 창세기 3장에서부터 있어 왔다(창 3:1~5). 그러므로 하나님께서는 말씀을 변개시키는 것을 경고하여 삭제하거나 첨가하지 말 것을 명령하셨다(신 4:2, 12:32; 잠 30:6; 렘 23:21, 30). 그러나 구약의 기록이 완료된(B.C. 398년) 이후에 신약이 기록되기 전까지, 인간의 생각대로 기록해 놓고 하나님의 말씀이라고 주장한 "외경"이 쓰여졌으며, 또한 신약이 기록되고 있던 상황에서도 성경을 변개시키는 무리가 있었다(고후 2:17).

이러한 변개의 손길은 계속되어 신약의 기록이 완료된(A.D. 97년) 이후에 헬레니즘과 그리스 철학체계로 무장한 필로(Phillo of Alexandria), 판태누스(Pataenus), 클레멘트(Clement of Alexandria)의 배교의 맥을 이은 오리겐(Adamahitius Origen, A.D. 184~254년)이 헥사플라(Hexapla, 6란 성경)를 만들었는데, 그 중 제 5란은 그가 변개시킨 소위 「70인역」으로서 구약성경의 변개는 바로 이 「70인역」을 통해 이루어졌다. 그는 또한 시리아 계열의 원문을 가져다 변개시킴으로써 알렉산드리아 원문을 양산시켰는데(A.D. 231년), 이것이 초기 성경 변개의 절정이라 할 수 있다.

오리겐은 성경 변개의 장본인으로 오늘날의 여호와의 증인들의 믿음과 동일한 믿음을 지닌 사람이다.

로마 카톨릭 교회의 '소수 본문' 은 이집트의 알렉산드리아에서 만들어진 「국지적 본문(A Local Text)」이었고, 그 곳에서 유세비우스는 콘스탄틴 황제(Emperor Constan tine)의 요청을 수행하기 위하여 50개의 복사본을 만든 것이다. 그러나 불행히도 유세비우스는 참된 크리스천들이 공통적으로 받아들인 순수한 본문을 사용하기 위해 안티옥으로 가야 함에도 안티옥으로 가지 않았고, 대신에 이집트에 있는 교육의 중심지였던 알렉산드리아로 가서 거기에서 '학자들의 수정판' 을 얻었다.

그렇다면 왜 유세비우스는 안티옥 대신에 알렉산드리아를 선택했을까? 그 주된 이유는 그가 이집트 학자인 오리겐을 열렬히 추종했기 때문이었다. 오리겐이라는 이름으로 더 잘 알려진 아드만티우스 오리게네스(A.D. 185~254년)는 성경 본문 부패의 주 장본인이다. 현재 신학교에서 가르치는 교회사 자체가 로마 카톨릭 교회사이므로, 대부분의 신학교 교과서나 참고서들은 오리겐을 가리켜 "위대한 크리스천 학자요, 고대 교회의 가장 뛰어나고 영향력 있던 신학자"라고 잘못 소개하고 있다. 사실 오리겐은 한때 그리스의 아테네 철학의 관점에서 성경을 해석한 이단자로서 판명되었다. 그는 또한 예수님께서 '창조된 하나님' 이었다는 이단교리를 퍼뜨렸다. 이같은 오리겐의 믿음에 대해 「뉴스탠다드 백과사전」(New Standard Encyclopedia), 제9권은 다음과 같이 잘 요약해 주고 있다.

"오리겐의 사상 중 가장 주목할 만한 것은 바로 그의 '로고스(Logos) 교리' 였다. 이 사상은 요한복음 1장 1~5절과 기타 다른 기독교 저술 안에도 나타나 있으나, 특히 오리겐은 이 문제를 철저히 다루었다. 그리스 철학에서 로고스란 창조의 신적 원리와 이성세계의 질서에 대한 이름이었는데, 오리겐은 이 원리를 그리스도 예수님의 인격과 사역에 적용시켰다. 그는 아들을 아버지에게 종속된 존재로 만듦으로써, 그리스도 예수님을 세상에 이성을 가져다주는 '하나님에 의해 피조된 로고스' 로 취급하였다. 그리하여 오리겐은 실제로 이 땅에서 사시며 가르치시기도 하셨던 사람으로서의 그리스도 예수님의 특성을 무시하였다. 이같은 교리는 4세기경의 이단 그룹인 아리우스파의 교리 정립을 위한 토대를 제공해 주었다."

다시 말해 오리겐은 오늘날의 여호와의 증인들처럼 예수님을 하나님으로 믿은 것이 아니고 하나의 피조된 신으로 믿은 것이다. 심지어 그는 예수님께서 육체로 땅에 거하셨다는 사실조차 믿지 않았다. 오리겐의 저술에는 많은 모순들이 있는데, 바로 이 같은 사실은 부패한 사본들 속에 들어 있는 모순들을 설명해 주는 열쇠가 된다. 간혹 그는 "그리스도 예수님께서 하나님이시다."라는 것을 인정하는 듯한 발언을 하다가도, 이내 돌아서서는 그것을 부인하곤 했다.

사실 오리겐은 요한복음 1장 1절 말씀을 변개하고는 "말씀(the word)은 한 신(a god)이었다" 고 말했는데, 여기에서 우리는 '말씀' 과 '신' 을 소문자로 쓴 것에 유의해야 한다. 이같은 믿음은 참으로 우리 세대의 여호와의 증인들이 고수하는 그릇된 교리에서 나온 믿음과 동일한 것이다. 사실 여호와의 증인들은 이같은 자신들의 교리를 부패한 알렉산드리아 사본의 요한복음 1장 1~5절과 3장 13절에서 취하고 있는데, 바로 이 오리겐이라는 인물이 자기 자신의 이단교리를 합리화하기 위해 '보편적 본문' 을 변개 시켜 여호와의 증인들을 위한 토대를 마련해 준 것이다. 오리겐이라는 인물이 성경 사본의 변개에 미친 영향이 지대하므로, 그의 생애와 작품, 그리고 철학 및 성경 변개 등에 대해 자세히 살펴보면,

A. 오리겐의 삶

오리겐은 알렉산드리아에서 부유하게 살던 크리스천 가정에서 태어났으며, 젊은 나이에 교사로서 크게 성공했다. 그의 삶은 세르베루스 황제의 박해가 있었던 주후 202년경에 극적으로 변화되었다. 그의 아버지는 순교했고, 그의 가정은 가난에 빠지게 되었다.

그런데 그로부터 1년 뒤에 알렉산드리아의 클레멘트는 도망갈 수밖에 없는 신세가 되었고, 결국 오리겐은 18살이라는 젊은 나이에 클레멘트가 창설한 알렉산드리아 교리 학교의 교장이 되었다. 그는 천재였으며, 수많은 책들을 모으고 읽고 저술했으며, 또한 영지주의자였던 암브로스의 책들을 소장했다. 그는 또한 이교도로서 신플라톤주의를 창설한 사카스 밑에서 공부했고, 매우 금욕적인 삶을 살았는데, 신발도 신지 않고 맨 땅에서 잤으며, 스스로 거세했던 매우 특이한 인물이었다. 로마 황제의 박해를 당하면서도 그는 개인적으로 매우 용감했고 인내한 것으로 알려져 있다.

그는 주후 213년에 로마를 방문했으며, 그 뒤 알렉산드리아를 떠날 수밖에 없는 신세가 되어, 주후 215~219년 사이에는 팔레스타인의 캐사레아로 이주했다. 후에 알렉산드리아로 되돌아온 그는 주후 231년까지 거기에 거하다가 알렉산드리아의 지도부와의 마찰로 인한 출회로 영구히 그 곳을 떠나게 되었다. 그 후 232년에 그는 캐사레아에 알렉산드리아 교리 학교에 버금가

는 학교를 세웠고, 데시우스트라얀 황제의 모진 박해로 인해 캐사레아에서 죽음을 맞이하게 되었다.

B. 오리겐의 믿음

비록 오리겐이 초기의 위대한 교부 중 하나로 인정받고 있기는 하지만, 그를 추앙하는 사람들마저도 그가 교리적으로는 정통이 아니었음을 인정한다.

1. 그는 영지주의적 신념들에 대해 잘 알고 있었다.
2. 그는 플라톤 철학에 심취했다.
3. 그는 종종 구약성경을 신비적으로 해석했고, 신약성경과 더불어 비유적으로 해석했다.

   이에 대해 저명한 학자 피커링은 마쉬의 말을 인용하여 이렇게 평가한다. "그러므로 자기가 알렉산드리아에서 배운 철학에 비추어 볼 때 문자 그대로 해석한 것이 불합리하거나 불가능한 것으로 보이면, 오리겐은 곧바로 문자적 해석을 버리고 비유 해석을 택했다. 그는 이렇게 말했다. "사실 성경이란 기록된 것에 지나지 않으므로, 그것을 이해하는 사람들에겐 거의 쓸모가 없다." 이 말은 곧 자기가 느끼는 바가 바로 성경이 의미하는 바라고 오리겐이 생각했음을 단적으로 보여주는 것이다." (피커링, 「신약성경본문의 본질」(The Identity of the New Testament Text), 1977, pp. 140, 192)
4. 그는 창세기에 나오는 아담과 이브의 기록을 부인했고, 오히려 영혼이란 영원전부터 계속해서 존재해온 것이라고 믿었다.
5. 그는 또한 죽음 이후에 사람의 혼이 그 사람의 행위에 따라

좀더 고차원의 혹은 저차원의 생명으로 바뀐다는 윤회사상을 믿었다.

6. 그는 또한 보편적 구원을 믿었으며, 악한 자들도 형벌을 받은 후에는, 즉 연옥에서 고통을 받은 후에는 구원받는다고 믿었다.
7. 그는 또한 육체의 부활을 믿지 않았고, 별이나 달도 혼을 갖고 있다고 믿었다.
8. 그는 결국에는 마귀들도 구원받을 것이라고 믿었다.
9. 그는 목사를 제사장(혹은 신부)으로 부른 사람들 중 하나이며, 주교들이 큰 죄를 용서하는데 한 몫을 한다고 말했다.
10. 대부분의 교부들이 성경대로 '전천년주의'를 믿었음에도 불구하고, 그는 그리스도 예수님이 오시기 전에 교회가 세력을 확장해서 평화를 가져온다는 '후천년주의'를 신봉했다.

C. 오리겐의 작품

오리겐은 그 자신의 저서들을 통해서 온 기독교계에 큰 영향을 미쳤는데, 그 평생에 6,000여 권의 책을 저술했고, 초기 교부들이 신약성경에서 인용한 글 중 현재까지 남아 있는 것의 50% 정도가 그의 글을 인용하고 있다. 니케아 종교회의 이전의 7명의 중요한 교부들이 신약성경을 인용한 것 중에서 오리겐의 것이 약 18,000개나 될 정도로 그는 왕성한 저술 활동을 했다.

1. 오리겐의 대규모 작품
   a. 그는 성경의 거의 모든 책에 대한 주석서를 썼다.
   b. 그가 저술한 「De Principiis」라는 책은 조직신학 책이다.
   c. 그가 지은 「셀수스에 반대하여」(Against Celsus)는 변

증학 책이다.

d. 그의 작품 중 가장 유명한 것은 「헥사플라」(Hexapla)이다.

2. 「헥사플라」: 구약성경에 지대한 영향을 미침.

「헥사플라」(혹은 '6란 성경')는 여섯 개의 란에 여러 가지 언어로 기록된 성경 즉 '폴리글롯'으로 오직 구약성경만을 담고 있다. 이 여섯 개의 란마다 각각 다른 구약 역본이 들어 있다. 시가서 같은 경우에 그는 서너 개의 다른 번역을 더 추가하여 '8란 성경' 혹은 '9란 성경'을 만들었다.

a. 「헥사플라」는 50 개로 구성된 매우 큰 폴리오 책으로서 그 분량이 자그마치 6,500쪽이나 된다.

b. 이 책은 주후 250년경에 완성되었다.

c. 그는 7명의 속기사들과 7명의 필사하는 사람과 함께 일했다.

d. 첫째 란은 히브리 본문으로 현재 우리가 가지고 있는 마소라 본문과 거의 같다.

e. 둘째 란은 히브리어 본문을 그리스어로 음역한 것을 담고 있다. '음역'이라 함은 다른 말의 문자를 사용하여 원어 단어의 소리대로 적는 것을 의미한다. 예를 들어 히브리 단어인 "샬롬"(Shalom)과 그리스 단어인 "뱁타이즈"(baptize)는 음역한 것이며, 만일 이 말들을 번역하면 "평화"(peace)와 "푹 담근다"(dip)가 된다.

f. 셋째 란은 아퀼라가 번역한 그리스어 역본을 담고 있다.

g. 넷째 란은 시마쿠스가 번역한 그리스어 역본을 담고 있다.

h. 다섯째 란은 오리겐의 작품으로 현재 「70인역」으로 잘 알려져 있다.

i. 여섯째 란에는 테오도티온의 그리스어 역본이 있다.

j. 「헥사플라」는 주후 638년까지 캐사레아의 도서관에 있었으나 그 뒤 모슬렘들의 침략으로 인해 소실되었다.
k. 「헥사플라」는 단지 그 일부분만 복사되었고, 특히 「헥사플라」의 다섯째 란은 「바티칸사본」, 「B사본」, 「시내사본」, 「알레프사본」, 「알렉산드리아사본」, (A사본), 「에프레미사본」, (C사본) 등에 남아 있다.

D. 신약성경 본문에 미친 오리겐의 영향

오리겐은 성경본문 비평가들이 소위 '가정하여 수정하는 기법' 이라 부르는 기법을 사용하여 종종 신약성경 사본을 자기 마음대로 뜯어 고쳤다. 이 기법은 한마디로 당신이 원하는 대로 본문을 고치라는 것이다. 오리겐이 플라톤 철학의 관점에서 일했으므로, 그의 작품은 참으로 신약성경 본문을 망가뜨리는데 결정적인 역할을 했다. 신실한 성경학자였던 딘 버건은 다음과 같이 오리겐의 신약성경 본문 비평의 멋있는 예를 들고 있다.

부자 청년과 예수님의 대화를 기록한 마태복음 19장 17~21절에 대한 주석에서, 예수님은 "네 이웃을 네 몸과 같이 사랑하라" 하신 것은 매우 포괄적인 요구조건으로 하나님의 명령 전부를 다 포함하게 할 수 없었을 것이라고 오리겐은 추측했다. 왜냐하면 부자 청년이 "이 모든 명령은 제가 어려서부터 지켰습니다."라고 대답했기 때문이다. 분명히 예수님께서는 부자 청년의 말을 그대로 인정하셨다. 그런데 만일 그 부자 청년이 자기 이웃을 자기의 몸과 같이 사랑했다면 그는 완전한 사람이었을 것이다. 왜냐하면 사도 바울이 "율법 전체는 네 이웃을 네 몸과 같이 사랑하라는 한 마디 말씀으로 요약될 수 있다."고 말했기 때문이다.

그런데 부자 청년의 대답을 들은 예수님께서는 "네가 완전하게 되려거든…" 이라고 대답하시면서, 그 부자 청년이 아직 완전치 못하다는 것을 보여 주었다. 그러므로 오리겐은 사실 예수님께서 그 부자 청년에게 "너는 네 이웃을 네 자신과 같이 사랑하라" 고 말씀하신 것이 아니라고 주장하면서 이 말씀이 원래의 마태복음에는 없었던 것이라고 추정했다. 다시 말해 그는 후대의 어떤 서기관이 이 구절을 집어넣었다고 믿은 것이다.

위의 예를 통해서 저 유명한 오리겐이라는 본문 비평가가 자기가 받은 본문에 만족해하지 않고, 스스로 무엇인가를 상상해서는 자기 마음대로 본문에 가감을 했음을 볼 수 있다. 그런데 그 당시 알렉산드리아에는 오리겐보다 더 자유롭게 본문을 수정한 학자들이 많이 있었음에 틀림이 없으며, 바로 이런 사람들의 영향으로 부패한 「바티칸사본」과 「시내사본」등이 나오게 된 것이다.

◆ 루돌프 키텔 (Rudolph Kittel 1853.3.23~1939.10.20)

독일의 구약 신학자로서 「에닝겐」에서 출생하여 「라이프지히」에서 별세했다. 1878년 「튜빙겐 대학」 히브리어 강사를 역임하고, 1888년부터는 「브레슬라우 대학」 구약학 정교수로 재직하였으며, 1898~1924년에는 라이프지히 대학」 교수로 활약했다. 그는 벨하우젠 학파의 '성경본문 문서비평' 에 대하여 비판을 가하고, 다만 그 방법들의 가치만 인정하였다.

1906년에 편찬한 구약 히브리어 성경에 1524년의 마소라 원문을 사용하였고, 1912년에 두 번째 편찬한 성경에도 1524년의 마소라 원문을 사용하였으나, 독일의 히틀러 치하에서 1937년에 편찬한 성경에는 카톨릭의 '레닌그라드 사본' 원문으로 바꾸면서 많은 변개를 시도하였다.

『전통 마소라 본문』을 페이지마다 평균 15~20 군데씩 수정하여 편찬한 BHS(Biblia Hebraika Surtgakten sia)로 널리 알려져 있다.

II 》 신약성경 사본 변개

◆ 웨스트코트 (Brooke Foss Westcott, 1825~1903)

영국의 신약학자이며 케임브리지 대학의 교수이고 웨스트민스터 교회 평의원이었던 웨스트코트는 1825년 1월 12일 잉글랜드 워릭셔 버밍햄 근처에서 출생했다. 1848년 케임브리지의 트리니티 칼리지에서 학위를 받고 다음 해에 그곳의 연구원으로 선출되었으며, 1852년 케임브리지를 떠나 해로에서 자리잡고 17년간 재임하면서 강사와 학자로 명성을 날렸다. 1870년 케임브리지의 흠정강좌 담당교수가 되었고, 1890년 더럼의 주교가 되었다. 1889년 당시 유럽 대륙의 고민거리였던 군비확장경쟁 문제를 논의하기 위해 전 유럽 그리스도교도 사회연맹의 의장직을 맡았다. 사회문제에 대한 그의 관심은 그 외에도 그가 주교로서 강하게 지지했던 선교사역과 1892년의 더럼 석탄광부 동맹파업을 중재한 것에서도 나타났다. 1901년 7월 27일 더럼 오클랜드 성에서 76세를 일기로 사망했다.

그의 저서로는 「요한복음서」와 「요한의 서신」들의 주석서, 그리고 호르트와 공저로 주로 4세기에 기록된 바티칸사본과 시내사본을 기본으로 해서 만든 헬라어 성경인 「그리스어 원문 신약성경」(The New Testament in the original Greek) 등이 대표적이며, 「신약성서 정경 역사」(History of the New Testament Canon, 1855)는 오랫동안 성서학의 표준서로 사용되었다. 진화론을 신봉했던 웨스트코트의 또 다른 중요한 업적 중의 하나는 본문비평학의 이론을 확립한 것이다.

먼저 웨스트코트는 써월(Thirwall), 호르트(Hort), 몰튼(Moulton)과 밀리간(Milligan)등과 함께 콜러리지(Coleridge)로부터 사상적으로 크게 영향을 받았다는 점을 주목할 필요가 있다. 자연히 우리는 웨스트코트에게서도 콜러리지(Coleridge)의 사상이 많이 발견될 것이라는 점을 쉽게 예측할 수 있다.

그의 신앙을 보면, 웨스트코트는 창세기 1~3장을 문자 그대로 믿지 않았을 뿐 아니라 심지어 그것을 믿는 사람들을 비난한다. 그는 말하기를 "나는 오늘날 어느 누구도 창세기의 첫 세 장이 문자 그대로의 역사를 제공한다고 믿지 않을 것이라고 생각한다. 두 눈을 뜨고 그것을 읽는 사람 누가 그런 일을 할 수 있는지 난 이해할 수 없다. 게다가 그 세 장의 말씀들이 우리에게 복음을 드러내고 있다는 것을 지지할 사람은 아무도 없을 것이라고 생각한다."고 했다.

그는 모세나 다윗도 시적 인물들에 불과하다고 생각했으며, 성경에 나타나는 기적을 그대로 받아들이지 않는다. 그의 성경 안에 있는 기적들에 대한 입장은 다음의 말을 통해서 잘 알 수 있다. "나는 기적 이야기 같은 것은 읽은 적이 없으나 직관적으로 그런 것은 일어날 성싶지 않은 일임을 느낀다. 그리고 그 이야기 안에서 그 일이 일어날 것 같지 않은 증거가 될 만한 것들을 발견한다."

그는 그리스도 예수님의 부활에 대한 성경적인 믿음을 가지고 있지 않았다. 많은 신정통주의자들이나 현대신학자들처럼 웨스트코트도 직접적으로 성경의 중요한 교리들을 부정하지는 않지만 교묘한 질문들을 던짐으로써 자신들의 불신앙을 은폐하려 하는 것이다. 웨스트코트와 호르트의 저술들을 1,291페이지에 걸쳐서 매우 세밀하게 검토했던 웨이트 박사(Dr. D.A.Waite)에 의하면, 웨스트코트의 그리스도 예수님의 육체적 부활에 대한 공격은 전면적인 부정을 통해서가 아니라 부활이라는 용어를 재정의 하는 간접적이고도 교묘한 방법을 사용한다. 그는 또한 그리스도 예수님의 재림도 육체적 재림이 아니라 영적인 것으로 간주한다. "내가 기억하는 한, 나는 역사적 믿음에 관해 쓰여진 내 작은 책 안에서 '주의 오심' 에 대해 내가 믿는 것을 간략히 말했다. 나는 예루살렘의 멸망이 주의 말씀의 첫 번째 성취된 재림이었다고 강하게 믿었으며, 다른 재림들이 수차 있어왔으므로, 나는 그분께서 지금 우리에게 오시고 계심을 의심치 않는다."

그는 천국을 글자 그대로의 장소가 아니라 단지 어떤 상태로 믿었다. 이것은 다음과 같은 그의 말들을 통해서 알 수 있다. "천국은 장소(place)가 아니라 상태(state)이다". "천국은 우리 안에 놓여 있다. 그리고 생각, 회상, 동경을 위하여 조용한 휴식을 취함으로써, 우리는 좀 더 거룩한 상태(즉 천국)를 계속해서 신선하게 지킬 수 있을 뿐만 아니라, 습관적으로 그것을 숨쉴 수 있다." "우리는 인내, 확고한 결심, 믿음, 그리고 노력을 통해 우리 주변의 천국 즉 우리의 지상생활의 영광을 희망하는 바이다."

그는 성경이 오류 없는 책이라는 것을 믿지 않았다. 그는 호르트에게 다음과 같은 내용이 담긴 편지를 쓴 적이 있다. "나는 성경 전체를 뒤덮고 있는 성경의 무오류라는 단어를 부인하오" 웨스트코트는 마귀의 존재에 대해서는 그 인격성을 인정하지 않았고, 마귀를 단지 어떤 "힘(a power)"으로 불렀으며, 그리스도 예수님의 사역의 속죄의 효능은 그분의 죽음에 기초한 것이라기 보다는 '그분의 모든 삶'에 기초해 있다고 믿었을 뿐 아니라, 그리스도 예수님의 영원한 선재성에 의문을 제기하면서 그분의 신성을 부인했다. 그리스도 예수님의 신성과 관련해서 그는 다음과 같이 말한다. "인자(the Son of man)를 반드시 '그리스도'와 동일시할 필요는 없었다. 성경은 예수가 자기 자신을 영화롭게 한 적이 없으며, 다만 '그리스도'를 영화롭게 했을 뿐이라고 말한다. 예수는 결코 직접적으로 자신을 가리켜 하나님이라고 하지 않는다." 그리고 그는 '죽은 자를 위한 기도'를 거부하지 않았으며, 마리아를 숭배했고, 코에노비움(Coenobium)이라는 공동체 생활을 주창했는데, 이것은 공산주의에 가까운 사회주의적 개념이었다. 이 모든 것과 더불어서 웨스트코트는 뉴 에이지 운동의 창시자 중 하나인 헬레나 블라바츠키와 함께 신비적 마술에 심취해 있었던 것으로 알려져 있다.

◆ 호르트 (Fenton John Anthony Hort, 1828~1892)

영국의 신학자인 호르트(Hort)는 더블린에서 출생해서 1846년에 케임브리지 대학에서 공부하고, 웨스트코트가 케임브리지를 떠나던 1852년에 동대학의 특별연구원이 되었으며, 1856년에 사제 서임 후 1857년에 케임브리지 근처에 있는 성 임폴리츠컴 그레이트 위몬들레이 교회의 대리사제가 되었다. 1871년에 케임브리지로 돌아왔고, 6년 동안 임마누엘 칼리지에서 강의했으며, 1878년에 헬라어 신약성경의 서론을 처음 기안했다. 1880년에는 영어 신약성경 수정작업을 마쳤고, 1887년 10월에 레이디 마가레트 신학교의 교수가 되었다. 호르트는 한때 웨스트코트의 제자였는데, 웨스트코트보다 3년 늦게 태어났지만 64세를 마지막으로 9년 먼저 사망했다. 그의 주요 저서로는 「길과 진리와 생명(The Way, the Truth, and the Life)」등이 있고, 웨스트코트와 함께 본문비평의 이론을 확립시켰다. 그의 기독교에 대한 믿음은 다음과 같다.

먼저 그는 웨스트코트와 마찬가지로 성경이 오류가 없는 책이라는 사실을 믿지 않았다. 그는 "만일 당신의 협조를 얻기 위해 신약성경의 절대적 무오류성이 필수 불가결한 것이라고 확신한다면, 유감스럽게도 나는 당신과 함께 할 수 없습니다."라고 말했는가 하면, "난 당신이 성경의 절대 무오류성을 지지하는 한, 당신과 함께 갈 수 없소."라고 말했다. 호르트는 성경 사본들에 대해 이야기하면서 '원문들' 은 국부본(Local Text)과 일치하며, 이 국부본은 4세기에 안티오크에 있는 시리아교회에 의해 편집된 것으로 바로 지금 우리가 갖고 있는 보편적 본문(Universal Text)이라고 했고, 이러한 보편적 본문이 교회의 공회에 의해 사람들에게 강요되었다는 이론을 주장했다.

그는 또한 모든 인류의 죄를 위한 그리스도 예수님의 구속적 죽음을 거부했다. 그는 말하기를 "나는 하나님의 공의가 각 개인의 죄에 의한 고통 없이 어떻게 만족될 수 있다는 것인지 모르겠다"고 한다. 또한 "널리 알려져 있는 대속의 교리(the doctrine of substitution)는 비도덕적이며 유물론적인 위조품"이라고 말한다. **심지어 호르트는 그리스도 예수님의 구속에 대한 가르침들을 이단으로 생각했다. "확실히 그리스도가 우리의 죄를 대신**

해 죽기까지 고통 당하셨다는 것보다 더 성경적이지 못한 것은 없다. 정말로 그것은 거의 보편적인 이단의 한 측면인 것이다." 그는 또한 죄에 대한 그리스도 예수님의 완전한 지불을 하나님보다는 사탄이 받아들일 만한 가치가 있다고 믿었다. "나는 사탄에게 지불된 속죄 값이라는 그 원시적인 교리에 전적으로 동의하지는 않지만 혐오를 가지고 있지도 않다. 그렇지만 속죄 값에 대한 교리가 변호되어질 수 있는 다른 형태는 있을 수 없다고 생각한다. 그 어떤 것도 아버지에게 지불된 속죄 값의 개념보다는 낫다."

한편 성공회 목사이며 철저한 성직계급주의자였던 그는 '마리아 경배' 와 '예수 경배' 가 거의 다를 것이 없다고 믿었으며, 구원의 방법에 있어서는 침례를 통한 중생을 믿었다. 그는 "우리는 로마 카톨릭 교회가 가르치는 대로 '침례를 통한 중생(Baptismal Regeneration)' 을 가장 중요한 교리로 지킨다. 로마 카톨릭 교회의 관점이 복음주의자들의 관점보다 더욱 더 나를 진리로 가깝게 인도하는 것 같다"라고 했으며, "침례는 우리가 하나님의 자녀들이며 그리스도 예수님과 그의 몸의 일원으로서 하늘 나라의 상속인임을 보장해 준다"고 말하기도 했다. 호르트는 한때 그의 아들에게 다음과 같이 말했다. "하나님께서는 네가 아직 유아였을 때 세례에 의해서 너를 그의 교회, 즉, 사도시대로부터 지금까지 끊이지 않고 이어온 위대한 성회(Divine Society)의 무의식적인 한 일원(Unconscious member)으로 만들어 주셨다."

☆ 영어 성경 번역에 공헌한 윌리암 틴데일

1. 틴데일의 초기의 삶과 망명

틴데일은 1524년 자신의 고향 런던을 떠나 망명객으로 떠돌아다니다가 자유로운 도시 함부르크에 도착했다. 그는 휘튼버그에서 독일의 위대한 개혁자, 루터와 친한 사이로 지냈다. [Ira Maurice Price, 영어 성경의 족보, 1906, p. 245]

2. 틴데일의 신약성경

a. 웅텔이 인쇄함: 1525년 4월, 틴데일은 완성된 신약성경 번역본을 인쇄하기 위해서 쾰른으로 갔다. 그곳에서 그는 후에 자신을 위해 일해 준 숙련된 인쇄공 웅텔을 만났다.

b. 코클레우스가 틴데일 성경 보급을 차단시킴: 틴데일의 작업에 심각한 문제가 발생했다. 종교 개혁 운동의 적, 코클레우스가 틴데일이 영국에 보급하기 위해서 비밀리 인쇄한 성경을 가지고 있는 것을 발견하였다. 코클레우스는 이를 쾰른 당국에 고발하여 틴데일의 작업을 중단시켰다.

3. 두 번째 신약성경 인쇄 및 보급 시도

a. 옴즈(Worms)로 도피한 틴데일: 틴데일은 동료 로에(Roye)와 함께 배를 타고 루터교의 본거지인 옴즈(Worms)로 도피했다.

b. 셰퍼가 틴데일의 신약성경을 인쇄함: 옴즈에서 틴데일은 따뜻한 환영을 받았으며, 그의 번역본을 인쇄업자인 셰퍼에게 넘겨 주었다. 번역본이 완성되었을 때, 신약성경들은 상자에 숨겨 배에 실려 영국으로 보냈다. 틴데일의 영어 신약성경이 영국에 도착하자, 그것을 읽고자 하는 일반 백성들과 불태우고자 하

는 교회 당국으로부터 엄청난 수요가 있었다.[Ibid., p. 246]

c. 틴데일의 신약성경을 파괴하려는 시도들: 대주교 와함은 틴데일의 신약성경을 파괴하라는 칙령을 선포했다. 영국의 모든 당국자들이 틴데일의 성경을 짓밟으려고 애썼지만 소용이 없었다.

4. 틴데일의 신약성경 번역 방법

틴데일의 영어 신약성경은 영어 성경 발전에 매우 중요한 공헌을 했다.

a. 다른 번역본(즉, 모든 부분 그리스어 다수 본문에서 번역함: 위클리프 성경과 달리, 틴데일의 신약성경은 부패한 제롬의 라틴 벌게이트)에서 번역하지 않고, 1516년에 에라스무스가 출판하여 1522년에 개정한 신약성경 그리스 다수 본문에서 번역했다. 이 다수 본문은 후에 공인된 본문으로, 또는 실제로 "공인 본문(Textus Receptus)"으로 불렸으며, 이 본문으로부터 1611년 판 킹 제임스 역본이 번역되었다. 프라이스(Price)가 말했듯이, "틴데일은 벌게이트, 에라스무스가 자신의 그리스 본문을 라틴어로 번역한 라틴어 번역본, 루터의 독일어 번역본을 이용했다."[Ibid. p. 248]

b. 라틴 벌게이트와 다른 점: 틴데일은 자신의 번역에서, 벌게이트와 교회에서 '소중히 하는' 성구들은 따르지 않고, 그리스어를 자신이 느끼기에 원문의 의미를 가장 잘 표현하는 단어로 번역했다. 이와 함께 성경을 몰래 들여온 것이 교회 당국의 미움을 불러 일으켰다.

c. 충실한 그리스어 번역: 그러나, 이러한 모든 반대에도 불구하고, 그리스어에 충실한 틴데일의 신약성경은 "모든 계층을 위한 가장 최고의 신약성경 번역본으로서의 중요성을 확증시켰

다." [Ibid. p. 248]

5. 틴데일의 구약 번역 작업

틴데일의 신약성경이 유포되자마자 그는 히브리 본문으로 구약 번역 작업을 시작했다.

a. 모세오경: 1530년 그는 많은 논쟁을 일으킨 여백 각주를 실은 모세오경 번역본을 출판했다.

b. 요나서: 1531년 요나서가 번역되었다. 모세오경과 요나서는 틴데일의 생존시에 출판된 구약성경의 유일한 부분이었다.

c. 구약성경 번역의 미완성: 틴데일은 그후 3년 동안 개정 작업을 하였다. 1534년, 그는 모세 오경과 신약성경을 개정했다. 그는 동료 죠오지 오예가 자신의 개정본을 발행했기 때문에 구약을 완성하기보다는 신약성경을 개정했다.

6. 배반당하여 투옥되고 죽임을 당함

a. 헨리 필립스가 틴데일을 배반함: 1535년에 영국사람 캐톨릭 신자인 헨리 필립스가 틴데일의 친구인 척 한 후 그를 차알스 5세에게 팔아 넘겼다. 차알스 5세는 틴데일을 브루셀 근처에 있는 빌보드성 토굴감옥에 가두었다. 틴데일은 투옥중에 번역 작업을 할수 있도록 허용되었다.

b. 교살되어 화형에 처해짐: "1536년 10월 6일 틴데일은 공판에 회부되었고, 이단으로 판명되어 사형 선고를 받았다. 그는 존 폭스 같이 기도하며 화형대에 묶였다. 그의 마지막 말은 '주여, 영국 왕의 눈을 열어주소서' 였다.

이와 같이 성경변개 학파의 본산지인 알렉산드리아 출생인 오리겐(Origenes 주후 184~254)은 18세에 신학교 교수가 되어

변증가이며 저술가로서 일생에 6,000권이나 되는 저서를 남기고, 성경을 개정하고 바꾸기 시작한 알렉산드리아 클레멘트(Clement 주후 150~213)의 후계자가 되었던 유명세 때문에 기독교에서는 일반적으로 그를 기독교 신학자로서 좋은 인상을 가지나, 성경변개의 문을 연 자인 것이다. 그는 성경을 은유적이고 영적으로 해석하는 학파의 창시자가 되었으며, 그의 뒤를 이어 어거스틴이(주후 354~430) '하나님의 도성' 이라는 책을 써서 하나님께서 로마교회로 하여금 예루살렘을 대신하게 하셨다는 이론을 펼침으로 신정정치 즉 교황정치의 기틀을 마련한 것이다.

루돌프 키텔은 '하나님의 자비와 자애는 모두를 포용하기에 악마까지도 구원될 수 있으며' '만인구원설' 과 '은유적 성경해석' 이 지론이었으며, 히틀러 치하에서 1937년 제3차 성경 편찬에는 1, 2차 편찬에서의 '전통 마소라 본문' 대신 카톨릭의 '레닌그라드 사본' 을 채용하고 유태인 학살을 정당화하는 성경본문을 만들었던 것이다. BHS(Biblia Hebraika Surtgakten sia) 성경이 그 계통이다.

헬라어 신약성경 사본 역시 웨스트 코트와 호르트, 그리고 네슬-알란드에 의해 심각하게 변개되었다.

그럼에도 오늘날 기독교의 많은 성경이 이러한 변개를 수용하고 있다는 사실은 노아 때에 하나님께서 사람들이 육적이 되어진 것을 한탄하고 불쾌해 하셨던 것보다(창 6:3~7) 더하다는 사실을 깨달아야 할 것이다.

♡ 묵상과 기도

[제 1 장 정리 문제]

1. 왜 신구약 성경 원문(사본)이 두 가지 계통이 있게 되었는가?
   창 3:1~5

2. 마귀는 예수님을 무엇으로 어떻게 넘어뜨리려 하였는가?
   눅 4:1~12 을 하여

3. 마 4:4, 10과 눅 4:4, 8의 비교 ↔ 같은 구절인데 눅 4:4과 8에 삭제된 말씀이 무엇인가? (표준원문에는 똑같이 있는 말씀임)
   눅 4:4 " "
   8 " "

4. 여러 사람들이 하나님의 말씀을 어떻게 한다고 하였는가?
   고후 2:17 "혼잡하게(카펠루오) → "
   고후 4:2 "혼잡하게(돌로우) → "

5. 하나님은 기록하라 하신 말씀(출 24:4,12) 어떻게 하라고 하셨는가?
   신 4:2, 12:32
   계 22:18, 19

6. 하나님은 성경을 어느 민족에게 맡기셨으며, 그들은 얼마나 충실하였는가?
   롬 3:1~2

보존된 성경과 변개된 성경의 유래 대조표 (시 12:6~8)

구약 43권 최초의 원본 기록 (B.C.1440〈모세〉 ~ 397년〈말라기〉까지 1000년
└→ (시편 5권) **이스라엘 백성의 철저한 필사본과 암기로 전승.**

↓

예수님께서 A.D.28년경 1400년간 필사해 온 구약성경을 인정하심(눅 24:27,44)
신약 27권 최초 원본 기록 (A.D.51년 데살로니가전서 ~ 67년 계시록 까지) 17년

↓

A.D.64년 ~ 305년까지 기독교 박해시대에 카타콤 같은데서 성경이 보존되어짐
구약성경 43권을 정경으로 A.D.90년경 유대 얌니야 랍비회의에서 공인함

↓

신약성경 27권을 정경으로 A.D.393년 히포회의와 397년 칼타코회의에서 공인함

↓

코이네 헬라어 표준원문, 구 수리아 역본(A.D.120), 구 라틴 역본(A.D.150),
이태리교회 성경(A.D.180), 골교회 성경(A.D.177~200).

↓

〔보존된 성경〕	〔변개된 성경〕
↓	↓
비잔틴제국 기간 희랍교회들에서 사용한 성경(A.D.312~1453)	오리겐(A.D.184~254)의 헥사플라 성경 5란에서 구약성경 변개
알칸,독일 지역에서 사용한 성경 (A.D.400)	유세비우스 구약 50권 복사본 -바티칸 사본 (A.D.350), 시내사본(A.D.380)
성경 장 구분(영국 켄터버리 감독(?) 랭톤 또는 추기경 후고 - A.D.1250년경)	제롬의 라틴어 벌게이트 역본(A.D.415)
	↓
히브리어 벤카임 맛소라 전통원문(A.D.1500년)	
에라스무스 헬라어 성경(A.D.1519)	A.D.1500년이후 헬레니즘의 영향으로
딘테일 영어 성경(A.D.1525)	종교개혁과 성경본문 비평이 활발해짐
루터- 독일어 전통원문 성경 번역(1534)	↓
스테파누스 헬라어성경(A.D.1550)	
└→ 신구약 장절 표시 성경(1555)	↓
베자 헬라어 성경(A.D.1598)…→⋮	예수회의 림즈 듀웨이 영어 역본성경
킹제임스 영어 성경 번역(A.D.1611)	└→ (A.D.1582)카톨릭 공식 성경
스테파누스. 엘지버 헬라어 성경(A.D.1633)	
└→ 공인본문(T.R)으로 알려짐	

<table>
<tr>
<td>↓

전통원문 직역성경 없이 온 한국교회

↓</td>
<td>**여러 비평가들이 변개 편집한 헬라어 성경들**
- 그리스 바흐(A.D.1812),
변개된 헬라어 성경 사본 라흐만(A.D.1851
트레겔레스(A.D.1872) 리젠돌프(A.D.1874)
↓
(없음)으로 변개된 헬라어 성경 사본 웨스트 코트와
↓ 홀트(A.D.1881) 한글 개역성경의 근본
영어 개역본(ERV -A.D.1881/1885)
로스 최초 한글 예수교 성ㅅ 고전서 발행(A.D.1887)
(중국성경으로 번역하고 영어성경을 참조함)
네슬 알란드 변개 헬라어 성경 1-26판(A.D.1898~1979)
미국 표준역(ASV -A.D.1901) ← KJV의 주를 여호와로

한글 성경전서(구약) 발행(A.D.1911)
루돌프 키텔 구약 전통원문 벤카임 맛소라를 변개 발행
(구약 2,000군데 이상 변개)
한글 개역성경 발행(A.D.1938) ← 표준말로 고침
한글 성경전서 발행(A.D.1952) ← 한글 맞춤법으로
(※ 첨가 삭제 혼역이 임의로 이루어짐)
영어 개역 표준 역본(RSV -A.D.1952)
영어 신세계 역본(NWRSV -A.D.1957)
신 미국 표준 역본(NASV -A.D.1959)
└→ 두 아들 비유 변개함(반 유태주의)
한글 성경전서 발행(A.D.1961) ←개역 한글성경
(신 미국 표준 역본을 따름)</td>
</tr>
<tr>
<td>킹제임스 영어성경으로 번역한 한글 신약성경(A.D.1990)

킹제임스 영어성경으로 번역한 한글 킹제임스 신구약성경(A.D.1994)

전통원문(TR) 직역 한글성경이 시급히 요망됨</td>
<td>영어 새 개역 표준 역본(NRSV -A.D.1970
한글 공동번역 성서(A.D.1977)
영어 새 국제 표준 역본(NIV -A.D.1978)
뉴 킹제임스 역본(NKJV -A.D.1982)
한글 현대인의 성서(A.D.1986)
한글 현대어 성경((A.D.1991)
한글 표준 새번역((A.D.1993)
21C KJV (A.D.1994)
한글 개역 개정판(A.D.2003)← 신 미국 표준역 마 21장
└→ **두 아들 비유를 바로함(성경 변개 자증됨)**</td>
</tr>
</table>

♤ 쉼터 ♤

어떤 환자가 복통을 일으켜 병원에 입원했다. 의사는, 체했으니 주사 한 대 맞으면 즉시 나을 것이라고 했다. 그런데 진통은 별로 가시지 않았다. 다음날 회진 온 의사는 맹장이라고 하며 며칠 경과를 보다가 수술을 해야겠다고 하였다. 그런데 다음 회진을 와서는 아무래도 위암인 것 같다고 하는 것이었다. 화가 난 환자, "여보시오, 의사 선생. 사람을 놀리시오? 무슨 병이 하루가 다르게 계속 바뀌는 거요?"라고 하자, 그 의사 태연하게, "모르시는 말씀 하시는군요. 현대의학은 하루가 다르게 발전하는 것을……."

제 2 장

바른 사본(원문)에서 정확하게 직역한 역본이라야 바른성경이다

하나님께서 친히 하신 말씀을 기록하고 보존하도록 선택하여 맡기신 유대인들의 성경보존을 위한 지극한 정신을 본받아야 할 것인즉, 오늘날 기독교는 성경말씀에 대한 관념을 철저히 새롭게 하여 각성해야 할 것이다.

1. 바른성경 사본(원문)이 있는가?

이상에서 말한바와 같이, 사탄은 인류의 시초 아담 하와로부터 하나님을 믿는 자들로 하여금 하나님의 말씀을 경홀히 여기게 하고, 더하거나 빼거나 하는 일을 조장할 뿐 아니라, 불신하고 거역하게 하고 있다는 사실(창 3:1~5)을 명심하여야 할 것이다. 뿐만 아니라 주님께서 요한계시록 22:18~19절에 말씀을 더하거나 빼는 자들에 대한 엄중한 경고를 하셨다는 사실에, 정신 차려야 할 것이다.

성경 바른 사본(원문)에서 직접 번역한 역본이 아니고, 역본에서 다시 번역한 번역(중역)본은 아무리 잘하여도 본래의 성경 말씀에서 멀어지는 것이다. 그러므로 최소한 바른성경이라 하려면 바른 사본(원문)에서 직접 번역한 역본이라야 하는 것이다. 그렇다면 성경 원본과 같은 사본(원문)이 오늘날까지 있을 수 있는가? 하는 것이다.

● 예수님께서 구약 사본성경을 성경으로 인정하셨다.

【 마태복음 4:4 】← 예수님께서, 당시 1,400년 이상 수없이 반복 필사되어온 필사본인 구약성경 신명기 8:3절에 기록된 말씀, "기록되었으되 사람이 떡으로만 살 것이 아니요≪**참으로**≫ 하나님의 입으로 나오는 모든 말씀으로 살 것이라" 고 하신 필사본 성경에 기록된 말씀으로 사탄을 논박하신 것이다.

여기서 '기록되었으되' 라는 말은 완료시제(it is written)로 되어 있는데, 이것은 과거에 기록되었고, 그 당시에 기록된 상태로 보존되었으며, 현재 시점까지도 보존되어 있음을 의미한다. 그렇기 때문에 주 그리스도 예수님께서는 친히 읽으신 구약성경의 권위를 인정하셨던 것이다.

구약성경 신명기는 주전 1445년경 모세에 의해서 기록된 말씀인데 주후 27년경 예수님 당시까지 무려 1400여 년 동안 무수히 반복하여 베껴 온 성경 필사본임에도 예수님께서는 이것을 "기록되었으되" 라고 성경으로 말씀하셨으니, 예수님의 이 말씀이야말로 아무리 오랜 세월을 성경이 수없이 필사되어도, 변함없이 보존되게 하신다는 확고부동한 증거이며, 믿음을 주는 것이다. 다만 사탄과 사람으로 말미암아 변개된 성경이 있으므로, 그것이 어떤 것임을 분별하는 자가 되는 것이 중요하다. 변개된 사본이 있음을 유심히 살펴야 한다.

【 마태복음 5:17~18 】← 예수님께서는 여기에서 '율법이나 선지서' 를 말씀하신다. 이것은 전통 히브리 마소라 구약성경 원문에 관해 언급하는 기술적인 표현으로, 구약성경이 율법과 선지서들과 기록들의 세 부분으로 구분된다는 말씀이다. "율법과 선지서들" 이라는 표현은 이 세 가지 부류를 모두 언급하는 것으로서, 율법(**토라**)은 처음 다섯 권의 책을 언급하고, 선지서들(**나비임**)은 포로기 이전 및 이후 선지서들을 모두 포함하여 지칭하며, 기록들(**케투빔**)이라 함은 시편과 그 외의 나머지 책들을 지칭한다. 17,18절에서 예수님께서는 이렇게 말씀하신다.

"내가 율법이나 선지자(서)나 폐하러 온 줄로 생각지 말라. 폐하러 온 것이 아니요 완전케 < ***πληρῶσαι***(플레로~사이) (내용을) **충만하게, 가득차게,** (예언을)**성취하게** > 하려 함이로라, 진실로 ≮ **내가** ≯ 너희에게 말하노니, 천지가(하늘과 땅이) 없어지기 전에는, 율법의 일 점 일 획이라도 반드시 없어지지 아니하고 다 이루리라 < ***γένηται***(게네타이) **계속하리라, 이루어지리라, 수행되리라, 요구하리라** > " 하셨다. 예수님께서는 그 당대에 히브리어 성경에서 발견되는 단어들과 글자들은 물론, 글자의 일부분까지 언급하셨다. 즉 일 점 일 획도 모든 것이 다 이루어질 때까지, 아무리 작은 것이라고 할지라도 무시되어서도, 삭제되어서도, 바뀌어서도 안된다고 말씀하신 것이다. 그러므로 주님께서는 주님 당대의 전통 히브리 마소라 원문에 일 점 일획까지 정확무오한 하나님의 말씀으로서의 권위를 부여하셨던 것이다. 모세로부터 주후 27년경까지 무려 1,470여 년을 구약성경말씀을 정확무오하게 지켜 보존하게 해 오신 하나님께서 그 이후 유대인 사도들을 통해 기록하게 하신 헬라어 신약성경은 그렇게 보존하시지 않으셨겠는가?

【누가복음 24:27】← 부활하신 예수님께서 엠마오로 가는 제자들에게 말씀하시면서 다음과 같이 그들을 가르치셨다. "모세와 모든 선지자≪들≫의 글로 시작하여, 모든 성경에 쓴바 자기에 관한 것을 자세히 설명하시니라" "모세와 선지자들"이라고 말씀하셨다. 여기에 '기록들'이라는 말은 없지만, 이것은 히브리어 성경의 세 부분, 즉 율법과 선지서들과 기록들(모든 성경)을 언급하신 것이니, 예수님 당시에 있었던 전통 마소라 구약 히브리어 사본(원문)의 권위를 주님께서 인정하신 것이다.

【누가복음 24:44】← "또 이르시되 내가 너희와 함께 있을 때에 너희에게 말한 바, 곧 모세의 율법과 선지자≪들≫의 글과 시편에 나를 가리켜 기록된 모든 것이 이루어져야 하리라 한 말이 이것이라 하시고" '시편에'라는 말은 히브리어 정경이 세 부분으로 나뉘고 있음을 정확하게 입증하고 있다. 즉, 모세의 율법(토라)과 선지서들(나비임)과 시편들 또는 기록들(케투빔)로 나뉜다. 오늘날 유대인들은 이것을 "타나흐"(TANACH)라고 부르는데, 그 말의 "타"(TA)는 토라(TORA)에서, "나"(NA)는 나비임(NAVIIM)에서, "흐"(CH)는 케투빔(KETHUVIM)에서 각각 따왔다. 다시 말해서 "타나흐"라는 것은 온전한 히브리 맛소라 구약성경을 단축하여 일컫는 말이다. 주님께서는 온전한 히브리 마소라 구약성경 본문을 인정하셔서 권위를 부여하셨다. 그런데도 불구하고 "주 그리스도 예수님께서 칠십인역의 구약성경을 사용하지 않으셨습니까? 그분이 칠십인역을 언급하지 않으셨나요?"라고 말하는 사람이 적지 않다. 그러나 사실은 그렇지 않다.

칠십인역은 주전 285년~247(38년간) 이스라엘 12지파에서 6명씩 파송된 72인이 히브리어 성경 모세오경을 헬라어로 번역한 것이다. 그 외 구약의 다른 부분은 주전 150년경까지 다른 사람들에 의해 번역되어 완성되었고 외경들도 포함되었다. 모세오경은 충실히 번역되었으나 그 외 부분은 그렇지 못했다.

예수님께서는 모세의 율법과 선지서들과 시편을 말씀하셨는데, 칠십인역에서는 이처럼 분류하지 않는다. 칠십인역에는 사이사이에 외경이 포함되어 있을 뿐 아니라 그 배열이 전통 히브리어 본문과 같이 "율법과 선지서들과 시편"의 순이 아니라, 칠십인역(**한글 개역**) 성경은 "율법과 역사와 시편과 선지서들"의 순으로 되어 있으니, 예수님께서 말씀하신 히브리어 성경의 배열순서와 다른 것이다.

유대인들은 히브리어 구약성경 순서를 세 부분 24권으로 하였다. **율법서 5권** ▷ 창, 출, 레, 민, 신. **예언서 8권** ▷ 전기→ 수, 삿, 삼, 왕. 후기→ 사, 렘, 겔, 12소선지서. **성문서 11권** ▷ 욥, 시, 잠, 전, 아, 룻, 애, 에, 스, 느, 역, 단.

이 세 분류 순서로 되어 있는 히브리어 구약성경과 공인본문 헬라어 성경이 영국 The Trinitarian Bible Society(삼위일체 성경협회)에서 발행되어 있다. 저자는 이 성경을 가지고 있다.

칠십인역이 예수님께서 세상에 오시기 무려 247년 전에 모세오경 히브리어를 헬라어로 번역 완성하였고, 그 이후 150년 간 여러 사람들에 의해 구약성경 전부가 헬라어로 번역되었으나, 예수님께서는 회당에 비치된 히브리어 성경 이사야서를 읽으셨지, 헬라어로 번역된 칠십인역 성경 이사야서를 읽으신 것이 아니다. 그리고 예수님께서 당시 회당에 비치된 히브리어 구약성경 사본의 어떤 본문이나, 어떤 단어, 어떤 글자도 오류가 있다고 말씀하신 적이 없으셨다. 예수님께서는 "모세가 여기에서는 고문서를 사용하고 잘못 인용했군, 그것은 이렇게 됐어야 했는데"라고 말씀하신 적이 없다. 주님께서는 어떠한 경우에도 원문을 비평하려고 한 적이 없으셨다. 만의 하나라도 본문이 변개되어 있었다면, 주님께서는 그것을 바로잡으셨을 것이다. 그러나 전혀 그러실 필요가 없었다. 왜냐하면, 성경이 처음 기록되었던 상태 그대로 보존되어 있었기 때문이다. 그러므로 마소라 원문은 예수님께로부터 권위를 인정받은 것이다.

예수님께서는 주전 285~150년경(135년간) 히브리 성경을 헬라어로 번역한 칠십인역 성경을 읽지 않으셨고, 또 인정하시지 않았다. 그런데도 기독교는 칠십인역 헬라어 성경이 가장 오래 전에 번역된 성경이라는 이유 하나로만 대단히 존중하고 신뢰하는 것이다. 주후 90년에 유대인 학자들이 얌니아(Jamnia) 회의에서 39권으로 된 구약정경 결정을 선포했을 때, 알렉산드리아에 있는 유대인들은 이의를 제기, 구약성경에 외경을 다 넣어 가지고 정경으로 해야 한다고 주장하였다. 그들의 헬라어 구약성경 70인역은 배열을 다르게 하였다. 현재 한글 개역성경과 NIV처럼 모세오경을 제외하고 순서를 많이 바꾸어 버린 것이다.

얌니아(Jamnia) 회의 이후부터 구약 정경은 두 가지 전승으로 나누어지게 되었다. 개신교는 종교개혁 이후로 구약성경을 외경을 제외한 39권만을 정경으로 인정하게 되었다. 신약 27권을 정경으로 채택한 때는 주후 393년 휩포 레기우스에서였다. **(시편이 5권이므로 성경은 모두 66권이 아니라 70권임)**

그러면 신약성경 원본에서 필사한 사본은 어떻게 보존되었는가 하는 것이다. 신약성경의 원본은 사도 바울이 기록한 신약 14권 중에 옥중서신이 주후 65년경에 마지막 기록되었고, 사도 요한의 요한계시록은 주후 67년경에 기록되었으며,(본 저자의 바른 요한계시록 주석, 기록시기 참조) 당시 교회는 초대교회로부터 로마 10대(A.D. 54년→네로, 81년→도미티안, 117→하드리안, 161년→안토니우스, 194년→세티미우스, 235년→막세미누스, 250년→데시우스, 262년→발레리안, 272년→아우렐리안, 284년→디오클레티안) 황제들에 의해 250여년 간 박해시대에 처해 있어, 말 그대로 순교시대로서 성도들에게 성경이야말로 유일한 소망이요, 위안이요 힘이었던 것이다. 로마 카타콤 동굴의 묘비석에서 가장 오래된 것은 주후 71년의 것이라고 하는데, 카타콤의 동굴 같은데서 일생을 살며 죽어 갔던 성도들은 주로 무슨 일을 하고 무슨 일을 중요시했겠는가? 짐작하고도 남는다. 성경을 필사하고 읽고 상고하는 일이 위주였다고 한다.

A.D. 1947년경부터 사해 북서단 쿰란 동굴들에서 발견된 구약성경 사본 「사해 두루마리」를 비롯한 수많은 단편 필사본 조각들은 초기 기독교 시대에 제사장과 평신도로 구성된 쿰란 종파 신도들이 매마른 불모지인 동굴에 거주하면서 밤낮으로 율법을 연구하며 문서 필사하는 일에 얼마나 열중했던가를 입증해 주는 것이다. 그들의 삶에 성경필사는 가장 소중한 일이었던 것이다.

구약시대 서기관들이 히브리어 성경을 필사하고 보존했던 것 이상으로, 구약성경과 함께 신약성경도 정확하게 필사되고 보존되어졌다. 하나님께서는 주후70년 예루살렘 멸망 이전(64년 네로 황제박해)부터 성경을 보존케 하시려고 교회를 로마 황제 10대에 걸쳐 무려 250여 년 간 박해시대에 두심으로(주후 313년 콘스탄틴 황제의 기독교 자유령 선포까지) 구약성경과 함께 신약성경도 동일하게 유대인 그리스도인들을 통해 정확하게 수없이 필사하게 하시고 전수되게 하신 것이다. 할렐루야! 아멘!

● 신약 사본(원문)의 보존 근거

1967년도까지 존재한 헬라어 신약성경 사본의 수는 모두 5,255개이다. 이런 사본들은 81개의 파피루스 사본과 267개의 대문자 사본, 2,764개의 소문자 사본, 그리고 2,143개의 성구집(혹은 기도문)등이 있다. 다음의 표는 이런 사본들이 어떤 본문을 지지하는지를 잘 보여주고 있다.

사본 종류	개수	공인본문을 지지하는 사본들	웨스트코트/호르트 및 네슬레/알란드 본문을 지지하는 사본들
파피루스	88	75 (85%)	13 (15%)
대문자 사본	267	258 (97%)	9 (3%)
소문자 사본	2,764	2,841(99%)	23 (1%)
기도문 등	2,143	2,143(100%)	0 (0%)
합계	5,255	5,210 (99%)	45 (1%)

위의 표에서 볼 수 있듯이 현존하는 사본들의 99%가 『공인본문』을 지지하고 있으며, 이 사실은 초대교회로부터 오직 『공인본문』 만을 하나님의 말씀으로 인정하고 필사하여 사용하였음을 보여주는 것이다. **존 버간**(John Burgan)**은 이 비잔틴원문에 대한 권위 있는 수호자로, 그는 이 원문을 '전통원문'** (Traditional Text)**이라고 명명했는데, 이는 이 원문이 사도시대부터 오늘날에 이르기까지 신실한 그리스도인들을 통해 온전히 전수되었기 때문이라고 했다.**

잭 무어맨은 현존하는 88개의 파피루스 단편 사본들을 연구한 결과 그 중 13개는 비평본문에 맞고, 75개는 전통본문에 맞다고 보고하였다. 대문자 사본들은 267개가 있는데 그 중 오직 9개만 비평본문에 맞고, 258개는 전통본문에 맞는다. 소문자 사본들은 2,764개가 있고, 그 중 오직 23개(1%)만 비평본문에 맞고, 2,741개(99%)는 전통본문에 맞다. 성경 교독문 사본들이 2,143개가 있는데 그것들은 100% 전부가 전통본문에 맞다. 합치면, 현존하는 신약성경 본문 사본들 5,255개 중 단지 45개(1%)만 비평본문에 맞고 나머지 5,210개는 전통본문에 맞는다고 하였다.

뿐만 아니라, 초대 교부들의 성경 인용문들에서 전통본문은 풍성하게 증거 된다. 19세기에 전통본문의 옹호를 위해 가장 크게 활약했던 존 버간의 책들을 그의 사후에 편집했던 에드워드 밀러는 보고하기를, 주후 400년 이전에 죽은 76명의 교부들의 4,383개의 인용문들 가운데서 전통본문으로부터의 인용문들은 2,630개(60%)이었고, 비평본문으로부터의 인용문들은 단지 1,753개(40%)이었다고 했다. 이것은 전통본문이 후대의 본문이 아니며 매우 고대적 증거를 가지고 있다는 것을 의미한다.

그러므로 신약성경의 본문 문제에 있어서 우리는 성경 원본의 본문이라고 보기에는 신빙성이 적은 비평본문이 아닌 전통본문으로 돌아가야 한다고 믿는다.

『공인본문 ~Textus Receptus TR』은 '누구나 이를 인정했다' 는 의미의 공인본문(共認本文)이며, 따라서 이것을 다수가 필사한 것이라 하여 「다수필사본 ~Majority Texts」이라고도 한다. 이 본문은 다수사본에 근거했기 때문에 「다수본문」이라고도 하며, 가장 널리 사용되었기에 「보편적본문」이라고도 하고, 「비잔틴사본 ~Byzantine Text」이라 하는 것은 다수필사본이 비잔틴제국 기간 동안(주후 312~1453년) 거의 모든 지역에서 일반적으

로 사용된 헬라어 신약원문이었기 때문이다. 종교개혁 이전 수세기 동안 비잔틴 원문은 전체 희랍교회들과 헬라어를 사용하는 그리스도인들의 성경이었다. 종교개혁 이후 수세기 동안에도 비잔틴원문은 전체 프로테스탄트 교회의 성경이었다. 「루터성경(1534)」과 「킹제임스성경(1611)」및 다른 프로테스탄트 역본들이 이 원문으로부터 번역되었기 때문이다.

루터와 칼빈이 읽던 성경과 지금 대다수의 기독교인들, 특히 한국교회가 읽는 개역성경은 30,000글자 이상이 다르다.

잘못된 견해를 지닌 학자들은 다수의 필사본에 대해서 경시하고 가장 오래된 필사본을 신뢰해야 한다고만 주장한다. 그래서 그들은 4세기의 필사본인 「시내사본」과 「바티칸사본」을 따라야 한다고 한다. 그들은 전통원문(다수 필사본, 비잔틴원문, 시리아원문)을 대표하는 『공인본문 ~Textus Receptus TR』을 열등한 것으로 취급하려 한다. 그러나 오래된 것이 정확한 것이라 함은 논리에 타당하지 않다. 뿐만 아니라, 이들 오래된 필사본이 깨끗하게 보존된 상태로 오랫동안 남아 있다가 발견된 것은, 그 본문자체에 문제가 있어서 사람들이 사용하지 않고 내버려두었기 때문에, 닳거나 훼손되지 않고 깨끗한 상태로 남아 있었던 것이다. 오래된 필사본을 주장하며 변개된 「시내사본」과 「바티칸사본」을 선호하는 현대 성경변개의 대표 주자인 커트 알란드 조차도 "오래된 것이 가장 우월한 사본이라고 할 수 없다" 고 하였으니, "파피루스 47(p47)은 필사본들 중에서 가장 오래된 것이며 계시록의 전체 또는 거의 전체본문을 담고 있지만 확실하게 가장 우월한 것이 아니다" 고 한 것이다.

그와 반대로 올바른 필사본들은 지속적으로 회람되고 필사되며 마모되었기에, 초기 것들은 없어지고 후대의 것들이 남아 있어 연대가 오래지 않으나 다수를 이루는 필사본들이 최초의 원본을 정확히 제시한다는 사실은 더 강한 역사적 논리적 증거를 지니는 것이다.

널리 분산된 필사본을 통해 어떤 필사본의 실수가 있을 때, 그 잘못된 것이 명확하게 드러나며 쉽게 바로잡아질 수 있었던 것이다. 그러므로 하나님의 섭리로 주후 1450년 인쇄술이 발명되기까지, 오랜 세월 동안 구약의 필사 전통을 이어 받아 필사되어 왔기에, 필사본들의 거의 모든 본문이 올바르게 일치하는 것이다.

이러한 전통원문은 주후100~300년대에 바른성경으로서 현저하게 사용되었으며, 헬라어를 사용하는 교회들에 의해 권위를 인정받은 것이다. 반면에 회람되지 않은 변개된 필사본들은 폐기되어 있었으며, 이렇게 회람이 중단된 것 중에 대표적인 것이 「바티칸사본」과 「시내사본」인 것이다. 그러나 순수한 필사본들은 지속적으로 사용되었기에 마모되어 없어졌으며, 이러한 이유로 오늘날까지 비교적 후대의 것이면서도 최초의 원본을 그대로 전수한 다수필사본들을 소유할 수 있게 된 것이다.

♡ 묵상과 기도

2. 각국 번역성경들의 사본(원문) 계통

그러므로 바른성경을 가지기 위해서는 번역을 잘했느냐 보다, 먼저 어느 계통의 사본에 따라 번역된 것인가를 확인해야 하는 것이 더 중요하다.

● 각국 번역성경들의 사본 계통

영어성경에서 「킹제임스 성경(주후 1611년)」을 제외한 많은 현대역본, ASV(미국표준역), NASB(신미국표준역), LB(리빙바이블), NIV(신국제역), NWT(신세계역), RSV(개정표준역), TEV(현대인의성경), NKJV(신킹제임스역), RV(영국개정역)들과 스페인에서는 「레이나 발레라성경(주후 1909년)」을 제외한 스페인 성경들과 이탈리아에서 「디오다티성경(주후 1607년)」을 제외한 이탈리아 성경들, 그리고 프랑스에서 「올리베탄성경(주후 1535년)」을 제외한 프랑스 성경, 독일에서는 「루터성경(주후 1534년)」을 제외한 독일어 성경들은 웨스트코트/호르트의 변개된 헬라어 편집본을 근간으로 하여 역본된 것이다. 그리고 그 이외의 다른 언어로 번역된 성경들에는 올바른 원문(사본)에서 역본 또는 번역된 성경들이 공존하고 있다.

그 밖의 역본들을 보면, 초대 교회는 전도자들의 선교 활동을 돕고 개종자들에게 그들의 모국어로 된 성경을 제공하기 위해 그리스어 성경을 다른 언어로 번역할 필요가 있었다. 그리하여 신약성경이 근동 지방과 남부 유럽 여러 민족들의 언어로 번역되었는데, 현재 고대 이집트어인 콥트어를 비롯하여, 고트어, 아르메니아어, 시리아어, 그루지아어, 이디오피아어, 아랍어 역본 등이 전해지고 있다.

세계성서공회연합회의 통계에 따르면 2003년 12월말까지 현재 전세계에서 통용되는 6,500여 개 언어 가운데 414개 언어로 신·구약을 합친 성경전서가 번역되었으며, 신약만으로는 1,068개 언어로 번역되었고, 단편(쪽복음)으로만 번역된 언어 숫자는 873개로서 모두 2,355개 언어에 이른다고 발표했다.

● 한글 개역성경의 번역 사본 계통

한국에 성경이 처음으로 전해진 것은 1810년 알세스트호(號)의 함장 M.맥스웰이 첨사 조대복에게 건네준 한문성경이 그 효시이다. 그 후 R.모리슨, X.A.F.구츨라프, R.J.토머스 선교사 등에 의해 한문성경이 속속 전해졌다. 이후 성경의 한국어 번역은 만주와 일본에서 각각 진행되기 시작하였다. 만주에 와서 선교사업을 하고 있던 스코틀랜드의 선교사 J.로스와 J.매킨타이어가 만주 우장(牛莊)에서 한국인 이응찬, 백홍준, 서상륜 등의 협력을 얻어 1882년에《루가의 복음서》《요한의 복음서》, 84년에《마르코의 복음서》《마태오의 복음서》, 85년에《로마인들에게 보낸 편지》《고린토인들에게 보낸 첫째 편지》《고린토인들에게 보낸 둘째 편지》《갈라디아인들에게 보낸 편지》《에페소인들에게 보낸 편지》등을 번역 출판하였고, 87년에 이르러《예수교전서》라는 이름으로 신약성경이 완역되어 간행되었는데, 이것이 곧「로스 번역(Ross Version)」이라는 것이다.

한편, 일본에서는 이수정이 일본 성서공회의 총무인 H.루미스 목사의 도움을 얻어 한문에 토를 단《현토한한신약성서(懸吐漢韓新約聖書)》를 1884년에 요코하마[橫濱]에 있는 대영 및 외국 성서공회를 통해 출간했는데, 이것은 복음서와《사도행전》만을 포함하고 있었다. 이어서 그는 1885년에《신약 마가젼 복음셔 언됴》을 요코하마의 미국성서공회를 통해 1,000부를 간행하였는데, 이것이 H. G. 언더우드가 한국에 들어올 때 가지고 온 우리말 성경이였고, 언더우드는 그것을 1894년에 서울에서 수정, 출판한 바 있다. 한국 내에서의 성경 번역사업은 1893년에 공선 성서번역위원회가 조직되어 1900년에 신약이 완역되었으나, 미흡한 점이 많아 1904년에 개역이 완료되었고, 1906년에 다시 수정하여 공인역으로 출판하였다. 이것이 1937년 개역성경이 발간 될 때까지 사용되었던 성경이었다.

구약성경은 1910년에 완역되어 1911년에 신약성경과 함께 《성경전서》로 합본, 간행되었다. 이것은 실로 한국에 기독교 선교사가 들어온지 25년만에 이루어진 일이었다. 구약성경을 번역 완료한 1910년 한국 가톨릭교회는 비로소 한기근 신부가 불가타역을 대본으로 신약성경 중 4복음서만을 번역 완료하여 《태태(怠怠)성경(四史聖經)》이라는 이름으로 출판하게 되었다. 한기근 신부는 22년에 《사도행전》《종도행전(宗徒行傳)》을 번역 완료하여 4복음서와 합해서 간행하였다. 신약성경이 완역 출간된 것은 1941년의 일이었고, 이 번역본이 1971년까지 한국 가톨릭교회의 공인번역본으로 사용되었다. 가톨릭교와 프로테스탄트가 합동으로 번역 출판한 《공동번역성서》는 1968년 "신구교 구약성서번역위원회"가 조직됨으로써 번역이 시작된 이 공동번역은 1971년 부활절을 기해 신약성경이 출판되었고, 1977년 부활절에 때를 맞추어 구약성서 번역이 끝나 신약과 합본으로 출간되기에 이르렀다. 한국에서 성경의 사역(私譯)은 1957년 8월 그리스도교 잡지인《기독교계》창간호에 실린 박창환의 《에베소서》사역이 그 첫 시도였다. 그후 《빌립보서》,《 골로새서》가 사역되었다. 동지 제4호에 김정준의 《시편》사역이 몇 편 실렸고, 1961년에는 복음동지회에 의해 《마태복음》이 출판되었다.

그렇다면 한글 개역성경은 어느 계통의 사본(원문)계열에 속한 것인가? 연합성서공회(UBS)와 대한성서공회 및 세계 여러 성서공회에서 사용한 구약 사본(원문)은 1937년 히틀러 수하에서 일하던 루돌프 키텔이 『전통마소라본문』을 페이지마다 평균 15~20 군데씩 수정하여 편찬한 BHS(Biblia Hebraika Surtgakten sia)이다.

그리고 한글 개역성경이 사용한 신약사본은 '다수필사본' 인 『공인본문~Textus Receptus, TR』곧 『전통본문~~Traditional Text』이 아니고, 위에서 말해온 변개된 원문계통이기 때문에 번역상의 오류는 물론, 보다 근본적이고 중요한 원문선정의 오류를 지니고 있어, 지엽적인 성경 개역은 의미 없는 일인 것이다. 현재 NIV와 같은 한글 개역성경은 바른성경과는 30,000군데 이상의 차이를 보이고 있다. 잘못된 원문에서 번역되었기 때문이다. 그런데도 한국교계의 신학자들은 원문선정의 잘못은 지적하지 않고, 번역상의 문제만을 시비하고 있는 실정이다.

한국어로 성경을 제일 처음 번역한 사람은 중국의 만주(요녕성)지방에서 활동한 스코틀란드 연합장로교회에서 파송 받은 존 로스(John Ross) 선교사였다. (옛날 중국 만주 ~지금 동북 3성~ 지방에 한인들이 많이 살았으므로) **한국어로 성경을 번역한지 11년만인 1887년에 신약성경을 출간하게 되었다. 이 번역본이 한글성경의 효시였다. 그러나 존 로스 선교사가 자기의 고국인 스코틀란드에 선교보고를 한 내용에 따르면 그가 번역하기 위해 사용한 본문(Text)은 로마 카톨릭이 고수하고 있는 알렉산드리아의 소수본문(Minority Text) 계통인 영국의 개정역(Revised Version)과 중국어 성경이었다.**

그런 후에 한국 국내에 언더우드와 아펜젤라 선교사가 들어온지 8년만인 1893년에 미국 성경협회(American Bible Society)의 지원하에 주로 장로교와 감리교단으로 구성된 한글 성경번역을 위한 공식적인 두 개의 기구(**상설 성경위원회. 성경번**

역자회)가 설립되었다. 그 두 기구의 주도하에 1906년에 신약성경이, 그리고 1911년에는 구약성경이 번역되어 신구약성경 전체가 출판되었다.

그러나 이번에도 번역자들은 바른성경의 계통이 아닌 웨스트코트와 호르트의 수정본(The Westcott/ Hort Text, Revised Text)**계열인 네슬 25판**(Nestle 25th edition)**을 번역원문으로 사용한 것이다. 영어성경 대본으로는 영국의 개정역**(RV)**과 미국표준역**(American Standard Version)**을 채택하여 사용하였다.**

두 번째 공식적인 한글성경은 1911년에 첫 번역본인 한글성경전서가 나온 지 27년 후인 1938년에 한글성경 개역판이 출간되었다. 미국인 케이블(Elmer M. Cable), 스토크스(Marion B. Stokes), 로버트 하디(Robert Harde)등과 한국에서는 남궁혁, 김인문, 김정삼씨 등이 참여하여 구약을 번역하였고, 신약은 스토크스(Marion B. Stokes), 윈(Samuel Winn) 등 16명의 미국인과 남궁혁, 정태운 등 9명이 참여하였다.

이번에도 성경번역에 있어서 가장 중요한 문제인 구약 원본은 오리겐(Origen)**의 70인역**(Septuagint)**과 웨스트코트/호르트 원본 '네슬25판' 을 사용하였고, 신약은 영국 개정역**(RV)**과 신 미국표준역**(NASB)**을 사용하였다. 한국인 번역자들이 원문인 히브리어와 헬라어를 직접 한국어로 번역하기는 어려웠고, 미국인 번역자들은 한국어를 충분히 구현하지 못하였기 때문에, 결국은 영어성경인 영국의 개정역**(RV)**과 미국의 표준역**(ASV)**에 의존할 수밖에 없었다. 때로는 필요한 경우 중국어 성경과 일본어 성경도 참조하여 번역하였다고 알려지고 있다. 이러한 사실은 1961년에 1938년판 성경개역을 다시 개정한 현재의 한글 개역성경**(공식명칭은 성경전서 개역 한글판)**의 내용이 거의 혼합적인 성**

격을 띄고 있는 것을 보면 알 수 있다.

(개역 한글성경의 인명과 지명이 모두 헬라어나 영어성경 발음 표기대로가 아니고, 1887년 최초에 중국어 성경으로 번역된 중국어(韓字) 발음표기대로 했기 때문에 한국교회는 성경의 인명과 지명이 구약 히브리어와 신약 헬라어와 99.9%가 다르게 표현되어 굳어졌다.)

♡ 묵상과 기도

3. 바른 사본(원문)에서 직접 번역한 성경이라야 한다.

제아무리 학식과 번역기술이 능하고 신중하게 번역할지라도 그가 번역하는 히브리어나 헬라어 본문보다 더 나을 수는 없다.

● 바른 사본(원문)에서 직역하되 바른 신앙자가 해야 한다.

바른 히브리어 헬라어 사본(원문)에서 직역하지 않고, 사본에서 번역한 역본으로 또다시 번역하면 자연히 말이 원문에서 조금 더 멀어지기 마련이다. 어떤 본문을 그리고 누가 어떻게 번역하느냐에 따라 그 번역 성경의 질과 내용이 크게 달라지게 된다. 그러므로 성경은 반드시 사본(원문)에서 번역한 역본으로 다시 번역해서는 안되며, 사본(원문)에서 직접 번역한 역본이라야 한다. 그래야 최소한 「성경」이라는 이름을 붙일 수 있을 것이다. 이것은 구약의 유대인들이 하나님의 말씀인 성경을 얼마나 엄중히 존중했는가를 십분의 일만 따른다면 그러해야 할 것이다. 역본성경이 아닌 번역성경은 오류가 너무 많기 때문에 성경이라 하기보다는 성경해설집이라 하는 것이 하나님 앞에서 심판이 가벼울 것이라 생각된다.

또한 역본이든지 번역본이든지 번역하는 사람은 하나님 앞에 영광스러운 일을 하는 동시에 엄청난 책임이 따른다는 것을 깊이 명심해야 하는 것이다. 예수님과 사도들이 전한 복음을 바로 체득한, 성령님으로 충만한 사람으로서 원어 번역에 은사를 받은 사람이 번역하도록 해야 할 것이다. 그리고 성경을 번역하는 사람만 아니라 성경을 해석하여 전하고 가르치는 자도 영광만 아니라 엄중한 책임이 따른다는 것을 알고 함부로 번역자가 되거나 성경을 해석하고 가르치는자가 되어서는 안된다. “보다 큰 심판을 받을 줄 알고 많이 선생 되지 말라” (약 3:1)고 하셨다. 아무나 번역자가 되고 아무나 성경을 가르치는 자가 되고 있다. 참으로 두려운 일이다. 지식의 시작인 하나님을 두려워함이 없다.(시 111:10; 잠 1:7, 9:10)

성경 번역이나 해석 시 가장 중요한 것은 성경의 개념으로 단어들을 다루어야 한다는 점이다. 처음에 성경이 한글로 번역될 때 중국, 인도의 이교도 사상과 토속 샤머니즘을 버리지 못한 사람들이 작업을 수행하였고, 그 와중에 이런 비성경적 사상들이 뿌리를 내리고 정착하여 「개역성경」에는 기독교 개념으로 도저히 수용할 수 없는 단어가 많이 들어 있다. 한 예로 ‘귀신’ 이라는 단어를 들 수 있다. 「우리말 큰사전」은 귀신을 가리켜 ‘사람이 죽은 뒤의 넋’ 으로 정의하고 있는데 이것은 그리이스, 중국 등에 편만한 이교도 사상으로, 성경은 결코 이런 개념을 수용하지 않는다. 한국교회에 「귀신론」이 활개치는 것은 성경을 그렇게 번역하여 놓고 방임하여 오니 사필귀정(事必歸正), 중대한 오류의 결과이다.

●한글 개역성경과 한글 킹제임스 성경

현재 한국교회에 대표적인 한글 개역성경(대한성서공회) 측과 한글 킹제임스(말씀보존학회) 측은 서로 상대측을 잘못된 성경이라고 맹 비난한다. 그러나 우리 각자가 하나님 앞에서 판별할 것은 지금까지 말한 바에 따르면 서로를 비난할 수 없는 것이, 양측 모두가 역본이 아니고 번역본이라는 것이다. 이상에서 말한 바 개역성경은 사본 계통으로나 번역상으로 말할 것도 없고, 한글 킹제임스성경 역시 계통이 옳음으로 많은 오류를 벗어나기는 했으나 역본이 아닌 번역본이라는 점에서 원문에 대조해 볼 때 번역상 오류가 적지 않은 것이다. 역본인 킹제임스 성경 자체 마저도 원문에 대조해 보면 오류가 더러 있는 것이다. 그리고 1611년 번역 당시 전통원문을 주 대본으로 하기는 했으나, 1611년 판에는 외경도 포함시켜 번역했던 것이다.

킹제임스 영어성경으로 번역한 한글 킹제임스 성경도 역본이 아닌 번역본일 뿐아니라 번역 상태도 미흡하여 더 말할 것 없다.

그러므로 선교 110년이 넘은 한국교회는 이제라도 성경에 대한 인식을 새롭게 하고, 인재와 재력의 요건은 충분히 있으므로 각 교단의 총회가 뜻을 모으면, 설령 한 교단이라도 하나님께서 기뻐하시는 이 일을 이루어드릴 수 있을 것이며, 킹제임스 왕과 같이 뜻이 있는 한 개인이라도 이 일을 추진할 수 있을 것이다.

개인이 번역한 것이지만 히브리어 모세오경을 직역한 한글성경이 생명의 말씀사에서 발행되었고(2003년 1월) 구약 전체도 조만간 되어질 것이라 하였다. 그러나 안타까운 것은 『벤카임 맛소라』 전통원문으로 번역하지 않고 현재 한글 개역성경의 번역 대본인 루돌프 키텔이 변개한 「벤 아세르 맛소라 본문」으로 번역한 것이다. 성경 히브리어나 헬라어에서 직역하는 것만이 능사가 아니라 어느 사본으로 했는가가 더 우선 중요한 것이다. 합동측 교단에서 성경을 직역하기 위한 계획이 알려졌는데(2004년 3월 25일, 국민일보), 대단히 기쁜 일이다. 그런데 전통원문인 『공인본문~Textus Receptus, TR』으로 하지 않으면 수고가 헛될 것이다.

한글 바른성경 번역은 하나님께서 가장 기뻐하시는 일이 분명함으로, 독자 여러분께서는 이 일을 위해 간절히 기도하시기를 바란다. 틴데일은 화형 당하면서 "주여! 영국왕의 눈을 열어주소서!" 라고 기도했는데 그의 기도가 이루어져 틴데일이 순교한지 2년 후에 영국 왕 헨리8세는 각 교구의 교회에 큰 성경을 비치하라는 명령을 내렸던 것이다. 그리고 여러 가지 영어 성경이 출간되어졌던 것이다.

한국교회는 바른사본에서 올바로 직역한 바른성경이 나올 때까지, 우선 목회자나 신자가 개인 또는 그룹으로 현재 번역된 한글 킹제임스 흠정역성경과 한글 개역 성경과 전통원문(**원어성서원에서 발행한 스테판 신약원어성경은 헬라어 전통원문에 단어마다 스트롱 넘버가 있어 사전을 찾아보면 이 책에서처럼 단어마다 뜻을 다 알 수 있고 킹제임스 영어성경 단어와 한글 개역성경도 대조되어 있음**)을 대조하여 삭제된 부분을 복원하고, 바로 번역되지 않은 말을 바로 찾아 가르치도록 해야 할 것이다. 이것이 지금으로서 바른성경을 가장 신속히 분별하고 찾는 최선의 방법인 것이다.

♡ 묵상과 기도

[제 2 장 정리 문제]

1. 바른성경이기 위해서 두 가지 기본사항은 무엇인가?
   1〉 2〉

2. 「공인본문」이라는 말은 무슨 뜻인가?

3. 「공인본문」의 다른 칭호들은 어떤 것인가?
   1〉 2〉

4. 오래된 사본이라해서 바른사본이 아닌 이유는?

5. 한글 개역성경은 어느 사본계열의 번역인가?

6. 한글 킹제임스 성경은 역본인가 번역본인가?

7. 번역에서 중요한 두 가지 요건은?
   1〉 2〉

♤ 쉼터 ♤

어떤 사람을 앉혀 놓고 정신 착란 증세가 있는지를 알아보기 위하여 검사를 한다. 그의 변호사가 묻는다. "미국의 초대 대통령이 누구죠?" "죠지 워싱턴이요." "맞습니다." "그러면 제2대 대통령은 누구죠?" "네. 쟌 애덤스입니다." "맞습니다." 변호사는 한 동안 질문을 멈추더니, "모든 것을 척척 알아 맞추는 맑은 정신을 가지고 있는데요." 라고 하자, 옆에 있던 변호사의 친구, "계속해서 물어보세요, 제3대, 4대 대통령이 누군가를."

"아니 3대, 4대 대통령의 이름은 나도 모르는데 물어본들 무슨 소용이 있단 말이요?"……

제 3 장

공인본문에 비춰 본 한글 개역성경 오류의 실상

『공인본문 ~Textus Receptus TR』인 스테판(Stephens)본 제3판(주후 1550년)에 한글 개역성경을 대조한 것을 보면(원어성경, 원어성서원, 1993년) 신약성경에 엄청난 차이가 있음을 볼 수 있다. 한글 신약 개역성경은(1990년. 대한성서공회) 글자 수를 세워 보니 약 306,539자인데 그 30분의 1이 넘는 10,000자 이상 오류가 있는 것이다.

1. 예수님의 말씀을 삭제하고 오역한 구절들의 예

개역성경에 보면 (없음)이라 한 구절이 열세 구절이나 있다. 참으로 이상하다. 그 구절이 없는 것이면 마땅히 그 다음 절수가 그 절수에 이어져야 할 것인데, 그 절은 (없음)이라 해놓고 다음 절로 이어지니 무엇인가 성경이 잘못되어 있음을 알아야 하지 않겠는가?

그러나 한국교회는 그런 성경을 보면서도 조금도 이상하게 느끼지 않고 맹목적으로 성경은 정확무오하다고만 가르치고

110년 이상 안주하고 태연하게 방치하니 참으로 기이한 일이다. 이제는 만성이 되고 굳어져서 잘못된 것을 말하는 사람을 오히려 이상하다 하는 형편이다. 눈 밝은 사람이 장님들만 사는 동네에 가서 말하면 밝은 눈으로 보고 말하는 사람을 오히려 잘못 말한다고 하는 것과 같은 지경인 것이다.

≮ ≯**안은 삭제하여 없애버린 말씀들이고,** < >**표시는 원어의 뜻을 나타내어 번역이 어떻게 잘못되었는지를 알게 하고,** ≲ ≳**표시는 원어 자체를 바꾼 것으로서** ≲ ≳ **안이 바른 말씀이다.**

● 한글 개역성경에 (없음)으로 되어진 예수님께서 친히 하신 말씀들

(없음) 마 17:21 ≮**그러나 이런 종류는 기도와 금식에 의하지 않고는 나가지 아니하느니라고 하시더라**≯ 막 9:29 → "이르시되 기도 외에≮**와 금식에 말미암지 않고**≯ 다른 것으로는 나갈 수 없느니라"

(없음) 마 18:11 ≮**인자가 온 것은 잃어버린 자들을 구원하려는 것이라**≯

(없음) 마 23:14 ≮**화 있을진저 너희 외식하는 서기관들과 바리새인들이여, 왜냐하면 과부들의 집을 삼키며 외식으로 길게 기도하니 이러므로 받을 형벌이 더욱 중하리라**≯

(없음) 막 9:44 ≮**거기는 그들의 벌레도 결코 죽지 않고 불도 결코 꺼지지 아니하느니라**≯

(없음) 46 ≮**거기는 그들의 벌레도 결코 죽지 않고 불도 결코 꺼지지 아니하느니라**≯

(없음) 막 11:26 ≮**그러나 만일 너희가 용서하지 아니하면 하늘에 계신 너희 아버지께서도 너희 과실을 결코 용서하지 아니하시리라**≯ (마 6:15절에 같은 말씀이 있으나 이때는 산상수훈 때임)

(없음) 눅 17:36 ≮**또 두 사람이 들에 있는데 한 사람은 데려가 게 되고 한 사람은 남게 되리라**≯

● 삭제하고 오역한 예수님의 말씀들

(변개, 삭제) 마 5:44 → ≮**너희를 저주하는 자들을 축복 하며 너희를 미워하는 자들을 선대하고 너희를 비난하는 자들과**≯ 너희를 핍박하는 자들을 위하여 기도하라

(변개, 삭제) 마 6:4 → 은밀한 중에 보시는 너의 아버지가 ≮**그분께서 드러나게 네게**≯ 갚으시리라

(변개, 오역, 삭제) 마 6:19 → 거기는 좀과 동록≲**음식**≳이 해≲**소모**≳하며 ≮**거기는**≯ 도적≮**들**≯이 구멍≮**들**≯을 뚫고 도적질하느니라

(변개, 삭제) 마 9:13 → 죄인을<**죄 있는 자들을**> ≮**개심하도록**≯ 부르러 왔노라

(변개, 삭제) 막 2:17 → 죄인을<**죄 있는 자들을**> ≮**개심하도록**≯ 부르러 왔노라

(변개, 오역, 삭제) 마 10:38 → 또 자기 십자가를 지고 나를 좇지 않는<**십자가를 지지 않고 나의 뒤를 좇는**> 자도 ≮**결코**≯ 내게 합당하지 아니하노라

(변개, 삭제, 오역) 마 11:25 → 아이들에게는 나타내심을 ≮**당신께**

≯감사<**전적일치, 동의**>하나이다

(변개, 삭제, 오역) 마 12:40 →≮**왜냐하면**≯요나가 밤 낮 사흘을 <**사흘 낮과 사흘 밤을**~ three days and three nights> 큰 물고기 뱃속에 있었던 것같이 인자도 밤 낮 사흘을<**사흘 낮과 사흘 밤을**~ three days and three nights> **땅 속**<**중심부**>에 있으리라【예수님께서 십자가 에 못박혀 죽으신 날이 금요일이 아니라는 증거이다】

(변개, 삭제) 마 15:8 → 이 백성이≮**그 입으로는 내게 가까이 하고 그들의**≯입술로는 나를 존경하되 마음은 내게서 멀도다

(변개, 오역) 마 16:28 → 여기 섰는 사람 중에<**사람은 누구든지**> 죽기전에<**죽음을 결코 맛보지 않고**> 인자가 그 왕권을 가지고 오는 것을 볼 자들도 있느니라<**것이니라**> =(막 9:2; 눅 9:27)

(변개, 삭제) 마 19:9 →≮**그리고 이혼한 여자에게 장가 드는 자도 간음함이니라**≯

(변개, 삭제, 오역) 마 19:17 → 어찌하여 선한 일을 내게 묻느냐 <**내게 선하다고 하느냐**> 선한이는 오직 ≮**하나님**≯한 분 뿐이시니라

(변개, 삭제) 마 20:7 → 그들에게 가로되 너희도 포도원에 들어가라≮**만일 적당하면 무엇을 받으리라**≯

(변개, 삭제) 마 20:16 →≮**왜냐하면 부름을 받은 사람들은 많되 택함을 입은(=마음에 드는) 사람**≮**들**≯**은 아주 적으니라**≯

(변개, 삭제) 마 20:22 →≮**나의 받으려는 침례를 받으며**≯나

의 마시려는 잔을 너희가 마실 수 있느냐

(변개, 오역) 막 3:28 → 사람의 모든 죄와 무릇 훼방하는 훼방은<**아들들에 대한 모든 죄들과 훼방하는 훼방들은**> 사하심을 얻되

(변개, 삭제) 막 6:11 → 증거를 삼으라≮**진실로 내가 너희에게 이르노니 심판 날에 그 도시 보다 소돔과 고모라가 더 견디기 쉬우리라**≯하시니라.

(변개, 삭제) 막 7:16 →≮**누구든지 들을 귀들 있는 자는 들으라.**≯

(변개, 오역) 막 9:23 → 믿는 자에게는 능치 못할 일이 없느니라<**믿는 것을 모두 할 수 있느니라.**>

(변개, 삭제) 막 10:7, 8 → 사람이 그 부모를 떠나≮**그의 아내와 합할 것이며**≯그 둘이 한 몸이 될지니라.

(변개, 삭제, 오역) 막 10:24 → 얘들아 ≮**재물들을 의존하는 자들이**≯하나님의 나라<**왕국**>에 들어가기가

(변개, 바꿈) 막 12:30 → 주 너의 하나님을 사랑하라 하신 것이라≤**이것이 첫째 계명이니라**≥

(변개, 삭제) 막 13:14 →≮**선지자 다니엘에 의해 말해졌던 바**≯멸망의 가증한 것이 서지 못할 곳에 선 것을 보거든

(변개, 삭제) 막 13:33 → 주의하라 깨어 있으라≮**그리고 기도하라**≯

(변개, 삭제, 오역) 눅 4:4 → 사람이≮**결코**≯떡으로만<**하나로만**> 살 것이 아니라≮**하나님의 모든 말씀으로**≯ 살 것이라 하였느니라

(변개, 삭제) 눅 4:18 → 나를 보내사≮**마음이 상한 자들을 치**

유하시며≯포로된 자≪들≫에게 자유를

이렇게 예수님께서 하신 말씀들마저 무차별 삭제, 변개, 오역되어 있으니 무슨 말을 더 할 필요가 있겠는가? 마태, 마가, 누가, 요한복음, 요한계시록까지 다 말하자면 너무나 엄청나서 두렵고 놀라와 떨리는 심정 이를 데 없다. 예수님께서 "천지는 없어지겠으나 내 말은 절대로 없어지지 아니하리라" 하셨는데,(마 24:35) 이렇게 삭제되고 오역되어도 상관이 없겠는가? 그래도 이 성경으로 다 구원받았으니… 라고 한다. 구원만 받으면 성경은 어떻게 되어 있어도 괜찮다고 말하는 의식구조(?) … 과연 하나님께서 괜찮다고 하시겠는가?

실제 이런 일이 있지만, 갓난애가 두 개의 머리를 가지고 났으면 이 아기를 두 사람으로 셀 것인가, 한 사람으로 셀 것인가? 유대인 탈무드의 대답은 명확하다. "한 쪽 머리에 뜨거운 물을 부어 보라. 이때 다른 한 쪽 머리가 같이 비명을 지르면 한 사람일 것이고, 다른 한 쪽이 시원한 얼굴을 하고 있으면 둘일 것이다." 유대인이 과연 어떤 민족이냐를 따질 때 위의 이야기가 적절히 이용된다. 말하자면 세계 곳곳에 흩어져 살면서 갖은 박해를 다 받는 유대인 이야기를 듣고 같이 아픔을 느끼고, 소리지르면 그는 유대인이고, 가만히 있으면 비유대인이라는 것이다.

진정 하나님의 자녀이며 예수님의 형제라면 성경이 이렇게 되어져 있음을 듣고 알면 어떤 아픔과 느낌이 있어야 하겠는가?

♡ 묵상과 기도

2. (없음)으로 하고 삭제하고, 오역한 중요한 말씀들

그러므로 지면이 허락하는 한, 한글 개역성경의 오류의 실상을 좀더 제시하고자 한다. 너무나 통분하고 탄식해야 할 일이다.

● (없음)으로 한 성경의 말씀들

(없음) 막 15:28 **≮범죄자들과 더불어 헤아림을 받았다고 말한 성경이 이룬 것이라≯**

(없음) 눅 23:17 **≮그리고 명절에는 반드시 저희에게 한 사람을 놓아주어야 하는데≯**

(없음) 행 8:37 **≮이에 빌립에게 말하기를 너의 온 마음으로 믿으면 합당하니라 그가 대답하여 말하기를 그리스도 예수님이 하나님의 아들이심 을 내가 믿나이다≯**

(없음) 행 15:34 **≮그러나 실라는 그와 함께 유하기를 작정하고≯**

(없음) 행 28:29 **≮그가 이 말을 할 때에 그들 사이에 논쟁이 일어 많은 유대인들이 떠나가니라≯**

(없음) 롬 16:24 **≮우리 주 그리스도 예수님의 은혜가 너희 모두와 함께 있을지어다 아멘!≯**

● 삭제하고 변개하고 오역한 교리적 말씀들

◬ 신 론 ◬

(변개, 오역) 딤전 2:5 → 하나님은 한 분이시니라" <*εἷς γὰρ*

θεός, εἷς 진실로 하나님은 하나이시요>

(변개, 삭제) 요일 5:7 →≮**하늘에서… 아버지와 말씀과 성령님이시요 이 세 분은 하나이시라**≯

(변개, 바꿈) 요 1:18 → 아버지 품속에 있는 독생하신 하나님(θεός)←**변개**≲**υἱός 아들**≳이 나타내셨느니라

(변개, 바꿈) 롬 14:17 → 우리가 다 하나님(θεός)←**변개** ≲**Χριστοῦ 그리스도님**≳의 심판대 앞에 서리라

(변개, 삭제) 요일 4:3 →≮**육체 안에 오신 그리스도님**≯ 예수를 시인하지 아니하는 영마다 하나님께 속한 것이 아니니

(변개, 오역) 창 1:2 → 하나님의 신<רוּחַ **영**>은 수면에 운행하시니라

(변개, 삭제) 고전 10:28 →≮**이는 땅과 거기 충만한 것이 다 주님의 것임이니이다**≯

● 한 하나님이신가? 한 분 하나님이신가?

삼위일체야말로 하나님의 속성 중 가장 특이한 것이며, 사실 이 교리로 인해 많은 이단들이 생겨났다. 그런데 마땅히 삼위일체를 가르쳐야 할 성경이 여호와의 증인들의 믿음을 가르친다면 그 결과가 어떨 것인가?

개역성경은 "하나님은 한 분이시니라"(역번역: God is one person)고 하였다. 그러나 헬라어 성경은 "εἷς γὰρ θεός, εἷς(에이스 가르 트헤오스, 에이스)", 킹제임스는 "for there is one God"라고 번역하였으니, 「개역성경」처럼 하나님이 한 분이시라면 여호와의 증인들 주장대로 하나님은 한 분 즉 아버지 하나

님만 있게 된다. 그러나 성경의 하나님은 결코 한 분이 아니며 아버지, 아들, 성령의 세 분으로 존재하시되 이 세 분이 하나인 것이다. 삼위일체 하나님의 교리야말로 너무 중요한 것으로 이것이 무너지면 기독교의 근간이 무너지게 된다.

그리고 신구약 성경 중에서 하나님의 삼위일체 되심을 가장 명확하게 말씀하신 요한일서 5:7절에서 이 부분을 삭제한 것은 분명히 의도적이 아닐 수 없으며, '하나님의 신' 을 역번역 하면 "god of God" 이 되며 사실 이런 식으로 번역된 성경은 이 세상에 단 하나도 없다. 구약 창세기 1:2절의 '하나님의 영<אֱלֹהִים רוּחַ(루아흐 엘로힘)> the Spirit of God' 이 바로 신약 사도행전 2:17절의 "*τοῦ πνεύματος*(투- 프뉴마토스) the Spirit" 즉 성령님이 되는 것은 당연하지 않은가? 개역 구약성경에 하나님의 영 곧 "성령" 을 "신" 으로 번역한 것이 너무나 많다. 예를 들어 "하나님의 신<רוּחַ(루아흐) **영**>이 사울에게 크게 임하므로" (삼상 10:10) "여호와의 신<רוּחַ(루아흐) **영**>이 기드온에게 강림하시니" (삿 6:34) 개역성경의 번역자들이 소위 '신이 내린다' 는 강신(降神)의 무속신앙개념으로 성경을 이해하였기에 이런 일이 생긴 것이다. 뿐만 아니라 땅과 거기 충만한 것이 다 주의 것임을 싫어한 사탄은(눅 4:6) 이를 삭제하게 하였다.

♡ 묵상과 기도

◎ 기 독 론 ◎

(변개, 오역) 눅 2:33 → 그 부모가(*ὁ πατήρ καὶ ἡ μήτηρ*)← **바꿈** ≤ *ἦν Ἰωσὴφ καὶ ἡ μήτηρ*

	요셉과 그 어머니가≳ 그 아기에 대한 말들을 기이히 여기더라
(변개, 삭제)	눅 4:8 →≮**사탄아 내 뒤로 물러가라**≯
(변개, 바꿈, 삭제)	요 1:18 → 아버지 품속에 있는 독생하신 하나님(θεός)←**변개**≲**υἱός 아들**≳≮**그분**≯**이** 나타내셨느니라
(변개, 삭제)	요 3:13 → 하늘에서 내려 온 자 곧≮**하늘에 있는**≯인자 외에는 하늘에 올라간 자가 없느니라
(변개, 바꿈)	롬 14:10 → 우리가 다 하나님≲**그리스도님**≳의 심판대 앞에 서리라
(변개, 삭제)	갈 3:17 → 하나님의≮**그리스도님 안에서**≯ 미리 정하신 언약을
(변개, 삭제)	요일 4:3 →≮**육체 안에 오신 그리스도님**≯ 예수를 시인하지 아니하는 영마다 하나님께 속한 것이 아니니

● 기독론에서 많은 변개

역시 기독론에서 가장 많은 변개와 삭제를 시도한 것을 볼 수 있다. 예수님은 성령으로 처녀 마리아에게서 나셨기 때문에 요셉은 예수님의 부모가 될 수 없다. 그런데도 『공인본문』에 <**요셉과 그 어머니**>로 되어 있는 것을 「수정본문」에서 '그 부모'로 변개함으로 예수님을 아담의 혈통을 이어 태어난 죄인인 한 인간으로 여기게 하였으니, 이것은 기독교의 중심을 무너뜨리려는 사탄의 계략이 아닐 수 없다. 그리고≮**사탄아 내 뒤로 물러가라**≯

를 삭제하게 하였으니, 사탄은 그의 일꾼을 통해 자기가 싫은 말을 빼버리게 하였으며, 아버지의 품속에 있는 독생하신 ≤**υἱός 아들**≥을 'θεός 하나님' 으로 바꿈으로 삼위일체 되심에 혼란을 조성하였다. '독생한다' 는 말은 영어로 'only begotten' 이며 이는 '유일하게 낳은' 이라는 뜻이다. 그렇다면 「개역성경」은 예수님이 '아버지께서 유일하게 낳은 하나님' 이라 오역함으로 또다시 '예수님은 피조된 하나님' 이라는 여호와의 증인들 교리를 지지해 주고 만다. 그런데 알렉산드리아의 서기관들은 여기서 그치지 않고, 심지어 그리스도 예수님의 처녀 탄생마저도 공격한다.

⋞**하늘에 있는**⋟을 삭제함으로 예수님의 성육신 하기 전부터 하늘에 계신 분임을 부인하게 하였고, ≤**그리스도님의 심판대**≥를 '하나님의 심판대' 라고 변개함으로 그리스도님의 심판장 되심을 은근슬쩍 가리워 버리고, ⋞**그리스도님 안에서**⋟를 삭제함으로 구약시대 아브라함에게 하신 하나님의 언약도 그리스도님 안에서 한 것임을 망각하게 하였고, ⋞**육체 안에 오신 그리스도님**⋟을 삭제함으로 결정적으로 적그리스도의 의중을 드러내고 있는 것이다.(요일 4:3) 그 앞 절에 "예수 그리스도께서 육체로 오신 것을 시인하는 영마다 하나님께 속한 것이요"가 있지만, 중요한 것은 그 다음 4절의 말씀 "예수를 시인하지 아니하는 영마다 하나님께 속한 것이 아니니" 에서는 ⋞**육체 안에 오신 그리스도님**⋟을 빼버린 것은 이것을 시인하지 아니하게 하는 사탄과 그 일꾼이 그 의중대로 그렇게 한 것이다.

이처럼 성경 변개에 엄청난 사탄의 계교가 작용한 것임에도 불구하고 보지 못하여 까마득히 모르고 있고, 알려주어도 듣지 못하여 도무지 반응이 없다.(마 11:17)

♡ 묵상과 기도

◬ 마 귀 론 ◬

(변개, 삭제, 오역) 마 4:24 → 귀신들린≪**자들**≫ <*δαιμονιζομένους* **악령들린 자들**>

(변개, 삭제, 오역) 막 3:15 → 귀신≪들≫을<*δαιμόνια* **악령들을**> 쫓아내는

(변개, 삭제, 오역) 고전 10:20 → 대저 이방인≪들≫의 제사하는 것은 귀신≪들≫에게<*δαιμονίων*(다이모니온) **악령들에게**> 하는 것이요

(변개, 오역) 약 3:15 → 세상적이요 정욕적<*ψυχική*(프쉬크히케) **감각적, 선천적, 육에 속한**>이요 마귀적 <*δαιμονι ώδης*(다이모니 오데스) **악령적**>이니

● 악령과 귀신의 혼동

개역성경에서 '귀신'으로 번역한 *δαιμόνιον*(다이모니온)은 악령이다. 신약에서 64회 주로 복수로 말하고 있고, 마귀(*διάβολος* 디아볼로스)는 37회 항상 단수이며, 그리고 사탄(*Σατανᾶς* 사타나~스)도 36회 항상 단수이다. 개역성경은 악령과 마귀를 구별하지 못하고, 그리고 악령을 귀신으로 잘못 번역한 것이다. 이것은 영어 킹제임스 성경도 악령(*δαιμόνιον* 다이모니온)과 마귀(*διάβολος* 디아볼로스)를 분별 못하고 다같이 evil spirit(s)로 번역하였고, 한글 킹제임스 성경과 한글 흠정역 킹제임스 성경은 '마귀' 로 번역하여 모두 오역하였다. 성경번역은 원어 한 자 한 자에 충실하되 진리의 성령님으로 말씀을 충분히 깨달은 자라야 바로 번역할 수 있는 것이다. 성령님의 감동으로 성경말씀을 기록한 자 아닌 다른 사람이 기록된 말씀을 바로 번역하기는 정말 어렵다.

'용, 옛뱀, 마귀(*διάβολος* 디아볼로스), 사탄(*Σατανᾶς* 사타나스)' 은 하나로서(계 12:9, 20:2) 헬라어 성경은 언제든지 단수로 말하고 있어 타락한 천사들의 대장을 말하며, 악령들(*δαιμόνιον* 다이모니온)은 단수로 또는 복수로 말해지고 있어 함께 타락한 영(천사)들을 말하는 것이다. 예수님께서 분명하게 "마귀<*διάβολος* 다아볼로스←단수>와 그 사자들<*ἀγγέλας* ←복수 **사자들, 천사들**>을 위하여 예비된 영원한 불에 들어가라" 한다 하셨으니,(마 25:41) 마귀(하나)와 사자들(많은 수)로 분명하게 말씀하셨다.

개역성경의 귀신은 도대체 어떤 존재인가? 원한을 품고 구천을 떠돌아다니는 할아버지 귀신, 할머니 귀신, 처녀 귀신인가? 귀신론을 추종하는 사람들이 이 구절을 보면 무릎을 치지 않겠는가? 믿지 않는 사람들이 기일이 되면 상을 차려 놓고 조상 귀신들을 불러오는 것이 참으로 이 구절과 잘 맞지 않는가! 과연 성경이 말하는 악령(*δαιμόνιον* 다이모니온)과 마귀(*διάβολος* 디아볼로스)가 죽은 사람 또는 조상의 넋 , 귀신을 가르친단 말인가? 한글 개역성경이 악령(*δαιμόνιον* 다이모니온)을 귀신(죽은 사람의 넋)으로 번역해 놓음으로 한국교회에 귀신론이 득세하는 것이다. 참으로 귀가 막힌다. 죽은 사람의 영혼, 밤중에 인적이 드문 곳에서 나타나는 유령(幽靈)으로 온갖 종류의 불행을 야기하고 질병과 정신착란을 유발한다는 헬라의 통속신앙에서 연유한 것이며, 거짓이고, 기독교의 부끄러운 오류이다.

그리고 개역성경이 '제사하는 것' 이라 번역한 단어 '***θύει*** 트휘에이 ~sacrifice' 는 우리 조상들이 조상 귀신을 부르는 제사와는 전혀 다른 개념의 용어로 '바치다' '희생물을 드린다' 는 뜻이다. 그래서 구약의 번제, 화목제 등도 제사가 아니라 태우는 헌물, 화목의 헌물을 드린다고 해야 맞으며 모든 영어 성경이 'burnt offering' 혹은 'burnt sacrifice' 라 번역하고 있다. 다시 말해 우리 조상들이 무지할 때에 조상신을 섬기려고 드린 제사와 성경에서의 희생 헌물을 드린다는 개념과는 전혀 다른 것이다. 조상에게 제사하는 것은 귀신(죽은 넋)에게 하는 것이 아니라 악령(마귀의 사자)에게 하는 것이다.(고전 10:20) 마귀 곧 사탄을 숭배하는 것이다.

♡ 묵상과 기도

◬ 인 간 론 ◬

(변개, 오역) 창 2:7 → 생기를 그 코에 불어넣으시니 사람이 생령(산 영)<**살아 있는 혼**(לְנֶפֶשׁ~***ψυχή***)>이 된지라

(변개, 오역) 시 6:4 → 나의 영혼<נֶפֶשׁ(네페쉬) 혼>도 심히 떨리나이다

(변개, 오역) 마 10:28 → 몸<***σῶμα***(소-마)>은 죽여도 영혼<***ψυχή***(프쉬크헤) **혼**>은 능히 죽이지 못하는 자들을 두 려워하지 말고 오직 몸<***σῶμα***

>과 영혼<*ψυχή* 혼>을 능히 지옥<*γεένvη*(게헨나) ← 영원한 형벌의 장소(지옥이 아님)>에 멸하시는 자를 두려워하라

(변개, 삭제, 오역) 눅 1:47 → 내 영혼<*ψυχή* 혼>이 ≮**나의**≯ 주를 찬양하며 내 마음<*πνεῦμά*(프뉴~마) **영**>이 하나님 내 구주를 기뻐하였음은

(변개, 오역) 눅 24:46 → 아버지여 내 영혼<*πνεῦμά*(프뉴~마) **영**>을 아버지 손에

● 영혼과 육신인가 영, 혼, 몸인가?

성경에 사람이 영(רוּחַ 루아흐 ~*πνεῦμα* 프뉴~마)과 혼(נֶפֶשׁ 네페쉬 ~*ψυχή* 프쉬크헤)과 몸(בָּשָׂר 바사르 ~*σῶμα* 소마)으로 지어졌음이 말씀으로나 용어 자체로 엄연히 다르게 분별되어 있음에도 한글 개역성경은 신구약 전체에서 무수하게 '혼 נֶפֶשׁ 네페쉬 ~*ψυχή* 프쉬크헤'을 영혼으로, '영 רוּחַ 루아흐 ~*πνεῦμα* 프뉴~마'도 영혼으로 번역함으로 사람이 영과 혼과 몸으로 삼분일체인 것을 영혼과 육신으로 이분 일체인 것으로 오도하고 있으니 영적생활에 중대한 차질을 초래한 것이다.

성경에는 혼이라는 단어가 535회 나오는데 혼을 믿지 않는 개역성경의 번역자들은 히브리서 4:12절같이 꼭 혼이 나와야만 말이 되는 구절을 제외하고는 대부분 혼을 영혼이나 자(者) 등으로 바꾸어버렸다.

이사야 42:5절에 "땅 위의 백성에게 호흡<נְשָׁמָה 네샤마 **바람, 호흡, 영**>을 주시며 땅에 행하는자≮들≯에게 신((רוּחַ 루아

흐 **영**)을 주시는 하나님 여호와께서"라고 하였고, 이사야 57:16절에는 "나의 지은<**만든**> 영(רוּחַ 루아흐)과 혼(נְשָׁמָה 네솨마**숨**)이 곤비할까 함이니라" 하였으며, 스가랴 12:1절에는 "사람 안<**중심, 속**>에 심령(רוּחַ 루아흐 **영**)을 지으신<**만드신**> 자가 가라사대"라고 하였으니, 하나님은 사람의 몸(בָּשָׂר 바사르)만 아니라 영(רוּחַ 루아흐)과 혼(נֶפֶשׁ 네페쉬)도 만드셨다고 하신 것이다.

전도서 12:7절에는 "흙은 여전히 땅으로 돌아가고 신(רוּחַ 루아흐 **영**)은 그 주신 하나님께로 돌아가기 전에 그리하라"고 하였으니 사람에게 영을 주셔서 있게 하셨다가 죽을 때 몸은 흙으로 돌아가고 영은 그 주신 하나님께로 돌아간다고 하신 것이다.

구약성경 히브리어로 영은 루아흐(רוּחַ), 혼은 네페쉬(נֶפֶשׁ), 몸은 바사르(בָּשָׂר)인데 한글 개역성경은 영(רוּחַ 루아흐)과 혼(נֶפֶשׁ 네페쉬)을 '마음' '생명' '명' '자' '스스로' '신' '기운' '중심' 등으로 혼잡케 번역하였다. 예를 들어보면 ▶ 창 41:8절 "아침에 그 마음(רוּחַ 루아흐 **영**)이 번민하여" ▶ 창 42:21절 "그 마음(נֶפֶשׁ 네페쉬 **혼**)의 괴로움을 보고도" ▶ 창 46:27절 "도합이 칠십 명(נֶפֶשׁ 네페쉬 **혼**)이었더라" ▶ 출 12:15절 "유교병을 먹은 자(נֶפֶשׁ 네페쉬 **혼**)는 이스라엘에서" ▶ 출 30:12절 "각 사람은 그 생명(נֶפֶשׁ 네페쉬 **혼**)의 속전을" ▶ 출 35:21절 "마음이 감동된 자와 무릇≪רוּחַ 루아흐 영에←삭제≫자원하는 자가" ▶ 레 23:27절 "너희는 스스로 (נֶפֶשׁ 네페쉬 **혼들을**) 괴롭게 하여" ▶ 신 2:30절 "그 성품(רוּחַ 루아흐 **영**)을 완강케 하셨고" ▶ 시 34:18절 "중심(רוּחַ 루아흐 **영**)에 통회하는 자를" ▶ 시 51:10절 "정직한 영(רוּחַ 루아흐 **영**←바로됨)을 새롭게 하소서"

신약성경 헬라어로 영은 *πνεῦμα*(프뉴~마), 혼은 *ψυχή*(프쉬케), 몸은 σῶμα(소~마)인데 영(πνεῦμα 프뉴~마)을 '심령' '마음' '중심' '영혼' '신령' '영' 으로 번역하고, 혼(ψυχή 프쉬케)을 '목숨' '영혼' '생명' '제자의 수' '뜻' '혼' 으로 역시 혼잡하게 번역하였다. 원인은 성경 번역을 히브리어와 헬라어 사본에서 직역하지 않았기 때문이고, 그리고 번역하는 자가 영과 혼과 몸의 삼분일체에 대하여 몰랐기 때문이다.

▶ 마 2:20절 '아기의 목숨(ψυχή 프쉬크헤 **혼**)을 찾는 자들이' ▶ 마 5:3절 '심령(πνεῦμα 프뉴~마 **영**)이 가난한 자들은' ▶ 마 10:28절 '몸(σῶμα **몸**)은 죽여도 영혼(ψυχη 프쉬크헤 **혼**)은 죽이지 못하는' ▶ 마 26:41절 '마음(πνεῦμα 프뉴~마 **영**)에는 원이로되 육신이 약하도다' ▶ 막 2:8절 '예수께서 중심(πνεῦμα 프뉴~마 **영**)에 아시고' ▶ 눅 2:35절 '또 칼이 네 마음(ψυχή 프쉬크헤 **혼**)을 찌르듯 하리라' ▶ 눅 23:46절 '내 영혼(πνεῦμα 프뉴~마 **영**)을 아버지 손에 부탁하나이다' ▶ 요 4:24절 '신령(πνεῦμα 프뉴~마 **영**)과 진정(ἀληθεία 알레트헤이아 **진리로, 참됨**)으로' ▶ 행 2:41절 '이날에 제자의 수가(ψυχή 프쉬크헤 **혼들이**) 삼천이나 더하더라' ▶ 행 4:32절 '무리가 한 마음과 한 뜻(ψυχή **혼**)이 되어' ▶ 살전 5:23절 '너희 온 영(πνεῦμα 프뉴~마 **영**)과 혼(ψυχή 프쉬크헤 **혼**)과 몸(σῶμα 소~마 **몸**)이' ← 바로됨.

이렇게 구약성경 히브리어도 영(רוּחַ 루아흐)과 혼〈נֶפֶשׁ 네페쉬)과 몸(בָּשָׂר 바사르)으로 분명하게 구별되어 있고, 신약성경 헬라어도 영(πνεῦμα 프뉴~마)과 혼(ψυχή 프쉬크헤)과 몸(σῶμα 소마)으로 구별되어 있기 때문에 사람의 삼분일체론은 명확히 성경적이다. 이렇게 명확한데도 성경이나 관념을 바로 고치려 하지 않을 뿐 아니라 바르게 말하는 사람을 틀렸다 하고 멸시하는 것이다.

♡ 묵상과 기도

◬ 구 원 론 ◬

(변개, 삭제, 오역) 마 18:3 → 내가 진실로 너희에게 이르노니 너희가 돌이키지 아니하고 그리고 너희가 어 린 아이들과 같이 되지 아니하면 결단코<*οὐ μὴ* **절대로← 이중부정**> 하늘의 왕국에 들어가지 못하리라.

(변개, 삭제, 오역) 막 10:15 → 내가 진실로 너희에게 이르노니 ≮**어떤**≯누구든지 하나님의 나라<*βασιλεία* **왕국**>을 어린아이와 같이 받들지<*δέξηται* **영접하지**> 아니하면 결단코<*οὐ μὴ* **절대로← 이중 부정**> ≮**그곳에**≯들어가지 못하리라

(변개, 삭제) 요 3:15 → ≮**멸망치 않고**≯ 영생을 얻게 하려 하심이니라

(변개, 삭제, 오역) 롬 8:1 → 그리스도 예수 안에 있는 ≮**육신을 따라 행하지 않고 성령님을 따라 행하는**≯자≮들≯에게는 결코 정죄함이 없나니

(변개, 삭제) 골 1:14 → 그 아들 안에서≮**그의 피로 말미암아**≯ 구속 곧 죄 사함을 얻었도다

● 오늘날 기독교의 치명적인 구원론의 변개

예수님께서 "너희가 돌이키지 아니하고, 그리고 너희가 어린 아이들과 같이 되지 아니하면, 결단코<**οὐ μὴ 절대로← 이중부정**> 하늘의 왕국에 들어가지 못하리라."고 '**절대로**' 라고 이중부정어로 말씀하신 것을 '결단코' 라고 번역함으로 구원받은 자의 성향이 어린 아이와 같이 되어야 한다는 절대적 원칙을 예사롭게 여기게 한 것이다. 뿐만 아니라, 예수님께서 "어떤 누구든지 하나님의 왕국을 어린 아이와 같이 영접하지 아니하면 절대로 그곳에 들어가지 못하리라" 하신 말씀도 삭제하고 오역하여, '어떤 누구든지(**ὃς 어떤 ἐὰν 누구든지**)' 를 단지 '누구든지' 로, 이중부정어 '절대로(**οὐ 아니고 μὴ 아니다**)' 를 '결단코' 로 번역함으로 뜻을 약화시켜 믿는 자들로 하여금 구원에 대하여 경각심을 가지지 않게 한 것이다.

그리고≪**멸망치 않고**≫를 빼버림으로 멸망할 사탄과 그 일꾼이 싫어하는 말은 빼버렸으며,

로마서 8:1절에서≪**육신을 따라 행하지 않고 성령님을 따라 행하는 자들**≫을 삭제함으로 치명적인 구원론에 변개를 도입하였으니, 8:4절에도 같은 말씀 "육신을 좇지 않고 그 영을 좇아 행하는 우리에게 율법의 요구<δικαίωμα(디카이오마) **공정한 행위, 의**>를 이루어지게 하려 하심이라" 하였고, 또 8장 전체에서 거듭 거듭 구원받은 자는 성령님으로 행하는 자임을 강조하였음에도 불구하고 오늘날 기독교는 변개된 로마서 8:1절 상반절 "그리스도 예수 안에 있는 자에게는 결코 정죄함이 없나니"만으로 '**오직 믿음, 오직 은혜**' 라는 교리를 만들어 오직 로마서 8:1절 상반절 그것만을 복음의 전부로 철저히 신봉하고 있는 것이다.

거듭난 자는 자기 안의 속 사람은 하나님의 법을 즐거워하나(롬 7:22) 지체 속에 죄의 법이 있어(롬 7:23) 마음<νοῦς 누~스

마음, 의식>으로는 하나님의 법에 예속되나 육신<*σάρξ* 사르크스 **육체, 인간성**>으로는 죄의 법에 예속되어 있어(롬 7:25) 갈등하나, 그리스도 예수님 안에 있으며 육신<*σάρξ* 사르크스 **육체, 인간성**>을 따르지 않고 영을 따르는 자임으로 결코 정죄함이 없으며(롬 8:1), 생명의 성령의 법이 죄와 사망의 법에서 자신을 해방하였고(롬 8:2), 육신<*σάρξ* 사르크스 **육체, 인간성**>을 좇지 않고 영을 좇아 행하는 자에게 율법의 의를 이루어지게 하셨다는(롬 8:4) 사실을 아는 것이다.

그리고 로마서 8장의 모든 말씀이 자신을 대변해 주는 말씀인 것을 확인하며, 뿐만 아니라 성경의 모든 말씀이 자신에게 부합한 말씀인 것을 절감하는 것이다.

사탄은 만면의 희소를 띈다. ≪**그의 피로 말미암아**≫를 삭제해 버리고 "그 아들 안에서 구속 곧 죄 사함을 얻었느니라" 해 놓아도 읽는 자들이 조금도 이상을 느끼지 못하게 하였으니, 사탄과 그 일꾼들은 얼마나 교묘한가? 성경을 이렇게 변개하였음에도 불구하고 기독교인들로 하여금 성경에 조금도 이상을 느끼거나 알아차리지 못하게 한 그 교묘함에 놀라지 않을 수 없다.

♡ 묵상과 기도

◬ 복 음 론 ◬

(변개, 오역) 막 1:15 → 때가 찼고 하나님의 나라가<*βασιλεία* **왕국이**> 가까웠으니

(변개, 오역) 눅 4:43 → 내가 다른 동네<*πόλεσιν* **성읍들**>에서도 하나님의 나라<*βασιλεία* **왕국**>

복음을 전하여야 하리니 나는 이 일로 보내심을 입었노라

(변개, 오역) 마 16:28 → 여기 섰는 사람 중에<*τινες* … *οἵτινες* **모든 사람들은 …누구든지**> 죽기 전에<**절대로(*οὐ μη*) 죽음을 맛보기까지**>인자가 그 왕권을 가지고 오는 것을 **볼** 자들도 있느니라<**것이니라**>=(막 9:2; 눅 9:27)

(변개, 오역) 마 4:23 → 천국<*βασιλεία* **왕국**> 복음을 전파하시며

(변개, 오역) 마 24:14 → 이 천국<*βασιλεία* **왕국**> 복음이 모든 민족에게 증거 되기 위하여 온 세상에 전파되리니 그제야<*τότε* **그때에**> 끝이 오리라

(변개, 삭제) 계 2:15 → 네게도 니골라당의 교훈을 지키는 자들이 있도다≪**내가 그것을 미워하노라**≫

(변개, 삭제, 오역) 빌 3:16 → 그대로 행할 것이라<**동일한 표준으로 행진하고 동일한 생각을 해야 하리라**>

● 하나님의 나라인가? 하나님의 왕국인가?

국가의 통치제도는 누가 그 권력을 행사하는가에 따라 달라지게 된다. 다시 말해 백성들 개개인이 통치 권력을 행사하면 민주국이 되고, 왕이 홀로 통치하면 왕국이 된다. 그러면 성경 속의 하나님의 통치 체제는 무엇인가? 하나님이 사람들처럼 여러 사람의 뜻을 물어 민주적으로 통치하실까? 아니면 홀로 주권을

행사하시며 자신의 뜻대로 통치하실까? 하나님의 왕국은 주권이 백성에게 있는 민주주의가 아니다.

신구약 성경의 중심 주제는 하나님의 뜻이 온전히 이루어진 왕국을 통해 하나님께서 영광을 받으시는 것이다(엡 1:6,12,14). 그래서 성경은 처음부터 끝까지 하나님의 왕국에 대한 개념으로 가득하다. 예수님께서 마지막 빌라도 앞에서 심문을 받으실 때도 "네가 왕이냐?" 할 때 "네 말과 같이 내가 왕이니라 내가 이를 위하여 났으며 이를 위하여 세상에 왔나니 곧 진리에 대하여 증거하려 함이로라. 무릇 진리에 속한 자는 내 소리를 듣느니라" 하셨다. (요 18:37) 예수님께서 공생애를 시작하실 때에도 "때가 찼고 하나님의 왕국이 가까웠으니 회개하고 복음을 믿으라" 고 선포하신 것이다(막 1:15).

그런데 개역성경은 이 구절을 "하나님의 나라가 가까웠느니라"라고 번역하고 있다. 한국 사람들이 이해하는 하나님의 나라는 죽어서 가는 하늘 나라인데 과연 그 당시 예수님께서 유대인들에게 "이제 너희가 죽어서 하늘 나라에 갈 때가 가까웠다."고 선포하신 것일까? 예수님께서 가르쳐 주신 주기도문을 보면 그렇지 않음을 쉽게 알 수 있다.

흠정역: 아버지의 왕국이 임하옵시며 아버지의 뜻이 하늘에서 이루어진 것 같이 땅에서도 이루어지이다(마 6:10)

개역: 「나라」이 임하옵시며 뜻이 하늘에서 이룬 것같이 땅에서도 이루어지이다. 사실 개역성경으로는 이 구절의 의미를 파악할 수 없다. 개역성경이 '나라' 로 번역한 헬라어 'βασιλεία(바실레이아)' 는 왕국, 주권, 통치라는 말이며 여기서 예수님께서 의도하신 왕국은 하늘의 하나님께서 문자 그대로 실제로 땅에 임하게 하사 자신의 뜻을 온전히 이루시는 왕국 즉, 영적이지만 문

자 그대로의 하나님께서 통치하시는 왕국인 것이다(막 1:15; 단 2:14). 예수님께서는 바로 이 왕국을 유대인들에게 제시하신 것이며, 결코 나라를 제시하신 것이 아니다. 그러나 유대인들은 이 왕국을 의도적으로 거부했고(마 23:37~39), 이들의 불신으로 말미암아 이방인들에게 하나님의 긍휼이 전해진 것이다(롬 11:30~31). 예수님의 재림 전에 선포될 복음도 천국 복음이 아니고, 바로 이 왕국 'βασιλεία(바실레이아)' 의 복음이며(마 24:14), 예수님의 부활 이후에 제자들이 예수님께 물었던 것도 바로 이 왕국의 회복이었다(행 1:6).

한글 성경들을 제외한 다른 모든 성경에서 왕국으로 번역된 'βασιλεία(바실레이아) ~kingdom' 이라는 단어는 성경에 모두 342회 나오며, 원래는 왕권을 의미했으나, 후에는 주로 왕이 다스리는 통치 체제 즉, 왕국을 의미하게 되었다. 이런 중요한 단어를 '나라' 나 '천국' 등으로 일관성 없게 번역했으므로, 개역성경으로는 성경의 핵심 주제를 제대로 이해할 수 없는 것이다. 그 결과 인본주의자들은 다음과 같은 구절을 악용하여 천국은 장소가 아니라, 마음의 상태라고 주장하는 것이다.

▶ 개역: 하나님의 나라는 볼 수 있게 임하는 것이 아니요, 하나님의 나라는 너희 안에 있느니라(눅 17:20).

그런데 여기의 너희는 누구인가? 바로 이것에 대해 예수님께 질문한 바리새인들이 아닌가? 그러면 예수님께서 독사의 자식들이라고 저주까지 하신 바리새인들 안에 하나님의 나라가 있단 말인가? 여기 나오는 나라 역시 왕국 'βασιλεία(바실레이아)' 이다. 이것을 왕국으로 번역하지 않으면 예수님의 말씀을 이해할 수 없으며, 따라서 문맥에 전혀 맞지 않는 영적 해석을 할 수 밖에 없는 것이다. 왕국이 성립되려면 무엇보다도 왕이 있어야 하며, 이 구절에서 예수님께서는 바리새인들에게 내가 왕으로 너희 가운데 와서 거하니 하나님의 심판이 이르렀다고 말씀하시는 것이다. **결론적으로 '왕국'** (*βασιλεία*~ kingdom)**을 '천국** (heaven)' **혹은 '나라'** (country)**로 바꾸는 것은 성경 전체의 핵심 주제를 흐려버리는 결과를 낳는 것이다. 대단히 중요한 문제이다.**

마태복음 16:28절과 마가복음 9:2절과 누가복음 9:27절에 같은 말씀이 기록되어 있으며 「수정본문」에도 바로 되어 있는 것을 한글 개역성경에서 너무나 틀리게 번역함으로, II부 바른복음 하나님의 왕국에서 설명하겠지만, 예수님께서 부활하심으로 "하늘과 땅의 모든 권세를 받으시고" (마 28:18) "임금(통치자, 왕)과 구주" 로 높임 바 되셔서(행 5:31) 예루살렘 교회 같은 하나님의 왕국에 왕으로 임재하실 것을 무리와 제자들이(막 8:34 → 9:1) 절대로 죽기 전에 다 볼 것이라 말씀하신 것이다. 그러면 세 제자 중에 야고보는 사도행전 12:1~2절에 헤롯왕에게 죽임을 당했는데 그때가 주후 44년경, 오순절 후 불과 14년 정도밖에 지나지 않았을 때였는데, 사도 야고보가 죽기 전에 예수님께서 왕권을 가지고 오는 것을 볼 것이라고 하셨으니, 이 말씀이 바로 번역되어서 예수님께서 언제 하나님의 왕국에 왕권으로 임재하셨는가를 바로 알고 가르쳐야 현재 임재한 하나님의 왕국의 백성으로서 신앙생활을 바로 할 수 있는 것이다. 한국기독교는 성경 이 한 구절이 바로 번역되지 못함으로, 가르치는 자가 바로 알지 못하고, 바로 가르치지 못하고, 그 결과로 바른 신앙생활을 못함으로 치명적인 오류에 빠져 있음을 알고, 시급히 바른복음으로 돌이켜야 할 것이다.

마태복음 4:23절과 24:14절에 한글 개역성경에 "천국복음이"

라고 번역한 것도 "왕국복음<τὸ εὐαγγέλιον τῆς βασιλείας 토 유앙겔리온 테스 바실레이아스>이라고 번역해야 바르고 확실한 번역이다. '왕국복음'을 '천국복음'으로 오역하고 변개한 것이다. 사탄은 하나님의 왕국을 가장 싫어하기 때문에 성경 번역자들의 영의 눈을 가리어서 성경 헬라 원어 'βασιλείας 왕국'과 영어성경 'Kingdom 왕국'을 보지 못하게 하고 '천국'으로 번역하게 한 것이다. 치명적인 오역이다.

그리고 주님께서 버가모 교회에 '니골라당의 교훈을 지키는 자들이 있도다' 라고만 하시지 않고 ≪**내가 그것을 미워하노라**≫고 까지 하셨는데, 한글 개역성경과 그 사본에는 이 말을 빼버린 것이다. 이것도 사탄은 자기가 싫은 말을 빼버리게 한 것이다. '니골라당의 교훈'이라고 한 교리의 가르침은 '구원받는 것은 영임으로 육으로 범하는 죄는 구원과 관계없다'는 행함(육신과 도덕) 무용주의로서, 이것은 마귀가 좋아하는 것이고, 예수님께서는 그것을 미워하신다고 하였으니, '미워한다'는 말을 빼버린 것도 분명히 사탄의 작용인 것이다.

그리고 ≪**동일한 표준으로 행진하고 동일한 생각을 해야 하리라**≫를 삭제함으로 교회가 사도 바울과 같은 동일한 표준과 동일한 생각으로 신앙생활의 일치를 이루어 나가야 할 것을 강조한 것을 생략함으로, 사탄은 교회와 신앙생활에 엄청난 방해를 조장한 것이다. 오늘날 기독교는 사도 바울이 말한 예수님을 따르는 동일한 표준과 동일한 생각으로 행진하지 못하고 우왕좌왕, 좌충우돌하고 있다.

♡ 묵상과 기도

◬ 종 말 론 ◬

(변개, 오역) 창 2:1 → 천<**하늘들과**>지와(땅과) 만물이 다 이루니라

(변개, 오역) 마 10:7 → 가면서 전파하되 천국<**하늘들의 왕국**>이 가까왔다 하고

(변개, 삭제) 마 25:13 → 깨어 있으라 너희는≮**인자가 오실**≯그 날과 시를 알지 못하느니라"

(변개, 오역) 잠 15:11 → 음부<שְׁאוֹל 쉐올, **지옥**>와 유명<אֲבַדּוֹן **멸망**>도 여호와의 앞에 드러나거든

(변개, 오역) 눅 16:23 → 저가 음부<ᾅδης 하데스, **지옥**>에서 고통 중에 눈을 들어 멀리 아브라함과 그의 품에 있는 나사로를 보고

(변개, 오역) 마 5:30 → 네 백체<**지체**>중 하나가 없어지고 온 몸이 지옥<γέεννα 게헨나, **영원한 형벌의 장소**>에 던지우지 않는 것이

(변개, 오역) 계 20:14 → 사망과 음부<ᾅδης 하데스, **지옥**>도 불못에 던지우니 이것은 둘째 사망 곧 불못이라

(변개, 삭제) 막 9:44 →≮**거기는 그들의 벌레도 결코 죽지 않고 불도 결코 꺼지지 않느니라**≯

(변개, 삭제) 막 9:46 →≮**거기는 그들의 벌레도 결코 죽지 않고 불도 결코 꺼지지 않느니라**≯

(변개, 삭제) 골 3:6 → 이것들을 인하여 하나님의 진노가 ≮**불순종의 아들들 위에**≯임하느니라

(변개, 삭제, 오역) 히 10:34 → 너희 산업<**소유, 있는 것**>을 빼

앗기는 것도 기쁘게 당한 것은 ✱**하늘에 있는**✱ 더 낫고 영구한 산업<**재산**>이 있는 줄 앎이라

(**변개, 오역**) 계 3:10 → 네가 나의 인내의 말씀을 지켰은즉 내가 또한 너를 지키어 시험의 때를 면하게 하리니<***ἐκ*** **~로부터,** ***τηρέω*** **지키리니**> 이는 장차 온 세상에 임하여 땅에 거하는 자들을 시험할 때라

● 하늘들인가 하늘인가?

역시 종말론에서 많이 변개되었다. 우리말에서는 하늘의 복수형인 하늘들 같은 표현을 잘 쓰지 않지만 원어성경 말씀은 분명하게 복수로 되어 있다. 개역성경은 참으로 간결해 보이지만 그 내용은 부실하다. 이런 구절에서 하나님께서는 하늘이 하나가 아니고 여럿임을 보여 주시기 위해 복수를 쓰신 것이다. 고린도후서 12:2절을 보면 성경에는 최소한 첫째, 둘째, 셋째 하늘이 있으며 다른 영어 역본들도 이를 잘 표현해 주고 있다. 요한계시록 21:16절에는 새 예루살렘 성<***πόλις***(폴리스) **도시**>의 높이가 장과 광과 같다고 하였으니 그렇게도 높은, 보석으로 지어진 도시(city)인 것이다. 3층일 것이다. 노아 방주도 3층으로 만들라고 하셨듯이(창 6:16).

개역성경은 이런 성경말씀들을 경시한 채 대부분의 중요 복수 단어를 간략하게 표현하고 있는데 ('죄' 도 모두 복수로 '죄들' 로 되어 있는데 모두 '죄' 라고 단수로 번역하였음) 사실, 개역성경의 간

결성은 성경의 정확성을 희생하면서 얻은 결과이다. 성경이 이처럼 부실하니 그 부실한 기초 위에서 부실한 기독교가 나올 수 밖에 없지 않은가?

● 음부와 지옥, 게헨나와 불못의 무분별

'음부'와 '지옥', 그리고 '게헨나'와 '불못'을 분별치 못하고 있다. 마귀는 지옥을 숨기려고 무척 노력하고 있다. 예수님을 믿지 않는 사람에게 "예수님을 믿지 않으면 음부에 갑니다." 혹은 "스올에 갑니다." 하면 알아들을 사람이 있겠는가? 구약시대에는 사람들이 죽어 아브라함의 품인 낙원과 지옥으로 갔다.(눅 16:19~31, 이 구절의 음부도 음부(陰部)가 아니고 ᾅδης(하데스 **지옥**)이다. 지옥<ᾅδης 하데스>은 성경에 54회 나오는데 개역성경은 이 중에 구약에 나오는 31번의 지옥을 모두 스올로 번역했고, 신약에서도 13번만 지옥으로 번역하고 나머지는 음부(陰部)로 번역했다. 그렇다면 스올 혹은 음부는 도대체 무엇인가? 「우리말 큰사전」은 음부는 저승인데, 저승은 죽은 혼령이 가서 사는 세상으로 구천, 유명이라고 말한다. 즉 개역성경은 토착화 신앙을 위해 불교 용어를 쓴 것이다. 한문은 형상어로서 불(佛)자는 사람인(人) 변에다 선악과 나무(丨丨)에 뱀(弓)이 걸처 있는 형상이다. 창세기 3:1~6절을 연상케 하는 문자이다.

이런 이교도 사상이 개역성경에 그대로 반영되어 교리와 신학에 참으로 심각한 영향을 미쳤다. 킹제임스 영어성경도 하데스(ᾅδης 지옥)와 게헨나(γέεννα **영원한 형벌의 장소**)를 분별 못하고 모두 'hell 지옥'이라고 같은 것으로 번역하였다.

예수님께서는 '하데스(ᾅδης 지옥)'와 '게헨나(γέεννα **영원**

한 형벌의 장소)' (7회~마 5:22 ,29, 30, 10:28, 18:9, 23:15, 33) 곧 '영원한 불' (마 25:41)을 분명히 구별하여 말씀하셨고, 요한에게 계시를 주시면서도 사망과 하데스(ᾅδης **지옥**)도 그 가운데 던지우는 '둘째 사망 곧 불못' 으로 말씀하셨다.(계 19:20, 20:10, 14, 15, 21:8) 그러므로 구원받지 못하는 자들이 죽어서 육체는 무덤이나 바다에서 해체되나, 혼은 예수님께서 말씀하신대로 하데스(ᾅδης **지옥**) 불에 부자의 혼처럼 들어가서(눅 16:23~24) 최후의 백보좌 심판 때까지 고통을 당하는 것이다. 그리고 '게헨나<γέεννα>' 곧 불못은 최후 심판 때 구원받지 못하는 자들이 육체와 영혼이 다시 결합하여 행한대로 심판을 받아 마귀와 함께 영원한 불과 유황 못에 던져지는 곳을 말한다.

그리고 무슨 이유에서인지 한글 개역성경의 대본인 「수정본문」은 예수님께서 말씀하신 지옥의 실상인 "**그들의 벌레도 죽지 않고 불도≪결코≫ 꺼지지 않느니라**"를 두 번이나 성경에서 제거해 버리기도 했다(막 9:44, 46).

≪거기는 그들의 벌레도 결코 죽지 않고 불도 결코 꺼지지 않느니라≫고 하신 말씀을 두 번이나 (없음)이라고 한 것도 바로 사탄과 그 일꾼들이 저들이 갈 형벌의 장소를 싫어하기 때문에 의도적으로 없앤 것을 여기서도 볼 수 있다.

분별치 못하여 한글 개역성경에 게헨나(γέεννα **영원한 형벌의 장소나 상태에 대한 이름, 불못**)를 "지옥(地獄~ᾅδης 하데스 **지하세계의 이름, 지옥**)으로 번역한 것을 보면,

(무분별, 오역) 마 5:22 → 지옥 불<γέεννα 게헨나 ~**영원한 형벌의 장소나 상태에 대한 이름, 불못**>에 들어가게 되리라 (29, 30**절도 동일하게 잘못 번역**)

(무분별, 오역) 마 10:28 → 몸과 영혼<혼>을 지옥<*γέεννα* 게헨나>에 멸하시는 자를 두려워 하라

(무분별, 오역) 마 18:9 → 지옥 불<*γέεννα* 게헨나>에 던지우는 것보다

(무분별, 오역) 마 23:15 → 너희보다 배나 더 지옥<*γέεννα* 게헨나> 자식이 되게 하는 **(무분별, 오역)** 마 23:33 → 어떻게 지옥<*γέεννα* 게헨나>의 판결 을 피하겠느냐

구약성경이나 사도들은 분명하게 말하지 않은 스올(שְׁאוֹל **무덤, 지옥, 구덩이**), 음부(*ᾅδης* 하데스 **지하세계의 이름, 죽은 혼의 거처, 지옥**), 게헨나(*γέεννα* **영원한 형벌의 장소, 불못**) 불못(*λίμνην πυρός* 르림멘 퓌로스 **영원한 형벌의 장소, 둘째 사망**)에 대하여 예수님께서 너무나 명확하게 거듭 거듭 말씀하셔서 놀랍지 않을 수 없다. 예수님께서 사람들이 듣기 싫어하는 것을 이렇게 거듭 말씀하신 이유가 무엇이겠는가? 어찌하더라도 그곳에 가지 않도록 하라는 경고가 아닌가? "음부"가 "지옥(地獄)이며", "지옥(地獄)"과 "불못"이 다른데 분별 못하고 모두 "지옥"으로만 알고 지옥으로만 말한다.

예수님께서 말씀하심을 따라 생각건대 지옥(地獄)은 땅 표면 아래 엄청난 열기로 이글거리는 용암층 아래에 땅 중심에 있는 캄캄하고 뜨거운 불가마 공간으로서, 용암의 열기로 마치 사우나탕 안에 불이 없어도 견디기 어려울 정도로 열기로 뜨거운 것 같이 뜨거운 곳이다. 그리고 그 지옥에 들어간 영혼들이 얼마나 그 뜨거움과 목마름에 소리치는지 뜻글자인 한문이 그 상태를 보여주고 있다. '地' 는 땅속에 있음을 말해주고, '獄' 은 말 '언

(言)' 자 양편에 큰 개 '견(犭)' 자와 보통 개 '견(犬) 자로 된 글로서, 지옥에는 얼마나 뜨겁고 목마르고 고통스러운지 영혼들이 울부짖고 소리지르는 것이 큰 개와 보통 개들이 양쪽에서 울부짖는 것 같은 소름치는 곳임을 나타낸 말인 것이다.

♡ 묵상과 기도

독일의 요한 쿠텐 배르크가 인쇄 기술을 발명한 후 제일 먼저 인쇄한 성경책(1456년)

스올,음부,지옥과 게헨나,불못,영원한 불의 분별

<table>
<tr><th colspan="2">스올(שְׁאוֹל 쉐올: 무덤, 지옥, 구덩이)
음부(ᾅδης 하데스: 지하세계의 이름,지옥)</th><th colspan="2">게헨나(γέεννα 영원한 형벌의 장소)
불못(λίμνην πυρός 불과 유황으로 타는 못)</th></tr>
<tr><td>구약성경말씀</td><td>킹제임스 영어성경은 "스올"을 "무덤"으로 31회, "지옥"으로 30회, "구덩이"로 3회 번역하였고, 변개성경은 "스올"로 음대로 번역했다. 원래 "무덤"을 뜻했으나 후에 "지옥"의 의미로 국한되었다고 생각할 수있다.
▸위 하늘, 아래 음부(잠15:24,암9:2)
▸음부 깊은 곳(신32:22,욥11:8,시86:13)
▸멸망의 웅덩이(욥26:6,시88:11)
▸음부의 권세(시89:48)
▸산채로 음부에(민16:30,33,시55:15)
▸구더기가 먹음(욥17:14,24:19,20)</td><td rowspan="2">천년왕국후 백보좌심판 모든 죽은 자가 살아나 심판을 받음</td><td>▸이사야 66:24 "그 벌레가 죽지 아니하며 그 불이 꺼지지 아니하며"
▸예레미야 17:4 "내 노를 맹렬케 하며 영영히 타는 불을 일으켰음이라"
▸다니엘 12:2 "땅의 티끌 가운데서 자는 자 중에 많이 깨어 영생을 얻을 자도 있겠고, 수욕을 받아서 무궁히 부끄러움을 입을 자도 있을 것이며"</td></tr>
<tr><td>예수님께서 하신 말씀</td><td>▸땅 낮은 곳(마11:23)중심부(마12:40)
▸몸은 무덤에, 영혼만 들어감(눅16:23)
▸불속에서 고통,목마름(눅16:23,24)
▸물 한 방울 요구도 거절됨(눅16:24,25)
▸낙원의 광경을 볼 수 있음(눅16:23)
▸말하고 세상일 걱정함(눅16:27,28)
▸회개하면 가지 않음(눅16:30;마11:20)
▸교회를 이기지 못함(마16:18)
▸주님,사망과 지옥 열쇠 가지심(계1:18)
▸최후 심판 때까지만 존속함(계20:13)
▸사망과 지옥이 불못에 던져짐(계20:14)</td><td>▸죄짓는 자 들어감(마5:22,29,30;막9:43)
▸죽은 후 둘째 사망임(눅12:5;계20:14)
▸육체가 함께 꺼지지 않는 불속에(마5:22,29,30, 10:28, 18:9; 막9:43,45,47)
▸산채로 던져지는 자 있음(계19:20)
▸마귀와 그 사자들 위해 예비(마25:41)
▸영원한 불 (마18:8,25:41;막9:48)
▸사람마다 불로 소금치듯함 받음(막9:49)
▸밤낮 쉬지 못하고 고통함(계14:11)
▸견디기에 경중이 있음(마11:24)
▸교인, 배나 게헨나 자식 만듬(마23:15)
▸위선 종교 지도자들이 들어감(마23:33)
▸사망과 지옥이 불못에 던져짐(계20:14)</td></tr>
</table>

≮**인자가 오실**≯을 빼버린 것은 사탄과 그 일꾼들은 예수님께서 재림하시는 것을 가장 싫어하기 때문에 이 말을 빼버린 것이며, ≮**불순종의 아들들 위에**≯라는 말도 빼버린 것도 하나님의 진노가 불순종의 아들들인 자신들 위에 임하는 것을 싫어하기 때문이다. "≮**하늘에 있는**≯ 더 낫고 영구한 산업<**재산**>"에서 ≮ ≯안에 있는 말을 빼버림으로 땅에서 박해와 빼앗김을 당하는 성도들에게≮**하늘에 있는 재산**≯의 소망을 약화시키려 한 것이다.

그리고 한글 개역성경은 시험의 때를 "면하게 하리니"라고 잘못 번역함으로 시험의 때를 면하고 휴거하는 것으로 해석하게 한 것이다. 시험의 때를 "면하게 하리니"가 아니라 "시험의 기간 중에 지켜 주시겠다<τηρέω (**지키다~손실이나 해로부터 시선을 계속 둠으로, 굳게 붙잡다**) ἐκ(~**로부터**, ~**중에**) τῆς(**그**) ὥρας(**시간, 때, 기간**)>"는 말씀이다. 성경에서 삭제한 것은 말할 것도 없거니와 잘못 번역한 것도 얼마나 말씀을 잘못되게 하는가를 여실히 보여주고 있는 것이다. 참으로 안타까운 일이다.

3. 한글 개역성경의 오류들 (예)

한글 개역성경에 오류가 하도 많아서 대명사, 관사, 전치사 등 오류 부분을 모두 다 열거하려면 책 한권을 별도로 써야 하겠지만, 여기서는 그 실상을 마태복음과 요한계시록에서 대강 예만 들어보도록 한다.

● 마태복음에서 변개된 예

※ 표시 범례 :
≮성경 헬라어를 삭제한 것≯ ≲변개한 앞의 말 바른 헬라어≳
<헬라어 바른 번역>

마 1:19 → 저를 ≲*δειγματίσα* **드러내지**≳← **변개** <*παρα*
δειγματίσαι **악평을 받게 하지**> 아니하고 가만
히 끊고자 하여<**떠나게 하고자**> 하여
21 → 죄≮들≯에서 [성경 전체에서 죄는 복수 『**죄들**』인
데 단수로 「죄」라고 번역했음]
2:7 → ≮*παρ' αὐτῶν* **그들에게**≯ 나타난<**밝게 빛난**> 때
를 자세히<**엄밀히**>
8 → 자세히 알아보고<**정확하고 철저하게 조사해보고**>
3:2 → 회개하라<*μετανοέο* **개심하라**> [신약성경 전체에
서, *μετανοέο*(메타노에오)는 '마음이나 목적(의도)을
바꾸다? 임으로 '회개하라' 로 번역한 말은 마음을 바꾼
다는 의미가 없이 잘못을 뉘우쳐 고친다는 정도뿐임으로
성경 원어대로 바르고 확실한 뜻이 못됨]
3 → 첩경<**길**>을 평탄케<**똑바르게**> 하라
9 → 자손이 되게 하시리라 <**되게 하실 수 있기 때문이라**>
14 → ≮*δε* **그러자**≯ 요한이≮*αὐτοῦ* **그를**≯ 말려<**전적
으로 금하여**>
17 → 사랑하는<**극진히 사랑하는**> 아들이요
4:7 → ≮*Οὐκ* **결단코**≯시험하지 말라 〔절대부정 '*Οὐκ*'
신약성경 전체에서 1613회 있는 것을 절대부정 '결

단코' 로 거의 적절히 번역치 않았음〕

8 → 천하 만국과<*κόσμου* **세상** *πάσας* **모든** *τὰς βασιλείας* **왕국**들>과 그 영광을≪*αὐτῶν* **그에게**≫ 보여

19 → 사람을 낚는 어부가<**사람들의 어부들이**> 되게 하리라

23 → 천국≲*βασιλείας* **왕국**≳ 복음을 전파하시며

5:3 → 심령<*πνεύματι* **영**>이 가난한자는<*πτωχοὶ* **빈곤한 자들은**> 복이<*Μακάριοι* **최고의 복이**> 있나니 천국<*βασιλεία τῶν οὐρανῶν* **하늘들의 왕국** ↔ 원어에 하늘은 복수로 되어 있음 ~사도 바울은 삼층천에 갔다고 하였음>이 저희<**그들의**> 것임이요

20 → 보다 더<**더욱 뛰어나고**> 낫지<**초과하지**> 아니하면

28 → ≪*αὐτοῦ* **그의**≫ 마음에 ≪*αὐτὴν* **그 여자를**≫ 이미 간음하였느니라

29 → ≪*αὐτὸν* **그것을** *ἀπὸ σοῦ* **너로부터**≫ 빼어내 버리라≪*γάρ* **왜냐하면**≫네 백체 중 하나가≪*σοι* **네게서**≫ 없어지고≪*καὶ σου* **그리고 너의**≫ 온 몸이 지옥 <*γέενναν* **게헨나 →영원한 형벌의 장소**>에 던지우지 않는 것이 유익하며(지옥은 *ᾅδης*임)

32 → 연고≲**진술**≳ 없이≪*αὐτοῦ* **그의**≫ 아내를 버리면

44 → ≪**너희를 저주하는 자들을 축복하며 너희를 미워하는 자들을 선대하며 그리고 너희를 모욕하는 자들과 너희를 핍박하는 자들을 위하여 기도하라**≫

6:1 → 사람<그들>에게 보이려고 그들<사람들> 앞에
서 너희 의<자선들>을 행하지 않도록 주의하라
3 → ≪δὲ 그러므로≫ 구제할 때에≪σου 너의≫ 오른 손
이 하는 것을≪σου 너의≫ 왼손이 모르게 하라.
4 → 너의 아버지가≪αὐτὸς 그분께서 σοι. ἐν τῷ φαν
ερω 드러나게 네게≫ 갚으시리라.
8 → ≪γὰρ 왜냐하면≫ ≪ὑμᾶς 너희가 αὐτόν 그것을≫
구하기 전에
19 → 보물<부(富)들>을 땅에 쌓아두지≪들≫말라 거기
는 좀과 동록<음식>이 해<소모>하며≪ὅπου 거
기는≫도적≪들≫이 구멍≪들≫을 뚫고 도적질 ≪
들≫을 하느니라.
21 → ≪γάρ 왜냐하면≫ ≪ὑμῶν 너희≫ 보물<θησαυ
ρός 부(富)들> 있는 그 곳에 는 네≪ὑμῶν 너희≫
마음도 있느니라. (≪γάρ 왜냐하면≫이 신약성경
에 1042회 있는데 '왜냐하면' 으로 번역하지 않고
'이는' 으로 약하게 번역하였음.)
23 → ≪σου 네≫ 눈이 나쁘면≪σου 네≫ 온 몸이 어두
울 것이니
33 → ≪δε 그러므로≫ 너희는 먼저<πρῶτον 모든 것보
다 먼저> 그의 나라와<βασιλείαν τοῦ θεοῦ 하
나님의 왕국과>그의 의를 구하라←<ζητεῖτε 열망
하라>
7:26 → 나의 이 말≪들≫을 듣고≪αὐτοὺς 그것들을≫ 행
하지 아니하는≪πᾶς 모든≫ 자는 그 집을 모래 위
에 지은 ≪ὅστις 어떤≫ 어리석은 사람 같으리니

8:28 → 귀신들린← < δαιμονιζόμενοι 악령들린 > 〔δαιμόνιον 악령, 신약에서 64회(주로 복수), 마귀(διαβόλος 항상 단수), 37회. 사탄〈Σατανᾶς 항상 단수〉, 36회) →마귀 (사탄←대장 하나)와 그 사자들(귀신)을 분별 못하고 혼동하여 잘못 번역함. 킹제임스 영어성경도 악령(δαίμων 다이몬)과 마귀(διαβόλος 디아볼로스)를 devil(s)~악마, 악귀, 마귀, 사탄으로 같은 것으로 잘못 번역하였음.) 악령(δαίμων)은 evil spirit(s)로 번역해야 한다.〕

29 → 하나님의 아들≮ Ἰησοῦ 예수여≯

9:2 → 안심하라< Θάρσει 용기를 가지라>

13 → 죄인<죄 있는 자들>을≮εἰς μετάνοιαν 개심하도록≯ 부르러 왔노라

37 → 이에 ≮αὐτοῦ 그의≯ 제자들에게 이르시되≮μὲν 참으로≯ 추수할 것은 많되 〈δὲ 그러나〉 일꾼은 적으니<ὀλίγοι 아주 적으니>

10:38 → 또 자기 십자가를 지고 나를 좇지 않는<지지 아니하고 나의 뒤를 좇는> 자도≮οὐκ 결코≯ 내게 합당치 아니하니라

11:15 → ≮ἀκούειν 들을≯ 귀 있는 자는 들을찌어다< ἀκουέτω 들으라>

19 → 지혜는 그 행한 일<τῶν τέκνων 그의 자녀들>로 인하여

25 → 어린아이들에게는 나타내심을 감사하나이다< Ἐξομολογοῦμαί 전적으로 일치하나이다>

27 → ≮ἐὰν 누구든지≯ 아들과 또 아들의 소원대로

29~30 → ≮*ἐφ' ὑμᾶς* **너희들 위에**≯ 나의 멍에<*ζυγόν* **예속, 법,멍에**>를 메고<*ἄρατε* **취하고**>내게 배우라 그러면 너희 마음<*ψυχαῖς* **혼들**>이 쉼을 얻으리니 이는<*ὅτι* **왜냐하면**> 내 멍에<*ζυγόν* **예속, 법, 멍에**>는 쉽고<*χρηστὸς* **요긴하고, 유익하고**> 내 짐은 가벼움이니라<**가볍기 때문이라**>

《 특주 6 》 ☞ **내가 너희를 쉬게 하리라** ☜ 참조

♡ 묵상과 기도

12:40 → 밤낮 사흘<*τρεῖς ἡμέρας καὶ τρεῖς νύκτας* **사흘 낮과 사흘 밤**>을 땅 속<*καρδίᾳ* **중심부**>에 있으리라 (십자가에 못박혀 죽으신 날이 「수요일」이 되는 증거,= 요나서 1:17)

《 특주 1 》 **【예수님께서 십자가에 못박혀 죽으신 날이 금요일이 아니다】** 참조

45 → 이에 가서≮*μεθ' ἑαυτοῦ* **자신과 함께**≯ ≮*ἑαυτοῦ* **자기와**≯ 다른 ≮*ἕτερα*≯ 더 악한 귀신<*πνεύματα* **영들**> 일곱을 데리고

13:28 → 원수가≮*ἄνθρωπος* **사람이**≯ 이렇게 하였구나

14:30 → ≮*δε ἰσχυρὸν* **그러나 강력한**≯ 바람을 보고 무서워

15:8 → 이 백성이≮**그 입으로는 내게 가까이 하고 그들의**≯ 입술로는 나를 존경하되≮**그들의**≯마음은 내게서 멀

도다

16:18 → 음부의 권세가<*πύλαι* **대문이**>⊀*αὐτῆς* **그것을**⊁
⊀*οὐ* **결코**⊁이기지 못하리라

22 → 베드로가 예수를 붙들고 간하여<*ἤρξατο ἐπιτι-*
μᾶν αὐτῷ **그에게 다르게 시작하여**>가로되 주여 그
리 마옵소서<**하나님은 당신에게 자비로우십니다**>

23 → 너는 나로 넘어지게 하는 자로다<**나의 걸림돌이 되**
도다>⊀**왜냐하면**⊁

28 → 여기 섰는 사람중에<*τινες* **모든 사람은**> 죽기 전
에<*οὐ μὴ γεύσωνται θανάτου* **절대로 죽음을**
맛보기까지> 인자가 그 왕권을 가지고<*ἐν τῇ*
βασιλείᾳ αὐτου **자신의 왕국안에**> 오는 것을 볼
자들도 있느니라 <*ἂν ἴδωσιν* **누구든지 볼 것이니**
라>

17:17 → 얼마나<*ἕως πότε* **언제까지**> 너희를 참으리요

20 → ⊀*δε Ἰησοῦς αὐτοῖς* **그러자 예수께서 그들에게**
⊁ 가라사대 너희 믿음이 적은≤*τὴν ἀπιστίαν* **믿**
음이 없는≥ 연고니라<*Δια* **때문이라**>

21 → ⊀**기도와 금식을 말미암지 않고는 이런 류가 나가지 아**
니하느니라⊁

18:17 → 교회에 말하고⊀*ἐὰν δὲ* **만일 그러고도**⊁교회의 말
도 듣지 않거든

19:9 → ⊀**그리고 버림받은 여자에게 장가드는 자도 간음함이니**
라⊁

14 → ⊀*γὰρ* **왜냐하면**⊁ 천국<*ἡ βασιλεία τῶν οὐρα-*
νῶν **하늘들의 왕국**>이⊀**바로**⊁ 이런<*τοιούτων*

이런 품성, 개성> 자의 것이기 때문이다

20:7 → 포도원에 들어가라 ≮*καὶ ο ἐὰν η δίκαιον λήψε-
σθε* **그리고 만일 적당하면 무엇을 받으리라**≯

16 → ≮*γὰρ* **왜냐하면**≯ 청함을 받은 사람은 많되 택함을
입은<**마음에 드는 사람은**> 적으니라<*ὀλίγοι* **아주
적으니라**>

18 → 저희가 죽이기로 결안<*κατακρινοῦσιν* **불의한 판
단을**> 하고

21:8 → 무리의 대부분은≮*ἑαυτῶν* **자신들의**≯ 겉옷을 길
에 펴며

29,30 → 아버지여 가겠나이다 하더니, 가지 아니하고≲**나는
원치 않습니다 하더니 나중에 뉘우치고 갔고**≳, 둘째 아
들에게 가서, 또 이같이 말하니, 대답하여 가로되,
싫 소이다 하더니, 그 후에 뉘우치고 갔고≲**주여 내
가 가 겠습니다 했으나 가지 아니하였으니**≳, 그 둘 중
에 누 가 아버지의 뜻대로 하였느뇨, 가로되 둘째≲
첫째≳ 아들이니이다.

☞ **한글 개역성경에 첫째 아들과 둘째 아들의 말이 바뀌어져 있다. 반유태주의자들이 변개한 신미국표준역과 그 성경을 따른 한글 개역성경만이 그렇고 다른 나라 성경들 모두가 그렇지 않다. 심지어 변개된 계통의 영어성경인 신국제역(NIV)도 그렇지 않고 바로 되어 있다. 대한성서공회에서 2003년도에 발행한 한글 개정개역에 비로소 바로 고쳐 놓았다. 한글 개역성경이 변개된 잘못된 성경을 따른 것임을 스스로 시인한 셈이다. 성경 내용이 이렇게 반대일 수 있는가? 이것은 실수도 아니고 오역도 아**

니고 분명히 사람이 의도적으로 성경 내용을 변개시켰다는 확실한 증거가 된다. 한글 개역성경은 이 부분에서는 반유태주의자들이 변개한 성경 '신 미국 표준역' 을 따른 것이다.

♡ 묵상과 기도

43 → ≪**왜냐하면**≫하나님의 나라를<**왕국이**> 너희는 빼앗기고<**로부터 빼앗겨질 것이며**> ≪**그리고**≫그 나라<**왕국**>의 열매 맺는 백성이 받으리라<**에게 주어질 것이기 때문이다**>

22:13 → ≪**그를 취하여, 그리고**≫바깥 어두움에<**을 향하여**> 내어던지라<**쫓아버리라**>

30 → 하늘에 있는≪*θεοῦ* **하나님의**≫ 천사들과 같으니라

39 → 네 이웃을 네 몸<*σεαυτόν* **네 자신**>과 같이 사랑

23:4,5 → 또 ≪*δυσβάστακτα* **감당하기 어려운**≫ 무거운 짐을 …≪*αὐτα* **그것들을**≫ ≪*αὐτῶν* **그들의**≫ 손가락으로 움직이려 하지 아니하며≪*δε* **뿐만 아니라**≫

13 → ≪*ὑμῖν* **너희에게**≫ 화 있을진저<**있으리라**>≪**왜냐하면 너희가 과부들의 가산을 삼키며 외식으로 길게 기도 하니 이러므로 너희가 받을 심판이 더욱 중하리라 화 있 으리라 외식하는 서기관들과 바리새인들이여 왜냐하면**≫

15 → 교인 하나를 얻기<*ποιῆσαι* **만들기**> 위해 … 생기면 ≪*αὐτὸν* **그를**≫너희보다 배나 더 지옥 자식이 되게 하는도다<*ποιεῖτε*으로 만드는도다>

25 → 겉은 깨끗이 하되 그 안에는 탐욕≲ἁρπαγῆς **약탈**≳과 방탕으로<ἀκρασίας **무절제로**> 가득하게 하는도다

24:14 → 이 천국≲βασιλείας **왕국**≳ 복음이 모든 민족에게

30 → 인자가≮οὐρανοῦ **하늘의**≯ 구름을 타고

36 → 그러나 그 날과 그 때는<ὥρας **시간은**> 아무도 모르나니 하늘의 천사들도 → υἱός 아들도 ← 모르고 오직 ≮μου **나의**≯ 아버지만……

28:1 → 안식일<σαββάτων **안식일들**>이 다하여 가고

〔예수님께서 십자가에 못박히신 주간에는 유월절 첫날 안식일−목요일−과 계명의 안식일~토요일− 두 안식일이 있었음으로 복수로 『안식일들』이라 한 것이다. 성경번역을 원어대로 바로 직역하지 않고, 한마디 말을 단수로 번역한 것과 복수로 번역하는 것에 따라 십자가에 못박히신 날이 금요일인가 아닌가 하는 중요한 문제가 검증되는 뚜렷한 실례이다.〕

♡ 묵상과 기도

《 특주 1 》

예수님께서 십자가에 못박히신 날은 금요일이 아니다.

기독교는 예수님께서 십자가에 못박혀 죽으신 날이 금요일이라고 가르쳐 오고 있다. 그리고 고난 주간은 주일부터 시작한 한 주간으로 지키고 있다. 필자도 그렇게 가르치는 기독교의 관행에 따라 지금까지 지내왔다.

그러나 성경을 면밀히 살펴보니 그렇지 않은 것이 확실하다. "기독교 전체가 한결같이 가르치고 지켜오는 주님께서 십자가에 못박히신 날이 금요일이 아니라니 무슨 말인가? 그리고 금요일이 아닌 목요일이나 수요일이든 날짜가 무슨 상관인가?" 하겠지만, 생각을 신중히 한다면, 기독교 복음의 핵심인 십자가에 관계된 일일뿐만 아니라, 더군다나 성경을 보다 신중히 살펴보면 명확히 알 수 있는데도 그러하지를 않고, 성경을 단편적으로 보고, 기독교의 전통적 가르침과 관행을 맹추하는 것은 "너희 유전으로 하나님의 말씀을 폐하는도다… 사람의 계명으로 교훈을 삼아 가르치니 나를 헛되이 경배하는도다(마 15:6, 9)" 하신 말씀을 들어야 할 유가 아닌가 하는 것이다. 기독교에는 이러한 예들이 많이 있다.

예수님께서 십자가에 못박혀 죽으신 날은 수요일이다.

성경을 면밀히 살펴보면

1. 마태복음 12장 40절에 예수님께서 친히 하신 말씀, 개역성경에는 "요나가 밤낮 사흘을 큰 물고기 뱃속에 있었던 것같이

인자도 밤낮 사흘을 땅 속에 있으리라" 했기에 '밤낮 사흘' 을 밤이 몇이든 낮이 몇이든 사흘이면 된다고 생각한다. 금요일에 죽으셔서, 밤은 금요일 밤과 토요일 밤 이틀 밤이 되고, 땅속에 장사되어 있게 된 것은 금요일 저녁에 장사되었으니 낮은 토요일 하루뿐인 것이다.

그러나 영문성경에 "three days and three nights"라고 한 것과 헬라어 원문 성경에 "τρεὶς(사흘) ἡμέρας(낮) καὶ(과) τρεῖς(사흘) νύκτας(밤) ἐν(속에) τῇ(그) καρδία(중심) τῆς(그) γῆς(땅)"이라고 했으니 사흘 낮과 사흘 밤을 땅속에 있을 것이라고 말씀하신 것이다. 그 말씀을 하시면서 "요나가 밤낮 사흘을 큰 물고기 뱃속에 있었던 것같이 <Ἰωνᾶς(요나가) ἐν(속에) τῇ(그) κοιλίᾳ(뱃) τοῦ(그) κήτους(큰 물고기) τρεῖς(사흘) ἡμέρας(낮) καὶ(과) τρεῖς(사흘) νύκτας(밤)" >이라고 분명히 말씀하신 것이다.

구약 요나서 1장 17절을 영문과 히브리어를 보아도 그냥 '밤낮 사흘' 이라 하지 않고 '사흘 낮과 사흘 밤' 이라고 한 것이다. 그런데도 어찌하여 기독교는 지도자들이 성경원어를 알면서도 성경대로 바로 하려고 노력하지도, 관심도 가지지 않고, 그냥 적당하게 전통과 관습을 성경보다 더 우위에 두고 따르고 있는지 참으로 이상한 것이다.

주님께서 부활하신 시점은 주일 새벽 미명 3시경으로 보는 것이 성경적이라 하겠다. 마가복음 16장 9절에 'Ἀναστὰς(살아나신 후) δε(그리고) πρωῒ(일찍이) πρώτῃ(첫날) σαββάτου(안식일 후)' 라고 했고, 마태복음 28장 1절에는 'ἐπιφωσκούσῃ(미명) εἰς(되려는) μίαν(첫날) σαββάτων(안식 후)' 라고 했다. 또 요한복음 20장 1절에는 'πρωῒ(일찍이) σκοτίας(어두운데)

ἔτι(아직)' 여인들이 무덤을 보려고 갔더라고 하였고, 갔을 때 경비병들이 죽은 사람들처럼 되어 있었고, 9~11절에 여인들이 천사의 말을 듣고 제자들에게 말하려고 갈 때에 부활하신 예수님께서 그들을 만나주셨고, 그리고 나서 여인들이 가고 있을 때 경비병 몇 사람이 성읍으로 들어가서 일어난 모든 일을 대제사장들에게 보고하더라고 했으니, 부활하신 시점이 주일 새벽 미명이 확실한 것이다.

그렇다면 3일 낮 3일 밤을 거슬러 보면, 목요일 새벽 미명이 되는 것이다. 예수님께서 십자가 위에서 운명하신 시간은 새벽이 아닌 제 구시(오후 3시경)이고(마 27:46; 막15:34~37; 눅 23:44~46) 무덤에 장사된 시간은 오후 6시경이다(막 15:42). 그러니 수요일 운명하신 오후 3시경부터 목요일 새벽 3시경까지 삼일 밤 삼일 낮은 약 12시간이 초과한다.

그러나 이것도 오히려 성경에 부합하는 것이다. 예수님께서 십자가 위에 못박혀 있을 때 한편 강도에게 "**오늘 네가 나와 함께 낙원에 있으리라**" 하셨으니,(눅 23:43) 예수님께서 운명하신 그 시간 예수님과 한편 강도의 영혼은 낙원에 간 것이다. 그렇지 않다면 예수님의 말씀이 틀리게 된다. 그 시간이 약 12시간이고, 그리고 나서, 목요일 오전 3시경부터 주일 새벽 3시경까지 3일 밤 3일 낮은 예수님의 몸은 땅에 묻히시고 혼은 음부에 가신 것이다. 초대교회(주후 360년과 390년경 제정된) 사도신경 중에 '예수께서 음부에 내려가셔서' 라는 구절이 있다. 클레멘트, 터툴리안, 순교자 저스틴, 이레니우스도 이를 말했다.

예수님의 육체만 죽음을 당하시고 혼이 음부에 가지 않으셨다면 속죄를 위한 죽음을 온전히 당하셨다고 할 수 없는 것이다. 구약의 속죄제물도 피흘려 죽임을 당하는 것으로 다 되는 것이 아니라 불에 태움을 받아야 했다(레 4:10,12, 19, 20, 31, 35). 그리고 예수님께서 영으로 옥에 있는 영들에게 가서 전파하셨다고 하셨다(벧전 4:19, 20).

죄로 인한 죽음은 짐승의 죽음과 달라 육체가 죽임 당하는 것만 아니라 혼이 음부에 내려가는 것으로 성경에 무수히 말씀하고 있는 것이다(예; 창 42:38; 겔 31:15~17; 눅 16:22~24). 성경에서 음부는 땅 밑으로 내려가는 것으로 모두 말하였고, 죽은 자의 육체는 땅에 묻혀 있고 혼만 불 속에서 고통받는 장소인데, 땅 속은 불덩이 용암으로 되어있고, 땅의 중심은 캄캄한 중에 공간으로 되어있어, 공간 바깥의 뜨거운 용암의 열기로 그 곳은 바로 불 속(지옥, 음부)인 것이다. 최후 심판 후에 던져지는 영원한 형벌의 장소는 혼만 아니라 육체까지 함께 던져지고 지옥과 사망도 그 속에 던져지는 불못인 것이다(계 20:14). 지옥과 불못은 다른 것이다. 기독교는 이것도 구별하지 않는다.

예수님의 혼이 이 음부<ᾅδης(하데스) **지옥**>에 내려가 고통을 당하신 것이다. 십자가 위에 달리실 때 정오부터 세 시간동안 어두움이 온 땅을 덮었고(마 27:45; 막 15:33; 눅 23:44), 세 시간후 예수님께서 "나의 하나님 나의 하나님 어찌하여 나를 버리셨나이까?(마 27:46; 막 15:34)" 큰 소리로 부르고 "목마르다(요 19:28)"라고 하셨으니, 세 시간 동안 어두움은 온 3일동안 어두운 음부에 하나님께 버림을 받을 것을 예표로 보여 주신 것이며, '목마르다' 하신 것은 음부의 불꽃 중에 부자의 혼이 그러했듯이(눅 16:24) 목마르실 것을 보여준 것이다. 사도행전 2장 24절에 '하나님께서 사망의 고통을 풀어 살리셨으니' 라고 하였고, 27절에는 '내 혼을 음부<ᾅδης(하데스) **지옥**>에 버리지(버려두지) 아니하시며,' 31절에는 '저가 음부<ᾅδης(하데스) **지옥**>에

버림이 되지(**내버려지지**) 않고' 라고 한 말씀, 그리고 이사야 53장 11절에 '그가 자기 혼의 수고한 것을 보고 만족히 여길 것이라?, 12절에는 '그가 자기 혼을 버려 사망에 이르게 하며 범죄자 중 하나로 헤아림을 입었음이라' 라고 한 말씀들은 예수님의 혼이 음부에 3일 밤낮 버림을 당했으나 부활하심으로 그대로 내버려지지 않았다고 하는 말씀이다.(행 2:27)

그러므로 예수님께서 십자가에 못박히신 날 시간은 수요일 오전 9시부터 오후 3시이며, 오후 3시 운명하실 때부터 12시간 다음날 새벽까지는 예수님의 혼이 의로운 자들의 혼의 거처인 낙원에 가셨다가, 대속의 죽음으로 땅의 중심<*ἐν τῇ καρδίᾳ τῆς γῆς*(엔 테~ 카르디아 테~스 게~스)> 곧 지옥에 내려가신 것이다.(마 12:40) 베드로전서 3장 18,19절과 4장 6절에 그리스도의 죽으심과 부활하시는 복음을 지옥에 있는 영들, 죽은 자들에게도 전파하셨다고 하였으며, 요한계시록 1장 18절에 그리스도님께서 사망과 지옥(*ᾅδης*)의 열쇠들을 가졌노라' 고 하였는데, 사망과 지옥(*ᾅδης*)을 겪으시고 이기셨기 때문에 주관할 권리를 가지셨다는 말씀인 것이다.

2. 요한복음 19장 14절에 예수님께서 총독 빌라도에게 재판을 받고 처형되신 '이날은 유월절의 예비일이요 때는 제 육시라' 라고 한 것이다. 여기서 제 육시라 한 것은 아침 6시로서 사도 요한은 에베소에서 이 복음서를 기록하였는데 당시 에베소에서는 로마식(0시부터 셈)의 계산법과 일치하는 아시아(유대)식 계산법이 있었고(풀핏 주석, 요한복음) 요한복음은 이방 기독교인들을 주 대상으로 기록한 것이다.

중요한 것은 여기서 예수님께서 총독 빌라도에게 재판을 받아 십자가에 못박혀 죽으신 날이 '유월절의 예비일' 이라 한 것이다. 유월절의 예비일이란 말은 토요일 안식일의 예비일 금요일이란 말이 아닌 것이다. 그런데 오늘까지 기독교에서는 '안식일의 예비일이라' 한 마태복음 27:62절, 마가복음 15:42절, 누가복음 23:54, 56절 말씀을 단순히 토요일 안식일과 예비일로만 보고, 요한복음 19장 14절 말씀을 유의해 보지 않았기 때문에 바로 보지 못한 것이다.

예수님께서 십자가에 못박히신 유월절이 든 그 주간에는 토요일 안식일과 예비일만 아니라 유월절 예비일과 안식일, 즉 두 안식일과 두 예비일이 있었다는 사실을 알아야 하는 것이다. 마태복음 28장 1절 '안식일이 다하여가고' 에서 '안식일들<*σαββάτων* 삽바톤>' 복수로 되어 있음을 보아서도 확실한 것이다. 마가복음 16:2절과 누가복음 24:1절, 그리고 요한복음 20:1절에 여인들이 향품을 가지고 무덤으로 간 시간을 '안식일들<*σαββάτων* 삽바톤>후' 이른 새벽이라고 하였고, 마가복음 16:1절에는 '안식일이<*σαββάτου* 삽바투>지나매' 라고 단수로 말한 것은 '계명의 토요일 안식일이 지나매' 라는 말이다. '안식일' 의 단수와 복수 사용이 정확하다.

유대인은 1월 14일 해질 때 유월절 양을 잡아(출 12:6) 그 밤에 그 고기를 불에 구워 무교병과 쓴 나물과 함께 먹음으로 그 밤이 유월절 밤이 되는 것이다. 그리고 첫 날 아침부터 7일 간은 무교절로 지키고, 첫 날과 마지막 날 두 날에는 각자가 먹어야 하는 것 제외하고 어떤 형태의 일도 해서는 안되는 안식일로 지키라 하신 것이다(출 12:16).

그러므로 유월절 양 잡는 날이 유월절 예비일이고 그날 밤을 지나 첫 날은 유월절 안식일인 것이다. 이 안식일은 토요일 안식일과 같은 날이 아니며, 유대인들은 이 절기의 안식일을 '큰 안식일' 이라 한다.(참조: 요 19:31; 레 16:31; 요 7:37) 그리고 유월절 안식일과 토요일 안식일이 금요일을 사이에 두고 두 번 있었다는 증거는, 마가복음 16장 1~2절에 예수님이 장사되는 것을 보고 바로 유월절 안식일이 되므로 '안식일이 지나매 (여인들이) 가서 예수께 바르기 위하여 향품을 (금요일에) 사다 두었다가 안식후(토요일 후) 첫날(주일) 매우 일찍이' 라고 하였고, 누가복음 23장 56절에는 '돌아가 향품과 향유를 예비하더라 계명을 좇아 안식일에 쉬더라' 했으니, 향품을 안식일이 지나서 샀다는 마가복음과 향품을 예비해놓고 계명을 좇아 안식일에 쉬더라는 말이 모순되는 것 같지만 두 말이 다 맞는 것이다. 유월절 안식일이 목요일이고 계명의 안식일은 토요일이니, 금요일에 향품을 산 것을 말하는 것이다. 앞서 사흘 낮과 사흘 밤이라 하신 말씀이 요한복음 19:14절; 마가복음 16:1절; 누가복음 23:56절과 조화되고 적중하는 것이다. 그러므로 예수님께서 십자가에 못박혀 죽으신 날은 유월절 예비일 양 잡는 날, 시간도 오후 3시경 양 잡는 첫 시간에 죽으신 것이다.

3. 그리고 예수님께서 내가 '제 삼일에 살아나리라(마 20:19; 눅 18:33)' 하신 말씀으로 금요일에 죽으셨다고 생각하나, 그것은 앞서 증명한 두 가지 사실만 아니라 마가복음 8장 31절과 마태복음 27장 67절에 '삼일 후에 다시 살아나리라' 고 한 말씀은 간과해버리는 잘못이기도 한 것이다. 한글 개역 성경에 마가복음 8장 31절에 '사흘만에' 라고 번역한 것은 정확하게 번역되지 않았으니 *μετὰ*(후) *τρεῖς*(삼) *ἡμέρας*(일)은 '삼 일 후에' 라고 해야 정확한 것이다. *μετὰ*가 시간에 대해서는 '후에' 라 하기

때문이다. 마태복음 27장 63절에도 대제사장과 바리새인들이 '저 유혹하던 자가 살았을 때에 말하되 내가 사흘 후에 다시 살아나리라 한 것을 우리가 기억하노니' 라고 하였으니 증거가 되는 것이다.

마태복음 17:23절에는 「τῇ(그) τρίτῃ(삼) ἡμέρᾳ(일에)」로 되어 있고, 마가복음 10:34절에는 「μετὰ(후에) τρεῖς(삼) ἡμέρας(일)」로 되어 있으며, 누가복음 18:33절에는 「ἡμέρᾳ(일에), τρίτῃ(삼)」으로 되어 있다. 「τῇ(그) τρίτῃ(삼) ἡμέρᾳ(일에)」와 「μετὰ(후에) τρεῖς(삼) ἡμέρας(일)」라는 말의 차이는 날짜 계산에 대한 헬라 방식과 유대인 방식의 차이에 의해서 설명될 수 있다. 마태복음 27:63~64절에는 삼일 후와 삼일까지라는 말이 같이 말해지고 있다. 유대인은 만 3일이 지나 4일까지를 3일째라고 한다. 유대인만 아니라 누구나 만 3살은 만 4살이 되는 전날까지(4년째인데도) 3살이라 하는 것과 같다.

그리고 열왕기상 18장 1절에 "많은 날을 지내고 제 삼년에<בַּשָּׁנָה הַשְּׁלִישִׁית'>" 선지자 엘리야가 아합 왕에게 보이고 비를 내리게 하셨다고 했는데, 정확한 기간은 3년 6개월이었다(눅 4:25, 약 5:17). '제 삼 년에' 라 하였으니 '제 삼일에 살아나리라' 하신 말씀을 꼭 셋째 날이라고 고집할 것이 아니라, 모든 조화되고 통일된 증거들과 함께 마가복음 8장 31절 헬라어 원문대로 '삼일 후' 라고 해서 틀리는 것이 아닌 것이다. 고난 주간 직전에 나사로를 죽은 지 나흘만에 살리신 것은(요 11:39) 예수님의 부활을 예표한 것이었다.

예수님께서 부활하신 그 날(ἐν αὐτῇ τῇ ἡμέρᾳ 엔 아우테~ 테~ 헤메라 눅 24:13), 엠마오로 내려가는 두 제자에게 나타나셨을때, 제자가 한 말 "이 일이 된 지가 ≪σήμερον세메론 **오늘이**

ㅊ사흘째요 < *ἄγει* 아게이 **이 지났고** > (**한글 개역성경은 삭제된 사본을 따르고 또한 잘못 번역하였음**)"라고 한 것은 두 제자가 부활하신 그날 같은(*αὐτῇ* 아우테~)날에 엠마오로 내려가는 중이었는데 부활하신 그 날은 사흘이 지난날이라고 한 것이다.

수】 오후 3시 부터 / 오늘 나와 함께 낙원	**【목】** 03:00→ 에 1낮 ①	**【금】** 밤 2낮 ②	**【토】** 밤 3낮 ③	**【일】** ←03:00 밤
예비일 (유월절) 요 19:14	**안식일** (유월절) 출 12:16	예비일 향품을 삼 안식일 지나(막 16:1) 사 놓고 안식(눅 23:56)	**안식일** (계명의) 마 27:62	미명에 부활

4. 그리고 여기서 또 한가지 증명되는 사실은 예수님과 제자들이 유월절 양을 먹은 날은 유대인들보다 하루 전이라는 것이다. 요한복음 18장 27~28절을 보면 베드로가 닭 울기 전 예수님을 부인한 때는 이미 예수님과 제자들이 그 전날 초저녁에 유월절 양을 먹은 후인 것이다(요 13:3~18:1). 그런데 28절에 예수님을 대제사장 가야바에게서 심문을 하고, 새벽에 총독 빌라도에게로 끌고 간 대제사장과 그 무리들은 관정 안으로 들어가지 않았다고 하였으니, 그 이유는 더럽힘을 받지 않아야 유월절 잔치를 먹을 수 있었기 때문이다. 유대인들은 그 날 저녁이라야 유월절 양을 먹을 것이기 때문이라고 한 것이다. 이것은 예수님은 하루 전에 유월절을 지킨 셈이며, 그렇게 한 것은 예수님께서 유월절 양 잡는 시간에 잡혀 죽으시기 위함이었다. 세상 죄를 지고 가는 하나님의 어린양 예수님(요 1:29) 우리의 유월절 양 곧 그리스도께서(고전 5:7) 유월절 양 잡는 시간에 죽임을 당하시기 위해 그렇게 하신 것이다. 그렇지 않고 유월절이 시작되고 나면

바로 안식일이 되고 일이 될 수가 없는 것이다. 그리고 민수기 9장 9~11절에 정한 때에 유월절을 지키지 못한 사람은 한 달 후인 2월 14일에 지키라고 하셨듯이, 예수님의 경우는 특별한 경우이므로 잘못이 없는 것이다.

5. 그리고 요한복음 12장 1절에 유월절 엿새 전에 예수님께서 베다니에 죽은 자 가운데서 살리신 나사로의 집에 오셨다고 했고, 12절에 그 이튿날에 어린 나귀를 타고 입성하셨다고 한 것이다. 그러므로 예수님께서 어린 나귀를 타고 예루살렘으로 입성하신 것은 유월절 닷새전인 금요일이 되는 것이다. 입성하셔서 성전으로 가신 예수님은, 바로 그날 성전에서 매매하는 모든 자를 내어좇으시며 돈 바꾸는 자들의 상과 비둘기파는 자들의 상을 둘러엎으시는 일을 하신 것이 아니다. 그 날은 모든 것을 둘러보시고 때가 이미 저물매 열 두 제자를 데리시고 베다니에 나가신 것이다(막 11:11). 이튿날(**토요일 안식일**) 이른 아침 베다니에서 나오실 때 예수님께서 시장하셨고, 잎만 무성하고 열매가 없는 무화과나무가 저주를 받은 것이다(막 11:12~14). 그리고 성전에 들어가셔서 성전을 청결케 하신 것이다(막 11:15~18). 그리고 매양 저물매 저희가 성밖으로 나가더라(막 11:19)고 한 것이다.

그리고 그 다음날(**일요일**) 아침 예루살렘으로 들어 올 때 무화과나무가 마른 것을 보고 베드로가 말하자 예수님께서 기도에 대하여 가르치셨고, 예루살렘 성전에 들어가셔서 가르치신 것이다. 일요일과 월요일은 낮에는 성전에서 가르치시고 밤에는 감람원이라 하는 산에서 쉬셨다고 했다(눅 21:37). 예수님께서 겟세마네 동산에서 잡히실 때 "내가 날마다 너희와 함께 성전에 있어서 가르쳤으되 너희가 나를 잡지 아니하였도다”(막 14:49) 라고 하셨으니 성전에서 가르치신 날이 적어도 3일은 되는 것을 말씀하신 것이다.

그러니 예수님께서 예루살렘에서의 마지막 기간은 유월절 엿새 전 베다니에 오신 때부터 부활하신 날까지 10일이 되는 것이다. 10일은 환란기간이다(계 2:10).

이렇게 성경적으로 하나도 모순 없이 조화롭고 명확한 것이다. 유월절 엿새 전에 베다니에 오셨고(요 12:1) 그 이튿날 나귀를 타고 입성하셨고(요 12:12) 앞서 증명하는 모든 말씀들을 볼 때 예수님께서 십자가에 못박혀 죽으신 날은 금요일이 아닌 것이 확실하며 수요일인 것이 분명하다.

구원 받고 못받는 문제는 아니나, 이렇게 성경에 확실하게 증거하고 있는 구속의 중심인 예수님께서 십자가에 못박혀 죽으신, 그 날을 잘못 알고 가르치고 지키는 오랜 전통과 관습에 전 세계 기독교가 집착하여 있다는 것은 참으로 놀라운 일이다. 성경도 거기에 맞추어 번역하고 또 그것을 옳다고 확신하고 바른 말은 들으려 하지 않는 것은 예수님께서 당시에 하나님을 믿고 열심히 신앙생활을 하면서 “너희 유전과 전통으로 하나님의 말씀을 폐한다”고 책망 받았던 바(마 15:3,6,9; 막 7:8,9,13) 같이 되지 않을까 심히 두렵다.

♡ 묵상과 기도

요한계시록에서 변개한 대표적 예

1:1 → 반드시 될 ← **잘못 번역함**<δεῖ γενέσθαι ἐν τάχει
틀림없이 되어지기 시작해야 했던> 일들을 ≮αὐτοῦ **그
분의 ← 번역 누락함**≯ 그 종들에게 보이시려고
1:4 → 이제도 계시고, 전에도 계시고, 장차 오실 이와 ← **잘
못 번역함**<**지금 계시는 그 분, 그리고 계셔오시는 그 분,
그리고 오고 계신 그 분으로부터**>
1:5 → 자신의 피안에서 우리 죄≮들≯로부터 우리를 해방하
시고 ← **잘못 번역함**<λούσαντι **목욕하게 하시고**>
1:6 → 우리를 나라와 ← 잘못 번역함<βασιλεῖς **왕들과**>
제사장으로≮들로≯삼으신 ← **잘못 번역함**<
ἐποίησεν **만드신**> 그에게<**분께**> 영광과 능력이
세세에 ← **미흡한 번역** <**영원(들)의 영원(들)을 향하여**>
있기를
1:8 → 주 ➡ 하나님 ← 더함 ⬅ 이<**께서**> 가라사대 나는
알 파와 오메가라<**며**>≮ἀρχὴ καὶ τέλος **시작
과 끝이라 ← 사본에서 삭제됨**≯ 이제도 있고, 전에도
있었고, 장차 올 자요 ← **잘못 번역함**<**나는 지금 있고,
그리고 있어오고, 그리고 가고 있는 자요**> 전능한 자라
1:9 → 예수≮χριστοῦ **그리스도님 ← 사본에서 삭제됨**≯의
환란과 나라와 ← **잘못 번역함**<βασιλείᾳ καὶ **왕국
과**> 참음<ὑπομονῇ **인내**≯에 동참하는 자라 하나
님의 말씀과 예수≮χριστοῦ **그리스도님 ← 사본에서
삭제됨**≯의 증거를 인하여
1:10 → 내가 성령에 감동하여 ← **잘못 번역함**<ἐγενόμην

ἐν 안에 있게 되었는데>
1:11 → 가로되≮Ἐγώ εἰμι τὸ Α καὶ τὸ Ω, ὁ πρῶτος
καὶ ὁ ἔσχατος 나는 알파와 오메가며 처음과 마지 막
이라 ← 사본에서 삭제됨≯너 보는 것을 책에 써서≮
ταῖς ἐν Ἀσίᾳ 아시아에 있는 ← 사본에서 삭제됨≯ ➡
ταῖς ἑπτὰ 일곱 ← 더함 ⬅ 에베소, 서머나, 버가모
1:13 → 그≮ἑπτὰ 일곱 ← 개역성경 사본에서 삭제됨≯ 촛대
(등대들의) 사이에
1:16 → 해가≮αὐτοῦ 그 자체의 ← 사본에서 삭제됨≯힘 있게
비취는 것 같으니라
1:17 → 내가≮αὐτόν 그분을≯ 볼 때에 …그가 오른 손 ≮
χεῖρα 손 ← 사본에서 삭제됨≯을 내게 얹고≮μοι 나
에게 ← 사본에서 삭제됨≯가라사대
1:18 → 이제 세세토록 ← 미흡한 번역임<εἰς τοὺς
αἰῶνας τῶν αἰώνων 영원(들)의 영원(들)을 향하여>
살아 있어 ← 미흡한 번역임<있도다.> ≮ἀμην 아멘
← 사본에서 삭제됨≯
1:19 → 장차 ← 잘못 번역함<μετὰ ταῦτα 이러한 것들 후에
> 될 ← 잘못 번역함<μέλλει γίνεσθαι 되어지려
고 하는> 일을 ← 잘못 번역함<일들에 대해> 기록하라
1:20 → ≮ἃς εἶδες 네가 본 ← 번역 누락함≯ ➡ ἑπτὰ 일곱
← 더함 ⬅ 촛대는<등대들은> 일곱 교회니라
2:1 → 에베소 교회의 사자에게≮Τάδε 이것들을 ← 번역 누
락함 ← 7교회 모두≯ 편지하기를 ← 번역 부정확<
γράψου 쓰라>
2:3 → 또 네가 참고≮ὑπομονὴν ἔχεις 인내를 가지고 ←

번역 누락함≯내 이름을 위하여 견디고 게으르지 ←
바꿈 ≲***κεκοπίακας καὶ οὐ κέκμηκας*** **수고하고**
지치지≳ 아니한 것을 아노라 ← **잘못 번역함** <**아니하**
였노라>

2:4 → 그러나 너를 책망할 것이 있나니 ← **잘못 번역함**<
ἔχω κατὰ σοῦ **내가 너에 대하여 반대하고 있으니**>
≮***ὅτι*** **왜냐하면** ← **번역 누락함**≯너의 처음 사랑을,
('책망' 이란 말은 3:19절에 라오디게아 교회에 하신 말씀 에
서 *ἐλέγχω*(엘레그크호)(**책망하다, 죄를 깨닫게 하다, 잘못을**
말하다,꾸짖다)는 말을 사용하였기 때문에 *κατὰ*(카타)를 '책
망하다' 로 번역하면 바르지 않다.)

2:5 → 내가 네게≮***τάχει*** **속히** ← **번역 누락함**≯임하여

2:6 → ≮***ὅτι*** **왜냐하면** ← **번역 누락함**≯네가 니골라당의 행
위를 미워하는도다

2:7 → 낙원≮***μέσῳ*** **가운데** ← **사본에서 삭제됨**≯에 있는 생
명나무의 과실을 ← **잘못 번역함**<***ἐκ*로부터**>≮
αὐτω **그에게** ← **사본에서 삭제됨**≯ 주어 먹게 하리니
← **잘못 번역함**<**먹도록 허락하리니**>

2:9 → 내가 네≮***τὰ ἔργα καὶ τὴν*** **행위와** ← **사본에서 삭**
제됨≯ 환난과 궁핍을 아노니

2:10 → 네가 죽도록 충성하라 ← **잘못 번역함**<***πιστὸς***
ἄχρι θανάτου **죽기까지 신실하라**>

2:13 → ≮***τὰ ἔργα σου καὶ*** **네 행위와** ← **사본에서 삭제됨**
≯ 네가 어디 사는 것을

2:14 → 이스라엘≮***tῶν υἱῶν*** **자손들** ← **번역 누락함**≯ 앞에 올
무를 놓아

2:15 → 니골라당의 교훈을 지키는 자들이 있도다≮**ὅ μισῶ 내가 그것을 미워하노라 ← 사본에서 삭제됨**≯

2:17 → 감추었던 만나를 주고(어)≮**αὐτῷ φαγεῖν 그에게 먹 게 하고 ← 사본에서 삭제됨**≯또≮**αὐτῷ 그에게 ← 번역 누락함**≯흰 돌을 줄터인데

2:23 → 너희 각 사람의 행위대로 갚아 주리라 <**너희의 행위 를 따라**≮**너희 ← 번역 누락함**≯**각 사람에게 갚아주리라**>

2:24 → 두아디라에≮**ὅσοι 다수는 ← 번역 누락함**≯ 남아 있어

3:1 → 하나님의 **➡ ἑπτὰ 일곱 ← 더함 ⬅** 영과 일곱 별을 가지신 이가

3:2 → 남은 바 죽게 된 것을 굳게 하라<죽으려고 하는 것들을 강하게 하라> **➡ μου 내 ← 더함 ⬅** 하나님 앞에

3:10 → 너를 지키어 시험의 때를 면하게 하리니 ← **잘못 번역함** <**ἐκ τῆς ὥρας τοῦ πειρασμοῦ 시험의 기간 중에 너를 지키리니**>

3:12 → 이기는 자는≮**αὐτὸν 그를 ← 번역 누락함**≯ 내 하나님 성전에 기둥으로 삼으리니 그가 결코≮**ἔξω 밖에 ← 번역 누락함**≯ 다시 나가지 아니하리라 내가 <**μου 나의 ← 번역 누락함**> 하나님의 이름과≮**μου 나의 ← 번역 누락함**≯하나님의 성 곧 하늘에서

3:15 → 차지도 아니하고 덥지도<**ζεστός 뜨겁지도**> 아니하도다 네가 차든지 덥든지 하기를 원하노라 ← **잘못 번역함**<**나는 네가 차기보다 뜨거워지기를 원한다**>

3:18 → 흰 옷을 사서 입어≮**σου 너의 ← 번역 누락함**≯ 벌거벗은 수치를<**부끄러움을**> 보이지 않게 하고 안약을 **➡ 사서 ← 더함 ⬅** ≮**σου 너의← 번역 누락함**≯ 눈

에 발라

3:21 → 내가 이기고≮**μου 나의 ← 번역 누락함**≯ 아버지 ≮**αὐτοῦ 그분의 ← 번역 누락함**≯보좌에

4:1 → 이 일후에 내가 보니≮**ἰδοὺ 보라 ← 번역 누락함**≯ 하늘에 열린 문이 있는데 … 이 후에 마땅히<**δεῖ 반드시**> 될 일을

4:4 → ≮**εἶδον 내가 보니 ← 번역 누락함**≯그 보좌들 위에 이십 사 장로들이 흰옷을 입고

4:8 → 네 생물이≮**ἓν καθ' ἑαυτό 자신들에 대하여 ← 번역 누락함**≯ 각각 여섯 날개가 있고<**를 가졌고**>

4:11 → **➡ ὁ θεὸς ἡμῶν 우리 하나님 ← 더함 ⬅** 주여<**님께서**> 존귀와 능력을 받으시는 것이 합당하오니

5:4 → 이 책을 펴거나≮**ἀναγνῶναι 읽거나 ← 사본에서 삭제됨**≯ ≮**αὐτό 그것을 ← 번역 누락함**≯ 보거나 하기에 합당한 자가 보이지 않기로

5:5 → 내게 말하되 울지 말라≮**ἰδοὺ 보라 ← 번역 누락함**≯ 유다 지파의 사자 다윗의 뿌리가 이기었으니 이 책과 ← **번역 누락함**<**ἀνοῖξαι**(아노이~크사이)**을 펴고**> 그 일곱 인을 떼시리라. ← **번역 부정확**<**여시리라**>

5:6 → 내가 또 보니≮**ἰδοὺ 보라 ← 번역 누락함**≯보좌와 네 생물과

5:7 → 보좌에 앉으신 이의 오른손에서≮**τὸ βιβλίον 그 책을 ← 알란드 수정 사본에는 삭제되어 있는데 한글 개역성경은 전통원문대로 보충하였음**≯ 취하시니라

5:10 → 하나님 앞에 나라와 ← **잘못 번역함** <**βασιλεῖς 왕들과**> 제사장≮들≯로 삼으셨으니 ← **잘못 번역함**<

ἐποίησας(에포이에사스) **만드셨으니**>

5:11 → **→ *καὶ ἦν ὁ ἀριθμὸς αὐτῶν μυριάδες μυριάδων καὶ* 그 수가 만만이요 ← 더함 ←** (보좌에서 찬양하는 천사의 수만 말한 것이므로 한글 개역 알란드 사본은 '만만'을 더한 것이며, 더하지 않은 전통원문이 맞다. 단 7:10 대조 요)

5:14 → ≮***εἰκοσιτέσσαρες*** **이십 사 ← 번역 누락함**≯ 장로들은 엎드려≮***ζῶντι εἰς τοὺς αἰῶνας τῶν αἰώνων*** **세세토록 사시는 이에게 ← 사본에서 삭제됨**≯ 영원(들)의 영원(들)을 향하여 사시는 분에게 경배하더라

6:1 → 일곱 인 중에 하나를 떼시는<***ἤνοιξεν*** **여시는**> 그 때에 오라≮***καὶ βλέπε*** **그리고 보라 ← 사본에서 삭제됨 → 3, 5, 7, 12절에도 5회 삭제됨**≯하기에

6:4 → 또≮***αὐτῷ*** **그에게 ← 번역 누락함**≯큰 칼을 받았더라<**이 주어졌더라**>

6:10 → 신원하여<***ἐκδικεῖς*** **복수하여**> 주지 아니하시기를

6:15 → 땅의 임금들과 왕족<**고관**>들과 장군<**천부장**>들과 부자들과 … ≮***πᾶς*** **모든 ← 사본에서 삭제됨**≯자주자가 굴과 산 바위틈에≮***ἑαυτοὺς*** **자신들을 ← 번역 누락함**≯숨어<**숨겨**>

7:3 → 우리 하나님의 종들의<을>≮***αὐτῶν*** **그들의← 번역 누락함**≯이마에 인치기까지

7:4 → 각 지파 중에서 인맞은 자들이 **→ *αἱ ἑκατὸν τεσσαράκοντα τέσσαρες* 십사만 사 ← 더함 ←** 천이니

7:6~8 → 지파 중에≪*ἐσφραγισμένοι* **인맞은 자가 ← 여덟 번이 나 번역하지 않았음**≫

7:9 → 이 일 후에 내가 보니≪*βλέπε* 보라 ← **번역 누락함**≫ … ≪*αὐτὸν* **그것을 ← 번역 누락함**≫아무라도 … 흰 옷을 입고≪*αὐτῷν* **그들의 ← 번역 누락함**≫손에

7:14 → 어린양의 피에 그 옷을 씻어≪*στολὰς αὐτῷν* **그들의 옷을 ← 번역 누락함**≫희게 하였느니라.

7:16 → 저희가 다시 주리지도 아니하고≪*ἔτι* **그 이후로는 ← 번역 누락함**≫목마르지도 아니하고 해나 뜨거운 기운에 상하지 아니할지니 ← **번역 바로 되지 않음**≪*οὐδὲ μὴ πέσῃ ἐπ᾽ αὐτοὺς*가 **그들 위에 절대로 내리지 아니하며 어떤 열기도 결코 없으리니**≫

7:17 → 생명수 샘으로≪*αὐτούς* **그들을 ← 번역 누락함**≫ 인도하시고

8:11 → 이 별 이름은 쑥이라 ➡ *τῶν ὑδάτων* **물들의 ← 더함 ⬅** 삼분의 일이

9:19 → 이<*αὐτῶν* **그들의**> ➡ *ἵππων* **말들의← 더함 ⬅** 힘은 그 입 ➡ *καὶ ἐν ταῖς οὐραῖς*과 **꼬리← 더함 ⬅** 에 있으니≪*γὰρ* **왜냐하면 ← 번역 누락함**≫

9:21 → 또 살인과≪*αὐτῶν* **그들의 ← 번역 누락함**≫복술과≪*αὐτῶν* **그들의 ← 번역 누락함**≫ 음행과≪*αὐτῶν* **그들의 ← 번역 누락함**≫ 도적질을 회개하지 아니하더라

10:4 → 일곱 우뢰가 발할 때에 내가≪*ἑαυτῶν φωνᾶς* **그들의 소리를 ← 사본에서 삭제됨**≫ … 소리가 나서 ≪*μοι* **나에게 ← 사본에서 삭제됨**≫ 말하기를

10:5 → 하늘을 향하여≪*αὐτοῦ* **그의 ← 번역 누락함**≫ ≪*δε*

ξιὰν 오른 ← 사본에서 삭제됨≯손을

10:6 → 맹세하여 가로되≮οὐκ ἔτι 결코 이후에는 ← 사본에서 삭제됨≯ 지체하지 아니하리니 ← 번역 잘못함<χρόνος 시간이(기회가) 없으리니>

10:9 → 천사가 ≮μοι 나에게 ← 번역 누락함≯가로되≮αὐτό 그것을 ← 번역 누락함≯ 갖다 먹어버리라

10:10 → 갖다≮αὐτό 그것을 ← 번역 누락함≯ 먹어버리니 ≮αὐτό 그것을 ← 번역 누락함≯먹은 후에

11:11 → 저희가≮αὐτῶν 그들의 ← 번역 누락함≯발로 일어서니≮αὐτούς 그들을 ← 번역 누락함≯구경하는 자들이 크게 두려워하더라 ← 번역 잘못함<ἔπεσεν 넘어(자빠)지니라>

11:12 → 하늘로부터 큰 음성이 있어≮αὐτοῖς 그들에게 ← 번역 누락함≯ 이리로 올라오라 함을 … 저희 원수들도 ≮αὐτούς 그들을 ← 번역 누락함≯구경하니라.

11:15 → 세상 나라가 ← 번역 잘못함<βασιλεῖαι 왕국들이> 우리 주와(님과) 그 그리스도의 나라가 ← 번역 잘못함 <τοῦ χριστοῦ αὐτοῦ 그리스도님 자신의 것이> 되어 그가(그 분께서) 세세토록<εἰς τοὺς αἰῶνας τῶν αἰώνων 영원 영원토록> 왕노릇 하시리로다

11:17 → 가로되≮σοι 당신께 ← 번역 누락함≯ 감사하옵나니, 옛적에도 계셨고 시방도 계신 ← 번역 잘못함<ὁ ὢν καὶ ὁ ἦν καὶ 지금 계시고, 계셔 오시고>≮ὁ ἐρχόμενος 오고 계신 ← 사본에서 삭제됨≯

12:3 → 그 여러 머리에는 일곱 면류관 ← 번역 잘못함< διαδήματα 왕관들>이 있는데

12:11 → 그들은 죽기까지 자기 생명을 아끼지 ← **번역 잘못함** <**ἠγάπησαν 사랑하지**> 아니하였도다

12:12 → 땅과 바다는≮**τοῖς κατοικοῦσιν에 거하는 자들은 ← 사본에서 삭제됨**≯ 화 있을진저

12:16 → 땅이≮**그 ← 번역 누락**≯여자를 도와 ≮**γῆ 땅이 ← 번역 누락함**≯그 입을 벌려

12:17 → 하나님의 계명을 지키며 예수≮**χριστοῦ 그리스도 ← 사본에서 삭제됨**≯의 증거를 가진

13:1 → 뿔이 열이요 머리가 일곱이라 ← **개역 사본에서 순서가 바뀌어 한글 개역성경도 순서가 바뀌었음<머리가 일곱이요 뿔은 열이라>** 그 뿔에는 열 면류관 ← **번역 잘못함**<**διαδήματα 왕관들**>이 있고

13:3 → ≮**εἶδον 내가 보니 ← 사본에서 삭제됨**≯ 그의 머리 하나가

13:7 → 각 족속과 **➡ λαὸν και 백성과 ← 더함 ⬅** 방언과 나라를 ← **번역 잘못함**<**ἔθνος 민족을**> 다스리는 ← **번역 잘못함**<**ἐπι 위에**> 권세를≮**αὐτῷ 그에게서 ← 번역 누락함**≯받으니

13:8 → 짐승에게(**αὐτὸν** ← 목적격← **개역성경 사본에 목적격(을)로 되어 있고, 전통원문에 αὐτῷ← 여격(에게)으로 되어 있는데 한글 개역성경은 여기서는 여격으로 번역함)**

13:15 → 우상에게(**αὐτῷ** ← **개역성경 사본에 여격(우상에게)로** 되어 있고, 전통원문에는 **αὐτὸν**← 목적격(우상을)로 **되어 있는데 한글 개역성경은 여기서는 여격으로 번역함)**

13:16 → 자유한 자나 종들로≮**αὐτοῖς 그들에게 ← 개역성경 사본에서 삭제됨**≯그(들)의 오른손에 ← **번역 잘못함**

<**ἐπι의 위에**>나 이마에 ← **번역 잘못함**<**ἐπι 들의**
위에> 표를 받게 하고, <**자진하여 받게 하고←능동**>
13:17 → 누구든지 이 표를 가진 자 외에는 매매를 못하게 하
니 이 표는 곧 짐승의 이름이나 그 이름의 수라<**그**
렇게 하여 만일 짐승의 이름이나 그의 이름의 수인 표 를
가진 자가 아니면 사고 팔지를 못하게 하니>
14:1 → 그 이마에<**들의 위에**> ➡ ***αὐτοῦ καὶ τὸ ὄνομα***
그 어린양의 이름과 ← 개역성경 사본에서 더함 ⬅ 그(분
의) 아버지의 이름을 쓴 것이 있도다.
14:4 → 정절이 있는 자라 ← **번역 잘못함**<***παρθένοι*** **처녀들**
이라> ≮***οὗτοι*** **이들은 ← 번역 누락함**≯어린양이 ≮
ἂν **무엇이든지 ← 번역 누락함**≯어디로 인도하든지
14:5 → ≮***γάρ εἰσιν ἐνώπιον τοῦ θρόνου τοῦ θεου*** **왜**
냐하면 하나님의 보좌 앞에 있기 때문에 ← 개역성경 사본
에서 삭제됨≯
14:8 → 무너졌도다 무너졌도다 큰 성≲***ἡ πόλις*** **성 ← 개역성**
경 사본에는 없는데 말이 안되니 한글 개역성경은 전통 원
문을 따라 '성' 을 번역하여 넣었음≳ 바벨론이여≮***ὅτι***
왜냐하면 ← 개역성경 사본에서 삭제됨≯
14:13 → 하늘에서 음성이 나서≮***μοι*** **나에게 ← 개역성경 사본**
에서 삭제됨≯가로되(**말씀하시기를**) 기록하라 … 저희
의 행한 일이≮***μετ' αὐτῶν*** **그들과 함께 ← 번역 누락**
함≯따름이라.
14:15 → 거둘 때가≮***σοι*** **당신께 ← 개역성경 사본에서 삭제됨**≯
14:16 → ≮***αὐτοῦ ἡ γῆ*** **그분의 ← 번역 누락함**≯낫을 휘두르매
<**던지니**> 곡식 ← **잘못 번역됨**<***ἡ γῆ*** **그 땅이**> 거

두어지니라<**추수되니라**>.

14:18 → 또 불을 다스리는≮*ἔχων ἐξουσίαν* **권세를 가진 ← 번역 누락함**≯ 다른 천사가

15:2 → 짐승과 그의 우상과<**그 짐승으로부터, 그의 우상으로부터**>≮*ἐκ τοῦ χαράγματος αὐτου* **그의 표로부터 ← 개역성경 사본에서 삭제됨**≯그의 이름의 수를<**로부터**> 이기고

15:3 → 크고 기이하시도다 만국의 ← **변개함** ≲*τῶν ἁγιων* **거룩한 자들의**≳ 왕이시여

15:4 → 주여 누가 주의 이름을 두려워하지 아니하며 영화롭게 하지 아니하오리이까<**주여 누가 당신을 결단코**(*οὐ μή*) **두려워하지 아니하며, 그리고 당신의 이름을 결단코 영화롭게 하지 아니하리이까**> 오직 ← **잘못 번역함**<*ὅτι* **때문입니다**> 주만 거룩하시니이다.<**주님만 거룩하시기**>

15:5 → 내가 보니,≮*ἰδού* **보라 ← 개역성경 사본에서 삭제함**≯

16:4 → 세째≮*ἄγγελος* **천사 ← 개역성경 사본에서 삭제함**≯가 그 대접을 강과 물 근원에 쏟으매

16:5 → 거룩하신이여 이렇게 심판하시니≮*κύριε* **주님께서는 ← 개역성경 사본에서 삭제함**≯의로우시도다

16:8 → 네째≮*ἄγγελος* **천사 ← 개역성경 사본에서 삭제함**≯가 ← **일곱째까지 모두 제하였음.**

16:14 → ≮*γὰρ* **왜냐하면 ← 번역 누락함**≯저희는 귀신의 영 ← **잘못 번역함**<*πνεύματα δαιμόνων* **악령들의 영들**>이라.

16:17 → 큰 음성이≮*τοῦ οὐρανοῦ* **하늘의 ← 개역성경 사본에**

서 삭제함≯성전에서 보좌로부터

17:1 → 물위에 앉은 큰 음녀<τῆς πόρνης 창녀>의 받을 심판을

17:7 → 천사가≮μοι 나에게 ← 번역 누락함≯ 가로되 왜 기이히 여기느뇨

17:8 → 이전에 있었다가 시방 없으나 장차 나올 ← 번역 잘못함<ὅ τι ἦν, καὶ οὐκ ἔστιν, καίπερ ἐστίν 어떤 있어오고, 지금은 없으나 그럼에도 불구하고 있는> 짐승

17:9 → 그 일곱 머리는 여자가≮ἐπ' αὐτῶν 그들 위에 ← 번역 누락함≯앉은 일곱 산이요

17:16 → 그 살을 먹고≮αὐτὴν 그녀를 ← 두 번 번역 누락함≯ 불로 아주 사르리라

18:6 → 그가≮ὑμῖν 너희에게 ← 개역성경 사본에서 삭제함≯ 준 그대로 주고 그의 행위대로≮αὐτῇ 그녀에게 ← 개역성경 사본에서 삭제함≯ 갑절을 갚아 주고

18:23 → ≮ὅτι 왜냐하면 ← 번역 누락함≯너의 상고들은

19:1 → 우리≮κυρίῳ 주 ← 개역성경 사본에서 삭제함≯하나님께 있도다

19:2 → ≮ὅτι 왜냐하면 ← 번역 누락함≯그의 심판은 참되 고 의로운지라≮ὅτι 왜냐하면 αὐτῆς 그녀의 ← 번역 누락함≯음행으로

19:7 → 그(분의) 아내가≮ἑαυτήν 그녀 자신을 ← 번역 누락함≯예비하였으니

20:4 → ≮αὐτῶν 그들의 ← 번역 누락함≯이마와≮καὶ ἐπὶ αὐτῶν 위에와 그들의 ← 번역 정확하지 못하고 누락함≯손에≮ἐπὶ 위에 ← 번역 정확하지 못함≯

20:9 → 미혹하고≮αὐτοῦ 그들을 ← 번역 누락함≯모아 싸움을

20:9 → ≮ἀπὸ τοῦ θεοῦ 하나님께로부터 ← 개역성경 사본에서 삭제함≯하늘에서 불이 내려와

21:2 → 또 내가(나)≮Ἰωάννης 요한이 ← 개역성경 사본에서 삭제함≯보매 거룩한 성 새 예루살렘이

21:3 → 저희는 하나님의 백성이 되고≮αὐτῶν 그들의 ← 번역 누락함≯하나님이 친히 저희와 함께 계셔서

21:5 → 내가 만물을 새롭게 하노라 ← 번역 잘못함< ποιῶ 만드노라> 하시고 또 ≮μοι 나에게 ← 개역성경 사본에서 삭제함≯가라사대≮ὅτι 왜냐하면 ← 번역 누락함≯

21:10 → 하늘에서 내려오는≮τὴν μεγάλην 가장 위대하고 ← 개역성경 사본에서 삭제함≯거룩한 성 예루살렘을 보이니

21:16 → 그 성은 네모가 반듯하여 ← 번역 잘못됨< τετράγωνος κεῖται 네모로 세워졌으며> 장광이 같은지라 ← 사본 누락되고 번역 잘못됨< μῆκος αὐτῆς (τοσοῦτόν ἐστιν ← 누락) 그것의 길이가 매우 거대한지라> 그 갈대로 성(도시)을 척량하니 일만 이천 스다디온이요 장과 광과 고가 같더라.

22:7 → 보라 내가 속히 오리니 ← 번역 잘못함< ἔρχομαι 간다>

22:11 → 의로운 자는 그대로 의를 행하고 ← 번역 잘못함< δικαιωθήτω 의롭다 칭함을 받게 하고>

22:12 → 보라 내가 속히 오리니< ἔρχομαι 간다>

22:14 → 그 두루마기를 빠는 πλύνοντες τὰς στολὰς αὐτῶν← 개역성경 사본에서 변개함≤ποιοῦντες

τὰς ἐντολὰς αὐτοῦ 그분의 명령들을 준행하는≳ 자들은 복이 있으니

22:18 → 만일 누구든지 이것들 외에<**πρὸς 에**> 더하면 하나님이 이 책에 기록된 재앙들을 그에게 더하실 터이요

22:19 → 만일 누구든지 이 책의 예언의 말씀에서≮**ἀπὸ 들로부터**≯ 제하여<**ἀφαιρῇ 떼어, 감하여, 제거하여**> 버리면 하나님이 이 책에 기록된 생명나무 **ξύλου**와 ← **개역성경 사본에서 변개함**≲**βίβλου 책과**≳ 및 거 룩한 성에 참예함을 제하여 버리시리라

22:20 → 진실로 내가 속히 오리라<**ἔρχομαι 간다**>

특히, 요한계시록 마지막 끝의 말씀은 더하거나 제하는 자에 대한 엄중한 경고의 말씀을 하셨는데도 이렇게 가감한 것은 참으로 두려운 일이 아닐 수 없다. 어떤 사람이 쓴 책을 누가 지금 성경처럼 삭제하고 변개시키고 오역하여 유통시킨다면 책을 쓴 저자가 괜찮다고 하겠는가? 인간의 책도 그럴 수 없거든 하나님의 말씀인 성경책을 이렇게 해놓고도 기독교인이 아무렇지 않게 있다는 것은 정말 하나님의 엄중한 심판을 받을 일이다.

유대인들의 성경에 대한 관념과 규칙에 따른다면, 수정본문을 따른 한글 개역성경과 그 계통의 성경들만 아니라 오류가 적지 않은 한글 킹제임스 성경까지도 마땅히 폐기되어야 할 것이다. 이토록 변개된 한글 개역성경이나 한글 킹제임스 성경을 예수님께 드리면 아무 말씀 않으시고 그냥 읽으시겠는가?

그렇다면 오늘날 기독교는 하나님께서 기록해 주신 성경에 대하여 어떤 중심과 태도를 가져야 할 것인가? 먼저 하나님의

말씀에 대한 책임을 맡은 기독교 목회자가 구약 히브리어 사본과 신약 헬라어 사본의 두 계통에 대한 면밀한 고찰을 하여 최후 심판대 앞에서 각기 자신이 취했던 견해를 설명하고 주님으로부터 판정을 받아야 할 줄 알고,(롬 14:12) 『공인본문』이든 「수정본문」이든 분명히 어느 하나가 분명히 사탄의 계략으로 변개된 성경임이 확실함으로, 『공인본문』계통의 성경을 택하든지 「수정본문」계통의 성경을 택하든지, 어느 하나를 다시 바로 선택해야 할 것이다. 그리고 자신이 맡은 교인들에게 책임을 지고 가르쳐 선택하게 하고, 교인들 역시 자신이 심판대 앞에서 자신에게 책임이 있을 줄 알고 선택해야 할 것이다.

특히 목회자는 반드시 『공인본문』구약 히브리어, 신약 헬라어 사본 성경과 사전을 가지고 가르치는 본문의 말씀의 바른 뜻이 무엇임을 확인하고, 그리고 번역된 성경이 바로 번역되어 있는지를 확인하고 가르쳐야 할 것이다.

『공인본문』이든 「수정본문」이든 분명히 어느 하나가 변개된 성경임이 분명하고, 어느 하나가 사탄의 계략임이 확실함으로 바로 선택해야 할 것이다. 성경에 대한 선택과 바른 가르침은 구원을 받고 못받는 문제는 아니라 하더라도 심판 때에 대단히 중대한 문제임으로 심각하게 다루어야 할 것이다.

[제 3 장 정리 문제]

1. 예수님은 말씀하시면서 그 말씀들이 어떨 것이라 하셨는가?
   (마 24:35)

2. 예수님께서 하신 말씀은 누구의 말씀이라 하시고, 그 말씀은 무엇이라 하셨는가?
   (요 12:49, 50)

3. 말씀을 (없음)이라고 한데 대하여 나의 생각은 어떠한가?
   (롬 14:10~13)

4. 『전통원문』에 비추어 본 한글 개역성경의 오류에 대해 나의 견해는 어떠한가?
   (살전 5:21, 22)

5. 성경에 대한 이 글을 읽기 전과 지금의 생각이 달라진 것이 있는가?
   (고전 13:11)

6. 한글 개역성경이 이런 상태에서 성령께서 기쁘게 역사하시겠 는가?
   (엡 4:30)

7. 성령께서 기쁘게 역사하지 않으시면 어떤 결과가 되겠는가?
   (행 16:6, 7)

제 1 부 맺는 말

오늘날 기독교가 하나님께서 성령님의 감동으로 기록케 하여 주신 성경말씀은 일 점 일 획도 오류가 없다고 말은 쉽게 하고 교인들에게 철저히 인식시키면서, 실제 성경의 말씀이 이렇게 변개되고 오역되어 있는데도 불구하고 유의하지도 살펴보지도 않는 것은 참으로 통탄할 일이며 하나님 앞에서 두렵고 떨리는 일이다.

이렇게 중대한 문제를 그냥 덮어두고 기독교인들을 무마시켜 나가는 것은 책임 있는 자들의 직무유기이다. 하나님 앞에서 시급히 철저히 시정토록 해야 할 것이다. 이 일을 제쳐 둔 채 하나님의 은혜를 구하면 과연 들어주시겠는가?

하나님께서 열납하시는<שָׁעָה(샤아) **관심을 가지고 바라보시는**> 제물을 드렸던 아벨처럼 되기 위해서는 무엇보다 먼저 성경부터 바로 하도록 해야 할 것이다.

지금 한국교회에서 논의가 시작되고 있는 성경을 직역하고자 하는 일이 하나님께서 기뻐하시는 방향으로 추진되도록 간절히 기도해야 할 것이다. 아멘! 아멘!

♡ 묵상과 기도

♤ 쉼터 ♤

성경 출판업자들의 실수로 성경에 오자를 냄으로 그 오자가 그 성경 이름이 된 예가 적지 않은데 그 중에,

약대 성경 : 1823년에 인쇄한 성경으로 창세기 24:61절에 "리브가가 일어나 비자와 함께 약대를 타고 가니"에서 "Rebecca arose and her damsels"라고 해야 할 것을 'damsels(비자)' 대신 'Camsels(약대)'라고 오기 되어 「약대성경」이라 하게 되었고,

식초 성경: 누가복음 20장에 있는 포도원 비유에서 'Vineyard(포도원)'을 'Vinegar(식초)'로 오기함으로 「식초 성경」이라 하게 되었다. 더욱 어처구니없는 것은 소위 Wicked Bible로서 '음탕한 성경'이란 뜻이다. 출판업자의 실수로 "Thou shalt not commit adultery ~간음하지 말라(출 20:14)"에서 'not'를 빠뜨림으로 '간음하라'로 된 것이다. 간단한 한 단어이지만 엄청난 착오로서 그 성경은 「음탕한 성경」이라는 오명을 가지게 되었던 것이다.

제 II 부

바른복음

바른복음 주제가

"내가 너희에게 명한 모든 것을 가르쳐 지키게 하라… 세상 끝날까지" (마 28:20)

작시: 옥정남(2003) 작곡: 진헌 박정일

서 언

한국(세계)교회는 성경이 이렇게 변개되어 있음을 알려 주어도 조금도 개의치 않고, 이상을 느끼지 못하고, '오직 믿음으로 구원을 받으니 상관없다' 고 태연하다. 암 말기인데도 증상을 전혀 느끼지 못하는 사람과 같다. 복음도, 예수님과 사도들이 전한 복음이 성경 변개 이상으로 엄청나게 변개 되고 뒤틀려 있음에도 불구하고, 보지 못하고, 듣지 못하며, 깨닫지 못하고 있어 하나님의 분노와 탄식과 슬퍼하심이 이루 말할 수 없음을 하루 속히 깨달아야 할 것이다.

필자는 모태신앙이지만, 참으로 미말의 종으로서, 웬일인지 주님께서 디모데후서 2:15절 말씀 같이 ¤ 진리의 말씀을 옳게 분별하는 은사를 주셔서 ¤ 지금까지 25년간을 끊임없이 바른복음을 추구(追究)하는 길로 인도하여 주시고, 그동안 출간해 온 책들의 총결적인 바른복음을 정리하여 책을 집필하는 오늘에 이르게 하셨다.

바른복음의 내용을 구체적으로 설명하기 전에 먼저 바른복음, 곧 예수님과 사도들이 전한 복음의 골격을 총체적으로 한 장의 도표로 나타낸 것을 다음 페이지에 제시하고 설명하고자 한다.

사도 바울이 복음을 전하며 고린도전후서와 갈라디아서를 기록하던 주후 56년경, 오순절에 교회가 시작된지 불과 26년 정도밖에 되지 않았을 때, 이미 수다한< *πολλοί*(폴로이) **수가 많은, 대부분의**> 사람들이 하나님의 말씀을 혼잡하게< *καπηλεύοντες*(카펠유온테스) **~을 섞어서 품질을 떨어뜨리게**> 하고 복음을 변개하여< *μεταστρέψαι*(메타스트레프사이) **변개하여(방향을**

바꾸어), 사실과 어긋나게 잘못 이해하여, 벗어나게 하여> 전하는 사람들이 있다고 하였으니(고후 2:17; 갈 1:6~9), 1950여년이 지난 오늘날까지, 지금은 더욱 그런 사람들이 얼마나 많겠는가? 그러나 오늘날 기독교의 모든 사람들은 저마다 자기는 빛을 받아 바른복음을 전하며 믿고 있다고 자부하나, 빛을 받았다는 사람도 다 같지 않고 각각 다르니, 그 원인은 바른복음의 기준이 없기 때문이다. 저마다 자기가 아는 것을 기준으로 하고 잣대로 하고 있으니, 복음이 중구난방 제 소견대로 제 각각인 것이다.

그러면 바른복음의 기준은 무엇인가?

기독교를 믿는 사람이면 누구나 성경을 기준으로 한다고 한다. 그런데 한 성경구절을 각자가 해석하는 것이 다르고 주장이 다르니 일치가 되지 않는 것이다. 사이비 기독교나 이단들도 모두 성경을 기준으로 한다고 한다. 그러므로 성경적이다, 성경을 기준으로 한다는 말은 신빙성이 없다. 그런데도 기준을 잃어버린 오늘날 기독교가 별다른 대책 없이, 저마다 '성경적이다'는 말로서 자위하고 일치되지 않고 있는 것은, 바른복음의 기준을 찾지 못하고 있기 때문이다.

'등에 업은 아기 삼 년 찾는다는' 속담이 있듯이 바른복음의 기준이 바로 『예수님께서 전하신 복음대로』임을 진정 알아차렸을 때, 그렇지 못한 신앙생활을 했다면 허송세월 하여 오고, 헛되이 애쓰고 가르쳐 왔음에 저으기 놀라고 한(恨)할 것이다.

그렇기 때문에 자신의 신앙생활이 잘못되었음을 바르게 깨우쳐 주는 말씀을 대부분의 기독교인들이 반박하고 싫어하는 것이다. 그러나 천만 명 중에 한 사람이라도 이 책의 말씀을 통해 올바로 돌이켜 영광스런 구원을 받는다면, 이 책을 발간한 수고와 희생의 몇 백 배의 가치가 있을 것이다.

바른복음 총체 도표

영원토록
하나님께서 영화롭게 되심

하 / 나 (왕과구주) / 님

왕 / 국

죄사함 (개심) | 새 피조물 (거듭남) | 의로움 (믿음)

예수님과 사도들이 전하신 복음	오늘날 기독교가 전하고 있는 복음
○ 하나님왕국과 예수그리스도	× 예수믿으면 죽은후 천국간다
○ 개심하고 복음안에서 믿으라	× 오직 예수믿기만하면된다
○ 물과 성령으로 거듭나야한다	× 예수믿는자는 거듭난자이다
○ 명령한 모든것을 가르쳐 지키라	× 행함은 구원에 아무관계없다
○ 아버지께서 완전하신것처럼	× 완전을 목표로 하지않는다
○ 성령님의 충만함 권능받아라	× 성령님 충만 필수로 안한다
○ 재림을 고대하여 깨여 준비하라	× 말로 재림 실제 준비않는다

【딤전 6:3, 4】
『누구든지 … 바른 말 곧 우리 주 예수 그리스도의 말씀과 경건에 관한 교훈에 착념하지 아니하면』

◇ 도 표 해 설 ◇

바른복음을 총체적으로 설명하면,

하나님께서 독생자 예수님을 세상에 보내시고, 선지자와 사도들을 통하여 복음을 전파하게 하신 궁극적인 목표는, 『영원토록 하나님께서 영화롭게 되시는 것』이다. 「하나님께서 영화롭게 되심」이란, 하나님께서 새롭게 만드신 만물과(계 21:5) 하나님 왕국의 복된 구원을 받게 하신 성도들로(계 21:24) 복되고 영화로운 영원한 왕국을 완성하심으로(계 21:1~22:17), 하나님께서 영원토록 영광과 찬송과 기쁨과 존귀함을 받으시기에 합당하신 분이심이 드러나는 것을 말한다.(사 43:7, 15, 21)

예수님께서 제자들에게 기도를 가르치실 때 제일 먼저 하나님의 이름이 거룩히 여김을 받으시오며 다음으로, '하나님의 나라<*βασιλεία*(바실레이아) **왕국, 주권, 통치**>가 임하기를' 기도하도록 가르치셨고, 마지막 끝에도 '아버지의 나라<*βασιλεία*(바실레이아) **왕국, 주권, 통치**>와 권세와 영광이 영원하기 때문입니다' 고 하셨다. 믿는 자들이 해야 할 기도의 처음과 마지막이 '하나님의 나라<*βασιλεία*(바실레이아) **왕국, 주권, 통치**>라는 사실은 매우 주목해야할 일인 것이다. (마 6:9~13)

예수님과 사도들께서 전파하신 복음을 성경 전체를 총체적으로 조망(眺望)해 보면, 도표에서와 같이 일곱 기둥과 같은, 없어서는 안되는 필요 구비요건이 있음을 알게 된다. 하나님께서는 마귀와 함께 하나님께 대하여 범죄하여(창 3:1~7) 마귀와 함께 멸망해야 할 죄인들을(계 20:10,13~15) 그리스도 예수님으로 말미암아 구원하여 복되고 영화로운 왕국을 이루시되, 구원받는 자들로 하여금 하나님께서 하나님의 왕국에 합당한 필요요건을 충족히 구비하는(새피조물의 품성을 갖춘) 자로 구원하신다는 것이다.

구원받은 자가 이 세상에 사는 동안 그 성숙의 정도에 있어서는 각자가 차이가 있고 완전하지는 못하나, 거듭남으로 구원받는 그 시간부터 실제적 하나님 왕국의 백성이 되며, 그리스도 예수님의 하나님의 왕국에 옮겨지는 것이라고 말씀하신 것이다.(골 1:13, 14) 이것이 예수님과 사도들이 전한 복음의 내용이며, 신구약 성경 전체의 중심인 것이다. 오늘날 기독교의 보편적 복음 곧 '오직 은혜' '오직 믿음' 으로만 구원을 받도록 하신다면, 신구약 성경에 그 많은 말씀들을 기록하실 필요가 없었을 것이다. '오직 은혜, 오직 믿음으로만 구원을 받는다' 는 메시지만 분명하게 기록하게 하면 되었을 것이다.

오늘날 기독교의 보편적 복음은 예수님과 사도들의 전한 복음의 골격, 곧 구원을 실제로 형성하고 지탱하며 완성해 가도록 하는 내용이 없는 것이다. 말하자면 외양만 있고 실재가 없는 것이다. 도표의 대조에서 아래 부분에 보는 바와 같다.

자세한 설명과 확실한 성경의 증거들은 이후에 제시해 나갈 것이지만, 예수님과 사도들께서 전파하셨던 복음과 오늘날 기독교가 전하는 복음을 대조 비교하여 보면,

복음의 요건 첫째로 예수님과 사도들께서 전파하고 가르치신 복음의 주요 명제는, '하나님의 왕국과 그리스도 예수님에 관한 일들' 이었다는 사실이다. 그러나 오늘날 기독교가 전하고 가르치는 복음은 예수님과 사도들께서 그토록 갈파하셨던, 하나님의 왕국에 관한 일들이 사라진 것이다. 특히 가까운 중국어 성경과 한글 성경은 '하나님의 왕국(*βασιλεία θεοῦ*(바실레이아 트헤우~) kingdom of God)' 을 '하나님의 나라(神國)' 라고 번역하

여 복음의 명제의 빛을 가리웠고, 따라서 그리스도 예수님에 대해서도 하나님께서 살리셔서 '통치자와 구주로 높이셨는데' 도(행 5:31) 오늘날 기독교는 하나님의 왕국의 개념이 없으니 예수님을 왕으로는 모시지 않고, 예수님을 '구주' 로만 믿고 있는 것이다. 그러니 복음의 첫 단추부터 바르고 확실하게 꿰지 못하고 있는 것이다.

복음의 요건 둘째로 예수님과 사도들께서는 '회개하고 < *μετανοεῖτε*(메타노에이~테) **마음을 바꾸고** > ≮*καὶ*(카이) **그리고** ≯복음을 < *ἐν τῷ εὐαγγελίῳ*(엔 토~ 유앙겔리오) (예수님께서 전하시는)**복음 안에서** > 믿으라' 고 하셨다.(막 1:15; 행 20:21) 그런데 오늘날 기독교가 전하는 복음은 어떠한가? '마음을 바꾸고 그리고 예수님께서 전파하신 복음 안에서 믿으라' 고 하는가? 여기서도 '마음을 바꾸고(**개심하고**)' 라는 것은 어물쩍 하고, 그리고 '복음을 믿으라' 가 아니라 '오직 예수를 구주로만 믿으면 된다' 라고 하는 것이다. 예수님께서 전파하신 복음 전체를 믿으라 하셨는데도 죄사함 받고 구원받기 위해 '예수를 구주로 믿기만 하면 된다' 고 하는 것이다.

복음의 요건 셋째로 예수님과 사도들께서는 물(엡 5:26~**말씀의 물로**(**원어**) 벧전 1:23~25~사도들이 전한 바른복음의 말씀)과 성령으로 거듭나지 않으면 절대로 하나님의 왕국에 들어가지 못한다고 하신 것이다. 그런데 오늘날 기독교는 대체적으로 예수를 구주로 믿는 사람은 구원을 받았고, 거듭났다고 하는 것이다. 과연 예수님과 사도들께서 말씀하신 거듭남이 그러한 것이겠는가?

복음의 요건 넷째로 예수님께서 승천하시기 전 최후로 제자인 사도들에게 명령하신 것은 "가서 모든 민족들을 제자로 삼아, 내가 너희에게 3년 동안 명한 모든 것을 가르쳐 지키게(守行

하게) 하라. 내가 세상 끝 날까지 너희와 항상 함께 있으리라" 하신 것이다.(마 28:18~20)

이보다 더 중요하고 확실한 명제가 어디 있겠는가? 모든 논의를 삼가 하고, 기독교의 바른복음은, 예수님께서 가르치고 전파하신 그대로 전파하고 가르치는 것이다.(살후 1:8; 딤전 6:3~5) 예수님께서 가르치고 전파하신 복음에 일치하지 아니하면, 다른복음이다.(고후 11:4; 갈 1:6~9) 과연 오늘날 기독교가 가르치고 전파하는 '행함은 구원받는데 조금도 관계없다' 는 복음이 예수님께서 가르치고 전파하신 복음과 일치한가?

제II부 바른복음

복음의 요건 다섯째로 예수님과 사도들께서는 믿는 자들은 '하나님 아버지께서 완전하신 것처럼 완전 하라' 하셨다.(마 5:48; 엡 4:11~13; 벧전 1:15) 마태복음 5:48절에 예수님께서 말씀하신 '너희도 완전하라' 는 말 "*Εσεσθε οὖν ὑμεῖς τέλειοι*(헤세스트헤 운 휘메이~스 텔레이오이)' 는 '**그와 같이 너희도** (미래 중간디포→자신을 위해 자발적으로)**완전할 것이다**' 는 말이다. 참으로 그리스도 예수님 안에서 새 피조물로 거듭난 구원받은 성도는 하나님(예수님)을 닮아 가는 것이 이 세상에서 삶의 최대 목표인 것이다.(고전 11:1; 엡 5:1; 빌 3:10)

예수님을 사랑하는 자는 예수님을 따른다고 하신 것이다. 따른다는 말 '*ἀκολουθέω*(아콜루트헤오)' 는 '(제자로서)**함께 같은 길에 있음, 운명을 같이함**' 이란 의미의 말이다.(막 12:34~38) 예수님과 사도들의 고백은 이 복음의 요건에 한결같이 충실했던 것이다.(요 14:9~12; 엡 5:1; 살전 5:23; 벧전 1:15~16) 오늘날 교회에 제자훈련이 성행하나 진정한 제자가 되어지지 않는 것은 복음 자체가 바로 되어 있지 않음을 모르고 있기 때문이다.

복음의 요건 여섯째로 예수님과 사도들께서는 '성령님의 충만함과 권능을 받아 예수님께 대하여 증인 되라' 하신 것이다. 예수님께 대하여 증인이 된다는 말은 자기가 증언하는 예수님과 증언하는 말로 인해 죽음을 각오해야 하는 것이다. 베드로처럼 자신의 결심과 의지만으로는 증인이 될 수 없는 것이다. 예수님과 그 말씀을 원만히 깨달아 확신하게 하고 담대하게 하시는 성령님의 권능을 받아야 하는 것이다. 그러나 오늘날 기독교는 성령님의 충만함을 올바로 중요시하지 않고, 방언이나 무슨 병 고치는 은사로 생각하고 치중하는 것이다.

복음의 요건 일곱째로 예수님과 사도들께서는 '재림을 고대하여 깨어 준비하라' 누누이 강조하신 것이다. 그러나 오늘날 교회는 말로는 재림을 기다린다고는 하나, 실제는 준비를 하지 않고 있는 것이다.

오늘날 기독교가 전파하고 가르치는 복음은 예수님과 사도들께서 전파하고 가르치신 복음에서 거의 모두를 배제해 버리고, 오직 예수님의 보혈과 부활로만 구원을 받는다고 하는, 순수한 것 같지만 인간 구원 위주의 변형된 다른 복음인 것이다. 대다수의 기독교인들은 여러 형태로 변형된 다른 예수, 다른 영, 다른 복음을 용납하고 선호하고 있다.(고후 11:4) 이 책의 목적은 이러한 중대한 사실을 귀 있는 자들에게 알려 주는 것이다.

바른복음의 절대적인 기준은 예수님께서 전하신 복음대로 해야 하는 것이다.

♡ 묵상과 기도

☆ 왜 예수님께서 전하신 복음대로라야 하는가?

1〉 하나님께서 최후로 그 아들을 보내셔서 말씀하신 것이기 때문이다.

(히 1:1, 2) → “옛적에<**이전에 아주 오랫동안**> 선지자들로 여러 부분과 여러 모양<*πολυτρόπως*(폴뤼트로포스) **방법**>으로 우리 조상들에게 말씀하여오시던 하나님께서 이 모든 날 마지막에 아들로 우리에게 말씀하셨으니”

(눅 4:43) → “예수께서≪**그들에게**≫이르시되 내가 다른 동네<*πόλεσιν*(폴레신) **성읍들**>에서도 하나님의 나라<*βασιλείαν*(바실레이안) **왕국**>복음을 전하여야 하리니 나는 이 일로 보내심을 입었노라”

(요 12:49, 50) → “내가 자의로<*ἐμαυτοῦ*(에마우투~) **나 자신의**> 말한 것이 아니요 나를 보내신 아버지께서 나의 말할 것과 이를<*λαλήσω*(르랄레소) **전파할**> 것을 친히 명령하여 주셨으니 나는 그(분)의 명령이 영생인줄 아노라 그러므로 나의 이르는<*λαλῶ*(르랄로~) **말하는, 전파하는**> 것은 내 아버지께서 내게 말씀하신 그대로 이르노라”

(요 14:24) → “나를 사랑하지 아니하는 자는 내 말을 지키지 아니하나니 너희의 듣는 말은 내 말이 아니

요 나를 보내신 아버지의 말씀이니라"

2〉 예수님은 길과 진리와 생명의 빛이신 분이기 때문이다.

(요 14:4~6) → "내가 가는 곳을 ≮**너희가 알고**≯ 그 길을 너희가 알리라 도마가 가로되 주여 어디로 가시는지 우리가 알지 못하거늘 그 길을 어찌알겠삽나이까 예수께서 가라사대 내가 곧 길이요 진리요 생명이니 나로 말미암지 않고는 아버지께로 올 ＜갈＞ 자가 없느니라"

(요 18:37) → "빌라도가 가로되 그러면 네가 왕이냐 예수께서 대답하시되 네 말과 같이 내가 왕이니라 내가 이를 위하여 세상에 났으며 이를 위하여 세상에 왔으니 곧 진리에 대하여 증거하려 함이로라 무릇 진리에 속한 자는 내 소리를 듣느니라"

(요 8:12) → "예수께서 또 일러 가라사대 나는 세상의 빛이니 나를 따르는 자는, 보라 어두움에 다니지 아니하고 생명의 빛을 얻으리라"

(요 8:31) → 예수께서 자기를 믿은 유대인들에게 이르시되 너희가 내 말에 거하면 참 내 제자가 되고 진리를 알지니 진리가 너희를 자유케하리라"

3〉 예수님께서 말씀하신 대로 전하라고 사도들에게 명령하셨기 때문이다.

(눅 8:1) → "이후에 예수께서 각 성과 촌에 두루 다니시

며 하나님 나라를<**왕국을**> 반포하시며 그 복음을 전하실새 열두 제자가 함께 하였고"

(눅 9:1, 2) → "예수께서 열두 제자들을 같이 부르사 그들에게 모든 악령들 위에, 그리고 병을 고치는 능력과 권세를 주시고 그들을 보내셔서 하나님의 왕국<*βασιλείαν τοῦ θεοῦ*(바실레이안 투 ~ 트헤우~)>을 전파하며 병든 자들을 고치게 하셨으니" ← **헬라어 직역**

(눅 24:46~48) → "이같이 그리스도가 고난을 받고 제 삼일에 죽은 자 가운데서 살아날 것과 또 <**그분의 이름 앞에 개심과 죄들의 용서를, 예루살렘으로부터 시작하여 모든 족속을 향하여 전파되었으니 ← 헬라어 직역**> 너희는 이 모든 일의 증인이라"

(마 28:18~20)→ "하늘과 땅의 모든 권세를 내게 주셨으니그러므로 너희는 가서 모든 족속으로 제자를 삼아 아버지와 아들과 성령의 이름으로 세례<**침례**>를 주고 내가 너희에게 분부<**명령**> 한 모든 것을 가르쳐 지키게 하라 볼지어다 내가 세상 끝날 까지 너희와 항상 함께 있으리라

4〉 예수님께서 전파하신 그 말씀이 사람들을 심판할 것이라 하셨기 때문이다.

(요 5:22, 23) → "아버지께서 아무도 심판하지 아니하시고심판을 다 아들에게 맡기셨으니… 아들을 공경치 아니하는 자는≪**결코**≫그를 보내신 아버

지를 공경치 아니하느니라"

(요 12:47, 48) → "사람이 내 말≪들≫을 듣고 지키지<*πιστεύση*(피스튜세) **믿지**>아니할지라도 내가 저를 심판하지 아니하노라 … 나를 저버리고<*ἀθετῶν*(아트헤톤~) **세운 것을 얕보고, 무효로 하고, 경멸하고, 제거하고, 따로 치워놓고, 거절하고, 업신여기고**>내 말들을 받지<*λαμβάνων*(람바논) **받지, 붙잡지, 취하지**>아니하는 자를 심판할 이가 있으니 곧 나의 한<*ἐλάλησα*(엘랄레사) **말한, 전파한**>그말이 마지막 날에 저를 심판하리라"

(요일 2:3~6) → "그 분을 아노라 하고 그의 계명≪들≫을 지키지<*τηρῶν* **守行하지**> 아니하는 자는 거짓말하는 자요 진리가 그 속에 있지 아니하되 누구든지 그의 말씀을 지키는 자는 하나님의 사랑이 참으로 그 속에서 온전<**완전, 성취**>케 되었나니 이로써 우리가 저 안에 있는 줄을 아노라 저 안에 거한다 하는 자는 그의 행하시는<**행하신**>대로 자기도≪*οὕτως*(후토스) **이 길로, 그렇게**≫행할지니라"

오늘날 기독교는 믿는 교리와 신앙이 천차만별 제 각각이다. 그것은 기독교 복음진리의 깨달음의 정도가 각기 달라서라기보다, 근본원인은 복음진리의 표준이 없기 때문이다. 구약 사사시대 말기처럼 "그 때에 이스라엘에 왕이 없으므로 사람≪들≫이 각각 그 소견<עַיִן '(아인)' **눈, 평가, 만족, 생각**>에 옳은 대로 행하였더라" 고 한 것처럼(삿 21:25) 예수님께서 가르치고 전파하신 바른복음의 표준(왕)이 없으므로 사람들이 각각 자기 소견< עַיִן '(아인)' **눈, 평가, 만족, 생각**> 에 옳은 대로하기 때문에 복음과 신앙이 제각각 천차만별인 것이다.

이후에 이 책을 읽어가며 알게 될 것이지만, 지금 교회의 머리(왕)이신 예수님께서 가르치고 명하신 말씀들이 복음진리의 표준이 되지 않고 완전히 무시된 채, 사도 바울이 말한 '믿음으로 의롭다함을 받는다' 는 것만을 채택하여 중심 교리로 하고, 제각각 복음을 이해하여 확신하고, 고안하여 가르치고, 믿고, 생활하는 것이다. 그리고는 각각 자기가 생각하는 신앙과 교리만 옳고 다른 기독교인들은 틀렸다고 하는 것이다. 지구상에 기독교만큼 교리와 신앙에 일치가 안되는 종교가 없다. 목회자 두 사람도 완전 일치가 안된다. 참으로 기이하고 가슴 아픈 일이다. 최초 예루살렘 교회는 열두 사도가 공동사역을 했음에도 예수님의 가르치고 전하신 복음에 일치했기 때문에 조금도 다르게 가르치는 자가 없었다.

사도 바울은 로마 옥중에서 에베소 교회에 보낸 편지에, "우리가 다 하나님의 아들을 믿는 것과 아는 일에 하나< =**만장일치**>가 되어 그리스도의 성숙한 분량이< =**정도가**> 충만한 데까지 이르리니"라고 하였고,(엡 4:13) 빌립보 교회에 보낸 말씀에서는 "오직 우리가 어디까지 이르렀든지 그대로 행할 것이라,< **동일한 표준으로 행진하고 동일한 생각을 할 것이라← 바른 번역**> **(한글 개역성경과 변개된 모든 성경에는 이 말씀이 삭제되고 오역되었음. 변개된 성경의 말 그대로 교리와 신앙이 제 각각 어디까지 이르렀든지 그대로 행하고 있다. 기독교의 비극이다.)** 형제들아 너희는 함께 나를 본받으라< **본받는, (따르는) 자가 되라**>" (빌 3:16, 17) 하였고, 고린도 교회에 보낸 말씀에서도 "내가 그리스도를 본받는(따르는) 자 된 것같이 너희는 나를 본받는(따르는) 자가 되라" 하였으니(고전 11:1), 사도 바울은 자신이 그리스도 예수님의 뒤를 따르는 자로서 그분의 삶과 가르치신 말씀을 조금도 가감하지 말고 그대로를 동일한 표준으로 행진하고 동일한 생각을 하라 한 것이다.

이 책의 중심인 바른성경 바른복음 바른영성의 명확한 표준은《**예수님을 사랑하여 따르는 자로서 예수님의 말씀과 경건에 관한 교훈에 착념<가까이>하는 것**》이다.《요 14:21~24; 딤전 6:3》 예수님께서 친히 세우셨던 최초 예루살렘 교회와 같이 되어져야 한다는 것이다(행 2:37~47).

♡ 묵상과 기도

【 특주 2 】

하나님의 영원하신 경륜을 바로 알아야 한다.

「경륜(經綸)」이란 말은 '마음속에 생각과 계획을 가지고 조직적으로 잘 경영함' 을 의미하는 말이다. 사도 바울은 "모든 성도 중에 지극히 작은 자보다 더 작은 나에게 이 은혜를 주신 것은, 측량할 수 없는 그리스도(님)의 풍성을 이방인에게 전하게 하시고, ≮예수 그리스도(님)에 의해≯ 영원부터 만물을 창조하신 하나님 속에 감취었던 비밀의 경륜이 어떠한 것을 드러내게 하려 하심이라" 고 하였다.(엡 3:8~9) 하나님의 복음의 사역자들은 사도 바울과 같이 '하나님의 영원하신 경륜' 을 올바르고 확실하게 깨닫는 은혜를 입어 올바르게 전파해야 한다. 그렇지 않으면 나무와 풀로 집을 지은 자와 같아서, 혹시 그 자신 구원은 얻을지라도 그의 일생 수고한 사역이 헛되고 만다.(고전 3:10~15; 참조: 마 7:15~29)

◎ 하나님의 영원하신 경륜은 하나님의 왕국을 완성하여 하나님 자신과 만유를 복되고 영화롭게 하시려는 것이다.

그룹 천사의 반역으로 전 성경에 계시하여 주신 바 다음과 같은 하나님의 경륜이 이루어져 오고 있다.

1〉 창조와 타락

2〉 개심 기다림

3〉 왕국을 예언

4〉 왕국의 복음

5〉 왕국을 완성

1〉 창조와 타락

① 하나님 영광을 위해 창조하심

시편 103:19~104:4절에 "여호와께서 그 보좌를 하늘에 세우시고, 그 정권으로 만유를 통치하시도다. 능력이 있어 여호와의 말씀을 이루며, 그 말씀의 소리를 듣는 너희 천사여 여호와를 송축하라. 여호와를 봉사하여 그(분의) 뜻을 행하는 너희 모든 천군이여, 여호와를 송축하라. 여호와의 지으심을 받고, 그 다스리시는 모든 곳에 있는 너희여, 여호와를 송축하라. 내 영혼< נַפְשִׁי네페쉬 혼>아 여호와를 송축하라. 〃 〃 여호와 나의 하나님이여, 주는 심히 광대하시며, 존귀와 권위를 입으셨나이다. 주께서 옷을 입음같이 빛을 입으시며, 하늘을 휘장같이 치시며, 물에 자기 누각의 들보를 얹으시며, 구름으로 자기 수레를 삼으시고, 바람 날개로 다니시며, 바람으로 자기 사자를, 화염으로 자기 사역자를 삼으셨도다"고 하셨으니, 하늘의 보좌와 천사들의 창조를 말함이다. 그리고 104:5절부터 35절까지 천지만물의 창조하심을 말하였다. 이사야 43:7절에는 "무릇 내 이름으로 일컫는 자, 곧 내가 내 영광을 위하여 창조한 자를 오게 하라. 그들을 내가 지었고 만들었느니라."고 하였고, 15절에는 "나는 여호와 너희의 거룩한 자요, 이스라엘의 창조자요, 너희 왕이니라." 21절에는 "이 백성은 내가 나를 위하여 지었나니, 나의 찬송을 부르게 하려 함이니라." 신약 에베소서 1:3~14절에도 성도들을 구원하신 목적은 하나님의 은혜의 영광을 찬송하도록 하기 위함이라 하였다. 성경의 마지막 계시록 22:1~5절에도 구원받은 자들이 복된 하나님의 왕국에서 하나님을 섬기며, 영원무궁토록 왕노릇 하도록 하신다 하셨으니, 하나님의 창조의 목적이 무엇임을 분명히 말씀하신 것이다.

② **사탄으로 타락한 그룹천사**

하나님께서 지으신 천사들 중에서도, 하나님의 보좌에서 하나님을 찬양하며 보좌하도록 창조하신 천사로서, 일반 천사와 달리 특별히 창조된 천사인데, '그룹<כְּרוּב케루브 겔 28:14 (구약 91회)>' 또는 '스랍<שָׂרָף사라프(**불타다**) 사 6:2>' 이라고도 했다. 얼마나 아름답고 지혜롭고 영화롭게 지음을 받았는데 교만하여, 하나님의 천사들 위에 보좌를 높이고 좌정하여, 하나님과 같이 되려고 함으로, 보좌로부터 쫓겨나서, 사탄<שָׂטָן 사탄 **대적자, 대항자** 욥 1:6 (구약 27회, 신약 36회)>' 이 된 것이다.(사 14:12~15; 겔 28: 12~17) 그를 따라 자기 지위를 지키지 아니하고 처소를 떠나 범죄한 천사들이,(벧후 2:4; 유 1:6) 개역 한글성경에 '귀신' 으로 잘못 번역한 '악령<*δαιμόνιον* 다이모니온>' 들이며, 사탄의 사자<*ἄγγελος* 앙겔로스 **천사 사자**>들인 것이다.(마 25:41)

성경에 사탄<שָׂטָן사탄 **신약** → *Σατανᾶς*사타나~스(**사탄**) *διάβολος* 디아볼로스 (**마귀**)>은 용이고, 옛 뱀이며, 마귀요, 사탄이라고 했는데 온 천하를 미혹하는 자이며,(계 12:9, 20:2) 하나이기 때문에 항상 하나인 단수로 말하고, '악령<*δαιμόνιον* 다이모니온>' 은 수가 많기 때문에 단수 또는 복수로 말해지고 있다. 그리고 '악령<*δαιμόνιον* 다이모니온>' 들을 가두는 곳은 '무저갱<*ἄβυσσος* 아뷔소스>' 이며,(눅 8:31, 16:26(깊은 구렁?) 벧후 2:4(어두움의 사슬에 던져 가두심) 계 9:1, 9) 천년왕국 때 사탄<שָׂטָן사탄 **신약** → *Σατανᾶς*사타나~스(**사탄**) *διάβολος*디아볼로

스 (**마귀**)>을 천 년 동안 가두는 곳도 무저갱이다.(계 20:2~3)

사탄<*Σατανᾶς*사타나~스(**사탄**) *διάβολος* 디아볼로스 (**마귀**)>은 공중에서 죄와 죽음의 권세를 잡고 이 세상의 하나님<*θεός*트헤오스 **하나님, 신**>과 임금<*ἄρχων* 아르크혼 **통치자, 군주**>으로 숭배받으며,(요 16:11) 불순종의 아들들 가운데서 역사하며,(엡 2:2; 히 2:14) 땅에 두루 돌아 여기 저기 다니며 하나님 앞에 성도를 비방하고,(욥 1:6~11, 2:1~5) 표호하는 사자같이 삼킬 자를 두루 찾고,(벧전 5:8) 모든 세상을 꾀는<*πλανάω* 플라나오 **길을 잃게 하는, 미혹하는, 빗나가게 하는, 방황하게 하는**> 자인 것이다.(계 12:9)

③ 에덴동산의 사람을 타락케 함.

이런 용이고 옛 뱀이며 마귀인 사탄이, 자기만 아니라 하나님께서 영원하신 경륜으로 하나님의 왕국을 이루시고자 창조하신 에덴동산에 찾아와, 아담과 하와를 미혹하여 자기와 같이 하나님의 주권을 무시하고 명령을 거역하게 하여, 범죄하고 타락하게 한 것이다.(창 3:1~7) 사람은 에덴동산에서 쫓겨났다.(창 3:23~24)

④ 세상은 마귀에게 속하게 되었다.

'죄를 짓는 자는 마귀에게 속하게 되는 것은, 마귀는 범죄하는 출발이기 때문이라' 고 하였다.(요일 3:8) 예수님께서 '마귀는 이 세상 통치자라' 하셨고,(요 12:31, 16:11) 마귀 자신도 '이 세상 모든 권세와 그 영광은 자기에게 넘겨진 것이므로 내가 원하는 자에게 이것을 준다' 고 하였다.(눅 4:5~6) 그리고 복음을 전하는 것은 "어두움에서 빛으로, 사탄의 권세에서 하나님께로 돌아가게" 하는 것이라고 하였다.(행 26:18)

2〉 개심 기다림

하나님은 오늘까지도 죄인들의 개심을 명령하고 기다리신다.(시 7:12; 겔 18:30; 벧후 3:8~9)

① 아담 하와에게 개심을 원하셨다.

아담과 하와가 범죄한 후 동산 숲 사이에 숨었을 때에 하나님께서 아담을 부르시며 그에게 "네가 어디 있느냐?" 하신 것은, 아담이 숲 사이 어디에 숨었는지를 모르셔서 찾는 말씀이 아니었으며, 더욱이 야단치고 징벌하기 위해서 찾으시는 것이 아니었다. 자신을 그처럼 복되게 창조하신 하나님을 거역하고 마귀의 말을 따라 하나님께서 먹지 말 것을 엄중히 금하신 선악과를 먹되, 그것도 '그것을 먹으면 하나님과 같이 된다' 는 패역한 욕망을 부추김 받아 명령을 거역한 것은, 금하신 선악과를 먹었다는 죄악 이상으로 너무나 하나님의 진노와 증오를 일으키는 사탄의 죄와 동일한 죄였던 것이다. 이스라엘 백성들이 시내산 아래서 애굽에서 우리를 인도하여 낸 하나님이라 하여, 금송아지를 만들어 놓고 먹고 마시고 춤추었을 때, 하나님께서 얼마나 진노하셨는가? 모세에게 "내가 그들에게 진노하여 그들을 진멸하고 너로 큰 나라가 되게 하리라" 하시고,(출 32:10) "누구든지 내게 범죄하면, 그는 내가 내 책에서 지워버리리라" 고 하셨다.(출 31:33)

이때 이스라엘 백성 이상으로 패역한 죄악을 저지른 아담과 하와를 하나님께서 진노하여 당장 진멸하셔야 마땅하지만, 아담을 부르신 것은 진정으로 마음을 돌이키는 '개심' 을 하도록 부르신 것이다. 범죄 하도록 원인을 제공한 자는 하와인데 아담을 부르신 것은, 하와는 아담에게 속한 자이며 책임자는 아담이므로 아담을 먼저 부르신 것이다.

그리고 범죄하게 된 이유를 아담과 하와에게 차례로 물으신 것은 범죄에 대한 각자의 책임을 통감하고 하나님 앞에 통회 자복하기를 원하셨던 것이다. 그러나 하나님의 기대와는 달리 아담과 하와는 책임회피에 급급하고, 오히려 하나님께 원인의 책임이 있다는 식으로 변명한 것이다. 오늘날까지 인간들도 마찬가지로 그렇게 개심치 않는 것이다. 그렇기 때문에 인간의 근본적 죄악에 대하여 마지막 날까지 통회자복하여 개심치 않는 자는, 마귀와 함께 영원한 형벌에 처하시되 조금도 아껴보지 않으시는 것이다.

② 홍수 전에 오래 기다리심

아담 이후 인간들이 얼마나 완악해졌든가? 아담의 아들 가인이 동생 아벨을 돌로 쳐죽이는 끔찍한 살인의 악을 저지른 것이다. 930세까지 살았던 아담이 죽은지 불과 726년 되는 해, 창조하신지 1656년 만에 하나님께서 온 세상을 홍수로 심판하셨던 것이다. 홍수 전에 하나님께서 120년을 오래 인간들이 개심하기를 기다리셨다고 하였다.(벧전 3:20)

③ 선지자들을 보내셔서 개심을 촉구하심.

홍수 후에도 인간들은 바벨탑을 쌓고 여전히 하나님을 대적하고 하나님의 뜻을 거스렀다.(창 11:4~9) 하나님께서는 믿음과 순종의 사람 아브라함을 택하셔서, 아브라함의 자손 이스라엘 백성을 통해 영원한 하나님의 경륜을 이루시려고 하셨다. 그래서 하나님께서 이스라엘 백성에게 하나님을 섬기는 율례와 법도를 주시고, 지켜서 생명과 복을 누리는 계명을 주신 것이다. 그 대표적인 것이 하나님께서 친히 돌판에 새겨서 주신 열 가지 계명이다. 그러나 이스라엘 백성은 하나님의 기대에 부응하지 못했다. 너무나 완고하고 패역했다.

하나님은 오랜 세월을 선지자들을 보내셔서, 이스라엘과 이방 나라 백성들을 개심하여 하나님께로 바로 돌이키도록 촉구하셨다. 구약성경 역사서와 선지자들의 글에서 보는 바 핵심은 하나님께로 '개심하여 용서와 구원을 받으라' 는 것이다.

구약성경에서 '회개' 를 나타낸 말로서 '후회하다' 는 뜻인 נָחַם(나함)' 은 108회, (죄로부터 하나님께로) '돌이키다(to turn)' 를 뜻하는 '슈브(שׁוּב)' 는 1062회나 말해졌다. 반면에 '믿는다' 는 말 'אָמַן(아만)' 은 108회, '아만' 에서 연유한 '믿음' 이라는 말 'אֱמוּנָה(에무나)' 는 50회이다. 하나님은 구약성경에서 개심 즉 회개를 얼마나 많이 말씀하셨는가를 알아야 한다.

④ **예수님과 사도들의 복음 메시지도 먼저 개심하라는 것이다.**

앞으로 본문 내용에서 언급할 내용이지만 여기서는 개괄적으로 예수님과 사도들의 복음 전도에서도 "때가 찼고 하나님의 왕국이 가까웠으니 개심하고 그리고 복음을 믿으라" 하신 것이다.(막 1:15; 행 2:38, 20:21) 죄를 용서받기 위해서는 개심이 우선적이고 필수적이라고 성경에서 줄기차게 강조하는 요건이다.

신약성경에 '개심(회개)하다' 라는 동사 '*μετανοέω*(메타노에오)' 는 33회인데 사복음서와 계시록에서 예수님께서 말씀하신 것이 26회이다. 예수님께서 '개심(회개)하는' 것을 얼마나 강조하신 것을 알 수 있다. '믿음' 은 예수님과 사도들 공히 많이 강조하셨다.

3〉 왕국을 예언하심

① **사탄에게 예언하심**

하늘의 보좌에서 하나님의 왕권을 반역한 대적자 사탄은 얼마나 건방진지, 하나님께서 창조하신 에덴 동산의 아담과 하와에게도 하나님과 같이 되라고 미혹하여 자기와 같이 범죄케 한 것이다.(창 3:5, 22) 하나님은 이렇게도 극악무도히 반역한 사탄은 용서치 아니하시고, 죄인을 구해내기 위해 하나님의 아들을 보내셔서 십자가에 고난을 당하게 하시나, 미구에 마귀와 마귀의 일을 멸하실 것을(히 2:14; 요일 3:8) 예언하신 것이 창세기 3:15절의 말씀이 성취되는 것이다. 종국에는 마귀의 자기 왕국 계책이 파멸되고 하나님의 왕국이 완성되는 것이다.

② **아브라함과 그 자손 이스라엘에게 왕국을 약속하심.**

하나님은 아브라함에게 "내가 너로 더욱더 심히 번성케 하리니 백성들과 왕국들이 네게로 좇아 나리라" 하셨고,(창 17:6) 애굽에서 구출하여 내신 이스라엘 백성들에게 "너희가 내 말을 잘 듣고 내 언약을 지키면 너희는 열국 중에서 내 소유가 되겠고, 너희가 내게 대하여 거룩한 제사장 왕국 백성이 되리라" 고 하셨다.(출 19:6) 이스라엘은 하나님께서 왕이신 신정국가였다.(사 43:15: 참조; 삼상 8:7)

③ **다윗에게 왕국을 약속하심.**

"만일 네 자손이 그 길을 삼가 마음을 다하고 성품을 다하여 진실히 내 앞에 행하면, 이스라엘 왕위에 오를 사람이 네게서 끊어지지 아니하리라"(왕상 2:4) 하셨다. 예수님을 '다윗의 자손'이라 한 것은, 다윗의 후손으로 하나님의 영원하신 경륜인 하나님의 신정왕국을 이루실 왕으로 오신 분이라는 뜻이다.

④ **선지자들이 이스라엘 백성들에게 메시야 왕국을 예언함.**

이사야 35:1~10절은 하나님께서 다윗의 후손으로 세상에 보내실 그리스도 예수님께서 이루실 성령안에서의 하나님의 왕국을 예언한 것이다. 뿐만 아니라 재림하심으로 이루실 천년왕국에 대하여 생생히 예언한 것이다.(사 11:1~12, 65:17~25)

느부갓네살 왕의 꿈을 해석한 선지자 다니엘을 통해서 세상 마지막에는 재림하시는 예수님께서 세상 열 왕국을 멸하시고 영원히 망하지 않는 성도들이 권세를 얻을 왕국을 세우실 것을 분명히 예언하게 하셨다.(단 2:44. 7:22~27)

요엘 선지자와 스가랴 선지자를 통해서도 예수님의 재림과 천년왕국에 대하여 예언하게 하셨다.(욜 3:14~18; 슥 14:4~21)

4〉 왕국의 복음

① **예수님께서 때가 찼고 하나님의 왕국이 가까웠다 전파하심.**

예수님께서 복음을 전파하기 시작하셨을 때 분명히 "때가 찼고 하나님의 왕국이 가까웠으니 개심하고 복음을 믿으라"고 하셨다.(막 1:15) 그리고 "나는 하나님의 왕국복음을 전파하기 위해 보내심을 받았다"고 하셨다.(눅 4:43) 그리고 "참으로 내가 너희에게 말하노니 어떤 누구든지 하나님의 왕국을 어린아이와 같이 받들지<δέξηται(데크세타이) **영접하지**> 아니하면 절대로 그곳에 들어가지 못한다"고 하셨다.(막 10:15) 이렇게 예수님께서 말씀하신 것을 제쳐놓고 무시한채 믿음으로만 구원을 얻는다고 해서 들어갈 수 있겠는가? 기독교의 복음이 '하나님의 왕국' 이어야 함에 더 이상 이론이 있을 수 없다.

② **십자가와 부활을 통해서 죄사함과 의롭다함을 받게 하심.**

하나님의 왕권을 거역한 죄악으로부터 하나님께 개심하여 예수님의 흘리신 피로 죄사함을 받지 않고,(마 26:26~28) 하나님의 왕국복음을 믿음으로 예수님의 부활의 의롭다함을 받지 못

하면 하나님의 왕국에 들어갈 수 없다.(사 35:8, 롬 4:25)

③ **물과 성령님으로 거듭나야 하나님 왕국에 들어간다.**

물은 바른복음의 말씀이며(엡 5:26; 벧전 1:23, 25) 성령님은 예수님께서 가르치신 진리의 말씀을 생각나게 하시며 진리 가운데로 인도하시는 진리의 성령님이시다.(요 14:26, 16:13) 하나님의 왕국은 새 사람 새 피조물 되어야 들어갈 수 있다.

④ **하나님의 왕국과 주 예수 그리스도님에 관한 것을 전파함.** 사복음서에 기록된 예수님께서 전파하고 비유로 가르치신 모든 말씀들을 보면, 모든 말씀이 하나님의 왕국과 예수님 자신에 관한 말씀이었으며, 신약성경 절반을 기록한 사도 바울도 복음전도 여행에서 가장 오래 3년간 머물며 복음을 전한 에베소와 마지막 순교하기 직전 2년간 로마에 머물며 증거하고 가르친 것이 하나님의 왕국과 주 예수 그리스도에 관한 것이었다고 하였다.(행 19:8, 20: 21, 25. 28:23, 31)

5〉 왕국을 완성

① **왕으로 세상에 나셨다 하신 예수님.**

예수님께서 마리아에게서 세상에 태어나셨을 때 경배하러 찾아 온 동방의 박사들이 예루살렘 헤롯왕에게 이르러, "유대인의 왕으로 나신 이가 어디 계시뇨? 우리가 그의 별을 보고 그에게 경배하러 왔노라" 고 하였다.(마 2:2)

또한 예수님 자신이 빌라도 총독 앞에서 그의 물음에 대답하여, "네 말과 같이 내가 왕이니라. 이를 위하여 세상에 왔나니 곧 진리에 대하여 증거하려 함이로라. 무릇 진리에 속한 자는 내 소리를 듣느니라" 고 하셨다.(요 19:37)

② 무리와 제자들이 죽기 전에 하나님의 왕국을 본다고 하심.

개역 한글성경은 이 구절의 말씀을 정확하게 번역하지 않았다. 마가복음 9:1절과 누가복음 9:27절인데 헬라 원어를 바로 직역하면 "여기 서 있는 모든 사람은 절대로 죽음을 맛볼 때까지 누구든지 하나님의 왕국을 본다."고 하신 것이다. '본다' 라는 헬라어 'ἴδωσιν(이도신)' 은 품사가 과거 능동으로 앞으로 볼 것을 과거 능동으로 말씀하신 것은 너무나 확실한 것이기 때문이다. 이 말씀은 제자들만 아니라 무리들이 함께 들었던 말씀이다.(막 8:34~9:1)

③ 오순절에 임하신 성령님 안에서 하나님의 왕국이 실현됨.

사도 바울께서 로마서 14:17~18절에 현재 이 세상에 실현된 하나님의 왕국을 말씀하셨으니, "하나님의 왕국은 먹는 것과 마시는 것이 아니요 오직 성령(님) 안에서 의와 평화와 기쁨으로 그리스도를 섬기며 하나님께 매우 기쁨이 되며 사람들에게 인정을 받느니라"고 하였다. 오순절에 임하신 성령님 안에서 최초 예루살렘의 모습이 바로 그러했으며,(행 2:37~47) 모든 교회는 그러해야 한다. 교회가 무엇인가에서 가장 중요한 것이다.

④ 재림하여 이루실 천년왕국과 완성될 영원한 하나님의 왕국

현재 실현된 하나님의 왕국은, 성령님 안에서 실현된 영적 위주의 하나님께서 다스리시는 왕국이지만, 재림하셔서 이 세상을 정화하여 이루실 천년왕국은 그야말로 신정왕국인 것이다. 이스라엘 백성들이 고대하고,(마 11:3; 막 15:43; 눅 2:25, 17:20) 제자들이 물었던,(행 1:6) 하나님의 왕국은 먼저 성령님 안에서 실현되어지는 왕국을 알지 못하고 재림하여 이루실 천년왕국이었던 것이다. 오늘날 기독교도 마찬가지다. 현재 성령님 안에서 실현되어진 하나님의 왕국에 대하여 너무나 알지 못하고 있다. 복음이 바로 되어 있지 않기 때문이다. 너무나 중대한 문제이다.

그리고 천년왕국 후 최후의 백보좌 심판과 새 하늘과 새 땅 새 예루살렘에서 완성되는 영원한 하나님의 왕국에 대하여 계시하여 주심으로 성경 계시를 마감하신 것이다.(계 20:~22:)

먼저 산 전체를 본 다음 숲을 자세히 보듯이 바른복음에 관하여 이러한 하나님의 영원하신 경륜에 대하여 총괄적으로 바로 알고 그 다음 세부적인 것을 알아야 전체를 잘 이해할 수 있다.

† 예수님과 사도들께서 전파하신 복음 †

"누구든지 다르게 가르치며 바른 말 곧 우리 주 예수 그리스도의 말씀과 경건에 관한 교훈에 착념치 아니하면 저는 교만하여 아무것도 알지 못하고 변론과 언쟁을 좋아하는 자니" (딤전 6:3~5)

제 1 장

예수님께서는 하나님의 왕국과 자신에 관하여 복음을 전파하셨다

1. 예수님 복음전파의 주체는 "하나님의 왕국과 예수님 자신"이었다.

(막 1:14, 15) → 요한이 잡힌 후 예수께서 갈릴리에 오셔서 하나님의≪*βασιλείας*(바실레이아스) **왕국의, 주권의, 통치의**≫복음을 전파하여 가라사대 때가 찼고 하나님의 나라<*βασιλεία*(바실레이아) **왕국, 주권, 통치**>가 가까웠으니 회개<*μετανοεῖτε*(메타노에이~테) **개심**>하고 복음을≲*ἐν*(엔) **안에서**≳ 믿으라 하시더라

(눅 4:43) → 예수께서 이르시되 내가 다른 동네<*πόλεσιν*(폴레신) **성읍**>에서도 하나님의 나라<*βασιλείαν*(바실레이안) **왕국, 주권, 통치**> 복음을 전하여야 하리니 나는 이 일로 보내심을 입었노라.

(마 6:9, 10) → 너희는 이렇게 기도하라 하늘에 계신 우리 아버지여 이름이 거룩히 여김을 받으시오며 나라 <*βασιλεία*(바실레이아) **왕국, 주권, 통치**>가 임하옵시며, … (아버지의 나라<*βασιλεία*(바실레이아) **왕국, 주권, 통치**>**와 권세와 영광이 영원하기 때문입니다.**) ← **헬라어 직역**

(마 6:33) → 너희는 먼저<**첫째(모든 것보다) 먼저, 로**> 그 *θεοῦ*(트헤우~) **하나님**>의 나라<*βασιλ-είαν*(바실레이안) **왕국, 주권, 통치**>와 그(분)의 의를 구하라

(마 9:35) → 예수께서 모든 성과 촌에 두루 다니사 저희 회당에서 가르치시며 천국<*βασιλείας*(바실레이아스) **왕국의, 주권의, 통치의**> 복음을 전파하시며≪**백성 중에**≫모든 병과 모든 약한 것을 고치시니라.

(마 10:7, 8) → 가면서 전파하여 말하되 천국<*βασιλεία οὐρανῶν*(바실레이아 우라논~) **하늘들의 왕국**>이 가까웠다 말하고

(마 24:14) → 이 천국<*βασιλείας*(바실레이아스) **왕국의, 주권의, 통치의**> 복음이 모든 민족에게 증거되기 위하여온 세상에 전파되리니 그제야<**그때에**> 끝이 오리라

(눅 9:60) → 죽은 자들로 자기의 죽은 자들을 장사하게 하고 너는 가서 하나님의 나라<*βασιλείαν*(바실레이안) **왕국, 주권, 통치**>를 전파하라

(눅 22:29) → 내 아버지께서 나라<*βασιλείαν*(바실레이안)

왕국, 주권, 통치＞를 내게 맡기신 것 같이,

(행 1:3, 4) → 확실한 많은 증거로 친히 사심을 나타내사 사십 일 동안 저희에게 보이시며 하나님 나라＜*βασιλείας*(바실레이아스) **왕국의, 주권의, 통치의**＞ 일을＜*τὰ περὶ*(타 페리) **관한 것들을**＞ 말씀하시니라.

(마 7:24) → 그러므로≮*Πᾶς*(파스) **어떤**≯누구든지 나의 이 말≮**들**≯을 듣고≮*αὐτοὺς*(아우투스) **그것들**≯을 행하는 자는＜*τούτους*(투투스) **이 사람들은**＞

(마 9:6) → 그러나 인자가 세상에서 죄를 사하는 권세가 있는 줄을＜*ὅτι ἐξουσίαν ἔχει*(호티 에크수시안 에크헤이)를 **가지고 있음에 관하여**＞ 알게 하려 하노라＜*ἵνα εἰδῆτε*(히나 에이데~테) **하기 위하여**＞

(마 16:18) → 내가 이 반석 위에 내 교회를 세우리니 음부의 권세가＜*πύλαι ᾅδου*(퓔라이 하두) **지옥의 대문이**）≮*αὐτῆς*(아우테~스) **그것을**≯이기지 못하리라.

(마 16:27) → 인자가 아버지의 영광으로 그＜*αὐτοῦ*(아우투~) **자신의**＞ 천사들과 함께 오리니 그때에 각 사람의≮*αὐτοῦ*(아우투~) **자신의**≯행한 대로 갚으리라.＜**행함을 따라 보상하리라.**＞

(마 16:28) → 진실로 너희에게 이르노니 여기 섰는 사람 중에＜*τινες*(티네스) **누구든지**＞≮*οὐ μὴ* (우 메) **절대로**≯죽기 전에＜*γεύσωνται θανάτου ἕως*(규손타이 드하나투 헤오스) **죽음을 맛보기까지**

> 인자가 그 왕권을 가지고 오는 것을 볼 자들도 있느니라.<ἂν ἴδωσιν(안 이도신) **누구든지 볼것이다.**>

(마 20:28) → 인자가 온 것은 섬김을 받으려 함이 아니라 도리어 섬기려 하고 자기 목숨<ψυχὴν(프쉬크헨) **혼, 생명**>을 많은 사람의 ≪ἀντὶ(안티) **대신에**≫ 대속물로 주려 함이니라.

(마 24:44) → 이러므로 너희도 예비하고 있으라. 생각지 않은 때<ὥρα(호라) **시간**>에 인자가 오리라 <**기**> ≪ὅτι(호티) 때문이다.≫

(마 26:28) → 이것은 죄 사함을 얻게 하려고 많은 사람을 위하여 흘리는 바 나의 피 곧≪καινῆς(카이네~스) **새로운**≫언약의 피니라.

(요 3:16) → 하나님이 세상을 이처럼 사랑하사≪αὐτοῦ(아우투~) **자신의**≫ 독생자를 주셨으니 이는 저를 믿는 자마다 멸망치 않고 영생을 얻게 하려 하심이니라.<ἵνα(히나) **하기 위함이라**>

(요 8:14) → 예수께서≪αὐτοῖς(아우토이~스) **그들에게**≫ 대답하여 가라사대≪Κἂν(칸) **비록**≫내가 나를 위하여<περὶ(페리) **통하여**> 증거 하여도 내 증거가 참되니 나는 내가 어디서 오며 어디로 가는 것을 앎이어니와

(요 6:54) → 내 살을 먹고 내 피를 마시는 자는 영생을 가졌고 마지막 날에 내가 그를 다시 살리리라.

(요 10:30) → 나와 아버지는 하나이니라.

● 복음의 주체는 하나님의 왕국과 그리스도 예수님

예수님께서 요한이 잡힌 일 후 갈릴리에 오셔서 복음을 전하신 메시지는 "때가 찼고 하나님의 나라<**왕국, 주권, 통치**>가 가까웠으니 회개<**개심**>하고 복음을 믿으라" 하신 것이다(막 1:15). 그 앞 절 "요한이 잡힌 일 후 예수께서 갈릴리에 오셔서 하나님의≮**왕국의, 주권의, 통치의**≯복음을 전파하여 가라사대" 에서, 한글 개역성경과 사본은 '하나님의 복음' 이라 하여 '왕국, 통치, 주권' 이라는 말을 삭제하였다. 핵심 되는 말을 삭제하였으니 마귀가 좋아할 일이 아니겠는가?

그리고 예수님은 "나는 「하나님의 왕국 복음」을 전하려 보내심을 받았다" 고 하셨으며(눅 4:43), "너희는 먼저<**첫째로, (모든 것보다)먼저**> 그<*θεοῦ*(트헤우~) **하나님**>의 나라≮**왕국, 주권, 통치**≯와 그(분)의 의를 구하라<**구하라, 열망하라, 추구하라**> 그리하면 이 모든 것을 너희에게 더하시리라" 하셨으니,(마 6:33) 복음전파와 신앙에 있어서 무엇을 주로 하고 첫째로 해야 하겠는가?

"모든 성과 촌에 두루 다니사 저희 회당에서 가르치시며 천국≤**왕국의, 주권의, 통치의**≥ 복음을 전파하시며"라고 하였다.(마 9:35) 여기서도 한글 개역성경과 사본은 '**왕국**' 을 '천국' 으로 변개하였고, 감람산 종말 예언의 말씀을 하신 중에도 "이 천국<**왕국의, 주권의, 통치의**> 복음이 모든 민족에게 증거되기 위하여 온 세상에 전파되리니 그제야<**그때에**> 끝이 오리라" 하셨는데,(마 24:14) 한글 개역성경과 사본은 여기서도 '**왕국**' 을 '천국' 이라 변개하였다. '**왕국**' 이라는 말을 삭제하거나 '**왕국**' 을 '천국' 으로 변개하는 것은 작은 변개인 것 같으나, 예수님께서 전하신 복음의 근본개념을 흐리게 하는 근본적이고 중대한 복음의 오류이다.

(한국)기독교는 너무나 오랫동안 예수님께서 전하신 바른 복음을 저버렸기 때문에 복음에 왕국 개념이 전혀 없고, 이렇게 확실하게 바른 말을 해도 의아해 하기만 하고 오히려 이상한(?) 다른복음처럼 듣는다. 예수님께서 십자가에 못박히신 날이 성경상으로 수요일이 분명한 것을 증명하여도, 전 세계 기독교가 금요일로 알고 있으니 변경할 수 없다는, 전통에 얽매인 사고(思考)이다. 참으로 고치기 어렵다. 예수님께서 말씀하시고 성경에 기록하여 주신 바가 확실하여, 전 세계 기독교인 대다수가 잘못 믿고 잘못 알고 있는 것이 확실하여도 묵인하고 다수를 따라가야 하는가? 이 책에서 밝히는바 바른 말을 수용하고 따를 자가 얼마일까? 극소수의 남은 자들 만이다.(롬 9:27)

에녹 시대, 하나님께서 경건한 에녹 한 사람을 데려가셨고(창 5:24), 노아 때도 노아 한 사람이 의인이어서 홍수에서 가족을 구했으나, 세상은 다 멸망했으며(창 6:9), 아브라함도 한 사람을 불러내셨고(창 12:1~5), 순전하고 정직한 욥 한 사람을 하나님께서 사탄에게 자랑하셨다(욥 1:7, 8). 그리고 이스라엘 백성을 애굽에서 구출하여 가나안 복지로 가게 하셨으나, 계수함을 받은 603,550명중에 단 두 사람 여호수아와 갈렙만이 약속의 땅에 들어가고 나머지는 광야에서 다 죽게 되었다(민 26:63~65). 선지자 예레미야 때는 "예루살렘 거리에서 공의를 행하며 진리를 구하는 자를 한 사람이라도 찾으면 이 성을 사하리라" 하였으니(렘 5:1), 시대마다 하나님의 마음에 드는 자가 얼마나 적다는 것을 보여줌이 아닌가?

하나님께서 성경에서 항상 사람의 다수(多數)는 옳지 못하고 악한 것으로 말씀하셨다(출 23:2; 민 14:1~12; 고전 10:5,6; 삿 7:1~7; 신 7:7; 마 7:13,14; 눅 23:13~25)]

예수님께서 부활하신후 40일간 세상에 계시면서 하신 중요한 두 가지 일은 "확실한 많은 증거로 친히 사심을 나타내사 저희로 믿게 하시고, 그리고 하나님의 나라<**왕국, 주권, 통치**> 일에 대하여 말씀하신 것이다. 부활하신 것은 처음이니 마땅히 증거하여 보이시는 것이 당연하지만, 하나님의 나라<**왕국, 주권, 통치**>의 일에 대해서는 3년 이상 무수히 말씀하시고 가르치셨는데 또다시 부활하여 세상에 계시는 40일간도 하나님의 나라<**왕국, 주권, 통치**>의 일을<**에 관한 것들을**> 말씀하셨다고 하였으니,(행 1:3) 이를 보더라도 기독교의 복음을 믿고 전하는 자들이 그리스도 예수님의 부활하심과 함께 『하나님의 왕국, 주권, 통치의 일에 관하여』 얼마나 중요시해야 할 것을 알고도 남는 것이다.

오늘날 기독교의 복음은 하나님의 왕국의 관념이 아주 희박하다. 특히, 한글 개역성경의 번역이 '**왕국**' 을 '나라(**일정한 영토에 거주하는 다수인으로 구성된 통치(민주)권을 갖고 있는 사회 집단**)' 라고 번역함으로 하나님의 왕국이라고 한 개념과는 다르게 인식케 한 것이다. 복음의 명칭을 예수님께서 말씀하신 대로 『**하나님의 왕국 복음**』이라고 해야 복음의 개념이 올바로 서는 것이다.

하나님의 영원하신 경륜은 하나님 자신의 복되고 영광스러운 왕국을 이루시는 일이다(필독 要 ⇒출 15:17, 18; 대상 16:31; 시 10:16, 103:19, 145:13; 단 2:44, 6:26, 7:14, 27, 미 4:7; 고전 15:24; 히 1:8(시 45:6); 벧후 1:11; 계 11:15, 19:6)

전세계 공용어인 영어성경에는 왕국(Kingdom **왕국, 왕령, 신**

의 통치, 왕의 통치, 왕권)으로 번역되어 개념이 바로 되어 있으므로 영어성경을 읽는 사람들은 복음의 관문인 첫 관념이 바로 되는 것이다. 그러나 용어가 그렇게 되어 있더라도 가르치는 자가 바로 가르치지 않으면 역시 효과가 없다. 그러므로 한국교회는 이 복음의 용어부터 시급히 바로 하고 바로 가르쳐야 할 것이다. 「*βασιλεία*(바실레이아) **왕국**」이라는 복음의 바른 명칭을 오히려 사이비 종교인 여호와의 증인에서 독점하여 사용하고, 정통 기독교에서는 사용하기를 꺼려하니, 참으로 기찬 일이 아닐 수 없다. 기독교 복음의 간판을 사이비 종교인 여호와의 증인에서 가져가 사용하는데도, 기독교는 '인간 구원' 이라는 간판을 변개하여 붙여놓고 전혀 잘못된 것을 모르고 있는 것이다. **필자는 이 것만 아니라 이 책의 처음부터 마지막까지 오늘날 기독교의 현상을 정말 통탄하고 눈물로 슬퍼하며 바로 되기를 바라는 그 자체이지 다른 아무것도 감정도 미움도 아니다.**

이 세상을 자기의 왕국으로 삼은 사탄은 한국교회로 하여금 하나님의 왕국의 개념을 흐리게 하려고 책동하여 이렇게 만들어 버렸다. 통탄할 일이 아닐 수 없다. 한국교회는 시급히 정신 차리고 잃어버린 복음의 명칭부터 바로 찾아야 한다. 「**하나님의 왕국**」은 기독교 복음의 성질, 상태, 작용을 나타내는 주체로서 대단히 중요한 것이다. 이 용어는 복음의 본질을 나타냄에 있어 대단히 중요하기 때문에 이후부터 이 책에서는 '나라' 라 하지 않고 「**왕국**」으로 하고자 한다.

제 II 부 바른복음

● 예수님께서 주로 전파하신 말씀

마태 마가 누가 요한 사복음서의 예수님께서 전파하고 가르치신 말씀들을 읽어보면, 모두가 하나님의 왕국과 그리스도 예수님 자신에 관한 말씀인 것을 알 수 있다. 요한복음에는 예수님 자신에 대한 말씀이 너무나 많다. 너무나 많아 어느 말씀만을 예를 들기가 쉽지 않고, 그렇다고 이 책에서 그 많은 말씀을 다 들어 기술하고 말할 수도 없다. 그러므로 예수님께서 자신에 대하여 말씀하신 바가 너무 많아서 여기서 들지 않아 언급하고 기술한 부분이 적다해서 예수님에 관해서 결코 소홀히 하거나 축소하는 것이 아님을 분명히 해 두고져 한다. 사복음서 전체에 기록된 예수님께서 자신에 관하여 증거하신 모든 말씀 자체가 이 책의 증거인 것이다.

♡ 묵상과 기도

2. 사도들도 하나님의 왕국과 주 예수 그리스도님에 관하여 전파했다.

(행 5:31) → 하나님이 그를 오른손으로 높이사 임금<ἀρχηγὸν(아르크헤곤) **통치자, 왕**>과 구주를 삼으셨느니라<ὕψωσεν(휘프소센)**로 높이셨느니라**>

(행 8:12) → 빌립이 하나님의 나라<βασιλείας(바실레이아스) **왕국, 주권, 통치**>와 예수 그리스도의 이름에 관하여 전도함을 저희가 믿고 ,

(행 19:8~9) → 바울이 회당에 들어가 석 달 동안 담대히 하나

님의 나라<*βασιλείας*(바실레이아스) **왕국, 주권, 통치**>에 대하여<*τὰ περὶ*(타 페리) **관한 것들을**> 강론하며 권<*πείθων*(페이드혼) **설득**>하되 어떤 사람들은 마음이 굳어 순종하지 아니하고,

(행 20:25) → 너희 중에 왕래하며 하나님 나라<*βασιλείαν*(바실레이안) **왕국, 주권, 통치**>를 전파하였으나,

(행 28:23) → 바울이 아침부터 저녁까지 강론하여 하나님의 나라<*βασιλείαν*(바실레이안) **왕국, 주권, 통치**>를 증거하고 모세의 율법과 선지자≪들≫의 말을 가지고 예수의 일로 권하더라≪*πείθων τε αὐτοὺς τά περὶ*(페이드혼 테 아우투스 타 페리) 관한 것들로 그들 확신케 하니라≫

31~ 담대히 하나님의 나라<*βασιλείαν*(바실레이안) **왕국, 주권, 통치**>를 전파하며 주 예수 그리스도에 관한 것 ≪들≫을 가르치더라.

(벧전 2:9) → 오직 너희는 택하신 족속<*γένος*(게노스) **자손, 혈통**>이요 왕같은<*βασίλειον*(바실레이온) **제사장들**(×)**이요** 거룩한 나라<*ἔθνος*(에트흐노스) **민족이**>요 그의 소유된 백성이니,

(벧후 1:11) → 이같이 하면 우리 주 곧 구주 예수 그리스도 의 나라<*βασιλείαν*(바실레이안) **왕국, 주권, 통치**>에 들어감을 넉넉히 너희에게 주시리라.

● 사도들이 전한 복음의 두 근간

사도행전을 보더라도 하나님의 왕국과 예수님에 관한 메시지는 복음의 두 근간이 되고 있음을 본다. 성령님 충만한 전도자 빌립이 사마리아에 내려가서 "**하나님의 왕국과 그리스도 예수님의 이름에 관하여 전도함을** 저희가 믿고"라고 하였으며(행 8:12), 이방인의 사도 된 바울도 에베소에서 복음을 전하면서 회당에 들어가 석 달 동안 담대히 **하나님의 왕국에 대하여**< *τὰ περὶ*(타 페리) **관한 것들을**> 강론하며 권면< *πείθων*(페이트혼) **확신케, 설득**>하되 어떤 사람들은 마음이 굳어 순종치 않고 무리 앞에서 이 도를 비방하였다고 하였으며(행 19:8,9), 3년간 사역을 마치고 밀레도에서 에베소 교회 장로들을 청한 자리에서도 "너희 중에 왕래하며 **하나님 왕국을 전파하였으나**"라고 하였고(행 20:25), 신약성경의 절반을 넘는 14권의 서신을 쓴 사도 바울이 로마에서 만 이 년을 자기 셋집에 유하며(순교하기전 주후 63년경) 아침부터 저녁까지 **하나님의 왕국을 증거하고**, 자기에게 오는 사람들을 다 영접하여 담대히 **하나님의 왕국을 전파하며 주 예수 그리스도님에 관한 것들로 그들을 가르쳤다**고 하였으니(행 28:23, 30, 31), 사도 바울의 최후까지의 복음전도의 메시지는 하나님의 왕국과 주 예수 그리스도님에 관한 것이었다. 예수님의 복음전도와 가르치심과 너무나 일치한 것이다. 사도 바울이 받은 복음의 계시는 "사람에게서< *παρὰ*(파라)**으로부터**> ≮ *αὐτό*(아우토) **그것을**≯ 받은 것도 아니요 배운 것도 아니요 오직 예수 그리스도의 계시로 말미암은< *δία*(디아) **의 의한**> 것이었기" 때문에 정확하게 일치했던 것이다. 그러므로 사도 바울의 전한 복음을 예수님께서 전하신 복음과 일치하게 보지 못하면 사도 바울이 전한 복음을 바로 보지 못하는 것이 된다. 사도 바울은 “어떤 누구든지 다르게 가르치며 우리 주 예수 그리스도의 바른 < ὑγιαίνουσιν(휘귀아이누신) **건전한, 유익한, 바른** > 말씀들과 경건을 향한 가르침에 착념하지 < προσέρχεται(프로세르크헤타이) **붙들고 있지, 주의하지, 마음을 두지, 전념하지, 지지하지, 유의하지, 주목하지, 관심을 두지, 종사하지** > 아니하면 저는 교만하여 아무것도 알지 못하고 변론과 언쟁을 좋아하는 자니”라고 하였다. 주 예수 그리스도님의 말씀이 바른 말씀이라 하였다.

그런데도 어떤 이는 주장하기를 ‘고린도전서 2:2절을 보라 사도 바울은 예수 그리스도님과 그의 십자가에 못 박히신 것 외에는 아무 것도 알지 아니하기로 작정하였음이라 하지 않았느냐’ 하면서, 그러므로 ‘복음은 예수 그리스도님의 십자가와 부활만이 중심이다’ 고 우기는 것이다. 그렇다면 사도 바울이 고린도전서 2:2절을 말한 때는 언제인가? 주후 56년경이(고전 16:5~8) 아닌가? 그런데 7년 후인 주후 63년경 사도 바울이 로마에서 마지막 2년간 복음을 전한 기록이 사도행전 마지막 28:23~31절에 기록되어 있는 곳을 보면 “저희가 일자를 정하여 그(바울)의 거하는 집에 많이 오니 바울이 아침부터 저녁까지 강론하여 **하나님의 왕국을 증거하고** 모세의 율법과 선지자≪들≫의 말을 가지고 **예수님의 관한 것들로** 그들을 확신케 하니라 그 말을≪**진실로**≫믿는 사람≪들≫도 있고 믿지 아니하는 사람≪들≫도 있어… 바울이 온 이태를(만 2년을) 자기 셋집에 유하며 자기에게 오는 사람≪들≫을 다 영접하고 담대히 < πάσης παρρησίας(파세스 팔흐레시아스) **모든 확신으로** > 하나님의 왕국≪βασιλείαν **왕국, 주권, 통치**≫을 전파하며 주 예수 그리스도님께 관한 것을 가르치되 금하는 사람이 없었더라” 하였으니, 어찌 사도 바울이 복음을 '예수 그리스도님과 그의 십자가에 못박히신 것만' 을 전했는가? 에베소에서 3년간 복음을 전할 때도 "바울이 회당에 들어가 석 달 동안을 담대히<*ἐπαρρησιάζετο*(에팔흐레시아제토) **확신함으로**> 하나님의 왕국≪*βασιλείας* **왕국, 주권, 통치**≫에 대하여 강론하며 권하더라" 하였고,(행 19:8,9) "유대인과 헬라인들에게 하나님께 대한 회개와<**개심과**> 우리 주 예수 그리스도께 대한 믿음을 증거한 것이라", "보라 내가 너희 중에 왕래하며 하나님≪**의**≫왕국≪*βασιλείαν* **왕국, 주권, 통치**≫을 전파하였으나"라고 하였으니(행 19:8, 20:21, 25), 사도 바울은 주 예수님에 관해서만 아니라 하나님의 왕국과 회개에 대하여도 분명히 전파한 것이다. 사도 바울의 마지막까지 복음전도의 두 명제는 《**하나님의 왕국과 주 예수 그리스도님에 관한 것**》이었다. '복음' 에 대하여 각자가 나름대로 개념과 규정을 말하겠지만, 가장 확실한 『복음』의 규정은 『하나님의 왕국과 주 예수 그리스도님에 관한 것』이다.

예수님과 사도들이 전한 복음의 주체(主體 ~ **성질 · 상태 · 작용의 주**(主))는 **하나님의 왕국과 주 예수 그리스도님에 관한 것**이었다. 그러나 사도시대 주후 55년경 고린도 교회에 수많은 사람들이 하나님의 말씀을 혼잡하게 하고 *καπηλεύοντες*(카펠류온테스) **섞어서 품질을 떨어뜨리고**> 거짓되게<*δολοῦντες*(돌룬~테스) **질을 나쁘게, 거짓되게**> 한다고 하였으며,(고후 2:17, 4:2) 주후 56년에 쓴 갈라디아서에도 갈라디아 여러 교회들이 사도 바울이 전한 바른 복음을 떠나 그리스도의 복음을 변하려<*μεταστρέψαι*(메타스트레프사이) **방향을 바꾸려, 곡해하려, 벗어나게**> 한다고 하였다. 사도 바울이 전한 그리스도의 복음 외에 다른<*ἕτερον*(헤테론) **다른, 변형된, 그 밖의**> 복음이 있을 수 없으며, 어떤 누구도 혹은 하늘로부터 온 천사라도 사도 바울이 전한 복음 외에 다른<*ἕτερον*(헤테론) **다른, 변형된, 그 밖의**> 복음을 전하면 저주를 받으라고 엄중히 경고했던 것이다.(갈 1:6~9) 그러니 그때부터 1950년이 지내온 지금까지 기독교 안에 다른 복음이 얼마나 성행되어 왔겠는가? 그러니 이방인의 구원받는 수가 좀처럼 차지 아니하여 주 예수님의 재림이 지연되어 온 것이다.

중세 로마 카톨릭 1,000년간은 행함과 공덕에 의해 구원을 받는다고 잘못 가르치고, 1517년 종교개혁 이후는 기독교의 복음의 주체가 예수님과 사도들이 전하고 가르치신 복음대로가 아닌, 사도 바울이 로마서와 갈라디아서에서 율법을 지키는 의만을 알고 주장하는 유대인들에게 믿음으로 말미암는 진정한 의를 알게 하고 설득하고자 강조한 것을 곡해하여 '오직 예수님을 구주로 믿는 것만이' 복음의 전부라고 하며, 하나님의 왕국은 생략해 버린 채 예수님의 죽으심과 부활만을 통해 인간 구원받는 것이 복음의 주체라고 하는 것이다. 하나님 왕국의 참된 주체는 까마득이 망각되어 있다.

하나님은 사랑의 하나님이어서 오로지 인간을 죄와 멸망에서 구원하시는 일을 위해 독생자도 아낌없이 보내신 사랑의 하나님으로만 존재하시는 분으로 인식하고 감격하고 있다. 이것은 에덴 동산에서 옛 뱀인 마귀가 아담 하와로 하여금 '네가 하나님과 같이 될 것이다' 고 하여(창 3:5) 타락케 했던 것처럼, 복음을 '하나님의 주권과 통치의 왕국 복음' 이 아니라 '인간 구원의 복음' 으로 하나님께서는 인간구원을 위해 있는 분으로 복음의 주체와 인식을 변질시킨 것이다.

예수님께서 가르치신 기도의 처음에 "하늘에 계신 우리 아버지여≪**당신의**≫이름이 거룩히 여김을 받으시오며≪**당신의**≫나라 <**왕국, 통치, 주권**>이 임하옵시며", 그리고 마지막에 "나라와<**왕국과**> 권세와 영광이 아버지께 영원히 있사옵나이다" (마 6:10,13) 하라고 하셨다. 예수님께서 전파하신 복음과 가르치신 말씀과 기도의 처음과 마지막 모두가 하나님의 왕국<*βασιλεία*(바실레이아) **왕국, 통치, 주권**>이었다. 예수 그리스도님의 십자가의 죽으심과 부활은 하나님의 주권과 통치를 거역했던 죄인들로 하여금 죄 사함과 의로움을 받아 그 하나님의 왕국<*βασιλεία*(바실레이아) **왕국, 통치, 주권**>의 백성이 되게 하시기 위해서 있었던 것이다. 그 예수님은 하나님의 왕국의 왕과 구주가 되신 것이다.(행 5:31)

사도 바울이 전한 복음은 결코 오늘날 기독교가 전하는 복음 같지 않으며, 예수님이 전하고 가르치신 복음과 조금도 다르지 않다. 만약 사도 바울이 전한 복음이 예수님께서 전하고 가르치신 복음의 내용과 다르다면,(**오늘날 기독교가 마틴 루터에 의해 바울의 복음이라고 곡해한, 행위에 관계없이 십자가의 보혈과 부활을 오직 믿음으로만 구원받는 것이 복음의 전부인 인간구원 위주의 복음이었다면**) 그는 그리스도 예수님의 종이 아니요 선생일 것이다. 사도 바울은 자신이 그리스도 예수님의 종이요 사도라고 하였으며(롬 1:1), 그리스도 예수님에게서 계시를 받았고(갈 1:11,12), 그리스도 예수님을 따르는 자라고 하였으니(고전 11:1), 예수님이 전하고 가르치신 복음과 조금도 다를 수 없는 것이다. 그런데도 오늘날 기독교가 전하고 가르치는 복음이 바울이 전한 복음이라 하면서 예수님께서 전하고 가르치신 복음과는 일치하지 않으니 무엇이 문제인가? 바울이 전한 복음을 곡해하고 변개시켰기 때문이며, 근본 원인은 예수님의 말씀을 표준으로 하지 않고 바울이 말한 것 중에서도 '오직 믿음으로' 만을 복음의 유일한 표준으로 하기 때문이다.

병을 고치기 위해서는 먼저 병의 원인이 무엇인지를 정확하게 진단을 할 수 있어야 하고, 그것만 아니라 확실히 나을 수 있는 확실한 처방을 할 수 있어야 하며, 그리고 병든 자가 의사를 신뢰하고 처방을 따라 성실히 순응해야 하는 것이다. 이 책에서 갈파(喝破)하는 오늘날 기독교의 엄청난 오류들은 정말 가슴 뛰는 중대한 사실들로서 하나님 앞에 두렵고 떨림으로 교회를 향하여 간곡히 호소하는 바이다. 하나님을 탄식케 하고 슬프시게 하고 있다는 사실을 경각(警覺)케 하고자 애타하며 기도하면서 이 글을 쓴다. 지존하신 하나님을 탄식케 하고 슬프시게 한 죄의 책임은 과연 어떠하겠는가?

오늘날 기독교의 복음의 주체는 하나님의 왕국이 아닌 인간의 구원과 기복(祈福))이다. 하나님께서 죄인을 얼마나 긍휼히 여기고 사랑하시는가? 인간 구원, 온통 여기에 초점이 맞추어져 있다. 그 방법도 오직 믿음이다. 하나님 중심이라 말은 하지만 말뿐 일뿐 하나님께서는 인간 구원(행복)을 위하여 존재하는 분으로 인식되어 있다. 말은 하나님의 영광을 위한다고 하나 실제는 인간 구원을 위주한 복음이며 신앙이다. 설교의 주류가 인간이 어떻게 구원을 받으며 복을 받느냐이다.

구약시대 하나님께서 자기 백성 이스라엘을 애굽에서 구출하여 내셔서 광야를 거쳐 가나안 땅에 들어가게 하신 것은 인간을 마귀와 죄와 세상의 종 된 데서 구출하여 하나님의 복된 왕국에 들어가게 하시는 표상인 것이다.

이스라엘 백성을 애굽에서 구출하여 내실 때 모세에게 말씀하시기를 "내가 정녕 너와 함께 있으리라 네가 백성을 애굽에서 인도하여 낸 후에 너희가 이 산에서 하나님을 섬기리니 이것이 내가 너를 보낸 증거니라"고 하셨다(출 3:12). 그리고 바로에게 가서 말하기를 "이스라엘은 내 아들 내 장자라 내가 네게 이르기를 내 아들을 놓아서 나를 섬기게 하라 네가 놓기를 거절하니 내가 네 아들 네 장자를 죽이리라 하셨다 하라"고 하셨다.(출 4:22,23) 하나님은 계속하여 이스라엘 백성을 구출하는 목적을 하나님을 섬기게 <עָבַד(아바드) **봉사하게, 예속하게, 섬기게, 예배하게**> 하기 위하여 라고 거듭 거듭 말씀하신 것이다 (출 7:16, 8:1, 20, 9:1, 13, 10:3, 7, 8, 11, 24, 26, 12:31, 23:25).

이사야 선지자는 말하기를 "무릇 내 이름으로 일컫는 자 곧 내가 내 영광을 위하여 창조한 자를 오게 하라 그들을 내가 지었고 만들었느니라 나 곧 나는 여호와라 나 외에 구원자가 없느니라 나는 여호와라 너희의 거룩한 자요 **이스라엘의 창조자요 너희의 왕이니라 이 백성은 나를 위하여 지었나니** 나의 찬송을 부르게 하려 함이니라"(사 43:7, 11, 15, 21) 하였으니, 하나님은 이스라엘의 구원자만 아니라 창조자요 왕이시다. 누가 누구를 위해 존재하는가? 같은 원리가 부모와 자식간에도 동일하다. 오늘날 패역한 세대는 부모가 자식을 위해 존재하는 것으로 되어 있다. 잘못되어 있다. 하나님께서 친히 기록하여 주신 두 돌판 십계명의 첫 돌판의 계명들에는 하나님을 어떻게 사랑하며 섬겨야 할 것을 명하신 것이며, 둘째 돌판의 인간 관계의 계명에서 첫 계명으로 복과 장수를 약속하시면서 부모를 공경 <כָּבֵד(카바드) **영화롭게**> 하라 하신 것이다. 인간관계의 계명에서 부모를 영화롭게 하라는 것이 제일 첫째이며 중요한 것이다.

하나님을 섬기는 것이 구원하시는 자들의 구원의 주 목적이다 (출 3:12, 4:23, 7:16, 8:1, 20, 9:1, 13, 10:3, 7, 16, 14:5, 21:2; 롬

1:9, 12:11; **히** 12:28; 계 7:15, 22:3). 천사들을 창조하신 목적은 무엇인가? 하나님을 섬기며 구원 얻을 후사들을 섬기도록 하기 위함이 아닌가? (시 103:19~22; 히 1:14) 하나님 섬기기를 싫어한 천사가 마귀가 된 것이다.

복음이 하나님의 왕국 복음으로 하나님을 올바로 섬기는 복음이 아니고 인간 구원과 복을 위한 인간을 위주하는 복음으로 변질된 것은 참으로 하나님과 성경을 바로 알지 못한 본질적 오해인 것이다. 신약성경에서 헬라어 '구원' 이라는 말 '*σώζω*(소조)' 는 108회인데 비해 '왕국' 이란 말 '*βασιλεία*(바실레이아)' 는 무려 162회이니 과연 하나님께서 말씀하시는 복음이 어디에 비중을 더 두고 있는 것인가?

사도들과 성도들은 자신을 그리스도 예수님의 종이라 함을 자랑스러워했고(행 4:29, 16:17, 롬 1:1; 고전 12:13; 약 1:1; 벧후 1:1; 유 1:1), 천국에서도 종들로 섬긴다고 했으며(계 7:15, 22:3), 무엇보다 예수님께서 진정 섬기는 자 되는 것이 구원받는 것이라 하셨다(막 9:35, 10:43, 45; 마 23:11; 요 12:26).

그러므로 기독교의 복음전도자들이 명심해야 할 것은 처음 도표에서 보았듯이 복음전도의 주체는 하나님의 왕국과 주 예수 그리스도님께 관한 것이어야 한다.

♡ 묵상과 기도

3. 왜 기독교의 복음의 주체는 하나님의 왕국과 주 예수 그리스도님이신가?

(출 15:18) → 여호와의 다스리심 <מָלַךְ(말라크) **왕이 되심, 통**

치하심>이 영원무궁 하시도다.

(시 93:1~2) → 여호와께서 통치하시니 스스로 권위를 입으셨도다. <לָבֵשׁ(라바쉬) **로 옷 입으셨도다**> 여호와께서 능력을 입으시며 띠셨으므로 세계도 견고히 서서 요동치 아니하도다 주의 보좌는 예로부터 견고히 섰으며 주는 영원부터 계셨나이다.

(시 103:19~22) → 여호와께서 그 보좌를 하늘에 세우시고 그 정권으로 만유를 통치하시도다. 능력이 있어 여호와의 말씀을 이루며 그 말씀의 소리를 듣는 너희 모든 천군이여 여호와를 송축하라 여호와를 봉사하며<שָׁרַת(사라트) **섬기며, 봉사하며**> 그 뜻을 행하는 너희 모든 천군이여 여호와를 송축하라. 여호와의 지으심을 받고 그 다스리시는 모든 곳에 있는 너희여 여호와를 송축하라. 내 영혼아 여호와를 송축하라.

(사 43:15, 21) → 나는 여호와 너희의 거룩한 자요 이스라엘의 창조자요 너희의 왕이니라 이 백성은 내가 나를 위하여 지었나니 나의 찬송을 부르게 하려 함이니라"

(삼상 8:7) → 그들이 너를 버림이 아니요 나를 버려 자기들의 왕이<מָלַךְ(말라크)> 되지 못하게 함이니라.

(사 14:12~15) → 네가 네 마음에 이르기를 내가 하늘에 올라 하나님의 뭇별 위에 나의 보좌를 높이리라. 내가 북극 집회의 산 위에 좌정하리라. 가장 높은 구름에 올라 지극히 높은 자와 비기리라.<

דָּמָה(다메) **비교하리라, 같게 하리라**> 그러나 이
제 네가 음부 곧 구덩이의 맨 밑에 빠치우리
로다.

(겔 28:13~17) → 네가 옛적에 하나님의 동산 에덴에 있어서 각
종 보석…으로 단장하였었음이여 네가 지음
받던 날에 너를 위하여 소고와 비파가 예비되
었었도다. 너는 기름 부음을 받은 덮는 그룹임
이여 내가 너를 세우매 네가 하나님의 성산에
있어서 화광석<**불타는 돌**> 사이에 왕래하였
었도다. 네가 지음 받던 날로부터 네 모든 길
에 완전하더니 마침내 불의가 드러났도다. …
너 덮는 그룹아 그러므로 내가 너를 더럽게 여
겨 하나님의 산에서 쫓아내었고 … 네가 아름
다우므로 마음이 교만하였으며 네가 영화로
우므로 네 지혜를 더럽혔음이여 내가 너를 땅
에 던져 열왕 앞에 두어 그들의 구경거리가 되
게 하였도다.

(벧후 2:4) → 하나님이 범죄한 천사들을 용서치 아니하시
고 지옥에 던져<*ταρταρώσας παρέδωκεν*(타르타로사스 파르도켄) **영원한 고통 속에
감금하여**> 어두운 구덩이에<*σειραῖς
ζόφου*(세이라이~스 조프후) **어두움의 사슬에**>
두어<***παρέδωκεν***(파레도켄) **던져**> 심판 때
까지 지키게 하셨으며.

(유 1:6) → 자기 지위를 지키지 아니하고 자기 처소를 떠
난 천사들을 큰 날의 심판까지 영원한 결박으

로 흑암에 가두셨으며,

(창 3:4~5) → 뱀이(**계 20:2 용을 잡으니 옛 뱀이요 마귀요 사탄이라**) 여자에게 이르되 너희가 결코 죽지 아니하리라 너희가 그것을 먹는 날에는 너희 눈이 밝아 하나님과 같이 되어 선악을 알 줄을 하나님이 아심이니라.

(창 3:15) → 여자의 후손은 네 머리를 상하게 할 것이요 너는 그의 발꿈치를 상하게 할 것이니라.

(사 32:1) → 보라 장차 한 왕이 의로 통치할 것이요 방백들이 공평으로 정사할 것이며,

(미 5:2, 4) → 베들레헴 에브라다야 너는 유다 족속 중에 작을찌라도 이스라엘을 다스릴 자가 네게서 내게로 나올 것이라 그의 근본은 상고에 태초에니라. 그가 여호와의 능력과 그 하나님 여호와의 이름의 위엄을 의지하고 서서 그 떼에게 먹여서 <רָעָה(라아) **(양떼를)먹이며**(돌보며)> 그들로 안연하게 거하게 할 것이라. 이제 그가 창대하여 땅 끝까지 미치리라.

(엡 1:3~10) → 찬송하리로다 하나님 곧 우리 주 예수 그리스도의 아버지께서 그리스도 안에서 하늘에 속한 모든 신령한< *πνευματικῆ*(프뉴마티케~) **영적인**> 복으로 우리를 복 주시되 곧 창세 전에 그리스도 안에서 우리를 택하사 우리로 사랑 안에서 그 앞에 거룩하고 흠이 없게 하시려고 그 기쁘신 뜻대로 우리를 예정하사 예수 그리스도로 말미암아 자기의 아들들이 되게 하

셨으니 이는 그의 사랑하시는 자 안에서 우리에게 거저 주시는 바 그의 은혜의 영광을 찬미하게 하려는 것이라. 우리가 그리스도 안에서 그의 은혜의 풍성함을 따라 그의 피로 말미암아 구속 곧 죄 사함을 받았으니… 그 뜻의 비밀을 우리에게 알리셨으니 곧 그 기쁘심을 따라 그리스도 안에서 때가 찬 경륜을 위하여 예정하신 것이니 하늘에 있는 것이나 땅에 있는 것이 다 그리스도 안에서 통일되게 하려 하심이라.

(엡 2:2~6) → 공중의 권세 잡은 자를 따랐으니 곧 지금 불순종의 아들들 가운데서 역사하는 영이라 전에는 우리도 다 그 가운데서 우리 육체의 욕심을 따라 지내며 육체와 마음의 원하는 것을 하여 다른 이들과 같이 본질상 진노의 자녀이었더니 긍휼에 풍성하신 하나님이 우리를 사랑하신 그 큰 사랑을 인하여 허물로 죽은 우리를 그리스도와 함께 살리셨고(너희가 은혜로 구원을 얻은 것이라) 또 함께 일으키사 그리스도 예수 안에서 함께 하늘에 앉히시니,

(골 1:13~14) → 그가 우리를 흑암의 권세에서 건져내사 그의 사랑의 아들의 나라로<*βασιλείαν*(바실레이안) **왕국으로**> 옮기셨으니 그 아들 안에서 우리가 구속 곧 죄 사함을 얻었도다.

(계 11:15) → 세상 나라가<*βασιλεῖαι*(바실레이~아이) **왕국들이**> 우리 주와 그 그리스도의 (**것이**) 되어

그가 세세토록 < **영원(들)의 영원(들)을 향하여** >
왕노릇 하시리로다.

● 하나님 자신의 영원한 경륜이시기 때문이다

여호와 하나님은 그 보좌를 하늘에 세우시고 만유를 통치하시는 분이시다.(시 103:19) 여호와 하나님의 말씀을 이루며 하나님을 섬기며 그뜻을 행하도록 하시기 위하여 천군 천사들을 창조하셨다.(겔 28:13~15) 또한 하나님께서 다스리시는 복되고 영광스러운 왕국을 이루시기 위하여 천지만물과 사람을 창조하셨다.(사 43:15, 21; 시 103:19~22)

하나님의 보좌에서 하나님을 찬양하며 섬기도록 지음 받은 그룹 천사는 무수한 일반 천사들보다 월등하게 지혜롭고 보배롭고 아름답게 지음을 받았다. 그런데 그 그룹 천사 중 하나가 자신이 너무나 지혜롭고 영광스러우므로 교만하여져서 자기를 하나님과 같이 비교하여 영광을 받으려고 했던 것이다.(사 14:12~15) 그러므로 하나님께서 그를 하나님의 성산에서 쫓아냈으니 그와 동조하여 수많은 천사들이 자기들의 지위를 떠나 함께 타락한 것이다.(겔 28:13~17; 벧후 2:4; 유 1:6) 그 타락한 영들 곧 천사들의 주동자 하나가 용이며 옛 뱀이고 마귀이며 사탄인 것이다.(계 12:9, 20:2) 예수님께서 재림하실 때 한 천사를 보내어 사탄을 잡아 묶어 무저갱에 가두어 천년 동안 백성들을 미혹하지 못하게 하고, 천년이 마치면 잠간 놓여서 천년왕국 동안 번성한 백성들을 다시 미혹하여 자기들을 통치한 주님과 성도들을 대항하여 싸우려고 하나 하나님께로부터 하늘에서 불이 내려와 저들을 다 삼켜 버리고, 사탄이 불과 유황 못에 던지운다

고 하셨다.(계 20:1~3)

그리고 최후의 크고 흰 보좌 심판대 앞에서 모든 인류가 살아나 각자가 자기 행한 대로 심판을 받고 최종적으로 생명의 책에 이름이 없는 사람은 둘째 사망인 불못에 던지우고,(계 20:11~15) 생명의 책에 이름이 있는 자들은 새 하늘과 새 땅에서 하나님을 섬기며 영원무궁토록 왕노릇 하게 하시는 것이다.(계 21:27, 22:1~5) 이것이 하나님의 영원한 경륜이시다.

그렇기 때문에 예수님께서 "나는 하나님의 왕국을 전파하기 위해 세상에 보냄을 받았다"고 하시고,(눅 4:43) 하나님의 왕국 복음을 전파하셨으며,(막 1:14, 15; 눅 9:11) 제자들에게도 "하나님의 왕국이 가까웠다"고 전파하라 하셨던 것이다.(눅 9:1,2; 10:9~11) 이방인의 사도로 세움을 받은 사도 바울도 하나님의 왕국에 대하여 분명히 전파하였다.(행 19:8, 20:25, 28:23,31)

하나님의 왕국은 하나님의 영원한 경륜(**포부를 가지고 일을 조직적으로 계획함**)이시고 복음전파의 궁극적 목표인 것이다.

● 하나님께서는 그 아들 그리스도 예수님에 의해서 왕국을 완성하시기 때문이다

하나님의 영원하신 경륜은 복되고 영광스러운 당신의 왕국을 완성하시는 것이다. 그런데 그 왕국을 극구 반대하는 사탄의 세력에 인간들이 모두 동조하니 하나님의 심정이 어떠하시겠는가?

사탄과 인류를 당장 모두 멸망에 처하시고 새로 창조하실 수도 있지만, 그렇게 하시지 않고 하나님의 왕국이 더 영광스럽고 복되게 하시기 위해 마귀를 영원한 형벌에 처하심으로 하나님의 공의가 드러나 영광스럽게 하시고 마귀와 함께 범죄하여 함께 형벌을 받아야 할 인생들에게 구원의 왕국복음을 전파하여 개심하고 믿는 자들을 그 왕국의 백성(왕들과 제사장들)이 되게 하심으로 그들로 하여금 말로 할 수 없는 감격으로 하나님을 더 욱더 찬양하게 하려 하신 것이다.(엡 1:3~7)

마귀와 함께 같은 죄를 범한 인간이지만 사람은 마귀의 미혹을 받아 범죄했으므로 하나님의 왕국에 들어가는 구원받을 기회와 방도를 주신 것이다. 그 방도가 하나님께서 그 독생자 그리스도 예수님을 보내셔서 죄인들의 죽음을 대신하여 속죄의 제물로 피흘려 죽으시고 죄 없으신 증거로 영원히 사는 부활을 하게 하심으로 하나님의 왕국복음을 듣고 개심하여 믿는 자들이 죄 사함과 의롭다함을 받고 거듭나게 하시어 하나님의 왕국에 들어가게 하시는 것이다. 하나님의 왕국에 들어가는 즉 구원받는 길은 하나님께서 제시하신 이 길 밖에 없는 것이다.

하나님께 대한 개심 즉 마귀를 따라 하나님의 왕권과 통치를 거역했던 죄악으로부터 개심하고, 주 예수 그리스도님께서 나의 죄를 인해 죽으시고 의롭다하심을 얻게 하시려고 부활하심에 대한 전적인 믿음이 없이는 하나님 앞에 죄 사함과 의롭다함을 받을 수 없고 하나님의 왕국에 들어 갈 수 없는 것이다. 이러한 개심과 믿음은 거듭남에 필수적인 전제 요건이다.

그러므로 하나님께서 당신의 왕국을 이루시기 위해 복음을 전파하게 하실 때, 하나님의 왕국에 관한 말씀과 함께 그리스도 예수님에 관하여 증거 하게 하신 것이다. 복음의 이 두 명제는 계란이 흰자위와 노른자위가 함께 있어 생명이 부화되는 것과 같다. 흰자위와 노른자위 어느 하나만 있어서는 생명이 태어날 수 없다. 하나님의 왕국에 관한 말씀이나 주 예수 그리스도에 관한 말씀 어느 하나만으로는 거듭난 생명이 태어날 수 없다. 주 예수 그리스도의 십자가와 부활만 알고 믿으면 거듭난다는 것은 노른자만 있으면 병아리가 태어난다는 말과 같다. 가상에 불과하다.

하나님의 왕국복음

↓

알

전 흰자위와 노른자위가 함께 있어야 생명이 탄생된다 **체**

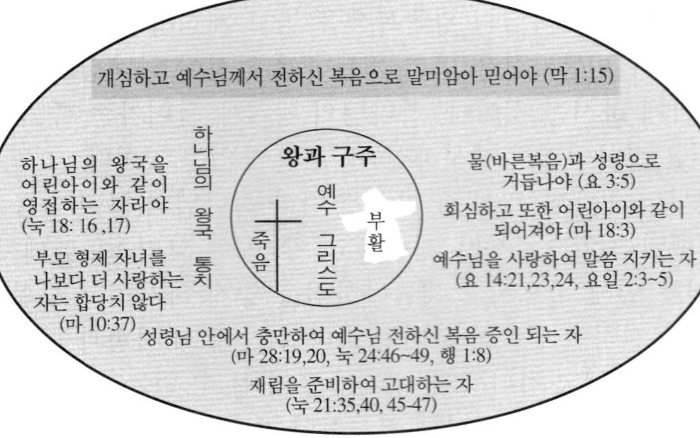

예수님(사도들)께서 전파하고 가르치신 대로 모든 것을 가르치고 지키는 것이 바른복음이다.(마 28:18~20) 마지막 심판 때도 안전하다.(요 12:47~50) 예수님께서 재림하셔서 하나님을 올바로 알지 못하고 주 예수 그리스도님께서 전파하신 복음에 복종치 < ***ὑπακούουσιν***(휘파쿠우신) **아래에서(하급자로서) 듣지, 주의 깊게 듣지, 명령이나 권위에 유의하지, 따르지**> 않는 자들에게

형벌을 주신다.(살후 1:8)

바른 복음을 듣고, 하나님 왕국의 왕과 구주로 높임 바 되신 예수 그리스도님의 십자가에 피흘려 죽으심과 부활을 통하여 개심하고 복음을 믿는 자가 죄 사함과 의롭다함을 받음과 함께 거듭남을 받아 하나님 왕국의 하나님께로 향한 왕들과 제사장이 되어 의와 평화와 기쁨으로 그리스도를 섬기며 하나님께 기쁨이 되며 사람들에게 인정을 받는 실현된 하나님의 왕국에서부터 살아간다.

♡ 묵상과 기도

● 하나님의 왕국이 가까웠다고 전파하고 가르치신 예수님

예수님께서 전파하신 복음은 “때<**정해진(적당한)때**>가 찼고 <**가득차고, 만기되고**> 하나님의 왕국<*βασιλεία*(바실레이아) **왕국, 통치, 주권**>이 가까웠으니” 회개하고 복음을 믿으라는 것이었다. 제자들도 마찬가지였다.(눅 10:9~12)

구약 성도들은 하나님의 왕국<*βασιλεία*(바실레이아) **왕국, 통치, 주권**>이 임하기를 간절히 고대했다. 예루살렘에 시므온이라 하는 의롭고 경건한 성도는 이스라엘의 위로(메시야 오시기)를 기다리는 자라 하였고(눅 2:25), 이스라엘 백성들이 바라고 기다리므로 모든 사람이 요한을 혹 그리스도이신가 심중에 의논하니라고 하였으며(눅 3:15), 침례 요한 자신도 한 때 의문이 생겨 제자들을 예수님께 보내어 “오실 그이가 당신이오니이까? 우리가 다른 이를 기다리오리이까?”라고 문의하였으며(마 11:2, 3) 공회 의원으로 의로운 요셉이라는 사람은 하나님의 왕국을 기다리는 자였는데 빌라도에게 예수님의 시체를 달라하여 세마포로 싸서 새 무덤에 장사를 지냈다고 하였다(막 15:43; 눅 23:50~53).

하나님께서는 구약시대 모든 선지자와 종들을 통하여 메시야(구세주)를 세상에 보내어 영원한 왕국을 건설하실 것을 예언하게 하셨다. 무수히 많지만 대강 보면, "여호와의 다스림이 영원무궁하시도다"(출 15:18). "그들이 너를 버림이 아니요 나를 버려 자기들의 왕이 되지 못하게 함이니라"(삼상 8:7). "여호와께서는 영원무궁토록 왕이시니 열방이 주의 땅에서 멸망하였나이다"(시 10:16,18). "여호와께서는 그 보좌를 하늘에 세우시고 그 정권으로 만유를 통치하시도다. 능력이 있어 여호와의 말씀을 이루며 그 말씀의 소리를 듣는 너희 천사≮들≯이여 여호와를 송축하라 여호와를 봉사하여 그 뜻을 행하는 너희 모든 천군≮들≯이여 여호와를 송축하라. 여호와의 지으심을 받고 그 다스리시는 모든 곳에 있는 너희여 여호와를 송축하라. 내 영혼아 여호와를 송축하라"(시 103:19~22). "주의 왕국은 영원한 왕국이니 주의 통치는 대대에 이르리로다"(시 145:13). "그때에 이리가 어린양과 함께 거하며 표범이 어린 염소와 함께 누우며 송아지와 어린 사자와 살진 짐승이 함께 있어 어린아이에게 끌리며 …그날에 이새의 뿌리에서 한 싹이 나서 만민의 기호로 설 것이요 열방이 그에게로 돌아오리니 그 거한 곳이 영화로우리라"(사 11:1~11). "나의 성산에서는 해함도 없겠고 상함도 없으리니 여호와의 말이니라"(사 65:17~25). "이 열 왕의 때에 하늘의 하나님이 한 왕국을 세우시리니, 이는 영원히 망하지도 아니할 것이요, 그 국권이 다른 백성에게로 돌아가지도 아니할 것이요, 도리어 이 모든 나라를 멸하고 영원히 설 것이라"(단 2:44). "왕국과 권세와 온 천하 열국의 위세가 지극히 높으신 자의 성민에게 붙인 바 되리니, 그의 왕국은 영원한 왕국이라. 모든 권세 있는 자가 다 그를 섬겨 복종하리라"(단 7:27). "나 여호와가 시온산에서 이제부터 영원까지 그들을 치리하리라 하셨나니"(미 4:7).

이렇게 창조주 하나님께서 친히 다스리시는 복되고 영광스러운 왕국을 이루실 것을 오랜 세월 동안 많은 선지자와 종들을 통하여 예언하여 오게 하셨는데, 이제 정하신 때가 되어 그 아들을 세상에 왕으로 보내어(마 2:1, 2; 요 18:37) 그 왕국을 이루실 때가 가까웠다는 좋은 소식(복음)이라는 말씀이다. 구약의 하나님 왕국복음의 예언을 기다려오지 않은 이방인들이나, 구원받지 않는 자들에게는, 이 하나님의 왕국의 복음이 별로 반가운 것이 아니요 이해도 생소한 것이다. 하나님의 왕국의 복음을 기쁘게 영접하는가 하지 않는가를 보면 구원받는 자와 받지 않는 자를 분별할 수 있다.(막 10:15)

예수님께서 복음을 전하기 시작하실 때에 "하나님의 왕국이 가까웠다" 하시고(막 1:15), 하나님의 왕국에 관하여 말씀하시고 병고침 받아야 할 자들을 고치셨다고 하셨다.(눅 9:11) 제자들을 전도하러 보내시면서도 "병자들을 고치고 하나님의 왕국이 너희 위에 가까이 와 있다 말하라"고 하셨다.(눅 10:9) 한글 개역성경에 "가까웠다"고 한 말<*ἤγγικεν*(엥기켄)>은 동사 완료 능동태로서 "**지금 가까이 와 있다**"는 말인 것이다.

"침례 요한의 때부터 지금까지 천국<**하늘왕국** ← 마태복음에는>은 침노<*βιάζεται*(비아제타이) **탈취**>를 당하나니 침노하는<*βιασται*(비아스타이) **쟁취하는**> 자는 ≮**그것을**≯ 빼앗느니라<*ἁρπάζουσιν*(하르파주신) **잡아채느니라**> ≮**왜냐하면**≯ 모든 선지자≮들≯과 율법의 예언한 것이 요한까지이기 때문이니"라고 하셨고(마 11:12,13), 요한이 옥에 갇히게 되어 사역할 수 없게 되면서부터(마 4:12; 막 1:14) 예수님께서 갈릴리에 오셔서 복음을 전하기 시작하셨다고 하였으니, 예수님의 말씀에 따라 구약시대 종료는 침례 요한이 옥에 갇히며 사역이 마감되며 예수님의 사역이 시작된 주후 27년경이라 함이 옳을 것이다.

그리고 예수님께서 "내가 하나님의 성령을 힘입어 악령들을 쫓아내는 것이면 하나님의 왕국이 너희 중에 임하였느니라"고 하셨고(마 12:28), 그리고 "율법과 선지자는 요한의 때까지요, 그후부터는 하나님 왕국의 복음이 전파되어 사람마다 그리로 침입하느니라" 하셨으며(눅 16:16), 십자가 고난과 부활을 당면하셨을 때 총독 빌라도 앞에서, "네 말과 같이 내가 왕이니라. 내가 이를 위하여 났으며 이를 위하여 세상에 왔나니, 곧 진리에 대하여 증거하려 함이로라. 무릇 진리에 속한 자는 내 소리를 듣느니라"고 하셨으니(요 18:37), 예수님께서 사역을 시작하심으로 하나님의 왕국이 이 세상에 실현되기 시작한 것이다. 그런데 예수님께서 십자가에 죽으시고 부활하심으로 하나님 아버지로부터 하늘과 땅의 모든 권세를 받으시고,(마 28:18 →"하늘과 땅의 모든 권세를 내게 주셨으니") 왕과 구주로 높임을 받으신 것이다(행 5:31).

예수님께서 무리와 제자들에게(막 8:34~9:1) "내가 진실로 너희에게 말하노니 여기 섰는 모든 사람<*τινες*(티네스)> 누구든지<*οἵτινες*(오히티네스)> 절대로<*οὐ μη*> 죽음을 맛보기까지 인자가 자신의 왕국 안에 오는 것을(하나님의 왕국이 권능으로 임하는 것을(막) 하나님의 왕국을(눅)) 누구든지<*ἂν*(안)> 볼 것이다"고 함으로,(마 16:28; 막 9:1; 눅 9:27←헬라어 직역) 예수님께서 부활하시고 오순절에 성령이 강림하심으로 예루살렘 교회에서부터 하나님의 왕국이 실현되어질 것을 말씀하신 것이다. 그런데 한글 개역성경은 번역하기를 "여기 섰는 사람 중에 인자가 그 왕권을 가지고 오는 것을 볼 자들도 있느니라"고 잘못 번역함으로 기독교인들로 하여금 지금까지 말한바 예수님께서 "하나님의 왕국이 가까웠느니라" 하신 말씀의 진의를 망각하게 하고, 현재 실현된 하나님의 왕국의 생활을 하지 못하게 한 것이다. 이것은 예수님께서 전하고 가르치신 복음에 대하여 중대하고 치명적인 과오이며 훼손인 것이다. 이에 대해 기독교는 시급히 성경 번역과 복음이 잘못됐음을 통회하고 시정해야 할 것이다.

예수님께서 "하나님의 왕국이 지금 가까이 와 있다"고 복음을 전파하신 것은 그때부터 왕국복음의 문이 열려 3년후 예수님께서 십자가에 죽으시고 부활하신 후 성령님께서 임하셔서 예루살렘 교회에 "성령님 안에서 의와 평화와 기쁨으로 그리스도님을 섬김으로 하나님께 매우 기쁨이 되며 사람들에게 인정을 받는"(행 2:32~47; 롬 14:17, 18) 실제로 실현되어지게 된 하나님의 왕국이 가까웠다는 복음인 것이다. 현재 이 땅에 실현된 하나님의 왕국은 성령님 안에서의 영적인 생활이지만, 예수님이 재림하심으로 영적으로만 아니라 실제 육적으로도 왕(국)의 생활을 하게되는 것이다.

예수님은 현재 실현된 하나님의 왕국만 아니라 심판과 재림의 날에 대하여 많이 가르치고 준비하여 기다리라고 누누히 분부하셨다. 4복음서의 예수님의 가르침의 거의 모두가 하나님의 왕국과 재림과 심판에 관한 것이어서 일일이 들어서 다 말할 수도 없으며, 요한에게 되어질 일들을 기록하게 하신 요한계시록은 더욱 말할 것도 없다. 특히 "깨어 있으라" 하시면서 그 임박성에 대하여 말씀을 많이 하셨다. (눅 12:35~48, 54~57, 17:22~37, 21:20~36; 계 1:3, 2:3, 16, 3:11, 22:7, 12:20)

그리고 예수님께서 가르치신 모든 말씀이 사(4)복음서에 기록되었는데 거의 모두 하나님의 왕국에 관한 말씀이다.

사도들도 재림의 가까움을 역설(力說)하였으니, 사도 베드로는 "그러므로 너희 마음의 허리를 동이고<**졸라매고**> 근신하여<**술 취하지 말고, 분별하여, 지켜보며**> 예수 그리스도의 나타나실 때에 너희에게 가져 올 은혜를 온전히<**완전히, (희망의)흔들림 없이**> 바랄찌어다<**기대하라, 확신하라**>" 하였고(벧전 1:13), "만물의 마지막이 가까웠으니<완료 능동태> 그러므로 너희는 정신을 차리고 근신하여 기도하라" 하였으며(벧전 4:7), "하나님 집에서 심판을 시작할 때가 되었나니 만일 우리에게 먼저 하면 하나님의 복음을 순종치 아니하는 자들의 그 마지막이 어떠하며, 또 의인이 겨우 구원을 얻으면 경건치 아니한 자와 죄인이 어디 서리요" (벧전 4:17,18), 그리고 "이제 하늘과 땅은 그 동일한 말씀으로 불사르기 위하여 간수하신 바 되어 경건치 아니한 사람들의 심판과 멸망의 날까지 보존하여 두신 것이라, 사랑하는 자들아 주께는 하루가 천 년 같고 천 년이 하루 같은 이 한가지를 잊지 말라. 주의 약속은 어떤 이의 더디다<**느리다, 지체되다**>고 생각하는 것같이 더딘<**지연되는, 늑장부리는**> 것이 아니라, 오직 너희를 대하여 오래 참으사 아무도 멸망치 않고 다 회개하기에 이르기를 원하시느니라. 그러나 주의 날이 도적같이 오리니, 그날에는 하늘이 큰 소리로 떠나가고 체질이 뜨거운 불에 풀어지고 땅과 그 중에 있는 모든 일이 드러나리로다 이 모든 것이 이렇게 풀어지리니, 너희가 어떠한 사람이 되어야 마땅하뇨, 거룩한 행실과 경건함으로 하나님의 날이 임하기를 바라보고<*προσδοκῶντας*(프로스콘~타스) **기다리고, 기대하고**> 간절히 사모하라.<*σπεύδοντας*(스퓨돈타스) **간절하게 기다리라, (부지런히 열심히 하도록)재촉하라, 서두르라**> 그날에 하늘이 불에 타서 풀어지고 체질이 뜨거운 불에 녹아지려니와, 우리는 그의 약속대로 의의 거하는 바 새 하늘과 새 땅을 바라보도다<**기다리도다, 기대하도다**>. 그러므로 사랑하는 자들아 너희가 이것을 바라보나니<*προσδοκῶντες*(프로스도콘~테스) **기다리나니, 기대하나니**> 주 앞에서 점도 없고 흠도 없이 평강<**평화**> 가운데서 나타나기를 힘쓰라<*σπουδάσατε*(스퓨다사테) **간절하게 기다리라, (부지런히 열심히 하도록)재촉하라, 서두르라**>. 또 우리 주의 오래 참으심이 구원이 될 줄로 여기라, 우리 사랑하는 형제 바울도 그 받은 지혜대로 너희에게 이같이 썼고, 또 그 모든 편지에도 이런 일에 관하여 말하였으되, 그 중에 알기 어려운 것이 더러 있으니 무식한 자들과 굳세지 못한 자들이 다른 성경과 같이 그것도 억지로 풀다가 스스로 멸망에 이르느니라"고 하였다(벧후 3:7~16).

사도 바울도 모든 교회에 보낸 서신에서 재림을 대비하여 깨어 준비할 것을 누누히 당부하였으니, 로마 교회 성도들에게, "또한 너희가 이 시기를 알거니와 자다가 깰 때가 벌써 되었으니 이제 우리의 구원이 처음 믿을 때보다 가까웠음이니라, 밤이 깊고 낮이 가까웠으니 그러므로 우리가 어두움의 일을 벗고 빛의 갑옷을 입자"고 하였고(롬 13:11, 12), 고린도 교회에도 "보라 내가 너희에게 비밀을 말하노니 우리가 다 잠잘 것이 아니요, 마지막 나팔에 순식간에 홀연히 다 변화하리니, 나팔 소리가 나매 죽은 자들이 썩지 아니할 것으로 다시 살고, 우리도 변화하리라"(고전 15:51, 52) "만일 누구든지 주를 사랑하지 아니하거든 저주를 받을지어다, 주께서 임하시느니라<*μαρὰνἀθά*(마라나트하) →**영광중에 다시 오실 것을 기다리는 열렬하고도 기대에 찬 부르짖음**>"(고전 16:22), "만일 땅에 있는 우리의 장막집<(**영혼의 거처로서)인간의 몸**>이 무너지면 하나님께서 지으신 집 곧 손으로 지은 것이 아니요 하늘에 있는 영원한 집이 우리에게 있는 줄을 아나니, 과연 우리가 여기 있어 탄식하며 하늘로부터 오는 우리 처소로 덧입기를 간절히 사모하노니" 라고(고후 5:1, 2) 하였다. 에베소 교회에도 "그런즉 너희가 어떻게 행할것을<*ἀκριβῶς*(아크리보~스) **정확하게 살(행동할) 것**>을 자세히 주의하여, 지혜 없는 자같이 말고 지혜 있는 자같이 하여, 세월을 아끼라 때가 악하니라" 하였고(엡 5:15, 16), 빌립보 교회에는 "오직 우리의 시민권은 하늘에 있는지라 거기로서 구원하는 자 곧 주 예수 그리스도를 기다리노니, 그가 만물을 자기에게 복종케 하실 수 있는 자의 역사로 우리의 낮은<*ταπεινώσεως*(타페이노세오스) **비천한**> 몸을 자기 영광의 몸의 형체와 같이 변케 하시리라"(빌 3:20, 21) 하였다. 골로새 교회에는 "우리 생명이신 그리스도께서 나타나실 그때에 너희도 그와 함께 영광 중에 나타나리라" 하였고(골 3:4), 데살로니가 교회에는 "주께서 호령과 천사장의 소리와 하나님의 나팔로 친히 하늘로 좇아 강림하시리니, 그리스도 안에서 죽은 자들이 먼저 일어나고, 그후에 우리 살아남은 자도 저희와 함께 구름 속으로 끌어올려 공중에서 주를 영접하게 하시리니, 그리하여 우리가 항상 주와 함께 있으리라, 그러므로 이 여러 말로 서로 위로하라. 형제들아 때와 시기에 관하여는 너희에게 쓸 것이 없음은 주의 날이 밤에 도적같이 이를 줄을 너희 자신이 자세히 앎이라. 저희가 평안하다 안전하다 할 그때에, 잉태된 여자에게 해산 고통이 이름과 같이 멸망이

홀연히 저희에게 이르리니, 결단코 피하지 못하리라" 하였다.(살전 4:14~5:3)

디도서 2:11~13절에는 "모든 사람에게 구원을 주시는 하나님의 은혜가 나타나 우리를 양육하시되<**교훈하되, 교정하되**> 경건치 않은 것과 이 세상 정욕<**세상에 관한**(속한) **욕망**(갈망,**육욕**)>을 다 버리고, 근신함과 의로움과 경건함으로 이 세상에 살고, 복스러운 소망과 우리의 크신 하나님 구주 예수 그리스도의 영광이 나타나심을 기다리게 하셨으니"라고 하였다(딛 2:11~13). 사도 바울은 히브리서 9:27절에서 "자기를 단번에 드려 죄를 없게 하시려고 세상 끝<**완전한 끝, (세대의)완성, 끝**>에 나타나셨느니라" 하였고, 사도 베드로도 "그는 창세전부터 미리 알리신바 된 자나 이 말<**끝, 마지막**>세<**때, 시간**>에 너희를 위하여 나타내신 바 되었으니"라고 함으로 예수님의 초림이 세상 끝이라 하였다.

그리고 히브리서 9:28절에는 "구원에 이르게 하기 위하여 죄와 상관없이 자기를 바라는<ἀπεκδεχομένοις(아펙데크호메노이스) **기다리는, 학수고대 하는, 열심히 기다리는**> 자들에게 두 번째 나타나시리라". 10:37절에는 "잠시 잠간 후면 오실 이가 오시리니 지체하지<χρονιεῖ(크흐로니에이~) **시간이 걸리지, 오래 기다리지, 연기하지, 늦어지지**> 아니하시리라" 하였다. 예수님의 동생이며 예루살렘 교회의 기둥이었던 장로 야고보는(갈 1:19, 2:9) "너희도 길이 참고 마음을 굳게하라≪**왜냐하면**≫주의 강림<**재림**>이 가까우니라. 형제들아 서로 원망하지 말라. 그리하여야 심판을 면하리라. 보라 심판자가 문밖에 서 계시니라" 하였다(약 5:8, 9). 사도 요한도 "아이들아 이것이 마지막 때라 적그리스도가 이르겠다 함을 너희가 들은 것과 같이 지금도 많은 적그리스도가 일어났으니, 이러므로 우리가 마지막 때인 줄 아노라<**안다, 알아차린다, 확신한다**>" 하였다(요일 2:18).

이렇게 사도들은 한결같이 예수님의 초림은 세상 끝 시대를 알리는 것이요, 재림은 매우 가까운 것으로 갈파하였으며, 모든 교회와 성도들은 주님의 재림을 간절히 기다렸다고 하였으니,(롬 8:23; 고전 1:7; 갈 5:5; 엡 1:15; 골 1:4; 빌 3:20; 살전 1:10; 딛 2:13) 예수님의 재림은 기독교 최후의 소망이요 완성이며 영광이기에, 재림 없이는 기독교는 모든 것이 헛될 수밖에 없는 것이다. 그러므로 재림을 고대하는 것은 기독교 신앙을 성립시키는 데에 없어서는 안될 요소이며 진수인 것이다.

그러면 어찌하여 그토록 가깝고 임박하다고 하여 기다리던 재림이 무려 1940년이 지나도 이루어지지 않았는가 하는 것이다. 많은 사람이 기독교를 가장 의구하고 난해하는 점이 이것이다. 그러나 이것은 부활의 모순됨을 지적하려던 사두개인들에게 "너희가 성경도 하나님의 능력도 알지 못하므로 오해함<***πλανᾶσθε***(플라나~스트헤) **방황함, 헤맴, 길을 벗어남**>이 아니냐"고 하셨듯이,(막 12:18~24) 재림의 지연으로 인한 회의와 불신은 성경과 하나님을 알지 못함으로 인한 오해함<**방황함, 헤맴, 길을 벗어남**>인 것이다.

미력하나 필자가 1980년 부산 고려신학 졸업 논문 「예수님의 감람산 종말예언 성취에 대하여」를 쓴 때부터 1995년 「첫째 부활에 참예한 자」를 출판할 때까지 종말 성경예언 성취에 대하여 끊임없이 상고한 바 결론은, 성경의 모든 종말 예언은 다 그 성취의 마감을 앞두고, 1995년 당시까지 요한계시록 17장의 짐승을 탄 여자의 예언 성취의 징후까지 다 나타나, 이제는 하나님께서 최후 7년대환란의 카운트다운을 하실 시점만 남았다는 것이다. 마치 우주선을 발사하기 위하여 오랜 세월의 연구와 많은 시간의 준비로 만반의 발사 태세를 갖추고 발사를 위한 카운트다운을 기다리는 시점과 같은 것이다.

그리고 사도 베드로께서 "이제 하늘과 땅은 그 동일한 말씀으로 불사르기 위하여 간수하신 바 되어 경건치 아니한 사람들의 심판과 멸망의 날까지 보존하여 두신 것이니라" 고 말씀하신 대로 지구의 운명은 멸망이 확정되어져서(사 28:22) 사도시대부터 사형수와 같이 어느 날 어느 시에 불려나가 사형이 집행될는지 모르는 처지에 있는 것이다. 단지 주님의 재림 곧 지구의 사형 집행이 시행되지 않고 지금까지 온 것은, 오직 한 가지 이유 회개하여 아무도 멸망치 않기를 원하셔서 하나님께서 오래 참고 기다려 주셨기 때문이다(롬 2:4,5; 벧후 3:9).

그러므로 '재림이 가깝다' 는 말은 거짓이나 상상이 아니고 지금 나타나 있는 것이며, 사도 시대부터 실제의 상황인 것이다. 그러므로 사형수에게 '죽음이 가깝다' 는 말이 사형집행이 비록 늦어지더라도 실제이듯이 '주님의 재림이 가깝다' 는 말은 언제든 결코 허황된 말이 아닌 실제 상황인 것이다.

그런데 한국교회는 다미선교회의 폐해로 인해 종말에 대한 불신과 거부증이 팽배하여 '종말이 가깝다' 는 예수님과 사도들이 전한 복음의 본질에서 멀어진 것이다. 예수님께서 "재림이 늦어지리라 생각하는 자는 신실치 않는<*ἀπίστων*(아피스톤) **믿지 않는, 믿음 없는**>자들의 받는 율<*μέρος*(메로스) **부분, 몫**>에 처할 것" 이라 하셨다(눅 12:45,46).

예수님께서 주후 67년경 사도 요한에게 계시록을 기록하게 하시면서 예수님께서는 자신을 "지금 가고 있는 자(*ὁ ἔρχομαι*(에르크호마이) 현재진행)" 라고 하시고,(계 1:8) 마지막 22

장에서는 세 번이나 거듭 "보라, 내가 속히 간다(Ἰδού, ἔρχομαι ταχυ(이두 에르크호마이 타크휘) 현재형~ 7절, 12절)~" "진실로 내가 속히 간다(Ναί, ἔρχομαι ταχυ(나이 에르크호마이 타크휘) 현재형~20절)" 고 하셨는데 왜 1940년이 지나도록 오시지 않았는가? 기독교의 최대의 난제가 아닐 수 없다. 이 문제에 대해 본서의 제II권 『바른 계시록 주석』과 제 I 권의 부록인 『종합 설교집』에서 보다 자세하고 분명하게 밝히고 있다.

♡ 묵상과 기도

4. 구원받는 것은 하나님의 왕국<βασιλεία 왕국, 주권, 통치>에 들어가는 것이다.

(마 19:23~25) → 부≪한≫자는 천국<**하늘들의 왕국**>에 들어가기가<**가는 것이**> 어려우니라. 다시 너희에게 말하노니 약대가 바늘귀로 들어가는 것이 부≪한≫자가 하나님의 나라<βασιλείαν **왕국, 주권, 통치**>에 들어가는 것보다 쉬우니라 하신대 제자들이 듣고 심히 놀라 가로되 그런즉 누가 구원을 얻을 수 있으리이까.

(마 13:43) → 그 때에 의인들은 자기 아버지 나라<βασιλεία **왕국**>에서 해와 같이 빛나리라

(요 3:5) → 사람이 물과 성령으로 태어나지 아니하면 하나님의 나라<βασιλείαν **왕국, 주권, 통치**>에 들어 갈 수 없느니라

(고전 6:9) → 불의한 자가 하나님의 나라를<βασιλείαν

왕국을> 유업으로 받지 못할 줄을 알지 못하느냐.

(골 1:13) → 그가 우리를 흑암의 권세에서 우리를 건져 내사 그의 사랑의 아들의 나라<*βασιλείαν* **왕국, 주권, 통치**>로 옮기셨으니,

(살전 2:12) → 이는 너희를 부르사 자기 나라<*βασιλείαν* **왕국, 주권, 통치**>와 영광에 이르게 하시는 하나님께 합당하게 행하게 하려 함이라.

(벧후 1:11) → 이같이 하면 우리 주 곧 구주 예수 그리스도의 영원한 나라<*βασιλείαν* **왕국, 주권, 통치**>에 들어감을 넉넉히 너희에게 주시리라

(롬 12:5) → 이와 같이 우리 많은 사람이 그리스도 안에서 한 몸이 되어 서로 지체가 되었느니라

(고전 12:27) → 너희는 그리스도의 몸이요 지체의 각 부분이라

(엡 1:22, 23) → 만물을 그 발아래 복종하게 하시고 그를 만물 위에 교회의 머리로 주셨느니라 교회는 그의 몸이니

(골 1:18) → 그는 몸인 교회의 머리라 그가 근본<*ἔστιν ἀρχή*(에스틴 아르크헤) **처음 있는**>이요 죽은 자들 가운데서 먼저 나신 자니 이는 친히 만물의 으뜸이 되려 하심이요

(행 5:30~31) → 너희가 나무에 달아 죽인 예수를 우리 조상의 하나님이 살리시고 이스라엘로 회개케 하사 죄사함을 얻게 하시려고≪*θεὸς* **하나님이**≫그를 오른손으로 높이사 임금<*ἀρχηγὸς*(아르크헤고스) **지도자, 권세자, 통치자, 왕**>과 구주를

(로) 삼으 <ὕψωσεν(휘프소센) **높이**> 셨느니라.

(계 1:5~6) → 우리를 사랑하사 그<αὐτου(아우투) **자신**>의 피로 우리 죄≪들≫에서 우리를 해방하시고<λούσαντι(루산티) **목욕하게 하시고**> 그 아버지 하나님을 위하여 우리를 나라와<βασιλεῖς καὶ(바실레이~스 카이) **왕들과**>제사장으로 삼으신 그에게 영광과 능력이

(계 11:15) → 세상 나라가<βασιλεῖαι **왕국들이**> 우리 주와 그 그리스도의 나라가 되어< Ἐγένοντο αἰ(에게논토 아이) **것이 되어**> 그가 세세토록<εἰς τοὺς αἰῶνας τῶν αἰώνων **영원들의 영원들을 향하여**> 왕 노릇 하시리로다

(계 22:5) → 다시 밤이 없겠고 등불과 햇빛이 쓸데없으니 이는 주 하나님이 저희에게 비취심이라 저희가 세세토록<εἰς τοὺς αἰῶνας τῶν αἰώνων **영원(들)의 영원(들)을 향하여**> 왕 노릇하리로다 .

● 예수님과 사도들이 동일하게 전파하셨다.

예수님과 사도들은 구원받는 것은 하나님의 왕국에 들어가는 것이라고 하셨다. 마태복음 19:16~25절에 한 부자 청년이 예수님께 와서 '선생님이여 내가 무슨 선한 일을 하여야 영생(구원)을 얻으리이까?' 라고 물음으로, 예수님께서 "재산을 팔아 가난한 자들에게 주고 그리고 와서≪**십자가를 지고**(막 10:21)≫나를 좇으라" 하시니 근심하며 돌아가자, 제자들에게 부자에 대하여 말씀하시면서, 천국<βασιλείαν τῶν οὐρανῶν(바실레이안 톤

~ 우라논~) **하늘들의 왕국**＞에 들어가는 것과 하나님의 왕국 ＜*βασιλεíαν τοῦ θεοῦ*(바실레이안 투~ 트헤우~) **하나님의 왕국, 주권, 통치**＞에 들어가는 것을 같은 것으로 말씀하셨고, 제자들은 그것을 구원받는 것으＜*δύναται σωθῆνα*(뒤나타이 소트헤~나)＞로 말하였으니 구원(영생)얻는 것은 하나님의 왕국에 들어가는 것이다. .

예수님은 또한 "의인들은 아버지의 왕국에서 해와 같이 빛나리라" 하심으로 최종적으로 구원을 받아 영원한 영광을 누리는 성도들을 아버지의 왕국에서 해와 같이 빛날 것으로 말씀하셨으며, 거듭나는 구원받는 자가 아니고는 결단코 하나님의 왕국에 들어가지 못하리라고 말씀하셨고(요 3:3,5), 사도 바울과 사도 베드로도 구원받는 것을 하나님의 왕국에 들어가는 것으로 말하였다.(골 1:13, 벧후 1:11)

구원받는 것은 하나님(예수님)의 왕국(*βασιλεíα* →**왕국, 주권, 통치**)에 들어가는 '성령님 안에서 의와 평화와 기쁨으로 그리스도 예수님을 섬기는 자 되어 하나님께 큰 기쁨이 되고 사람들에게 인정을 받는' 것이라는(롬 14:17,18) 하나님의 왕국에 대한 관념이 바르고 확실해야 하는 것이다. 구원받는 것을 하나님(예수님)의 복되고 완전한 통치에 들어가는 것으로는 생각지 않고, 다만 예수님을 믿어 죄 사함 받아 지옥에 가지 않고 복되게 살 영생을 얻는 것으로만 가르치고 알고 있으니 사실상 구원이 무엇인지 제대로 알지 못하고, 하나님의 왕국 백성으로서의 신앙생활도 올바로 하지 못하고 있는 것이다. 오늘날 기독교가 복종과 섬김이 잘 되지 않는 원인은 하나님(예수님)의 왕국복음이 바로 되어 있지 않기 때문이다.

● 창세로부터 예비된 왕국이라 하셨다

(마 25:34) → 창세로부터 너희를 위하여 예비된 나라를<*βασιλείαν* **왕국을**> 상속하라.

(롬 16:25) → 나의 복음과 예수 그리스도를 전파함은 영세 전부터 감취었다가 이제는 나타내신 바 되었으며,

(엡 1:4, 5) → 곧 창세전에 그리스도 안에서 우리를 택하사 우리로 사랑 안에서 그 앞에 거룩하고 흠이 없게 하시려고 그 기쁘신 뜻대로 우리를 예정하사 예수 그리스도로 말미암아 자기의 아들들이 되게 하셨으니

(시 145:13) → 주의 나라는<מַלְכוּת(말쿠~트 ←아람어) **왕국은**> 영원한 나라<מַלְכוּת(말쿠~트) **왕국**>이니 주의 통치는 대대에 이르리이다.

(단 2:44) → 이 열왕의 때에 하늘의 하나님이 한 나라<מַלְכוּת **왕국**>을 세우시리니 이것은 영원히 망하지도 아니할 것이요

(단 7:18) → 지극히 높으신 자의 성도들이 나라<מַלְכוּת **왕국**>을 얻으리니 그 누림이 영원하고 영원하고 영원하리라

(계 11:15) → 세상 나라가<*βασιλεῖαι* **왕국들이**> 우리 주와 그 그리스도의 나라<*βασιλεία* **왕국, 주권, 통치**>가 되어 그가 세세토록<*εἰς τοὺς αἰῶνας τῶν αἰώνων* **영원 영원토록**> 왕 노릇 하시리로다

(계 22:5) → 다시 밤이 없겠고 등불과 햇빛이 쓸데없으니 이는 주 하나님이 저희에게 비취심이라 저희가 세세토록<εἰς τοὺς αἰῶνας τῶν αἰώνων **영원 영원토록**> 왕 노릇하리로다 .

(신 32:39, 40) → 나와 함께 하는 신이 없도다 나의 영원한 삶을 두고 맹세하노니

(시 90:2) → 산이 생기기 전, 땅과 세계도 주께서 조성하시기 전 곧 영원부터 영원까지 주는 하나님이시니이다

(사 45:17) → 이스라엘은 여호와께 구원을 입어 영원한 구원을 얻으리니 하나님의 왕국 곧 구원은 영원 전부터 하나님의 경륜이시다.

● 왜 구원받는 것이 하나님의 왕국에 들어가는 것인가?

신약에서 사도 바울이 말한대로 그리스도님은 교회의 머리요 구원받은 자들은 그리스도님의 몸이요 지체의 각 부분이라고 한 것이다. (롬 12:5; 고전 12:27; 엡 1:22, 23) 몸과 각 부분인 지체는 머리의 지시와 통치를 받아 조금도 어김이나 거역 없이 완전히 즐거히 순응함으로 온 몸이 편안하고 각 지체도 복된 것처럼 그러한 머리와 지체의 관계 즉 예수님의 통치에 순응하는 성도가 구원받은 자인 것이다. 머리의 지시와 통치를 받지 않는 지체는 몸이라 할 수 없다. 그러므로 왕과 구주되신(행 5:31) 예수님의 통치와 말씀을 따르지 않는 신자는 구원받은 자가 아닌 것이다. 사도 요한은 "저를 아노라 하고 그의 계명을 지키지 아니하는 자는 거짓말하는 자요 진리가 그 속에 있지 아니하되 누구

든지 그의 말씀을 지키는 자는 하나님의 사랑(구원)이 참으로 그 속에서 온전<**완전, 성취**>케 되었나니, 이로써 우리가 저 안에 있는 줄을 아노라. 저 안에 거한다 하는 자는 그의 행하시는<**행하신**>대로 자기도≪**이 길로, 그렇게**≫ 행할지니라" (요일 2:4~6)고 하였다.

부(한)자가 하나님의 왕국에 들어가기가 거의 불가능하다고 하신 것은 부(한)자는 하나님의 주권과 통치에 들어가기가 그만큼 어렵다는 말인 것이다. 꼭 물질이 많은 자만이 부자가 아니라 예수님께서 가르치신 말씀대로 하나님의 주권과 통치에 좀처럼 들어가려 하지 않는 사람은 가난한 자라도 모두 부자와 같은 자이다.

구원받았다 하면서도 하나님의 왕국(*βασιλεία* →**왕국, 주권, 통치**)에 들어가지 않은 사람, 예수님께서 가르치고 전파하신 복음에 합당치 않은 사람이 수다하니, 예수님을 믿음으로 구원받는다는 복음이 잘못되지 않았는가 점검해 보아야 할 것이다. (**마 24:4 너희를 길을 벗어나게 하지(=속이지) 않았나 주의하라. 엡 5:14 얼마나 정확하게 행하고 있는가를 주의하여, ←헬라어 직역**) 사도 바울도 나의 전파하는 복음과 예수 그리스도님은 창세전부터 감춰었다가 이제 나타내신바 된 것이라 하였으며, 구원도 창세전에 그리스도님 안에서 택하심으로 되어졌다고 말씀하였다. 예수님께서 '하늘의 왕국에 들어가는 것과<*εἰς τὴν βασιλείαν τῶν οὐρανῶν* 바실레이안 톤~ 우라논~> 하나님의 왕국에 들어가는 것을<*εἰς τὴν βασιλείαν τοῦ θεου* 에이스 텐 바실레이안 투~ 트헤우~> 같은 것으로 말씀하셨고, 제자들은 그것은 구원받는 것으로<*δύναται σωθῆναι* 뒤나타이 소트헤~나이> 말하였다.(마 19: 23~25) 세 가지가 같은 것이다.

● 창세로부터 하나님의 궁극적 목적.

예수님께서 말씀하셨다. 재림하셔서 오른편에 분류된 양과 같은 자들에게 "창세로부터 너희를 위하여 예비된 나라를<*βασιλεία* **왕국을**> 상속하라" 한다고 하셨다. 사도 바울도 나의 전파하는 복음과 예수 그리스도님은 창세전부터 감취었다가 이제 나타내신 바 된 것이라 하였으며, 구원도 창세전에 그리스도님 안에서 택하심으로 되어졌다고 말씀하였다.

하나님께서는 영원부터 계신 분으로서(시 93:2) 창세전부터 예비된 왕국이며 하나님의 왕국은 영원한 왕국이라는 사실이다. 그러므로 하나님의 왕국의 복음을 일종의 말장난으로 할 것이 아니다. 하나님께서 인간 창조 전 천사들을 창조하실 때부터 당신의 복되고 영광스러운 영원한 왕국을 이루시려는 것이 궁극적인 목표이며 계획이셨다. 창조하심과 독생자 예수 그리스도님을 세상에 보내셔서 타락한 인간을 중생시켜 구원하시고 만물을 새롭게 하심은 창조주 하나님의 궁극적인 목표인 하나님의 왕국을 완성하시는 것이다.

● 완성되어 영원무궁토록 있을 하나님의 왕국.

구원받은 자들 만국<*τὰ ἔθνη τῶν σωζομένων* **구원받은 자들의 민족**>들로 이루어질 하나님의 왕국은(계 21:24) 세상을 창조하실 때부터 준비된 왕국이라 하셨으며(마 25:34), 또한 그 누림이 영원하고 영원하고 영원하리라 하였으니(단 7:18) 영원부터 영원토록 계신 하나님께서(느 9:3) 창조하신 영적 물질적 모든 일과 인간을 죄에서 구원하시는 일 모두가 궁극적으로 하나님의 복되고 영원한 왕국을 이루시기 위한 하나님의 영원한 목적인 것이다.

신약성경에 구원(*σώζω*)이라는 말은 108회인데 비해 왕국(*βασιλεία*)이라는 말은 162회이니 어느 의미에 더 중요성을 두었는가도 알 수 있는 것이다. 한글 개역성경에 왕국(*βασιλεία*)을 모두 '나라' 로 번역한 것은 구원의 참 의미를 흐리게 할 뿐만 아니라 하나님의 궁극적이며 크신 왕국의 분명한 의도를 모호하게 한 것이다.

마태복음에서만 특히, '하나님의 왕국' 을 천국<*βασιλείαν τῶν οὐρανῶν*(바실레이안 톤~ 우라논~) **하늘들의 왕국**>이라 한 것은 하나님께 대한 직접적인 언급이나 하나님의 이름의 사용을 꺼리는 후기 유대교의 경향에서 기원하였으며, '하늘들의 왕국' 이라는 의미는 '하나님은 왕이시다' 는 추상적 결합어인 것이다. 그리하여 유대인을 대상으로 기록한 마태복음에서는 주로 '하늘들의 왕국' (천국)이라 한 것이지, 본 의미는 '하나님의 왕국' 인 것이다. 하나님께서는 영원히 살아계시고(신 32:40; 창 21:33) 하나님께서는 영원하시며(사 40:28) '영원부터 영원까지' 존재하신다(시 90:2). 영원은 무궁한 시간이다. 하나님께서는 영원히 살아 계시므로 말씀은 영원하며(사 40:8), 하나님의 구원은 영원한 것이다(사 45:17). 그러므로 하나님의 왕국은 영원무궁한 것이다.

● 하나님의 왕국은 이 세상에 속하지 않았다 하셨다.

(요 17:14) → 내가 아버지의 말씀을 저희에게 주었사오매 세상이 저희를 미워하였사오니 이는 내가 세

상에 속하지 아니함같이 저희도 세상에 속하지 아니함을 인함이니이다.

(요 18:36~37) → 예수께서 대답하시되 내 나라는＜**왕국은**＞ 이 세상에 속한 것이 아니라 만일 내 나라가＜**왕국이**＞ 이 세상에 속한 것이었더면 내 종들이 싸워 나로 유대인들에게 넘기우지 않게 하였으리라 이제 내 나라는＜**왕국**＞은 여기에 속한 것이 아니니라.

(롬 14:17~18) → 하나님의 나라는＜**왕국은**＞ 먹는 것과 마시는 것이 아니요 오직＜**반대로**＞ 성령 안에서 의와 평강과＜**평화와**＞ 희락＜**기쁨**＞이라 이로써＜**이러한 것들로**＞ 그리스도를 (왕으로)섬기는 자는≮들은≯하나님께 기뻐하심을 받으며＜*εὐάρεστος*(유아레스토) **완전히 일치하며, 용납할만하며, 매우 기쁨이며**＞ 사람≮들≯에게도 칭찬＜*δόκιμος*(도키모스) **인정**＞을 받느니라 이러므로 우리가 화평의 일과 서로 덕을 세우는 일을 힘쓰나니,

(빌 3:20) → 오직 우리의 시민권은 하늘에 있는지라 거기로서 구원하는 자 곧 주 예수 그리스도를 기다리노니,

● 하나님의 왕국은 이 세상에 속하지 않았다는 말씀의 의미

하나님의 왕국은 이 세상에 속하지 않았다는 말씀을 두 가지 양상으로 곡해하고 있다. 하나는 하나님의 왕국은 이 세상에 존

재하지 않고 하늘에 있는 것으로 생각하는 것이다. 그래서 이 세상에서는 하나님의 왕국(한국교회가 생각하는 하나님의 나라)에 들어가는 것이 아니고 예수님이 재림하셔야 들어간다고 생각하는 것이다. 이것은 하나님의 왕국에 대하여 바로 알지 못하고 가르치지 않아 빚어진 신앙생활에 엄청난 왜곡이며 폐해이다.

하나님의 왕국은 구원받을 때 즉시 들어가는 이 세상에 임재하여 있는 하나님(그리스도님)의 왕국이다. 하나님의 왕국은 사도행전 2:37~47절과 4:23~37절과 같이 참으로 예수님의 말씀대로 따르는 거듭난 자들로 이루어진 최초 예루살렘 교회와 같은 그리스도님께서 왕이신 하나님의 왕국 즉, 영에 속한 교회가 현재 이 세상에 임재하여 있지만, 그와 같은 예수님께서 세우신 교회(왕국)는 이 세상의 왕국과는 근본적인 성질과 요소가 같지 않다는 말이다. 「하나님의 왕국은 먹는 것과 마시는 것이 주가 아니요 성령님 안에서 의(하나님과 사람에 대하여 올바름)와 평화와 기쁨으로 그리스도님을 왕으로 섬기며 하나님께 매우 기뻐하심을 받으며 사람에게도 칭찬(인정)을 받는 것이다.」(행 2:47) 하나님의 주권과 통치가 현실에 새롭게 이루어지는 영적 왕국 즉 무형교회인 것이다. 할렐루야! 아멘!

오늘날 교회와 믿는 자들은 어떠한가? 그렇게 되지 않는 원인은 무엇인가?

오늘날 기독교의 일반적인 천국의 관념은 성령님으로 말미암은 예루살렘 교회와 같은 예수님께서 세우신 교회 곧 하나님의 왕국이 현실로 이루어져야 하는 하나님(예수님)의 뜻이 망각되는 중대한 차질을 빚고 있는 것이다. 대단히 중대한 문제이다.

● 하나님의 왕국과 세상 왕국의 두 체제

또 한편의 하나님의 왕국을 곡해하는 견해는 죤.칼빈이 스위스 제네바시를 성시화 즉 하나님의 왕국화 하려 했으나 실패했듯이, 자유주의 신학이나 해방신학은 현실 사회를 복음화 내지 개혁 성화시켜 나가야 한다는 것이다. "너희는 세상의 빛과 소금이라" 하신 말씀을 여기에 적용하는 것이다. 그러나 예수님의 말씀은 이 세상을 천국화 시키라는 말씀이 아니라, 구원으로 인도하는 매개체가 되라는 말씀인 것이다. 해방신학 같은 견해는 로마서 14:17,18절 같은 성령님으로 말미암은 현재의 하나님의 왕국은 망각하고, 예수님이 재림하심으로 이루실 천년왕국도 별로 관심이 없으며, 오로지 현재 인간 세상을 기독교복음으로 개혁하여 새롭게 한다는 것이다. 그러나 그렇게 될 수 없으며, 하나님의 왕국은 그렇게 이루어지는 것이 아니다.

한편 보수주의 신학은 현실을 등한시하는 경향이 있다. 기독교 신학도 하나로 일치가 되지 않으니 참으로 슬픈 일이다.

구원받은 성도는 이 세상에 사는 동안 하나님의 왕국과 세상 왕국의 두 체제에서 살아가게 된다. 마치 미국의 국적 곧 시민권을 가진 사람(외교관, 군인, 국민)이 다른 나라에서 체류하여 생활하고 있는 것과 같은 것이다. 체류하는 나라의 법질서를 따라야 하는 동시에 보다 궁극적으로는 자기 본국의 법의 통치와 보호를 받는 것이다. 구원받은 성도의 국적은 하나님의 왕국으로서 왕이신 예수님의 통치를 받으며 하늘의 시민권을 가졌지만 동시에 세상에 사는 동안은 그가 거주하는 나라의 법과 질서를 지켜야 하는 것이다. 예수님께서도 세금을 바친다 하셨고(마 17:24~27), "가이사(세상 왕국)의 것은 가이사에게 하나님의 것은 하나님께 바치라" 하신 것이다(마 22:21). 사도들도 그렇게 말하였으니 "각 사람은 위에 있는 권세들에게 굴복하라 … 권세를 거스리는 자는 하나님의 명을 거스림이니 거스리는 자들은 심판을 자취하리라" 하였고(롬 13:1, 2) "인간에 세운 모든 제도를 주를 위하여 순복하라" 고 한 것이다(벧전 2:13).

♡ 묵상과 기도

5. 세 단계로 완성되는 하나님의 왕국<*βασιλεία* 왕국, 주권, 통치>

1 〉 현재 이 세상에 실현된 하나님의 왕국

(요 3:3, 5) → 사람이<*τις*(티스) **누구든지**> 거듭<*ἄνωθεν*(아노트헨) **위로부터, 처음부터, 새로 다시**>나지 아니하면 하나님의 나라<*βασιλείαν*(바실레이안) **왕국, 주권, 통치**>를 볼<*ἰδεῖν*(이데인~) **지각할, 직시할**> 수 없느니라, 사람이 물과 성령으로 나지<*γεννηθῇ*(겐네트헤~) **거듭나지**> 아니하면 하나님의 나라<*βασιλείαν*(바실레이안) **왕국, 주권, 통치**>에 들어갈 수 없느니라.

(눅 17:20~21) → 하나님의 나라는<*βασιλεία*(바실레이아) **왕국은**> 볼 수 있게 임하는 것이 아니요 또 여기 있다 저기 있다고도 못하리니≪*ἰδοὺ* **보라!**≫

하나님의 나라는<*βασιλεία*(바실레이아) **왕국은**> 너희 안에<*ἐντὸς*(엔토스) **가운데**> 있느니라≮*γὰρ*(가르) **기 때문이라.**≯

(마 16:28) → 진실로 너희에게 이르노니 여기 섰는 사람중에<*τινες*(티네스) **모든 사람들은**>≮*οἵτινες οὐ μὴ*(오히티네스 우 메) **누구든지 절대로**≯ 죽기<*γεύσωνται θανάτου*(규손타이 트하나투) **죽음을 맛보기**> 전에<*ἕως*(헤오스) **까지**> 인자가 그의 왕권을 가지고<*ἐν τῇ βασιλείᾳ αὐτοῦ* **자신의 왕국 안에**> 오는 것을 볼 자들도 있느니라<*ἂν ἴδωσιν*(안 이도신) **누구든지 볼 것이다.**>(막 9:1~**하나님의 왕국이 권능으로 나타나는 것을,** 눅 9:27~**하나님의 왕국을**)

(행 5:30~31) → 너희가 나무에 달아 죽인 예수를 우리 조상의 하나님이 살리시고 이스라엘로 회개케 하사 죄 사함을 얻게 하시려고 임금<*ἀρχηγὸν*(아르크헤곤) **통치자, 왕**>과 구주를 삼으셨느니라<*ὕψωσεν*(휘프소센)**로 높이셨느니라**>.

(롬 14:17~18) → 하나님의 나라는<*βασιλεία* **왕국은**> 먹는 것과 마시는 것이 아니요 오직 성령 안에서 의와 평강과<*εἰρήνη*(에이레네) **평화와**> 희락<*χαρὰ*(크하라) **기쁨**>이니라 이로써<*ἐν τούτοις*(엔 투토이스) **이러한 것들로**> 그리스도를 섬기는 자는≮**들은**≯하나님께 기뻐하심을 받으며<*εὐάρεστος*(유아레스토스) **완전히 일치하며, 매우 기쁨이 되며**> 사람들에게도 칭

찬 < *δόκιμος*(도키모스) **인정** > 을 받느니라

(요 17:14) → 내가 아버지의 말씀을 저희에게 주었사오매 세상이 저희를 미워하였사오니 이는 내가 세상에 속하지 아니함 같이 저희도 세상에 속하지 아니함을 인함이니이다 .

(골 1:13) → 그가 우리를 흑암의 권세에서 건져내사 그의 사랑의 아들의 나라로 < *βασιλείαν* **왕국으로** > 옮기셨으니 그 아들 안에서 우리가 구속 곧 죄 사함을 얻었도다.

1 〉 현재 이 세상에 실현된 하나님의 왕국

예수님께서 말씀하셨다. '(**현재 이 세상의**)하나님의 왕국' 은 볼 수 있게 임하는 것이 아니요(**천년왕국은 예수님의 재림으로 볼 수 있게 임하지만**) 또 여기 있다 저기 있다고도 못하리니 하나님의 왕국은 너희 가운데 있느니라고 하셨다. 바리새인들의 "하나님의 왕국이 언제 임합니까?" 라고 물음에 예수님께서 답하신 말씀으로서 바리새인들의 마음 안에 있다는 말씀이 아닌 것이다. 세상에 임하여 있다는 말씀인 것이다. 위로(하나님께로)부터 새로 태어난 자 곧 물과 성령으로 거듭나는 자라야 장차 이루어질 하나님의 왕국만 아니라 현재 임재한 하나님의 왕국을 직시 또는 지각할 수 있고, 거기에 들어갈 수 있다고 말씀하셨다(요 3:3,5) 예수님께서 바리새인들에게 누차 "외식하는 자들이여 너희에게 화 있으리라" 고 하셨는데,(마 23:15, 23, 25, 27, 29) 어떻게 바리새인들의 마음에 하나님의 왕국 곧 하나님의 통치가 있다고 하신 말씀이겠는가?

오늘날 기독교가 최초 예루살렘 교회와 같이 그리스도를 구주로만 아니라 왕으로 섬기는, 그러므로 하나님께 완전일치 또는 매우 기쁨이 되며, 사람들에게 인정을 받는 하나님의 왕국(왕국, 통치, 주권)이 실현되지 않고 있는 근본 원인은 무엇인가? 그것은 복음이 왜곡되어져서 「하나님의 왕국복음」이 '인간구원'의 복음으로만 변개 되었기 때문이다. 예수님께서 전파하신 대로의 바른복음으로 거듭나야 현재 임재하여 실현된 하나님의 왕국에 들어가며, 하나님의 왕국이 지교회마다 실현되고 또한 거듭난 자는 현재 임재하여 실현된 하나님의 왕국을 직시(直視)할 수 있는데 이것이 되지 않고 있으니 기독교는 맛 잃은 소금과 꺼진 등불이 되고 있는 것이다.

현재 임재한 하나님의 왕국은 예수님이 세우신 최초 예루살렘 교회와 같은 것인데 교회론의 본질이며 기본으로서 대단히 중요하다. 이것이 오늘날 교회에 남은 자 극히 소수의 개인 외에는 도무지 이루어지지 않고 있다. 그 주요 원인은 복음이 바로 전파되지 않고 있기 때문이다. 많은 목회자들이 교회가 왜 교회다와 지지 않고 신자가 왜 신자다워지지 않는가 하고 늘 탄식하지만 그 근본 원인이 복음이 바로 되어 있지 못하다는 사실을 모르니 고쳐질 수가 없는 것이다. 의사가 병을 고치려면 먼저 병의 원인과 상태를 정확하게 진단 할 수 있어야 하고, 그리고 확실한 처방을 할 수 있어야 병을 고칠 수 있는 것과 같은 것이다.

특히 한글 개역성경은 마태복음 16:28(막 9:1; 눅 9:27)을 잘못 번역하여 현재 임재한 하나님의 왕국에 대하여 기독교인들을 혼미케 하였다. 헬라어 성경의 바른 번역은 "여기 섰는 모든 사람(**무리들과 제자들→막** 8:34) 누구든지 인자가 그 왕권을 가지고 오는 것을 (**하나님의 왕국이 권능으로 임하는 것을→막** 9:1, **하나**

님의 왕국을→눅 9:27) 볼 것이니라" 이다. 그러면 그때에 예수님과 함께 섰던 무리들과 제자들 모두가 예수님이 왕권을 가지고 하나님의 왕국이 권능으로 임하는 것을 볼 것이라고 하셨는데 그대로 되었는가?

정확하게 그렇게 된 것을 성경에 기록하고 있다. 사도행전 5:30,31절에 "너희가 나무에 달아 죽인 예수를 우리 조상의 하나님이 살리시고 이스라엘로 회개케 하사 죄사함을 얻게 하시려고 임금<ἀρχηγὸν(아르크헤곤) **권세자, 통치자, 왕**>과 구주를 삼으셨느니라<ὕψωσεν(휘프소센) **로 높이셨느니라**>." 고 하였으니 부활하신 예수님은 구주만 아니라 왕이 되신 것이다. 그렇기 때문에 부활하신 예수님께서 사도들에게 최후로 예수님께서 전하신대로의 복음전도의 사명을 명하시면서 "하늘과 땅의 모든 권세를 내게 주셨으니…" 라고 하신 것이다(마 28:18~20). 예수님께서 빌라도 법정에서 빌라도가 예수님께 '네가 왕이냐?' 고 물었을 때 "네 말과 같이 내가 왕이니라 내가 이를 위하여 났으며 이를 위하여 세상에 왔나니 곧 진리에 대하여 증거 하려함이로라 무릇 진리에 속한 자는 내 소리를 듣느니라" 고 하셨으니(요 18:37), 예수님께서 육체로 오셔서 구원받는 자들의 왕과 구주가 된 사실 이것이 증거해야 할 진리이며 진리에 속한 자는 이 진리를 듣는다. 진리에 속하지 않은 자는 이 소리를 깨닫지 못한다.

사도 바울도 예수님을 가리켜 "모든 정사와 권세와 능력과 주관하는 자와 이 세상뿐 아니라 오는 세상에 일컫는 모든 이름 위에 뛰어나게 하시고, 또 만물을 그 발아래 복종하게 하시고 그를 만물 위에 교회의 머리로 주셨느니라. 교회는 그의 몸이니…" 라고 하였다(엡 1:21~23). 예수님께서는 교회의 머리로서 머리가 온 몸을 움직이고 통치하듯이 몸인 교회(구원받은 자)는 예수님의 통치를 받는 자들인 것이다. 교회론에 있어서 이것은 가장 기본적인 사항으로 중요하다. 이런 중요한 기본적인 것부터 안되고는 제아무리 교회 다와지려고 해도 소용없는 일이다.

개신교가 종교 중에서 가장 통일 곧 통치가 안되는 원인은 복음의 기본적 본질인 왕국의 관념이 바로 되지 않은 데 있다.

♡ 묵상과 기도

2 〉 재림하셔서 세상을 정화하여 이루실 천년왕국

(마 19:27~29) → 베드로가 대답하여 가로되 보소서 우리가 모든 것을 버리고 주를 좇았사오니 그런즉 우리가 무엇을 얻으리이까 예수께서 가라사대 세상이 새롭게 되어 인자가 자기 영광의 보좌에 앉을 때에 나를 좇는 너희도 열 두 보좌에 앉아 이스라엘 열 두 지파를 심판하리라(=계 20:4).

(막 10:29~30) → 나와 및 복음을 위하여 집이나 형제나 자매나 어미나 아비나 자식이나 전토를 버린 자는 금세에 있어 집과 형제와 자매와 모친과 자식과 전토를 백 배나 받되 핍박을 겸하여 받고 내세에 영생을 받지 못할 자가 없느니라

(롬 8:19~21) → 피조물의 고대하는 바는 하나님의 아들들이 나타나는 것이니… 피조물도 썩어짐의 종노릇 한데서 해방되어 하나님의 자녀들의 영광

의 자유에 이르는 것이니라. (사 11:1~16, 65:17~25, 겔 47:6~12 ← **천년왕국 예언**)

(계 5:10) → 저희로≤ἡμᾶς(헤마~스) **우리를**≥ 우리 하나님 앞에서 나라와<βασιλεῖς(바실레이~스) **왕들과**> 제사장 ≪들≫을 삼으<ἐποίησας(에포이에사스) **만드**>셨으니 저희가 땅에서 왕노릇 하리로다.

(계 20:2~6) → 이마와 손에 그의 표를 받지도 아니한 자들이 살아서 그리스도로 더불어 천 년 동안 왕 노릇 하니 이는 첫째 부활이라 .

● 재림하셔서 이루실 하나님의 왕국

하나님 왕국의 두 번째 단계는 재림하셔서 세상을 새롭게 하여 천년 동안 이루실 천년왕국이다. 예수님께서는 분명히 말씀하셨다. 베드로가 예수님께 "보소서 우리가 모든 것을 버리고 주를 좇았사오니 그런즉 우리가 무엇을 얻으리이까?" 말씀드리니, 예수님께서 말씀하시기를 "세상이 새롭게 되어 인자가 자기 영광의 보좌에 앉을 때에 나를 좇는 너희도 열 두 보좌에 앉아 이스라엘 열두 지파를 심판하리라" 하셨다(마 19:27~29). 세상이 새롭게 될 때는 내세가 아니고 현 세상 마지막 천년왕국에서 모든 환경과 질서가 새로워질 때를 말씀하신 것이며, 열두 보좌에 앉아 심판하리라는 말씀은, 요한계시록 20:4절에 천년왕국에서 실제로 되어질 것을 예수님께서 사도 요한에게 계시하여 주신 것이다(계 20:1~6).

그리고 예수님께서 "나와 및 복음을 위하여 집이나 형제나 자매나 어미나 아비나 자식이나 전토를 버린 자는 금세에 있어 집과 형제와 자매와 모친과 자식과 전토를 백 배나 받되 핍박을 겸하여 받고 내세에 영생을 받지 못할 자가 없느니라”(막 19:29, 30) 하셨는데, ‘금세에 있어 백 배나 받되 핍박을 겸하여 받고’는 언제 받는 것을 말씀하신 것인가? 천년왕국을 모르면 이 말씀을 영적으로 받는 것이라고 한다. 그러나 이것은 영적이 아니다. 천년왕국이 이 세상임으로 실제로 금세에서 백 배나 받는다고 하셨고 내세가 아닌 금세임으로 핍박을 겸하여 받는다고 하신 것이다. 내세는 핍박이 없다. 그리고 “내세에 영생을 받지 못할 자가 없느니라” 하심으로 내세에는 영생을 받는 것으로 말씀하신 것이다.

구약의 선지자들이 천년왕국을 예언하였다.(사 11:1~16, 65:17~25, 겔 47:6~12) 그리고 예수님께서 사도 요한에게 계시록을 기록하게 하시면서 20:2~7절에 천 년이라는 말을 여섯 번이나 하셨다.

♡ 묵상과 기도

3 〉 천년왕국후 최종 심판과 영원한 새 하늘과 새 땅

(마 24:35) → 천지는 없어지겠으나 내 말들은 ∗*οὐ μὴ* **절대로**∗ 없어지지 아니하리라

(마 13:40~43) → 세상 끝에도 그러하리라 인자가 그 천사들을 보내리니 저희가 그 나라에서 <*βασιλείας αὐτου*'(바실레이아스 아우투~) **그분 자신의 왕국 가운데서**> 모든 넘어지게 하는 것들과 또 불

법을 행하는 자들을 거두어 내어 풀무불에 던져 넣으리니 거기서 울며 이를 갊이 있으리라 그 때에 의인들은 자기 아버지 나라< *βασιλεία*(바실레이아) **왕국**>에서 해와 같이 빛나리라.

(계 20:7~15) 년이 차매 사탄이 그 옥에서 놓여 나와서 땅의 사방 백성 곧 곡과 마곡을 미혹하고≮ *αὐτοὺς*(아우투스) **그들을**≯모아 싸움을 붙이리니 그 수가 바다 모래 같으리라. 저희가 지면에 널리 퍼져 성도들의 진과 사랑하시는 성을 두르매≮ *ἀπὸ τοῦ θεοῦ*(아포 투~ 트헤우~) **하나님으로부터**≯하늘에서 불이 내려와 저희를 소멸하고,< *κατέφαγεν*(카테프하겐) **삼키고,**> 또 저희를 미혹하는 마귀가 불과 유황못에 던지우니 거기는 그 짐승과 거짓선지자도 있어 세세토록< *εἰς τοὺς αἰῶνας τῶν αἰώνων*(에이스 투스 아이오~나스 톤~ 아이온) **영원의 영원을 향하여**> 밤낮 괴로움을 받으리라. 또 내가 크고 흰 보좌와 그 위에 앉으신 자를 보니 땅과 하늘이 그 앞에서 피하여< *ἔφυγεν*(에프휘겐) **사라져**> ≮ *αὐτοῖς*(아우토이~스) **그들이**≯간 데 없더라. 또 내가 보니 죽은 자들이 무론대소하고< *μὶκροὺς καὶ μεγάλους*(미크루스 카이 메갈루스) **미미한 자나 큰 자나**> 그 보좌 앞에 섰는데 책들이 펴 있고 또 다른 책이 펴졌으니 곧 생명책이라. 죽

은 자들이 자기 행위를 따라 책들에 기록된 대로 심판을 받으니 바다가 그 가운데서 죽은 자들을 내어주고 또 사망과 음부<*ᾅδης*(하데스) **지옥**>도 그 가운데서 죽은 자들을 내어주매 각 사람이 자기의 행위대로 심판을 받고 사망과 음부<*ᾅδης*(하데스) **지옥**>도 불못에 던지우니 이것은 둘째 사망 곧 불못이라. 누구든지 생명책에 기록되지 못한 자는 불못에 던지우더라.

(계 21:1~8) → 또 내가 새 하늘과 새 땅을 보니 처음 하늘과 처음 땅이 없어졌고 바다도 다시 있지 않더라≪*γὰρ*(가르) **기 때문이라.**≫ 또 내가 <*ἐγὼ Ἰωάννης εἶδον*(에고 이오안네스 에이돈) **나 요한이**>보매 거룩한 성 새 예루살렘이 하나님께로부터 하늘에서 내려오니 그 예비한 것이 신부가≪*αὐτῆς*(아우테~스) **그녀의**≫남편을 위하여 단장한 것 같더라. 내가 들으니 보좌에서 큰 음성이 나서 가로되 보라 하나님의 장막이 사람들과 함께 있으매 하나님이 저희와 함께 거하시리니 저희는 하나님의 백성이 되고≪*αὐτῶν* (아우톤~) **그들의**≫하나님은 친히 저희와 함께 계셔서≪*ὁ θεὸς*(호 트헤오스) **하나님께서**≫모든 눈물을≪*αὐτῶν*(아우톤~) **그들의**≫그 눈에서 씻기시매 다시 사망이 없고 애통하는 것이나 곡하는 것이나 아픈 것이 다시 있지 아니하리니 처음 것들이 다 지나갔음

이러라. 보좌에 앉으신 이가 가라사대 보라 내가 만물을 새롭게 하노라. < ποιῶ(포이오~) **만드노라.** > 하시고 또 가라사대 이 말은 신실하고 참되니 < **참되고 신실하니** > 기록하라 하시고, 또 내게 말씀하시되 이루었도다 나는 알파와 오메가요 처음과 나중이라 < ἀρχὴ καὶ τὸ τέλος(아르케 카이 토 텔로스) **시작과 끝이라.** > 내가 생명수 샘물로 목마른 자에게 값없이 주리니 이기는 자는 이것들을 유업으로 얻으리라. 나는 저희 하나님이 되고 그는 내 아들이 되리라. 그러나 두려워하는 자들과 믿지 아니하는 자들과 흉악한 자들과 행음자들과 술객들과 우상숭배자들과 모든 거짓말 하는 자들은 불과 유황으로 타는 못에 참예하리니 이것이 둘째 사망이라.

【 최종 심판 때 슬피 울며 이를 갈리라 하신 예수님의 말씀 】

① 마 8:12~ 예수님과 그 말씀을 전적으로 믿지 않은 자들,
② 마 13:42~ 현재 왕국에서 죄짓게 하는 자와 불법자들,
③ 마 13:50~ 의인들 중에서 가려낸 악인들,
④ 마 22:13~ 예복 입지 않은 자,
⑤ 마 24:51~ 예수님의 재림이 늦어지리라 생각한 자들,
⑥ 마 25:30~ 달란트에 충성치 않은 쓸데없는 종,
⑦ 눅 13:28~ 좁은 문 들어가지 못한 자.
[막 9:44, 46, 48] → 거기는 그들의 벌레도 ≮ **결코** ≯ 죽지 않고 불도 꺼지지 않느니라

[계 20:7~22:15] → 천년왕국후 최종 심판과 영원한 새 하늘과 새 땅의 복된 생활

☆ 막 10:15; 눅 18:17 ~내가 진실로 너희에게 이르노니 누구든지 하나님의 나라를<*τὴν βασιλείαν τοῦ θεοῦ*(텐 바실레이안 투~ 트헤우~) **하나님의 왕국을**> 어린아이와 같이 받들지<*δέξηται*(데크세타이) **영접하지**> 않는 자는 결단코<*οὐ μὴ*(우 메)←이중부정 **절대로**> ≪**그곳에**≫ 들어가지 못하리라 ☆

3 〉 천년왕국 후 최종 심판으로 완성되는 하나님의 왕국

천년왕국 후에는 최후의 대심판이 전개된다(계 20:7~15). 천년이 차면 사탄이 그 옥에서 놓여 나와서 천년왕국에서 백성으로 번성한 땅의 사방 백성 곧 곡과 마곡을 미혹하고 그들을 모아 싸움을 붙이니 그 수가 바다 모래와 같다. 천 년 동안 병도 없이 장수하며 자녀를 생산했으니 그 수가 기하급수로 불어났기 때문이다. 저희가 지면에 널리퍼져<*ἀνέβησαν*(아네베산) **일어나**> 성도들의 진<*παρεμβολὴν*(파렘볼렌) **성**>과 사랑하시는 성을<*πόλιν*(폴린) **도시를**> 두르매<*ἐκύκλωσαν*(에쿠클로산) **에워싸니**> ≪*ἀπὸ τοῦ θεοῦ*(아포 투~ 트헤우~) **하나님으로부터**≫ 하늘에서 불이 내려와 저희를 소멸하고 또 저희를 미혹하는 마귀가 불과 유황 못에 던지우니 거기는 산채로 던져졌던 그 짐승(적그리스도)과 거짓 선지자도 있어 세세토록<*εἰς τοὺς αἰῶνάς τῶν αἰώνων*(에이스 투스 아이오~나스 톤~ 아이오논 **영원의 영원을 향하여**> 밤낮 괴로움<*βασανισθήσονται*(바사니

스트헤소나타이) **고통**>을 받게 된다(계 19:20, 20:10).

그리고 크고 흰 보좌와 그 위에 앉으신 자(그리스도←롬 14:10)를 보니 땅과 하늘이 그 앞에서 피하여 간 데 없고, 죽은 자들이 무론대소하고 <*μικροὺς καὶ μεγάλους*(미크루스 카이 메가루스) **가장 큰 자나 미미한 자나**> 그 보좌 앞에 섰는데 책들이 펴 있고 또 다른 책이 펴져 있으니 생명책이다. 죽은 자들이 자기 행위<*ἔργα*(에르가) **행위, 일, 수고**>를 따라 책들에 기록된 대로 심판을 받는데 바다가 그 가운데서 죽은 자들을 내어 주고, 또 사망과 지옥(눅 16:23, 24)도 그 가운데서 죽은 자들을 내어주니, 각 사람이 자기의 행위<*ἔργα*(에르가) **행위, 일, 수고**>대로 심판을 받고, 사망과 지옥도 불못에 던지우니, 이것은 둘째 사망 곧 불못이다. 누구든지 생명책에 기록되지 못한 자는 불못에 던지운다. 지옥과 불못이 다르다.

(☆ **설교 2** ☆ **생명책에 기록된 자들 참조**)

백보좌 대심판 후에는 세 번째 단계로 최후에 하나님의 왕국은 영원한 새 하늘 새 땅에서 이루어져 완성된다. 요한계시록 20:7→ 22:15절에 기록된 대로이다. "다시 저주가 없으며 하나님과 그 어린양의 보좌가 그 가운데 있으리니 **그의 종들이 그를 섬기며** 그의 얼굴을 볼터이요 그의 이름도 저희 이마 위에 있으리라 다시 밤이 없겠고 등불과 햇빛이 쓸데없으니 이는 주 하나님이 저희에게 비취심이라 **저희가 영원(들)의 영원(들)을 향하여 왕 노릇 하리로다**" (22:3~5)고 하셨으니 영원한 새 하늘과 새 땅의 하나님의 왕국은 섬기며 왕 노릇 하는 복된 왕국이다.

그러므로 예수님과 사도들이 전한 바른복음은 하나님의 왕국을 아주 분명하고 틀림이 없이 전한 것이다. 오늘날 기독교 복음의 주체(主體 ; **성질, 상태, 작용의 주(主)**)가 무엇으로 되어 있는가?

예수님께서 재림하셔서 짐승 적그리스도의 왕국을 멸하시고 천년왕국을 이루시는 둘째 단계까지는 현재 이 세상에서 되어지는 하나님의 왕국이다.

천년왕국후 모든 인류가 다 살아나서 최후의 심판을 받고 영원한 생명으로 새 하늘과 새 땅 새 예루살렘 도시에 들어가는 때에 세 번째 하나님의 왕국이 완성되는 것이다.

♡ 묵상과 기도

하나님의 왕국(구원)이 완성되는 세 단계

단계	성경에 말씀하심	들어가는 자
천년왕국후 영원한 왕국	7▶하나님을 섬기며 영원 영원토록 왕 노릇 함 (계 22:1~5) 6▶생명책에 기록된 자들 외에는 결코 들어가지 못함 (계 21:27) 5▶구원받은 자, 땅의 왕들이 영광과 존귀를 가지고 들어감(계 21:24,26) 4▶믿음 없는 자들과 온갖 악인들은 불못에 몫을 받음 (계 21:8, 22:15) 3▶시작과 끝이신 하나님께서 모든 만물을 새롭게 하심 (계 21:5~7) 2▶하나님께서 함께 계시니 눈물, 사망, 애통, 아픔 없음 (계 21:3,4) 1▶새 하늘과 새 땅, 새 예루살렘이 하나님께로부터 (계 21:1,2,9~21)	**영원 영⇑원 왕노릇** 2▶생명책에 기록된 자들 (계 3:5, 20:15, 21:27) 1▶천년왕국 왕노릇한 자들 (마 19:27~29; 계 20:6) **내⇑세**
재림하심으로 천년왕국	7▶하늘과 땅은 사라지고 모든 인류 부활하여 심판 받음(계 20:11~15) 6▶천년왕국 백성들이 주님과 성도들을 대적하다 소멸됨(계 20:7~10) 5▶천 년이 차면 마귀가 잠간 동안 놓여 미혹함 (계 20:1~2,7~10) 4▶재림하셔서 첫째부활 성도들과 함께 왕노릇 (계 19:11~20:6) 3▶마귀를 천 년 동안 무저갱에 가두어 미혹 못하게 함(계 20:1~3) 2▶현 세상을 새롭게하여 이루실 왕국 (마 19:27~29; 눅 19:11~27) 1▶선지자들이 많이 예언하였음 (사 11:1~10; 겔 47:1~12; 단 2:28~45)	**현⇓세** 3▶짐승 경배~표 안한 자들 (계 20:4,13:1~18, 14:9~13) 2▶말씀 때문에 순교한 자들 (계 20:4, 6:9~11, 12:11) 1▶예수님 말씀 따른 자들 (계 20:4; 마19:27~29) **천 년 간 왕노릇** ⇑
성령님안에서 현재왕국	7▶현재 세상에 실현되어진 하나님의 왕국 (롬 14:17,18; 골 1:13) 6▶부활하신 예수님께서 왕과 구주 되심 (마 28:18; 행5:31) 5▶예수님께서 왕으로 세상에 오셨다고 하셨음 (요 18:37; 눅 19:35~) 4▶복음전도를 왕국복음을 전하라고 하셨음 (마 24:14, 눅 9:1~2) 3▶하나님의 왕국 임함을 제자들 다 본다고 하셨음 (마 16:28; 막 9:1) 2▶하나님 왕국이 임하였다고 하신 예수님 (마 12:28; 눅 17:20,21) 1▶하나님 왕국복음 전하러 오신 예 수님 (눅 4:43; 막 1:14,15)	**핍박을 겸하여 받고** 【왕같은 제사장】 5▶주님 사랑하여 말씀 따른 자(요 14:23,24,21:15~19) 4▶어린아이와 같이 되어진 자 (마 18:3; 막 10:14, 마 11:29) 3▶성령님으로 거듭난 새사람 (요 3:3,5,8; 딛 3:5; 약 1:18) 2▶개심하고 복음을 믿은 자 (막 1:15;행 2:37,38, 20:21) 1▶하나님 왕국을 영접한 자 (막10:14,15; 눅 18:16,17)

☆ 설교 ☆

첫째 부활에 참예하는 자들

【 요한계시록 20:1~6 】

구원받는 것은 하나님의 왕국에 들어가는 것이며, 예수님이 재림하셔서 이루실 천년왕국에서 주님과 함께 부활의 몸으로 천 년 동안 왕노릇 하게 하는 성도들을 복되고 거룩한 첫째 부활에 참예하는 자들이라고 말씀하셨다.

주님께서 사도 요한에게 계시하여 주셨건만, 부활을 목표로 하는 기독교가 이 첫째 부활에 대하여 계시하여 주신 것을 등한시하고 모르고 있다는 것은 참으로 기이한 일입니다. 정말 눈을 뜬 것 같지만 못보는 장님입니다.

1〉 **첫째 부활이 있고 둘째 부활이 있는가**?

주 예수 그리스도께서 사도 요한에게 분명히 계시한 바는 첫째 부활(천년왕국)이 있고,(계 20:4, 6) 이 첫째 부활에 참예하는 자들은 복이 있고 거룩하다고 하셨는데, 이를 인정치 않고 가르치지 않아 대부분의 기독교인들이 모르고 있다는 것은 정말 중대한 착오(錯誤)인 것입니다. '첫째' 라는 말 '*πρώτη*(프로테)' 는 '**최상의, 첫째의, 최고의, 주요한,** (모든 **것보다**)**먼저**' 를 의미합니다. 이렇게 중요한 하나님의 계획인 '최상의, 첫째의, 최고의, 주요한, (모든 것보다)먼저' 인 첫째부활에 대해 인정치 않고 가르치지 않아 모르고 있다는 것은 참으로 안타까운 일이 아닐 수 없습니다(계 22:19).

그러면 '첫째 부활이 있고 둘째 부활이 있다는 말인가?' 라고 할 것입니다. '둘째 부활' 이라는 말씀은 하지 않았습니다. 그렇다고 둘째 부활이 없는 것입니까? '첫째 부활' 이라고 말씀하신 자체가 '둘째 부활' 이 있다는 것을 염두에 두고 하신 말씀이 아닙니까? '첫째 부활' 다음에 다른 부활이 없으면 왜 '첫째 부활' 이라고 하셨겠는가 말입니다. 천년왕국에서 그리스도와 함께 왕노릇 할 성도들의 첫째 부활과 다른, 천년왕국후 모든 인류의 최종 부활이 있을 것을 말씀하셨고(계 20:12,13) 사도 바울도 부활의 순서를 "각기 차례대로 되리니 먼저는 첫 열매인 그리스도요, 다음에는 그리스도 강림(재림)하실 때에<**으로 말미암은**> 그에게 붙은<**자신의**> 자≪**들이**≫요, 그 후에는 나중<*τέλος*(텔로스) **끝**>이니 저가 모든 정사와 모든 권세와 능력을 멸하시고 나라를<*τὴν βασιλείαν*(텐 바실레이안) **그 왕국을**> 아버지 하나님께 바칠 때라"고 하였으니(고전 15:23, 24) 예수님 자신의 부활 다음에 두 번의 부활 순서가 있다고 한 것이 요한계시록 20장의 부활의 차례와 일치합니다.

그리고 '둘째 사망' 이 있다고 말씀하셨는데(계 2:11, 20:6, 14) '첫째 사망' 이라고 말하지 않았다고 해서 '첫째 사망' 이 없는 것입니까? 첫째 사망(죽음)은 세상에 살다가 숨이 멎어 육체는 흙으로 돌아가고 혼은 하데스(지옥)에 들어가는 것이고, 둘째 사망(죽음)은 천년왕국 후 최후의 심판 때 육체와 영혼이 결합하여 영원한 형벌의 장소인 '게헨나' 에 던져지는 것입니다.

2〉 첫째 부활은 언제 되는 것인가?

첫째 부활은 그리스도 예수님 강림(재림)하실 때에 되는 것입니다. 오늘날 기독교인 거의 모두는 예수님 재림하실 때 모든 사람이 다 부활하여 심판받는 줄로 알고 있습니다. 그렇지 않습니다. 예수님 재림하실 때는 첫째 부활에 참예할 자들만 부활하고 그 나머지 죽은 자들은 천 년이 차기까지 죽은 상태로 있을 것이라 말씀하셨습니다(계 20:5). 예수님 재림하셔서 곧바로 최종 심판과 영원한 천국이 전개되는 것이 아닙니다. 마귀를 천 년 동안 무저갱에 가두어 천년왕국 동안 백성들을 미혹<πλανήσῃ(플라네세) **길을 잃게, 미혹, 빗나가게, 방황하게**>하지 못하게 하고(계 20:1~3), 그리스도 예수님과 함께 왕노릇 할 성도들이 부활하여 천 년 동안 통치하는 것입니다(계 20:4~6). 이 첫째 부활에 참예하는 자들은 복되고 거룩하다 하신 것은 구원받는 자라고 다 첫째 부활에 참예하는 것이 아니기 때문입니다. 첫째 부활에 참예한다는 말은 '첫째 부활의 부분(μέρος 메로스)을 가지다(ἔχων 에크혼), 소유하다, 획득하다' 는 말입니다. 말하자면 그리스도 예수님께서 재림하셔서 현재 이 세상을 새롭게 하여 천 년 동안 함께 통치하는 첫째 부활의 부분을 획득하는 성도들은 다른 사람들과 달리 특별히 복되고 거룩한 자들이라는 말씀입니다. 아멘!

3〉 **어떤 사람들이 첫째 부활에 참예하는가?**

첫째 부활의 몫을 획득할 성도들이 어떤 자들일 것을 분명히 말씀하셨습니다(계 20:4). 세 부류의 성도들이니 첫째는 보좌에 앉은 심판의 권세를 받은 자들입니다. 이들은 예수님께서 말씀하신 마태복음 19:27,28절 말씀대로 모든 것을 버리고 예수님을 좇은 자들입니다. 부자 청년이 예수님으로부터 "네가 온(완)전하고자 할진대 네 소유를 팔아 가난한 자들을< **에게** >주라 그리하면 하늘에서 보화가 네게 있으리라. 그리고 와서 나를 좇으라"는 말씀을 듣고 근심하며 가니, 예수님께서 제자들에게 부자가 하나님의 왕국에 들어가기가 얼마나 어려운 것을 말씀하셨습니다. 그러자 베드로가 예수님께 "보소서 우리가 모든 것을 버리고 주를 좇았사오니 그런즉 우리가 무엇을 얻으리이까?"라고 말씀드리니, 예수님께서 "세상이 새롭게 되어 인자가 자기 영광의 보좌에 앉을 때에 나를 좇는 너희도 열두 보좌에 앉아 이스라엘 열두 지파를 심판하리라"고 말씀하신 것입니다. 그러므로 천년왕국에서 가장 권위 있는 심판의 권세를 받는 자들은 그 자신이 예수님의 말씀대로 모든 것을 버리고 주님을 좇은 자들인 것입니다. 그 자신이 예수님의 말씀대로 완전히 준행한 자들임으로 다른 사람들을 심판할 권세를 받을 자격에 합당하기 때문입니다.

둘째는 예수님께서 증거하신 말씀과 하나님의 말씀을 인하여 죽임을 당한 자들이 왕으로 통치하게 되는 것입니다. 예수님께서 증거하신 바른복음과 하나님의 말씀을 지키기 위해 죽임을 당한 순교자들이 첫째 부활의 영광에 참예하는 것입니다. 예수님께서 증거하신 말씀과 하나님의 말씀을 증거하고 지키려면 자기를 부인하고 십자가의 죽음을 각오하는 담대한< *μετὰ παρρησίας*(메타 파르레시아스) **확신 중에 있는** >자라야 할 수 있는 것입니다.

그리고 셋째는 적그리스도의 우상 앞에 절하지 아니하고 그의 표를 받지 아니한 자들입니다. 적그리스도의 우상 앞에 절하지 아니하는 자는 몇이든지 다 죽이더라 하고(계 13:15), 그의 표를 받지 아니하는 자는 사지도 팔지도 못하게 한다고 하였으니(계 13:16,17), 굶어 죽을 각오 없이는 할 수 없는 일인 것입니다.

이런 첫째 부활에 참예하는 세 부류의 성도들은 일반적으로 평범하게 신앙생활을 한 자들이 아닙니다. 주님께서는 "죽기까지 신실하라" 하시고(계 2:10), 순교자들의 수가 차기까지 기다리라 하신다 하셨으니(계 6:11), 주님께서 예비하신 잔치와 영광의 보상은 엄청나게 마련되어 있는데도 순교적인 기독교인 합당한 자가 심히 적으니 기독교가 복음을 제대로 가르치지 않기 때문이며, 그리고 사람들이 자기 일 때문에 초청에 응하지 않기 때문입니다.

첫째부활 곧 천년왕국을 바로 확실하게 전하고 가르쳐야 첫째부활에 참예할 수 있는 세 부류의 성도가 나오는 것입니다.

♡ 묵상과 기도

☆ 설교 ☆

생명의 두루마리 책에 기록된 자들

【 요한계시록 20:11~15 】

천년왕국후 최후 심판 때, 모든 죽은 자들이 살아나서 그리스도님의 심판대 앞에서 두 가지 책에 기록된 대로 심판을 받는데 한 가지 책들은 모든 사람의 행위를 기록한 책들로서 각 사람이 자기 행위를<*ἔργα*(에르가) **행위들을, 일들을, 수고들을**> 따라 책들에 기록된대로 형벌과 상급의 경중에 대한 심판을 받고, 그리고 누구든지 생명의 두루마리 책에 기록되지<*οὐχ εὑρέθη*(우크 유레트헤) **기록된 것이 발견되지**> 못한 자는 불못에 던지운다고 하였습니다(계 20:12,15)

그러므로 행위의 책에는 구원받는 자와 구원받지 못하는 자의 구별 없이 모든 사람과 그 행위가 기록되어 있지만, 생명의 두루마리 책에는 구원받는 사람들의 이름만 기록되어 있고 구원받지 못하는 자들의 이름은 기록되어 있지 않습니다. 그런데 한 가지 논의될 문제는 성경에 '생명의 두루마리 책에서 이름을 지워버리겠다' 고 하신 말씀에 대해서입니다(출 32;32,33; 계 3:5, 22:19 ← 공인본문). 생명책을 구원받는 사람의 이름만 기록하는 책이라고 하면 '생명의 두루마리 책에서 지워버린다' 는 말씀은 구원받은 자로 이름을 기록했다가 어떤 이유로 구원이 취소되어 지워버린다는 말이 되니 구원받았다가 구원이 취소될 수 있느냐 하는 것입니다. 필자의 견지하는 바는 하나님께서 구원하기로 작정한 자는 결코 구원이 취소되지 않는다는 것입니다. 왜냐하면 확실하게 구원받는 자는 '위로부터, 물과 성령으로 다시 태어나는 자' 이며(요 3:3, 5), '하나님을 따라 의와 진리의 거룩함으로 지으심을 받은 새 사람이 되는 것' 이며(엡 4:24; 골 3:10), '이전 것은 사라진 새 피조물' 되는 것임으로(고후 5:17), 이렇게 구원받은 자가 구원받지 못하는 자로 타락하여(새 피조물 되었다가 또다시 타락하여 받았던 구원을 잃어버리게 되어) 생명책에서 지워버려진다는 것은 있을 수 없으며, 하나님께서 결코 그렇게 불완전하게 구원하시지 않는 것입니다. 그렇다면 이 세상 어느 누구도 자신은 구원받았다(거듭났다)고 확신할 수 없고 기뻐할 수도 없는 것입니다. 왜냐하면 언제 구원을 잃어버리게(타락하게) 될지도 모르기 때문입니다.

왜 그렇게 생명의 두루마리 책에서 지워버린다는 말씀을 구원을 잃어버리는 것으로 이해하는고 하면 '믿음에 관하여는 파선하였느니라' 는 말씀이나(딤전 1:19), '그리스도 도의 초보에 머물러 완전한데 나아가지 못하고 타락한 자들' 에 대한 말씀(히 6:1~6)에서 그렇게 이해하는 것입니다. 그러나 이러한 견해는 구원받는 것을 앞서 말한바와 같은 새 피조물로 지으심을 받는 거듭남으로 받는다는 확실한 이해가 되지 못하고 믿음으로 일단 구원받는다는 오늘날 기독교의 보편적 관념의 범주에서 벗어나지 못하고 그러한 관념을 바탕으로 하고 있기 때문인 것입니다.

그렇다면 '생명의 두루마리 책에서 지워버린다' 는 말씀은 어떤 말씀인가? 앞서 말한바 하나님께서 구원하시는 자는 구원을 다시 잃어버릴 수 있도록 불완전하게 구원하시지 않는다는 사실과 한편 생명책에서 지워버린다는 상반적인 말씀을 어떻게 이해하느냐 하는 것입니다. 성경의 전반적인 견지에서 볼 때 하나님께서 세상에 생명으로 태어나는 모든 생명은 다 복음을 순종하여 구원받기를 원하시므로(딤전 2:4), 그리고 구원받는 자도 구원받기 전에는 구원받지 못하는 자와 똑같은 생명이므로 똑같이 생명책에 기록된다고 봄이 옳을 것입니다. 그러나 죽을 때까지 구원을 못받거나 죽기전이라도 하나님께서 보실 때 아주 구원받지 못할 자로 규정되었을 때는 천사로 하여금 그의 이름을 생명책에서 지워버리도록 하는 것입니다. 그리하여 최후로 구원받는 합당한 자들만 생명책에 이름이 남아 있는 것입니다.

그러므로 모든 말씀이 배치되지 않고 통일되고 조화되는 것입니다.

그러면 어떤 자들이 생명의 두루마리 책에 기록된 이름이 남아 있는가? 신구약성경에서 이름이 기록되는 생명책에 대한 말씀이 일곱 번 있습니다.

1〉 **하나님께 범죄하는 영혼은 지워버린다고 하셨다** (출 32:33).

이스라엘 백성들이 금송아지를 만들어 놓고는 '이는 너희를 애굽 땅에서 인도하여 낸 너희 신<אֱלֹהִים(엘로힘) **하나님**>이로다.' (출 32:4) 하고는 번제를 드리고 앉아서 먹고 마시며 일어나 뛰놀므로 하나님께서 진노하여 그들을 멸하겠다고 모세에게 알리셨습니다. 모세는 하나님께 엎드려 간구하기를 '슬프도소이다 이 백성이 자기를 위하여 금 신<אֱלֹהִים(엘로힘) **하나님**>을 만들었사오니 큰 죄를 범하였나이다. 그러나 합의하시면 이제 그들의 죄를 사하옵소서 그렇지 않사오면 원컨대 주의 기록하신 책에서 내 이름을 지워버려 주옵소서' 하였습니다. 그때 하나님께서 "누구든지 내게 범죄하면<חָטָא(하타) **빗나가면, 잘못**

행하면, 죄를 지으면> 그는 내가 내 책에서 지워버리리라"고 하셨습니다.

여기서 하나님의 책에서 지워버릴 것이라고 하신 '하나님께 범죄하는 것이 어떤 것인지'를 유의해 보아야 할 것입니다. 하나님께서 모세에게 하신 말씀을 보면 "너는 내려가라 네가 애굽 땅에서 인도하여 낸 네 백성이 부패(문란하고 바르지 못)하였도다. 그들이 내가 명한 길을 속히 떠나 자기를 위하여 송아지를 부어 만들고 그것을 숭배하며<שָׁחָה(샤하) **(몸을)구부리며, 절하며**> 그것에게 희생을 드리며 말하기를 이스라엘아 이는 너희를 애굽 땅에서 인도하여 낸 너희 신<אֱלֹהִים(엘로힘) **하나님**>이라 하였도다. … 내가 이 백성을 보니 목이 곧은 백성이로다 그런즉 나대로 하게 하라"고 하셨습니다(출 32:7~9). 그리고 신명기 9:16절에 모세가 한 말을 보면 "내가 본즉 너희 하나님 여호와께 범죄하여 자기를 위하여 송아지를 부어만들어서 급속히 여호와의 명하신 도를 떠났기로<סוּר(수르) **빗나가다, 돌이키다, 떠나다**>"라고 하였습니다. 그리고 시편 106:19, 20절에는 "저희가 호렙에서 송아지를 만들고 부어만든 우상을 숭배하여<שָׁחָה(샤하) **(몸을)구부리며, 절하며**> 자기 영광을 풀 먹는 소의 형상으로 바꾸었도다"라고 하였습니다.

이스라엘 백성들이 하나님의 존재를 부인한 것이 아니었습니다. 자기들을 애굽에서 구원해 내신 하나님을 믿었습니다. 분명히 하나님께서 두 돌판에 기록하여 모세를 통해 백성들에게 주신 십계명의 둘째는 "너를 위하여 새긴 우상을 만들지 말고… 아무 형상이든지 만들지 말고 그것들에게 절하지 말며 그것들을 섬기지 말라"(출 20:4, 5)고 하셨습니다. 그런데 모세가 두 번째 산 위로 올라가 지체되는 동안 그러한 큰 범죄를 저질렀던 것입니다(출 32:1~21).

하나님께서 모세로 하여금 기록하게 하여 그 백성에게 주신 율례와 법도가 무수히 많으나 그 중에서 십계명은 하나님께서 친히 두 돌판에 새겨 주신 계명이기에 중요하고 법궤 안에 보관하라고 하신 것입니다.(출 40:20; 왕상 8:9) 그 계명들에서도 1계명부터 4계명까지는 하나님을 어떻게 사랑할 것을 명하신 하나님께 대한 계명으로서 크고 첫째되는 계명이라고 예수님께서 말씀하셨습니다(마 22:37, 38). 그러므로 십계명의 1계명부터 4계명까지 말씀하신대로 하지 않는 것이 하나님께 범죄하는 것입니다. 오늘날 기독교는 십계명을 예사로 범하고 있습니다. 예수님은 율법인 십계명을 자기 육체로 폐하시고(엡 2:15) 오직 믿음으로, 오직 은혜로 구원받고 십계명을 지키지 않아도 되도록 하셨습니까? (마 5:17~20, 22:37~40; 눅 11:42)

2〉 악인은 의인과 함께 생명책에 기록되지 못한다 (시 69:28).

다윗은 "저희를 생명책에서 도말하사 의인과 함께 기록되게 마소서"라고 하였으니(시 69:28), 악인이 의인과 함께 생명책에 기록되지 못할 것을 암시하는 말씀입니다. 여기서 악<רָשָׁע(라샤) **사악한, 죄를 범한**>인은 하나님의 성품과 뜻에 배치되는 행위를 하는 자를 말하며 의<צַדִּיק(차디크) **의로운, 공정한, 올바른**>인은 하나님의 성품을 따라 하나님의 법을 좇아 준행하는 사람을 말합니다. 이러한 의로운 행위는 성령님으로 말미암아 새 마음 새 영이 되어짐으로 가능해집니다(겔 11:19, 20, 36:25~27). 하박국 선지자는 이를 "의<צַדִּיק(차디크) **의로운, 공정한, 올바른**

>인은 믿음으로 살리라" 고 하였습니다(합 2:4) 사도 바울이 하박국 선지자의 말을 로마서 1:17에서 인용하였는데 오늘날 기독교는 바울의 의도를 곡해하고 있습니다. 바울이 말한 "의인은 믿음으로 살리라" 에서 '의인' 은 예수를 믿음으로 의롭다함을 받는 동사 '의롭다 하다 디카이오오(*δικαιόω*)' 가 아니고, 형용사 디카이오스(*δίκαιος*)' 인데 디케(*δίκη* **옳음, 공의, 정의**)에서 유래했으며, '디케' 를 준수하는, 의로운, 하나님과 인간의 법을 지키는, 그의 의무를 이행하는 자를 뜻하는 말로서 성령님으로 새 영과 새 마음을 받은 에스겔 36:25~27절 말씀같이 된 사람이 믿음으로 살리라(구원받으리라)는 말씀인 것입니다. 오늘날 기독교는 로마서 1:17절을 바로 알지 못하고 곡해하고 있습니다.

3〉 **거짓 선지자는 생명책에 기록되지 못한다** (겔 13:9).

에스겔 13:9절에 "그 선지자들이 허탄한 묵시를 보며 거짓 것을 점쳤으니 내 손이 그들을 쳐서 내 백성의 공회에 들어오지 못하게 하며 이스라엘 족속의 호적<כָּתָב(카타브) **책, 등록, 기록**>에도 기록되지 못하게 하며 이스라엘 땅에도 들어가지 못하게 하리니 너희가 나를 여호와인 줄 알리라" 하셨습니다.

거짓 선지자들의 행사를 말하였으니 가장 큰 특징은 '백성을 유혹하여 평강이 없으나 평강이 있다고 하는 것' 입니다(겔 13:10). 참으로 구원을 받는 바른복음을 전하지 않고 변질된 복음을 전하면서 구원을 받는다 하는 것입니다.

예수님께서 말씀하셨습니다. "거짓 선지자들을 삼가라 양의 옷을 입고 너희에게 나아오나 속에는 노략질하는 이리라" (마 7:15) 특히 종말에 "거짓 그리스도들과 거짓 선지자들이 일어나 큰 표적과 기사를 보이어 할 수만 있으면 택하신 자들도 미혹하게 < πλανάω(플라나오) **방황하게, 빗나가게, 헤매게, 죄를 짓게** > 하리라" 하셨습니다(마 24:24). 지금은 미혹이 세상을 혼돈케 하고 있습니다.

4〉 바른복음 사역에 헌신 충성한 자들이 확실히 기록된다 (눅 10:20, 빌 4:3).

사도 바울은 빌립보 교회에 보낸 말씀에서 "또 참으로 나와 멍에를 같이 한 자 네게 구하노니 복음에 나와 함께 힘쓰던 저 부녀들을 돕고, 또한 글레멘드와 그 외에 나의 동역자들을 도우라 그 이름들이 생명책에 있느니라"고 하였습니다(빌 4:2,3).

복음사역이라고 무조건 헌신하고 충성한다고 생명책에 기록되는 것이 아닙니다. 사도 바울 같은 예수님께서 전하신 복음 그대로 따르며 전하는 전도자와 함께 동역하는 자라야 합니다. 오늘날 교회는 무분별하게 무조건 복음사역이라고 열심히 헌신적으로 하면 되는 줄 알고 열심입니다. 그러나 마지막 날 많은 기독교 사역자들이 주님을 향하여 "주여 주여 우리가 주의 이름으로 선지자 노릇하며, 주의 이름으로 귀신<악령>을 좇아내며, 주의 이름으로 많은 권능을 행치 아니하였나이까? 하리니 그때에 내가 저희에게 밝히 말하되 내가 너희를 도무지< οὐδέποτε(우데포테) **어느 때도, 전혀**> 알지 못하니 불법을< ἀνομία(아노미아) **법을 어긴, 법이 없는, 법을 행치 않은**> 행한< ἐργάζομαι(에르가조마이) **일한, 창조한, 생산한**) 자들아 내게서 떠나가라 하리라"고 하셨습니다(마 7:22, 23).

70인 전도인들이 돌아와서 예수님께 귀신<악령>들이 항복하는 것을 기뻐하여 말할 때 예수님께서 “귀신<악령>들이 너희에게 항복하는 것으로 기뻐하지 말고, 너희 이름이 하늘에 기록된 것으로 기뻐하라” 하셨으니(눅 10:20), 바른 복음 전도자들이 생명책에 기록되는 것이 확실한 것입니다. 아멘!

5〉 **온전한 행위로 주님과 동행한 자가 생명책에 기록된다** (계 3:5).

하나님의 말씀을 듣고 받아서 살았다 하는 이름은 가졌으나 하나님 앞에서 온(완)전한 행위가 없음으로 죽은 자인 사데 교회에 그나마 몇 명이 흰 옷을 입고 주님과 함께 동행하는 합당한 자들이 있다고 하셨습니다. 그리고 주님께서 “그 이름을 생명책에서 반드시<οὐ μὴ(우 메) **절대로**> 흐리지<ἐξαλείψω(에크살에이프소) **지워버리지**> 아니하고 그 이름을 아버지 앞과 그 천사들 앞에서 시인하리라” 하신 것입니다(계 3:4,5).

이렇게 말씀을 듣고 받고서도 온(완)전히 행치 않는 사데 교회이지만 몇 명의 행하는 성도, 주님께 합당한 자들이 있어 이렇게 생명책에 기록된 이름을 보장하시겠다고 말씀하신 것은 오늘날 기독교가 유심히 귀기울여야 할 말씀입니다.

오늘날 기독교에 편만 된 오직 믿음으로, 오직 은혜로, 행위는 구원과 관계없다는 절대다수의 신자들이 추종하는, 완전한 행위를 배제하는 쉬운 복음은 과연 사데 교회에 하신 주님의 말씀에 비추어 볼 때 생명책에 기록되게 하는 복음이겠는가 말입니다.

6〉 **적그리스도와 그 우상 앞에 절하지 않는 자** (계 13:8).

"죽임을 당한 어린 양의 생명책에 창세 이후로 녹명되지 못하고 이 땅에 사는 자들은 다 짐승에게 경배하리라"(계 13:8) 하였습니다. 이때는 7년대환란 적그리스도의 횡포가 본격화되는 시기로서, 적그리스도의 우상 앞에 경배하지 않는 자는 몇이든지 다 죽인다고 하였으니,(계 13:15) 죽음을 각오하지 않고는 경배하지 않을 수 없는 것입니다.

요한계시록 20:4절에 "짐승과 그의 우상에게 경배하지도 아니하고, ≮**그들의**≯ 이마와 ≮**그들의**≯ 손에 그의 표를 받지도 아니한 자들이 살아서, 그리스도로 더불어 천년 동안 왕노릇하니"라고 하였는데, 여기서 '살아서' 라고 한 것은, 5절에 "나머지 죽은 자들은 그 천 년이 차기까지 살지 못하더라. 이는 첫째 부활이라", 하였으니 죽임을 당했다가 부활한 것을 말한 것입니다.

그러므로 이때는 적그리스도와 그의 우상에게 경배하고, 그의 표를 받는 자와 거절하여 죽임을 당하는 자인가를 보면 생명책에 기록된 자와 기록되지 못한 자를 알 수 있는 것입니다. 그때는 완전히 구분되는 것입니다.

7〉 요한계시록 말씀에서 제하여 버리는 자는 지워진다 (계 22:19).

"만일 누구든지 이 책의 예언의 말씀에서 제하여 버리면< *ἀφαιρήσει*(앞하이레세이) **이동하면, 떼어버리면, 감하면, 없게하면, 제거하면, 옮기면**>하나님이 이 책에 기록된 생명나무와 및 거룩한 성에 참예함을 제하여 버리시리라" 하셨습니다.(계 22:19)

그런데 이렇게 엄중한 말씀 자체를 변개하였으니, 「공인본문」에 생명 '책(*βίβλου* 비블루)으로 되어 있는 것을 생명 '나무

(ξύλου 크쉴루)' 로 바꾼 것입니다. 성경을 변개하면서 생명책에서 제하여 버린다는 말씀이 두려워서 조금 약한 말로 '생명나무' 로 바꾼 것입니다. 요한계시록의 말씀에서 제하여 버리면 생명책에서 제하여 버린다고 경고하신 말씀 자체부터 변개하였으니, 성경을 변개한 자들은 하나님을 두려워하지도 않는, 하나님께서 눈에 보이지 않는다고 성경말씀을 사람의 말만큼도 존중히 다루지 않는 자들로서, 말씀대로 생명책에서 제하여지는 것이 확실합니다.

이렇게 요한계시록의 말씀은 중요합니다. 그런데도 요한계시록을 통채로 가르치지 않는다면 어떻게 되겠습니까?

♡ 묵상과 기도

황금 두루마리

☆ 설교 ☆

예수님께서 복있다 하신 자들

【 누가복음 24:50~53 】

예수님께서 부활하신후 40일간 세상에 계시면서, 확실한 많은 증거로 친히 사심을 나타내사 제자들에게 보이시며, 하나님의 왕국의 일들을 말씀하셨습니다(행 1:3). 이제 하늘로 올리우실 때가 되어 제자들을 데리시고 베다니 앞까지 가셔서, 두 손을 들어 제자들에게 복을 주시는데 복을 주실 때에 저희를 떠나 하늘로 올리우셨습니다. 제자들은 감동하여 그에게 경배하고 큰 기쁨으로 예루살렘에 돌아가, 늘 성전에 있어 하나님을 찬송했다고 했습니다(눅 24:50~54).

예수님께서 제자들을 떠나 하늘로 올리우시는 마지막 장면은 두 손을 들어 복을 주시는 모습이었습니다. 그리고 공사역을 시작하시면서 제일 먼저 산 위에서 입을 열어 가르치신 말씀은, 하나님의 왕국에 들어가는 복 있는 자들에 대한 가르치심이었습니다. 그리고 사도 요한에게 주신 마지막 종말의 계시인 요한계시록에서도 일곱 번 영원토록 복 있는 자에 대한 말씀을 주셨습니다. 이제 주님께서 재림하시는 날 모든 복이 성취될 것입니다. 할렐루야! 아멘!

1. 산상수훈에서 말씀하신 복있는 자 (마 5:1~12)

예수님께서 말씀하신 복있는 자라고 하신 『복』이라는 헬라어 '*Μακάριοι*(마카리오이)' 는 '최고의 복들, 행복한(사람)' 이란 말로써 하나님의 왕국 곧, 하늘 왕국에서 받는 복이 최고의 복이며 행복이라는 말씀입니다.

1〉 **영이 가난한 자들이 복이 있다고 하셨습니다** (3절).

개역성경에 "심령이 가난한 자"라는 말은 「**πτωχοὶ τῷ πνεύματι**(프토크호이 토~ 프뉴마티) **영이 가난한, 빈곤한, 구걸하는 자**」라는 말입니다. 잠언 14:21절에 빈곤한 'עָנָו(아나우)' 라는 말은 '**가난한, 고통받는, 겸손한, 온유한**' 이란 말인데, 한글은 '필요한 것이 없거나 부족한' 이라는 의미입니다. 그러므로 "영이 가난한 자"라는 말은 「영이 필요한 것이 없어 갈구하고 찾는 자」라는 말입니다.

예수님께서 인생들에게 구원받는 복음 즉, 하나님의 왕국에 들어가는 좋은 소식을 전하실 때, 제일 먼저 하신 말씀이 하나님의 왕국은 "영이 필요한 것이 없어 갈구하고 찾는 자≪들≫"의 것이라고 하신 것입니다. 예수님께서 사람들에게 복음의 말씀을 전하시고 "들을 <**ἀκούειν** (아쿠에인) **들을, 깨달을**> 귀 있는 자는 들으라 <**ἀκουέτω**(아쿠에토) **들으라, 깨달으라**>" 하신 것은 (마 13:9; 막 4:9; 눅 8:8, 14:35) 예수님의 말씀을 듣는 사람 모두가 깨닫지 못하고 깨닫는 귀가 있는 자라야 깨닫는 다는 말씀인 것입니다. 그와 같이 하나님의 왕국에 들어가는 구원받는 자들은 무엇보다 먼저 '영이 필요한 것이 없어 갈구하고 찾는' 사람들이라는 것입니다.

누가복음에는 산상수훈의 말씀이 요약되어 기록되어 있는 중에 가난에 대해서는 더 분명하고 상세하게 기록되어 있습니다. 예수님께서 ≪**그의**≫ 제자들을 보시고 "가난한 <**πτωχοὶ**(프토크호이) **가난한, 빈곤한, 구걸하는**〉 자≪들≫은 복이 있나니 하나님

제Ⅱ부 바른복음

의 왕국이 너희 것이요, 이제<**지금**> 주린 자들은 복이 있나니 너희가 배부름을 얻을 것이며, 화 있을진저 너희 이제<**지금**> 배부른 자들이여 너희는 주리리로다" 고 하셨으니(눅 6:20~25), 예수님의 제자로 부름 받아 모든 것을 버리고 따르는 제자들에게 영의 가난과 함께 물질적 가난한 자들이 복됨을 말씀하신 것입니다. 예수님은 두 가지 가난을 다 말씀하신 것입니다. 물질적 부한 사람은 영이 가난하기가 어렵고(눅 12:16~21), 부(한)자는 하나님의 왕국에 들어가기가 낙타가 바늘구멍에 들어가는 것보다 어렵다고 하셨으며(마 19:23~26), (삭개오같이 개심하는 부자는 들어가지만 눅 19:8, 9), 야고보서 2:5절에는 "하나님이 세상에 대하여는 가난한 자≪들≫을 택하사 믿음에 부요하게 하시고, 또 자기를 사랑하는 자들에게 약속하신 왕국을 유업으로 받게 아니하셨느냐?" 고 하였습니다.

예수님의 말씀들을 종합해 볼 때 "영이 가난한 자들은 복이 있나니 하나님의 왕국이 저희 것임이요" 라고 말씀하신 예수님의 생각을 분명하게 알 수 있는 것입니다.

오늘날 기독교의 복의 관념이 예수님의 말씀과 일치합니까?

♡ 묵상과 기도

2〉 **애통하는 자들은 복이 있다고 하셨습니다** (4절).

'애통하는' <*πενθοῦντες*(펜트훈~테스) **슬퍼하는, 애통하는**> 자들, 여기서의 애통은 죄를 지은데 대한 슬픔을 포함하지만, 이 세대의 모습을 그대로 볼 수 없고, 이 세대에 전혀 매력을 느끼지 못하는 이들의 애통인 것입니다.

이사야 선지자를 통해 세상에 오실 구세주 예수님은 "슬픔<

יָגוֹן(야곤) **큰 슬픔, 비탄, 고통, 괴로움**> 의 사람" 이라고 예언했으며 (**맛소라 전통원문 ~ 사** 53:3), 육체로 세상에 계실 때에 하나님 아버지께 심한 통곡과 눈물로 간구와 소원을 올리셨다고 하였습니다(히 5:7). 겟세마네 동산에서의 슬퍼하심과 눈물의 기도는 그 절정이었으며(마 26:37,38; 막 14:33,34), 생애 동안 성경에 우셨다는 말은 있으나(눅 19:41; 요 11:35) 웃으셨다는 말은 한 번도 없습니다. 성령으로 기뻐하셨다고 한 번 말하고 있습니다(눅 10:21).

그리고 누가복음에는 예수님께서 "이제<**지금**> 우는<*κλαίοντες*(클라이온테스) **흐느껴 우는, 큰 소리로 울부짖는, 눈물을 흘리는**> 자는≪**들은**≫ 복이 있나니 너희가 웃을 것임이요" (눅 6:21), "이제<**지금**> 웃는<*γελῶντες*(겔론~테스) (기쁘고 만족하여)**크게 웃는**> 자≪**들이**≫여 너희가 애통하며 울리로다" 고 하셨습니다(눅 6:25). 요한계시록에 새예루살렘 복된 집에 들어간 자들은 제일 먼저 하나님께서 친히 모든 눈물을 그 눈에서 씻어 주신다고 하였으니(계 21:4), 땅에 있는 동안 성도들은 무엇보다 여러 가지 애통의 눈물을 흘린 자들인 것을 말해주고 있는 것입니다.

"찬송하리로다 그는 우리 주 예수 그리스도의 하나님이시요 자비의 아버지시요 모든 위로의 하나님이시며", "그리스도의 고난이 우리에게 넘친 것 같이 우리의 위로도 그리스도로 말미암아 넘치는도다" (고후 1:3,5).

'위로' *παρακληθήσονται*(파라클레트헤손타이)라는 말의 본래의 의미는 "가까이 부르다" 는 의미입니다. 세상에서 사는 동안 많이 애통한 성도일수록 주님께서 가까이 불러 격려해 주실 것입니다. 할렐루야! 아멘!

기독교는 애통하는 자를 최고의 복있는 자로 여기고 사모하고 있습니까?

♡ 묵상과 기도

3〉 **온유한 자들은 복이 있다고 하셨습니다** (5절).

'온유한' 이란 말 πραεῖς(프라에이~스)는 어원상으로 '**온화한, 온유한, 즐거운**' 을 의미하는데, 사람에 대해서는 '분노, 난폭, 매정, 잔인하지 않고 온화하고 부드러우며 친절하고 관대한 것을 의미합니다. 동물에 관해서는 길들여진, 유순한으로 표현되며, 일반 헬라어 용법으로의 '온유한 자' 는 본능과 충동, 격동등 감정을 제어 할 수 있는 훈련된 인격을 말합니다. 따라서 온유는 나 자신에 대한 자세인 동시에 타자 곧 하나님과 인간에 대한 관계에서 나의 자세의 표현인 것입니다.

예수님께서 "나는 마음이 온유하고 겸손하니 나의 멍에를 메고 내게 배우라" 고 하셨습니다(마 11:29). 그의 왕국에 들어갈 자들은 반드시 예수님의 온유하고 겸손한 마음을 배워야 합니다. 왜냐하면 예수님께서는 그 왕국을 무력과 강압으로 다스리지 않고 온유함으로 다스리시기 때문에, 그와 함께 왕노릇 할 자들도 그와 함께 온유한 자가 되지 않으면 안되는 것입니다. "모세는 온유함이 지면의 모든 사람보다 승하더라" 고 했습니다(민 12:3). 온유는 지도자의 중요한 자격중의 하나입니다. 예수님의 통치 방법은 온유함입니다. "오직 온유한 자는 땅을 차지하며 풍부한 화평으로 즐기리로다."(시 37:11) "온유한 자는〈들은〉 복이 있나니 저희가 땅을 기업으로 받을 것임이요" 라고 하셨으니, 주님께서 어떤 자를 하나님의 왕국에서 복되고 영광스러운

지도자로 높이실 것을 이 말씀으로 마음속에 새기고 새겨야 할 것입니다. 주님께서는 이런 자들이 최고로 복될 것을 말씀하셨습니다. 오늘날 교회에서 이런 귀중한 복된 자가 될 것을 바로 가르치고 있습니까?

♡ 묵상과 기도

4〉 **의에 주리고 목마른 자들은 복이 있다고 하셨습니 다** (6절).

명사 '의' *δικαιοσύνην*(디카이오쉬넨)은 형용사 〈*δίκαιος*(디카이오스) **의로운**〉에서 유래했으며, 의로운 사람의 덕, 자질, 상태를 나타냅니다. 성경에서 '그의 의무를 이행하는 자의 상태, 의로움, 하나님께 받아들여질 수 있는 조건' '삶의 성실, 미덕, 순결, 정직, 생각, 느낌, 행동이 올바름을 나타냅니다.' (마 3:15, 5:6,10, 6:1,20; 행 13:10, 24:25; 롬 6:13, 6:16, 18~20, 8:10; 고후 6:7, 14, 11:15; 엡 5:9, 6:14; 빌 1:11; 딤전 6:11; 딤후 2:22, 3:16, 4:8; 딛 3:5; 히 1:9, 12:11; 약 3:18; 벧전 3:14; 벧후 2:5,21, 3:13.)

그리고 "의의 도로", 의의 길로 행하는, 즉 정직한, 의로운 사람(마 21:32), "그의 의를 구하라", 하나님이 요구하시는 의(마 6:33; 약 1:20), '자선' 에서 나타나는 의에 대해(고후 9:9), "의와 성결"로 연결되어 나오는 경우(눅 1:75; 엡 4:24), 전자는 인간에게 향한 옳은 행동을, 후자는 하나님께 향한 경건을 나타냅니다. 의를 행하는 것, 의롭게 사는 것(요일 2:29, 3:7, 3:10), 의를 행하는 것(행 10:35; 히 11:33), 의를 위해 사는 것, 의를 위해 생명을 바치다(벧전 2:24), 옳은 것이라면 무엇이든지 완전하게 수행하다(마 3:15).

이러한 의를 주려서 밥을 찾고 목말라서 물을 구하는 것과 같이 찾고 구하는 (율법의 의를 찾고 구하는 것이 아닌 생명의 성령의 법으로 성령을 따라 찾고 구하는)사람이 복이 있다고 하신 것입니다. 오늘날 기독교는 예수님을 믿음으로 의롭다함<*δικαιόω* 디카이오오>을 받는 의(동사) 밖에 모르고, 그 의에 주리고 목말라 하라 하신 것으로 알고 있습니다. 명사 '의' <*δικαιοσύνην*(디카이오쉬넨) **의**>와 형용사<*δίκαιος*(디카이오스) **의로운**>은 모르고 관심도 없습니다. 그러므로 예수님의 이 넷째 복에 대한 말씀을 도무지 바로 이해하지 못하고 있는 것입니다.

진정 의로 배부르는 만족함을 알지 못하고 누리지 못합니다. 사도 바울은 "내가 모든 일에 배부르며 배고픔과 풍부와 궁핍에도 일체의 비결을 배웠노라" 고 하였습니다(빌 4:12). 거듭난 성도는 믿음으로 말미암아 영생을 얻는 법적 의만 아니라, 자신의 품성이 의를 주리고 목말라 하는 자 되어 의를 행함으로 배부름을 체득하는 신비한 삶을 살아가는 것입니다. 할렐루야!

♡ 묵상과 기도

5〉 **긍휼히 여기는 자들은 복이 있다고 하셨습니다** (7절).

'긍휼히 여김' *ἐλεήμονες*(엘레엠오네스)는 **자비로운, 동정적**이라는 의미인데 이, 구절에서 그 동기는 명백히 하나님의 자비이며, 긍휼히 여기는 자들에게는 하나님께서 긍휼히 여길 것이라는 약속이 주어집니다. '긍휼히 여김' 이라는 동사는 수동태가 사용되어 그 주체가 하나님이심을 간접적으로 나타냅니다.

하나님께서는 긍휼이 심히 많으신 하나님이시며(삼하 24:14; 대상 21:13; 느 9:31; 시 119:156), 긍휼이 불붙듯 하시는 하나님으로서(호 11:8), 타고난 성향이 진노의 자녀였던 죄인들을 긍휼에 풍성하신 하나님이 사랑하신 그 큰 사랑을 인하여 허물로 죽은 우리를 그리스도와 함께 살리셨고 (너희가 은혜로 구원을 얻은 것이라) 하였으니(엡 2:4, 5), 하나님의 긍휼의 풍성하심이 없다면 구원이 있을 수 없는 것입니다. 중생의 씻음과 성령님의 새롭게 하신 거듭나게 하심도 하나님의 긍휼하심을 좇아 된 것이며(딛 3:5; 벧전 1:3), 긍휼하심을 받고 때를 따라 돕는 은혜를 얻기 위하여 은혜의 보좌 앞에 담대히 나아가는 것입니다(히 4:16).

그러므로 이같이 긍휼함을 입은 자들이 형제를 긍휼히 여김은 마땅하며, "긍휼을 행하지 아니하는 자에게는 긍휼 없는 심판이 있으며, 긍휼은 심판을 이기고 자랑하느니라"고 하였습니다(약 2:13). 우리 구주 예수님은 가장 자비하시고 긍휼히 여기시는 자시니(약 5:11) 그분의 긍휼을 기다리며, 바른복음에 의심하는 < *διακρινόμενοι*(디아크리노메노이) **반대하는, 주저하는, 의심하는, 판단하는, 흔들리는**> 자들을 긍휼히 여겨야 할 것입니다(유 1:21, 22). 하나님의 많은 긍휼하심으로 죄와 멸망에서 구속함을 받고 거듭난 자들은 긍휼히 여기는 자이며, 주님의 긍휼하심을 기다리는 자인 것입니다. 긍휼히 여길 줄 아는 자들이야말로 참으로 하나님의 긍휼히 여기심을 받는 최고의 복된 자입니다.

♡ 묵상과 기도

6〉 **마음이 청결한 자들은 복이 있다고 하셨습니다** (8절).

"마음이 < *καρδία*(카르디아) **인식과 감정과 의지의 중심지**> 청결한<*καθαροὶ*(카트하로이) **깨끗한, 정결한, 순결한**> 자는 복이 있나니 저희가 하나님을 볼<*ὄψονται*(오프손타이) **볼, 바라볼, 나타날**> 것"이라 하셨습니다.

"만물보다 거짓되고<עָקֹב(아코브) **속이고**> 심히 부패한<וְאָנֻשׁ(베아누쉬) **고칠 수 없는, 지독하게 악한, 슬픈, 비참한, 아주 병든**> 것은 사람의 마음이라" 하였으며(렘 17:9), 예수님께서도 "입에서 나오는 것은 마음에서 나오나니, 이것이야말로 사람을 더럽게 하느니라. 마음에서 나오는 것은 악한 생각과 살인과 간음과 음란과 도적질과 거짓증거와 훼방이니 이런 것들이 사람을 더럽게 하는 것이요, 씻지 않는 손으로 먹는 것은 사람을 더럽게 하지 못하느니라" 하셨습니다(마 15:18~20).

이러한 깨끗지 못한 사람의 마음이 하나님 왕국의 복음을 듣고 개심하여 그리스도님의 피로 죄사함 받고 믿음으로 마음이 깨끗해지며(행 15:9), 성령으로 흠없는 자신을 드린 그리스도님의 피는 구원받는 자들의 양심까지 깨끗케 하여 하나님을 섬기게 하는 것입니다(히 9:14). 거듭나는 것은 새<**로워진**> 마음과 새<**로워진**> 영을 받아 하나님(예수님)의 말씀을 준수하고 지키는 자가 되는 것이니(겔 11:19, 36:26) 그의 마음과 생각에 하나님(예수님)의 법이 새겨지기 때문입니다(히 8:10, 10:16).

이렇게 되는 사람이 하나님을 볼 수 있는 복된 자라는 말씀입니다. 예수님께서 "지혜롭고 슬기 있는 자들에게는 숨기시고<*ἀπέκρυψας*(아페크륖사스) **감추고, 숨기고, 비밀로 하고**> 어린아이<*νηπίοις*(네피오이스) **말못하는 유아, 간난아이**>들에게는 나타내심을 감사<*'Εξομολογοῦμαί*(에크소몰로구~마이) **동의, 전적 일치**>하나이다."고 하셨으니(마 11:25) 하나님(예수님)께서는 자신을 젖먹이 아이 같은 마음을 가진 자들에게 나타내 보이신다는 말씀입니다. 나타내 보이시는 자라야 하나님을 볼 수 있는 것입니다(마 11:27). 오늘날 기독교는 하나님의 나타내 보이심을 받는 자가 얼마나 복됨을 귀중히 여기고 있습니까?

♡ 묵상과 기도

7〉 **화평케 하는 자들은 복이 있다고 하셨습니다** (9절).

'화평' 케 하는자≪들≫ <*εἰρηνοποιοί*(에이레노포이오이) **화평케 하는 자들**> 형용사는 에이레네<*εἰρηνη* **평화**>와 포이에오<*ποιέω* **만들다, 행하다**>에서 유래했으며, '화해시키는 자≪들≫, 화평하게 하는 자≪들≫' 을 의미합니다.

하나님께서는 화평의 하나님이시며(고전 14:33), 예수님께서 십자가의 피로 화평을 이루셨으며(골 1:20), 화평의 복음을 전하게 하셨으며(행 10:36), "모든 사람으로 더불어 화평함과 거룩함을 좇으라 이것이 없이는 아무도 주를 보지 못하느니라" 하였습니다(히 12:14).

형용사 '*εἰρηνοποιοί*(에이레노포이오이) **화평케 하는 자들**' 은 신약성경에서 마태복음 5:9절에 한번 나옵니다. "화평케 하는 자는<**자들은**> 복이 있나니 저희가 하나님의 아들이라 일컬음을 받을 것임이요." 여기서는 일반적인 안녕이나 하나님과 평화가 아니고 인간 사이의 화합을 증진시키는 사람들에게 복이 선언됩니다. 하나님은 저들이 자기를 닮았기 때문에 그들을 자녀라고 부릅니다. 로마서 12:19절에는 "할 수 있거든 너희로서는 모든 사람으로 더불어 평화하라" 하였습니다.

그런즉 사람 관계에 화평케 하지 않는 자는 하나님의 아들이라 하기에 합당하지 않은 것입니다. 이러한 복 역시 대단히 중요시해야 하는데 어떠합니까?

♡ 묵상과 기도

8〉 **의를 위하여 핍박을 받은 자들은 복이 있다고 하셨습니다** (10절).

명사 '*δικαιοσύνης*(디카이오쉬네스) **의**' 는 형용사 '*δίκαιος*(디카이오스) **의로운**' 에서 유래했으며, 의로운 사람의 덕, 자질, 상태, 의를 행하는 것, 의롭게 사는 것을 나타냅니다.(요일 2:29, 3:7,10) 인간이 하나님께 옳다고 인정받는 상태에 도달할 수 있도록 하는 의무를 이행하는 자의 상태, 의로움, 하나님께 받아들여질 수 있는 조건인 삶의 성실, 미덕, 순결, 정직, 생각, 느낌, 행동이 올바름을 말합니다.

'핍박을 받은' *δεδιωγμένοι*(데디오그메노이)는 가장 보편적 종교적 의미로 '박해하다, 쫓아내다' 를 나타냅니다. 특히 하나님의 사자들이 박해를 받았습니다. 마태복음 5:12절에 의하면 이미 선지자들이 경험했습니다: "기뻐하고 즐거워하라 하늘에서 너희의 상이 큼이라 너희 전에 있던 선지자들을 이같이 핍박하였느니라". 사도행전 7:52절에서 "너희 조상들은 선지자 중에 누구를 핍박치 아니하였느냐, 의인이 오시리라 예고한 자들을 저희가 죽였고, 이제 너희는 그 의인을 잡아 준 자요 살인한 자가 되나니"라고 말합니다.

그리고 예수님께서 박해를 받으셨습니다. "그러므로 안식일에 이러한 일을 행하신다 하여 유대인들이 예수를 핍박하게 된지라" (요 5:16). 그러므로 주님을 따르는 자는 역시 핍박을 받습니다(마 10:23, 마 23:34). 이 관계는 요한복음 15:20절에서 분명하게 표현되어 있습니다. “내가 너희더러 종이 주인보다 더 크지 못하다 한 말을 기억하라. 사람들이 나를 핍박하였은즉 너희도 핍박할 터이요 내 말을 지켰은즉 너희 말도 지킬 터이라”. 한 때 교회의 박해자였던 바울은(고전 15:9; 갈1:13, 23; 빌 3:6) 영광의 주님이 그를 주님의 사자로 만든 후 그 자신이 박해를 겪었습니다(갈 5:11). 디모데후서 3:12절에서 바울은 기독교 신자가 되는 것은 항상 박해가 관련될 것이라고 표현하고 있습니다.

박해는 시험입니다. 박해를 피하는 것은 전하는 말씀을 타락시키는 위험을 초래합니다(갈 6:12). 기독교 신자들은 핍박을 받는 동안 그들의 신앙을 지키는데 특히 도전을 받습니다. 그들은 축복의 말로 박해자의 증오를 맞아야 했습니다(롬 12:14; 마 5:44). 그러나 기독교인들은 특히 핍박 속에서 그리스도의 도움과 힘과 구원의 능력을 경험하게 됩니다(고후 4:7이하). 바울은 핍박 속에서 인내심을 가지고 핍박을 감당함으로써 그리스도인의 본을 보였습니다(고전 4:12). 눅 21:12; 갈 5:11; 딤후 3:12절에서 박해는 시험(test)이라는 것을 나타냅니다.

그러므로 박해는 특권입니다. 박해를 받는 것은 그 사람이 하나님 편에 있다는 표시가 될 수 있습니다. 그러므로 예수님은 “의를 위하여 핍박을 받는 자”가 복이 있다고 말씀하셨습니다(마 5:10). 하늘의 왕국은 의를 위하여 핍박을 받은 최고의 복있는 자들의 것입니다.

♡ 묵상과 기도

9〉 예수님 인하여 해를 받은 자들은 복이 있다고 하셨습니다 (10절).

"나를 인하여<***ἕνεκεν***(헤네켄) **때문에, 위하여**> 너희를 욕<***ὀνειδίσωσιν***(오네이디소신) **욕, 비난**>하고 핍박하고 거짓으로 너희를 거스려<***καθ'***(카타) ~**에 대하여**> 모든 악한 말을 할 때에는 너희에게 복이 있나니 기뻐하고 즐거워하라<***ἀγαλλιᾶσθε***(아갈리아~스트헤) **넘치게 기뻐하라**> 하늘에서 너희의 상이 큼이라 너희 전에 있던 선지자들을 이같이 핍박하였느니라" 사도 베드로도 "너희가 그리스도님의 이름으로 욕을 받으면 복 있는 자로다 영광의 영 곧 하나님의 영이 너희 위에 계심이라"(벧전 4:14) 하였습니다.

의를 위하여 핍박을 받는 것과 예수님 때문에 비난과 핍박과 악한 말을 듣는 것을 같은 것이라 할 수도 있겠지만, 다르게 말씀하신 것으로 보아야 할 것은 11절에 '나를(예수님) 인하여… 복 있는 자니' 라고 앞에 여덟 번 말씀하신 것과 동일하게 말씀하셨으니, 이 역시 한 가지로 보아야 마땅함으로 보통 말하는 8복이 아니라 9복인 것입니다. 아홉 가지 복 있는 자들에 대한 말씀입니다. 갈라디아 5:22, 23절에 성령의 열매를 아홉 가지로 말한 것과 같이 아홉 가지로 말씀하신 것입니다.

오늘날 교회의 복에 대한 관념이 예수님의 말씀과 일치한가가 중요합니다. 과연 예수님께서 최고의 복있는 자, 행복한 자라고 하신 복된 자가 오늘날 교회 안에 얼마나 되며, 이런 복된 자가 되고져 얼마나 가르치고 열망하고 있는지 말입니다. 예수님께서 오실 때 말씀하신 대로 복된 자가 되어 있어야 하지 않겠습니까?

♡ 묵상과 기도

2. 요한계시록에 말씀하신 복있는 자

요한계시록은 사도 요한에게 종말에 될 일에 관하여 보게 하시고 기록하게 하신 말씀으로써 준비치 않고 있는 기독교인들에게는 두려움이 되어 읽기가 꺼려지지만, 실은 최후에 복 있는 자가 어떤 자일 것에 대한 말씀이 일곱 번이나 있으니, 이것을 제대로 알지 못하면 최후에 진정 복있는 자가 될 수 없는 것입니다.

예수님께서 최초로 제자들에게 가르치신 산상수훈에서 제일 먼저 아홉 가지 최고의 복있는 자에 대하여 말씀하셨고, 최후에 사도 요한을 통해 교회에 주신 종말계시에서도 일곱 번 최후에 복 있는 자에 대한 말씀을 하셨으니, 처음도 마지막도 어떤 자가 복 있는 자라고 하신 예수님의 말씀을 유의하고 바로 깨달아 참으로 복 있는 자가 되도록 하는 것은 참으로 중요한 것입니다.

1〉 **요한계시록의 말씀을 읽고 듣고 지키는 자들은 복이 있다고 하셨습니다** (계 1:3).

"이 예언의 말씀을 읽는 자와 듣는 자들과 그 가운데 기록한 것을 지키는 자들은 복이 있나니 이는 그 때가 가까움이라"고 하였습니다(계 1:3).

'이 예언의 말씀' 은 주님께서 사도 요한에게 계시하시고 기록하게 하신 요한계시록의 말씀을 말합니다. 이 요한계시록의 말씀을 읽는 자와 듣는 자들이 복이 있다고 하신 것은 당시는 인쇄기술이 발명되지 않아 사도 요한이 기록한 예언의 말씀을 지금처럼 인쇄하지 못하고 손으로 한 자 한 자 베껴 써야 했기 때문에 사도 요한이 기록한 원본이나 베낀 사본이나 그 수가 희귀했습니다. 그러므로 회당에서 큰 소리로 한 사람이 낭독하고 회중은 함께 들어야 했기 때문에 이토록 귀중한 말씀을 읽는 자와 듣는 자들이 복이 있다고 한 것입니다. 오늘날은 성경책이 너무나 흔해져서 읽는 자와 듣는 자들이 복이 있다는 말씀이 전혀 실감되지 않는 것입니다. 풍요 속에 빈곤이라는 말과 같이 성경책이 흔해져서 누구나 쉽게 구해 읽어 볼 수 있어서 복된 것 같지만 실은 귀중한 줄 모르게 되었고 잘 읽지도 않게 된 불행인 것입니다.

'듣는 자들이 복이 있다' 고 하셨는데 듣는 것도 처음 사도 요한이 기록했던 헬라 원어의 계시록 말씀이 생생하게 직역되어 읽고 듣는 것이 얼마나 복됨을 실감해야 합니다. 역시 일반적으로 목회자 자신들부터 요한계시록의 귀중성의 인식이 희박하니 교인들에게 좀처럼 가르치지 않아 듣지 못하고 있고, 그러니 그 가운데 기록한 대로 지키지 못하는 것입니다. '지킨다' 는 말 *τηρέω*(테레오)는 다음과 같은 의미를 가집니다. 단지 행한다는 의미만 아닙니다. (1) 유의하다, 관찰하다, 인식하다, 시험하다 (test), 기다리다(적절한 기회를), 숨어서 기다리다(사람을), (2) 조심하다, 경계하다, 관리, 통치하다. (3) **보호하다, 지키다, 보존하다**(물건, 사람, 그리고 충성, 믿음, 순결 같은 도덕적 가치들을), 스스로 지키다. (4) 주의하다, 지키다(준수하다), 복종하다, 동의하다, 따르다(가르침, 관습, 법적 요구를) 등입니다.

요한계시록의 말씀을 유의하고 요한계시록의 말씀대로 신앙생활을 유지해 간다는 말씀입니다. 오늘날 교회의 복 있는 자에 대한 관념이 과연 '요한계시록의 말씀을 읽고 듣고 지키는 자들이 복이 있다' 라고 되어 있습니까?

'때가 < *καιρός* 카이로스→시간 time, 시점 a point of time, 순간 moment > 가깝다' 는 말씀은 사도 요한에게 종말의 계시를 주시던 당시 67년 이전(사 28:22, 벧후 3:7), 이미 세상은 사형수처럼 요한계시록의 내용과 같은 종말의 운명이 판정되었고, 이제 요한계시록대로 그 집행의 시기는 언제든지 하실 수 있으므로, 사형 판결이 확정된 사형수는 언제 어느 날 어느 시에도 불러내서 사형 절차를 진행 할 수 있는 것과 같기 때문에 '때가 가깝다' 고 하신 것입니다. 그러나 기독교인들은 하나님께서 인간들이 개심하기를 천 년을 하루같이, 하루를 천 년 같이 참고 기다리시는 긍휼을 경멸하고 1940여년이 지나도록 계시록의 말씀대로 되지 않는다고 오히려 '때가 가깝다' 고 하신 요한계시록의 말씀을 의문하고 준비치 않으면서 태연해 하는 것입니다.

♡ 묵상과 기도

2〉 이제부터 주안에서 죽는 자들이 복이 있다고 하셨습니다 (계 14:13).

한글 개역성경에 "자금 이후로 주안에서 죽는 자들" 이라고 했는데 '자금 이후' 라는 말은 읽는 자로 하여금 언제부터라는 말인지 뜻을 모호하게 하고 있습니다. 사전을 찾아보면 자금(自今)은 '이제부터' 라는 말이고 헬라어도 'ἀπάρτι 아파르티→지금(now)부터' 라는 말입니다. '지금부터' 라는 말은 7년대환란 중의 짐승 곧 적그리스도가 사탄으로부터 마흔 두 달 동안 일할 권세를 받고 자기 형상에 경배하지 아니하는 자는 몇이든지 다 죽이며(계 13:4, 5), 모든 자들에게 자기 이름이나 그 이름의 수인 666표를 오른손이나 이마에 <자발적으로> 받게 하고, 누구든지 이 표를 가진 자 외에는 매매를 못하게 하는(계 13:16~18) 일을 시작한 후인 것입니다. 죽기까지 계시록의 말씀대로 지킨 자들을 말한 것입니다.

요한계시록 20:4,6절에 “짐승과 그의 우상에게 경배하지도 아니하고 이마와 손에 그의 표를 받지도 아니한 자들이 살아서 그리스도로 더불어 천 년 동안 왕 노릇 하니, 이 첫째 부활에 참예하는 자들은 복이 있고 거룩하도다” 하신 말씀대로, 주님께서 재림하셔서 이 땅에 이루실 에덴동산보다 더 좋은 천년왕국에서 왕노릇 할 자들을 말하니, 이 때의 주안에서 죽는 자들은 하나님의 계명과 예수 믿음을 지키기 위해 인내한 성도들이며(계 14:12), 저희의 행한 일로 인하여 수고를 그치고 쉬게 될 자들로(계 14:13), 7년대환란 때 순교자들은 이렇게 복되다 하신 말씀입니다.

♡ 묵상과 기도

3〉 **자기 옷을 지켜 벌거벗고 다니지 아니하는 자들이 복이 있다고 하셨습니다** (계 16:15).

“보라 내가 도적같이 오리니 누구든지 깨어 자기 옷≪들≫을 지켜< τηρῶν 테론 파수병(τηρός)에서 유래, **감시하다, 망을 보다** > 벌거벗고 다니지 아니하며 자기의 부끄러움을 보이지 아니하는 자가 복이 있도다”

요한계시록 3:18절에 라오디게아 교회에 주신 말씀에서도 “흰옷을 사서 입어 벌거벗은 수치를 보이지 않게 하라” 하셨으니 (흰)옷은 무엇을 말한 것입니까? 여기서 ‘옷’ 이란 말은 몸에 입는 옷이 아니라 요한계시록 2:1~5절에 사데 교회에 흰옷을 입고 주님과 함께 동행한 몇 사람들 같이 듣고 받은 말씀대로 하나님 앞에 온전한 행위를 하는 것을 말하며, 요한계시록 19:8절 말씀대로 '성도의 옳은 행실' 을 말한 것입니다. 그러므로 옳은 행실은 말씀대로 수행(守行)하는 것입니다.

그런데 오늘날 기독교가 성도의 옳은 행실을 하는 것을 참 복으로 얼마나 귀중히 여기고 이런 복된 자가 되고져 얼마나 열망하는가 하는 것입니다. 열망하기는 커녕 오히려 성도의 행실을 강조하면 반복음 율법이라 하여 경멸하고 배척하는 것입니다. 예수님의 말씀에 분명히 역행하는 것입니다. 그러니 예수님께서 말씀하신 복 있는 자가 되기는 아주 거리가 멉니다.

라오디게아 교회 교인들은 영의 눈이 어두워 자신들의 벌거벗은 것을 보지 못한다고 주님께서 말씀하셨습니다(계 3:17). 오늘날 교회도 그러합니다. '오직 믿음, 오직 은혜' 의 복음에 세뇌되어 행함을 복음에서 제해버린지 오래인지라, 이제는 아예 행함이 없는 벌거벗은 것을 부끄러워하지도 않는 형국입니다. 바른복음을 깨달아 영의 눈이 열려야 벌거벗은 것과 입은 것이 보이는 것입니다.

♡ 묵상과 기도

4〉 **어린양의 혼인잔치에 청함을 입은 자들이 복이 있다고 하셨습니다** (계 19:9).

어린양의 혼인잔치는 주님께서 재림하실 때 먼저 첫째 부활에 참예하는 성도들이 부활의 몸을 입고 공중에 올라가 주를 영접하게 되며(살전 4:14~17), 큰 나팔소리와 함께 천사들을 보내어 그 택하신< ἐκλεκτοὺς(에클렉투스) **뽑아낸, 마음에 드는, 선택된**> 자들을 하늘 이 끝에서 저 끝까지 사방에서 모아(마 24:30, 31), 어린양이신 주님과 성도들의 영적 결혼식 잔치가 이루어지는 것입니다. 결혼은 하나님의 창조의 원리 중에 가장 복되고 신성한 제도이며 신비입니다. 예수님께서 공사역의 첫 표적을 갈릴리 가나 혼인잔치에서 물을 포도주 되게 하시는 이적을 행하심으로 그 영광을 나타내시니 제자들이 그를 믿었다고 하였습니다(요 2:1~11).

그리고 천사가 요한에게 어린양의 혼인 잔치에 청함을 입은 자들이 복≪들≫이 있도다 "기록하라"(9) 하시고, 또 "이것은 하나님의 참되신 말씀이라"(계 19:9) 하심으로 중요성을 강조하셨으니, 예수님을 믿는 자들은 이 복된 자 되기를 소홀히 해서는 안될 것입니다. '청함을 입다<**κλητοὶ**(클레토이) **초대받다**>'는 말은 그 초대 자체가 특별한 영예가 되었을 경우, 이 단어는 '선택된' 이라는 것을 의미하게 되었습니다. '택한 자' 라는 말(**ἐκλεκτοὺς** 에클렉투스)은 신랑 되신 예수님의 '뽑아낸(고르고 고른)자, 마음에 드는 자, 선택된 자' 라는 말이니 얼마나 복된 자이겠습니까? 기독교는 주님 재림 결혼잔치에 초대된 복을 얼마나 귀중한 복으로 여기고 있습니까?

♡ 묵상과 기도

5〉 **첫째 부활에 참예하는 자들이 복이 있다고 하셨습니다** (계 20:6).

공중에서 혼인잔치를 마치고 주님께서 지상에 강림하시는데 하늘에 있는 군대들이 희고 깨끗한 세마포를 입고 백마≪들≫을 타고 따른다고 했습니다(계 19:14). 혼인잔치를 마친 성도들은 지상에 강림하시는 주님의 군대가 되어 따르는데, 모두 희고<**λευκὸν**(르류콘) **빛나고, 화려하고**> 깨끗한 옷을 입고 흰말들을 타고 주님을 따른다고 한 것은, 이제 지상에서 적그리스도와 그 군대들을 멸하고(계 19:17~21), 이루어질 천년왕국에서 주님과 함께 왕 노릇하기 위하여 강림하는 것입니다.

이때 강림하시는 주님의 모습을 자세히 기록하였으니, 흰말을 탄 주님은 이름을 충신과 진실이라 하며, 공의로 심판하며 싸우시는 주님으로 강림하시며, 그 눈은 불꽃같고 그 머리에는 많은 면류관<*διαδήματα*(디이데마타) **왕관들**>이 있고, … 또 그가 피 뿌린 옷을 입었는데 그 이름은 하나님의 말씀이라 하며, … 그 입에서 이한<*ὀξεῖα*(오크세이~아) **예리한, 재빠른**> 검이 나오니 그것으로 만국을 치고 친히 저희를 철장으로 다스리며, 또 친히 전능하신 하나님의 맹렬한 진노의 포도주틀을 밟으시며, 그 옷과 그 다리에 이름 쓴 것이 있으니 만왕의 왕이요 만주의 주라 한 것입니다(계 19:11~16).

땅의 짐승 곧 적그리스도와 임금들과 군대들이 모여 그 말 타신 자 주님과 성도들의 군대를 대항하여 전쟁을 일으키다가 짐승이 잡히고, 그 앞에서 이적을 행하던 거짓선지자도 함께 잡혀 산채로 유황 불붙는 못에 던지우고, 나머지는 모두 말타신 주님의 입으로부터 나오는 검에 죽으니, 모든 새가 그 고기로 배불리는 것입니다(계 19:17~21).

그리고 천사가 내려와서 사탄을 잡아 결박하여 무저갱에 던져 천 년 동안 가두어 만국<*ἔθνη*(에트헤네) **민족들, 백성들**>을 미혹<*πλανήσῃ*(플라네세) **길을 잃게, 미혹, 빗나가게, 방황하게**> 하지 못하게 하고(계 20:1~3), 땅과 바다를 정화하여 강가에 심히 많은 나무가 달마다 새로운 과실을 내어 양식이 되게 하고 그 나무 잎사귀들은 약이 되며, 바닷물이 소생하여 종류대로 심히 많은 고기들이 번성하므로 어부들이 많아지는 것입니다(겔

47:6~12). 그때에 소경의 눈이 뜨이며 귀머거리의 귀가 뚫리고 절름발이가 사슴처럼 뛰고 벙어리는 노래하게 됩니다. 광야에는 물이 솟아 나오며, 사막에는 시내가 흐르고, 바싹 마른 듯한 땅은 연못이 되며, 갈한 땅은 샘물을 냅니다(사 35:4~7).

천년왕국에서는 주님께서 친히 가난한 자를 의로 판단하며, 세상의 온유한 자를 위해서는 정직으로 책망하시고, 또 그의 입의 막대기로 세상을 치고, 자기 입술의 호흡으로 악인을 죽이십니다. 의가 그의 허리띠가 되며, 신실함이 그의 옆구리의 띠가 됩니다. 또한 이리가 어린양과 함께 거하며, 표범이 새끼 염소와 함께 누울 것이요, 송아지와 어린 사자와 살진 짐승이 함께 하며, 어린아이가 그들을 이끌 것입니다. 암소와 곰이 함께 먹으며, 그것들의 새끼가 함께 누울 것이며, 사자가 소처럼 풀을 먹게 되는 것입니다. 또 젖먹는 아이가 독사의 구멍에서 장난하며, 젖뗀 아이가 독사의 굴에 손을 넣으나 해치거나 손상함이 없으니 왜냐하면 마치 물들이 바다를 덮음같이 세상이 주님의 지식으로 충만할 것이기 때문입니다(사 11:4~9).

보좌에 앉은 자들이 있어 심판하는 권세를 받고, 그리고 예수의 증거와 하나님의 말씀을 인하여 목 베임을 받은 혼들과 그리고 짐승과 그의 우상에게 경배하지도 아니하고 이마와 손에 그의 표를 받지도 아니한 자들이 살아서(계 20:5, 6 ←첫째(최상의) 부활) 그리스도로 더불어 천 년 동안 왕 노릇 하니, 그 나머지 죽은 자들은 그 천 년이 차기까지 살지 못하며, 이 첫째 부활에 참예하는 자들은 복이 있고 거룩하니 둘째 사망이 그들을 다스리는 권세가 없고, 도리어 그들이 하나님과 그리스도의 제사장이 되어 천 년 동안 그리스도로 더불어 왕 노릇 하는 것입니다(계 20:4~6).

이렇게 복되고 거룩하다고 말씀하신 천년왕국 첫째 부활에 참예하는 복을 기독교가 얼마나 귀중히 여기고 사모하며 열망하는가 말입니다. 대부분이 천년왕국을 성경대로 인정치도 않고 가르치지도 않으니 어떻게 복 있는 자가 될 수 있겠습니까?

♡ 묵상과 기도

6〉 요한계시록의 말씀을 지키는 자가 복이 있다고 하셨습니다 (계 22:7).

요한계시록의 처음 1:3절에 "그 가운데(요한계시록) 기록한 것을 지키는 자들이 복이 있나니"라고 하시고 마지막 22:7절에 다시 "이 책의 예언의 말씀을 지키는 자가 복이 있으리라" 하셨으니 중요함으로 처음과 마지막에 거듭 강조하신 것입니다.

'지킨다' 는 말의 주요한 의미를 다시 한 번 확인해 봅니다. '지킨다' 는 말 *τηρῶν*(테론~)은 단지 행한다는 의미만 아닙니다. (a) 유의하다, 관찰하다, 인식하다, 시험하다(test), 기다리다(적절한 기회를). b) 조심하는, 경계하는. c) 보호하는, 지키는, 보존하는(물건, 사람, 그리고 충성, 믿음, 순결 같은 도덕적 가치들을), '스스로 지키다' . (d) 주의하다, 지키다(준수하다), 복종하다, 동의하다, 따르다(가르침, 관습, 법적 요구를). 등입니다.

요한계시록의 말씀을 유의하고 요한계시록의 말씀대로 신앙생활을 유지해 간다는 말씀입니다. 1:3에는 '지키는 자들' 이라고 복수로 말했지만 22:7에는 '지키는 자' 단수로 말한 것은 지키는 자가 적을 것을 암시한 말씀입니다. 읽고 듣는 자는 얼마 있다 하더라도 참으로 복 있는 지키는 자는 적은 것입니다.

♡ 묵상과 기도

7〉 **그의 계명들을 행하는 자들이 복이 있다고 하셨습니다** (계 22:14).

한글 개역성경 계통 사본의 변개는 여기서도 나타납니다. '두루마기를 빠는 자들<*στολὰς*(스톨라스) **겉옷, 상의를** *πλύνοντες*(플뤼논테스) **씻는, 빠는 자들**>이 아니라 "그의 계명들을 행하는 자들"<*τὰς ἐντολὰς*(타스 엔톨라스) **그 명령들을, 계명들을** *ποιοῦντες*(포이운~테스) **행하는 자들, 실천하는 자들, 준수하는 자들**>입니다.

하나님(예수님)의 계시의 말씀 최종 부분, 마지막 일곱 번째 복 있는 자를 다시금 하나님(예수님)의 계명(말씀)을 지키는 (a) 유의하는, 관찰하는, 인식하는, 시험하는(test), 기다리는(적절한 기회를). (b) 조심하는, 경계하는. (c) 보호하는, 지키는, 보존하는(물건, 사람, 그리고 충성, 믿음, 순결 같은 도덕적 가치들을), 스스로 지키는. (d) 주의하는, 지키는(준수하는), 복종하는, 동의하는, 따르는(가르침, 관습, 법적 요구를) 자라고 하신 말씀을 명심해야 합니다. 예수님께서 오실 때 각 사람의 행한대로 갚아주실 것이라 말씀하셨는데(마 16:27, 계 22:12) 믿는 자들이 그때에 주님으로부터 필라델피아 교회처럼 "네가 적은 능력을 가지고도 내 말을 지키며 내 이름<**이름, 권위**>을 배반치 아니하였도다"라는 칭찬을 듣는 자가 가장 복된 자일 것입니다.

예수님께서 산상수훈에서 말씀하신 아홉 가지 최고의 복있는 자가 어떤 자라고 하신 말씀과 최종계시인 요한계시록에서 일곱 번 최고의 복있는 자에 대하여 말씀하신데서 유의할 것은, 최고의 복있는 자 행복한 자는 현재 이 세상에서의 번영하고 행복한 자가 아니라, 하나님(하늘)의 왕국에서 복있는 자가 참으로 최고의 복있는 행복한 자라는 말씀입니다.

산상수훈에서 예수님께서 친히 말씀하신 최고의 복있는 자는 그 마음이 하나님 왕국의 더 높은 법에 기꺼이 순응하는 자들이 받는 복이며, 요한계시록에서 7가지 복이 열거되어 있는 중, 그 중 다섯 가지 복은 하늘로부터 더없이 확실한 권위로 선언됩니다(계 14:13, 16:15, 19:9, 22:7, 22:14). 그리고 요한계시록은 시종 하나님의 비밀에 대한 복된 계시를 획득하여 지키는 자들의 복이라는 골격을 유지합니다.(계 1:3이 계 22:7에 확증됨) 세속적 복과 가치들은 하나님 왕국의 단 하나 최고의 복에 비하면 비교할 수 없는 부차적인 것입니다. 할렐루야! 아멘!

♡ 묵상과 기도

[제 1장 정 리 문 제]

1. 예수님과 사도들께서 전파하신 복음의 주체는 무엇인가?

2. 복음의 주체가 인간구원인 것과 하나님의 왕국인 것과의 차이는 어떠한가?

3. 하나님의 왕국이 가까웠다 하신 의미는 무엇인가?

4. 예수님께서 구원받는 것과 하나님의 왕국에 들어가는 것을 같은 것으로 말씀하신 성경의 근거는?

5. 구원받는 것이 하나님의 왕국에 들어가는 것으로 알지 못하는 이유는?

6. 하나님의 왕국은 언제부터 예비되었다고 하셨는가?

7. 하나님의 왕국은 어떻게 세 단계로 이루어진다고 하셨는가?

1단계:

2단계:

3단계:

♤ 쉼터 ♤

독일 태생의 유태계 미국 이론 물리학자 알버트 아인슈타인(1879~1955) 박사가 어느 집회에 초청 받아 갔을 때이다. 그 집 주부가 상대성 원리에 대하여 설명해 달라는 청을 받았다.

"부인, 나는 어느 무더운 여름날 장님과 함께 시골길을 걷고 있었죠. 내가 우유가 먹고 싶다고 하자 그 장님은 '우유라구요? 음료라는 것은 알고 있지만 우유가 도대체 무엇이요?'라고 했습니다. 나는 '우유는 흰 액체야.'라고 하자, '액체는 알고 있지만 희다고 하는 것이 뭐예요?'라고 하더군요. '백조의 새털 같은 것이지!'하니, '새털은 알고 있지만 백조란 무엇이어요?' '목이 구부러진 새야.' '목은 알고 있지만 구부러졌다는 것이 뭐이어요?' 라고 했습니다. 나는 더 이상 참을 수 없어서 그의 팔을 잡아당겨 쭉 펴게 한 후, '이것이 곧게 편 것이고,' 하고는 다시 그의 팔을 구부리게 한 후 '이것을 구부러졌다고 하는거야.'라고 가르쳐 주자, '응, 알만하군요. 이제야 겨우 우유라는 것을 알았어요.'라고 하더군요"

제 2 장

예수님께서는, 개심하고 복음을 믿으라 복음을 전파하셨다

예수님께서 하나님의 왕국복음을 전하시면서 왜 회개하고 복음을 믿으라 하셨는가?

1. 개심은 어떤 것인가?

(막 1:14~15) → 요한이 잡힌≪**일**≫후 예수께서 갈릴리에 오셔서 하나님의≪**왕국**≫복음을 전파하여 가라사대 때가 찼고 하나님의 나라가<**왕국이**> 가까웠으니 회개하고<*μετανοεῖτε*(메타노이테) **마음이나 목적**(**의도**)**을 바꾸어, 다르게 생각하여,** (도덕적)**가책을 느껴서←명령법 현재 능동 복수**> 복음을<*ἐν* **~으로 말미암아**> 믿으라.

(눅 5:32) → 내가 의인을 부르러 온 것이 아니요 죄인<**죄 있는 자들**>을 불러 회개시키려<*εἰς μετάνοιαν*(에이스메타노이안) **개심하도록 하기 위하여**> 왔노라 .

(막 6:12) → 제자들이 나가서 회개하라<*ἵνα μετανοήσωσιν*(이나 메타노에소신) **마음의 의도나 목적을 바꾸라**> 전파하고 그리고 많은 귀신<*δαιμόνια*(다이모니아) **악령들**>을 쫓아내며

(눅 24:47~48) → 또 그의 이름으로 죄 사함을 얻게 하는 회개가<**개심이**> 예루살렘으로부터 시작하여 모든 족속에게 전파될 것이 기록되었으니 너희는 이 모든 일의 증인이라

(행 3:19) → 회개하고<**마음이나 목적(의도)을 바꾸고**> 너희의 죄 없이함을 받으라

(눅 15:18, 19) → '일어나 나의 아버지께 가서 이르기를 아버지여 내가 하늘<**(하나님)을 향하여**>과 <**그리고**>아버지께<**당신의 면전에**> 죄를 얻었사오니<**지었사오니**> 지금부터<**더 이상**> 아버지<**당신**>의 아들이라 일컬음을<**불리움이**> 감당치 못하겠나이다<**적당치 않나이다**> 나를 당신의 품꾼의 하나로 보소서<**만드소서**> 하리라' 하고 이에 일어나서 그 자신의 아버지께로 돌아가니라

(행 2:37, 38) → 저희가 이 말을 듣고 마음에 찔려 … 물어 가로되 사람들아 형제들아 우리 각자가 어찌해야<**어떻게 행하여야**> 할꼬 하거늘 베드로가 가로되 너희가 회개하여<*Μετανοήσατε*(메타노에사테)←**마음이나 목적(의도)을 바꾸어 ← 과거형**> 각각<**너희 각자가**> 예수 그리스도의 이름으로 세례<**침례**>를 받고 죄

사함을 얻으라.

(행 26:20) → 먼저 다메섹에와 예루살렘에 있는 사람들과 유대 온 땅과 이방인들에게 까지 회개하고<**마음의 의도나 목적을 바꾸고 그리고**> 하나님께로 돌아가서 회개<**개심**>에 합당한 일을 <**행위를**> 행하라 선전하므로

(요 8:11) → 예수께서 그녀에게 가라사대 나도 너를 정죄하지 아니하노니 가서 다시는<**이제부터는(더 이상)…말라, 지금부터는**> 죄를 짓지(말라)

(행 10:35) → 각 나라중 하나님을 경외하며 의를 행하는 사람은 하나님이 받으시는 줄 깨달았도다 .

● 기독교 복음의 첫 관문인 개심(회개)

예수님과 사도들은 복음을 전파하기를 “때가 찼고 하나님의 왕국(王國)이 가까웠으니 회개하고 복음을 믿으라”고 총괄(總括)하여 전파하셨다.

회개하고 복음을 믿으라고 믿음에 앞서 회개하고 믿어야 함을 분명히 강조하였음에도 오늘날 기독교는 복음에서 회개를 생략하고 믿으면 다 된다고 오직 믿음만을 강조한다. 그렇기 때문에 복음의 관문이며 입구인 회개를 예사로 보아 넘기고 회개를 간과한 복음으로 회개를 바로 전파하지 않으므로, 믿는 자들이 회개를 바로 하지 않으며, 회개의 정문(正門)으로 들어가지 않고 담 넘어 곧장 믿음으로 가는 불법(不法)을 행하고 있다. 전적으로 복음 전하는 자들의 불법이요 책임이다.

예수님께서 “내가 의인을 부르러 온 것이 아니요 〈**반대로**〉 죄

인<**죄있는 자들**>을 회개시키러<**개심을 향하여**> 부르러 왔노라"고 하셨고(눅 5:32), 예수님께서 전도하러 보내신 제자들이 "회개하라 전파하고<**개심을 위하여 전파하며**>"(막 6:12), 부활하신 후 마지막 명령하신 말씀도 "그(나)의 이름으로 죄 사함을 얻게 하는 회개가<**개심이**> 예루살렘으로부터 시작하여 모든 족속에게 전파될 것이 기록되었으니 너희는 이 모든 일의<**이들에 관하여**> 증인이라" 하셨고(눅 24:47,48), 많은 말씀과 권능을 듣고 보고서도 회개<**개심**>치 않는 벳세다, 고라신, 가버나움 성읍 사람들을 책망하시면서, 이방 도시인 두로와 시돈 보다 완고하여 심판 때 소돔과 고모라 보다 형벌이 클 것이라 하셨다(마 11:20~24). 그리고 종말의 계시인 요한계시록 2장과 3장에서 아시아 일곱 교회에 편지하라 하시면서 무려 다섯 교회에 "회개<**개심**>하라"(계 2:5, 16, 22, 3:3, 19) 촉구하고 명령하신 것이다.

예수님께서 전한 복음의 첫 메시지는 "하나님의 왕국<**통치, 주권**>이 가까웠으니 회개<**개심**>하고≪**그리고**≫복음을 믿으라" 하신 것이다. 복음을 전파할 때 회개하라<*μετανοεῖτε*(메타노에이~테) **마음의 의도와 목적을 바꾸라**> ≪*καὶ*(카이) **그리고**≫ 복음을 믿으라<*πιστεύετε ἐν τῷ εὐαγγελίῳ*(피스튜에테 엔토~ 유앙겔이오) **복음 안에서 믿으라**> 하신 것을 예수님을 구주로 믿으면 다 된다고 그런 믿음에 개심을 포함시켜 흐리멍텅하게 넘겨버려서는 화를 면치 못할 것이다. 복음전도자들은 정신을 똑바로 차려 예수님께서 전파하신 복음대로 바르고 확실하게 간파하고 체득하여 전파해야 할 것이다.

예수님만 아니라 사도들도 믿음에 앞서 회개를 촉구하고 전파하셨다. 회개를 촉구한 것이 예수님과 사도들만인가? 구약에 하나님께서 자기 백성 이스라엘에게 선지자들을 얼마나 부지런히 보내셔서(대하 36:15; 느 9:26; 렘 25:4, 35:15) 회개하여 악을 버리고(사 55:7; 겔 18:30; 사 57:15), 마음과 생각을 바꾸고(겔18:31; 렘 4:4, 14; 애 2:19), 하나님께로 돌아와 순종하라고(신 4:30, 30:10; 욜 2:12; 말 3:7) 얼마나 수없이 외치게 하셨는가? 하나님께서 전 성경에서 죄인들에게 최우선 요구사항은 회개≪**개심**≫이다. 오늘날 기독교의 복음에서처럼 하나님의 왕국(구원)에 들어가는 첫 관문인 개심을 유야무야(有耶無耶) 지내쳐 버리고 담을 뛰어 넘어 들어가, 곧장 믿음으로, 믿음도 하나님의 왕국복음을 총체적으로 믿는 것이 아니라 자기 죄 사함 받기 위해 예수님의 피흘려 죽으심과 부활만을 믿는 믿음만으로(행함도 관계없이) 구원을 받는다고 하니, 과연 최후 심판장이신 예수님께서 인정하시겠는가?

● 회개는 마음(의도와 목적)을 바꾸는 것이다.

바이블렉스 C.D. 성경 원어사전(서울 브니엘 성경연구소, 이병철, 2003, 7)에 게재된 바를 옮긴다. 『'회개' 에 대하여 원어상으로 보면, 구약 히브리어로 인간의 후회나 회개를 나타내기 위해 자주 사용되는 단어는 (죄로부터 하나님께로) '돌이키다(to turn)'를 뜻하는 슈브(שׁוּב)이다. 그리고 신약 헬라어로 동사 메타노에오(*μετανοέω*) ← 동사, 명사 → 메타노이아)는 메타(***μετά* 나중에**)와 노에오(***νοέω* 지각하다, 인지하다, 생각하다**)에서 유래했으며, 다음의 의미를 지닌다.

메타노에오는 '후에' 또는 '나중에 알아 차리다' '후에나 뒤에 동의하다' 는 의미인 동시에, 메타노에오는· '마음(mind)을 바꾸다, 다른 견해를 채택하거나 받아들이다, 감정을 바꾸다', '결의나 의사를 바꾸다' '다른 의견에 이르다, 의견을 바꾸다'를 의미한다. 만일 이전의 견해가 어리석었거나 부적당하거나 악하였다는 인정에서 마음의 변화가 일어난다면 '유감으로 생각하다, 후회하다(regret)', '양심의 가책을 느끼다(feel remorse)', '한탄하다'의 의미가 되는 것이다.

개심은 **세례<침례> 요한의 메시지에서** 기본적인 특징이었다(마 1:4과 병행구절⇒ 마 3:2, 마 3:8과 병행구절⇒ 마 3:11, 참조 → 행 13:24, 19:4; 눅 1:16). 하나님의 통치의 도래가 임박하였고 하나님의 심판이 바로 가까이에 있다. 그러므로 시간의 마지막 기간에 인간의 우선적 과제는 메타노에오 하라<마음(mind)을 바꾸라>는 것이었다. 요한이 갈파한 것은 개심으로의, 불경건하고 죄 많은 과거와의 단절로의, 하나님께로 돌아섬으로의 부름인데, 이는 역사속에서 활동해 오신 하나님께서 그 통치의 왕국을 인간 세상에 이제 실현하시기 때문이라는 것이다. 그 왕국의 왕이 등장하심으로 그 앞에 길을 예비하고 똑바르게 하라는 것이니(마 3:3), 왕이 행차할 때는 제일 먼저 길부터 똑바르고 평탄하게 닦아야 했듯이 메타노에오는 그러한 의도인 것이다. 그 외침은 어떤 선지자의 입에 의한 것보다 더 절대적인데 이는 그것이 하나님의 종말론적 계시의 절박함 아래에 서있기 때문이다.

개심은 단호하다. 그것은 진심이어야 하며, 외관상만으로는 안된다. 그것은 모두에게 요구되는 것이며, 단지 이름난 죄인들(눅 3:12 이하)이나 이방인들(눅 3:14)에게만 요구되는 것이 아니다. 개심은 그것이 필요 없다고 생각한 유대인들에 대해서도 요구된다(막 3:7 이하). 그것은 안으로부터의 변화를 의미한다.

이 변화는 개심에 합당하는 생활(마 3:8, 참조 → 마 3:10; 행 26:20), 하나님의 뜻에 일치하는 사랑과 의의 삶으로(눅 3:10, 14) 증명되어야 한다.

신약성경에는 하나님께 돌아온다는 전인에 의한 결단이 강조되어 있다. 단순히 겉모양의 변모나 지적인 관념의 변화에 관심을 기울이지 않는다는 사실은 분명한 것이다. **예수님께서 개심의 성격에 대하여 가장 명확하게 말씀하신 것은 누가복음** 15:11~32**절의 탕자가 아버지께 돌아오는 예이다. 탕자에게 마음의 변화가 일어남, 그것이 메타노에오**(*μετανοέω*)**의 본질인 것이다. 십자가 위의 한 편 강도 역시 마음의 바뀜 바로 그것이다**(마 27:44; 눅 23:39~43).

예수님의 가르치심에서, 공관 복음서의 기자들에 따르면 메타노에이테(2인칭, 복수, 현재, 명령)는 바실레이아(왕국)의 메시지가 지시하는 바와 확고하게 결합되어 있는 명령이다(막 1:15, 마 4:17). 그러나 예수님께서 단순히 세례<**침례**>의 부름을 반복하신 것이 아니다. 예수님께서는 개심을 자신의 인격 속에서 종말론적 하나님의 바실레이아(왕국)의 임재하는 실체로부터 필연적으로 뒤따르는 기본적인 요구로 삼으심으로 그것을 보완하시고 초월하신다.

개심에로의 부르심은 그가 보내심을 받은 목적이었다(눅 5:32). 예수님의 개심에 대한 설교는 이전의 그런 설교 중 어떤 강력한 설교보다도 훨씬 능가한다(마 12:39 이하). 예수님께서 행하신 기적의 목적도 역시 개심에로의 부르심이다(마 11:20 이하). 예수님께서 선포하신 하나님의 뜻과 관련된 메타노이아는 예수님께서 보이신 구원의 방법이다. 그것은 취하여야할 방법이지 이론적으로 묘사된 방법이 아니다. 예수님께서는 구약성경의 개심의 선포, 특히 유대교의 개종 신앙을 초월하시는 것이다(눅 16:30 이하).

하나님의 바실레이아(왕국)의 도래를 생각할 때, 테슈바(돌아옴)를 표현하는 전통적인 유대교의 방식, 즉 예를 들면 뉘우침의 감정, 비통의 몸짓, 참회의 행위 또는 고행(마 11:21) 등은 아무 가치가 없다.

하나님의 최종적인 계시는 인간 편에서의 최후의 무조건적인 결단을 요구한다. 그것은 근본적인 개심, 본성의 변화, 죄악으로부터의 완전한 돌아섬, 절대적인 복종으로 단호하게 하나님을 향하는 것을 요구한다(막 1:15; 마 4:17, 18:3). 개심하지 않는 자는 하나님의 심판 아래 떨어진다(마 11:20 이하, 눅 13:3, 13:5, 19:40 이하 눅 23:28 이하).

이 개심은 단호한 것이다. 되돌아가는 것은 있을 수 없으며, 오직 지금 선택한 길을 따라 신뢰할 만한 태도로 전진할 뿐이다. 그것은 전체 인간에 영향을 미친다. 첫 번째로 그리고 근본적으로 개인의 삶에, 그 다음은 필연적으로 항상 그의 행위에, 모든 상황에서 그의 생각과 말과 행위에 영향을 미친다(마 12:33 이하, 막 7:15).

예수님의 모든 선포는, 그것의 하나님의 왕국을 위한 절대적인 요구(산상 수훈, 제자직에 대한 말씀)와 함께 메타노이아라는 용어가 사용되지 않을 때 조차도 메타노이아의 선포이다. 그것은 무조건적으로 하나님을 향하여 돌아서라는, 무조건적으로 하나님께 대항하는 모든 것, 즉 단지 노골적인 악뿐만 아니라 주어진 상황에서 완전히 하나님께로 향하는 것을 불가능하게 하는 모든 것으로부터 돌아서라는 선포이다(마 5:29 이하, 마 5:44, 6:19 이하, 마 7:13 이하, 마10:32~39 막 3:31 이하, 눅 14:33, 참조 → 막 10:21).

종말론적 광신, 혹은 도덕주의, 혹은 결의론(casuistry) 등과 같은 종류와 달리, **개심의 요구는 하나님의 왕국에 대한 예수님의 설교에서 최우선적 명령이다.** 그것은 모두에게 차별 없이 설교되며 구원이 있는 유일한 길을 가리키기 위해 보여주기 위해 가차없이 엄격하게 제시된다. 그것은 하나님의 뜻에 대한 완전한 항복과 헌신을 요구한다. 그 하나님은 죄인인 나에게 자비로우신 하나님이시다(눅 18:13). 그것은 의인보다는 죄인들을 찾으시는 하나님께로의 개심이다(눅 15:7, 15:10, 참조 → 눅 15:17 이하, 눅 5:32, 13:3, 13:5). 예수님께서 바리새인들과의 치명적인 갈등 속에서 그 개심으로의 부르심의 본질을 나타내 보이신다.

예수님의 설교 속에서 믿음은 개심으로부터 자라나는 것인데(막 1:15), 그것은 그 요구하는 두번째 것으로가 아니라 하나님께로 향하는 것, 메타노이아의 실제적인 면의 성장이다.

예수님께서 이해하시는 개심은 단순한 거절이 아니다. 그것은 종말론적 심판의 위협에 직면한 옛 본성과의 단절 이상이다. 그것은 하나님의 통치권에 의하여 요구되는 인간의 전체 발걸음을 포함한다. 그것은 하나님에 대한 인간의 새로운 인격적 관계, 즉 피스티온(믿음)의 관계를 세움으로 달성된다. '개심하다'(to convert), '개심되다' (to be converted)는 하나님의 왕국의 서광(曙光)이 인간에게 요구하는 모든 것을 포함한다.

그러나 이 절대적인 요구는 인간 자신의 공로로 충족시킬 수 없다. 마 18:3에서 예수님께서는 어린 아이를 본보기로 들어 예수님에게 있어서 '개심하다' '다른 사람이 되다'가 의미하는 바가 무엇인지를 보여주신다. "너희가 돌이켜 어린 아이들과 같이 되지 아니하면 결단코 천국에 들어가지 못하리라" '어린아이이다' 라는 것(파이디온)은 작다는 것, 도움을 필요로 한다는 것, 그것을 잘 받아들인다는 것이다. 개심한 자는 하나님 앞에서 작아지며(참조 → 마 18:4), 하나님께서 그의 안에서 일하시도록 할 준비가 되어 있다. 예수님께서 선언하시는 하늘 아버지의 자녀들은 단순히 그로부터 받은 자들이다. 하나님께서는 그들에게 그들이 자신에게 줄 수 없는 것을 주신다(참조 → 막 10:27). 이것이 메타노이아의 본질이다. 그것은 하나님의 선물이며, 구속력있는 요구가 되기 위해 아직도 중단되지 않는다. 그것은 동일한 시간에 이 둘 모두이다. 이것은 다른 쪽에 대하여 한 쪽의 어떤 계산된 활동도 불가능하게 할만큼 절대적이다.

예수님께서 하나님의 통치에 대한 공표와 함께 선포하시는 개심을 위한 부르심의 배후에는 예수님께서 이 통치를 가져오시는 자로서 이루시는 변화(transformation)의 약속이 있다(참조 → 마 11:28 이하). 만약 예수님께서 요한의 신적 임무로 인정하셨던 요한의 물세례<**침례**>(막 11:30 ⇒병행구절)가 구원의 성취를 기다리던 자들의 개심을 가져왔다면(마 3:11), 예수님께서 완전한 능력으로 베푸시는 성령님의 세례<**침례**>는, 하나님의 통치를 받는 인간, 즉 개심한 인간을 창조하시는 하나님의 능력을 전달해 주는 것이 된다. 메타노이아에 관한 예수님의 메시지의 가차없는 신랄함에도 불구하고 그것은 우리를 참회하는 행위의 고통이나 절망으로 몰아넣지 않는다. 그것은 하나님의 뜻을 따라 사는 삶을 위한 기쁜 복종을 불러일으킨다. 이것은 메타노이아가 이제 더 이상 유대교에서처럼 율법이 아니라 복음이기 때문이다.

초기의 기독교 사도의 선포(kerygma)에서도 역시 개심은 기본적인 요구이다. 이미 예수님께서 살아계신 동안에, 그 위임으로, 제자들은 회심을 위한 그 부르심을 위임받았다(막 6:12). 그 후 그들은 부활하신 주님으로부터 모든 사람들에게 그의 이름으로 개심을 전파하도록 지시받는다(눅 24:47). 사도행전에 의하면 제자들의 전도의 핵심중의 하나가 메타노이아의 메시지이다(행 2:38, 3:19, 5:31, 8:22, 11:18, 17:30, 20:21, 26:20). 히6:1은 초기 기독교의 교리의 기본적인 조항 가운데 메타노이아에 관한 교훈을 들고 있다. 개심하지 않는 것은 그릇된 완고함의 표시이다(롬 2:5, 계 2:21 이하, 계 9:20 이하, 계 16:9, 16:11). 요한복음에서 개심과 세례<**침례**>는 관련되어 있다(참조 → 행 13:24, 19:4). 유사하게, 명백히 초기의 관례와 일치하는 베드로의 오순절 설교는 개심과 세례(침례)를 연결시킨다(행 2:38). 개심의 본질은 구약의 예언서들의 개심에 대한 설교로부터 익숙한 필치로 묘사되어 있다. 그것은 악으로부터 멀리 돌아섬(행 8:22, 참조 → 행 3:26; 히 6:1; 계 2:22 9:20 이하, 계 16:11)과 하나님을 향하여 돌아섬이다(행 20:21, 26:20; 계 16:9, 참조 → 벧전 2:25). 그것은 인간의 과제이며(행 2:38, 3:19, 8:22, 17:30, 26:20, 변화된 삶의 방식의 증거를 포함함), 그것은 또한 하나님의 선물이다(행 5:31, 참조 → 행 3:26, 11:18; 계 2:21). 그렇지만 그 개념은 그리스도 안에서 구원하는 역사적 계시에 근거를 둠으로 말미암아 신약성경의 특성을 부여받았다(행 5:31). 그것은 또한 종말론적 사실주의(행 3:19 이하, 행 17:30)와 함께 그리고 전인류적인 표현으로 이해된다(행 11:18, 17:30, 20:21, 26:20, 참조 → 눅 24:47, 벧후 3:9). 메타노이아가 성령님의 역사라는 사실(참조 → 행 11:15 이하와 행 10:45과 함께 행

11:18)은 예수님께서 성령님의 세례(침례)에 대한 요한의 약속을 성취하셨다는 가정 하에서만 설명된다. 예수님의 복음의 메시지에서처럼, 메타노이아와(개심과) 피스티스는(믿음은) 결합되어 있을뿐 아니라 함께 전체를 이룬다

사도행전에서도 역시 개심의 목적은 궁극적인 구원이며(행 11:18), 특히 죄의 용서와 죄의 씻음이다(눅 24:47; 행 3:19, 참조 → 행 8:22). 죄의 용서는 행2:38에서 세례(침례)와 결부되고 행 10:43에서는 믿음과 결부된다. 그러나 종말론적 구원의 축복으로서 그것은 또한 행 5:31에서 메타노이아와 나란히 발견된다.

개심의 개념은 **바울 서신들에도** 나타난다. 롬 2:4절에서 마지막 심판을 예상하는 인간의 개심(참조 → 롬 2:3, 2:5 이하)은 하나님의 인자하심이 인도하는 목적지이다. 딤후 2:25절에는 "회개함을 주사 진리를 알게 함"이 하나님의 선물로 묘사된다. 고후 7:9절 이하에서 고린도 교인들의 메타노이아는 바울이 그들 속에 불러일으킨 근심의 결과이다. 그러나 바울은 메타노이아를 종교적으로 하나님의 역사이며(고후 7:9) 구원의 수단으로 이해한다(고후 7:10). 헬라적 표현이라기보다는 기독교적 표현으로, 그는 메타노니아를 "악으로부터 해방시키고 하나님의 뜻에 복종하게 하는 생각과 뜻의 변화"로 생각한다. 바울이 개심을 나타내는 일반적인 단어들을 거의 사용하지 않았다는 것은 주목할 만하다. 그는 그런 의미를 자신의 특유한 신학적 용어로 표현한다. 만약 예수님께 있어서 개심이 믿음을 포함한다면, 바울에게 있어서 메타노이아는 그의 구원의 교리에서 중심적인 개념인 피스티스(믿음)에 포함된다. 그는 하나님의 은총에 의한 인간의 본성과 행위의 완전한 개조로서의 개심의 개념을 그 자

신의 독특한 죽음과 생성을 나타내는 단어, 즉 옛사람의 죽음과 새사람의 다시 살아남, 새로운 창조, 새롭게 함 등으로 진술한다. 바울이 기독교의 경건의 기본적인 개념에 대해 이런 식으로 다시 고쳐 말한 것에 대한 다른 이유들이 제시될 수 있을 것이다. 회개의 습관에 의해 평가 절하된 용어에 대한 혐오와 함께 우리는 바울 자신의 기독교적 경험의 명확한 주제를 고려해야만 한다. 그러나 그렇다 할지라도 그리스도님 안에서의 하나님의 계시에 의해 이루어지는 근본적인 변화의 개념은 여전히 바울에게 있어서 그의 전체 신학의 기초이다. 그리고 이것은 정확히 예수님께서 이해하신 것과 같은 개심에 대한 사상이다.

히브리서에 나오는 두번째 메타노이아의 불가능성은 이것을 그리스도인들이 그들의 기독교적 신앙에 태만하게 되어 둔한 무관심에 빠지게 될 명백한 위험과 관련하여 고려할 때, 개심에 수반되는 완전한 변화의 중대함을 강조한다. 인간은 메타노이아를 자기 뜻대로 마음대로 할 수 없으며(히 12:7 예를 들면), 참으로 배교자를 새롭게하는 메타노이아는 없다(히 6:4, 6). 권고하는 문맥에 나타나는 둘째 번 회개의 불가능성에 대한 언급에 의해 제기되는 어려움은, 만약 우리가 결의론(決疑論)이나 유대교나 구약성경의 관습이 의미하는 의식적(ritual) 회개의 관점에서 생각한다면 해결될 수 없다.

사도 요한은 부담되는 용어인 메타노에오와 메타노이아를 피하지만 그도 역시 바울에 못지 않게 그 문제 자체를 가지고 있다. 그에게 있어서도 역시 믿음은 개심을 포함한다. 세례(침례) 요한의 설교, 요한 복음에서의 예수님 친히 하신 설교, 그리고 요한일서에서의 요한 자신의 권고는 모두 예수님께 대한 믿음을 강요하며, 따라서 그에게로의 개심을 요구한다. 그 이면에 악으로부터 돌아섬이 있음은 요한복음의 예수님과 요한일서의 기자가 빛과 어두움, 진리와 허위, 사랑과 미움, 생명과 죽음, 하나님과 세상 사이에 그어 놓은 선명한 선을 볼 때 자명하다. 다시 말해, 하나님의 나라로 가는 길인 하나님으로부터 태어남이라는(요 3:3, 8) 개념은 마 18:3절의 사상의 다른 표현이며, 그것의 배후에는 공관복음서의 예수님의 메시지에서 발견되는 것과 같은 기적을 행하시는 성령님의 능력에 대한 똑같은 확신이 서있다. 신약성경 전체에 걸쳐 개심의 사상의 내적인 연속성이 존재한다.

요한계시록의 개심을 위한 긴급한 부르심(계 2:1, 2:5, 2:22, 3:3, 3:19)은 임박한 종말의 예상에 기초한다. 이 부름은 그리스도교 교회들을 위협하고 그들을 반성하게 하여 죄와 연약으로부터 돌아서게 하고 그들의 이전 삶의 상태를 회복하게 한다. 여기에서 강조점은 끝까지 인내하는 것이다. 개심하는 것은 단지 한 사람의 삶에 새로운 방향을 제시하는 것이 아니다. 그것은 실제로 철저하게 죄를 거절함으로 끊임없이 자기 자신을 하나님께로 향한 목표를 향하게 하는 것이다.

신약성경의 개심에 대한 견해를 배경으로 하는, 기자의 생각과 염려는 이해할 만하다. 그의 삶에서 이 결정적인 변화를 한때 경험하고 새로운 창조가 되어 종말론적 구원이 계시된 무리에 들어간 사람은 그 때문에 영원한 성장을 시작한다. 만일 그가 이 성장을 멈춘다면, 그는 살아계신 하나님으로부터 돌아서서, 완전한 자각과 의지를 가지고 범죄하며(히 10:26), 따라서 종말론적 심판을 받게 된다(히 6:8, 10:27 이하). 이 경우에는 다시 그를 개심하게 할 인간의 가능성이 존재하지 않는다. 특수한 경우에 대한 날카로운 목회적 경고의 형식에서 히브리서는 메타노이아가 총체적(totality)이며, 그것의 포기는 결과적으로 전체의 포기라는 확신을 표현한다. (참조: Behm; Walter Bauer; J. H. Thayer).

사도행전 2:37, 38절에 오순절후 최초로 3,000명이 복음을 받아 들여 구원을 받고 세례<**침례**>를 받을 때에 어떻게 했는가를 보면, 이는 복음전도의 모델인 것이다. "저희가 이(사도 베드로의) 말을 듣고 마음에 찔림을 받아 베드로와 다른 사도들에게 물어 가로되 〈**사람들아**〉 형제들아 우리가 어찌할꼬? 하거늘 베드로가 가로되 너희가 회개하여<**개심하여** ←명령 과거 능동> 각각 예수 그리스도의 이름으로 세례<**침례**>를 받고 죄 사함을 얻으라 그리하면 성령을 선물로 받으리니"라고 하였다.

회심의 동기는 믿음도 그러하거니와(롬 10:17) 하나님의 말씀을 듣고 '마음에 찔림을 받아야' 하는 것이다. 그리고 '어찌할꼬' 하는 부르짖음이 있어야 하는 것이다. 그러한 심령은 확실한 회심이 된 것이다. 그렇게 부르짖는 자들을 향해 사도 베드로는 '너희가 회개하여(메타노에사태 '**회개하여**' ←미래가 아닌 능동 과거임) 각각 예수 그리스도의 이름으로 세례<**침례**>를 받고 죄 사함을 받으라' 고 한 것이다. 말씀을 듣고 마음에 세차게 찔림을 받은 저들은 이미 마음이 바뀌었던 것이다. 그러나 사도행전 7:54절에 스데반의 말을 들은 사람들은 마음에 찔림을 받았으나 반대로 분하여 이를 갈며 스데반을 돌로 쳐죽였던 것이다. 하나님의 말씀을 듣고 찔림을 받을 때에 마음이 바뀌는가 아니면 분한가에 따라 회심하는 자와 회심치 않는 자가 나뉘어지는 것이다. 교회에서 설교를 들을 때도 그렇고 이 책을 읽는 자들에게도 이러한 두 현상이 나타날 것이다.

☆ 주후 1517년 종교개혁의 발단이 된 마틴 루터의 9개 조항은 교황 레오 10세의 속죄권 판매를 정면으로 부정하여 95개 조항 거의 모두【권말 수록 참조】 진정한 회개를 통해 사죄함을 받음을 누누히 강조한 것이다.

♡ 묵상과 기도

《 특주 3 》

참된 회개와 미혹된 회개

이 특주에서는 찰스 피니의 「구원에 이르는 회개」에서 소개한다. (필자의 극히 미미한 보충이 있었다.)

사탄은 오늘날 기독교에 영으로 성결하게 깨어 있는 소수의 목회자와 성도들 외에 대부분의 신자들을 그릇된 회심을 하게 하고는, 자신은 모두 구원받은 줄로 믿도록 속이고 있다. 사탄의 기만술은 어찌도 간교한지 구원받을 택한 자까지도 미혹케 하고 있다.

1. 회개에 있어서 같은 점과 다른 점

1〉 다같이 회개한다.

진정으로 회개한 성도들은 자신이 참으로 하나님께 대하여 말할 수 없이 큰 잘못을 저지른 죄인임으로 통절히 깨닫고, 하나님께 대하여 노하심을 풀어드리려는 심정으로 회개하는데 비해, 사탄에게 미혹된 자는 단지 회개함으로 자기가 용서를 받아 벌받지 않기 위해 회개하는 것이다. 회개의 본질은 내가 누구에게 잘못했으면 나 자신이 어떤 문책이나 벌을 받지 않고 용서받기 위해서 잘못했다고 비는 것보다, 그것은 차선의 문제요, 보다 먼저 중요한 것은 내가 잘못함으로 그에게 끼친 손상에 대하여 참으로 마음 아파하고 그의 마음을 풀어드리기 위하여 빌어야 하는 것이다. 자기 이기적인 생각으로 그에게 잘못을 저질러 손상을 입혀놓고는, 받을 벌이 무서워 역시 자기가 벌받지 않으려는 생각으로 그에게 가서 잘못했다고 빈다면, 그 비는 것이 정당한가? 오히려 그 중심을 안다면 비는 것마저 악랄한 수작으로서 오히려 그로 인해 더 중한 벌을 받아야 할 것이다.

이렇게 순수하지 못한 회개는 종교적 사기극이요, 악행인 것이다. 그런데도 오늘날 교회는 이일을 분별치 못하고 자행하고 있으며, 알지 못한 채 권장하고 있기도 하는 것이다.

2〉 진정으로 회개한 성도나 미혹된 자나 다 같이 죄를 싫어한다.

그렇기 때문에 구별하기 어렵다. 그러나 진정한 회개를 하는 성도는, 죄가 하나님의 성품과 대적이 되므로, 하나님께서 죄를 얼마나 미워하고 싫어하시는 줄 알기 때문에, 같은 성품으로 자기도 죄를 미워하고 싫어하게 된다. 그러나 미혹된 자는 죄가 자기에게 해를 주고 징벌을 가져다주는 것인 줄로 알기 때문에 죄를 싫어하는 것이다. 자기에게 해로움이나 벌이 오지 않는다면 죄 자체를 싫어하지 않을 것이다.

3〉 진정으로 회개한 성도나 미혹된 자나 다 같이 하나님 말씀

과 계명이 주는 훈계를 좋아한다.

그러나 진정한 회개를 한 성도는 그것이 하나님의 영광스럽고 거룩하고 탁월하며 공의로운 뜻이기에 좋아하나, 진정한 회개를 하지 않은 미혹된 자는 하나님의 말씀과 율법의 훈계를 듣고 지키는 것이 자기에게 유익 되고 복을 받게 하는 것인 줄 알므로 그것을 좋아하며 사랑하며 즐거워하는 것이다. 외면적으로 보아서는 조금도 다름이 없는 것이다.

4〉 **다같이 하나님의 형벌하심에 동의한다.**

진정으로 회개하는 성도는 벌을 받는 것이 자기의 처지에 마땅하다는데 동의한다. 그것은 마땅히 하나님께서 자기를 지옥에 보내는 것이 공의롭다고 느끼기 때문이다. 그러나 미혹된 자는 자기가 지옥의 위험을 면했다고 생각하기 때문에 (자기는 안전하기 때문에) 하나님께서 형벌을 내리심이 정당하다고 한다. 그러나 자기가 율법에 따라 형벌을 받아 마땅하다는 데는 결코 동의하지 않는다.

♡ 묵상과 기도

2. 믿음에 있어서 같은 점과 다른 점

1〉 진정으로 회개한 성도나 사탄에게 미혹된 자도 다 같이 그리스도 예수님을 구주로 믿는다.

진정으로 회개한 성도는 그리스도 예수님을 믿는 것이 하나님께 회개하는 자신에게 용서를 받게 하시는 은총의 방도요 길로 제시한 것이므로 감사히 받아들여 순종하는 것이 하나님을 기쁘시게 하는 것이므로 마음에 기쁘고 쉬원스럽게 믿으나, 미혹된 자는 단지 믿지 않으면 자기가 천국에 가지 못하고 지옥에 가게 될 것으로 알기 때문에 믿는 것이다. 오늘날 교회처럼 회개를 반드시 해야하는 것으로 강조하지 않고, 거룩한 생활도 반드시 해야하는 것으로 강조하지 않고, 단지 예수님을 구주로 영접만 하면 그 지긋지긋한 지옥엘 가지 않고 그 좋은 천국에 간다고 하니, 종교를 믿어 보려고 기독교를 택한 사람 치고 예수님을 구주로 믿는다고 대답하지 않을 사람이 멍청한 사람 아닌 이상 누가 있겠는가 말이다.

2〉 **하나님의 말씀을 순종하는 것도 같다.**

그러나 다른 점은 진정한 회개를 한 성도는 하나님의 말씀을 순종하는 것이 하나님을 기쁘시게 하는 것이기 때문이며, 자신도 하나님의 말씀을 따라 사는 것이 인생의 마땅한 본분이요 그 자체가 즐거움이며 행복이기 때문에 순종하나, 미혹된 자는 하나님의 말씀을 순종하면 복이 오고 순종하지 않으면 불행이 오는 것이 두려워 순종하는 것이다.

3〉 **신앙생활을 열심히 하는 것도 같다.**

진정으로 회개한 성도들은 신앙생활 그 자체가 하나님을 기쁘시게 하는 것이며 인생의 마땅하고 올바른 삶이기에 충실히 하나, 미혹된 자는 신앙생활을 열심히 함으로 자신이 구원받는 것을 더 확실히 할 수 있고, 또 천국의 상급을 받을 수 있으며, 세상에 사는 동안도 하나님의 보호하심과 사랑을 받을 수 있는 것이기 때문에 열심히 하는 것이다.

4〉 믿지 않는 것을 잘못이라고 하는 것도 같다.

진정으로 회개한 성도들은 믿지 않는 것이 하나님을 멸시하는 큰 죄가 됨으로 그러하나, 미혹된 자는 자기가 옳다고 인정하고 믿는 종교를 타인이 믿지 않는 것을 어리석고 잘못이라고 하는 것이다.

5〉 둘 다 성도의 모임을 사랑한다.

진정으로 회개한 성도들은 구원받은 하나님의 자녀들의 모임임으로 하나님의 자녀들의 형상을 보며 영적 대화와 교제를 할 수 있는 것 때문에 좋아하나, 미혹된 자는 그러한 모임에서 자기가 이익 되는 것이 있기 때문에 모임을 지지하고 참석하는 것이다. 자기가 바라는 이익을 얻지 못한다면 참석치 않을 것이다.

6〉 둘 다 교회의 집회에 참석하기를 좋아한다.

진정한 회개를 한 성도는 그의 마음에, 예배와 찬송과 기도와 감사를 드리는 것과 하나님의 말씀을 배우는 것, 그리고 성도들과의 교제를 무엇보다도 하나님이 원하시고 기뻐하시기 때문에 그러하며, 자신 또한 기뻐하기 때문에 교회의 집회에 참석하는 것을 좋아한다. 그러나 미혹된 자는 그런 것 보다 자신이 바라고 원하는 것을 지지해주고 얻도록 해 주는 좋은 시간이며 장소로서, 특히 근래에 와서는 쇼와 같이 스트레스를 풀게하는 집회 분위기가 좋아서 열심히 참석하는 것이다. 아멘 할렐루야를 좋아하고 해야하지만, 습관적으로 남발하고 뻔히 자기가 실천하지 못할 말씀에도 아멘을 연속하고 있으니 거짓고백 상습범을 만들고 있는 것이다.

7〉 은혜의 교리들을 사랑하는 것도 같다.

진정한 회개를 한 성도들은 그것이 하나님의 진리이며 그것으로 인해 많은 사람들이 바른길로 구원을 얻게 되는 것이므로 사랑하나, 미혹된 자는 자기구원이 바른 교리를 듣고 배움으로 안전하다는 기대감에서 사랑하는 것이다.

♡ 묵상과 기도

3. 생활에 있어서 같은 점과 다른 점

1〉 하나님을 섬기며 영광스럽게 하려는데 다 같이 힘쓴다.

진정한 회개를 한 성도들은 하나님이 너무나 존귀하고 영광스러운 분이기에 즐거이 섬기며 사랑하고, 그분이 영광스럽게 되는 것이 나의 기쁨이 됨으로 영광되게 하려하나, 미혹된 자는 품삯을 바라고 주인을 섬기는 종과 같이 자기의 이익을 얻는 수단으로 하나님을 섬기고 영광스럽게 하는 것이다.

2〉 둘 다 기도생활에 즐거움을 발견하고 힘쓴다.

진정한 회개를 한 성도는 기도하는 것을 하나님께서 귀중히 보시기 때문에 하나님을 기쁘시게 하기 위해서 힘쓰고 기도로 하나님께 가까이 나아가며 대화할 수 있기 때문에 사랑하고 힘쓰나, 미혹된 자는 기도를 함으로 하나님께서 귀중히 보시는 의무를 한다는 만족감과 기도에서 마음의 흥분을 하나님과의 교제로 오해함으로써 즐거움을 느끼며 힘쓴다. 방언기도를 좋아하는 사람이 그런 경우가 많다.

3〉 둘 다 교회의 부흥과 믿는 자들의 증가를 기뻐한다.

진정으로 회개한 성도들은 그것이 하나님이 원하시고 기뻐하시는 일이며 사람들이 구원받는 것임으로 기뻐하나, 미혹된 자는 자기가 속한 교회가 부흥되고 수가 많아짐으로 자기 마음이 든든해지고 누구에게나 자신이 속한 교회를 떳떳이 말할 수 있기 때문에 그렇게 되기를 원하고 그렇게 될 때 무척 기뻐한다.

4〉 둘 다 참으로 거룩해지려고 노력한다.

참된 성도는 하나님께서 거룩하신 분이고 거룩하라고 명령하셨기 때문에 (레 11:44~45; 살전 4:3)거룩하기를 원하고, 거룩이 구별되게 깨끗하게 하는 것이므로(레 20:7) 그 자체를 좋아하여 그것을 힘쓰나, 미혹된 자는 하나님께 인정을 받는 방도임으로 힘쓰고 교회에서 성도로 인정을 받기 때문에 힘쓴다.

5〉 사랑하는 것도 일치한다.

둘 다 성경을 사랑한다. 참된 성도는 그것이 사랑하는 하나님의 마음이요 뜻이기 때문에 그리고 그것이 그의 영혼의 양식이요 즐거움이기 때문에 사랑한다. 그러나 미혹된 자는 성경에 자기에게 유익이 되는 말씀이 있고 또 자기가 바라는 소망의 약속이 있기 때문에 사랑하는 것이다.

둘 다 하나님을 사랑한다. 참된 성도는 하나님의 존재와 성품이 지극히 아름답고 탁월하시기 때문에 그를 경외하고 사랑하지만, 미혹된 자는 하나님이 자기를 영원히 행복하게 해주시는 분이므로 자기의 이익과 절대적인 관계에 있는 분이므로 사랑하는 것이다.

둘 다 그리스도 예수님을 사랑한다. 진정으로 회개한 성도들은 자신의 구주가 되기까지 하신 그의 성품 때문에 그를 사랑하나, 미혹된 자는 자기를 지옥에 가지 않도록 해주시는 분이기 때문에, 그리고 천국의 영광을 얻도록 해주시는 분이기 때문에 사랑하는 것이다. 그가 자기에게 끼쳐주시는 이득 때문에 그를 사랑하는 것이다.

둘 다 그리스도인들을 사랑한다. 참된 성도는 그들 안에서 그리스도 예수님의 형상을 보기 때문이며 그들은 그리스도 예수님의 존귀하신 지체이므로 존중하여 사랑하나, 미혹된 자는 그들이 같은 교파 같은 교회에 속했기 때문에, 또는 자기가 그들과 동일한 관심과 소망을 가지고 있기 때문에 그들을 사랑하는 것이다.

6〉 둘 다 성령님의 충만을 원한다.

진정으로 회개한 성도들은 성령님의 충만을 받아. 구주 예수님을 증거하고 하나님을 기쁘시게 하며 교회를 봉사코자 하나, 미혹된 자는 성령님의 충만을 받아 자신이 하나님께서 주시는 특권을 받은 자가 되었다는 긍지와 그것을 나타냄으로 우월감을 가질 수 있기 때문에 원하는 것이다.

7〉 둘 다 자선단체를 돕는 일에 관대하다.

참된 성도는 하나님이 기뻐하시고, 돕는 그들에게 유익이 됨으로 하나, 미혹된 자는 자선단체의 신망을 얻기 위해 또는 양심을 진정시키고 선한 일을 하였다는 위안을 얻기 위해 그리고 하나님의 은혜를 입는 일임으로 힘써 하는 것이다.

8〉 여러 가지 면에서 똑같이 자기를 부정한다.

자기를 부인하는 것은 참된 성도에게만 있는 것이 아니다. 불교의 승려도 그러하고 메카를 순례하는 힌두교도들도 희생과 자기부정을 하는 것을 볼 수 있다. 참된 성도는 하나님을 참으로 높일 수 있기 위해 그리고 다른 사람게 더 많은 선을 행하기 위해 하나, 그릇된 자는 이기적인 동기에서 그렇게 하는 것이다.

9〉 둘 다 기꺼이 순교하고자 한다.

순교자들의 전기를 읽어보면 어떤 사람들은 순교의 보상에 대한 그릇된 생각으로 기꺼이 고통받고자 했다는 것을 알 수 있다. 고린도전서 13:3절에 "또 내 몸을 불사르게 내어줄지라도 사랑이 없으면 내게 아무 유익이 없느니라"는 말씀은 무익한 순교도 있을 수 있음을 가르치는 말씀인 것이다.

이와 같이 진정한 회개를 한 성도와 사탄의 미혹을 받아 그릇된 회개로 속고 있는 자들의 차이는 회개의 양식에 있어서 그렇게 많은 점에서 꼭 같으나 회개의 목적을 주로 다른 목적으로 하고있는 것이다. 참된 성도는 자기의 찾은바 생명 되신 하나님과 이웃의 이익을 주된 목적으로 택하는데 반하여, 미혹된 자들은 자기의 이익을 주로 하여 회개를 한다는 것이다. 진정한 회개를 한 참된 성도는 극히 적은 반면에 이렇게 미혹되어 그릇된 회개를 하고도 자신은 구원받은 자인 줄로 아는 자들은 셀 수 없이 많은 것이다.

진정한 회개 자와 그릇된 회개자의 뚜렷한 차이점이 그 목적하는바에 있어서 다름과 함께, 또 한가지 중요한 차이점은 참된 성도는 성령으로 거듭나서 순종을 좋아해서 즐거이 하나 이기적인 회개 자는 거듭난 새 생명에 의해 하는 것이 아니라 인간적인 의도와 결심으로 하는 것이다. 좋아하여 하는 순종은 중심에서 우러나오는 순종이므로 순종하는 것이 즐겁고 순종이 그렇게 힘들거나 무거운 짐이 아니라 쉽고 가볍다고 하나, 이기적인 의도로 하는 자는 자기에게 이익이 되는 것이므로 열심히 하되 힘들게 하는 것이다. 종종 순종하고자 했는데 못했다는 말을 듣게 된다. 그러나 그것은 인간적인 순종하려는 마음의 의도와 결심은 있으나 그것을 다른 어떤 일보다 더 좋아하는 마음과 할 수 있는 새사람의 능력이 없기 때문에 못하는 것이다. 오늘날 교회 안에 이렇게 순종하려는, 마음에 의도를 가진 자 또는 열심히 하는 자들은 많되 진정한 회개 자로서 하는 자들은 드문 것이다.

♡ 묵상과 기도

2. 회개함으로 죄 사함을 얻는다 하셨다.

(눅 17:3~4) → 만일 네 형제가≪**너에게**≫죄를 범하거든 경계<**훈계**>하고 회개하거든≪**그를**≫용서하라 만일 하루 일곱 번이라도 네게 죄를 얻고 ≪**하루**≫일곱 번 네게 돌아와 내가 회개하노라 하거든 너는≪**그를**≫용서하라

(눅 24:47~48) → 또 그의 이름으로 죄 사함을 얻게 하는 회개가 예루살렘으로부터 시작하여 모든 족속에게 전파될 것이 기록되었으니 너희는 이 모든 일의 증인이라 .

(행 2:38) → 베드로가 가로되 너희가 회개하여<**개심하였으니**> 각각 예수 그리스도의 이름으로 세례

<**침례**>를 받고 죄 사함을 얻으라 .

(행 3:19) → 너희가 회개하고 돌이켜 너희 죄 없이함을 받으라.

(행 5:31) → 이스라엘로 회개하게 하사 죄 사함을 얻게 하시려고≪**하나님이**≫그를 오른손으로 높이사 임금<**통치자, 왕**>과 구주를(로) 삼으<**높이**>셨느니라

(마 26:28) → 이것은 죄 사함을 얻게 하려고 많은 사람을 위하여 흘리는 바 나의 피 곧 새 언약의 피니라 .

(히 9:22) → 율법을 좇아 거의 모든 물건이 피로써 정결케 되나니 피흘림이 없은즉 사함이 없느니라 .

(엡 1:7) → 우리가 그리스도 안에서 그의 은혜의 풍성함을 따라 그의 피로 말미암아 구속 곧 죄 사함을 받았으니,

● 개심(회개)함으로 죄를 용서함 받는다.

오늘날 기독교는 하나님 앞에 죄인이 구원 얻는데 가장 우선적인 죄 사함(용서) 받는 것을 믿음으로 받는다고 가르치고 전하며 그렇게 죄 사함 받은 줄 알고 있다. 그러나 여러 성경 말씀을 보거나 이치상으로도 죄 사함(용서) 받는 것은 '회개' 함으로 받는 것이지 믿음으로 받는 것이 아니다. 신약성경에 죄 사함(용서)에 대한 성경구절을 보면, 개심(회개, 자백)함으로 죄 사함, 죄 용서, 또는 죄 없이함 받는다고 12회(막 1:4, 4:12; 눅 3:3, 17:3, 4, 24:47; 행 2:38, 3:19, 5:31, 8:22, 26:18; 요일 1:9) 말씀하였

고, 믿음과 죄 사함은 단 한 번, 그것도 중풍병자를 데리고 온 사람들의 믿음을 보시고 중풍병자를 고쳐 주실 때 "네 죄≪들≫사함을 받았느니라" 고 하신 것인데, 그것은 예수님께서 죄를 사하는 권세가 있음을 보여 주시기 위하여 그렇게 말씀하셨다고 한 것이다.(마 9:2, 6) 그리고 그리스도의 피로 죄 사함 받는다고 3회(마 26:28; 엡 1:7; 히 9:22), 그의 이름 또는 그를 인하여 죄 사함 받는다고 3회(행 10:43, 13:38; 골 1:14)이며 믿음으로 죄 사함 받는다고 말씀하시지 않은 것이다.

죄를 지은 사람이 피해를 준 상대자에게 잘못했다는 마음의 돌이킴이나 사과 없이 그가 용서해 줄 것을 믿으면 용서된다고 하는 것은 이치상으로도 맞지 않는 것이다. 예수님은 "네 형제가 죄를 범하거든 경계<**책망**>하고 회개하면<메타노에오 →**마음을 바꾸면**> 용서하라" 고 하셨다(눅 17:3, 4).

하나님께서 구약 이스라엘 백성들에게 죄 사함 받는 속죄제사를 어떻게 드릴 것을 명하신 레위기 4장과 5장 말씀을 보면, "만일 이스라엘 온 회중이 여호와의 금령중 하나라도 그릇 범하여 허물이 있으나 스스로 깨닫지 못하다가 그 범한 죄를 깨달으면 회중은 수송아지를 속죄제로 드릴지니, 그것을 회막 앞으로 끌어다가 회중의 장로들이 여호와 앞에서 그 수송아지 머리에 안수하고 그것을 여호와 앞에서 잡을 것이요, 기름부음을 받은 제사장은 그 수송아지 피를 가지고 회막에 들어가서" (4:13~17), 그리고 "만일 족장이 그 하나님 여호와의 금령중 하나라도 부지중에 범하여 허물이 있었다가 그 범한 죄에 깨우침을 받거든 그는 흠없는 숫염소를 예물로 가져다가 그 숫염소의 머리에 안수하고" (4:22~24), "만일 평민의 하나가 여호와의 금령중 하나라도 부지중에 범하여 허물이 있었다가 그 범한 죄에 깨우침을 받거든 그는 흠 없는 암염소를 끌고 와서 그 범한 죄를 인하여 그것을 예물로 삼아 그 속죄제 희생의 머리에 안수하고”(4:27~30), “누구든지 … 그것을 깨달을 때에는 허물이 있을 것이요”(5:3), “누구든지 … 어떠한 일이든지 깨닫지 못하다가 그것을 깨달을 때에는 그 중 하나에 허물이 있을 것이니, 이 중 하나에 허물이 있을 때에는 아무 일에 범과하였노라 자복하고 그 범과를 인하여 여호와께 속건제를 드리되”(5:4~6)라고 하였으니, 죄 사함 받는 원리를 말씀하신 것이다. 먼저 죄 사함 받는 속죄제사를 드리기 위해서는 어떤 죄를 지었는지 지은 죄를 깨달아야<יָדַע(야다) **알아차려야, 인정하여야, 느껴야**>하는 것이다. 죄를 깨닫지 못하고는 속죄제사를 드릴 수 없고, 속죄제사를 드리지 않고는 용서받을 수 없는 것이다. 그리고 제물 될 짐승에게 죄지은 사람이 안수하는 것은 그가 자복하는 죄가 제물 될 짐승에게 넘겨지는 것이며, 그리고 죄를 사함 받기 원하는 본인이 그 짐승을 죽여서 피를 그릇에 받고 가죽을 벗기고, 내장을 끌어내 기름을 분리시키고 똥과 내장을 진밖에 가져가서 불에 태우는 일 모두를 그가 해야 하는 것이다. 물론 레위인들의 도움으로 하지만, 범한 죄를 사함 받고져 하는 본인이 그 모든 일을 참여함으로 죄의 두려움을 절실히 깨닫고, 다시는 어떠하든 죄를 범치 않아야겠다는 마음을 가지게 되는 것이다. 그것이 곧 마음을 바꾸는 회개(개심)인 것이다.

죄를 깨닫고 하나님께 용서를 받기 원하는 자가 하나님이 정하신 방법을 따라 회개하는 마음으로 제물의 피를 가지고 제사를 드릴 때 그의 죄가 용서되고 죽임을 당치 않는 것이다. 그와 같이 예수님께서 속죄의 어린양으로 세상 모든 사람이 용서받도록 피흘려 죽으셨으나, 죄를 깨닫고 하나님께 용서받기 위하여 회개하는 마음을 가지고 예수님께서 피흘려 대신 죽으신 그 피를 의지하여 하나님 앞에 나아갈 때, 그의 죄를 예수님의 이름 곧 그 피로써 용서함 받게 하시는 것이다.

죄를 깨닫고 하나님 앞에 회개(개심)하는 마음을 가지지 않는 자는 속죄의 제물되신 예수님의 피흘려 죽으심이 그에게 상관이 없고 효력이 되어 주지 않는 것이다. 그러므로 죄사함 받기 위해서는 먼저 회개(개심)하는 마음이 있어야 하고, 그리고 회개(개심)하는 그의 죄를 용서받게 하기 위하여 속죄의 어린양 되신 예수님의 대신 피흘려 죽으심이 있어야 하는 것이다. 두 가지 중에 어느 하나라도 없으면 죄 용서가 되지 않는 것이 하나님의 공의와 사랑의 원리인 것이다.

그러므로 회개를< 메타노에오 **마음을 바꾸는 것을**> 생략하여 유의하지 않고 대충 보아 넘기는 것은 하나님께 죄 사함을 받느냐 받지 못하느냐 하는 구원에 중대한 기본이 되는 문제인 것이다. 예수님과 사도들이 전한 바른복음의 최초의 초보는 "회개하고 죄사함 받으라" 하신 것이다. 히브리서 6:1~2절에 **그리스도도의 초보를 말하면서 제일 먼저** 죽은 행실을 회개함을 말한 것을 보아도 그렇다.

● 성경 전체에서 죄 문제 해결 위한 하나님의 방도

성경 전체에서 보는 바 하나님께서 창조 후 지금까지 그처럼 오랜 세월 동안 인간의 죄 때문에 분노하시고 고통<=슬퍼>하시며 애쓰심을 절절히 깨우쳐야 한다. 먼저 인간의 하나님께 대한 죄가 얼마나 중대(重大)함을 알아야 한다. 어른이 어린아이에게 '이놈' 해도 잘못이 아니고 어떤 면에서는 귀여워서 하는 말이기도 하다. 그러나 청년에게 '이놈' 하면 기분을 조금 언짢게 하는 말이 되나 크게 잘못은 아니다. 그런데 자기와 같은 연령의 어른에게 '이놈' 하면 아주 기분 나쁘게 하는 실례이고 잘못하는 것이다. 그런데 자기보다 나이가 훨씬 많은 노인에게 '이놈' 하면 그것은 아주 못돼먹은 사람으로 큰 죄인 것이다. 그런데 하나님께 '이놈' 했다면 얼마만큼 죄가 되겠는가? 그야말로 건방진 죽임을 당해야 할 죄가 아니겠는가? 이와 같이 어떤 자에 대한 죄인가에 따라 죄의 경중이 달라진다.

인간이 세상 만물과 자기를 만드신 창조주 하나님을 마귀보다 신뢰하지 않고 마귀의 말을 따라 자기 생각대로 행동한 죄는 하나님을 얼마나 분노케 하고 탄식케 하며 슬프시게 한 죄인가? 이것은 도무지 용서할 수 없는 죄인 것이다. 그러므로 하나님의 법도를 어겨 하나님께 죄를 지었을 때는 죽어야 한다고 하신 것이다.

그러나 사랑의 하나님은 사람을 죄대로 처치하지 아니하시며 죄악을 따라 갚지 아니하시고, 용서받아 살 수 있는 방도를 주셨으니, 그것이 제일 먼저 회개 즉 하나님께 대하여 잘못되었던 마음을 통회하여 바꾸고 하나님의 말씀을 전적으로 믿고 순종하면, 죽고 형벌 받아야 할 죄를 대신하여 죽으신 예수님의 피로 씻어 용서하시고, 예수님의 부활하신 의를 입혀 의롭다하시고, 진리의 성령님으로 거듭나게 하시어 영생을 얻게 하겠다고 하신 것이다. 사람으로는 할 수 없으나 그렇게 하고져 응하는 사람에게는 말씀과 성령님으로 할 수 있게 하겠다 하신 것이 성경 전체에서 처음부터 끝까지 한결같이 말씀하시는 핵심(核心)인 것이다. 이런 말씀들이 얼마나 많은가? 지존하신 하나님께서 탄식하며 눈물을 흘리실 만큼 절절한 심정을 나타낸 말씀들이 너무 많아 일일이 들 필요도 없이 성경을 읽어보라고만 할 따름이다.

성경 전체에 흐르는 말씀의 줄기는 인간의 죄 문제 해결이다. 개심하고 믿는 자에게 죄사함과 의롭다함을 주시고, 새사람으로 거듭나게 하시며, 예수님께서 성숙하심이 충만한 정도까지 이르게 하심으로 죄를 근본적으로 완전하게 영구히 해결케 하시는 것이다. 이것이 하나님께서 인간의 죄 문제 해결을 위해 제시하고 요구하시고 역사 하시는 바이다. 그리고 모든 사람이 하나님의 많으신 긍휼과 사랑의 뜻을 받아들여 개심 하여 아무도 멸망치 않고 다 구원에 이르기를 원하시는 것이다.(벧후 3:8~9) 그럼에도 인간들은 여전히 아담 하와의 죄를 따라 행하며 개심하고 믿는 것을 거절하고 고집하고 있는 것이다.(롬 2:4~5)

♡ 묵상과 기도

3. 복음을 믿는 것은 어떤 것인가?

(막 1:15) → 회개하고 복음을 <**안에서, 으로 말미암아**> 믿으라 <**믿으라, 맡기라**>

(눅 8:1) → 예수께서 각 성과 촌에 두루 다니사 하나님의 나라<**왕국**>을 반포하시며 그 복음을 전하실새 열두 제자가 함께 하였고 ,

(눅 18:17) → 내가 진실로 너희에게 이르노니 누구든지 하나님의 나라를<**왕국을**> 어린아이와 같이 받들지<*δέξηται*(데크세타이) **영접하지**> 않는 자는 결단코<*οὐ μὴ*(우 메) **절대로 ← 이중 부정**> 들어가지 못하리라

(살후 1:8) → 하나님을 모르는 자들과 우리 주 예수 그리스도의 복음을 복종치＜ὑπακούουσιν(휘파쿠우신) **주의 깊게 듣지, 명령이나 권위에 유의하지, 따르지**＞ 않는 자들에게 형벌을 주시리니

(행 5:31) → 이스라엘로 회개케 하사 죄 사함을 얻게 하시려고≪ὁ θεὸς(호 드헤오스) **하나님께서**≫그를 오른손으로 높이사 임금＜ἀρχηγὸν(아르크헤곤) **통치자, 왕**＞과 구주를(로) 삼으셨느니라＜ὕψωσεν(휘프소센) **높이셨느니라**＞.

(요 1:10~13) → 그가 세상에 계셨으며 세상은 그로 말미암아 지은바 되었으되 세상이 그를 알지 못하였고 자기 땅에 오매 자기 백성이≪**그를**≫영접하지 아니하였으나 그를 영접하는 자 곧 그 이름을 믿는 자들에게는 하나님의 자녀가 되는 권세를≪**그들에게**≫주셨으니 이는 혈통으로나 육정으로나… 오직 하나님께로서 난 자들이니라

(요 1:29) → 이튿날 요한이 예수께서 자기에게 나아오심을 보고 가로되 보라 세상 죄를 지고가는＜αἴρων **속하시는**＞ 하나님의 어린양이로다 .

(행 19:4,5,8) → 바울이 가로되 요한이 회개의 세례를 베풀며 백성에게 말하되 내 뒤에 오시는 이를 믿으라 하였으니 곧≪**그리스도**≫예수라 하거늘 저희가 듣고 주 예수의 이름으로 세례를 받으니, 바울이 회당에 들어가 석 달 동안을 담대히 하나님 나라＜**왕국**＞에 대하여＜**대한 일들을**

> 강론하며 권면<**설득**>하되 어떤 사람들은 마음이 굳어 순종하지 않고 무리 앞에 이 도를 비방<**욕**>하거늘

(요 17:2~3) → 아버지께서 아들에게 주신 모든 자에게 영생을 주게 하시려고 만민을 다스리는 권세를 아들에게 주셨음이로소이다.

(요 3:16) → 하나님이 세상을 이처럼<*Οὕτως*(후토스) **이런 방법으로, 이렇게**> 사랑하사 독생<*αὐτοῦ τὸν μονογενῆ* (아우투~ 톤 모노게네~) **유일한 그의**> 자를(아들을) 주셨으니 이는 저를 믿는 자마다 멸망치 않고 영생을 얻게 하려 하심이니라 .

(요 3:35~36) → 아버지께서 아들을 사랑하사 만물을 다 그 손에 주셨으니 아들을 믿는 자는 영생이 있고, 아들을 순종치 아니하는 자는 영생을 보지 못하고 도리어 하나님의 진노가 그 위에 머물러 있느니라

● 복음(福音)이란 무엇인가?

"복음을 믿으라" 하셨는데 복음이 무엇인지 명확하게 규명되어야 바르고 확실하게 믿을 수 있다. 「복음 *εὐαγγέλιον*(유앙겔리온)」은 기쁜(좋은) 소식 (good news)이라는 말로서 신약성경에 76회 사용되었는데 그냥 '복음' 이라고 48회, 그리스도의 복음 12회, 하나님의 복음 9회, 왕국복음 2회, 천국복음 2회, 구원의 복음 1회, 평안의 복음 1회, 영원한 복음 1회이다. 그런데 76회

중 사도 바울이 61회 사용한 것이다.

그렇다면 사도 바울이 어떤 복음으로 복음을 전하였는가? 사도 바울이 고린도 교회에 보낸 말씀 중에 "내가 너희 중에서 예수 그리스도와 그의 십자가에 못 박히신 것 외에는 아무 것도 알지 아니하기로 작정하였음이라"(고전 2:2) 한 것으로 어떤이는 '복음은 오직 예수 그리스도님과 그의 십자가에 못 박히신 것' 이라고 하지만, 사도 바울이 이 말씀을 쓴 때는 에베소에서 복음전도 3년 끝인 주후 55년인데(행 20:31; 고전 16:5~8) 에베소에서 복음을 전할 때 "회당에 들어가 석 달 동안을 담대히 하나님 왕국에 대하여 강론하며 권면하되 어떤 사람들은 마음이 굳어 순종치 않고 무리 앞에서 이 도를 비방하거늘, 바울이 그들을 떠나 제자들을 따로 세우고 두란노 서원에서 날마다 강론하며 이같이 두 해 동안을 하매 아시아에 사는 자는 유대인이나 헬라인이나 다 주의 말씀을 듣더라" 하였으니(행 19:8~10), 사도 바울이 전한 복음은 예수님께서 전하신대로 '하나님 왕국' 에 대한 복음을 전한 것이다. 그리고 에베소에서의 3년간 복음전도 사역을 끝내고 밀레도에 이르러 에베소 교회 장로들을 청하여 고별의 권면을 할 때 말하기를 "유대인과 헬라인들에게 하나님께 대한 회개와 우리 주 예수 그리스도께 대한 믿음을 증거한 것이라, … 보라 내가 너희 중에 왕래하며 하나님 왕국을 전파하였으나 지금은<**νῦν**(뉜) **이후로는**> 너희가 다 내 얼굴을 다시 보지 못할 줄 아노라" 하였으니(행 20:21,25), 예수님께서 전하신 복음 그대로 회개와 믿음, 그리고 하나님 왕국을 전파한 것이다.

그러한 사도 바울이 에베소 전도사역을 하기 전 주후 52년경에 1년 6개월 머물면서(행 18:11) 전도하여 세워진 고린도교회에 3년 후 에베소 전도사역을 마칠 때 주후 55년경에 쓴 고린도전서에 어떤 형편 때문인지 "내가 너희 중에서 예수 그리스도와 그의 십자가에 못 박히신 것 외에는 아무 것도 알지 아니하기로 작정하였음이라"(고전 2:2)고 한 말만으로 기독교의 복음을 '예수 그리스도님과 그의 십자가에 못 박히신 것만'으로 규정하는 것은 인간 구원만을 위주하는 좁은 소견이며 복음을 제대로 규명하는 것이 못된다.

더욱이 주후 63년경 로마에서 2년간 사도 바울의 최후 전도사역의 기록을 보여주고 있는 사도행전을 보면 "저희가 일자를 정하고 그(바울)의 우거하는 집에 많이 오니 바울이 아침부터 저녁까지 강론하여 하나님≪**의**≫나라<*βασιλείαν*(바실레이안) **왕국, 주권, 통치**>를 증거하고 모세의 율법과 선지자≪**들**≫의 말을 가지고 예수의 일로<*τὰ περὶ*(타 페리) **일들에 관하여**> 권하더라. 그 말을 믿는 사람도 있고 믿지 아니하는 사람도 있어 서로 맞지 아니하여 흩어질 때에"(행 28:23, 24) 라고 했으며, "바울이 온 이태를 자기 셋집에 유하며 자기에게 오는 사람≪**들**≫을 다 영접하고≪**모든**≫담대히<*παρρησίας*(팔흐레시아스) **확신으로**> 하나님 ≪**의**≫나라<*βασιλείαν*(바실레이안) **왕국, 주권, 통치**>를 전파하며 주 예수 그리스도께 관한 것을 가르치되 금하는 사람이 없었더라"고 하였으니(행 28:30, 31), 사도 바울이 증거하고 전파한 복음은 예수님께서 전파하신 복음 그대로 "하나님의 왕국<*βασιλεία* **왕국, 통치, 주권**>이 가까웠으니 회개<**개심**>하고 복음을 믿으라" 하신대로인 것이다. 복음에 있어 두 가지 사실≪하나님의 왕국≫과≪주 예수 그리스도님≫에 관하여 어느 하나만을 복음이라 하면 한쪽으로만 치우친 편협된 복음이 되어 올바른 복음이 못된다. 하나님(예수님)께서 말씀하신 복음의 궁극적 목적인≪하나님의 왕국≫과 거기에 들어가는 방도인≪주 예수 그리스도님≫에 관하여 복음의 규정(개념)을 시급히 올바로 해야 하며 사도 바울처럼 '모든 확신으로＜*παρρησίας*(팔흐레시아스)＞' 해야 한다.

● 복음을 믿는 것은 어떤 것인가?

복음의 규정이 「하나님의 왕국＜**왕국, 통치, 주권**＞」과 「주 예수 그리스도님에 관한 일」이므로 복음을 믿는 것은 당연히 복음의 내용을 온전히 사실로 인지하고 믿어야 하는 것이다. 그런데 오늘날 기독교는 하나님의 왕국＜**왕국, 통치, 주권**＞에 대해서는 제대로 믿지 않고 「주 예수 그리스도님에 관한 일」에 대해서만 복음으로 믿고, 「주 예수 그리스도님에 관한 일」들에 관해서도 올바로 증거하지 못하고 있다. 그러므로 올바른 믿음이 될 수 없다. 극히 소수의 숨겨진 자들 외에는 「하나님의 왕국＜**왕국, 통치, 주권**＞」에 대해서 잘 알지 못하고 실재(實在)도 없으니, 변개된 복음 때문이다.

무엇보다 복음을 믿는 것은 먼저 「하나님의 왕국＜**왕국, 통치, 주권**＞」을 어린아이와 같이 영접해야 하는 것이다. 예수님께서 분명히 말씀하셨으니 "어떤 누구든지 하나님의 왕국을 어린아이와 같이 받들지＜**영접하지**＞ 않으면 절대로 들어가지 못하리라" ← **헬라 원어 직역**(막 10:15; 눅 18:17). 복음을 믿는 것은 먼저 하나님의 왕국＜**왕국, 통치, 주권**＞을 영접하는 것이며, 예수 그리스도님을 왕과 구주로 모셔들이는 것이다. 이것이 올바로 안되고는 복음을 올바로 믿는 것이 아니다. 기독교인으로서 하나님의 왕국＜**왕국, 통치, 주권**＞을 실제(實際)로 영접하여 예수 그리스도님을 왕과 구주로 온전히 믿고 사랑하며 살아가는 자는 극히 드물다.

그러므로 복음을 올바로 믿는 믿음은 복음의 올바른 규명 곧 「하나님의 왕국<**왕국, 통치, 주권**>과 「주 예수 그리스도님에 관한 일」을 영접하여 믿어야 하는 것이다. 「주 예수 그리스도님에 관한 일」은 영접하여 믿으나(**믿음도 십자가에 죽으시고 부활하신 예수님을 왕으로는 영접지 않고 구주로만 영접하는 믿음**), 「하나님의 왕국<**왕국, 통치, 주권**>에 대해서는 생소해 하고 좀처럼 영접하여 믿지 않는다. 편협된 복음에 오랜 동안 길들여져 왔기 때문이다.

(☆ **설교** ☆ **죄사함을 위한 피와 생명을 위한 부활 참조**)

♡ 묵상과 기도

4. 믿음으로 의롭다함을 얻는다 하셨다.

(약 2:10~11) → 누구든지 온 율법을 지키다가 그 하나에 거치면<**넘어지면, 잘못하면, 죄를 지으면**> 모두 범한 자가 되나니 간음하지 말라 하신 이가 또한 살인하지 말라 하셨은즉 네가 비록 간음하지 아니하여도 살인하면 율법을 범한 자가 되느니라

(롬 3:10~12) → 기록한 바 의인은 없나니 하나도 없으며 깨닫는 자도 없고 하나님을 찾는 자도 없고 다 치우쳐 한가지로 무익하게 되고 선을 행하는 자는 없으니 하나도 없도다.

(전 7:20) → 선을 행하고 죄를 범치 아니하는 의인은 세상

에 아주 없느니라

(갈 2:16) → 사람이 의롭게 되는 것은 율법의 행위에서 난 것이 아니요 오직 예수 그리스도를 믿음으로 말미암는 줄 아는고로 우리도 그리스도 예수를 믿나니 이는 우리가 율법의 행위에서가 아니고 그리스도를 믿음으로서 의롭다함을 얻으려 함이라 율법의 행위로서는 의롭다함을 얻을 육체가 없느니라.

(롬 8:1, 4) → 그러므로 이제 그리스도 예수 안에 있는≮*μὴ κατὰ σάρκα περιπατοῦσιν, ἀλλὰ κατὰ πνεῦμα*(메 카타 사르카 페리파투~신 알라 카타 프뉴~마) **육신을 따라 살지 않고 영을 따라 행하는**≯자≮들≯에게는 결코 정죄함이 없나니 4~ 육신을 좇지 않고 그 영을 좇아 행하는 우리에게 율법의 요구<*δικαίωμα*(디카이오마) **의**>를 이루어지게 하려 하심이니라 .

(롬 1:17) → 의인< *Ὁ δὲ δίκαιος*(호 데 디카이오스) **(옳은, 의로운, 정당한) 사람**>은 믿음으로 살리라(=합 2:4)

(롬 5:1) → 우리가 믿음으로 의롭다하심<*Δικαιωθέντες*(디카이오트헨테스) **의롭다고 간주함, 흠없다고 여김**>을 얻었은즉,

● 믿음으로는 의롭다함을 받는 것이다.

지은 죄를 용서받는 것으로만 구원받는 것이 아니다. 의롭다

함을 받아야 하는 것이다. 왜냐하면 지은 죄를 용서받는 것은 죄를 짓기 전의 죄를 짓지 않았던 본래의 상태 (그러나 다시 죄를 지을 수 있는 상태)로 돌아가는 것이다. 그런 상태로 구원받는 것이 아닌 것이다. 하나님 앞에 죄를 다 용서 받아서 죄와 죄의 책임이 하나도 없게 되어야 할 뿐만 아니라, 하나님께 완전히 순종한 영생을 얻을 의의 공로가 있어야 하는 것이다. 그런데 사람의 의지와 노력과 능력으로는 한 번도 죄를 짓지 않고 영생 얻을 완전한 순종의 의를 이루기가 절대 불가능한 것이다. "선을 행하고 죄를 짓지 아니하는 의인은 세상에 아주 없느니라" 고 하였다(전 7:20).

그리고 일생의 모든 죄를 사함 받는 것은 죄 하나 하나를 모두 자백하여 용서받는 것이 아니고—다 자백하지도 못하며—하나님께 대한 마음의 의도와 목적을 바꿈으로 하나님께로 전향하여 모든 죄를 사함 받고, 그리고 주 예수 그리스도님을 믿음으로 영생 얻을 수 있는 완전한 의를 전가(轉嫁 ~**넘겨씌움**) 받는 것이다.

성경은 한결같이 의롭다함은 믿음으로 받는다고 말씀한다(행 13:39; 롬 1:17, 3:22, 3:26, 28, 30. 4:5, 11, 13, 5:1, 9:30, 10:6, 10; 갈 2:16, 3:8, 24; 빌 3:9). 창세기 15:6절과 하박국서 2:4절은 죄인상태 그대로 하나님(예수님)을 믿음으로 의롭다함 받는다는 말이 아니다. 오늘날 기독교는 "기록된바 오직 의인은 믿음으로 살리라" 고 한 로마서 1:17절을 잘못 알고 있으며 올바로 알지 못하고 있다.

● 죄 사함과 의롭다함 받는 것의 분별.

죄 사함과 의롭다함을 받는 것은 마치 오물 구덩이에 빠진 신사가 건짐을 받아, 입었던 오물 투성이 신사 옷을 아낌없이 벗어 던지고 물로 씻고 또 씻은 후에, 가져다주는 깨끗한 옷을 얻어 입고 집으로 가는 것과 같다. 입었던 좋은 옷이 오물 투성이가 되어 아낌없이 벗어 던져버리고 물로 철저히 씻는 것은 개심함으로 예수님의 대신 흘리신 피로 죄 용서함을 받는 것을 의미한다면, 새 옷을 얻어 입는 것은 믿음으로 부활하신 예수님의 완전하신 의를 전가(轉嫁 ~**넘겨씌움**) 받는 것을 의미한다.

그러므로 개심(회개)과 믿음이 각각 죄 사함과 의롭다함을 받는 양면으로 병행하는 것임을 바로 알아 개심과 믿음을 하나로 여겨서는 안되는 것이다.

그리고 개심(회개)을 수긍하더라도 개심과 믿음의 선후 정해 놓은 차례에 있어서 '오직 믿음으로만'에 세뇌된 기독교는 믿음을 개심보다 앞서는 것이라고 우기려 한다. 믿어지니 회개한다는 것이다. 물론 개심(회개)은 하나님께 대한 것이므로 하나님께서 계심을 믿어져야 하는 것이다. 그러나 예수님께서 말씀하신 '복음을 믿는' 믿음은 구원을 얻는 '의롭다하심을 얻는' 믿음을 말하는 것이다. 의롭다하심을 얻는 믿음은 차례가 개심(회개)하고 믿는 믿음인 것이다. 이치상으로도 오물 구덩이에 빠진 사람이 더러운 것을 씻는 것을 먼저 하는 것이지 새 옷을 입는 것을 먼저 하지 않는 것과 같다.

이에 대하여 조직신학 교수였던 박형용 박사의 글을 소개하면【**교의신학 제5권**, pp. 219~221】,

회심(回心)과 신앙(信仰)

『회심은 회개와 신앙으로 구성된 즉 신앙은 회심의 한 부분이다. 그러나 신앙은 어떤 의미에서 회심에 포함되는가? 이 문제에 해답하기 위하여 참 신앙에 두 종류가 있어 각기 판이한 대상을 가진다는 사실에 주목해야 할 것이다.

1〉 하나님의 구속에 관한 계시의 진리를 인식함이니(**하나님과 구원에 관한 지식**←필자 주) 그것은 단순히 역사적으로만 아니라 생(生)에 사활적영향(死活的影響)을 주는, 알지 못해서는 안될 실재(實在)로 인식함이요, 2〉 예수 그리스도 안에서 제출된 구원의 인식과 수납이니 그것은 본격적 의미의 구원적 신앙이다.

전자 1〉의 의미의 신앙이 회심에 임재한다는 것은 의심 없는 사실이다. 성령님은 죄인으로 하여금 그 진리를 자기의 생활에 관련시켜 살펴보고 유죄감(有罪感)을 얻어 자기의 죄를 의식하게 하신다. 그는 이 계단에 어떤 시기 동안 머물러 있을 수 있으나 그리스도님을 신뢰하여 구원에 달하는 구원적 신앙이 어느 정도로 회심에 즉시 포함되는지는 말하기 어렵다.

회개(悔改)와 신앙(信仰)

회심(回心)의 두 부분인 회개(개심)와 신앙(믿음)이 산출되는 순서에서의 상호 관계는 회심의 이해에 매우 중요한 무엇이다. 그러나 선후차서(先後次序)에 있어서 회개가 먼저인가? 신앙이 먼저인가? 논리적으로 회개와 죄의 지식(죄를 깨닫는 것)이 그리스도님께 복종하여 신뢰하며 경애하는 신앙보다 선행(先行)한다는 것은 의심이 없다. 성경의 여러 구절은 회개를 신앙(믿음)보다 먼저 놓았다(막 1:15; 행 2:38, 5:31, 20:21; 딤후 2:21).

선후차서(先後次序)

신앙(믿음)이 먼저인가? → 개혁파 신학자 다수가 회개 전에 신앙을 배치하여 왔다. 처음부터 회개를 신앙에 인도하는 것으로 보아 먼저 놓는 루터파에 대항하여 개혁파 선생들은 주장하기를, 참된 회개 혹 회심은 중생과 구원하는 신앙의 부여(賦與)에 뒤따른다 하였다. 그들이 주장하는 이유는 회개가 진리의 신앙하는 이해에 의해 산출된다 함이었다. 칼빈이 그렇게 주장하였고 하지도 그리하였다.

보통으로 주장되는 이유는 유죄감(有罪感)을 가지는 죄인은 하나님께서 그리스도님 안에서 자기를 사랑하신다는 얼마의 소망을 가지기 전에는 하나님께 향한 참된 사랑을 포함하는 깊은 근심을 품지 못한다고 함이다. 시편 80:4; 요일 4:19 절 같은 성구들이 인용된다.

그러나 우리의 소견에 신앙이 그 최초 행동에서 통회에 관계없이 존재하고 또 소망의 매개를 통하여 통회를 발생한다고 설술(說述)하는 것은 오류가 아닐 수 없다. 반대로 신앙의 최초 행동 자체가 얼마의 회개를 그것의 고무자(鼓舞者)로 포함한다고 믿는 것이 보다 더 자연스럽다. 이 쌍생은혜(雙生恩惠)들은 호혜적(互惠的)으로 서로 자극함이 사실이나 사람이 믿기를 시작함은 그가 이미 회개하기를 시작한 때문이다. 신앙 선행론(信仰先行論)은 마치 죄인이 자기의 죄에 관하여 바르게 느끼기를 의욕함에 형벌을 면하리라는 사전 확인을 조건으로 한다는 듯하여 회개에 사리적(邪理的), 야비적(野鄙的) 성격을 준다.

〔註〕이는 마치 정죄 받은 중죄인(重罪人)이 '나를 놓아 달라. 그리하면 나는 내가 잘못했다는 것을 성실히 고백하겠다. 그러나 내가 만일 죄 때문에 교수(絞首)될 터이라면 나는 유죄함을 자인(自認)하지 않겠다' 라고 말함과 같다. 이것이 정당한 회개인가? 이것이 통회하는 심정의 경험인가? 아니다. 통회하는 심정의 발언은 항상 시편 51:5에서의 시인의 고죄(告罪)와 흡사하

다(R. L. Dabney. The Systematic and Polemic Theology, pp. 656~658).

선후(先後)가 없는가? → 개혁파 신학자로서 회개와 신앙(믿음)의 선후 차서를 논할 필요를 부정하는 자도 있다. 회개와 신앙의 선후(先後)를 논하는 것은 필요하지 않고, 그 하나가 그 다른 것보다 앞선다고 주장하는 것은 헛된 수고라 한다. 여기 선후가 없다고 한다. 구원에 이르게 하는 신앙은 통회하는 신앙이요, 생명에 이르게 하는 회개는 믿는 회개이다.

소요리문답 87에 있는 회개의 정의는 회개와 신앙의 상호의존성(相互依存性)을 진술한 것이라고 인증된다.

〔註〕만일 신앙이 죄로부터의 구원에 지향된다면 죄를 미워함과 그것으로부터 구원 얻으려는 욕구가 반드시 있을 것이다. 이 같은 죄의 증오는 죄로부터 하나님께 전향하는 것으로 구성되는 회개를 포함한다. 또 우리가 만일 회개는 죄로부터 하나님께로 전향함이라는 것을 기억하면 하나님께로의 전향은 그리스도 안에 계시된 하나님의 긍휼을 믿는 신앙을 함의한다. 회개와 신앙의 서로 얽힌 관계를 해제하는 것은 불가능하다 한다.

그러나 이 모든 설술(說述)은 아무리 정녕 반복되었을지라도 결국 회개와 신앙의 밀접한 관계를 강조한 것임에 불과하다. 이 두 은혜가 아무리 상호 의존하며 밀접히 엉키어 있을지라도 논리적 차서는 없을 수 없다. 이 두 가지의 선후가 없다고 단언하는 것은 사건을 미결에 붙이고 해결의 노력을 중지함일 뿐이다. 사실상 회개가 먼저요, 신앙이 다음이라는 것은 위에서 이미 언명한 바요, 논증한 바이다.(John Murray, Redemption Accomplished and Applied, p. 140).

예수님보다 6개월 앞서 예수님의 길을 예비하러 온 요한은 사람들에게 회개<개심>의 세례<침례>를 베풀면서 "내 뒤에 오시는 이를(하나님의 어린양 예수님을) 믿으라 하였으니(행 19:4) 믿음에 앞서 개심이 아닌가? 믿음의 길을 예비하는 것이 개심인 것이다.

♡ 묵상과 기도

요단 강의 모습. 예수께서는 이 곳에서 세례 요한에게 세례를 받으신 것으로 알려져 오고 있다.

☆ 설교 ☆

죄 사함 위한 피와 생명 위한 부활

【 마 26:26~28; 요 11:24~26 】

하나님께서 독생자 그리스도 예수님을 세상에 구주로 보내셔서 죄인을 구원하실 때 마귀와 같은 하나님을 거역한 죄를 지은 인간, 개심치 않고 믿지 않은 인간들의 마귀와 함께 영원한 유황과 물못에 던져질 죄를 예수님의 피로 사함 받게 하시는 것과, 영원히 하나님의 왕국에서 살 수 있는 새 생명을 받게 하시는 예수님의 의를 받게 하시는 두 가지 사실은 참으로 중요합니다. 하나님 앞에서 인간이 죄 사함을 받지 못하면 영원한 형벌의 멸망을 받아야 하며, 새 생명을 받지 못하면 영원한 생명의 복락을 받을 수 없는 것입니다. 이같은 구원은 삼위일체 하나님께서만이 주시는 놀라운 은총입니다.

그리스도 예수님께서 십자가에 못박혀 피흘려 죽으심으로 죄인들의 죄 사함을 받는 속죄의 제물 되시고, 죽음에서 부활하심으로 새 생명을 주시는 구주<σωτῆρα(소테~라) **구속자, 구주**>가 되신 것입니다.

1. 죄 사함을 받게 하시는 그리스도 예수님의 피

세상 만물과 인생들에게 온갖 고통과 슬픔과 불행이 있지만 가장 종국적인 것은 죽음입니다. 그런데 무엇 때문에 자연 만물과 인생들에게 이러한 불행과 죽음이 있어 고통하며 슬퍼해야 하는가? 어느 누구도 그 원인이 무엇임을 밝히 말하지 못하고 오직 하나님께서만이 그 근본 원인이 인간의 죄 때문이라고 성경에 수없이 말씀하신 것입니다.

그러므로 계시로 성경에 말씀하신 하나님의 구원의 방침(方針)은 모든 고통과 슬픔과 불행의 근원인 인간의 죄 문제를 해결하고 새 생명으로 영생을 얻게 하는 것입니다. 먼저 인간의 죄 문제를 해결하기 위하여 하나님께서 조치하신 최선의 방침은 일정한 조건하에 인간들로 하여금 죄를 용서받게 하시는 방도를 취하신 것입니다. 하나님께서는 인간이 죄짓지 않기를 그처럼 바라시나 자율(自律)을 원칙으로 하시는 하나님은 마귀의 책동과 인간의 불순종으로 끊임없이 범죄하는 일을 막을 수 없어 최선의 방책을 세우신 것이 개심하는 자에게 그리스도 예수님의 속죄의 피로 죄 사함을 얻게 하신 것입니다.

죄의 결과 하나님의 선고는 죽음이므로(창 2:17; 겔 18:20; 롬 5:12) 범죄하는 인간은 죽음 외에 다른 선택이 있을 수 없습니다. 세상에 어떤 사람도 죄를 안짓는 사람이 없으므로 하나님의 죄인에 대한 선고인 죽음을 면할 사람이 한 사람도 없는 것입니다. 공동묘지의 그 많은 사람들의 무덤을 향하여 왜 그렇게 한결같이 죽었는가? 라고 묻는다면 그 대답은 '죄(罪) 때문이다' 라는 것입니다. 죄를 안 지을 수 있는 사람이 있다면 죽지 않을 것입니다. "선을 행하고 죄를 범치 아니하는 의인은 세상에 아주 없느니라" 고(전 7:20) 하였습니다.

그러므로 인생들의 죄 문제를 해결 할 수 있는 유일한 길은 하나님으로부터 용서를 받는 것입니다. 긍휼과 사랑의 하나님께서는 또한 자진하여 인간이 용서받아 살길을 인간들에게 제시하신 것입니다. 그리하여 하나님께서는 죄인을 용서받도록 하시기 위해 속죄의 죽음 곧 피를 흘림으로 속죄의 근거를 마련하시고 죄인들에게는 죄를 깨닫고 마음을 바꿈으로 속죄의 피의 효험을 받도록 하신 것입니다. 속죄의 근거로 정하신 피흘림과 속죄의 효험으로 정하신 개심(改心)은 죄 용서함을 받는데 있어 동전의 양면과 같이 불가분의 관계로 하나님께서 정하신 것입니다.

하나님께서 생명을 피에 있게 하셨으므로(창 9:4) 피로써 죄를 속함 받게 하셨다고 하였습니다(레 17:11). 또한 피흘림이 없이는 사함이 없다고 하였습니다(히 9:22).

예수님께서 친히 십자가에 못박혀 죽으시기 전날 밤 제자들에게 잔을 주시며 하신 말씀 "너희가 다 이것을 마시라 이것은 죄 사함을 얻게 하려고 많은 사람을 위하여 흘리는 바 나의 피 곧 언약의 피니라" 고 하신 것은 대단히 중요한 말씀입니다. 예수님께서 십자가에 못박혀 죽으심으로 흘리시는 피는 보통 죄수들의 십자가 위에서 흘리는 피와는 달리, 죄와 흠이 없는 세상 죄를 속하기 위한 하나님의 어린양으로써 하나님께서 말씀으로 약속하신 그 죄 사함을 얻게 하는 피라는 말씀입니다. 아멘! 아멘!

2. 새 생명을 얻게 하시는 그리스도 예수님의 부활

죄 사함 받는 것만으로 영생을 얻는 것이 아닙니다. 지은 죄를 사함 받는 것은 죄 짓지 않았던 본래의 죄 없는 상태로 돌아간 것뿐이며, 또다시 죄를 지을 수 있는 상태인 것입니다. 죄 사함은 새로운 사람으로 본질이 변하는 것은 아닙니다. 더욱이 죽지 않는 영생을 누릴 새 생명을 받은 것은 아닙니다. 오늘날 기독교는 대체적으로 죄사함 받은 것을 구원받은 것으로 알고 있습니다.

그러나 하나님께서는 인간을 구원하시되 죄 사함 받는 것으로만 하시지 않고, 죄 사함과 함께 새 생명을 받게까지 하십니다.

새 생명을 받게 하시기 위해 그리스도 예수님을 죽음에서 살아나게 하시고 부활하신 구주 예수님을 믿는 자에게는 의로운 새 생명을 주시는 것입니다. 말하자면 거듭남 곧 새 생명을 주시는 것입니다. 할렐루야! 아멘!

사도 베드로는 "찬송하리로다 우리 주 예수 그리스도의 아버지 하나님이 그 많으신 긍휼대로 예수 그리스도의 죽는 자 가운데서 부활하심으로 말미암아 우리를 거듭나게 하사 산 소망이 있게 하시며 썩지 않고 더럽지 않고 쇠하지 아니하는 기업을 잇게 하시나니 곧 너희를 위하여 하늘에 간직하신 것이라"고 하였습니다(벧전 1:3,4).

거듭나는 새 생명은 그리스도 예수님의 부활하심으로 말미암아 믿는 자에게 주시는 놀라우신 하나님의 재창조의 선물입니다. 예수님께서 부활하신 것은 하나님께서 첫 창조에서 아담을 만드셔서 그를 통해 인류가 태어나게 하셨던 것처럼, 타락한 인생을 다시 새롭게 재창조하시면서 둘째 아담 곧 예수님을 재창조인 부활의 첫 열매가 되게 하시고 그를 통해 거듭난 새 생명들이 태어나게 하시는 것입니다. 그러므로 예수님의 부활은 영원히 있을 재창조가 이루어진 복되고 영광스러운 날인 것입니다. 하나님께서 첫 창조 때는 모든 만물을 다 지으신 후에 제일 마지막에 사람을 만드셨지만, 만물을 새롭게(재창조) 하실 때는 역순으로 사람을 새롭게(재창조) 하시는 일 곧, 둘째 아담 그리스도 예수님을 부활하게 하심을 먼저 하심으로 만물을 새롭게 만드시는 것입니다(계 21:5).

그렇기 때문에 첫 창조에서 사람을 만드심으로 창조를 마치시고 일곱째 날을 안식의 날로 정하셔서 복되고 거룩하게 하셨으나, 재창조에서는 예수님의 부활하심으로 새 생명의 창조를 이루심으로 이 날을 복되고 거룩하게 하신 것은 너무나 당연한 것입니다. 구약의 토요일 안식일이 신약에 와서 주일로 바뀌었다는 명확한 구절이 없으므로 토요일 안식일로 지켜야 한다고 주장하는 사람들도 있으나(신약에는 그리스도 예수님의 법을 거듭난 자의 마음과 생각에 기록하여 주셨음 히 8:10, 10:16), 예수님께서 부활하신 날은 새 생명으로 재창조하시는 일을 이루신 날로 안다면 부활하신 날 첫날인 주일은 첫 창조의 안식일에 비할 것이 아니며, 그리고 예수님께서 친히 "인자는 안식일의 주인이니라" 고 하셨고(마 12:8; 마 2:28; 눅 6:5) "날을 중히 여기는 자도 주를 위하여 중히 여기고≪**날을 중히 여기지 않는 자도 주님을 위하여 중히 여기지 아니할 것이요**≫ … 우리가 살아도 주를 위하여 살고 죽어도 주를 위하여 죽나니 그러므로 사나 죽으나 우리가 주의 것이로다"고 하였으므로(롬 14:6, 7) 각각 자기 마음에 확정하라고 하였습니다(롬 14:5). 예수님께서 부활하신 주일을 안식일로 하는 것이 합당하나, 토요일로 하건 주일로 하건 바른복음을 따라 건전한 교회가 정한대로 해야 할 것입니다.

하나님께서 인생들을 죄로 말미암아 영원히 저주의 형벌로 멸망할 수밖에 없는데서 구원하시되 죄를 깨닫고 개심하는 자들이 예수님께서 죽으심으로 흘리신 속죄의 피로 죄를 용서받는 것으로만 하시지 않고, 부활하심을 믿음으로 거듭나는 의로운 새 생명을 받게 하심으로 구원하시는 것입니다. 거듭남이 동반되지 않는 죄사함만의 구원이란 있을 수 없습니다.

아무튼 죄를 깨닫고 개심한 자가 예수님께서 십자가에 못박혀 흘리신 피로 죄 사함 받고, 예수님께서 죽음에서 부활하심을 믿음으로 의로운 새 생명을 받아 거듭난 성도는 이 감격 이 벅찬 환희를 늘 찬송할 뿐 아니라 같은 은총으로 새 생명을 받은 성도들은 부활의 날 주일에 함께 나아와 감격과 기쁨의 찬송을 성삼위 하나님께 힘껏 돌려드려야 할 것입니다. 아멘! 아멘! 아멘!

♡ 묵상과 기도

《 특주 4 》

로마서 1장 17절의 성경적 바른 이해

"기록된 바 오직 의<δίκαιος(디카이오스) →**옳은, 의로운, 정당한**>인은 믿음으로 살리라"는 말씀은 어떤 말씀인가? 사도 바울이 로마서 1:17절과 갈라디아서 3:11절과 히브리서 10:38절에 세 번 인용한 이 말은 하박국 2:4절 "의인<צַדִּיק(짜디크) →**공정한, 합법적인, 의로운(사람)**>은 믿음으로 살리라<חָיָה(하야) →**살다, 재생시키다, 살게하다, 생명을 주다, 회복시키다, (하나님께서)구원하시다**>고 한 하박국 선지자의 말을 인용한 것이다.

하박국 선지자가 당시 주전 626년경 극도로 패역한 이스라엘 백성들의 죄악에 대하여 하나님은 왜 보고만 계시고 침묵하고 계시는가? 하고 선지자의 곤혹스러운 질의에 대하여 하나님께서 응답하신 말씀 중에 하신 말씀으로서 "더딜지라도 기다리라 그 때가 더디지 아니하고 반드시 이를 것임이라. 보라 마음이 교만한 사람은 그 안에 정직함이 없느니라 그러나 의인<צַדִּיק(짜디크) →**공정한, 합법적인, 의로운(사람)**>은 믿음으로 살리라<

חָיָה(하야) →**살다, 재생시키다, 살게하다, 생명을 주다, 회복시키다, (하나님께서)구원하시다**> 하신 것은 의롭게 살면서 믿음으로 기다리는 사람은 하나님께서 구원하신다는 말씀이지, 의롭게 살지 않는 죄인이 믿기만 하면 구원을 얻는다는 말씀이 아닌 것이다.

하나님께서 하박국 선지자에게 하신 말씀의 의도와 그를 인용한 사도 바울의 말의 의미를 오늘날 기독교는 완전히 곡해하고 있다.

로마서 1:17절을 (**개심하지 않아 올바로 되지 않은**)죄인상태 그대로 예수님을 믿는 자는(**믿기만 하면**) 의롭다함을 받아 구원을 얻는다고 해석하고 그렇게 믿고 있으나 그런 의미의 말이 아닌 것이다. 앞서 구약 히브리어의 '의인<צַדִּיק 짜디크>' 도 그러하거니와 신약 헬라어의 '의인<δίκαιος 디카이오스>' 도 하나님(예수님)을 믿음으로 의롭다 칭함을 받는 '의인' 을 말한 것이 아니다. 하나님(예수님)을 믿어서 의롭다함을 받은 의인이 또 믿음으로라야 구원을 얻는다는 말인가? 그러면 앞의 의롭다함을 받은 믿음만으로는 구원받는데 불완전한 믿음이란 말인가? 말이 안된다.

「의」에 관하여 신약 헬라어는 세 가지로 사용되었는데, 형용사【 δίκαιος(디카이오스) → **옳은, 의로운, 정당한, 결백한, 무죄의, (성격이나 행위에)공정한**】 79회, 명사【δικαιοσύνη(디카이오쉬네) → **의, 옳음, 정의, (성격이나 행위에)공정**】 92회, 동사【 δικαιόω(디카이오오) → **의롭고 흠 없다고 간주하다, 의롭다함을 입다**】 39회이다. 그런데 로마서 1:17절에서 '의인' 은 동사【 δικαιόω(디카이오오) → **의롭고 흠 없다고 간주하다, 의롭다함을 입다**】가 아니고 형용사【 δίκαιος(디카이오스) → **옳은, 의로운, 정당한, 결백한, 무죄**

의, (성격이나 행위에)공정한】이다. 그러므로 하박국 2:4절의 하나님의 말씀과 일치하는 것이다. 성격이나 행위에 공정하고 정당한 옳은(**개심한**) 사람으로서 믿는 자가 구원을 받으리라는 말씀인 것이다. 그 자신의 옳은 의가 조건이나 공로가 되어서 구원을 얻게 한다는 말이 아니라 완전치는 못하나 하나님께로 전향한(**마음을 바꾼**) 정당하고 올바른 사람으로서 믿는 자가 구원을 얻는다는 말씀인 것이다.

대표적으로 1〉 형용사 *δίκαιος*(디카이오스)와 2〉 명사 *δικαιοσύνη*(디카이오쉬네)와 3〉 동사 *δικαιόω*(디카이오오)가 다르게 사용된 경우를 보면,

1〉 형용사 79회 【*δίκαιος*(디카이오스) 옳은, 의로운, 정당한, 결백한, 무죄의, (성격이나 행위에) 공정한】

롬 1:17 〉 오직 의(의로운)인(사람)은 믿음으로 살리라
마 1:19 〉 그 남편 요셉은 의로운 사람이라
마 23:35 〉 의(의로운)인(사람) 아벨의 피로부터 … 사가랴의 피까지 의로운 피가
마 25:46 〉 저희는 영벌에 의(의로운)인(사람)들은 영생에 들어가리라
막 6:20 〉 헤롯이 요한을 의롭고 거룩한 사람으로 알고
눅 1:6 〉 이 두 사람(사가랴와 엘리사벳)이 하나님 앞에 의(의로운)인(사람)이니
눅 2:25 〉 시므온 … 이 사람이 의롭고 경건하여 … 성령이 그 위에 계시더라
눅 14:14 〉 의(의로운)인(사람)들의 부활시에 네가 갚음을 받겠

승이니라

요 5:30 〉 내 심판은 의로우니라

행 10:22 〉 백부장 고넬료는 의로운 사람이요

롬 2:13 〉 하나님 앞에서는 율법을 듣는 자가 의(의로운)인(사람)이 아니요 율법을 행하는 자라야 의롭다하심을 얻으리니

롬 3:9 〉 기록한 바 의(의로운)인(사람)은 없나니 하나도 없으며

롬 3:26 〉 자기의 의로우심을 나타내사 자기도 의로우시며

롬 5:7 〉 의(의로운)인(사람)을 위하여 죽는 자가 쉽지 않고

롬 5:19 〉 한 사람의 순종치 아니함으로 많은 사람이 죄인 된 것같이 한 사람의 순종하심으로 많은 사람이 의인이 되리라 <**왜냐하면 그 한 사람의 불순종의 결과로 수많은 이를 죄있게 만든 것 같이, 역시 같은 방법으로 그 한 순종의 결과로 수많은 이를 의롭게 만들리라.**>

롬 7:12 〉 계명도 거룩하며 의로우며 선하도다

갈 3:11 〉 이는 의(의로운)인(사람)은 믿음으로 살리라 하였음이라

빌 4:8 〉 무엇에든지 옳으며

히 11:4 〉 더 나은 제사를 드림으로 의로운 자라 하시는 증거를 얻었으니

히 12:23 〉 완전하게 된 의(의로운)인(사람)들의 영들과

약 5:16 〉 의(의로운)인(사람)의 역사하는 힘이 많으니라

벧전 3:16 〉 주의 눈은 들을 향하시고

벧전 4:18 〉 의인이 겨우 <*μόλις*(몰리스) **어렵게, 힘들게**> 구원을 얻으면 경건치 아니한 자와

벧후 2:8 〉 이 의(의로운)인(사람)이 저희 중에 거하여 … 그 의

로운 심령<혼>을 상하니라

요일 3:2 〉 자기의 행위는 악하고 그 아우의 행위는 의로움이 니라

계 22:11 〉 의로운<δίκαιος(디카이오스)> 자는 그대로 의를 행하고<δικαιωθήτω(디카이오트헤토) **의롭다여겨지고**>

2〉 **명사 92회【**δικαιοσύνη(디카이오쉬네) **의, 옳음, 정의, (성격이나 행위에)공정】**

마 3:15 〉 우리가 이같이 하여 모든 의를 이루는 것이 합당하니라

마 5:6 〉 의에 주리고 목마른 자들은 복이 있나니

행 10:35 〉 각 나라중 하나님을 경외하며 의를 행하는 사람은 하나님이 받으시는 줄

롬 3:5 〉 우리 불의가 하나님의 의를 드러나게 하면

롬 4:3 〉 아브라함이 하나님을 믿으매 이것이 저에게 의로 여기신바 되었느니라

롬 4:5 〉 그의 믿음을 의로 여기시며

롬 4:6 〉 일한 것이 없이 하나님께 의로 여기심을 받는 사람의

롬 5:9 〉 아브라함에게 그 믿음을 의로 여기<'Ελογίσθη(엘로기스드헤) **헤아리다**>셨느니라

롬 6:16 〉 순종의 종으로 의에 이르느니라

롬 8:10 〉 몸은 죄로 인하여 죽은 것이나 영은 의를 인하여 산 것이니라

롬 9:30 〉 의를 좇지 아니한 이방인들이 의를 얻었으니 곧 믿

음에서 난 의요
롬 9:31〉 의의 법을 좇아간 이스라엘은 의의 법에 결코 이르지 못하였으니
롬 10:3〉 하나님의 의를 모르고 자기 의를 세우려고
롬 10:4〉 모든 믿는 자에게 의를 이루기 위하여 율법의 마침이 되시니라
롬 10:10〉 사람이 마음으로 믿어 의에 이르고 입으로 시인하여 구원에 이르느니라
갈 3:6〉 아브라함이 하나님을 믿으매 이것을 그에게 의로 정하셨다 함과 같으니라
빌 3:6〉 율법의 의로는 흠이 없는 자로라
빌 3:9〉 내가 가진 의는 율법에서 난 것이 아니요 … 믿음으로 하나님께로서 난 의라
딤전 6:1〉 오직 너 하나님의 사람아 이것들을 피하고 의와 경건과 믿음과 사랑과
딤후 2:22〉 주를 깨끗한 마음으로 부르는 자들과 함께 의와 믿음과 사랑과
히 1:9〉 네가 의를 사랑하고 불법을 미워하였으니

3〉 동사 39회【δικαιόω(디카이오오) 의롭고 흠 없다고 간주하다, 의롭다함을 입다】

눅 7:29〉 이 말씀을 듣고 하나님을 의롭다 하되
눅 18:14〉 이 사람이 저보다 의롭다하심을 받고 그의 집에 내려갔느니라
행 13:39〉 모세의 율법으로 너희가 의롭다하심을 얻지 못하

는 이 일에도

롬 2:13 〉 율법을 행하는 자라야 의롭다하심을 얻으리니

롬 3:20 〉 율법의 행위로 그의 앞에 의롭다하심을 얻을 육체가 없느니라

롬 3:24 〉 하나님의 은혜로 값없이 의롭다하심을 얻은 자 되었느니라

롬 3:26 〉 예수 믿는 자를 의롭다 하려 하심이니라

롬 3:30 〉 믿음으로 의롭다 하실 하나님은 한 분이시니

롬 4:2 〉 아브라함이 행위로써 의롭다하심을 얻었으면

롬 6:7 〉 죽은 자가 죄에서 벗어나 의롭다하심을 얻었음이니라

롬 8:33 〉 의롭다하시는 이는 하나님이시니

고전 4:4 〉 자책할 아무 것도 깨닫지 못하나 이를 인하여 의롭다하심을 얻지 못하노라

고전 6:11 〉 성령 안에서 씻음과 거룩함과 의롭다하심을 얻었느니라

갈 2:16 〉 사람이 의롭게 되는 것은 율법의 행위에서 난 것이 아니요 … 그리스도를 믿음으로써 의롭다함을 얻으려 함이라 율법의 행위로서는 의롭다함을 얻을 육체가 없느니라

갈 3:11 〉 하나님 앞에서 아무나 율법으로 말미암아 의롭게 되지 못할 것이 분명하니

갈 5:4 〉 율법 안에서 의롭다함을 얻으려 하는 너희는 그리스도에게서 끊어지고

딛 3:7 〉 우리가 저의 은혜를 힘입어 의롭다하심을 얻어 영생의 소망을 따라

약 2:21 〉 아브라함이 … 행함으로 의롭다하심을 받은 것이 아니냐

약 2:24 〉 사람이 행함으로 의롭다하심을 받고 믿음으로만 아니니라

약 2:25 〉 기생 라합이 … 행함으로 의롭다하심을 받은 것이 아니냐

계 22:11 〉 의로운 자는 그대로 의를 행하고 <δικαιωθήτω(디카이오트헤토) **의롭다 칭함을 받고**>

그러므로 로마서 1:17절에 "의【δίκαιος(디카이오스) **옳은, 의로운, 정당한, 결백한, 무죄의, (성격이나 행위에)공정한**】인(사람)은 믿음으로 살리라" 한 말씀은 개심하여(마음을 바꾸어) 하나님과 사람에 대하여 의롭고 공정하고 올바른 사람이 된 자가 믿음으로 하나님께 의롭다하심을 받아 영생의 구원을 받는다는 말씀인 것이다. 중요한 것은 개심하여 올바른 자가 되는 것이다. 그러므로 올바른 사람이 되게 하는 개심(회개)을 생략하여버리고 오직 믿기만 하면 의롭다함을 받는다는 복음은 의롭다하심을 받을 수 없는 복음인 것이다.

로마서 8:1절과 4절에서 "그러므로 그리스도 예수 안에 있는 육신을 따르지 않고 영을 따라 행하는 자들에게는 결코 정죄함이 없나니" "**육신을 따르지 않고 영을 따라 행하는 우리에게 율법의 요구**<δικαίωμα(디카이오마) **의**>**를 이루어지게 하려 함이라**"고 한 말씀과 일치하는 것이다. 개심하고 거듭남으로 성격과 행위가 육신과 세상 환경 가운데 살면서 겉사람 때문에 완전하지는 않으나 속사람이 의롭고 공정하고 올바로 되어지는 자에게 영생을 얻을 수 있는 자격인 그리스도 예수님의 완전하신 의를 그

에게 돌려 붙여 주시는 것이다.

《 특주 5 》

대언자이신 그리스도 예수님

【 요한일서 2:1~6 】

하나님의 자녀된 자들은 죄를 범치 않아야 하며(요일 2:1; 참조→히 10:26~29), "하나님께로서 난(거듭난) 자마다 죄<*ἁμαρτίαν*(하마르티안) **위반, 과녁을 맞히지 못함, 죄**>를 짓지 아니하나니 이는 하나님의 씨가 그의 속에 거함이요 저도 범죄치 못하는 것은 하나님께로서 났음(거듭났음)이니라"고 하였다(요일 3:9). 그러나 이 말씀은 완전히 죄를 안짓는 다는 말이 아니다. 왜냐하면 "만일 누가 죄를 범하면(죄를 짓는 경우가 있다는 말임) 아버지 앞에서 우리에게 대언자가 있으니 곧 의로우신 예수 그리스도라" 하고 있기 때문이다.

참으로 거듭난 자는 자발적 또는 자유의사로 죄를 짓지는 않지만, 그러나 마귀의 책동과 영은 원하지만 육신이 연약하여, 또는 불가피하여 죄를 짓는 경우가 있는데 그러나 개심하고 믿음으로 그리스도 예수님의 피와 부활하심으로 이미 죄사함과 의롭다함을 받았으며 육신을 따르지 않고 영을 따라 사는 자임으로 결코 정죄함이 없는 것이다(롬 8:1,4). 그러나 죄를 지을 때 하나님 아버지 앞에서 대언자<*παράκλητον*(파라클레톤) **중보자, 변호자**>이신 그리스도 예수님께서 그를 위하여 중보(=변호)

하여 주신다는 은혜롭고 놀라운 사실이다.

1〉 대언자가 왜 필요한가?

「대언자」라 함은 법정에서 피고를 변호하는 사람 곧 변호사를 말한다. 그리스도 예수님께서 대언자라 하심은 하나님 아버지 앞에서 죄인 된 사람들을 위하여 대신 변호해 주시는 분이시라는 말이다. 범죄한 사람은 스스로 자기를 변호할 권리가 없다. 법적 공민으로서 자격이 상실되었기 때문에 그가 무엇인가 자신의 사정이나 뜻을 밝히려면 반드시 대언자(변호자)를 통해서만 할 수 있다. 하나님은 자기 앞에 죄인들을 위하여 대언(변호)해줄 자로 그분의 독생 성자 예수님을 사람으로 보내 주셨다.

대언자(변호자)를 두는 것은 피고가 공의롭고 정당한 재판을 받을 수 있도록 하기 위함이다. 그리고 되도록이면 재판에서 유죄판결을 받지 않도록 피고를 변호하기 위해서이다. 유죄판결을 받았을 경우에는 자비 곧 사면을 얻어 주기 위하여 대언자는 일하는 것이다.

2〉 그리스도 예수님께서 대언자의 일을 하신다는 의미

그리스도 예수님께서 하나님 아버지 앞에서 죄인을 위하여 대언자 되심은 죄인들의 죄에 대하여 변호하는 일을 하시는 것이 아니다. 왜냐하면 하나님 앞에 범죄하는 사람은 범죄 하는 즉시 죽음의 판결이 이미 선고되기 때문이다. 하나님께서 첫 사람 아담에게서부터 “네가 명령을 어기고 먹는 날에는 <מִמֶּנּוּ(미메누) **…의 때부터**> 확실히 죽고 죽으리라” 하셨기 때문이다. 범죄

하는 사람은 즉시 정죄 되고 죽음이 선고되는 것이다. 그러므로 그리스도 예수님께서 하나님 앞에서 죄인을 위하여 대언(변호)하시는 것은 사람이 죄인으로 판결되는 것을 막기 위하여 변호하시는 것이 아니라, 범죄 하는 즉시 죄인으로 판결되고 죽음의 형벌이 선고되는데, 그 형벌이 그에게 집행되는 것을 막아주기 위해서 대언(변호)하시는 것이다.

그런데 일반적으로 이해하고 있는 것을 보면 그리스도 예수님께서 죄인들이 지옥과 불못에서 영원히 받아야 할 형벌을 십자가에서 대신 다 받아 주셨다고 하는 것이다. 이러한 견해를, 법률가로서 일하다가 성령님의 뜨거운 체험으로 인해 목사가 되었던 찰스 피니 목사의 바른 설명을 보면, 예수님께서 십자가에 못박혀 죽으신 것은 죄인들이 받아야 할 형벌을 대신 다 받으신 것이 아니라, 죄인들에게 내려질 지옥과 불못의 형벌을 사면 받도록, 즉 하나님께로부터 용서를 받도록 해주기 위하여 속죄 곧 화목제물로 희생이 되셨다고 함이다.

법적 공의로 죄인들이 지옥과 불못에서 영원토록 당해야 하는 저주의 형벌을 예수님 한 분이 여섯 시간 동안 십자가에 못박혀 죽으시는 것으로 대체 될 수 없다는 것이다. 물론 죄가 하나도 없으시며 하나님의 아들이신 가치에 있어서 모든 인류가 받을 형벌을 대신 할 수 있다고 가정하더라도 그것이 사실일 수 없다. 만일 예수님께서 모든 사람이 받아야 할 형벌을 대신 받아 주신 것이라면 공의의 법칙상 그 다음에 죄인들을 지옥과 불못에 보내지 않는 것은 하나님께서 그렇게 하셔야 할 당연한 의무이지 용서가 아닌 것이다. 용서라는 것은 죄에 대한 상응하는 대가를 치르지 않더라도 어떤 조건을 내세워 거기에 부합하면 할 수 있는 것이지만, 죄에 대한 형벌을 아들에게 내려 대가로 다 받으시고는 용서한다고 할 수 없는 것이다. 하나님께서는 결코 이치에 맞지 않는 일을 행하지 않으신다.

사람이 범죄한 이후 하나님은 죄에 대한 엄격한 공의의 갚음과 형 집행을 최후의 심판 때로 미루어 오래 참으시고, 사람들로 개심하고 믿음으로 용서와 의롭다함을 받도록 하시는 방안을 세우신 것이다. 그래서 소나 양의 희생제물을 조건으로 사람들의 죄를 용서하시는 제도를 주시고 소나 양의 죽음이 죄지은 사람이 죽어야 할 형벌을 공의의 대가로 대신 할 수 없지만, 다만 용서하시는 하나님 편에서 원하신 용서의 조건으로 그렇게 하라 요구하시고, 그렇게 할 때 죄와 형벌을 용서해 주시는 것이다.

예수님의 희생의 죽으심은 그와 같은 하나님의 의도에 따라 소나 양이 아닌 실제의 완전한 제물로 드려졌던 것이다. 공의의 제물 되신 것이 아니라 화목의 제물 되신 것이다.

그러므로 대언자 되신 그리스도 예수님께서는 공의의 심판대 앞에서가 아니라 은혜의 보좌 앞에서 죄인들이 하나님의 은혜를 입어 그 형벌의 집행 곧 첫째 사망의 지옥과 둘째 사망의 불못에 떨어지는 것을 막기 위해 활동하시는 것이다. 인생들은 하나님 앞에 죄인 됨이 확인되고 유죄판결이 났으므로 율법에 따라 선고가 내려졌고, 그래서 죄인 된 인생들은 영원한 형벌의 집행만 남아 있는 것이다.

만일 하나님께서 죄인 된 인생들을 자비롭게 처리하실 의도가 없으시다면 죄인들을 위한 대언(변호)자를 지정하시지 않았을 것이며, 죄의 용서라는 문제도 제기되지 않았을 것이다. 이렇게 형벌이 확정된 죄인들을 위해 대언자가 보내진 것은 어떤 특정한 조건하에서 자비가 베풀어질 수 있다는 것을 나타내는 것이다. 사형이 확정된 사형수라도 대통령은 어떤 사유로 무죄석

방의 특별사면을 내릴 수 있는 것과 같은 것이다.

그러므로 아무리 정죄받은 큰 죄인이라 할지라도 구원받으려고 간절히 찾기만 한다면, 유능한 대언자이신 그리스도 예수님이 계시므로 희망이 있는 것이다. 다만 최종적인 형 집행의 날이 이르기 전에 말이다.

3〉 대언자의 필수적인 자격

죄인을 위해 변호하는 대언자 그리스도 예수님은 죄인들을 구하려는 일을 하시지만 **통치 당국인 하나님의 왕국의 확실하고 신실한 신분을 가진 자라야 하는 것이다.** 변호사는 비록 국가의 법을 어긴 죄인을 위해 변호하는 자이기는 하지만 그의 신분은 죄인을 재판하고 다루는 그 국가의 자격을 갖춘 신실하고 신임받는 자라야 하는 것이다. 변호사가 국가관이 확실치 않고 불순한 사상이나 불충한 언행자라면 안되는 것처럼, 하나님 앞에 죄인된 사람을 위해 대언하는 그리스도 예수님은 하나님 왕국의 충실한 신분자로서 일하시는 것이다. 예수님처럼 하나님의 왕국에 대한 바른 관념자가 없는 것이다. 세상의 어떤 도덕가나 위인이나 종교의 교주라도 구원을 위한 중보(대언)자가 될 수 없다.

그리고 인생들이 범한 하나님의 원칙과 율법의 옳음을 지지하는 자라야 한다. 인생들이 하나님의 율법을 순종치 않고 거역함으로 하나님과 그 율법을 모독하였는데 대언자 그리스도 예수님께서 죄인들을 변호한다고 해서 죄인들이 범한 하나님의 율법의 정당성을 부인하고 옳지 못하다고 비난하거나, 사랑의 강령인 율법을 지켜야 한다고 하신 하나님의 처사를 무시하고 오직 믿음으로만 은혜로만 구원을 얻는다고 변론하신다면 대언자가 될 수 없는 것이다.

만약에 인생들이 하나님의 율법을 지킨다는 것은 불가능하고, 율법이 과중하고 불합리하다고 하면서 사랑으로 율법을 지켜야 한다는 원칙을 철회하시고, 율법을 어긴 죄의 형벌은 면제해 주시며, 다만 믿음으로 은혜로만 구원을 얻게 하셔야 한다고 요구하신다면, 결국 하나님 아버지의 원칙은 선하지 않다는 결론에 이르게 되고, 하나님께서는 옳지 못한 자가 되는 것이다. 있을 수 있는 일인가?

뿐만 아니라 대언자 자신이 의로와야 하는 것이다. 대언자 자신이 죄인과 같은 죄를 범한 자라면 죄인을 위해 변호할 자격이 없는 것은 너무나 당연한 것이다. 그러므로 대언자이신 그리스도 예수님께서는 죄가 없으셨고(히 4:15), 하나님 아버지의 원하시는대로 죽기까지 복종하셔서 의로우셨고 의로우신 그분만이 대언자가 되실 수 있는 것이다(히 5:8~10). 그렇기 때문에 사도 요한은 "우리에게 대언자가 있으니 곧 의로우신 예수 그리스도시라" 고 한 것이다(요일 2:1).

그리고 대언자는 죄인 자신을 구하고저 하는 긍휼이 있어야 한다. 부모가 자녀의 잘못에 대해서는 크게 노하지만 자녀 자신에 대하여는 큰 긍휼을 가지듯이, 그리스도 예수님께서는 인생들의 죄에 대해서는 일말의 동정도 베풀지 않으시나, 죄인 자신들에 대해서는 얼마나 긍휼히 여기시는지 자신의 생명도 아끼지 않으시고 죽기까지 하셔서 구하시려 하신 것이다. 죄를 동정한다면 참 변호자가 될 수 없는 것이다.

그리고 대언자는 죄인들이 범한 하나님의 권위와 율법이 모욕을 당한데 대하여 명예를 회복해 드리는 자라야 한다. 하나님의 권위의 표상인 율법을 어기면 그에게 마땅한 형벌이 집행 될 때에 하나님의 권위와 율법은 명예를 회복하는 것이다. 비록 죄인된 인생들이 하나님께로부터 최후의 형벌의 집행을 면제 시켜주시도록 일하시지만, 그 이전에 죄인들이 범한 하나님과 율법의 명예를 회복시켜 드리는 것이 선행되어야 하는 것이다. 그래서 그리스도 예수님께서 십자가에 못박혀 저주의 죽음을 당하신 것은 단지 속죄의 죽으심만 아니라, 죄인들이 마땅히 형벌을 당해야 한다는 것을 실증하고 시인해 보임으로써 실추되고 모욕되어졌던 하나님과 율법의 명예가 회복되어졌던 것이다.

따라서 대언자는 이러한 자신이 율법 앞에 형벌을 당하기까지 하는 수고를 자원하여 무상으로 해줄 수 있는 자라야 한다. 죄인된 인생들은 이러한 대언자를 구할 수도 세울 능력도 없는 것이다. 이렇게 해줄 수 있는 분이 그리스도 예수님 외에 누가 있겠는가? 그리스도 예수님께서는 자신을 죄인들이 하나님 앞에 사면을 얻도록 하기 위해 모든 희생을 아낌없이 그리고 참고 해주실 수 있었던 것이다.

4〉 죄인들을 위한 그리스도 예수님의 변론

그러므로 하나님 앞에 죄인 된 인생들을 지옥과 영원한 형벌에서 사면을 얻게 하기 위한 그리스도 예수님의 중보 곧 대언자의 역할은, 공의를 따라 죄인들의 받을 형벌을 대신 다 받아 주었으니 형벌을 내리시지 않아야 마땅하다고 공의를 따라 발언하시는 것이 아닌 것이다.

다만 죄인들의 죄를 시인하고, 그 죄로 인해 형벌을 받아야 마땅함을 그 자신이 죄가 없음에도 불구하고 죄인의 형벌을 당하시므로 하나님 자신과 율법의 명예를 회복시킬 뿐만 아니라, 죄인들을 불쌍히 여겨 주셔서 하나님의 사랑과 자비를 따라 용서해 주실 것을 호소하는 것이다. 그리스도 예수님 자신이 죄 없이 죄인이 당해야할 죽음을 당하셨다고 해서 인생들의 무죄를 주장하거나, 또는 인생들이 태어날 때부터 죄의 본성을 가지고 태어나고 선을 행할 능력이 없이 태어나는 데다가 삶의 환경마저 열악해서 범죄하게 된 것이니 죄의 책임을 인생 자신들에게만 있는 것이 아니라는 등, 인생의 죄를 좀더 가볍게 하기 위해 변호하시는 것이 아닌 것이다. 그리고 인생들에게 주신 율법이 너무 엄격하다거나 인생의 죄에 대해 하나님께서 선고하신 형벌이 너무 가혹하다는 등의 발언을 하시는 것이 아닌 것이다. 이렇게 변호하는 것은 어리석고 불가능한 일일뿐이다.

대언자 그리스도 예수님께서는 무엇보다 사랑의 하나님께서 긍휼과 은혜로 죄인들에게 형벌을 면제시키시고 하늘의 영광을 주심으로 죄인들로 하여금 한없이 하나님께 감사하고 찬양토록 하는 것이 하나님의 기쁨이 되시리라고 말씀드리는 것이다. 하나님은 "악인의 죽는 것을 기뻐하지 아니하는?(겔 33:11) 분이심을 아시기 때문이다. "긍휼은 심판을 이기고 자랑" 한다(약 2:13).

그리고 대언자 예수님께서는 죄인들의 보증인이 되셔서 그들의 지혜와 의로움과 거룩함과 구속함이 되실 것(고전 1:30)을 말씀드린다. 단지 죄인들을 외면적으로만 죄를 사하고 형벌을 면하는 것만 아니라 죄인들의 심정에 사죄의 은총이 역사하게 해서 새사람으로 거듭나게 함으로 지혜와 의로움과 거룩함과 구속함이 될 것을 약속하시는 것이다. 이렇게 될 때에 하나님께 진정한 기쁨과 영광이 되고 죄인들에게 복이 될 것이기에 그리스도 예수님께서는 이렇게 자비의 보좌 앞에서 간구 하시는 것이다.

그러므로 그리스도인이 된다는 것은 이러한 사실을 바로 알고 깊이 깨달아 자신을 그리스도 예수님께 완전히 맡기며 성령님의 역사로 변하여 새 사람되는 것이지 그 이상도 그 이하도 아닌 것이다.

영혼아 깨어서 내 겁을 버리라 피흘린 제사는 속죄한 표일세
천국에 계신 중보가 천국에 계신 중보가 내이름 손에 새겼네

성자의 구함을 성부가 들으사 외면치 못하고 다 응락하시네
나 거듭난자 된 것을 나 거듭난자 된 것을 성령도 증거하시네

(새찬송가 403장)

♡ 묵상과 기도

5. 회개하고 복음을 믿으라 명령하셨다.

(막 1:15) → 회개하고<**동사 명령법 현재 능동태 2인칭 복수**> 복음을 믿으라 <**동사 명령법 현재 능동태 2인칭 복수**> = 마 4:17 회개하라<**동사 명령법 현재 능동태 2인칭 복수**>

(행 17:30, 31) → 알지 못하던 시대에는 하나님이 허물치 아니하셨거니와<**벌하지 아니하셨거니와**> 이제는 어디든지 사람을 다 명<**명령**>하사 회개하라 하셨으니 이는 정하신 사람으로 천하를 공의로 심판 할 날을 작정하시고,

(요 12:36) → 너희에게 아직 빛이 있을 동안에 빛을 믿으라 <**동사 명령법 현재 능동태 2인칭 복수**>.

(요 14:11) → 내가 아버지 안에 있고 아버지께서 내 안에 있음을 믿으라<**동사 명령법 현재 능동태 2인칭 복수**> 그렇지 못하겠거든 행하는 그 일을 인하여 나를 믿으라<**동사 명령법 현재 능동태 2인칭 복수**>

(롬 2:4~5) → 혹 네가 하나님의 인자하심이 너를 인도하여 회개케 하심을 알지 못하여 그의 인자하심과 용납<**인내**>하심과 길이 참으심의 풍성함을 멸시하<**얕보**>느뇨 다만<**그러나**> 네 고집<**무감각, 완고함, 굳음**>과 회개하지<*ἀμετανόητον* **뉘우치지, 회개하지**>아니한 마음을 따라 진노의 날 곧 하나님의 의로우신 판단<**심판**>이 나타나는 그 날에 임할 진노

를 네게 쌓는도다

(살후 1:7~9) → 주 예수께서 저의 능력의 천사들과 함께 하늘로부터 불꽃 중에 나타나실 때에 하나님을 모르는 자들과 우리 주 예수의 복음을 복종치< *ὑπακούουσιν*(휘파쿠우신) **아래에서(하급자로서) 듣지, 주의 깊게 듣지, 명령이나 권위에 유의하지, 따르지**> 않는 자들에게 형벌을 주시리니 이런 자들이 주의 얼굴과 그의 힘의 영광을 떠나 영원한 멸망의 형벌을 받으리로다

● 개심(회개)하라 하신 것은 명령이다.

'회개하고<*μετανοέω* → **마음이나 목적(의도)을 바꾸어, 다르게 생각하여, (도덕적)가책을 느껴서**>' 는 명령법 현재 능동 복수이다. '개심(회개)하여 용서받으려면 받고' 정도의 권유가 아니라 사람은 반드시 개심(회개)해야 함으로 개심(회개)하라는 필수적 책임인 동시에 하나님께서 명령하시는 것이다. "알지 못하던 시대에는 하나님이 허물치 않으셨거니와<*ὑπεριδὼν*(휘페리돈) **너그럽게 보아, 벌하지 않으셨으나**> 이제는 어디든지<*πανταχοῦ*(판타크후~) **세계적으로, 어디서나**> 사람≪들≫을 다 명<*παραγγέλλει*(파랑겔레이 ← **명령사**)>하사 회개하라 하셨으니 이는<**왜냐하면**> 정하신 사람으로 천하를<**세상을**> 공의로 심판할 날을 작정하시고"라고 하셨다.(행 17:30, 31)

사람이 자기를 지으시고 복되게 하신 창조주 하나님을 거역하고 하나님의 대적인 사탄을 따라 자기 정욕대로 산 죄악은 사탄과 함께 영원한 유황 불못에 던져질 패역한 죄악임으로 회개

<**개심**>는 사람의 선택 사항이 아니라 필수적(必須的) 책임이며 하나님의 엄중한 명령인 것이다. 그렇기 때문에 이를 거부한 사람은 심판 날에 엄중한 문책을 받는 것이다. 그 심판과 문책이 너무나 엄중한 것이므로 하나님께서는 사람들이 다 회개하여 아무도 멸망치 않기를 원하셔서 지금까지 이 순간도 너무나 오래 동안 참아 기다리고 계시지만, 사람들은 하나님의 인자하심과 용납<**관용**>하심과 길이 참으심의 풍성함을 멸시하고<**얕보고, 경멸하고**> 고집과 회개치 아니한 마음을 따라 진노의 날 곧 하나님의 의로우신 판단이 나타나는 그 날에 임할 진노를 쌓고 있는 것이다.(롬 2:4~5) '고집과 회개치 아니한 마음' 이라 한 것은 하나님의 명령인 개심을 그 자신이 하지 않고 거역했다는 말이다.

"회개하고"라 하신 예수님께서 전하신 복음은 하나님의 명령이기 때문에 복음에서 '회개' 를 생략하여 믿음에 회개가 포함되었다고 얼버무려 가르치고 알아서, 하나님께서 보시고 인정하실만한 회개를(개심)하지 않은 기독교인은 "주 예수≮**그리스도님**≯의 복음에 복종치 않은 자들"임으로 주 예수님께서 능력의 천사들과 함께 하늘로부터 불꽃 중에 나타나실 때에 영원한 멸망의 형벌을 받게 되는 것이다(살후1:7~9).

그러므로 기독교는 예수님께서 전하신 복음 그대로 복음을 전하고 있는지, 그대로 하고 있는지 깊이 절실하게 생각해 보아야 할 것이다.

● 복음을 믿으라 하신 것도 명령이다.

"개심(회개)하고"가 명령인 동시에 '복음을 믿으라' 하신 것도 헬라어 원어가 명령사이다. 예수님께서 전파하신 왕국 복음을 믿고 안 믿는 것은 자유이나 '복음을 믿으라' 는 것이 하나님께서 명령하신 것이라는 사실이다. 마치 에덴 동산에서 아담과 하와에게 선악과를 먹지 말라고 명령하신 것과 같다. '선악과는 먹지 말라' 고 명령하셨으나, 명령을 순종하거나 거역할 자유는 있었다. 그러나 거역한 결과는 책임을 져야했듯이 '복음을 믿으라' 명령하셨으나 믿거나 안믿을 자유는 있고, 예수님께서 전하신 복음대로 안믿고 자기 생각대로 복음을 변개하여 제 맘대로 믿을 자유는 있다. 그러나 믿지 않거나 예수님께서 전하고 명령하신 대로 바르게 복음을 전하지 않고, 개심하지 않고 믿지 않은 결과는 자신이 책임을 져야 하는 것이다.

오늘날 기독교는 종교개혁 이후 복음에 있어 오로지 은혜에만 도취되어 다른 면은 도무지 감감절벽이니 탄식이다. 회개나 믿음도 하나님의 선물이라고만 한다. 그렇다면 구원받지 못하고 영원한 유황 불못에서 마귀와 함께 밤낮 고통을 당할 헤일수 없는 수많은 사람들은 하나님께서 회개와 믿음을 선물로 주지 않아서이니 하나님의 책임이 아니겠는가? 말도 아니다. 그러니 회개와 믿음이 선물이라는 것은 이치상으로도 틀릴 뿐 아니라 회개하고 복음을 믿으라는 명령이니 회개하고 복음을 믿음으로 구원을 받게 하시는 것, 전체적으로 구원이 선물이나 그 선물을 받는데 손을 내밀어 받는 것과 같은 회개와 믿음은 사람이 해야 할 일인 것이다. 명령이다. 에베소서 2:8절에 '하나님의 선물' 이라 한 말은 믿음이 선물이란 말이 아니고 행위에서 난 것이 아닌 믿음으로 받게 하셨기 때문에 구원이 은혜로 주시는 선물이라는 말씀이다.

♡ 묵상과 기도

[제 2장 정리 문제]

1. 예수님은 복음전도에서 최우선적 명령과 요구는 무엇인가?

2. 개심 없이 믿음으로 죄사함 받을 수 있는가?

3. 성경에서 의롭다함은 무엇으로 얻는다 하고 있는가?

4. 로마서 1:17절의 성경적 원어의 바른 의미는 무엇인가?

5. 회개와 믿음의 선후차서(先後次序)는?

6. 회개하라는 것은 명령이라는 것을 기독교인들이 인지하고 있는가?

7. 복음을 믿으라는 것은 명령인 것을 기독교인들이 인지하고 있는가?

♤ 쉼터 ♤

죄수들이 노역하는 곳을 알렉산더 대왕이 방문하게 되었다. 죄수들은 모두 하나같이 자기들은 아무 죄도 없는데 이렇게 억울하게 붙들려 와서 노예로 혹사당하고 있다고 하소연한다. 그런데 한 모퉁이에 아무 소리도 하지 않고 수그리고 일만 부지런히 하고 있는 죄수를 보고, "너는 어찌하여 여기 들어왔느냐?"라고 하자 그 죄수는,
"네, 폐하 저는 말할 수 없는 죄인입니다. 열 번 죽어 마땅한 죄인입니다. 그런 죄인을 이렇게 살려두시어 일을 할 수 있게 해 주시는 것만도 너무나 감사하옵니다." 이 말을 들은 알렉산더 대왕은 형리를 향하여 "이봐라! 이렇게 중한 죄인은 의인들 속에 있을 자격이 없으니 곧 내보내도록 하라!" 명령하여 그 사람만 석방되어 자유로운 몸이 되었다.

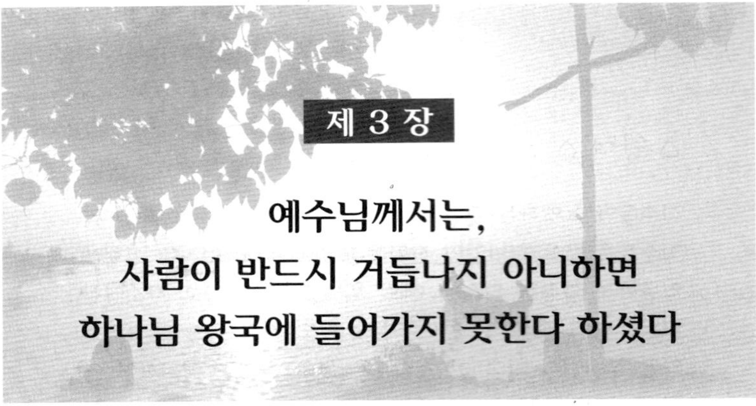

제 3 장

예수님께서는, 사람이 반드시 거듭나지 아니하면 하나님 왕국에 들어가지 못한다 하셨다

1. 거듭나는 것이 어떤 것인가?

(요 3:3~8) → 예수께서 대답하여 가라사대 진실로 진실로 네게 이르노니 사람이 거듭<ἄνωθεν(아노트헨) **위로부터, 처음부터, 새로다시**> 나지<**태어나지**> 아니하면 하나님의 나라를<**왕국을**> 볼 수<**직시할 수, 지각할 수**> 없느니라 … 사람이 물과 성령으로 나지 아니하면 하나님의 나라<**왕국**>에 들어갈 수 없느니라 육으로 난 것은 육이요 성령으로 난 것은 영이니 내가 네게 〈Δεῖ ὑμᾶς(데이 휘마스) **너희가 반드시**〉 거듭<ἄνωθεν(아노트헨) **위로부터, 새로다시**> 나야 하겠다 하는 말을 기이히 여기지 말라 …성령으로 난<**태어난**> 사람은

(요 8:23) → 너희는 아래서 났고, 나는 위에서(마 1:20~성령으로 잉태되어) 났으며, 너희는 이 세상에 속하나 나는 이 세상에 속하지 아니하였느니라.

(요일 5:1) → 예수께서 그리스도이심을 믿는 자마다 하나님께로서 난 자니

(골 3:9~10) → 너희가 서로 거짓말을 말라 옛사람과 ≮**함께**≯ 그 행위를 벗어버리고 <**벗어 던져버리고, 버리고**> 새 사람을 입었으니 이는 자기를 창조하신 자의 형상을 좇아 지식 <**인식, 완전식별**>에 까지 새롭게하심을 받는 자니라

(고후 5:17,18) → 그런즉 누구든지 그리스도 안에 있으면 새로운 피조물이라 이전 <**본래의**> 것은 지나갔으니 <**사라졌으니, 소멸했으니**> 보라 ≮**모든 것들이**≯ 새 <**새로운**> 것이 되었도다 ≮**그리고**≯ 모든 것이 하나님께로부터 <**~에 의하여, ~에게 속하여**> 났나니 저가 그리스도로 말미암아 우리를 자기와 화목하게 하시고,

(골 1:15~19) → 그는 보이지 아니하는 <**=볼 수 없는**> 하나님의 형상 <**형상, 모습, 모양**>이요 모든 창조물보다 먼저 나신 자니 만물이 그에게 창조되되 … 만물이 다 그로 말미암고 그를 위하여 창조되었고 또한 그가 만물보다 먼저 계시고 만물이 그 안에 한가지로 섰느니라 그는 몸인 교회의 머리라 … 아버지께서는 모든 충만으로 예수 안에 거하게 하시고

(히 1:2, 3) → 이 모든 날 마지막에 아들로 우리에게 말씀하

셨으니 이 아들로 만유의 후사로 세우시고 또 저로 말미암아 모든 세계를 지으셨느니라 이는 하나님의 영광의 광채시요 그 본체<**실체, 본질**>의 형상<**조각, 모습, 정확한 복사, 형상**> 이시라

(딛 3:5) → 우리를 구원하시되 우리의 행한 바 의로운 행위로 말미암지 아니하고 오직 그의 긍휼하심을 좇아 중생의 씻음과 성령의 새롭게 하심으로 하셨나니 ,

(고전 6:9~11) → 불의한 자가 하나님의 나라를<**왕국을**> 유업으로 받지 못할 줄을 알지 못하느냐 미혹을 받지 말라 음란하는 자나 우상 숭배하는 자나 간음하는 자나 … 술 취하는 자나 후욕하는<*λοίδοροι*(르로이도로이) **욕 잘하는**> 자나 토색하는 자들은 하나님의 나라를<**왕국을**> 유업으로 받지 못하리라 너희 중에 이와 같은 자들이 있더니 주 예수 그리스도의 이름과 우리 하나님의 성령 안에서 씻음과 거룩함과 의롭다 하심을 얻었느니라.

(엡 4:20~24) → 오직 너희는 그리스도를 이같이 배우지 아니하였느니라 진리가 예수 안에 있는 것같이 너희가 과연 그에게서 듣고 또한 그 안에서 가르침을 받았을진대 너희는 유혹의 욕심을 따라 썩어져 가는 구습을 좇는 옛사람을 벗어버리고 오직 심령으로 새롭게 되어 하나님을 따라 의와 진리의 거룩함으로 지으심<**창조함**

>을 받은 새 사람을 입으라 .

(요 18:36) → 예수께서 대답하시되 내 나라는<**왕국은**> 이 세상에 속한 것이 아니라

(요 17:14) → 내가 아버지의 말씀을 저희에게 주었사오매 세상이 저희를 미워하였사오니 이는 내가 세상에 속하지 아니함같이 저희도 세상에 속하지 아니함을 인함이니이다.

● 하나님의 형상대로 재창조 받는 것

성경에 말씀하신 대로 바른 거듭남이 개인에게 이루어질 때 그는 진정 구원받은 자가 되는 것이다. 예수님께서 니고데모에게 "내가 네게 ≮*Δεῖ ὑμᾶς*(데이~ 휘마~스) **너희가 반드시 ← 한글 개역성경은 이를 번역하지 않았음**≯ 거듭나야<*γεννηθῆναι ἄνωθεν*(겐네트헤~나이 아노트헨) **위로부터 태어나야**> 하겠다 하는 말을 기이히<**이상히**> 여기지 말라" 하셨으니 위로부터 다시 태어나는 거듭남이 반드시 있어야 구원받는 것이다. 그런데 오늘날 기독교는 일반적으로 거듭남을 구원에 필수적 요건으로 중요시하지 않고, 예수님 믿는 자는 거듭났고 구원받았다고 하는 것이다. 거듭나야 한다고 말하는 사람도 거듭남이 어떤 것인지에 대해서는 진지하지 않다. 이 모든 경향이 복음의 전체적인 강령을 온전히 파악하지 못하고, 또한 거듭남이 어떤 것인지 실제를 체득하고 알아 이해하지 못하기 때문이다.

구원받는 자의 확실한 분기점인 거듭남에 대하여 예수님께서 확실하게 말씀하셨다. "사람이 거듭<***ἄνωθεν* 위로부터, 새로다시**> 나지<**태어나지, 다시나지**> 아니하면 하나님의 왕국(王國)

을 볼<**볼, 지각할**> 수 없느니라" "사람이 물과 성령으로 나지 <**태어나지, 다시나지**> 아니하면 하나님의 왕국에 들어갈 수 없느니라 육으로 난 것은 육이요 성령으로 난 것은 영이니" 라고 하셨으니(요 3:3~6), **먼저 거듭남은 위로부터 새로 다시 태어나는 것으로 하나님께로부터 새로 다시 태어나는 것이며(요일 5:1), 성령님으로 새로 다시 태어나는 것이다.** 예수님께서는 마리아에게서 사람으로 태어나셨으나 성령님으로 말미암아 잉태되어 나셨기 때문에(마 1:18, 20) 유대인들에게 "너희는 아래서 났고 나는 위에서 났으며 너희는 이 세상에 속하였고 나는 이 세상에 속하지 아니하였느니라" 고 하신 것이다(요 8:23).

그러므로 거듭나는 것은 무엇보다 위로부터 곧 하나님께로부터 말씀과 성령으로 새로 지음 받아 다시 태어나는 새 피조물되는 것이다. 이것이 거듭남의 규명에 있어서 가장 우선시 해야 할 것이다. 왜냐하면 거듭남은 '새 피조물' 이란 말에 그 내용이 가장 잘 표현되고 혼돈을 불식하기 때문이다. 하나님께서 영원한 새 하늘과 새 땅에 있을 모든 만물을 새롭게 하노라<***ποιῶ*** 포이오 **만드노라**>고 하였으니(계 21:5) 만물의 주인공이 될 사람이 새롭게 만들어지지 않고 되겠는가?

하나님께서 그 아들 예수 그리스도님의 죽으심과 부활로 말미암아 구원하시는 자들은 단지 죄를 용서받고 의롭다함을 받아 영생을 얻는 하나님의 자녀가 되게 하는 그런 도식적 그림 같은 구원을 받는 것이 아니다. 부모로부터 태어난 사람은 벗어 던지고 하나님의 형상으로 새롭게 지음을 받아 새 피조물 새 사람이 되게 하시는 것이다. 하나님께서 보실 때 새로 창조된 새 사람이 되었느냐는 것이다. 그렇지 못하고서 내가 또는 어떤 목회자가 구원받았다 말해도 소용이 없다.

새로 창조된 거듭난 사람이라면 어찌 이전 본래의 사람과 다르지 않겠는가? 새로 창조되는 거듭나는 사람은 하나님의 형상을 좇아 분별하고 판단하고 의식하는 작용까지지도 새롭게 하심을 받는 자라고 하였다. 하나님의 형상의 제일 표본은 예수님이시다.(히 1:3) 그러므로 거듭나는 사람은 예수님을 닮은 자로 태어나는 것이다. 자녀가 태어날 때 성숙도는 아이이지만 부모를 닮아서 태어나 성장해 가듯이 거듭나는 자도 예수님을 닮아 태어나 예수님의 성숙한 충만한 정도까지 자라가는 것이다. 사도 바울은 변형된 다른 복음을 좇는 갈라디아 교인들에 대하여 "너희 속에 그리스도의 형상이 이루기까지 다시 너희를 위하여 해산하는 수고를 하노니<**해산의 고통을 겪노라**>"라고 하였으니 무슨 말이겠는가?

물과 성령님으로 거듭나야 한다 하셨고 사도 바울도 "우리를 구원하시되 중생의 씻음과 성령의 새롭게 하심으로 하셨나니" 라고 하였으니, 물은 거듭남에 있어서 영과 혼과 몸의 더러움과 죄성을 씻는 것을 말하고, 성령님의 새롭게 하심은 예수님과 같은 형상 곧 새 성품의 새 사람으로 만들어 주심을 말하는 것이다. 디도서 3:5절의 '씻음,이란 말<*λουτροῦ* 르루트루~>은 '목욕, 침례, 씻음' 이란 말로서 예수님께서도 "이미 목욕한 자는 발밖에 씻을 필요가 없느니라 온 몸이 깨끗하니라" 하셨는데(요 13:10), 온 몸을 씻는 것과 같은 목욕을 한 거듭난 자라도, 부활체가 아닌 몸을 가지고 사는 동안 죄를 짓게 되지만, 그 때마다 손발을 씻듯이 회개하며 씻음을 받는 것이다.

그런데 중요한 것은 목욕을 하고는 입고 있던 헌 옷은 벗어 던지고 새 옷을 입듯이 거듭날 때 옛 사람과 함께 그 행위를 벗어 던지는 것이다. 거듭난 사람이 옛 사람과 그 행위를 벗어 던져버리지 않고 예사로이 옛 사람의 행위를 하는 것은 마치 세상에 나서 한 번도 목욕하지 않고 옷도 갈아입지 않았던 사람이 목욕을 하고는 입고 있던 옷을 다시 입는 것과 같은 것이다. 있을 수 없는 일이지만 왜 이렇게 말하는고 하면 거듭난 사람도 죄를 안 지을 수 없다는데 비중을 더 두고 옹호하는데 급급하는 처사들을 규탄하는 것이다. 거듭난 사람은 죄를 전혀 안 지을 수는 없지만 확실한 것은 옛 사람과 함께 그 행위를 벗어 던져버렸다는 것이다. 그러므로 거듭난 사람은 짐짓< Ἑκουσίως(에쿠시오스) **자발적으로, 고의로, 즐겨서**> 죄를 짓지 않는 것이다(히 10:26).

그러므로 거듭남으로 참 구원을 받은 자는 무엇보다 거듭남이 어떤 것이라는 인식이 분명하고 확실해야 하는 것이다. 그래야 거듭난 자 답게 살 수 있는 것이다.

그리고 거듭난 사람은 분명히 그 영으로부터 혼과 몸까지 새사람 새로운 피조물이 되었다는 사실이다. 본래의 것은 사라지고 모든 것들이 새로운 것이 되는 것이다.

그런데 오늘날 기독교에서는 거듭남을 성경에 말씀하신 바와 같이 말하지 않고 제마다 다르게 말하고 가르치는 것이다. 이것은 기독교 복음에 또 한가지 치명적인 폐해(弊害)이다. 거듭남을 성경대로 바로 가르치지 않으면 거듭나지 않은 자를 거듭난 것으로 착각케 하여 거짓된 확신에 안주케 하고, 진정 거듭남을 받는 것을 갈구치 못하게 하는 것이다. 이상에서 든 거듭남에 대한 성경 말씀들은 제쳐놓고 '예수님을 믿는 사람은 거듭난 것이다' 고 가르치고 모두들 아멘 하는 것이다. 말하자면 거듭남에 대한 기준을 완전히 땅바닥에 낮추어 개심<메타노에오> 즉 마음을 바꾸지 않은 사람인데도 상관없이 예수님을 구주로 영접했다고만 하면 거듭났다고 하여 거듭남을 오인케 하는 것이다. 이것이야말로 기독교 복음의 중대하고 치명적인 오류이다. 사탄의 교묘한 궤술(詭術)은 복음에서 거듭남을 예사로 보아 넘기거나 잘못 인정케 하는 것이다.

거듭나는 것은 영이 거듭나는 것이고 마음은 거듭나는 것이 아니라 성화되어 간다는 것이다. 사람의 영과 혼(마음)과 몸은 삼위일체로 유기적이기 때문에 새 피조물로 거듭나게 하실 때 영만 새롭게 하시는 것이 아니고 지식<**인식, 완전식별**~마음의 요소>에 까지 새롭게 하심을 받는 자라고 하였고(골 3:10), "새 영<רוּחַ(루아흐) **영**>을 너희 속에 두고 새 마음<לֵב(레브) **마음(정서 의지 지성까지 포함하는)**>을 너희에게 주되 너희 육신에서 굳은 마음<לֵב(레브) **마음(정서 의지 지성까지 포함하는)**>을 제하고 부드러운 마음<לֵב(레브) **마음(정서 의지 지성까지 포함하는)**>을 줄 것이며 또 내 영<רוּחַ(루아흐) **영**>을 너희 속에 두어 너희로 내 율례를 행하게 하리니"라고 하셨으니(겔 11:19, 36:26, 27) **거듭남은 새 영만 주시는 것이 아니라 새 마음도 주시며 그 속에 하나님(예수님)의 영까지 두신다고 하신 것이다.** 신약에서도 거듭나는 전제 요건인 회개<메타노이아>가 '마음을 바꾸는 것' 인데 어찌 거듭남이 마음이 바뀌어 새 마음이 되지 않고 영만 새로워진다고 하는가? 그리고 '새 피조물' '새 사람' 으로 창조하시는 거듭남이 어찌 영에만 되는 것이라고 하는가? 이것은 자신은 거듭났지만 거듭남에 대하여 충분히 이해하지 못한 연유이거나, 아니면 마음이 바뀌지 않은 개심치 않은 자신이나 신자들을 안위하기 위해 거듭남을 사실과 어긋나게 곡해하기 때문이다. 거짓 안위가 되는 것이다.

앞서 언급한 구원의 서정(序程)에 있어서 거듭남에 앞서 믿음이 있어야 함이 당연하듯이 믿음에 앞서 회개가<**개심이**> 있어야 하고, 회개<**개심**>는 로마서 2:5절에 "네 고집과 회개<**개심**>치 아니한 마음<*καρδίαν* **마음, 인간 생활의 중심 기관**>을 따라"라고 하였으니 하나님께 대한 마음의 의도와 목적을 바꾸는 회개<**개심**> 없이는 거듭나게 하시는 성령님의 선물을 받을 수 없지 않는가?(행 2:38, 20:21). 또한 고린도후서 7:10절에 "하나님의 뜻대로<*.κατὰ*(카타) **~에 대하여**> 하는 근심<*λύπη*(르뤼페) **깊은 슬픔, 비탄, 몸이나 마음의 고통**>은 후회할 것이 없는 구원에 이르게 하는 회개<*μετάνοιαν*(메타노이안) **개심**>를 이루는 것이요<*κατεργάζεται*(카테르가제타이) **성취하는, 만드는, 일으키는, 수행하는**>"라고 했으니 마음을 바꾸는 개심은 구원에 이르게 하는 것이라는 말이다. 구약에서도 다윗이 "하나님의 구하시는 제사는 상한 심령<רוּחַ(루아흐) **영**>이라 하나님이여 상하고<שָׁבַר(사바르) **산산히 부서지고**> 통회하는<דָּכָה(다카) **무너진, 죄를 깊이 뉘우치는**> 마음<לֵב(레브) **마음(정서 의지 지성 포함)**>을 주께서 멸시치 아니하시리이다"라고 하였으니(시 51:17) 어찌 마음을 새롭게 하는 변화가 없는 영만의 거듭남을 말하는가?

사도행전 11:18절에는 "그러면≪**참으로**≫하나님께서 이방인≪**들**≫에게도 생명 얻는 회개를 <*μετάνοιαν*(메타노이안) **마음을 바꿈**> 주셨도다" 하였으니 <*μετάνοιαν*(메타노이안) **마음을 바꾸는**> 회개는 구원 곧 생명 얻는 것이라는 말이 아닌가? 마음이 바뀌지 않고 생명의 구원이 있을 수 있는가?

"저가 또한 우리에게 인치시고 보증으로 성령을 우리 마음에 주셨느니라"고 하였고(고후 1:22), "너희가 아들인고로 그 아들의 영을 우리 마음 가운데 보내사 아바 아버지라 부르게 하셨느니라"하였으며(갈 4:6), "너희가 서로 거짓말을 말라 옛 사람과 함께 그 행위를 벗어버리고 새 사람을 입었으니 이는 자기를 창조하신 자의 형상을 좇아 지식<*ἐπίγνωσιν*(에피그노신) **인식, 완전한 식별**>에까지 새롭게 하심을 받는 자니라"(골 3:9,10) "주를 깨끗한 마음으로 부르는 자들과 함께 의와 믿음과 사랑과 화평을 좇으라" 하였으니(딤후 2:22) 성령님을 마음에 주시고, 아들의 영을 마음 가운데 보내시고, 인식하는 것까지 새롭게 하심을 받고, 주님을 깨끗한 마음으로 부르는 자들이 어찌 마음이 거듭나지 않았다고 할 것인가? 그 외에도 성경에 마음을 새롭게 함에 대한 말씀이 너무나 많다. 개심하지 않은 신자들을 예수님을 믿기만 하면 거듭나고 구원받았다고 거짓 안주케 하니 심히 안타깝다

● 거듭남의 확실한 증거

"나무는 각각 그 열매로 아나니"라고 하신(눅 6:44) 예수님의 말씀처럼 거듭남에 대한 성경 말씀 그대로의 규정만 아니라, 성경에 말씀하신 거듭난 자에게 나타나는 열매들로 거듭난 것이 어떤 것인지 그리고 그 여부를 알 수 있는 것이다.

나무를 심는 목적은 열매를 얻기 위해서다. 그와 같이 하나님께서 죄인을 거듭나게 하시는 목적이 있으니, 그 목적하시는 바가 있는 여부에 따라 거듭났는가도 알 수 있는 것이다. 신구약 성경에서 가장 확실하게 거듭나게 하시는 목적과 거듭난 사람의 증거에 대한 직접적인 말씀은 먼저 에스겔 36:26, 27절 말씀이다. "새 영<רוּחַ(루아흐) **영**>을 너희 속에 두고 새 마음<לֵב(레브) **마음(정서 의지 지성까지 포함하는)**>을 너희에게 주되 너

희 육신에서 굳은 마음을 제하고 부드러운 마음을 줄 것이며 또 내 신<רוּחַ(루아흐) **영**>을 너희 속에 두어 너희로 내 율례를 행하게 하리니 너희가 내 규례를 지켜 행할지라" 하셨으니 새 영 새 마음을 주시는 즉 거듭나게 하시는 목적은 하나님의 말씀을 지켜 행하게 하려 하심이라 한 것이다. 신약 요한일서 5:1~5절에도 "예수께서 그리스도이심을 믿는 자마다 하나님께로서 난<**거듭난**> 자니 또한 내신<**거듭나게 하신**> 이를 사랑하는 자마다 그에게서 난<**거듭난**> 자를 사랑하느니라 우리가 하나님을 사랑하고 그의 계명들을 지킬 때에 이로써 우리가 하나님의 자녀 사랑하는 줄을 아느니라 하나님을 사랑하는 것은 이것이니 우리가 그의 계명들을 지키는 것이라 그의 계명들은 무거운 것이 아니로라. 대저 하나님께로서 난<**거듭난**> 자마다 세상을 이기느니라.<**정복한다, 승리한다, 극복한다, 우세하다**> 세상을 이긴 이김은 이것이니 우리의 믿음이니라. 예수께서 하나님의 아들이심을 믿는 자가 아니면 세상을 이기는<**정복하는, 승리하는, 극복하는, 우세한**> 자가 누구뇨?" 라고 하였으니, 이 말씀에서 유념할 것은 오늘날 기독교에서 일반적으로 말하는 '예수께서 그리스도이심을 믿는 자마다 하나님께로서 난<**거듭난**> 자' 라고 하는 말은 맞는 말이나 단지, 누구나 쉬운 이것만을 거듭난 자의 증거라 하고 그 다음의 어려운 말들은 다 제쳐놓으니 맞지 않는 것이다.

이 말씀에서 바른 거듭난 자의 증거는 '예수께서 그리스도이심을 믿는 하나님께로서 거듭난 자는 또한 내신(자기를 거듭나게 하신) 하나님을 사랑하고, 하나님을 사랑하는 자는 자기와 같이 거듭난 자를 사랑하며, 하나님을 사랑하고 거듭난 형제를 사랑하는 자는 하나님(예수님)의 계명(말씀)들을 지키며, 사랑하여 지키기 때문에 계명(말씀)들이 무겁지(부담되지) 않으며, 계명(말씀)들을 지키는데 가장 장애가 되는 세상도 이긴다' 는 말씀인 것이다. 계명(말씀)들을 완전히 다 지키고 죄를 전혀 안짓는 다는 말이 아니다. 주님께서 재림하실 때 부활체로 변화되고 세상이 새로워질 때 완전히 죄를 안짓고 거룩해지는 것이다. 그러나 오늘날 기독교의 일반적인 계명(말씀)들을 지키는 것을 거듭남의 증거로 하지 않고, 죄를 안 지을 수 없다하여 성경에서 말씀하신 엄정(嚴正)한 기준들은 다 무시한 채 거듭남의 기준을 임의로 낮추어 너그럽게 허용하는 그런 거듭남은 아니라는 것이다.

성경에서 말씀하신 말씀들을 히브리서 11장에서 세상을 이긴 믿음의 사람들처럼 지키는 것은 사람으로는 할 수 없으나 하나님께서 거듭나게 하시는 자들은 모두 할 수 있다는 사실을 분명히 알아야 한다.

예수님의 길을 앞서 예비하러 왔던 요한은 회개<**개심**>의 세례<**침례**>를 베풀면서 나아오는 하나님을 믿는 많은 바리새인들과 사두개인들에게 "독사의 자식들아 누가 너희를 가르쳐 임박한 진노를 피하라 하더냐? 그러므로<*οὖν*(운) **그러므로, 확실히, 정말**> 합당한<*ἄξιους*(아크시아우스) **칭찬 받을만한, 적당한**><**개심의 열매들을 맺고**> 속으로<*ἐν ἑαυτοῖς*(엔 에아우토이~스) **너희 자신들 속에**> 아브라함을 나의 조상으로 생각지 말라" 고 하였다. 거듭나서 자신 하나님의 자녀가 되었다면 칭찬 받을만한 개심의 열매들을 맺는 것이 당연하지 않은가? 열매가 없어도 믿음으로 거듭난 자 일 수 있다고 우긴다. 글쎄 우기는 것은 자유지만 …

♡ 묵상과 기도

2. 어떻게 거듭나는가?

(요 3:3) → 예수께서 대답하여 가라사대 진실로 진실로 네게 이르노니 사람이 거듭＜ἄνωθεν(아노트헨) **위로부터, 처음부터, 새로다시** ＞ 나지＜γεννηθῇ(겐네트헤~) **태어나지**＞ 아니하면 하나님의 나라＜**왕국, 주권, 통치**＞를 볼＜**볼, 지각할, 직시할**＞ 수 없느니라.

(요 3:5) → 예수께서 대답하여 가라사대 진실로 진실로 네게 이르노니 사람이 물과 성령으로 나지＜γεννηθῇ(겐네트헤~) **태어나지**＞ 아니하면 하나님의 나라＜**왕국, 주권, 통치**＞에 들어 갈 수 없느니라.

(요 16:13) → 진리의 성령이 오시면 그가 너희를 모든 진리 가운데로 인도하시리니＜ὁδηγήσει(호데게세이) **인도하다, 가르치다, 길을 보여주다**＞

(요 17:17) → 저희를 진리로 거룩하게 하옵소서 아버지의 말씀은 진리니이다

(행 2:38) → 너희가 회개＜**개심**＞하여 각각 예수 그리스도의 이름으로 세례＜**침례**＞를 받고 죄사함을 얻으라 그리하면 성령을 선물로 받으리니

(엡 5:26) → 물로 씻어 말씀으로＜ὕδατος ἐν ῥήματι (휘다토스 엔 흐래마티) **물의 말씀 안에서 씻어**＞ 깨끗하게 하사 거룩하게 하시고

(약 1:18) → 그가 조물 중에 우리로 한 첫 열매가 되게 하시려고 자기의 뜻을 좇아 진리의 말씀으로 우

리를 낳으셨느니라

(벧전 1:23) → 너희가 거듭난<*ἀναγεγεννημένοι* **다시 난**> 것이 썩어질 씨로 된 것이 아니요 썩지 아니할 씨로 된 것이니 하나님의 살아있고 항상<**영원히 남아 있을**> 말씀으로 되었느니라.

(롬 9: 15, 16) → 내가 긍휼히 여길 자를 긍휼히 여기고 불쌍히 여길 자를 불쌍히 여기리라 하셨으니 그런즉 원하는 자로 말미암음도 아니요 달음박질하는 자로 말미암음도 아니요 오직 긍휼히 여기시는 하나님으로 말미암음이니라

(엡 2:4~6) → 긍휼에 풍성하신 하나님이 우리를 사랑하신 그 큰사랑을 인하여 허물로 죽은 우리를 그리스도와 함께 살리셨고 (너희가 은혜로 구원을 얻은 것이라) 또 함께 일으키사 그리스도 예수 안에서 함께 하늘에 앉히시니

(딛 3:5) → 우리를 구원하시되 … 오직 그의 긍휼하심을 좇아 중생<***παλιγγενεσίας*** (영적인)**중생,영적인 혁신**>의 씻음과 성령의 새롭게 하심으로 하셨나니,

(벧전 1:3, 4) → 찬송하리로다 우리 주 예수 그리스도의 아버지 하나님이 그 많으신 긍휼대로 예수 그리스도의 죽은 자 가운데서 부활하심으로 말미암아 우리를 거듭나게 하사 산 소망이 있게 하시며 썩지 않고 더럽지 않고 쇠하지 아니하는 기업을 잇게 하시나니 곧 너희를 위하여 하늘에 간직하신 것이라

(겔 36:26) → 새 영을 너희 속에 두고 새 마음을 너희에게 주되 너희 육신에서 굳은 마음을 제하고 부드러운 마음을 줄 것이며 또 내 신<רוּחַ(루아흐) **영**>을 너희 속에 두어 너희로 내 율례를 행하게 하리니,

● 진정 개심하고 복음을 순전히 믿음으로

올바르게 진정 개심하고 예수님께서 전파하신 복음을 온전히 믿는 자에게 구원의 필수적 요건인 죄사함과 의롭다함과 함께 성령님의 선물 곧 거듭남을 주시는 것이다. 최초 예루살렘 교회에 사도 베드로의 말씀을 듣고 마음에 찔림을 받은 사람들이 '사람들아 형제들아 우리가 어찌해야 할꼬?' 라고 했을 때, 사도 베드로가 '너희가 개심하여<Μετανοήσατε(메타노에사테) **명령 과거 능동**> 각각 예수 그리스도의 이름으로 침례를 받고 죄사함을 얻으라 그리하면 성령을 선물로 받으리니' 라고 하였으니(행 2:37, 38) 성령의 선물 곧 거듭남과 충만함을 받기 위해서는 개심하고 믿는 것이 선행되어야 하는 것이다. 올바르고 진정한 개심과 믿음이 선행되지 않고는 진정한 거듭남과 충만함이 있을 수 없는 것이다.

오늘날 기독교의 수많은 신자들이 그처럼 열망하고 구해도 진정 거듭남과 충만함을 받은 사람이 극히 적은 원인은 복음이 전반적으로만 아니라, 개심하고 믿으라는 복음의 기본부터가 바로 되어있지 않기 때문이다. 바른복음이 증거 되더라도 왜곡된 복음에 너무나 오래 젖어 왔고, 바른복음에 순응하는 것이 그렇게 쉽지 않으며, 또한 순응하는 자가 극히 적기 때문에 소수의

사람이 가는 좁은 길로 가기를 싫어하기 때문이다.

오늘날 기독교는 물과 성령으로 거듭난다고 곧잘 말은 하나 실제로는 '예수를 구주로 믿음으로 거듭난다' 고 한다. 구원에 관한 모든 것을 죽어라 믿음에만 귀결시킨다. 현대 기독교 구원의 복음의 강령이 그렇게 되어 있기 때문이다.

무엇보다 예수님께서 하신 말씀에 귀기울여 보자. 예수님께서는 거듭남을 위로부터 다시 태어나는 것이라고 하시고, 물과 성령님으로 태어나는 것이라 하셨다. 물은 예수님께서 전하신 복음의 말씀을 말한다 "내가 아버지의 말씀을 저희에게 주었사오매 세상이 저희를 미워하였사오니 이는 내가 세상에 속하지 아니함 같이 저희도 세상에 속하지 아니함을 인함이니이다. 저희를 진리로 거룩하게 하옵소서 아버지의 말씀은 진리니이다" (요 17:14, 17)고 하셨고, "물의 말씀안에서 씻어" (엡 5:26), "진리의 말씀으로 우리를 낳으셨느니라" (약 1:18), "너희가 거듭난 것이 … 하나님의 살아 있고 영원히 남아 있는 말씀으로 되었느니라" (벧전 1:23) "너희에게 전한 복음이 곧 이 말씀이니라" (벧전 1:25) 이런 말씀들은 물과 성령님으로 거듭나는 것은 예수님과 사도들께저 전하신 복음의 말씀과 성령님으로 말미암아 거듭난다는데 이론이 없을 것이다.

그런데 중요한 문제는, 예수님과 사도들이 전하신 바른복음을 따라 거듭나면 튼튼하고 아름다운 하나님의 자녀가 태어나 아름답고 좋은 열매를 많이 맺히나, 복음이 부실하고 오염되고 뒤틀려져 있으면 장애아가 태어나거나 튼튼치 못한 아이가 태어나게 되는 것이다. 복음의 오염과 부실을 탄식하여 비유로 설명하자면 그렇다는 것이다. 거듭나는 자가 장애자로 태어나는 일은 절대로 없다. 그러나 뒤틀려진 복음을 전하거나 받으면 혹 거듭나더라도 그만큼 그 사람에게 장애가 된다는 말이다.

베드로전서 1:3절의 "우리를 거듭나게 하사"에서 '거듭나게 *ἀναγεννήσας*(아나겐네사스)'는 '*ἀνά*(아나) **위를 향하여, 다시**'와 '*γεννάω*(겐나오) **태어나다**'의 합성어이다. 거듭나는 것은 위를 향하여 즉 하나님을 향하여 다시 태어남을 의미하는 것이다.

사도 바울이 고린도 교회 성도들에게 "복음으로써 내가 너희를 낳았음이라" 하였고(고전 4:15), 바울이 전한 바른 복음을 떠나 다른 복음을 좇는 갈라디아 교인들에게 "나의 자녀들아 너희 속에 그리스도의 형상이 이루기<**형성하기, 형태를 이루기**> 까지 다시 너희를 위하여 해산하는 수고를 하노니<**해산의 고통을 겪노라**>"라고 한 것이다.

복음전도자가 사도 바울처럼 바른복음의 건강한 아비일 때에 전도자를 닮은 건강한 자녀를 낳게되는 것이다. 서기관들과 바리새인들은 하나님을 믿었고 신앙생활을 열열히 하며 전도를 열심히 했으나 교인들을 두배나 게헨나의 자식이 되게 한다고 예수님께서 말씀하셨다(마 23:15). 지금은 그런 일이 없겠는가? 예수님께서 전하신 복음대로가 아니면 그렇다고 할 수밖에 없다.

예수님께서는 "아름다운 열매를 맺지 아니하는 나무마다 찍혀 불에 던지우느니라, 이러므로 그의 열매로 그들을 알리라"고 하시고, 열매를 하나님의 뜻대로 행하는 것이라 말씀하셨다(마 7:19,20). 하나님(예수님)께서 기뻐하시는 아름다운 열매를 맺는 거듭난 자라야 찍혀 불에 던지움을 받지 않는 것이다. **예수님께서 "내가 항상 아버지의 기뻐하시는 일을 행하므로 나를 혼자 두지 아니하셨느니라"고(요 8:29) 하신 것처럼 바른복음으로 예수님을 닮아 거듭난 자는 항상 하나님(예수님)께서 기뻐하시는 일을 행하려고 하는 것이다.**

● 하나님의 자비와 긍휼하심으로

"품군의 하나로 써 주십시오" 하려고, 아버지를 떠날 때와는 완전히 바뀐 마음으로 개심하고 아버지께로 돌아온 탕자 아들을, 목욕시키고, 제일 좋은 옷을 내다 입히고, 손에 가락지를 끼우고, 발에 신을 신기고, 살진 송아지를 잡고, 먹고 즐기자고 함같이(눅 15:22,23), 개심하여 하나님께 대하여 마음의 의도와 목적을 올바로 하고 예수님을 세상에 보내셔서 전파하신 복음을 그대로 어린아이처럼 온전히 영접하여 믿는 사람을 하나님께서 그토록 기뻐하시고 측은히 여기시는 것이다(눅 15:7, 10, 20). 하나님께서 탕자처럼 개심하여 돌아오는 자에게 자비와 사랑을 나타내셔서 구원하시되 그의 긍휼하심을 좇아 중생의 씻음과 성령의 새롭게 하심으로 영생의 소망을 따라 후사가 되게 하시는 것이다(딛 3:4~7). 거듭나게 하심은 첫 창조보다 하나님의 말로 다 할 수 없는 자비와 사랑과 긍휼하심으로 개심하고 믿는 자에게 주시는 보배롭고 귀중한 선물인 것이다(행 2:38; 약 1:17,18; 겔 39:26, 29). 첫 창조 때 보다 거듭난 자를 보시고 더 기뻐하시는 것이다.

사도 바울은 "긍휼에 풍성하신 하나님이 우리를 사랑하신 그 큰 사랑을 인하여 허물로 죽은 우리를 그리스도와 함께 살리셨고, 또 함께 일으키사, 그리스도 예수 안에서 함께 하늘에 앉히시니"라 하였고, 그리고 "우리를 구원하시되 … 오직 그의 긍휼하심을 좇아 중생의 씻음과 성령의 새롭게 하심으로 하셨나니"라고 하였으니, 거듭남은 긍휼에 풍성하신 하나님의 그 큰 사랑을 인하여 된 것이라고 한 것이다. 사도 베드로 역시 "찬송하리로다 우리 주 예수 그리스도의 아버지 하나님이 그 많으신 긍휼대로 예수 그리스도의 죽은 자 가운데서 부활하심으로 말미암아 우리를 거듭나게 하사 산 소망이 있게 하시며, 썩지 않고 더럽지 않고 쇠하지 아니하는 기업을 잇게 하시나니, 곧 너희를 위하여 하늘에 간직하신 것이라" 하였으니, 거듭남은 하나님의 많으신 긍휼로 된 것임을 말한 것이다.

그러면 하나님께서는 긍휼이 많으셔서 모든 인간을 다 구원하시고 모든 믿는 자들을 다 거듭나게 하시느냐는 것이다. 그러나 하나님께서는 긍휼히 여길 자를 긍휼히 여기시고 불쌍히 여길 자를 불쌍히 여기신다고 하셨다.(롬 9:15~16) 그러면 하나님께서 긍휼히 여기시고 사랑하셔서 거듭나게 하시는 사람은 어떤 자이겠는가? 그것을 바로 아는 것이야말로 얼마나 복된 일인가?

그것이 지금까지 말한 바로서 거듭나기 전에 하나님의 왕국＜=**주권, 통치**＞의 복음을 어린아이와 같이 영접하여 하나님의 통치를 거역하여 왔던 마음을 바꾸어 나의 죄를 용서받게 하기 위하여 피흘려 죽으시고 죄가 없으므로 부활하신 예수님을 나의 왕과 구주로 모셔들이는 것이다. 하나님께서 보실 때 진정으로 개심하여 하나님을 향하여 마음을 바꾸고 믿음으로 복음을 온전히 영접하여 들이는 것이다. 그런 자를 하나님께서 긍휼히 여기시고 사랑하셔서 성령님으로 말미암아 흠없는 자기를 하나님께 드린 그리스도예수님의 피로 그의 마음만 아니라 영 곧 양심까지 깨끗케 하시는 가장 좋은 선물 곧 물과 성령님으로 하나님께로부터 거듭나게 하셔서 하나님을 섬기게 하는 것이다(히 9:13,14).

♡ 묵상과 기도

3. 거듭난 자의 놀라운 신분

(갈 4:5~7) → 우리로 아들의 명분을 얻게 하려 하심이라 너희가 아들인고로 하나님이 그 아들의 영을 우리≲**너희**≳ 마음 가운데 보내사 아바 아버지라 부르게 하셨느니라 그러므로 네가 이후로는 종이 아니요 아들이니 아들이면 하나님으로≲**그리스도로**≳ 말미암아≮**하나님의**≯유업을 이을<**상속할**> 자니라 .

(엡 2:5~6) → 허물로 죽은 우리를 그리스도와 함께 살리셨고 너희가 은혜로 구원을 얻은 것이라 또 함께 일으키사 그리스도 예수 안에서 함께 하늘에 앉히시니,

(엡 3:20) → 오직 우리의 시민권은 하늘에 있는지라 ,

(벧전 1: 3, 4) → 찬송하리로다 우리 주 예수 그리스도의 아버지 하나님이 그 많으신 긍휼대로 예수 그리스도의 죽은 자 가운데서 부활하심으로 말미암아 우리를 거듭나게 하사 산 소망이 있게 하시며 썩지 않고 더럽지 않고 쇠하지 아니하는 기업을 잇게 하시나니 곧 너희를 위하여 하늘에 간직하신 것이라

(골 1:13) → 그가 우리를 흑암의 권세에서 건져내사 그의 사랑의 아들의 나라로 옮기셨으니

(계 1:5~6) → 우리를 사랑하사 그<**자신**>의 피로 우리≮**들의**≯죄≮**들**≯에서 우리≮**들**≯을 해방하시고<**씻기시고**> 그 아버지 하나님을 위하여 우리

> 를 나라와<**왕들과**> 제사장으로<**들로**> 삼으신<**만드신**> 그에게(=벧전 2:9)

● 하나님의 아들로서 상속자 되게 하심

거듭남으로 확실하게 구원을 받은 자들은 하나님께서 예수님과 함께 그의 아들로 받아들이시고, 그 아들 예수님의 영을 거듭난 자들의 마음 가운데 파송하셔서 아바 아버지라 외쳐 부르게 하시는 것이다. 그러므로 종이 아니요 아들이니 하나님으로≦**그리스도님으로**≧(**한글 개역성경은 변개된 사본으로 번역한 증거이다. "하나님으로 말미암아 하나님의 유업을 이을 자" 말이 안 맞는다**) 말미암아<**통하여,~ 때문에**> 하나님의 유업을 이을 자, 곧 상속자가 되는 것이다. 세상 유명한 사람 또는 왕의 상속자라 해도 부러운 일인데, 마귀의 종이었던 자가 그리스도 예수님을 통하여 구속함을 받되 하나님의 아들로 입양되어 하나님의 유업을 상속받는 자가 되었다는 것은 도무지 상상할 수도 없는 영광이며 복인 것이다. 이것도 믿음으로만 그렇다고 인식하는 관념이 아닌 거듭난 자의 삶의 실재이어야 하는데, 예수님 믿는 자들 대부분이 삶에 실재의 행복을 누리지 못하고 있는 것이다. 정말 예수님과 함께 하나님의 아들로서 하늘 기업의 상속자 된 사실이 삶에서 실재화(實在化) 되어 사는 에녹 같은 자가 몇이나 되겠는가? 믿는 자들이 하나님의 상속자인 아들로 실제로 산다면 기독교인들의 삶이 어떠해야 하겠는가?

하나님께서 죄인들을 흑암의 권세, 곧 마귀의 권세 아래 매여 종노릇하던 자들을 구출하여 내셔서(눅 22:53; 행 26:18) 사랑의 아들 예수님의 빛의 왕국으로(요 8:12; 벧전 2:9) 옮기셨다는 사실,(골 1:13~14) 그리스도 예수님과 함께 하늘에 앉히시고 하늘의 시민권을 주셨다는 사실을(엡 2:6; 빌 3:20) 믿는 자들이 얼마나 실재(實在)로 실감(實感) 있게 인식하고 살아가는가 하는 것이다. 이 한가지 사실만해도 인간의 상상을 초월하는 것이다. 미국의 시민권만 있어도 얼마나 마음에 뿌듯해 하는가?

믿는다고는 하나 바른복음의 모든 사실들에 실재(實在)하지 못하고 지식과 관념적 믿음에 머물러 있으니 오랜 신앙생활을 해도 변화 받지를 못하고 복되고 능력 있는 신앙생활을 체험하지 못하는 것이다.

● 왕들과 제사장들로 만드심

그리고 "우리를 사랑하사 그<**자신**>의 피로 우리죄≪**들**≫에서 우리≪**들**≫을 해방하시고<***λούσαντι***(르루산티) **(목욕)씻으시고**> 그 아버지 하나님을 위하여<**께**> 우리를 나라와<***βασιλ-εῖς***(바실레이스) **왕들과**> 제사장으로<**들로**> 삼으신<***ἐποίησεν***(에포이에센) **만드신**> 그(분)에게"라고 하였으니 번역이 제대로 안된 것이다. '나라와 제사장으로 삼으신' 이 아니라 '왕들과 제사장들로 만드신' 이고 하나님을 '위하여' 가 아니라 '하나님께(쪽으로) 왕들과 제사장들로 만드신' 이다. 하나님을 섬기는 그룹 천사들을 하나님께 영광스럽게 너무나 아름답고 지혜롭고 영화롭게 지으셨듯이(겔 28:13~17), 그리스도님의 보배로운 피로 구원하시는 거듭난 새 피조물된 자들은 영원 영원토록 하나님의 아들로 함께 살 것이기 때문에, 위엄과 능력과 영광스러운 왕들과(단 2:37) 아름답고 영화롭고 거룩한 왕들과 제사장들로(출 28:1~4) 만드시는 것이다.

빌라도 총독이 재판정에서 예수님께 '네가 왕이냐' 고 하니 예수님께서 "네 말과 같이 내가 왕이니라 내가 이를 위하여 (태어)났으며 이를 위하여 세상에 왔나니 곧 진리에 대하여 증거하려 함이로라, 무릇 진리에 속한 자는 내 소리를 듣느니라"고 하셨다(요 18:37). 예수님의 십자가 형틀 위에는≮**히브리어와 로마와 헬라 글자로←한글 개역성경 계통의 사본은 변개된 사본으로 이 말이 없음**≯ '이는 유대인의 왕이라' 고 쓴 패가 있었다(눅 23:38).

예수님께서는 이 땅에서부터 구원받을 자들 가운데 실현하실 하나님 왕국의 왕이 되시기 위해서 인간의 육신을 입고 세상에 나셨다. 그렇기 때문에 예수님께서 나셨을 때 동방에서 박사들이 예루살렘 헤롯 왕궁에 이르러 "유대인의 왕으로 (태어)나신 이가 어디 계시뇨?"라고 물었던 것이다(마 2:1~3).

예수님께서는 자신을 하나님께서 그 왕국의 왕으로 세운 사실을 분명히 아셨다.(요 18:37) 그러나 사람들은 예수님을 왕으로 알지 못했고 대우하지도 않았다. 거듭난 자들도 마찬가지다. 사람들이 알아주지도 대우하지도 않는다. 그러나 거듭난 자는 사람에게가 아닌 하나님께 왕과 제사장인 사실의 자긍심이 확실해야 하고 품위를 지켜야 한다.

♡ 묵상과 기도

4. 거듭난 자의 분명한 특징

(요일 5:1~4) → 예수께서 그리스도이심을 믿는 자마다 하나님께로서 (거듭)난자니 또한 내신(거듭나게 하신)이를 사랑하는 자마다 그에게서 < **그로부터**

> (거듭)난 자를 사랑하느니라 우리가 하나님을 사랑하고 그의 계명들을 지킬 때에 이로써 우리가 하나님의 자녀 사랑하는 줄을 아느니라 하나님을 사랑하는 것은 이것이니 우리가 그의 계명들을 지키는 것이라 그의 계명들은 무거운 < *βαρεαι*(바레이~아이) **무거운, 짐스런, 슬픈** > 것이 아니로다. 대저 하나님께로서 (거듭)난 자마다 세상을 이기느니라.

(요 14:23, 24) → 예수께서 대답하여 가라사대 사람이 나를 사랑하면 내 말을 지키리니 < *τηρήσει*(테레세이) **파수하리니. 주의하리니, 어기지 아니하리니, 굳게 붙잡으리니** > 내 아버지께서 저를 사랑하실 것이요 우리가 저에게 와서 거처를 저와 함께 하리라 나를 사랑하지 아니하는 자는 내 말≪들≫을 지키지 < 〃 > 아니하나니 너희의 듣는 말은 내 말이 아니요 나를 보내신 아버지의 말씀이니라.

(요일 2:3~6) → 우리가 그의 계명≪들≫을 지키면 < 〃 > 이로써 우리가 저를 아는 줄로 알 것이요 저를 아노라 하고 그의 계명≪들≫을 지키지 < 〃 > 아니하는 자는 거짓말하는 자요 진리가 그 속에 있지 아니하되 누구든지 그의 말씀을 지키는 < 〃 > 자는 하나님의 사랑이 참으로 그 속에서 온전케 되었나니 이로써 우리가 저 안에 있는 줄을 아노라 저 안에 거한다 하는 자는 그의 행하시는 < *περιεπάτησεν*(페리에파

테센) **행하신**>대로 자기도≪οὕτως(후토스) **이 길로, 그와 같이**≫행할지니라.<ὀφείλει 오프헤일레이 **행해야 하느니라**>

(롬 8:1~39) → 1) 그러므로 이제 그리스도 예수 안에 있는 ≪**육신을 좇지 않고 반대로 영을 좇아 행하는**≫ 자≪**들**≫에게는 결코 정죄함이 없나니 4) 육신을 좇지 않고≪**반대로**≫영을 좇아 행하는 우리에게 율법의 요구<δικαίωμα(디카이오마) **의**>를 이루어지게 하려 하심이니라 7) 육신의 생각은 하나님과 원수가 되나니 이는 하나님의 법에 굴복치 아니할 뿐 아니라 할 수도 없음이라 8) 육신에 있는 자들은 하나님을 기쁘시게 할 수 없느니라. 9) 누구든지 그리스도의 영이 없으면 그리스도의 사람이 아니니라

(갈 5:24, 25) → 그리스도 예수의 사람들은 육체와 함께 그 정과 욕심을 십자가에 못박았느니라 만일 우리가 성령으로 살면 성령으로 행할지니,

● 낳으신 자와 그에게서 난 자를 사랑한다

거듭나는 것이 어떤 것인가? 대단히 중요한 문제이다. 왜냐하면 오늘날 기독교에서 거듭남이 어떤 것인가에 대하여 거의 모두 예수님을 구주로 믿는 사람은 거듭난 사람이라고 하기 때문이다. 그런데 성경에서 거듭남을 그렇게만 말하지 않고 있으므로 심각한 문제이다. 거듭남이 어떤 것임을 바로 가르치지 않으

면 거듭나지 못한 사람, 아직 구원받지 못한 사람을 구원받은 자로 착각하게 하는 것임으로 보통 심각한 문제가 아닌 것이다.

요한일서 5:1절에 '예수께서 그리스도이심을 믿는 자마다 하나님께로서 (거듭)난 자니' 라고 하였으니 예수님을 믿는 자는 거듭난자임이 확실하다. 그런데 문제는 요한일서 5:1~4절 말씀과 요한일서 2:3~6절 말씀대로 거듭난자로서의 증표가 있느냐 하는 것이다. 증표가 없으면 예수님을 그리스도님으로 믿고 안다고 하더라도 거짓말하는 자라고 하였다. 말하자면 거듭나지 않은 자라는 말씀이다.

사도 요한은 하나님께로서 (거듭)난 사람마다 자기를 내신(거듭나게 하신)이를 사랑하며 또한 하나님께로서 (거듭)난 자를 사랑한다고 한 것이다(요일 4:21, 5:1). 오늘날 기독교는 '예수께서 그리스도이심을 믿는 자는 하나님께로서 (거듭)난 자니' 거듭난 자의 증표를 여기까지 말한다. 옳다. 그러나 바르고 확실한 것이 아니다. 왜냐하면 사도 요한이 말하는 그 다음의 중요한 말을 무시해 버리기 때문이다. 자기를 거듭나게 하신 이와 형제를 사랑하느냐 하면, 누구나 사랑한다고 한다. 그러나 문제는 하나님(예수님)께서 인정하실만한 사랑이냐는 것이다.

오늘날 기독교는 일반적으로 '사랑은 율법의 완성' 이라 하여(롬 13:10) 사랑하는 것이 모든 말씀을 지키는 것이라 하고, 실제 하나님(예수님)의 말씀대로 지키는 것은 율법이라고 물리쳐 내뜨리는 것이다. 이것은 복음을 바로 알지 못해서 그러하거니와 사랑이 어떤 것인지도 바로 알지 못하기 때문이다. 사랑은 사랑하는 이의 뜻과 그 말을 지켜 따르는 것이다(요 14:15, 21, 23, 24; 요일 5:3; 요이 1:6). 부활하신 예수님께서 베드로에게 "네가 나를 사랑하느냐?" 세 번이나 물으시고 사랑함을 고백할 때 "(죽기까지)나를 따르라"고 거듭 말씀하셨다.

하나님(예수님)의 말씀을 지켜 행하지 않는 자는 하나님(예수님)을 사랑하지 않는 자이며 알지 못하는 자이다.(요 14:24; 요일2:4) 그리고 사랑은 예수님께서 가르치신 말씀대로 행하는 진리 안에서 사랑하는 사랑이라야 진정한 사랑인 것이다. 요한 이서 1:6절에 "사랑은 이것이니 우리가 그의 계명≪들≫을 좇아 행하는 것이요 계명≪들≫은 이것이니 너희가 처음부터 들은 바와 같이 그 가운데서 행하라 하심이라" 하였고, 사도 바울도 사랑은 "진리와 함께 기뻐한다"고 하였으며, 사랑은 고린도전서 13:1~7절과 같이 행하는 것이 사랑인 것이다. 내가 주님을 사랑한다고 하는 사랑이 주님께서 원하시는 사랑인가를 철저히 검토해 보아야 할 것이다.

● 사랑하는 자는 하나님의 말씀을 지킨다

그 다음의 중요한 말 거듭남의 확실한 증표는 "우리가 하나님을 사랑하고 그의 계명들을 지킬<*τηρέω*(테레오) **지키는(손실이나 해로부터, 정확히는 시선을 계속 둠으로써 도피를 방지하는), 주의하는, 굳게 붙잡는**> 때에 이로써 우리가 하나님의 자녀 사랑하는 줄을 아느니라"고 한 것과, "하나님을 사랑하는 것은 이것이니 우리가 그의 계명들을 지키는<**(손실이나 해로부터, 정확히는 시선을 계속 둠으로써 도피를 방지하는), 주의하는, 굳게 붙잡는**> 것이라"(요일 5:2,3). 형제를 사랑하는 사람은 하나님(예수님)의 계명<**계명, 명령, 권위 있는 규정, 계율**>들을 지킬때에 진정 형제를 사랑하는 사람이라고 한 것이다.

세상에서 하나님(예수님)의 계명<**계명, 명령, 권위 있는 규정, 계**

율>들을 지키기<*τηρέω*(테레오) **지키기(손실이나 해로부터, 정확히는 시선을 계속 둠으로써 도피를 방지하기), 주의하기, 굳게 붙잡기**> 쉽지 않다. 그러나 거듭난 사람으로서 하나님(예수님)을 사랑하며 형제를 사랑하는 자는 계명들 지키는 것이 무겁지<**짐스럽지**>않으며 세상을 이기는<**정복하는, 극복하는, 승리를 거두는**> 것이다(요일 5:3, 4)

사도 요한은 또한 "저를 아노라 하고 그의 계명≪들≫을 지키지<*τηρέω*(테레오) **지키지(손실이나 해로부터, 정확히는 시선을 계속 둠으로써 도피를 방지하지), 주의하지, 굳게 붙잡지**> 아니하는 자는 거짓말하는 자요 진리가 그 속에 있지 아니하되 누구든지 그의 말씀을 지키는 자는 하나님의 사랑이 참으로 그 속에서 온전케 되었나니 이로써 우리가 저 안에 있는 줄을 아느니라 저 안에 거한다 하는 자는 그의 행하신대로 자기도 그와같이 행할지니라" 고 하였으니, 하나님의 사랑이 그 속에서 온전해지고 성취된 거듭난 자의 확실한 증표는 하나님(예수님)의 말씀을 지키는<*τηρέω*(테레오) **지키는(손실이나 해로부터, 정확히는 시선을 계속 둠으로써 도피를 방지하는), 주의하는, 굳게 붙잡는**>것이다. 예수님께서 말씀하신 사복음서의 모든 말씀들을 100% 수용하지 않는 자는 주님을 사랑하지 않는 자이며, 거듭나지 않은 자인 것이다.

예수님께서도 "나를 사랑하는 자는 내 말을 지키며<*τηρέω*(테레오)> 나를 사랑하지 아니하는 자는 내 말≪들≫을 지키지<*τηρέω*(테레오)> 아니하느니라" 고 하셨으니(요 14:23), 진정 거듭난 자 곧 예수님을 사랑하는 자라면 이 말씀에 걸리지 않아야 한다.

♡ 묵상과 기도

5. 거듭난 자만 하나님의 왕국에 들어가는 이유

(요 3:5, 7) → 사람이 물과 성령으로 나지<*γεννηθῇ ἐξ*(겐네트헤~ 에크세) **에 의하여 탄생되지**> 아니하면 하나님의 나라<*βασιλείαν* **왕국, 주권, 통치**>에 들어갈 수 없느니라. 내가 네게 거듭나야 하겠다<*Δεῖ ὑμᾶς γεννηθῆναι ἄνωθεν*(데이 휘마스 겐네트헤~나이 아노트헨) **너희가 반드시 위로부터 다시 나야 한다**>는 말을 기이히 여기지 말라.

(딛 3:5~7) → 우리를 구원하시되 … 그의 긍휼하심을 좇아 중생<*παλιγγενεσίας*(팔링게네시아스) **(영적인)중생, 영적혁신**>의 씻음<*λουτροῦ*(르루트루~) **목욕, 씻음**>과 성령의 새롭게하심으로<*διὰ*(디아) **에 의해서**> 하셨나니 성령을 우리 구주 예수로 말미암아 우리에게 풍성히 부어주사 우리로 저의 은혜를 힘입어 의롭다하심을 얻어 영생의 소망을 따라 후사가 되게 하려 하심이니라

(고후 5:17) → 그런즉 누구든지 그리스도 안에 있으면 새로운 피조물이라 이전<*ἀρχαῖα*(아르크하이~아) **본래의, 최초의, 옛날의**>것은 지나갔으니<*παρῆλθεν*(파렐~트헨) **사라졌으니, 소멸하였으니, 지나갔으니**> 보라≪*τὰ πάντα*(타 판타) **그 모든 것들이**≫새<*καινά*(카이나) **새로운**>것이 되었도다

(벧전 1:3) → 우리를 거듭나게 하사<ἀναγεννήσας(아나겐네사스) **다시 나게 하셔서**> 산 소망이 있게 하시며

(계 21:1~5) → 또 내가 새 하늘과 새 땅을 보니 처음 하늘과 처음 땅이 없어졌고<παρῆλθεν(파렐~트헨) **사라졌고, 소멸하고**> 바다도 다시 있지 않더라 또 내가 보매 거룩한 성 새 예루살렘이 하나님께로부터 하늘에서 내려오니 그 예비한 것이 신부가 남편을 위하여 단장한 것 같더라 내가 들으니 보좌에서 큰 음성이 나서 가로되 보라 하나님의 장막이 사람들과 함께 있으매 하나님이 친히 저희와 함께 거하시리니 저희는 하나님의 백성이 되고 하나님은 친히 저희와 함께 계셔서 모든 눈물을 그≪**들의**≫ 눈에서 씻기시매 다시 사망이 없고 애통하는 것이나 곡하는 것이나 아픈 것이 다시 있지 아니하리니 처음 것들이 다 지나갔음이러라 보좌에 앉으신 이가≪μοι(모이) **나에게**≫ 가라사대 보라 내가 만물을 새롭게 하노라<ποιῶ(포이오~) **만드노라**>

● 예수님과 사도들께서 분명히 언명하심.

무엇보다 예수님께서 분명하고 단호하게 말씀하셨으니 "사람이 물과 성령에 의하여 **반드시** 다시 태어나지 않으면 하나님의 왕국에 들어가지 못하리라"고 하신 것이다. 이 말씀을 무시

하고 하나님의 왕국에 들어갈 사람이 있겠는가? 오직 믿음으로 구원받는다는 단지 그 말만 전부인줄 알고 안주하지 말고, 과연 자신이 위로부터 물과 성령님으로 거듭났는지를 확인해야 할 것이다.

사도 바울이 행함에 관계없이 오직 믿음으로만 구원을 받는다 했다는 가르침만을 철저히 신봉하는 기독교인들은 "우리를 구원하시되 … 오직 그의 긍휼하심을 좇아 중생의 씻음과 성령의 새롭게 하심에 의해서 하셨나니"라고 한 말씀이나(딛 3:5) 사도 베드로가 "우리를 거듭나게 하사 산 소망이 있게 하시며"라고 한(벧전 1:3) 말씀을 깊이 명심해야 할 것이다. '거듭나게 하사' 라는 말 *ἀναγεννήσας*(아나겐네사스)는 '*ἄνά*(아나) **위를 향하여, 다시**' 라는 말과 '*γεννάω*(겐나오) **태어나다**' 라는 말이 합쳐서 된 말이다. 그러므로 거듭나는 것은 위를 향하여 즉, 하나님을 향하여 다시 태어나는 것을 의미하는 것이다.

그리고 사도 바울이 행함에 관계없이 오직 믿음으로만 구원받는다고 한 줄 아는 사람은, 다른 말씀은 두고라도 사도 바울이 말한바 디도서 3:5~7절과 고린도후서 5:17절을 마음을 비우고 100번만 읽으시기를 간곡히 부탁하는 바이다. 달라질 것이다.

● 만물을 새롭게 만드신 왕국이기 때문

하나님의 영원한 왕국은 새로운 하늘과 새로운 땅으로 처음 하늘과 처음 땅은 사라지고 바다도 다시 있지 않으며 또 거룩한 성 새 예루살렘이 하나님께로부터 하늘에서 내려오니 그 예비한 것이 신부가 남편을 위하여 단장한 것 같더라고 하였다. 그리고 하나님의 장막이 사람들과 함께 있어 하나님이 친히 저희와 함께 거하시며 거듭난 자들은 하나님의 백성이 되고 하나님은 친히 저희와 함께 계시며 하나님이 그들과 함께 있어 모든 눈물을 그들의 눈에서 씻기시매 다시 사망이 결코 없고 애통하는 것이나 곡하는 것이나 아픈 것이 결코 다시 있지 아니하니 처음 것들이 다 지나갔기 때문이라. 보좌에 앉으신 이가 말씀하시기를 보라 내가 만물을 새롭게 만드노라 하신 것이다.

이렇게 영원무궁토록 복되고 영광스러운 하나님의 왕국은 모든 것이 새롭게 만드신 것이며 하나님과 함께 영원토록 있을 것인데 그 왕국에 주요 대상이 되는 백성인 사람이 예수님의 형상대로 물과 성령으로 새롭게 태어난 사람이 아니고 어떻게 들어갈 수 있겠는가? 이치상으로도 새롭게 된 사람이라야 할 것이다.

♡ 묵상과 기도

☆ 설교 ☆

사도 바울이 자랑한 십자가

【갈라디아서 6:14~18】

사도 바울이 "나에게는 우리 주 예수 그리스도의 십자가 외에는 결코 자랑할 것이 없나니"라고 한 말을(14절) 오늘날 기독교는 단편적으로 이해하기를, 인간의 행위와 관계없이 오직 십자가에 흘리신 속죄의 보혈의 은혜로 죄인을 구원하시는 놀라운 은혜를 자랑한 것으로 알고 열심히 전파하고 있습니다. 그러나 이것은 사도 바울이 십자가를 자랑한다고 한 말의 의미를 바로 알지 못하고 올바로 전하지 못하고 있는 것입니다.

사도 바울이 자랑한다고 한, 주 예수 그리스도님의 십자가는 '그로 인하여' 세상이 나에게 십자가에 못 박히고 나도 세상에게 십자가에 못 박힌 것을 말한 것이며(14절), 그리하여 새로운 피조물된 것을 말한 것이지(15절), 단지 십자가에 피흘리심으로 죄를 속하신 것만을 말한 것이 아닌 것입니다. 복음을 표면적으로만 알고 믿는 경향 때문인 것입니다.

십자가는 수치와 고통과 죽음의 도구입니다. 이러한 십자가가 기독교의 표징이 되어 있지만, 그 의미를 사도 바울처럼 자신의 삶에 올바로 적용한 기독교인은 극히 찾아보기 어렵습니다. 그리스도 예수님의 십자가는 먼저 그 죽음과의 연합이며, 그리스도 예수님과 함께 죽은 자가 그의 부활과 연합하는 것입니다. 그리스도 예수님과 함께 죽지 않은 자는 그리스도 예수님의 부활에 연합할 수 없습니다. 함께 죽고 함께 부활한 것을 믿으면 그렇게 된 것이라고 일반적으로 인식케 하는데, 그러나 중요한 것은 그러한 그리스도 예수님과 함께 죽음과 부활이 자신에게 실재화 되었는가 하는 것입니다. 실재가 없으면 허구(虛構)입니다.

그 실재화는 먼저 그리스도인에 대한 세상의 죽음입니다. 나에게 있어 세상이 못 박혀 죽어졌습니까?

세상은 구속받지 않은 피조물을 총체적으로 나타내는 것입니다. 사도 바울은 자기에게 있어 세상이 십자가에 못 박혀 어떻게 되었다고 말하였습니까? 자신에게 유익하던 것<**이득, 재물**>은 무엇이나 그리스도 예수님을 위하여 다 손해로<**해로운 것으로**> 여기며 모든 것을 잃어버리고 배설물로 여겼다고 하였습니다(빌 3:7,8). 세상에 있는 것들은 바울에게 더 이상 관심과 매력의 대상이 되지 못하였습니다.

그렇다고 해서 세상을 무조건적으로 거부하는 것도 아니며 무조건 굴복하는 것도 아닙니다. 그리스도인들은 세상 안에서 사는 만큼(고전 5:10, 빌 2:15) 세상과의 관계는 면할 수 없습니다. 그럼에도 불구하고, 그리스도인들의 생활은 세상과 하등의 관련이 없는 듯해야 하는 것입니다(고전 7:29이하).

이렇게 세상은 신자들에게 있어 십자가에 못 박혀 죽어 가치 없고 관심 없게 되었으며, 또한 그리스도인들은 세상에 대하여 십자가에 못 박혔습니다(갈 6:14). 그리스도인들은 이 세상에 휩쓸리지 않으며(벧전 4:4), 이 세상과 친구가 되지 않습니다. 그것은 하나님과 원수가 되는 것이기 때문입니다(약 4:4). 바울은 세상의 쓰레기 같이 되고 만물의 찌꺼기가 되었다고 하였으며(고전 4:13), 전염병자로 그리고 이단의 두목으로 취급받았습니다(행 24:5). 그리스도 예수님과 함께 십자가에 못박히고 그리스도 예수님의 부활에 연합한 성도는 세상 사람이 볼 때 하등의 존재 가치가 없고 쓸모 없는 존재인 것입니다.

그리스도 예수님의 십자가가 자랑이 되는 것은 새로운 존재, 곧 새로운 피조물이 되게 하신 것 때문입니다. 하나님께서는 예수님의 십자가로 말미암아 사람을 새롭게 창조하셔서 새로운 피조물 되게 하시고, 만물을 새롭게 만드셔서(고후 5:17; 골 3:9,10; 계 21:5) 영원 영원토록 왕노릇 하게 하시는 것입니다.

"이 규례<**규칙, 표준**>을 따라 행진하는 자들에게와 하나님의 이스라엘 위에 평화와 자비가 있을 지어다"고 하였으니(16절) 십자가의 진정한 자랑, 곧 새로운 피조물 되는 규칙과 표준을 따라 발맞추어 행진하는 자들이(빌 3:16 → **동일한 규칙으로 행진하고 동일한 표준을 생각할 것이라**) 진정 하나님의 이스라엘이란 말입니다.

바울은 내 몸에 그리스도님의 흔적을 가졌노라 하였습니다.

♡ 묵상과 기도

[제 3 장 정 리 문 제]

1. 예수님께서 거듭나는 것이 어떤 것이라고 말씀하셨는가?

____

2. 거듭남은 새 영과 새 마음을 주시는 것이라는 대표적 성경 구절은?

____

3. 거듭나게 하시는 목적, 곧 확실한 증거가 되는 것은?

____

4. 진정 거듭남을 받는데 우선되어야 할 것은?

____

5. 거듭난 자는 어떤 신분인가?

____

6. 거듭난 자의 가장 확실한 특징은?

____

7. 왜 거듭난 자만이 하나님의 왕국에 들어가는가?

____

♤ 쉼터 ♤

목동이 갓 난 이리 새끼를 자기 집 개와 함께 키웠다. 다 자라자 이리는 개와 함께 충성으로 도둑을 막았다. 다른 이리가 양을 훔쳐 가면 개들과 함께 추적하기도 하고, 개들이 지쳐 중도에 포기할 때도 끝까지 쫓아가 약탈자를 잡아오기도 하였다.

"과연 이리는 이리로구나!" 목동이 감동하여 그러는 이리를 고맙게 생각했다. 그러던 중 목동은 양의 수가 한 마리 두 마리 줄어드는 것을 알아차렸다. 가만 보니 그 이리가 가끔 은밀하게 주인의 양을 죽여서는 개들과 함께 포식을 하는게 아닌가! 화가 머리끝까지 오른 목동이 이리를 잡아 나무에 매달아 죽였다.

제 4 장

예수님께서는, 내가 명령한 모든 것을 가르쳐 지키게 하라 하셨다

1. 예수님의 모든 말씀은 하나님 아버지께서 전하라 명령하신 말씀이다.

(눅 8:21) → 예수께서 대답하여 가라사대 내 모친과 내 동생들은 곧 하나님의 말씀을 듣고≮**그것을**≯ 행하는 이 사람들이라 하시니라.

(요 5:30) → 내가 아무것도 스스로 할 수 없노라 듣는 대로 심판하노니 나는 나의 원대로 하려 하지 않고 나를 보내신 이의 원대로 하려는 고로 내 심판은 의로우니라

(요 12:48~50) → 나를 저버리고<*ἀθετῶν*(아트헤톤~) **세운 것을 얕보는, 무효로하는, 경멸하는, 거절하는**>≮**자 그리고 결코**≯내 말을 받지 아니하는 자<그>를 심판할 이가 있으니 곧 나의 한<*ἐλάλησα*(엘랄레사) **전파한**> 그 말이 마지막

날에 저를 심판하리라 내가 자의로<*ἐμαυτοῦ*(에마우투) **나 자신의**> 말≪**을**≫한 것이 아니요 나를 보내신 아버지께서 나의 말할 것과 이를<*λαλήσω*(르랄레소) **전파할**> 것을 친히 명령하여 주셨으니 나는 그의 명령이 영생인 줄 아노라 그러므로 나의 이르는<*λαλῶ*(르랄로~) **전파하는**> 것은 내 아버지께서 내게 말씀하신 그대로 이르노라<*λαλῶ* **전파하노라**>

(요 17:8) → 나는 아버지께서 내게 주신 말씀들을 저희에게 주었사오며 저희는 이것을 받고 내가 아버지께로부터 나온 줄을 참으로 아오며 아버지께서 나를 보내신 줄도 믿었사옵나이다.

(요 17:17) → 저희를 진리로 거룩하게 하옵소서 아버지의 말씀은 진리니이다.

(요 6:63) → 살리는 것은 영이니 육은 무익하니라 내가 너희에게 이른 <*λαλῶ* **전파한**> 말이 영이요 생명이라.

(요 8:51) → 사람이 내 말을 지키면 죽음을 영원히 보지 아니하리라

(살후 1:5~9) → 하나님의 공의로운 심판의 표요 너희로 하여금 하나님의 나라<*βασιλείας* **왕국**>에 합당한 자로 여기심을 얻게 하려 함이니 그 나라를<*ἧς* **그** ← *βασιλείαν* **왕국을**> 위하여 너희가 또한 고난을 받느니라. 너희로 환란받게 하는 자들에게는 환란으로 갚으시고 환란 받는 너희에게는 우리와 함께 안식으로 갚

으시는 것이 하나님의 공의시니 주 예수께서 저의 능력의 천사들과 함께 하늘로부터 불꽃 중에 나타나실 때에 하나님을 모르는 자들과 우리 주 예수 ≮그리스도≯의 복음을 복종치 <ὑπακούουσιν **아래에서(하급로) 듣지, 주의 깊게 듣지, 명령이나 권위에 유의하지, 따르지**> 않는 자들에게 형벌을 주시리니 이런 자들이 주의 얼굴과 그의 힘의 영광을 떠나 영원한 멸망의 형벌을 받으리로다.

(계 14:12) → 성도들의 인내가 여기 있나니 저희는 하나님의 계명<ἐντολὰς(엔톨라스) **명령, 규정, 계명, 계율**>과 예수 믿음을 지키는 자니라

(계 22:14) → 그 두루마기를 빠는≦ποιοῦντες τὰς ἐντολὰς αὐτοῦ(포이운테스 타스 엔톨라스 아우투~) **그분의 명령들을 행하는**≧ 자들은 복이 있으니 이는 저희가 생명나무에 나아가며 문들을 통하여 성에 들어갈 권세를 얻으려 함이로다.

● 아버지께서 친히 명령하여 주신 말씀

세상에 오신 예수님께서는 자신이 원하는 대로하려 하지 않고 자기를 세상에 보내신 하나님 아버지의 원하시는 뜻대로 하려고만 하셨고, 말씀하시고 전파하신 모든 말씀이 자신의 말이 아니라 자기를 세상에 보내신 아버지께서 예수님께서 세상에 가서 말하고 전파할 말씀들을 친히 명령하여 주셨고, 예수님께

서는 명령하여 주신 모든 말씀을 그대로 말하고 전파했다고 하셨다.(요 12:49~50) 그런데 어찌하여 기독교는 예수님의 말씀들을 이처럼 중요시하지 않고 세운 것을 얕보고, 무효로하고, 경멸하고, 거절하고 오직 예수님을 믿기만 하면 영생을 얻는다(요 3:16)고만 하는지 참으로 경악한다. 기독교(基督教)라는 말 자체가 국어 사전에 '예수 그리스도의 인격과 교훈을 그 중심 내용으로 하는 종교' 라고 되어 있는데 이름대로도 하지 않고 있다는 사실을 심히 통탄해야 할 것이다.

"천지는 없어지겠으나 내 말≪들≫은≪*οὐ μὴ* **절대로← 이중부정**≫ 없어지지 아니하리라" 하신(마 24:35) 예수님의 말씀은 모두 하나님 아버지의 말씀인데도 오늘날 기독교가 예수님의 말씀대로 행하지 않는 사람이라도 믿는 사람은 구원을 받는다고 하니 어찌하겠는가?

세상에 사이비 종교나 어떤 종교라도 그 교주의 말을 하늘 같이 받들어 섬기며, 천주교는 교황의 말을 전 세계 주교와 교인들이 일사불란하게 따르고 있건만, 오로지 기독교만은 하나님 아버지의 말씀인 예수님께서 말씀하신 대로 따르지 않으면서 오직 예수님을 구주로 믿기만 하면 구원받는다고 하는 것이다.

● 아버지의 말씀은 영생임

그리고 예수님께서 전파신 모든 아버지의 말씀은 영생이라 하셨고, 아버지의 말씀은 진리라 하셨으며, 예수님의 말씀을 지키는 자는 영원히 죽음을 보지 않으리라 하셨다. 예수님의 말씀이야말로 참으로 살리는 영이며 생명인 것이다(요 6:63).

예수님께서 분명히 말씀하셨다. 예수님의 가족 곧 모친과 동생들은 하나님의 말씀을 듣고 그것을 행하는 사람들이라고 하셨다. 이 한 말씀만 유의하더라도 예수님과 함께 영생을 누릴 사람들이 어떤 자들임을 확실히 알 수 있지 않는가?

예수님께서 그의 천사를 사도 요한에게 보내어 계시하여 기록하게 하신 말씀에서도 성도들, 이기는 자들은 하나님의 명령과 예수 믿는 믿음을 지키는 자들이라 하셨고(계 12:11,17, 14:12, 20:4), '그 두루마기를 빠는 자들'(**한글 개역성경은 변개한 사본 번역임**)이 아니고 '그의 명령들을 행하는 자들'로서(**전통 원문**) 그들이 생명나무에 나아가며 문들을 통하여 성에 들어갈 권세를 얻게 된다고 하신 것이다. 예수님께서 전하신 복음대로가 영생 얻는 바른복음이다. 아멘!

그러므로 예수님께서 말씀하시고 전파하신 말씀들을 받지<**=붙잡지, 취하지**> 아니하는 자는 하나님 아버지께서 보내신 예수님을 저버리는<ἀθετῶν(아트헤톤~) **세운 것을 얕보는, 무효로 하는, 경멸하는, 거절하는**> 것이며, 그것은 예수님을 보내신 하나님 아버지를 저버리는 것이므로 심판의 날에 엄중한 심판을 면치 못할 것이라고 분명히 예고하셨다. 그리고 재림하실 때 주 예수 그리스도님께서 전파하고 가르치신 복음의 말씀에 아래에서(하급자로) 듣지 않고, 주의 깊게 듣지 않고, 명령과 권위에 유의하지 않고, 따르지 않는 자들은 영원한 멸망의 형벌을 받게 될 것이라 하셨다. 그러므로 기독교는 예수님의 말씀에 대한 의식과 태도를 완전히 새롭게 해야 할 것을 잠을 깨서 정신을 차리듯 주의를 환기시키며, 시급히 깨달아야 할 것이다. 하나님께서 은혜 베푸시는 때가 아주 얼마 남지 않았다.

♡ 묵상과 기도

2. 말씀 지킬 것을 많이 강조 하심

(요 8:37, 47) → 지금 하나님께 들은 진리를 너희에게 말한 사람인 나를 죽이려 하는도다 아브라함은 이렇게 하지 아니하였느니라. 하나님께 속한 자는 하나님의 말씀을 듣나니<*ἀκούει* **깨닫나니**> 너희가 듣지<*ἀκούετε* **깨닫지**> 아니함은 하나님께 속하지 아니하였음이로라

(요 10:27) → 내 양은 내 음성을 들으며<**깨달으며**> 나는 저희를 알고 저희는 나를 따르느니라<*ἀκολουθοῦσίν*(아콜루트후~신) **함께 같은 길에 있느니라, 동행하느니라(제자로서), 따르느니라**>.

(요 18:37) → 이를 위하여≪**내가**≫세상에 왔나니 곧 진리에 대하여 증거하려 함이로라 무릇 진리에 속한 자는 내 소리를 듣느니라.

(눅 6:46~49) → 너희는 나를 불러 주여, 주여 하면서도 어찌하여 나의 말하는 것을 행치 아니하느냐 내게 나아와 내 말≪**들**≫을 듣고≪**그 말들을**≫ 행하는 자마다 누구와 같은 것을 너희에게 보이리라 집을 짓되 깊이 파고 주초를 반석 위에 놓은 사람과 같으니 큰 물이 나서 탁류가 그 집에 부딪히되 잘 지은 연고로≤*τεθεμελίωτο γάρ ἐπὶ τὴν πέτραν* **반석 위에 기초를 닦았기 때문에**≥ 능히 요동케 못하였거니와 듣고 행치 아니하는 자는 주초 없이 흙 위에 집 지은 사람과 같으니 탁류가(많은 물) 부딪히매 집

이 곧 무너져 파괴됨이 심하니라

(요 8:31) → 예수께서 자기를 믿은 유대인들에게 이르시되 너희 내 말에 거하면<*μείνητε* 메이네테 (주어진 상황 장소 관계 또는 기대속에서)**머물면, 거하면, 계속하면, 거주하면, 참으면, 남아있으면, 서면**> 참<*ἀληθῶς* 알레트호~스 **참으로, 확실히, 틀림없이**> 나의 제자가 되고 진리를 알지니 진리가 너희를 자유케 하리라

(요 14:15, 21) → 너희가 나를 사랑하면 나의 계명≪들≫을 지키리라 나의 계명≪들≫을 가지고 지키는 자라야 나를 사랑하는 자니 나를 사랑하는 자는 내 아버지께 사랑을 받을 것이요 나도 그를 사랑하여 그에게 나를 나타내리라 24 ~나를 사랑하지 아니하는 자는 내 말≪들≫을 지키지 아니하나니 너희의 듣는 말은 내 말이 아니요 나를 보내신 아버지의 말씀이니라

(요일 2:3~6) → 우리가 그의 계명≪들≫을 지키면 이로써 우리가 저를 아는 줄로 알 것이요 저를 아노라 하고 그의 계명≪들≫을 지키지 아니하는 자는 거짓말하는 자요 진리가 그 속에 있지 아니하되 누구든지 그의 말씀을 지키는 자는 하나님의 사랑이 참으로 그 속에서 온전하게 되었나니 이로써 우리가 저 안에 있는 줄을 아노라 저 안에 거한다 하는 자는 그(분)의 행하시는 <*περιεπάτησεν* 페리에파테센 ← 과거, 능동; **행하신**>대로 ≪***οὕτω* 그와 같이**≫ 자기도

행할지니라 <**행해야 하느니라** ← 현재, 능동>

● 하나님(예수님)께 속한 자

하나님께 속한 자는 하나님께 들은 진리를 말하는 예수님의 말씀을 들으며 깨닫는다. 예수님의 말씀을 듣지 않고 깨닫지 못하는 것은 하나님(예수님)께 속한 자가 아니기 때문이라고 하셨다. 그리고 예수님의 양들은 예수님의 음성을 듣고 깨달으며, 예수님께서는 자기 양들을 알며, 예수님의 양들은 예수님의 음성을 분별하여 알며, 예수님을 따라 함께 같은 길로 제자로서 동행한다고 하셨다.

예수님께서는 하나님께 들은 진리에 대하여 증거하려 세상에 오셨으며 진리에 속한 자, 곧 구원받을 자는 예수님의 말씀을 듣고 깨닫는다고 하신 것이다.

사도 요한도 "저를 아노라 하고 그의 계명≮들≯을 지키지 아니하는 자는 거짓말하는 자<**거짓말쟁이**>요 진리가 그 속에 있지 아니하되 누구든지 그의 말씀을 지키는 자는 하나님의 사랑이 참으로<**확실히, 틀림없이**> 그 속에서 온전케<**완전하게, 성취, 완성**> 되었나니 이로써 우리가 저 안에 있는 줄을 아느니라. 저 안에 거한다 하는 자는 그의 행하시는<**행하신**> 대로≮**그와 같이**≯ 자기도 행할지니라<**행해야 하느니라**>"고 말씀하였다. 오늘날 기독교에 예수님께서 말씀하신 그런 양들이 얼마나 있을까?

● 말씀 듣고 행하는 자, 행치 않는 자

예수님께 나아와 말씀을 듣고 행하는 자와 행치 않는 자를 집

짓는 자의 비유로 적절히 말씀하셨다. 예수님의 말씀을 행하는 사람은 땅을 깊이 파고 주초를 반석 위에 놓아 집을 지은 자로 큰물이 나서 많은 물이 부딪혀도 결코 요동치 않아 무너지지 않은 자와 같으나, 예수님의 말씀을 읽고 들어도 행치 않는 자는 주초도 놓지 않고 흙 위에다 집을 지은 자와 같아서 많은 물이 부딪히자 집이 곧 무너져 심하게 파괴되는 것과 같다고 말씀하셨다. 예수님께서 이렇게 말씀하신 바가 무엇인지 누구나 짐작할 것이다.

그리고 예수님께 나아와 말씀을 듣고 예수님을 믿은 유대인들에게 "너희가 내 말에 거하면<μείνητε 메이네테 (**주어진 상황 장소 관계 또는 기대속에서)머물면, 거하면, 계속하면, 거주하면, 참으면, 남아있으면, 서면**> 참<ἀληθῶς 알레트호~스 **참으로, 확실히, 틀림없이**> 나의 제자가 되고 진리를 알지니 진리가 너희를 자유케 하리라" 하셨으니, 오늘날 말하자면 교회에 나아와 하나님(예수님)의 말씀을 듣고 하나님(예수님)을 믿는다고 예수님의 제자가 되는 것이 아니라, 예수님의 말씀에 거하는 자라야 확실한 예수님의 제자가 되는 것이며 진리를 경험으로 확실히 알게 되고 진리를 경험으로 확실히 알 때 그 진리가 그에게 진정 자유를 누리게 한다는 말씀인 것이다. 그러므로 기독교는 예수님의 말씀에 거하지 않는 자는 예수님의 확실한 제자가 될 수 없고, 진리를 알 수 없으며, 진리가 주는 참 자유를 누릴 수 없는 것이다. 예수님께서 니고데모에게 "사람이 거듭나야 한다" 하니 거듭나는 것이 어떤 것인지 도무지 이해하지 못했듯이 오늘날 기독교 안에 이 신비한 진리의 실재를 진정 알고 누리며 살아가는 자가 얼마나 되겠는가?

그리고 "너희가 나를 사랑하면 나의 계명≪들≫을 지키리라.

나의 계명≪들≫을 가지고 지키는 자라야 나를 사랑하는 자니 나를 사랑하는 자는 내 아버지께 사랑을 받을 것이요, 나도 그를 사랑하여 그에게 나를 나타내리라 나를 사랑하지 아니하는 자는 내 말≪들≫을 지키지 아니하나니, 너희의 듣는 말은 내 말이 아니요 나를 보내신 아버지의 말씀이니라"고 하셨으니 얼마나 중요한 말씀인가? 예수님을 사랑한다고 다들 입이 닳도록 말하고 열렬히 찬양도 하지만 정작 예수님의 말씀을 지키지 않는 자는 예수님께서 자기를 사랑하는 자로 인정치 않으며 그를 사랑하지 않고 그에게 진정 예수님을 나타내지 않으신다고 하신 것이다.

이렇게 예수님의 말씀에 거하며 실행하는 것이 중요한데도 오늘날 기독교는 어떻게 하고 있는가?

♡ 묵상과 기도

3. 예수님의 말씀은 거듭난 자의 마음과 생각에 새겨지는 법이다

(롬 7:22, 23) → 내 속 사람으로는 하나님의 법<*νόμος* 노모스 **율법**>을 즐거워하되, 내 지체 속에서 한 다른 법<*νόμος* 노모스 **율법**>이 내 마음의 법<*νόμος* **율법**>과 싸워 내 지체 속에 있는 죄의 법<*νόμος* **율법**> 아래로,

(갈 6:1~3) → 형제들아 사람이 무슨 범죄한 일이 드러나거든 신령한 너희는 온유한 심령<**영**>으로 그러한 자를 바로잡고<**완전하게 하고**> 네 자

신을 돌아보아 너도 시험을 받을까 두려워하라 너희가 짐을 서로 지라 그리하고 그리스도의 법<νόμος 노모스 **율법**>을 성취하라 만일누가 아무것도 되지 못하고 된 줄로 생각하면 스스로 속임이니,

(히 10:14~17) → 저가 한 제물로 거룩하게 된 자들을 영원히 온전케 하셨느니라 또한 성령이 증거하시되 주께서 가라사대 그날 후로는 저희와 세울 언약은 이것이라 하시고 내 법<νόμος 노모스 **율법**>을 저희 마음에 두고 저희 생각에 기록하리라 하신 후에 또 저희 죄와 저희 불법을 내가 다시 기억지 아니하리라 하셨으니,

(요 14:23, 26) → 예수께서 대답하여 가라사대 사람이 나를 사랑하면 내 말을 지키리니 내 아버지께서 저를 사랑하실 것이요 우리가 저에게 와서 거처를 저와 함께 하리라 나를 사랑하지 아니하는 자는 내 말≮들≯을 지키지 아니하나니 너희의 듣는 말은 내 말이 아니요 나를 보내신 아버지의 말씀이니라 보혜사 곧 아버지께서 내 이름으로 보내실 성령 그가 너희에게 모든 것을 가르치시고 내가 너희에게 말한 모든 것을 생각나게 하시리라.

● 거듭난 사람에게 있는 두 가지 법

사도 바울이 "내 속 사람으로는 하나님의 법<νόμος 노모스

율법 >을 즐거워하되 내 지체 속에서 한 다른 법<***νόμος*** 노모스 **율법**>이 내 마음의 법<***νόμος*** **율법**>과 싸워 내 지체 속에 있는 죄의 법<***νόμος*** **율법**> 아래로 나를 사로잡아 오는 것을 보는도다"라고 하였으니, 바울의 거듭난 속 사람은 하나님의 법<***νόμος*** **율법**>을 즐거워하되 지체 속에는 다른 한 죄의 법<***νόμος*** **율법**>이 있어 거듭난 속 사람의 마음의 법<***νόμος*** **율법**>과 싸워 나를 사로잡아 내가 원하는 바 선은 하지 아니하고 도리어 원치 아니하는 바 악은 행하는 것을 보니 참으로 괴롭다고 한 것이다. 그래서 사도 바울이 깨달았다고 한 것은 선을 행하기 원하는 나에게 악이 함께 있는 것이며(롬 7:21), 그러므로 자신이 마음으로는 하나님의 법<***νόμος*** **율법**>을, 육신<***σαρκὶ*** 사르키 **육체, 인간성**>으로는 죄의 법<***νόμος*** **율법**>을 섬기노라 한 것이다(롬 7:25).

이에 대하여 대충 보아 넘기지 말아야 할 것은 새 사람으로 거듭남을 중요시하여 말하는 사람을 마치 '거듭난 사람은 새 사람 되어서 악을 완전히 행치 않는다' 고 말하는 것으로 오해(誤解)하는 것이다. 사도 바울이 말한 바 그 이상도 그 이하도 아니건만 새 사람으로 거듭남을 말함을 왜 그렇게 좀처럼 수용하려 하지 않는지 참 딱하다. 그 주요 원인은 구원은 행함에 관계없이 믿음으로 받는다' 는 교리에 집착(執着)되어 있고 '거듭나는 것은 영이고 마음은 아니다' 하는 견해에 고착(固着)되어 있기 때문이다. 여기에서 벗어나지 않고는 고치기 어렵다.

사도 바울 자신이 영으로 아니라 '**마음으로는** 하나님의 법<***νόμος*** 노모스 **율법**>을 섬긴다<⇐ **예속되다**>' 하지 않았는가? 거듭난 마음을 말함이 아닌가?

● 거듭난 자의 마음과 생각에 새겨진 법

거듭난 자가 하나님(예수님)의 말씀을 지켜 행하는 것은 성령님께서 거듭나게 하실 때 그리스도님의 법<*νόμος* (노모스) **율법**>을 그의 마음에 두고<**주고, 놓고**> 생각에 기록하시기<**쓰시기, 새기시기**> 때문이다. 그렇기 때문에 참으로 거듭난 사람은 예수님의 말씀을 일일이 가르치고 강조하지 않아도 자연스럽게 지켜 따르게 되는 것이다. 법이 없어도 살 사람이라 하는 말이 그와 같은 말이다. 거듭난 사람은 그의 마음에 그리스도님의 법<*νόμος*(노모스) **율법**>이 있고 그의 생각에 그리스도님의 법<*νόμος*(노모스) **율법**>이 새겨져 있기 때문이다. 이렇게 되지 않고 거듭난 것으로 생각하면 스스로 속이는 것이다. 이런 사람은 하나님(예수님)의 말씀을 읽고 듣는 것을 너무나 좋아한다. 욥과 같이 일정한 음식보다 하나님(예수님)의 말씀을 더 귀히 여긴다(욥 23:12). 시편 1편의 성도와 같이 주야로 하나님(예수님)의 말씀을 묵상한다.

사도 바울은 "내가 하나님께 율법 없는<*ἄνομος* 아노모스 **법에 주의를 기울이지 않는, (유대인의)율법에 지배되지 않는, 율법 없는**>자가 아니요 도리어 그리스도의 율법<*ἔννομος* 엔노모스 **법규 안에, 법에 복종하는, 법규(복음의), 지정된 관습**> 아래 있는 자" 라고 하였고(고전 9:21), "너희가 짐을 서로 지라 그리하여 그리스도의 (율)법<*νόμος* 노모스 **율법, 법규(모세, 복음의), 원리**>을 성취하라" 하였으며(갈 6:2), 성령님께서 증거하시기를 "주께서 가라사대 그날 후로는 저희와 세울 언약이 이것이라 하시고 내 법<*νόμος* 노모스 **율법, 법규(모세, 복음의), 원리**>을 저희 마음에 두고 저희 생각에 기록하리라" 하였으니, 거듭난 사람은 그의 마음에 그리스도님의 법<*νόμος* 노모스 **율법, 법규(모세, 복음의), 원리**>이 있고 그의 생각에 새겨져 있는 것이다. 이렇게 되지 않고 거듭난 것으로 생각하면 스스로 속이는 것이다.

기독교인들이 아주 잘못되게 알고 신앙생활을 하는 것은, 그리스도님으로 말미암아 율법이 폐하여<*καταργήσας*(카타르게사스) **파괴되어, 뒤엎어, 무효되어**>지고 신약시대는 율법이나 행함과는 전혀 관계없이 율법에서 완전히 해방되어 오직 은혜와 사랑으로만 신앙생활을 하고 구원을 받게 하신 줄로 아나, 이것은 너무나 잘못 알고 있는 것이다. 그리스도님께서 의문<*δόγμασιν*(도그마신) **법, 법령**>에 속한 계명<*ἐντολῶν*(엔톨론~) **명령, 규정, 계명**>≮들≯의 율법<*νόμος*>을 자기 육체로 폐<*καταρ γήσας*(카타르게사스) **효력없게, 폐지**>하시고(엡 2:15), 말씀과 성령님으로 거듭난 새 사람들로 하여금 마음에 두시고 생각에 새겨 주신 예수님께서 완전케<*πληρῶσαι*(플레로~사이) **(내용을)충만케, 가득차게, (예언을)성취하신**> 하신 하나님과 이웃을 사랑하는 방법으로 그리스도님의 법<*νόμος* 노모스 **율법, 법규(모세, 복음의), 원리**>을 지키게 하셨다는 사실을 아주 망각하고 있는 것이다. 의문에 속한 계명≮들≯의 율법을 지키던 종이 그리스도님으로 말미암아 거기서 벗어나 영의 새로운 것으로(롬 7:6) 사랑과 의의 종으로 그리스도님의 법<*νόμος* 노모스 **율법, 법규(모세, 복음의), 원리**>을 지키는 것이다. 구약에 하나님께서 주셨던 율법을 종으로서 지키던 데서 벗어나 신약의 그리스도님께서 구약의 율법을 완전케 하셔서 종이 아닌 아들로서 완전케 하신 율법을 사랑으로 지키게 하신 것이다. 이 복음의 대 강령을 깨닫지 못하면 평생 신앙생활은 헛되게 하게 된다. 참으로 중요하다.

사도 바울이 분명히 의도를 힘주어 말하기를 "우리가 믿음으로 말미암아 율법<*νόμον*(노몬) **율법, 법규(모세, 복음의), 원리**>을 폐<*καταργοῦμεν*(카타르구~멘) **효력없게, 폐지**>하느뇨≮**결코**≯그럴수 없느니라<*γένοιτο*(게노이토) **하나님이 금하시느니라**> 도리어<*ἀλλά*(알라) **반대로**> 율법<*νόμον*(노몬) **율법, 법규(모세, 복음의), 원리**>을 굳게 세우느니라<*ἱστῶμεν*(히스토~멘) **서게하다, 붙잡다, 거하다, 참석하다, 지속하다**> 하였으니(롬 3:31) 오늘날 기독교는 하나님이 결단코 금하시는 일을 확신 있게 자행하고 있는 것이다.

이렇게 그리스도님께서 완전케 하신 율법<*νόμος*(노모스) **법규(모세, 복음의), 원리, 율법**>이 그 마음에 있고 그 생각에 새겨져 신앙생활을 하는 사람은 그가 성숙하지 못하여 혹 실수를 하거나 연약하여 죄를 짓게 되더라도 주님께서 저희 죄와 불법을 용서하시고 기억지 않는다고 언약하신 것이다(히 10:17). 무엇보다 참으로 거듭난 사람은 자신을 거듭나게 하신 하나님(예수님)을 사랑하는 것은 그의 계명(말씀)들을 지키기 때문이다(요일 5:1~3). 하나님(예수님)을 안다 하면서 그의 계명(말씀)들을 지키지 않는 자는 거짓말쟁이며 진리가 그 속에 없다 하셨다(요일 2:4).

예수님께서도 "사람이 나를 사랑하면 내 말을 지키리니 내 아버지께서 저를 사랑하실 것이요 우리가 저에게 와서 거처를 저와 함께 하리라 나를 사랑하지 아니하는 자는 내 말≮들≯을 지키지 아니하나니 너희의 듣는 말은 내 말이 아니요 나를 보내신 아버지의 말씀이니라 보혜사 곧 아버지께서 내 이름으로 보내실 성령 그가 너희에게 모든 것을 가르치시고 내가 너희에게 말한 모든 것을 생각나게 하시리라" 말씀하셨다. 너무나 중요하기 때문에 거듭 말해도 무리가 아닌 줄 안다.

♡ 묵상과 기도

《 특주 5 》

내가 너희를 쉬게 하리라

【 마태복음 11:28~30 】

예수님께서 말씀하셨습니다. "수고하고<*κοπιῶντες*(코피온테스) **피로를 느끼고, (부여된)노동, 수고하고**> 무거운 짐진<*πεφορτισμένοι*(페프호르티스메노이) **의식(영적 근심)으로 과중한, 무거운 짐을 진**> 자들아 다 내게로 오라 내가 너희를 쉬게<*ἀναπαύσω*(아나파우소) **편안히 쉬게, 안식하게, 휴식하게**> 하리라"(마 11:28,29) 이 말씀은 아담의 범죄 이후 인생들에게 부여된 먹고살기 위한 육체적 노동의 수고와 정신적 영적 죄벌의 짐을 진 인생들에게 참된 쉼을 주시는 예수님의 은혜의 부르심인 것입니다.

또한 제자들에게 "평안<*Εἰρήνην*(에이레넨) **평화, 번영**>을 너희에게 끼치노니 곧 나의 평안<*Εἰρήνην*(에이레넨) **평화, 번영**>을 너희에게 주노라. 내가 너희에게 주는 것은 세상이 주는 것 같지 아니하니라 너희는 마음에 근심도 말고 두려워하지도 말라"고 하셨습니다(요 14:27).

1〉 예수님의 멍에를 메고 배움으로 쉼을 얻습니다.

예수님께서 주시는 쉼 곧 안식과 평화는 예수님께 오기만 한다해서 모두에게 주시는 것이 아닙니다. 오늘날 기독교는 사람들에게 '예수님께 오기만 하면 누구나 쉼을 얻는다' 고 말하고, 그 다음의 중요한 말은 언급하지 않습니다. 그러나 이것은 예수님의 말씀을 바로 알지 못하여 결과를 얻지 못하게 하는 무지한 안내가 되고 있습니다.

예수님께서는 분명히 "다 내게로 오라 내가 너희를 쉬게하리라" 하시고는 그 다음의 중요한 말, "나는 마음이 온유하고 겸손하니 나의 멍에<*ζυγόν*(쥐곤) **예속**(법 또는 의무), **저울대**(범위)>를 메고 내게 배우라 ≪*καὶ*(카이) **그러면**≫ 너희 마음이 쉼을 얻으리니 이는 내 멍에<*ζυγόν*(쥐곤) **예속**(법 또는 의무)>는 쉽고 <*χρηστὸς*(크흐레스토스) **요긴하고, 유익하고, 선하고**> 내 짐<*φορτίον*(프호르티온) **짐, 업무, 과업**>은 가벼움<*ἐλαφρόν*(엘라프흐론) **가벼움, 나르기**(견디기)**쉬움**>이라"고 하신 것입니다.

참으로 쉼을 얻으려면 예수님께 오는 것만 아니라 예수님의 말씀을 지켜 따라야 하며, 그것은 쉬운 것이 아니라(**번역 잘못됨**) 요긴하고 유익한 것이며, 그 짐은 가볍고 견디기 쉽다고 말씀하신 것입니다. 오늘날 수많은 기독교인들이 예수님께 오기는 하나, 요긴하고 유익한 예수님의 멍에를 메는, 말씀을 따라 사는 제자가 되지는 않음으로 진정 쉼을 얻지를 못하는 것입니다. 예수님의 말씀을 따라 사는 것 즉, 예수님의 짐이 가볍다는 것을 알지 못하고 아주 무거운 짐으로 부담으로 여깁니다.

영생을 얻기 위해 예수님을 찾아온 부자 청년이 어려서부터 하나님의 계명을 다 지켰다고 했을 때, 예수님은 그에게 "네게 한가지 부족한 것이 있으니 가서 네 있는 것을 다 팔아 가난한 자들에게 주라 그리하면 하늘에서 보화가 네게 있으리라. 그리고 와서 ≪**십자가를 지고**≫← (**막 10:21절 헬라어 전통원문에는 있음**) 나를 좇으라" 하셨습니다. 그러자 부자 청년은 재물이 많음으로 이 말씀을 듣고 근심하며 갔다고 한 것입니다(마 19:16~22).

예수님께서 제자들에게 "재물이 있는 자는 하나님의 왕국에 들어가기가 심히 어렵도다" 하시니 제자들이 그 말씀에 놀라는 지라, 예수님께서 다시 말씀하시기를 "얘들아 ≪**재물을 의존하는 자들이**≫ 하나님의 왕국에 들어가기가 어떻게 어려운지, 약대가 바늘귀로 나가는<**들어가는**> 것이 부자가 하나님의 왕국에 들어가는 것보다 쉬우니라" 고 하시니 제자들이 심히 놀라 서로 말하기를 "그렇다면 누가 구원을 얻을 수 있는가?" 라고 하니, 예수님께서 저희를 보시며 말씀하시기를 "사람으로는 할 수 없으되 하나님으로는 그렇지 아니하니 하나님으로는 다 하실 수 있느니라" 고 하신 것입니다.

쉼을 얻기 위해 메어야 할 예수님의 멍에 곧 법과 의무로서 기본적이고 중요한 일은 「소유를 가난한 자들에게 주고 십자가를 지고 나를 따르라」 하신 것인데, 과연 오늘날 수없이 많은 기독교인들 중에 예수님께로 와서 이러한 멍에를 메고 배움으로 쉼을 얻는 자가 얼마나 되겠는가 하는 것입니다.

인간의 상정(常情)으로는 도무지 이해가 안되는 것입니다. 어떻게 사람이 「소유를 버리고 십자가를 지고 예수님을 따름」으로 쉼을 얻는다는 말입니까?

그러나 제자 베드로가 예수님께 "보소서 우리가 모든 것을 버리고<*ἀφήκαμεν*(아프헤카멘) **버리고, 떠나서, 포기하고**> 주를 좇았나이다<*ἠκολουθήσαμέν*(에콜루트헤사멘) (제자로서)**따랐나이다**>" 고 하였으니(막 10:28, 눅 5:11), 예수님께서 제자로 부르신 자들은, 그들에게 "모든 것을 버리라" 고 말씀하지 않으시고 "나를 좇으라" 고만 하셨는데도 저들은 생업인 배와 육신의 부친과(마 4:22) 직장도 다 포기하고 자진하여 기쁨으로 주님을 좇았던 것입니다(마 9:9). 사도 바울도 그러하고(빌 3:7,8) 형제들에게 "너희는 함께 나를 본받으라" 고도 하였습니다(빌 3:17).

"우리가 세상에 아무것도 가지고 온 것이 없으매 또한≮δῆλον(델~론) **분명히**≯아무것도 가지고 가지 못하리니 우리가 먹을 것과 입을 것이 있은즉 족한<ἀρκεσθησόμεθα(아르케스트헤소메트하) **만족한, 충분한, 넉넉한**>줄로 알 것이니라"고 하였습니다(딤전 6:7,8). 그리고 신앙생활을 하면서 부<πλουτεῖν(플루테인~) **돈 많아지려, 부자가 되려, 풍부해지려, 윤택해지려, 값지려, 사치스러워, 음식 풍비해지려, 재미있으려, 웃기려, 유머스러워, 휼륭해지려, 화려해지려**>하려 하는<βουλόμενοι(불로메노이) **원하는, 유념하는, 의도하는**>자들은 쉼을 얻는 것이 아니라 "시험과 올무와 여러 가지 어리석고 해로운 정욕에 떨어지나니<ἐμπίπτουσιν(엠핖투신) **빠지니, 덫에 걸리니, 압도당하니, 빠져들어 가니**> 곧 사람으로 침륜<ὄλεθρον(올레트헤론) **폐허, 죽음, 징계, 파멸**>에 빠지게 하는 것이라. 돈을 사랑함이 일만<πάντων(판톤) **모든, 전체의, 매(일)**> 악의 뿌리가 되나니 이것(돈)을 사모하는<ὀρεγόμενοι(오레고메노이) **탐내는, 열망하는, 얻으려고 애쓰는**> 자들이 믿음에서 떠나 많은 근심<ὀδύναις(오뒤나이스) **고통, 근심, 비탄**>으로써 자기를 찔렀도다"고 하였습니다(딤전 6:9~10). 그러므로 쉼을 얻으려는 자의 물질관이 어떠해야 할 것은 자명해지는 것입니다.

예수님께 오는 자들이 메고 배워야 할 멍에 중에 가장 어려운 물질과 소유욕 버림<ἀφήκαμεν(앞헤카멘) **버림, 떠남, 포기함**>을 배우지 않고는 결코 쉼을 얻지 못하는 것입니다. 개심함으로 (예수님의 피흘려 죽으심으로 말미암은)죄 사함 받는 것과 믿음으로 (예수님의 부활하심으로 말미암은)의롭다함을 받는 것과 함께 자기를 부인하고 소유를 버림으로 쉼을 얻는 것이 동반되는 자가 영생 곧 영원한 안식을 얻는 자인 것입니다.

제 II 부 바른복음

베드로가 예수님께 “우리가 모든 것을 버리고 주를 좇았사오니 그런즉 우리가 무엇을 얻으리이까?”라고 말씀 드렸을 때(마 19:27), 예수님께서 “≪**함께 같은 길에 제자로서 동행하는**← 전통원문에 있음≫너희에게 이르노니 세상이 새롭게 되어 인자가 자기 영광의 보좌에 앉을 때에 나를 좇는 너희도 이스라엘 열두 보좌에 앉아 이스라엘 열두 지파를 심판하리라 또 내 이름을 위하여 집이나 형제나 자매나 부모나 자식이나 전토를 버린<*ἀφῆκεν*(앞헤~켄) **버린, 떠난, 포기한**>자마다 여러<*ἑκατονταπλασίονα*(에카톤타플라시오나) **일백**> 배를 받고 또 영생을 상속하리라”고 하셨습니다(마 19:28~29).

현재는 성령님 안에서 의와 평화와 기쁨으로 그리스도님을 왕과 구주로 섬김으로 하나님께 매우 기쁨이 되며 사람들에게도 인정을 받는 자들이 됨으로 참된 평화와 안식을 누리는 것입니다(롬 14:17~18). 주님께서 주신 평안이 있어 근심도 두려움도 없는 것입니다(요 14:27).

인간은 최초의 사람 아담과 하와로부터 범죄함 때문에 수고하여 먹고살도록 육체적 쉼이 박탈되었고(창 3:17~19, 5:29), 의식(영적 근심)으로 과중한, 무거운 짐을 진자가 된 것입니다. 인간은 하나님과 원수 됨으로 영적 평화와 기쁨이 없어지고, 죄의식과 죄의 결과로 인한 질병과 재난과 미움과 슬픔과 죽음 등 온갖 무거운 짐을 지고 사는 자가 된 것입니다.

이러한 수고하고 무거운 짐을 지고 사는 인생들이 쉼을 얻는 길은 오직 하나님께서 세상의 구주로 보내신 아들 그리스도 예수님께로 와서 그분의 말씀을 따를 때 얻는 것입니다. 쉼을 얻으려면 먼저 소유를 팔아 가난한 자들을 돕고 무소유가 되라는 것입니다.

인간은 먹을 것과 입을 것 외에 더 많은 것, 더 좋은 것을 소유하려는 욕망 때문에 피곤하게 수고하는 것입니다. 인간의 죄로 인해 하나님께서 땅을 저주하셨기 때문에 먹을 것과 입을 것을 얻기 위해서만도 수고가 과중한데, 먹을 것과 입을 것이 있는 것으로 만족하지 못하고, 온갖 더 많은 것 더 좋은 것을 소유하고 누리려고 하니 수고를 얼마나 더많이 해야 하는가 말입니다. 그러므로 인간이 이 소유의 욕망을 버리지 않는 한 쉼을 얻을 수 없는 것입니다. 모든 동물과 식물 그리고 우주만물이 인간들처럼 피곤하게 수고하지 않고 평화롭게 생존하고 있음은 소유욕이 없고 자신의 존재함으로 인해 다른 피조물에게 서로 유익을 주며 존재하고 있기 때문입니다. 인간처럼 이기적인 존재도 없습니다.

예수님의 말씀이 석가모니나 공자같이 세상 종교의 도리와 다른 것은 세상 종교의 가르침은 자비롭게 살라는 도덕윤리에 불과하고 그렇게 사는 것으로 끝나지만(윤회 사상같은 것이 있기는 하나 가상에 불과한 것임), 예수님의 말씀은 그렇게 사는 자에게는 영생의 부활과 하늘의 보화가 그에게 주어진다는 확실한 약속이 있는 것입니다.

그러므로 인간이 현재 이 세상에서 구원받는 시간부터 하나님 왕국의 참된 안식을 누리려면 세상에 있는 모든 것 곧, 육신 < *σαρκὸς*(사르코스) **육체, 인간** >의 정욕 < *ἐπιθυμία*(에퓌트휘미아) **동경, 정욕, 욕망, 갈망** >과 안목 < *ὀφθαλμῶν*(오프하트할문~) **눈, 부러워함** >의 정욕 < *ἐπιθυμία*(에퓌트휘미아) **동경, 정욕, 욕망, 갈망** >과 이생 < *βίου*(비우) **생명, 생활** >의 자랑 < *ἀλαζονεία*(알라조네이아) **자만, 거만, 자랑함, 허풍 떰** >을 버려야 한다는 것입니다. 누구든지 이러한 것들이 있고는 하나님 아버지의 사랑이 그 속에 있을 수 없다고 한 것입니다(요일 2:15~17). 기독교의 본질에 속한 문제입니다. 이 문제의 해결 없이는 예수님께서 말씀하신 쉼을 얻을 수 없을 뿐만 아니라 기독교인이라 할 수도 없는 것입니다.

예수님처럼 온유하고 겸손해지는 올바로 거듭나는 자라야 이 멍에를 메고 배울 수 있다고 말씀하신 것입니다.

2〉 십자가를 지고 예수님을 따르라고 하신 것입니다.

예수님께서 친히 메시고 가르치신 멍에 곧 삶의 법도는 자기를 부인하고 날마다 자기 십자가를 짐으로 영광을 얻게 되는 그 것입니다. 그러면 십자가를 지는 것은 어떤 것을 말씀하신 것입니까? 그 해답은 무엇보다 예수님께서 친히 십자가를 지시고 죽음을 당하시는 실제 현장에서 가르침 받을 수 있는 것입니다.

예수님께서는 십자가에 못박혀 죽으시기 전에 겟세마네 동산에서 기도하실 때, 십자가에 못박혀 죽임을 당할 것을 생각하니 너무나 비참하고 끔찍하여 슬퍼하며 괴로워 얼굴을 땅에 대시고 엎드려 기도하시기를 "내 아버지여 할 만하시거든 이 잔을 내게서 지나가게 하옵소서 그러나 나의 원대로 마옵시고 아버지의 원대로 하옵소서" 하였습니다(마 26:39). 두 번째 다시 "내 아버지여 만일 내가 마시지 않고는 이 잔이 내게서 지나갈 수 없거든 아버지의 원< θέλω(트헬로) **결정, 선택, 의지**> 대로 되기를 원하나이다." 기도하시고 잡혀가셔서 심문을 당하시고 십자가의 죽음을 당하신 것입니다.

그러므로 예수님께서 "아무든지 나를 따라오려거든 자기를 부인하고 날마다 제 십자가를 지고 나를 좇을 것이니라?(눅 9:23) 하신 것은 예수님처럼 십자의 죽음을 당하지 않고 싶은 자신의 절박한 소원대로 되는 것보다, 예수님 자신이 얼마든지 십자가를 안질수 있었지만 하나님 아버지의 결정하시고 선택하시고 의지(意志)하시는 대로 복종하여 고난을 참고 나가는 것이 십자가를 지는 것임을 본을 보여 주신 것입니다.

이렇게 십자가를 지신 예수님을 하나님 아버지께서는 예수님을 지극히 높여 모든 이름 위에 뛰어난 이름을 주셔서 하늘에 있는 자들과 땅에 있는 자들과 땅 아래 있는 자들로 모든 무릎을 예수의 이름에 꿇게 하시고 모든 입으로 예수 그리스도를 주라 시인하여 하나님 아버지께 영광을 돌리게 하신 것입니다(빌 2:5~11).

십자가를 지는 것은 바로 온유하고 겸손하여 자신의 원대로 하지 않고 하나님 아버지의 원대로 복종하는 것입니다. 이렇게 하는 자에게 영원무궁토록 참된 쉼을 주시며 영광을 주시는 것입니다. 참된 쉼 곧 복된 안식은 예수님처럼 영광 있는 안식을 얻는 것입니다. 예수님께서 소유를 버리고 3년간 따른 베드로에게 "나의 가는 곳에 네가 지금은≪**나를**≫따라올 수 없으나 이후에는≪**나를**≫따라오리라"고 하시니 베드로가 "주여 내가 지금은 어찌하여 따를 수 없나이까 주를 위하여 내 목숨을 버리겠나이다"고 했습니다. 그러자 예수님께서 베드로에게 "네가 나를 위하여 네 목숨을 버리겠느냐 내가 진실로 진실로 네게 이르노니 닭 울기 전에 네가 세 번 나를 부인하리라"고 하신 것입니다(요 13:36~38). 베드로는 오순절후에 성령님의 충만함을 받은 후 주님을 따라 갈 수 있었습니다. 오늘날 기독교처럼 '오직 믿음만으로'라는 안이한 복음으로는 예수님께서 주시는 쉼과 영광을 얻을 수 없습니다.

"하늘에서 음성이 나서 가로되 기록하라 자금(지금)이후로 주 안에서 죽는 자들은 복이 있도다 하시매 성령이 가라사대 그러하다 저희 수고를 그치고 쉬리니 이는 저희의 행한 일이 따름이라 하시더라?(계 14:13). 할렐루야! 아멘!

♡ 묵상과 기도

《 특주 6 》

율법과 은혜의 성경적 바른 이해

오늘날 기독교의 너무나 잘못된 교리 중에 중대한 한 가지는 ≪"의문<**법, 법령**>에 속한 계명의 율법을 자기 육체로 폐하셨으니"라고 한 에베소서 2:15절 상반절 말씀과 히브리서 7:18절의 "전엣 계명이 연약하며 무익하므로 폐하고"라고 한 말씀, 그리고 "율법의 행위로 그의 앞에 의롭다하심을 얻을 육체가 없나니 율법으로는 죄를 깨달음이니라"(롬 3:20), 그리고 "너희가 그 은혜를 인하여 믿음으로 말미암아 구원을 얻었나니"라고 하였으니 예수님께서 율법은 폐하고 은혜로 구원받게 하셨다. 그러므로 구원받은 자는 율법에서 해방되어 율법과는 상관없는 자 된 것이다. 말씀을 지켜야 구원을 받는다는 것은 은혜의 구원을 모르고 율법으로 구원받으려고 하는 자이다≫라고 하는 것이다.

이렇게 믿고 구원받았다 하고 있는 기독교인이 아마 전 세계 기독교인의 95%는 될 것 같고, 한국교회는 99%는 될 것이다. 그러니 이 교리가 잘못된 것이라면 얼마나 기독교가 잘못되어 있느냐 하는 것이다. 하나님 앞에서 너무나 심각하고 두려우며 통탄할 일인데도 바로 깨달아 외치는 자가 너무나 적다.

예수님께서 친히 "내가 율법이나 선지자나 폐하러<*καταλ-*

ῦσαι(카탈뤼사이) **파괴하러, 뒤엎으러, 무효화 하러**> 온 줄로 생각지 말라 폐하러 온 것이 아니요 완전케<*πληρῶσαι*(플레로~사이) **(내용을)충만케, 가득차게, (예언을)성취**>하려 함이로라"고 하셨는데(마 5:17) 어찌 우리 기독교인들은 예수님 자신의 말씀은 도무지 유의치를 않고 이해치를 못하는지 답답하다. 예수님께서 오셔서 구원을 이루시고 거듭나게 하시는 자들로 하여금 율법을, 내용을 충만하게 하시고, 가득하게 하시고, 성취하신 예수님 안에서 그 말씀을 더욱 잘 지키게 하려 오셨다는 말씀인 것이다. 예를들면 구약의 제사를 영과 진리로 예배를 드리게 하시고(요 4:23,24) 속죄 양 제물 대신 예수님의 피흘려 죽으심을 믿음으로 자신이 제사장이 되어 하나님 앞에 나아가는 것이다(히 4:14~16).

구약의 율법과 제도를 그대로 지키는 것이 아니라 예수님께서 성취하시고 충만하게 완전하게 하신 새 계명 예수님의 율법<*νόμον*(노몬) **율법**>을 사랑함으로 지키는 것이다(고전 9:21; 갈 6:2). 사도 바울도 분명히 "그런즉 우리가 믿음으로 말미암아 율법<*νόμον*(노몬) **율법**>을 폐하느뇨<*καταργοῦμεν*(카타르구~멘) **완전히 쓸모 없게, 폐지, 멀리, 소용없게, 소멸, 헛되게(하느뇨)**> 결코 그럴 수 없느니라 도리어<*ἀλλὰ*(알라) **반대로, ~에도 불구하고**> 율법을 굳게 세우느니라<*ἱστῶμεν*(이스토~멘) **서게한다, 붙잡는다, 거한다, 참석한다, 지속한다**>"고 하였다(롬 3:31). 참으로 새 사람으로 거듭난 자는 예수님께서 완전하게 가르치신 율법 곧 산상수훈을 지켜서 사는 자 된다.

사도 바울이 로마서와 갈라디아서에서 주로 다룬 '율법으로 의롭다함을 받느냐? 믿음으로 의롭다함을 받느냐?' 하는 문제인데, 성경 전체를 일목요연하게 통일되고 조화 있고 균형 있게 보는 안목과 그리고 사도 바울이 로마서와 갈라디아서에서 집중적으로 그렇게 말한 의도를 바로 안다면 이해 될 것을 어찌하여 기독교는 이 문제를 속 시원히 깨닫지 못하고 사람들을 잘못되게 세뇌 시켜 멸망의 구렁텅이로 끌고 가는지 통탄하고 통탄하지 않을 수 없다.

우선 '율법으로 의롭다함(구원)을 얻느냐? 믿음으로 의롭다함(구원)을 얻느냐?' 하는, 사도 바울이 로마서와 갈라디아서에서 강력히 설파한 말을 모든 기독교인들에게 적용하는 것부터가 잘못된 것이다. 왜냐하면 사도 바울이 그렇게 강력하게 말한 것은 사도행전 15장에서 보듯이 유대로부터 안디옥 교회에 내려온 어떤 사람들이 형제들을 가르치기를 '너희가 모세의 법대로 할례를 받지 아니하면 능히 구원을 얻지 못하리라' 함으로 바울과 바나바와 저희 사이에 적지 아니한 다툼과 변론이 일어나 형제들이 이 문제에 대하여 바울과 바나바와 몇 사람을 예루살렘에 있는 사도들과 장로들에게 보내어 해결토록 한 것처럼, 사도 바울 당시 오랜 유대교 율법의 전통에 인박힌 유대인으로서 기독교인 된 자들이 아직도 믿음으로 의롭다함(구원)을 얻는 도리에 대해 충분히 이해치 못하고 여전히 예수를 믿되 율법대로 지켜 행하지 않으면 구원을 얻지 못한다고 강하게 고집함으로 사도 바울이 '율법을 완전히 지켜서 하나님 앞에 의롭다함(구원)을 얻을 사람이 있을 수 없다'는 사실로 율법을 고수하려는 유대인들의 잘못된 고정관념을 바로 깨우치고져 그렇게 강력히 설파한 것이다.

그런데 사도 바울의 말한 의도를 바로 알지 못하고 '하나님 앞에 율법을 지켜 의롭다함(구원)을 얻으려 하고, 율법을 주신 목적도 왜곡한 바리새적 유대인들'이 아닌, '거듭난 자는 하나님(예수님과 성령님)을 사랑하여 그 말씀을 지킨다'는(요

14:15,21, 23, 24; 요일 2:4~6, 5:1~4) 말을 같은 것으로 취급하는 것이다. 그래서 구원받은 자는 말씀 지킨다는 것을 율법을 지키는 유대인과 같이 잘못됐다고 여기는 것이다. 그렇게 여기고 말하는 자는 분명히 알 것은 자신이 요한복음 14:15, 21, 23, 24절의 예수님의 말씀에 대하여 어떤 자이며, 요일일서 2:4~6절과 5:1~4절 말씀에서 자신이 참으로 거듭나서 예수님을 사랑하는 자인지, 예수님을 참으로 아는 자라고 할 수 있는지 심각하게 고려해 보아야 할 것이다.

거듭난 자, 곧 구원받은 자는 자기를 구원하신 하나님(예수님과 성령님)을 사랑하여, 사랑하는 실제와 방법으로 그 말씀대로 지켜 따르고 행하는 자이다. 말씀을 지키지 않는 자는 예수님을 사랑하지 않는 자이며, 거짓말하는 자요 진리가 그 속에 없는 자이며, 하나님의 사랑이 진정 그 속에 이루어지지 않은 자라고 하는 것을 어찌 율법을 지켜서 의롭다함(구원)을 받으려고 애쓰던 유대인들과 같은 것으로 여기는가? 참으로 딱하다. 거듭나지 못한 기독교인들이 말씀을 지켜야 구원을 얻는 줄로 생각하는 그런 자들은 율법을 지켜야 구원을 얻는다고 한 유대인들과 마땅히 같은 자들이다

거듭난 사람이라도 그가 하나님(예수님과 성령님)의 말씀을 지키는 그것 자체가 구원얻게 하는 공로가 되는 것이 아니고 의롭다함(구원)을 얻는 자에게 하나님께서 요구하시는 필수요건이며 구원의 열매인 것이다. 이렇게 말씀을 지켜 행하는 것이 중요한 하나님의 뜻인데도 불구하고 많은 기독교 목회자들과 신자들이 자신들이 하기 어려운 말씀을 지키고 행하는 것은 구원받는 것과는 상관없고, 단지 행함에 따라 상급이 달라질 뿐이라고 한다. 기독교인들에게 말씀을 지키지 않고 행하지 않아도 구원받는

것과는 상관이 없다 하고, 거듭나지 않아 말씀을 지켜 행함이 없는 신자들을, 믿기만 하면 구원은 받았다고 거짓 안주시키고 있으니 오호라 통재로다! 하지 않을 수 없다.

사도행전 15:11절을 보면 사도 베드로가 "우리가 저희와 동일하게 주 예수의 은혜로 구원받는 줄을 아노라" 한 말로 행위에 관계없이 오직 은혜로 구원받는다고 하지만 사도 베드로가 '너희가 회개하였으니 침례를 받고 죄 사함을 받으라' 한 것이나(행 2:38) '오직 너희를 부르신 거룩한 자처럼 너희도 모든 행실에 거룩한 자가 되라' 고 한 (벧전 1:15) 말씀은 어떻게 해야 하는가?

사도 바울도 행위에 관계없이 은혜와 믿음으로만 구원받는다고 했는가? 사도 바울이 행함을 강조한 많은 말씀들이 있지만, 한 말씀만 들어보면 "종말로 형제들아 무엇에든지 참되며, 무엇에든지 경건하며, 무엇에든지 옳으며, 무엇에든지 정결하며, 무엇에든지 사랑할만 하며, 무엇에든지 칭찬할만 하며, 무슨 덕이 있든지 무슨 기림(칭찬)이 있든지 이것들을 생각하라. 너희는 내게 배우고 받고 듣고 본 바를 행하라. 그리하면 평강의 하나님이 너희와 함께 계시리라" (빌 4:8, 9) 한 말씀은 행함이 없어도 된단 말인가?

기독교가 사도 바울의 한 말을 일부분만 취하여 '오직 믿음 오직 은혜로만 행함이 없어도 상관없이 구원을 받는다' 고 하는 것은 거듭남이 뭔지를 모르는 구원의 사기행각이 된다. 본의 아니게 법을 모르고 위반했다해서 면죄되는 것이 아니다. 기독교의 복음을 바로 몰라 바로 못했다고 해서 멸망을 면할 수 있는 것이 아니다. 하나님께서는 누구나 구원 얻을 수 있을 만큼 어떤 방법으로든지 계시하시고 은혜를 주셨기 때문에 몰랐다고 결코 변명하거나 핑계할 수 없다.

율법(행함)과 은혜(믿음)는 서로 상치되거나 이율배반이 아니라 거듭남으로 구원받는 자에게는 외면과 내면, 나무와 열매와 같은 하나의 통일되는 것이요, 조화되는 것이다. 어느것이든 하나만을 고집하는 것은 정말 웃기는 일이다. 이렇게도 당연하고 합리적이며 성경의 무수한 증명에도 불구하고 아직도 기독교가 이 중대한 문제에 대해 혼돈하고 있어 율법과 은혜를 통일시키고 조화시키지 못하고, 유독히 한국교회가 율법과 은혜를 분리시키고 있으니 예수님께서 전파하신 바른복음이 받아들여지지 않고 있는 것이다.

지금도 거듭남이 어떤 것인지 이해하지도 체득치도 못한 많은 기독교인들이 성경에 무수히 행하라 하신 말씀이 있음을 보고는, 행하여 구원을 받으려고, 율법을 지켜 의롭다함을 받으려고 했던 유대인들처럼 하고 있으므로 이 문제는 청산되지 않고 계속 언급되는 것이다. 그러한 거듭나지 않은 많은 기독교인들이 있으므로 인하여 전체 복음을 왜곡되게 이해하고 가르치는 불행이 계속되는 것이다. 오 주님이시여 어찌하옵니까?

4. 마지막 날 심판은 예수님께서 그 하신 말씀으로 하신다.

(요 5:22, 27) → 아버지께서 아무도 심판하지 아니하시고 심판을 다 아들에게 맡기셨으니 인자됨을 인하여 심판하는 권세를 주셨느니라 .

(롬 14:10~11) → 우리가 다 하나님≤**그리스도**≥의 심판대 앞에

서리라 … 기록되었으되 주께서 가라사대 내가 살았노니 모든 무릎이 내게 꿇을 것이요 모든 혀가 하나님께 자백하리라.

(요 12:48~50) → 나를 저버리고<***ἀθετῶν***(아트헤톤~) **세운 것을 얕보고, 제거하고, 따로 치워놓고, 무효로 하고, 경멸하고, 거절하고**> 내 말≪**들**≫을 받지 아니하는 자를 심판할 이가 있으니 곧 나의 한<**말한, 전파한**> 그 말≪***ἐκεῖνος***(에케이~노스) **그것**≫이 그 마지막 날에 저를 심판하리라. 내가 자의로 말한 것이 아니요≪**참으로**≫ 나를 보내신 아버지께서 나의 말할 것과 이를<**말할, 전파할**>것을 친히 명령하여 주셨으니 나는 그의 명령이 영생인줄 아노라 그러므로 나의 이르는<**말하는, 전파하는**> 것은 내 아버지께서 내게 말씀하신 그대로 이르노라<**말하노라, 전파하노라**>.

(마 7:21~27) → 나더러 주여 주여 하는 자마다 천국에 다 들어갈 것이 아니요 다만<***ἀλλ'***(알) **반대로, 참으로**> 하늘에 계신 내 아버지의 뜻대로 행하는 자라야 들어가리라 그 날에 많은 사람이 나더러 이르되 … 그때에 내가 저희에게 밝히 말하되 내가 너희를 도무지 알지 못하니 불법을 행하는<***ἀνομίαν***(아노미안) **법이 없는, 법을 행치 않은**> 자들아 내게서 떠나가라 하리라. (**그리스도의 법** →고전 9:21; 갈 6:2; 히 8:10, 10:16; **왕의 법** → 약 2:8)

● 심판을 다 아들에게 맡기셨음

예수님께서 "아버지께서 아무도 심판하지 아니하시고 심판을 다 아들에게 맡기셨으며 인자됨을 인하여 심판하는 권세를 주셨느니라" 하셨고 "하늘과 땅의 모든 권세를 내게 주셨으니" 라고 하셨다(마 28:18). 사도 바울도 "우리가 다 하나님≤**그리스도님**≥의 심판대 (**한글 개역성경 번역 사본은 '하나님' 으로 변개하여 기독교인들로 하여금 그리스도님께서 심판하실 것을 생각하지 않도록 의도하였음**) 앞에 서리라" 하였으니 최후의 그날 백보좌 심판대에는 예수 그리스도님께서 심판장으로 앉아 심판 하실 줄을 명심하고 명심해야 한다(계 20:11).

● 최후 심판의 기준

예수님께서 말씀하셨다. "그때에 내가 저희에게 밝히＜**동일하게**＞ 말하되 내가 너희를 도무지 알지 못하니 불법을 행하는＜(고전 9:21, **그리스도님의**)**율법을 어김, 법의 불이행, 법의 부재**＞ 자들아 내게서 떠나가라 하리라"(마 7:23) "나를 저버리고＜**세운 것을 얕보고, 제거하고, 따로 치워놓고, 무효로 하고, 경멸하고, 거절하고**＞ 내 말≪들≫을 받지 아니하는 자를 심판할 이가 있으니 곧 나의 한＜**말한, 전파한**＞ 그 말≪*ἐκεῖνος*(에케이~노스) **그것**≫이 그 마지막 날에 저를 심판하리라 .내가 자의로 말한 것이 아니요≪**참으로**≫ 나를 보내신 아버지께서 나의 말할 것과 이를 것＜**말할 것, 전파할 것**＞을 친히 명령하여 주셨으니 나는 그의 명령이 영생인 줄 아노라 그러므로 나의 이르는＜**말하는, 전파하는**＞ 것은 내 아버지께서 내게 말씀하신 그대로 이르노라＜**말하**

노라, 전파하노라>." (요 12:48~50)

예수님께서 말씀하신 모든 말씀은 율법을 완전케 하신 말씀으로서(마 5:17) 하나님 아버지의 말씀이며(요 12:49, 50), 진리이며(요 17:17, 18:37), 살리는 영이며(요 6:63), 그리스도님의 율법이며(고전 9:21; 갈 6:2; 히 8:10, 10:16) 왕의 법인 것이다(약 2:8). 그러므로 최후 심판은 예수님께서 하신 모든 말씀으로 하실 줄 알고 예수님의 말씀대로 하지 않아도 믿기만 하면 된다고 가르치는 기독교는 엄중히 경고를 받아야 한다.

♡ 묵상과 기도

5. 명령한 모든 것을 가르쳐 지키게 하라 명령하셨다.

(마 28:18~20) → 예수께서 나아와 일러 가라사대 하늘과 땅의 모든 권세를 내게 주셨으니 그러므로 너희는 가서 모든 족속으로 제자를 삼아 아버지와 아들과 성령의 이름으로 세례<**침례**>를 주고 내가 너희에게 분부<**명령**>한 모든 것을 가르쳐 지키게<*τηρεῖν*(테레인~) **지키게(손실이나 해로부터, 정확히는 시선을 계속 둠으로써 도피를 방지하게), 주의하게, 굳게 붙잡게**> 하라 볼지어다 내가 세상 끝 날까지 너희와 항상 함께 있으리라

(행 1:8) → 오직 성령이 너희에게 임하시면 너희가 권능을 받고 예루살렘과 온 유대와 사마리아와 땅 끝까지 이르러 내≪**게**≫ 증인≪**들**≫이 되리라

(행 2:42) → 저희가 사도≪들≫의 가르침을 받아 서로 교제하며 떡을 떼며 기도하기를 전혀 힘쓰니라

● 최후, 사도들에게 명령하셨다.

예수님께서 부활하셔서 아버지께로 가시기 전, 40일간 세상에 계시면서 확실한 많은 증거로 친히 사심을 나타내사 많은 사람들에게 보이시고 하나님 왕국에 관하여 말씀<=**명령**>하셨다.

열 한 제자가 갈릴리에 가서 예수님께서 명하셨던 산에 이르러 부활하신 예수님을 뵈옵고≪**그에게**≫경배하였으나, 그러나 의심하는 자≪들≫도 있었다. 예수님께서 제자들에게 가까이 오셔서 말씀하시기를 "하늘과 땅의 모든 권세를 내게 주셨으니 그러므로 너희는 가서 모든 족속으로 제자를 삼아 아버지와 아들과 성령의 이름으로 세례<**침례**>를 주고 내가 너희에게 분부한<ἐνετειλάμην(에네테일라멘) **명령한, 맡긴**> 모든 것을 가르쳐 지키게<τηρεῖν(테레인~) **지키게(손실이나 해로부터, 정확히는 시선을 계속 둠으로써 도피를 방지하게), 주의하게, 굳게 붙잡게**> 하라 볼지어다 내가 세상 끝 날까지 너희와 항상 함께 있으리라" 하셨다.

하나님 아버지께서는 왕국과 심판을 다 아들에게 맡기시고(눅 22:29, 요 5:22) 부활하신 예수님께 하늘과 땅의 모든 권세를 주셔서 왕과 구주로 높이셨으며(행 5:31) 그를 지극히 높여 모든 이름 위에 뛰어난 이름을≪**그에게**≫주셔서 모든 무릎을 예수의 이름에 꿇게 하시고 모든 입으로 예수 그리스도를 주라 시인하여 하나님 아버지께 영광을 돌리게 하셨다(빌 2:9~11).

그러한 예수님께서 제자들에게 가까이 오셔서 명하신 말씀이, 모든 민족들을 제자들로 만들어 3년간 내가 너희에게 말하

고 명한 모든 것을 가르쳐 지키게 하라 명령하여 맡기신 것이다. 노아가 방주를 지을 때 하나님의 명하신대로 다 준행하였더라 고 함 같이(창 6:22, 7:5) 만왕의 왕이요 교회의 머리이신 예수님의 명을 기독교가 무엇보다 꼭 필요한 것으로 준행해야 할 것인데 과연 그렇게 하고 있는가?

임무를 명하시기만 하시지 않고 확실한 많은 증거로 부활하신 것을 친히 나타내 보여 주시고 그래도 의심하는 제자들이 있기에 성령님을 보내셔서 확신과 담대함으로 예수님께 증인되게 하신 것이다. 성령님의 충만함을 받지 않고는 세상의 반대 앞에서 예수님께 증인되지 못하고 예수님을 버리고 도망친 제자들이나 세 번이나 부인한 베드로처럼 될 수밖에 없기에 성령님을 보내신 것이다. 성령님의 충만함을 받은 제자들은 확신과 담대함으로 죽음을 두려워하지 않고 예수님께 증인되어졌으며, 예수님께서 가르치신대로 가르쳐 지키게 할 수 있었던 것이다.

● 세상 끝 날까지

예수님께서 승천하시기 전 제자들에게 모든 민족에게, 땅 끝까지, 그리고 세상 끝 날까지 수행할 임무를 명하시면서 "내가 너희와 항상 함께 있으리라" 고까지 하셨으니 참으로 감격한 일이 아닐 수 없다. 모든 민족에게, 땅 끝까지, 세상 끝 날까지 수행해야 할 지상 최대의 예수님의 명이시다는 사실을 기독교인은 똑바로 명심해야 한다. 땅 곧 지구는 둥글므로 끝이 없으나 한 바퀴 돌아서 출발점에 오면 그곳이 시작점이면서 또한 끝이 되는 것이다. 주후 30년경 예루살렘으로부터 유다와 사마리아와 땅 끝을 향해 복음이 전파되기 시작하여 이제는 그 시작점인

이스라엘 예루살렘으로 복음이 귀착하여 유대인들에게 복음이 전파되기 시작하였으니 '땅 끝까지'라 하신 예수님의 말씀이 이루어지게 되었고, '세상 끝 날'은, 영원은 끝이 없으나 시작과 끝 시간이 정해져 있는 세상은 예수님께서 말씀하신 대로 반드시 세상 끝 날은 있는 것이다(창 8:22; 마 24:14).

지극히 존귀하신 예수님께서 사도들로부터 믿는 자들에게 모든 민족에게, 땅 끝까지, 세상 끝 날까지, 주님께서 항상 함께 하셔서 수행케 하시는 가장 큰 임무를 맡기셨으니 이렇게 보배롭고 귀중한 일을 능력 있는 천사들에게 맡기지 않으시고 비천한 인간들에게 맡기심을 감복하고 감격해야 할 것이다. 할렐루야!

예수님께서 가르치고 전하신 복음 그대로 가르치고 전하는 복음이 아니면 여기에 해당되지 않음을 예수님의 말씀의 의도(意圖)를 분명히 알아야 한다.

1. 너 시온아 이 소식 전파하라 영광의 주 참 빛이 되신다
   만 백성을 이 밝은 빛에 모아 영원한 구원 주려 하신다

(후렴) 이 기쁜 소식 곧 전하라 구원의 소식을 널리 전하라

2. 죄 사슬에 얽매여 있는 사람 하도 많아 다 셀 수 없구나
   이 형제들 다 건져내기 위해 주 예수 복음 널리 전하자

3. 온 세상에 너 크게 외치어라 하나님은 참 사랑이시다
   겸비하게 이 땅에 오신 예수 만민의 죄를 담당하셨다

4. 네 자녀도 이 복음 전파하라 늘 기도와 온 재물 드려서
   이 복음을 너 힘써 전파하면 영광의 상을 네가 받으리

(찬송가 255장)

♡ 묵상과 기도

《 특주 8 》

각자가 할 자기 부인, 소유 버림

【 마태복음 19:11~30 】

"너희가 내 말에 거하면 참 내 제자가 되고"라고 말씀하셨는데 예수님의 참 제자가 되기 위해서 '예수님의 말씀에 거하는' 곧 순종하는 것을 각자 자기가 해야 하는 것인가? 하나님의 은혜를 받아야 할 수 있는 것인가? … 이렇게 하지 않으면 능히 내 제자가 될 수 없다고 말씀하신 자기 부인, 십자가를 지는 것, 부모, 처자, 형제, 자매, 자기 목숨을 싫어하는 것, 소유를 버리는 것 등을 자기가 해야 하는 것인지 하나님의 은혜를 받아서 하는 것인가? 예수님의 참 제자가 되는 이러한 일들이 아직 확실히 되지 않은 대부분의 신자들이 여기에 대한 의문을 가지고, 갈등하고, 주저하고, 그 보다는 심각한 고민도 하지 않고 있는 안타까운 현실이다.

이러한 의문에 대하여 성경 말씀을 살펴봄으로 의문을 풀고, 이러한 문제에 대하여 분명한 자세를 가지는 자가 되도록 시급히 경성해야 할 것이다. 기독교는 너무나 오랜 세월을 미혹된 복음으로 신자들을 기만시키고 세뇌하여 오면서 세월을 허비하게 하고, 이제는 대환란과 주님의 오심이 매우 임박한 지경에 이르게 되었다.

1〉 먼저 논리적으로

예수님의 제자가 되기 위해서 해야 한다고 말씀하신 모든 것들이 인간으로서 도무지 할 수 없는 일이고 다만 하나님의 은혜를 받아서 할 수 있는 것이라면, 오늘날 교회에서 말하는 대로 '인간은 완전 타락하여 전적 무능력해졌으므로' 구원을 얻기 위해서는 사람 자신이 아무 것도 할 수 없다는 가르침대로라면, 다시 말하자면 구원은 전적 하나님의 은혜로만 되는 것이고, 오직 믿기만 하면 되는 것이며, 그 믿음도 하나님의 은혜로 주어지는 것이라면,

결과적으로 예수님의 말씀을 들었으나 순종하지 않아 참 제자가 되지 못하고, 진리를 알지 못하고, 결국 구원을 얻지 못하는 것은 그 사람의 책임이 아니고 하나님의 책임이라 할 수밖에 없는 것입니다. 하나님께서 은혜를 주시지 않았고 믿음을 선물로 주시지 않았기 때문이다.

도대체 이처럼 불합리하고 억지 논리가 있을 수 없는 것이다. 이것은 곧 아담이 하나님께서 먹지 말라 하신 선악과를 먹고는 "하나님께서 내게 주신 그 여자가 주므로 내가 먹었나이다" 하고, 하와도 "뱀이 나를 꾀므로 내가 먹었나이다"라고 한 것과 꼭 같은 억지 논리인 것이다.

하나님은 이치에 맞지 않게 하시는 분이 아니시다. 만약 제자가 되는 것이나 구원을 받는 것이 인간의 책임적 노력은 상관없이 전적 하나님의 은혜 주심으로만 되는 것이라면 사람에게 구태여 '어떻게 하라, 되게 하라, 회개하라, 믿으라, 행하라' 하실 필요 없이 그냥 구원하시면 될 것이고, 뿐만 아니라 차별 없이 누구나 다 구원받도록 해야 옳을 것이다. 그리고 구원받지 못하고 멸망하는 자가 있다면 그것은 하나님께서 은혜를 주시지 않았기 때문이므로 전적 하나님의 책임이라고 할 수박에 없을 것이다. 그럴 수가 있는가? 이렇게 오늘날 기독교는 아담과 하와의 억지 논리와 변명에 머물고 있는 것이다. 탄식할 노릇이다.

그래서 오늘날 기독교는 성경에 말씀하신 예수님의 말씀대로 사람이 할 수 없다하여 만들어 낸 신학교리가 '성경에서 말씀하신 하라하신 것들은 (율법으로서) 읽고 듣는 자들이 그렇게 할 수 없는 죄인임을 깨닫고, 오직 예수님이 속죄해 주심과 대신 행하여 주신 것을 믿음으로 구원을 받도록 하기 위하여 기록한 것' 이라고 하는 것이다. 과연 성경에서 말씀하신 바가 그러한가?

2〉 기록된 성경 말씀에서

살펴봄으로 이 문제를 올바로 이해하기를 바란다.

본문 말씀 중에 예수님께서 부자 청년에게 하신 말씀 "네 소유를 팔아 가난한 자들에게 주라… 그리고 와서 나를 좇으라" 마가복음 10:21절 헬라어 원문에는 '그리고 와서 십자가를 지고 나를 좇으라' 고 되어 있는데 이 청년이 "내가 무엇을 하여야 영생을 얻으리이까?" 하고 물으려 온 자로서 아직 구원을 받지 못한 상태요 거듭나지 않은 사람인데 그러한 사람에게 예수님께서 "네 소유를 팔아 가난한 자들에게 주고… 그리고 와서 십자가를 지고 나를 좇으라" 하셨으니 예수님을 따르기 전에 먼저 할 것을 하라 하신 것이다.

그리고 본문 말씀 27절에 베드로가 "보소서 우리가 모든 것을 버리고 주를 좇았나이다."라고 하였는데 마태복음 4:18~22절 보면 베드로와 안드레와 야고보와 요한이 예수님을 좇는 제자가 될 때 고기를 잡고 있는 어부들인 그들에게 "나를 따라 오라. 내가 너희를 사람들의 어부가 되게 하리라 하시니 그들이 배와 부친을 남겨두고 주를 따르니라"라고 하였으니 그때에 그들이 거듭나고 구원을 받아서 그렇게 할 수 있었는가? 그들이 거듭나지도 않았고 구원을 받지도 않은 상태에서 배와(재물) 부친(가족)을 버려 두고 예수님을 좇아 제자가 된 것이다.

또한 마태복음 9:9절을 보면 제자 마태의 경우도 그러한 것을 볼 수 있으니 예수님께서 마태가 세무서에 앉아 세무 일을 하고 있는 것을 보시고 그에게 말씀하시기를 "나를 따라 오라" 하시니 그가 일어나서 주를 따르니라' 고 한 것이다. 마태가 그때 즉시 거듭나고 구원을 받아서 또는 주님의 은혜를 받아서 그렇게 할 수 있었던 것인가?

누가복음 19:8~9절에 세리장인 부자 삭개오가 서서 예수님께 "주님 보시옵소서 저의 소유의 절반을 가난한 자들에게 주겠사오며, 그리고 만일 어떤 누구를 토색하였으면 제가 네 배를 보상하겠습니다" 고 말씀드리자, 예수님께서 "오늘 구원이 이 집에 이르렀으니 <ἐγένετο(에게네토) **되기 시작했다 ← 직설, 과거, 중간디포**>" 고 하셨으니 구원받기 전에 그러했던 것이다.

오늘날 대부분의 기독교인들이 자신이 예수님의 말씀대로 실행하지 못하는 이유를 은혜를 못받아서, 환경이 어려워서 못하고 있다고 생각하고 변명하고 있는 것이다. 보다 더 큰 이유는 행함은 구원과 관계없고 오직 믿음으로 구원을 받는다는 관념이 종교개혁 이후 기독교에 일반화되어 있어, 예수님의 말씀대로 해야한다고 바르게 가르치면 그렇게 해야한다고 수긍은 하면서도 모든 기독교인들이 그렇게 하고 있지 않기 때문에 유달리 자신만이 그렇게 한다는 것이 이상해 보이고 또 그렇게 쉽게 되어지지를 않아 망설이는 것이다. 참으로 탄식스런 세대이다.

본 말씀 11.12절에 독신에 대하여 예수님께서 하신 말씀 "모두다 이 말을 받는 것이 아니고 허락을 받은 자들만이 받느니라" 고 하시고, "모태에서 그렇게 태어난 고자들도 있고, 사람에 의해서 거세된 고자도 있으며, 또 천국을 위하여 스스로 된 고자들도 있느니라 이 말을 받을 수 있는 사람은 받아 들이라" 하신 말씀에서 제자 되는 자들 곧 예수님의 말씀대로 순종하는 사람도 그러한 부류가 있다고 하는 것이다. 마치 세례 요한처럼 모태에서부터 성령으로 충만하여 예수님의 말씀대로 행하는 것이 되어지는 사람이 있는가 하면, 열두 제자들처럼 전도와 교육을 받아 되어지는 사람, 그리고 믿지 않다가 어떤 계기에 스스로 믿는 자가 되어 아주 잘 믿는 사람도 있는 것이다. '허락을 받은 자들만이 받느니라' 하신 것은 사람 자신의 책임과 노력만으로 되는 것이 아님을 말씀하신 것이다. 하나님의 허락을 받은 자들이라야 한다는 것은 사람이 알지 못하는 신비한 하나님의 판단, 엄밀하고 공의로운 판단에 의하여 사람의 책임과 노력을 하는 자를 제자 곧 구원받은 은혜 배풀 대상자가 되도록 허락하신다는 말씀이다. 베드로전서 1:2절에는 "하나님 아버지의 미리 아심을 따라 성령의 거룩케 하심으로 순종함과 예수 그리스도의 피뿌림을 얻은 자들에게"라고 하였다. 누가복음 9:57~62절 세 사람의 경우와 같이 스스로 제자가 되려는 사람이나, 제자가 되라고 권한 사람이나, 온전히 순종할 사람이 아닌 사람은 제자 됨을 허락치 않으신 것을 볼 수 있다.

골로새서 1:29절에 사도 바울은 "내 속에서 능력으로 역사하시는 이의 역사를 따라 수고하며 애쓰노라" 하였으니 하나님의 역사하심을 따라 사람이 해야 할 수고와 애씀이 있어야 함을 말한 것이다. 농부가 밭을 갈고, 씨를 뿌리고, 거름을 주고, 물을 대며, 잡초를 뽑는 일들을 함으로써 열매를 풍성히 거두게 되지만, 하나님의 은혜로만 된다고 하여 농부의 할 일을 하지 않는다면 열매를 얻을 수 없는 것과 마찬가지이다. 건강도 하나님의 은혜에 달려 있다고 하면서 건강의 법칙을 지키지 않으면 건강할 수 없는 것과 같은 것이다. 하나님의 영적인 법칙도 사람에게 주어진 예수님께서 말씀하신 달란트 비유에서도 자기 달란트에 충성하여 남긴 사람에게는 더 주라 하시고 주어진 것에 노력하지 않은 사람은 그 있는 것마저도 빼앗으라 하신다는 것이다.

그러나 여기서 한가지 관과해서는 안될 것은 사람의 책임과 노력을 말한다고 해서 사람의 노력 50%와 하나님의 은혜 50%로 된다고 해서는 안되는 것이다. 왜냐하면 사람이 노력하여 얻는 것 전체 곧 사람의 존재부터 모든 노력을 할 수 있는 것도, 노력의 결과로 얻게 되는 것도 하나님의 은혜임으로 전체 100%가 하나님의 은혜인 것이다. 고린도전서 15:10절에 사도 바울의 고백과 같이 "그들 모두보다 더 많이 수고하였으나 그것은 내가 아니요 나와 함께하신 하나님의 은혜로다"라고 하는 것이다. 누가복음 17:10절에 예수님께서 하신 말씀 "너희에게 명령한 모든 일을 하고나서는 '우리는 무익한 종들이라 우리에게 맡겨진 일을 했을 뿐이니라' 고 말하라"하신 대로해야 하는 것이다. 오늘날 기독교는 하나님의 주권적 은혜와 사람의 책임적 노력의 통일과 조화를 원만히 이해하지 못하고 왜곡하여 하나님의 뜻을 거스리고, 준행치 못하고 있는 것이다.

3〉 세상 사람들의 경우에서

세상 종교인 불교의 승려를 보더라도 집과 직업 곧 재산을 버리고 가족을 버리고 욕심이 없는 불타가 되는 열반에 들어가기 위해 얼마나 대단한 결단을 하는가 말이다. 요즘 다투는 그런 승려말고 진짜 승려 말이다.

천주교의 수녀를 보더라도 세상의 모든 것을 단념하고 얼마나 일생을 순결하게 살아가려고 하는가 말이다. 세상 사람들 중에도 나라와 의를 위해 모든 것 목숨까지 바치는 자들 있지 않는가?

그러한 승려나 수녀들, 충신들이 거듭나고 구원을 받아, 또는 하나님의 은혜를 받아서 그렇게 할 수 있는 것인가? 그것은 무엇을 말해주는가? …

거듭나지 않고, 구원을 받지 않고, 하나님의 은혜를 받지 않고도, 얼마든지 그렇게 할 수 있다는 것을 보여주는 것이 아닌가? 그러하건만 왜 기독교인들은 예수님께서 하라하신 말씀들을 못한다고 하고만 있는가? "가증되고 외식하는 자들이여"라는 주님의 엄중한 책망을 들어야 마땅하지 않겠는가?

자신을 부인하고 자기 십자가(죽음)를 지고(마 16:24), 자기 부모와 처자와 형제와 자매와 자기 목숨까지 미워<**싫어**>하고(눅 16:24), 자기의 모든 소유를 버려야<**단념하고 작별해야**>(눅 14:33) 예수님의 제자가 된다고 말씀하셨는데 오늘날 기독교에 과연 이렇게 하고 있는 주님의 참 제자가 얼마나 되겠는가?

너무나 적은 것이 사실일진대 그 원인은 어디에 있는 것인가? 성경도 하나님의 마음도 알지 못한 무지몽매한 선생들의 잘못 가르침 때문이 아닌가? 하나님의 은혜만을 바라게 하고 사람으로서 해야하고 할 수 있는 것도 온갖 핑계로 결단하지 않고 있는 실정이 아닌가?

모태에서 타고나서이든, 사람에 의해서이든, 스스로 되어서이든, 어떤 연유로이든, 예수님의 말씀대로 준행하여 참 제자가 될 사람들은 이 말씀을 받아들이라는 것이다. 받아들일 사람이 있고 받아들이지 않는 사람이 있다는 말이다. 예수님께서는 말씀하시고는 늘 "들을 귀 있는 자는 들으라"고 하셨고,(마 11:15. 13:9; 막 4:9,23; 눅 8:8. 14:35) "너희 귀는 들음으로 복이 있다"고 하셨다.(마 13:16) 그리고 "믿음은 모든 사람의 것이 아니라"고 하셨다.(살후 3:2) 이 말씀을 들을 수 있는 사람은 참으로 복되다. 할렐루야!

기독교는 완전히 기본과 중심을 잃어버리고 비틀거리고 있다. "나는 부자이며 부요하게 되었고 아무것도 부족한 것이 없다"고 하지만, 비참하고, 가련하며, 가난하고, 눈멀고, 헐벗은 것을 깨닫지 못하고 있는 것이다.

예수님의 가르치심에 출발도 하지 않고 있는데도 다 된 줄 알고 있다. 착각도 이만저만이 아니다. 착각은 자유지만 끝 날의 심판은 자유가 아니다. 심판의 그 날 예수님 앞에서 "은혜를 받지 못하여 말씀대로 하지 못했습니다"고 한다고 해서 봐 주시겠는가? 그리고 믿음으로 구원을 받기 때문에 나는 구원을 받아야 한다고 주장할 것인가?

"이 일이 사람에게는 불가능하나 하나님에게는 모든 것이 가능하니라"(26) 하신 말씀은 무슨 뜻인지 곰곰히 생각해 보아야 한다. 할렐루야! 아멘!

♡ 묵상과 기도

[제 4장 정 리 문 제]

1. 예수님이 가르치고 전파하신 말씀은 누가 명령하여 주신 말씀인가?

---

2. 예수님의 양은 어떤 자라고 하셨는가?

---

3. 예수님의 말씀을 지키는 자와 지키지 않는 자는 어떤 자와 같 다고 하셨는가?

---

4. 거듭난 자에게는 하나님(예수님)의 법이 어디에 있고 새겨졌 는가?

---

5. 마지막 날 심판장은 누구신가?

---

6. 마지막 날 심판은 무엇이 할 것이라 하셨는가?

---

7. 부활하신 예수님께서 최후 사도들에게 지상 최대의 사명으로 주신 것은?

♤ 쉼터 ♤

의사인 어느 주일학교 교사가 어느 날 어린이들에게 천국을 설명하고 어린이들에게 천국에 가는 방법을 물었다.
"천국에 들어가기 전에 여러분은 어떻게 해야 합니까?" 그러자 한 소년이 대답했다. "아파야 합니다."

제 5 장

예수님께서는, 하나님 아버지께서 완전하심처럼 완전하라 하셨다

1. 구원하시는 목적이기 때문이다.

(마 5:48) → 그러므로 하늘에 계신 너희 아버지의 온전<*τέλειός*(텔레이오스) **완전**>하심과 같이<*ὥσπερ*(호스페르) 꼭 **~처럼**> 너희도 온전<*τέλειοι*(텔레이오이) **목적을 달성, 완성, 완전**>하라

(마 19:21) → 네가 온전<*τέλειός*(텔레이오스) **완전**>하고자 할진대 네 소유를 팔아 가난한 자들을<**에게**> 주라 그리하면 하늘에서 보화가 네게 있으리라 그리고 와서 나를 좇으라.

(눅 6:40) → 제자가 그 선생보다 높지 못하나 무릇 온전케<*κατηρτισμένος*(카테르티스메노스) **완전케, 완전히 완성**> 된 자는 그 선생과 같으리라

(눅 8:14) → 가시떨기에 떨어졌다는 것은 말씀을 들은 자

니 지내는 중 이생의 재리와 일락에 기운이 막혀 온전히 결실치 < τελεσφοροῦσιν(텔레스프호루~신) **열매를 완전히 익게 하지** > 못하는 자요

(요 17:23) → 내가 저희 안에 아버지께서 내 안에 계셔 저희로 온전함을 이루어 < τετελειωμένοι(테텔레이오메노이) **완전함을 이루어** > 하나가 되려함은

(히 12:2) → 믿음의 주요 또 온전케 하시는 < τελειωτὴν(텔레이오텐) **완전한 사람, 완성자** > 이인 예수를 바라보자.

(롬 8:29) → 하나님이 미리 아신 자들로 또한 그 아들의 형상을 본받게 < συμμόρφους(쉼모르프후스) **같은 모양, 모양이 같게** > 하기 위하여 미리 정하셨으니 이는 그로 많은 형제 중에서 맏아들이 되게 하려 하심이니라

(요 21:19, 22) → 베드로에게 이르시되 나를 따르라, 너는 나를 따르라.

(빌 2:15) → 이는 너희가 흠이 없고 순전하여 어그러지고 거스리는 세대 가운데서 하나님의 흠 없는 자녀로 세상에서 그들 가운데 빛들로 나타내며,

(히 12:23) → 하늘에 기록한 장자들의 총회와 교회와 만민의 심판자이신 하나님과 및 온전 < τετελειωμένων(테텔레이오메논) **완전** > 하게 된 의인의 영들과,

● 예수님께서 완전하라 하신 말씀

예수님께서 산상수훈을 주시면서 "하늘에 계신 너희 아버지의 <**께서**> 온전<*τέλειός*(텔레이오스) **완전**>하심과 같이<*ὥσπερ*(호스페르) **꼭 ~처럼**> 너희도 온전<*τέλειοι*(텔레이오이) **목적을 달성, 완성, 완전**>하라" 하셨다. 하나님 아버지께서 성품과 행위에 있어서 조금도 부족이 없으신 완전하신 것처럼 그 아버지의 구원받은 자들도 구원받은 자녀로서 씨를 뿌려 알곡들이 되는 것처럼 구원의 목적을 달성한 완성되고 완전한 하나님의 자녀가 되라는 말씀인 것이다. 개역성경에 하늘에 계신 너희 아버지의 '온전하심과 같이' 라고 번역했는데 온전(**穩평온할 全온통**)이라는 말은 완전(**完완전할 全온통**)이라는 말과 전혀 다른 말인데 성경원어 *τέλειός*(텔레이오스)를 '온전' 이라 번역한 것은 잘못된 것이다. 개역성경 전체에서 그러하다. 뿐만 아니라 '하심과 같이' 라고 한 것은 하나님 아버지와 같이 완전하라는 말이 됨으로 틀린다. 왜냐하면 사람은 절대적으로 완전하신 하나님 아버지와 같이 될 수는 없고 하나님 아버지께서 완전하신 것처럼 거듭난 피조물 새 사람으로서 완전하라는 말씀인 것이다. '하나님과 같이 되라' 고 하면 에덴 동산에서 마귀가 하와에게 한 말과 같이 된다. 있을 수 없는 말이다. '아버지' 라는 헬라어 '*πατὴρ*' 는 소유격(의) 아닌 주격(께서)이므로 '아버지께서 완전하신 것처럼' 이다.

영생을 희구하여 찾아 온 부자 청년에게 "네가 온전<*τέλειός*(텔레이오스) **완전**>하고자 할진대 네 소유를 팔아 가난한 자들을<←여격 **에게**> 주라. 그리하면 하늘에서 보화가 네게 있으리라. 그리고 와서 나를 좇으라" 하셨으니, 부자 청년이 예수님께서 말씀하신대로 순종하였으면 완전<*τέλειός*(텔레이오스) **완전**> 할 수 있었음을 예시(例示)한 말씀이다.

요한복음 17:23절에 "내가 저희 안에 아버지께서 내 안에 계셔 저희로 온전함을 이루어 < *τετελειωμένοι*(테텔레이오메노이) **완전함을 이루어** > 하나가 되려함은" 이라 하신 것도 완전함을 이루는 것이 있음을 말씀하신 것이다.

그리고 사도 바울은 "믿음의 주이실 뿐만 아니라 완전한 사람이신 예수를 바라보자" 라고 하였으며, 하나님께서 구원하시려고 미리 정하신 사람들을 완전한 사람이신 그 아들 예수 그리스도와 같은 모양이 되게 하시려고 미리 정하셨으며, 예수님은 구원받는 많은 형제들 중에서 맏아들이 되게 하려 하셨다 하셨으니, 예수님의 형제가 되는 구원받은 자들은 예수님을 닮은 사람, 구원받은 자로서 완전한 사람이 되는 것이다.

그런데 문제는 기독교가 구원에 있어서 "완전함" 에 대하여는 아예 배제해버리고 '사람이 완전할 수 있느냐?' '은혜로 구원받지…' 하고 완전함에 대하여 말하면 아예 반복음으로 여겨 관심 가지려고도 아니하니 어찌하겠는가? 사람으로는 완전할 수 없으나 하나님으로는 다 하실 수 있는 것을 망각하고 있으니…

● 성경에 완전하라 하신 말씀들

관심 갖든 안갖든 성경에 완전함에 대한 말씀들을 대강 살펴보면, 먼저 직접적으로 사람을 지으실 때 완전하게 지으셨다는 말씀은 하지 않으셨으나 사람을 하나님의 형상과 모양을 따라 창조하셨으며 하나님의 보시기에 대단히 좋았더라고 하셨으니 (창 1:26, 31) 완전하신 하나님께서 완전하게 창조하셨다는 것은 의심의 여지가 없는 것이다. 에스겔 28:15절에 그룹 천사가 타락하기 전에 지음 받던 날로부터 그의 모든 길에 완전 <

תָמִים(타밈) **흠없음, 완전**> 하였다고 하였으니 죄를 안짓는 하나님의 절대적 완전<תָמִים(타밈) **흠없음, 완전**>은 아닌 피조물로서 흠없는 완전함을 말하는 것이다. 그리고 민수기 19:2절에 "완전<תָמִים(타밈) **흠없음, 완전**> 하여 흠<מוּם(뭄)>이 없고 아직 멍에 메지 아니한 붉은 암송아지를 네게로 끌어오게 하고" 라고 하신 완전하고 흠이 없는 제물은 인간의 규범에 대한 하나님의 기준을 예시하신 것이다. 절대적으로 완전한 송아지나 양은 있을 수 없다.

하나님께서 창조하신 모든 생물들을 홍수로 멸하실 때 노아와 그의 가족만을 구원하셨는데 그것은 '노아는 의인이요 당세에 완전<תָמִים(타밈) **흠없음, 완전**>하여 하나님과 동행한 자' 였기 때문이었다(창 6:9). 그러나 노아는 절대적으로 실수하지 않는 완전한 사람은 아니었다(창 9:20~25). 하나님께서 욥은 '의롭고 순전<תָמִים(타밈) **흠없음, 완전**>한 자' 라고 하셨으나(욥 1:1,8, 2:3, 12:4), 욥은 자신의 모든 죄를 시인하였으며(7:21, 9:2, 15, 14:17) 죄를 회개하였다(욥 42:6).

다윗은 "여호와께서 완전<תָמִים(타밈) **흠없음, 완전**>한 자의 날을 아시니 저희 기업은 영원하리로다" 고 하였으며(시 37:18), "내가 완전<תָמִים(타밈) **흠없음, 완전**>한 길에 주의하오리니 주께서 언제나 내게 임하시겠나이까 내가 완전한 마음으로 내 집 안에서 행하리이다" (시 101:2,3) 고 하였다. 이렇게 완전한 길에 행한 다윗이지만 범죄하였던 것이다(왕상 15:5).

이스라엘의 왕이었던 다윗이 "내 눈이 이 땅의 충성된 자를 살펴 나와 함께 거하게 하리니 완전<תָמִים(타밈) **흠없음, 완전**> 한 길에 행하는 자가 나를 수종하리로다" 고 하였으니(시 101:2, 3.6) 한 나라의 왕도 그 수종하는 자들을 충성되어 가장 완전한 자를 뽑아 왕을 수종들게 하거든 영원한 하나님의 왕국에 어찌 새 사람 되어 완전한 자들로 하나님을 섬기게 하시지 않겠는가?

은혜로 받는 구원으로 두드러지게 말한 신약에서 오히려 완전함에 대하여 더 많이 말하고 있으니 왜 그러하겠는가? 오늘날 기독교가 오직 믿음으로만 구원을 받는다고 했다는 사도 바울이 "무엇에든지 참되며 무엇에든지 경건<**존경할만**> 하며, 무엇에든지 옳으며<(성격이나 행위에) **흠없으며, 거룩하며**>, 무엇에든지 정결하며<**청결하며, 완전하며**>, 무엇에든지 사랑할만하며, 무엇에든지 칭찬할만하며"라고(빌 4:8) 한 말은 왜 했겠는가?

기독교 영성의 목표를 완덕에 이르는 것이라 이구동성으로 말하면서, 어찌하여 완전하라는 말씀들은 구원론에서는 배제하고, 완전에 이르는 것을 영성으로 별도로 취급하는지 그야말로 복음이 근본적으로 완전히 잘못된 것이다.

♡ 묵상과 기도

2. 교회 사역의 목표이기 때문이다.

(눅 6:40) → 제자가 그 선생보다 높지<*ὑπὲρ*(휘페르) **위에, 보다 뛰어나지**> 못하나 무릇 온전<*κατηρτισμένος*(카테르티스메노스) **완전**>하게 된 자는 그 선생과 같으리라.

(고전 11:1) → 내가 그리스도를 본받는 자 된 것같이 너희는 나를 본받는 자들이 되라

(고후 7:1) → 그런즉 사랑하는 자들아 이 약속을 가진 우

리가 하나님을 두려워하는 가운데서 거룩함을 온전히<*ἐπιτελοῦντες*(에피텔룬~테스) **완수하여, (완전하게)하여**> 이루어 육과 영의 온갖 더러운 것에서 자신을 깨끗하게 하자.

(엡 4:11~15) → 그가 혹은 사도≮들≯로, 혹은 선지자≮들≯로 , 혹은 복음 전하는 자≮들≯로, 혹은 목사<**목자**>≮들≯과 교사<**가르치는 자**>≮들≯로 주셨으니 이는 성도를<**들을**>온전케<*καταρτισμὸν*(카타르티스몬) **완전하게**>하며, 봉사의 일을 하게 하며, 그리스도의 몸을 세우려 하심이라 우리가 다 하나님의 아들을 믿는 것과 아는 일에 하나가 되어 온전한<*τέλειον*(텔레이온) **완전한, 성년의**> 사람을 이루어 그리스도의 장성한<*ἡλικίας*(헬리키아스) **성숙의**> 분량이<*μέτρον*(메트론) **정도가**> 충만한데<*τοῦ πληρώματος*(투~ 플레로마토스) **충만의, 가득찬 것**>까지 이르리니 오직 사랑 안에서 참된 것을 하여 범사에 그에게까지 자랄찌라 그는 머리니 곧 그리스도라.

(빌 4:8~9) → 종말로 형제들아 무엇에든지 참되며 무엇에든지 경건<*σεμνά*(셈나) **존경할만**>하며, 무엇에든지 옳으며<*δίκαια*(디카이아) (성격이나 행위에)**흠없으며, 거룩하며**>, 무엇에든지 정결<*ἁγνά*(하그나) **청결, 완전, 순결**>하며, 무엇에든지 사랑할만하며, 무엇에든지 칭찬

할만하며, 무슨 덕이 있든지 무슨 기림<**칭찬**>이 있든지 이것들을 생각하라<**숙고하라, 고려하라**>.

(골 1:28, 29) → 우리가 그를 전파하여 각 사람을 권하고 모든 지혜로 각 사람을 가르침은 각 사람을 그리스도≪**예수**≫안에서 완전한<*τέλειον*(텔레이온) **완전한, 성숙한**> 자로 세우려함이니 이를 위하여 나도 내 속에서 능력으로 역사하시는 이의 역사를따라 힘을 다하여 수고하노라.

(딤후 3:16, 17) → 모든 성경은 하나님의 감동으로 된 것으로 교훈과 책망과 바르게함과 의로 교육하기에 유익하니 이는 하나님의 사람으로 온전케<*ἄρτιος*(아르티오스) **완전하게**> 하며 모든 선한 일을 행하기에 온전케<*ἐξηρτισμένος*(에크세르티스메노스) **완전히 갖추게, 철저히 마련하게**> 하려 함이니라

(벧후 3:14) → 주 앞에서 점도 없고 흠도 없이 나타나기를 힘쓰라.

● 교회는 완전을 목표해야 한다

예수님께서 "결단코 제자가 그 선생보다 뛰어나지 못하나 무릇 완전하게 된 자는 그 선생과 같으리라" 하셨으니, 가르치는 자를 완전<*κατηρτισμένος*(카테르티스메노스) **완전**>하게 된 자로 말씀하시면서 제자로서도 완전<*κατηρτισμένος*(카테르

티스메노스) **완전**>하게 된 자는 그 가르치는 자와 같이 완전< *κατηρτισμένος*(카테르티스메노스) **완전**>하리라 하신 것이다. 하나님과 같이 완전하다는 말씀이 아닌 것은, 만약 하나님과 같이 절대적으로 완전해 질 수 있다면 하나님이 되는 것이니 있을 수 없는 일이며, 하나님께서 하나님으로서 완전하신 것처럼 구원받는 자는 구원받는 자로서 하나님께서 의도하시는 목적을 달성하는 그 정도까지 완전하라는 말씀인 것이다.

그런데도 오늘날 기독교는 아예 완전이라는 것은 불가능한 것이라 하여 하나님의 뜻을 물리쳐 덜어버리고, 오직 은혜로 만 구원 얻는다 하고 있는 것이다. 사람들이 얼마나 좋아하는 복음인가? 소위 이런 저가판매의 은혜의 복음을 전하며 마케팅 수단과 방법을 잘하면 많은 교인들이 몰려들지만, 예수님의 말씀대로 복음을 전하면 어떻게 해서 왔던 사람도 가버리고 손가락으로 꼽을 정도의 사람만 남는다. 완전을 말하면 완전주의라고 비꼰다.

● 교회 사역자를 세우신 목적

교회의 사역자들을 세우신 것은 성도들을 완전하게 하며, 봉사의 일을 하게 하며, 그리스도님의 몸을 세우시려 함이며, 하나님의 아들을 믿는 것과 아는 일에 하나가 되어, 완전하고 성숙한 사람을 이루어 그리스도님의 성숙의 분량이 충만한 정도까지 이르러, 범사에 머리인 그리스도님에게 까지 자라게 하는 것이라고 한 것이다.

그리고 사도 바울은 "우리가 그를 전파하여 각 사람을 권하고 모든 지혜로 각 사람을 가르침은, 각 사람을 그리스도 예수님 안에서 완전하고 성숙한 자로 세우려 함이니, 이를 위하여 나도 내 속에서 능력으로 역사하시는 이의 역사를 따라 힘을 다하여 수고하노라"고 하였으니(골 1:28, 29), 교회 사역자들은 거듭난 그리스도인들을 그리스도님의 성숙의 충만한 정도까지, 그리스도 예수님 안에서 완전하고 성숙한 자로 세우기 위해 성령님의 역사를 따라 힘을 다해 수고해야 하는 것이다.

그리고 모든 성경을 가르치는 것은 교훈과 책망과 바르게 함과 의로 교육하여 하나님의 사람으로 적당하고 어울리게 하며, 모든 선한 일을 행하기에 완전히 갖추어 완성하게 하려 함이라고 하였으며, 사도 베드로는 "주 앞에서 점도 없고 흠도 없이 나타나기를 힘쓰라"고 하였다. 사도 바울은 "너희가 흠이 없고 순전하여 어그러지고 거스리는 세대 가운데서 하나님의 흠없는 자녀로 세상에서 그들 가운데 빛들로 나타내며 생명의 말씀을 밝혀<*ἐπέχοντες*(에페크혼테스) **굳게 붙잡아, 주의를 기울여**> 나의 달음질도 헛되지 아니함으로 그리스도의 날에 나로 자랑할 것이 있게 하려 함이라"고, 주님의 사역자들의 수고가 헛되지 않으려면 어떠해야 할 것을 말하였다(빌 2:15,16).

그러므로 교회의 사역자들이 이 일의 매우 중요하고 필요함을 잘 알지 못하고 힘쓰지 아니하면, 직무를 올바로 수행했다고 할 수 없으니 숙고(熟考) 할 일이다.

'R.A. 토레이' 목사는 완전한 인간이 되는 4가지 조건을,

1〉 하나님의 소유가 된 사람.

2〉 하나님을 위해서 사는 사람.

3〉 하나님께 완전히 순종하는 사람.

4〉 하나님의 뜻밖에 모르는 사람이라 하였다.

♡ 묵상과 기도

3. 신격의 성품에 참예하도록 구원받은 성도들이기 때문이다.

(마 5:48) → 하늘에 계신 너희 아버지의 온전<τέλειοι(텔레이오이) **완전**(정신적이고 도덕적인 성격)>하심과 같이<ὥσπερ(호스페르) **꼭 ~처럼**> 너희도 온전<τέλειός(텔레이오스) **완전**>하라.
(요 10:35) → 성경은 폐하지 못하나니 하나님의 말씀을 받은 사람들을 신<θεοὺς(트헤우스) **하나님, 신**>이라 하셨거든 하물며 아버지께서 거룩하게 하사 세상에 보내신 자가 나는 하나님의 아들이라 하는 것으로 너희가 어찌 참람하다<Βλασφημεῖς(블라스프헤메이~스) **신성을 모독한다**> 하느냐.

(행 17:29) → 이와 같이 신<θεοῦ(트헤우~) **하나님, 신**>의 소생이 되었은즉,

(벧후 1:4) → 이로써 그 보배롭고 지극히 큰 약속을 우리에게 주사 이 약속으로 말미암아 너희로 정욕으로 인하여 세상에서 썩어질 것을 피하여 신<θείας(트헤이아스) **신격, 신성**>의 성품<φύσεως(프휘세오스) **성향, 성질, 본성**>에 참예<κοινωνοὶ(코이노노이) **참예, 공유, 분여**>하는 자가 되게 하려 하셨으니,

(고전 6:17) → 주와 합하는<κολλώμενος(콜로메노스) **연합하는, 밀착하는**> 자는 한 영이니라.

(엡 5:1, 26, 27) → 그러므로 사랑을 입은 자녀 같이 너희는 하나

님을 본받는 자가≪**들이**≫ 되라. 이는 곧 물로 씻어 말씀으로<.*λουτρῷ τοῦ ὕδατος ἐν ῥήματι*(르루트로~ 투~ 휘다토스 엔 흐레마티) **물의 말씀으로 씻어**> 깨끗하게 하사 거룩하게 하시고 자기 앞에 영광스러운 교회로≪그를≫세우사<**세우기 위하여**> 티나<**흠이나**> 주름잡힌 것이나 이런 것들이 없이 거룩하고 흠이<*ἄμωμος*(아모모스) **둘 다**(점도 흠도)> 없게 하려 하심이니라

(히 12:10) → 오직 하나님은 우리의 유익을 위하여 그의 거룩하심에 참예하게 하시느니라

(벧전 1:15, 16) → 오직 너희를 부르신 거룩한 자처럼 너희는 모든 행실에 거룩한 자가 되라 기록하였으되 내가 거룩하니 너희도 거룩할지어다 하셨느니라.

● 신격의 성품에 참예한 자들

예수님께서 "하늘에 계신 너희 아버지께서 완전하신 것처럼 너희들도 완전하라" 하셨고, "하나님의 말씀을 받은 사람들을 신<*θεοὺς*(트헤우스) **하나님, 신**>이라 하셨거든 하물며 아버지께서 거룩하게 하사 세상에 보내신 자가 나는 하나님의 아들이라 하는 것으로 너희가 어찌 신성을 모독한다 하느냐"고 하셨으니, 하나님으로부터 새 사람으로 창조함을 받아 하나님의 아들이 된 자들은 당연히 하나님의 성품을 닮은 자들인 것이다. "자녀이면 또한 후사<**기업 무를 자**> 곧 하나님의 후사<**기업 무를 자**>"라고 하였으니 하나님의 성품을 닮은 자녀가 되게 하셔서

그리스도님과 함께 하나님의 그 말로 할 수 없는 영광스러운 기업을 상속받게 하시는 것이다. 할렐루야! 아멘!

그러므로 세상의 있는 모든 것들 '육신의 정욕<**동경, 정욕, 욕망, 갈망**>과 안목<눈, **부러움**>의 정욕과 이생<**생명, 생활**>의 자랑<**자만, 거만, 자랑함, 허풍떪**>이 거듭난 자에게는 해로운 것이 되며 썩어질 것들 곧, 분뇨에 불과하기에 피하여 가는 것이다. 세상과 육신적인 것은 먹을 것과 입을 것 있는 것으로 만족하는 것이다(딤전 6:6~14, 17~19).

예수님과 연합한 자는 예수님과 한 영인 것이다. 같은 성향(性向)의 영이라는 말이다. 그러나 이것을 지나치게 생각하는 자들이 있어 예수님의 영과 거듭난 자들의 영이 섞여서 합일(合一) 되는 것으로 가르치니 이것도 폐단(弊端)이다. 여기에 대하여는 제III부 바른영성에서 자세히 다룰 것이다.

● 하나님을 본받는 자 되라

하나님의 성품에 참예하는 것으로 다 되는 것이 아니라 하나님을 본받는 자가 되어 거듭난 자로서 완성에 나아가도록 하신 것이다. "그런즉 사랑하는 자들아 이 약속을 가진 우리가 하나님을 두려워하는 가운데 거룩함을 완전하게 완수하여 육과 영의 온갖 더러운 것에서 자신을 깨끗하게 하자"라고 하였으니, 하나님과 함께 영원토록 생명의 복락을 누릴 자들이 하나님께서 하나님으로 완전하심을 본받아 구원받은 피조물로서의 하나님의 성품의 완덕(完德)을 이루어 가야 하는 것이다. 그리고 에베소서 5:1절과 26, 27절에는 "그러므로 사랑을 입은 자녀 같이 너희는 하나님을 본받는 자들이 되라" 하면서 "말씀의 물로 씻어 깨끗하게 하사 거룩하게 하시고 자기 앞에 영광스러운 교회로 그를 세우기 위하여 흠이나 주름잡힌 것이나 이런 것들이 없이 거룩하고 점도 흠도 없게 하려 하심이니라"고 하였으니, 하나님께서 구원하시는 자들을 자기 앞에 점도 흠도 없는 얼마나 완전한 자로 세우려고 하신다는 사실을 마음에 사무치게 자각(自覺)해야 할 것이다.

사도 베드로도 "오직 너희를 부르신 거룩한 자처럼 너희는 모든 행실에 거룩한 자가 되라. 기록하였으되 내가 거룩하니 너희도 거룩할지어다 하셨느니라" 하였으니, 오늘날 기독교가 행함은 구원과 관계없고, 오직 믿음으로만 구원받는다는 교리만 가르치고 안주(安住)하고 있는 것은 얼마나 하나님의 뜻을 저버리는 **<세운 것을 얕보는, 경멸하는, 무효로 하는, 제거하는, 따로 치워놓는>** 처사(處事)인지 심히 두려운 일이다.

♡ 묵상과 기도

4. 예수님께서는 하나님의 실체의 형상이시기 때문이다.

(요 10:30) → 나와 아버지는 하나이니라.

(요 14:9, 10) → 나를 본 자는 아버지를 보았거늘 어찌하여 아버지를 보이라 하느냐 나는 아버지 안에 있고 아버지는 내 안에 계신 것을 네가 믿지 아니하느냐.

(고후 4:4) → 그리스도는 하나님의 형상이니라.

(골 1:15) → 그는 보이지 아니하시는 하나님의 형상이요.

(히 1:2) → 이 모든 날 마지막에 아들로 우리에게 말씀하

셨으니 … 이는 하나님의 영광의 광채시요 그 본체<**실체**>의 형상이시라.

(롬 8:29) → 하나님이 미리 아신 자들로 또한 그 아들의 형상을 본받게<**같은 모양, 모양이 같게**>하기 위하여 미리 정하셨으니.

(고전 11:1) → 내가 그리스도를 본받는 자가 된 것같이 너희는 나를 본받는 자가 되라.

● 하나님의 실체의 형상이신 얘수님

사람은 육신보다 그 사람의 정신과 마음이 그 사람의 본질적 존재이지만 정신과 마음이 눈에 보이지 않고 또 볼 수 없는데도 정신과 마음이 분명히 존재하고 보이지는 않지만, 어느 한 사람도 정신과 마음이 존재한다는 사실을 못믿는 사람이 없다. 그와 같이 하나님은 영이시므로(요 4:24) 육신의 눈에 보이지 아니하시는 분이시며,(골 1:15) 또 볼 수 없는 자이시며, 아무 사람도 보지 못하였지만,(딤전 6:16) 엄연히 존재하는 분이시다.

그러한 하나님의 형상이신 친 아들을 사람들의 눈으로 볼 수 있고 만질 수 있는,(요일 1:1) 사람들과 같은 사람의 모양으로 세상에 보내신 것이다(빌 2:7, 8). 그러므로 예수님께서는 '내가 아버지께로 나와서 세상에 왔고 다시 세상을 떠나 아버지께로 가노라' 하시고(요 16:28), "나와 아버지는 하나이니라" 하셨고(요10:30), 우리에게 아버지를 보여 주옵소서 라고 하는 제자 빌립에게 "나를 본 자는 아버지를 보았거늘 어찌하여 아버지를 보이라 하느냐 나는 아버지 안에 있고 아버지는 내 안에 계신 것을 네가 믿지 아니하느냐"고 하신 것이다. 하나님 아버지는 볼 수 없는 영이시나(요 4:24; 딤전 6:16) 아버지의 형상이신 아들 예수님으로 나타내셨기 때문에 예수님을 보는 것은 하나님 아버지를 보는 것이다.

● 하나님을 본받는 것은 예수님을 본받는 것

"그러므로 사랑을 입은 자녀같이 너희는 하나님을 본받는 자가 되고"(엡 5:1)라고 했는데, 보이지 않는 하나님을 어떻게 본받을 수 있는가? 하나님을 본받는 것은 예수님을 본받는 것이다. 볼 수 없는 하나님의 실체를 사람의 육안으로 볼 수 있는 형체로 나타내 오신 분이 예수님이시다.

그러므로 하나님을 본받는 실제는 예수님을 본받는 것이다. 사도 바울은 "내가 그리스도를 본받는 자 된 것같이 너희는 나를 본받는 자들이 되라"(고전 11:1)고 하였으니 이 말은 보통으로 예사로운 말이 아닌 것이다.

하나님의 성품에 참예하고 하나님을 본받는다는 말은 다소 추상적이지만 예수님을 닮고 본받는다는 것은 실제적인 것이 된다.

♡ 묵상과 기도

5. 예수님과 함께 영원토록 영광을 누릴 것이기 때문이다.

(요 14:3) → 가서 너희를 위하여 처소를 예비하면 내가 다시 와서 너희를 내게로 영접하여 나 있는 곳에 너희도 있게 하리라.

(고전 6:17) → 주와 합하는<**연합하는**> 자는 한 영이니라.

(빌 3:20, 21) → 오직 우리의 시민권은 하늘에 있는지라, 거기로서 구원하는 자곧 주 예수 그리스도를 기다리노니, 그가 만물을 자기에게 복종케 하실 수 있는 자의 역사로 우리의 낮은 몸을 자기 영광의 몸의 형체와 같이 변케 하시리라.

(요 17:5) → 아버지여 창세전에 내가 아버지와 함께 가졌던 영화로써 지금도 아버지와 함께 나를 영화롭게 하옵소서.

(빌 2:9~11) → 이러므로 하나님이 그를 지극히 높여 모든 이름 위에 뛰어난 이름을 주사 하늘에 있는 자들과 땅에 있는 자들과 땅 아래 있는 자들로 모든 무릎을 예수의 이름에 꿇게 하시고 모든 입으로 예수 그리스도를 주라 시인하여 하나님 아버지께 영광을 돌리게 하셨느니라.

(요일 3:1~3) → 보라! 아버지께서 어떠한 사랑을 우리에게 주사 하나님의 자녀라 일컬음을 얻게 하셨는고 우리가 그러하도다. 그러므로 세상이 우리를 알지 못함은 그를 알지 못함이니라. 사랑하는 자들아 우리가 지금은 하나님의 자녀라 장래에 어떻게 될 것은 아직 나타나지 아니하였으나 그가 나타내심이 되면 우리가 그와 같을 줄을 아는 것은, 그의 계신 그대로 볼 것을 인함이니 주를 향하여 이 소망을 가진 자마다 그의 깨끗하심과 같이 자기를 깨끗하게 하느니라.

● 예수님과 연합하는 자는 한 영

예수님께 3년간 제자로 헌신했던 자들에게 집 한 칸 마련해 주지 않으시고는 "너희는 마음에 근심하지 말라 하나님을 믿으니 또 나를 믿으라" 하시고, "가서 너희를 위하여 처소를 예비하면 내가 다시 와서 너희를 내게로 영접하여 나 있는 곳에 너희도 있게 하리라" 하셨다(요 14:1~3). 구원받는 자들의 유일한 최후 소망은 예수님께서 재림하셔서 영접함을 받아 예비하신 처소에 들어가 자신들을 구원하신 왕과 구주 되신 예수님과 함께 영원토록 영광을 누릴 것이기 때문에 예수님과 같은 형질로 되는 것이다. 예수님과 같은 동질성 없이 어떻게 영원토록 함께 거할 수 있겠는가?

예수님과 연합하는 자는 예수님의 영과 같은 동질의 영이며, 예수님께서 재림하시는 날 구원받은 자들의 비천한 몸까지도 예수님의 영광의 몸의 형체와 같이 변케 하시는 것이다. 사도 요한은 감격하여 말하기를 "보라! 아버지께서 어떠한 사랑을 우리에게 주사 하나님의 자녀라 일컬음을 얻게 하셨는고 우리가 그러하도다. 그러므로 세상이 우리를 알지 못함은 그를 알지 못함이니라. 사랑하는 자들아 우리가 지금은 하나님의 자녀라 장래에 어떻게 될 것은 아직 나타나지 아니하였으나, 그가 나타내심이 되면 우리가 그와 같을 줄을 아는 것은 그의 계신 그대로 볼 것을 인함이니 주를 향하여 이 소망을 가진 자마다 그의 깨끗하심과 같이 자기를 깨끗하게 하느니라"고 한 것이다.

● 예수님은 창세전 하나님과 함께 하셨던 영광 받으심

예수님께서 하나님 아버지께로 가시기 전 "아버지여 창세전에 내가 아버지와 함께 가졌던 영화로써 지금도 아버지와 함께 나를 영화롭게 하옵소서" 하셨으니, 예수님께서 세상에 오시기 전 창세전에 하나님 아버지와 함께 가지셨던 영화로써 다시 영화롭게 될 것을 말씀하신 것이다.

하나님 아버지께서 예수님을 지극히 높여 모든 이름 위에 뛰어난 이름을 주사 하늘에 있는 자들과 땅에 있는 자들과 땅 아래 죽은 영의 세계에 속하는 자들로 모든 무릎을 예수의 이름에 꿇게 하시고 모든 입으로 예수님을 주라 시인하여 하나님 아버지께 영광을 돌리게 하셨다고 하였으니, 창세전 하나님 아버지와 함께 가지셨던 영광보다 지극히 더 영광스럽게 하시는 것이다.

그러므로 예수님께서 오실 때 구원받는 자들이 그의 영광스러움과 같이 될 것이라 하였으니, 위로부터 성령으로 거듭난 자만이 이 영광이 어떠함을 알고 고대하는 삶을 사는 것이다.

♡ 묵상과 기도

☆ 설교 ☆

너희가 내 말에 거하면!

【 요한복음 8:29~34 】

예수님께서 자기를 믿은 유대인들에게 "너희가 내 말에 거하면 1〉 참 내 제자가 되고 2〉 진리를 알지니 3〉 진리가 너희를 자유케 하리라"고 하셨습니다. 불신자에게 아니라 예수님을 믿은 사람들에게 하신 말씀입니다. '거한다＜메이네테＞' 라는 말은 '(주어진 장소, 상황, 관계, 기대 속에서) 머무르다, 오래 계속하다, 참다, 남아있다, 서다' 라는 뜻으로서 한마디로 '순종하여 산다' 는 말입니다. 예수님의 말씀을 듣는 자들이 그 말씀을 순종하여 살면 예수님의 참 제자가 되고, 진리를 알게 되고, 진리가 그를 자유롭게 하리라는 것입니다.

이것이 얼마나 놀라운 행복인지 경험하지 않고는 알 수 없는 것입니다. '제자＜마트헤테스＞' 라는 말은 '배우는 사람' 이라는 말입니다. 미국 하버드 대학의 학생이 되면 얼마나 자랑스럽겠습니까? 그처럼 유일한 선생(마 23:8 '너희 선생은 그리스도 뿐이요') 예수님의 참 제자가 된다는 것이 얼마나 영광스러운 것임을 참으로 아는 자가 누구이겠습니까? 그리고 '진리를 아는 것' '자유를 누리는 것' 또한 얼마나 큰 행복인지 아십니까?

주님의 은혜로 저는 이 행복을 알고 누리는 자로서 확실히 증거할 수 있습니다.

그런데 이 세가지 행복을 누리는 자가 되는데는 주님께서 전제 조건을 말씀하신 것입니다.

오늘 본 말씀 8:31절에는 '너희가 내 말에 거하면' 라고 말씀하셨고 마 16:24절에는 “누구든지 나를 따라 오려거든 자신을 부인하고 자기 십자가를 지고 나를 좇을 것이니라”고 하셨고, 눅 14:26절에는 “무릇 내게 오는 자가 자기 부모와 처자와 형제와 자매와 및 자기 목숨까지 미워<**싫어**>하지 아니하면 능히 나의 제자가 되지 못하고” 말씀하셨습니다.

‘미워하다<미세이>’는 ‘몹시 싫어하다’는 말로서, 같은 말이 쓰인 ‘악을 행하는 자가 빛을 미워(싫어)하듯이’ (요 3:20) ‘세상 사람들이 예수님을 미워(싫어)하듯이’ 해야 한다고 말씀하신 것입니다.(요 7:7)

누가복음 14:33절에는 “이와 같이 너희 중에 누구든지 자기의 모든 소유를<휘파르크후신~**가까이 있는 것, 존재하는 것**> 버리지<아포탓세타이~**작별하지, 포기하지, 단념하지, 떠나지**〉 아니하면 능히 나의 제자가 되지 못하리라”고 하셨습니다. 요한복음 12:25절에는 “자기 목숨을 사랑<필레온 **애착**>하는 사람은 그것을 잃을 것이요, 이 세상에서 자기 목숨을 싫어<미세오>하는 사람은 영생에까지 그것을 보존하리라” 하셨습니다.

오늘날 기독교는 예수님께서 자기 제자가 되기 위해서는 어떻게 해야한다고 말씀하신대로 가르치고 있으며 행하고 있는지 말입니다. 만일 그렇게 가르치지 않고 행하고 있지 않는다면 그것에 따르는 참 제자가 되는 것과, 진리를 아는 것과, 자유를 누리는 것은 말뿐이지 실제로는 없는 것입니다. 교회와 신자들이 스스로를 기만하고 있으면서도 태연한 것입니다.

1〉 너희가 내 말에 거하면

‘제자’ <마트헤테스~**배우는 사람**>라는 말이 신약성경 주로 4

복음서와 사도행전에 261회 사용되었는데 예수님 당시에 예수님을 충성스럽게 따르던 사람들에게 사용되었으며 사도행전에는 모든 신자들에게 통용된 호칭이었습니다. 사도행전 16:1절에 바울의 조력자가 된 디모데에게 '제자' 라 하였고, 13:52절과 14:20절 이하에서는 개종하여 믿는 자들에게 불려진 이름이며 '신자들', '형제들', '성도들' 이란 호칭이 함께 사용된 것을 볼 수 있습니다. '제자' 라는 호칭이 점차 사용되지 않은 것은 초기 교회에 헬레니즘의 영향으로 인해 '제자' 는 그리스도를 '주' 로 모신 인격적 사귐이라기보다 단순히 그리스도를 지성적으로 따르고 모방하는 자들을 가리키는 경향이 강해졌기 때문이었습니다. 그리하여 안디옥 교회 감독 익나티우스는 오직 순교자들만이 참 제자들이라고 하였습니다.

예수님께서 부활하신 후 사도들에게 "너희는 가서 모든 족속으로 제자를 삼아… 내가 너희에게 분부한 모든 것을 가르쳐 지키게 하라. 볼지어다, 내가 세상 끝날 까지 너희와 항상 함께 있으리라" 하셨으니(마 28:19~20) 세상 끝날 까지 '제자' 라는 호칭은 변함 없이 사용될 말인 것입니다.

예수님께서 '참 내 제자가 되고' 라고 말씀하신 것은 예수님을 따르는 자 중에도 참으로 제자가 되지 못하는 자가 있을 것을 말씀하신 것입니다. 예수님 당시의 경우를 보더라도 그러했습니다.

요한복음 6:60~66절을 보면 예수님의 말씀이 이해되지 않아 어렵다고 떠나간 사람들에 대하여 "이러므로 제자 중에 많이 물러가고 다시 그와 함께 다니지 아니하더라" 하였고 70절에는 남아 있는 열두 제자에 대해서도 "내가 너희 열둘을 택하지 아니하였느냐 그러나 너희 중에 한 사람은 마귀니라" 고 하신 것입니다. 예수님을 따르던 많은 사람 중에 예수님의 '참 제자'가 되지 못하고 떠나간 사람이 부지기수였습니다.

누가복음 9:57~62절을 보면 세 사람의 경우를 볼 수 있는데 첫째 사람의 경우 스스로 예수님께 "어디로 가시든지 저는 좇으리이다"라고 했을 때 "인자는 머리 둘 곳이 없도다"라고 하심으로 제자로 받아주지 않았고, 둘째 사람에게는 '나를 좇으라' 하니 "먼저 가서 내 부친을 장사하게 허락하옵소서" 함으로 제자가 되지 못하였고 세 번째 사람은 "내가 주를 좇겠나이다마는 나로 먼저 내 가족을 작별케 허락하소서" 하고 하니 "손에 쟁기를 잡고 뒤를 돌아보는 자는 하나님의 나라<**왕국**>에 합당치 아니하니라"고 말씀하셨던 것입니다. 이 세사람의 경우를 볼 때 자의로든 타의로든 주님의 제자가 될 각오가 안 된 사람은 제자가 되지 못한다는 것을 보여주는 것입니다. 염소를 양이 되게 하려고 백방으로 애를 써도 되지 않는 것입니다.

마태복음 7:24~27절에 예수님께서 "누구든지 나의 이 말을 듣고 행하는 자는 그 집을 반석 위에 지은 지혜로운 사람 같으리니"라고 하셨고, 또 "나의 이 말을 듣고 행하지 아니하는 자는 그 집을 모래 위에 지은 어리석은 사람 같으리니"라고 하심으로 예수님의 말씀을 똑같이 듣고도 행하는 사람이 있는가 하면 행하지 않는 사람이 있을 것을 말씀하셨으니 오늘날도 마찬가지입니다. 요한복음 15:2절에는 "내 안에서 열매를 못맺는 가지마다 그 분께서 다 제거해 버리시고"라고 하셨으니, 예수님 안에서 제자인데도 열매를 못 맺는 가지가 있을 것을 말씀하신 것입니다.

본문 8:51절에는 "누구든지 내 말을 지키면 그는 결코 죽음을 맛보지 아니하리라"고 하셨으니 예수님 말씀을 지키면 구원을 얻는 것을 말씀하신 것입니다. 아멘!

사도행전 2장을 보면 예수님께서 세우신(마 16:18) 최초 예루살렘 교회는 예수님께서 가르치신 말씀대로 사도들이 가르쳤고 그대로 지켜 행하였던 참 제자되는 교회였고 참 제자, 곧 구원받는 사람이 날마다 더해지는 복된 교회였습니다. 할렐루야!

2〉 진리를 알지니

예수님의 말씀대로 지켜 행하여 예수님의 참 제자가 되면 진리를 아는 행복이 있게 됩니다. 시편 111:10절에 '그 계명을 지키는 자는 다 좋은 지각이 있나니 여호와를 찬송함이 영원히 있으리로다' 고 하였습니다.

요한복음 8:40절에 "하나님께로부터 들은 진리를 너희에게 말하는 사람인 나를", 17:17절에는 "아버지의 말씀은 진리니이다", 14:6절에 예수님께서 "나는 길이요 진리요 생명이라" 하셨으며, 16:13절에는 "진리의 성령이 오시면"이라 하셨고, 요한일서 5:6절에는 "성령은 진리니라" 하셨으니, 이 모든 말씀을 종합해 볼 때 영이신 하나님과 그 마음 자체가 진리이며 말씀이 육신으로 세상에 오신 예수님과 그 말씀이 진리인 것입니다.

요한복음 18:37절에 "무릇 진리에 속한 자는 내 소리를 듣느니라" 하셨으니, 예수님의 참 제자가 되는 자는 진리 곧 예수님의 말씀, 아버지의 말씀, 성령의 인도하심을 받는 것입니다. 예수님의 가르치신 말씀대로 기꺼이 행하는 것입니다. 예수님의 말씀대로 행하면 행할수록 좋은 지각이 생기고 진리를 올바로 분별하며, 진리의 오묘함과 위대함을 발견하게 되는 것입니다. 하나님의 말씀 곧 "일정한 음식보다 그 입의 말씀을 귀히 여기며(욥 23:12)", "많은 정금보다 더 사모하며 꿀과 송이꿀보다 더 달다"는 것을 알게 됩니다(시 19:10).

에베소서 4:24절 말씀대로 그는 '하나님을 따라 의와 진리의 거룩함으로 지으심을 받은 새 사람을 입었으며', '신적인 본성에 동참하는 자가 되었으므로(벧후 1:4)', 진리 곧 하나님과 그 마음을 잘 아는 것입니다. 신령한 일은 신령한 것으로 분별하기 때문입니다. 사도 바울은 "누가 주의 마음을 알아서 주를 가르치겠느냐? 그러나 우리가 그리스도의 마음을 가졌느니라(고전 2:9~16)"고 하였습니다. 이러한 성도는 예수님처럼 바울처럼 항상 하나님의 기뻐하시는 일을 행함으로 하나님께서 그를 혼자 두지 않으시는 것입니다(요 8:29). 이 행복은 경험하고 누리는 자만이 알 수 있는 것입니다.

요한3서 3절에 "네가 진리 안에서 행한다하니 내가 심히 기뻐하노라", 4절 "내가 내 자녀들이 진리안에서 행한다 함을 듣는 것보다 더 즐거움이 없도다" 한 바같이, 진리 곧 예수님의 인격과 교훈대로 사는 성도를 만날 때 그 기쁨과 즐거움은 너무나 행복한 것입니다. 그러나 오늘날은 예수님의 참 제자 곧 진리안에서 행하는 자를 만나기가 너무나 희귀한 세대입니다.

3〉 그 진리가 너희를 자유케 하리라

인간의 자유는 자연의 법칙 아래에서 각 개인의 자유가 주어진 것입니다. 그와 같이 창조주 하나님의 선하신 마음의 뜻아래서 사람은 자유를 누려야 하는 것입니다. 그러나 인간은 사탄의 유혹에 이끌리어 하나님의 선하신 마음의 뜻보다는 마귀와 그 뜻을 따라 자기 개인의 자유를 추구함으로 하나님 안에서의 참된 자유를 잃어버린 것입니다. 탕자와 같이 인간의 자유는 개인이 원하는 대로 행동하는 방종한 자유로 전락되고 만 것입니다. 그리하여 인간은 자신의 육체와 가족과 재물과 명예 등을 통제하지 못하고 자신의 마음과 정신을 통제할 수 없이 되고 만 것입니다. 인간은 자신의 욕망에 노예가 되고, 환경과 사물에 지배를 받고, 두려움과 죽음의 종이 되어 일생을 전전긍긍하며 살아가는 것입니다.

'죄로 말미암아 사망이 왔고(롬 5:12)', "한 번 죽는 것은 사람에게 정하신 것이요, 그 후에는 심판이 있으리니(히 9:27)" 말씀하신 대로 죄와 죽음을 모면할 사람이 아무도 없다면 하나님으로부터 있을 최후의 심판을 면할 사람이 아무도 없다는 것이 분명하지 않습니까?

인간은 이러한 죄와 죽음과 심판에서 벗어나는 자유를 얻기 위하여 근본 원인인 범죄 타락한 자신의 모든 이기적이고 개인적인 열정과 욕망으로부터 벗어나야만 합니다. 특히 인간은 죄와 율법의 권능인 죽음에 대한 잠재적인 두려움으로부터 벗어나야 합니다.

그러기 위해서는 '사망의 세력을 잡은 자 곧 마귀를 없이하시며 죽기를 무서워함으로 일생에 매여 종노릇하는 모든 자들을 놓아주려' 오신 주 예수 그리스도를 통해 자유함을 얻어야 하는 것입니다. 인간은 모든 죄와 율법과 죽음의 종된 자리에서 자신의 불행한 모습을 하나님의 말씀 앞에서 통절히 깨닫고 새롭게 온전히 주 예수 그리스도께 맡김으로서 그의 주관하에 살게 됨으로 참된 인간 본연의 자유를 누릴 수 있게 되는 것입니다.

예수님은 우리에게 죄로부터 해방 곧 자유함을 주시고(롬 6:22, 히 9:28) 율법과 (롬 7:5~6, 8:1, 4) 죽음으로부터 (롬 6:23,

8:21) 자유를 주십니다. 사람이 자신을 그리스도께 내맡김으로 성령의 새롭게 하심을 받지 않고는 하나님 앞에 법적으로나 실제적으로 죄와 율법과 죽음 곧 심판으로부터 자유할 수 없는 것입니다. 아멘!

"수고하고 무거운 짐진 자들아 다 내게로 오라 내가 너희를 쉬게하리라"(마 11:28)하신 예수님의 말씀은 우리에게 쉼과 자유를 주시겠다는 말씀인 것입니다. 포로된 인생에게 자유를 주러 오신 예수님이십니다(눅 4:18, 갈 5:1). 할렐루야!

예수님의 말씀대로 온전히 순종하며 따르는 참 제자가 되어 정말 예수님의 말씀대로 자신이 부인되고 그리스도만을 위해 사는 자신, 생명 곧 죽음까지 각오한 바쳐진 삶, 그리스도를 따르기 위해서 자기에게 있는 것, 관계된 모든 것을 자기의 것으로의 단념과 포기의 삶, 한마디로 말하자면 초월과 무소유의 삶이 얼마나 자유스러운지 말로 다 할 수 없는 행복입니다. 공중의 새처럼 자유롭고, 들의 꽃같이 청순하고 보기 좋은 삶을 살아갈 수 있는 것입니다.

오늘날 교회에서 가르치는 '오직 믿음으로' 과거 현재 미래의 모든 죄를 사함 받았으니 죄에 대하여 자유하고, 주님께서 대신 율법을 다 지켜 주셨으니 율법에 대하여 자유하고, 죽음에서 자유했으나 실제 삶에서는 자유하지 못하는 그런 법적이고 지적인 자유를 말하는 것이 아닙니다.

이렇게 예수님의 참 제자가 되어 진리를 알고 자유하게 된 구원받은 성도는 또한 남을 위해 자신의 누릴 당연한 자유도 유보할 줄 아는 자유도 가질 수 있는 것입니다. 그것은 '피조물도 썩어짐의 종노릇한데서 해방되어 하나님의 자녀들의 영광의 자유에 이르는(롬 8:21), 주님의 재림의 그 날을 고대함이 있기 때문입니다. 구원받은 성도들의 진정하고 완전한 자유는 하늘의 신령한 육체로 덧입는 그 날 주님의 영광스런 몸의 형체와 같이 변모시킴을 받는 그 날인 것입니다. 할렐루야! 아멘!

낮엔 해처럼 밤엔 달처럼 그렇게 살 순 없을까?
욕심도 없이 어둔 세상 비추어 온전히 남을 위해 살 듯이
나의 일생에 꿈이 있다면 이 땅에 빛과 소금되어
가난한 영혼 지친 영혼을 주님께 인도하고픈데
나의 육신이 나의 못난 자아가 언제나 커다란 짐되어
나를 짓눌러 맘을 곤고케 하니 예수님 저를 도와주소서!

예수님처럼 바울처럼 그렇게 살 순 없을까?
남을 위하여 당신들의 온 몸을 온전히 드리셨던 것처럼
주의 사랑은 베푸는 사랑 값없이 거저 주는 사랑
그러나 나는 주는 것보다 받는 것 더욱 좋아하니
나의 입술은 주님 닮은 듯하나 내 맘은 아직도 추하여
받을 사랑만 계수하고 있으니 예수님 저를 도와주소서!

☆ 설교 ☆

나를 사랑하느냐 나를 따르라

【 요한복음 21:15~25 】

부활하신 예수님께서 티베라 바닷가에서 자신을 보이실 때 베드로에게 "네가 나를 사랑하느냐?"라고 세 번 물으시고 "내가 주님을 사랑하는 줄 주님께서 아시나이다"라고 대답하는 베드로에게 "나를 따르라"고 말씀하신 것은 예수님을 믿는 모든 사람들에게 주신 신앙생활의 중심 명제(命題)인 것입니다.

예수님을 믿는 신앙생활을 어떻게 하는 것이 예수님의 마음에 꼭 맞는 것일까?를 바로 알아서 하면 참으로 현명하고 복된 사람일 것입니다. 중심이 되는 요긴한 것은 **예수님을 사랑하고 예수님을 따르는 신앙생활을 하는 것**입니다.

먼저 예수님을 사랑하는 신앙생활을 하는 것입니다.

예수님께서 원하시는 신앙생활은 무엇보다 예수님을 사랑하는 것입니다. 예수님을 알고 부활을 확신하고 모든 것을 할지라도 과연 예수님을 얼마나 사랑하는 자인가? 하는 것이 실재입니다. 예수님께서 베드로에게 "네가 이 사람들보다 더< *πλεῖον* 필레이온 **더많이**> 나를 사랑하느냐(*ἀγαπᾷς* 아가파스)?"라고 물으신 것입니다. 그리고 아버지나 어머니를 나보다 더 사랑(*φιλῶν*필레온~)하는 사람은 나에게 합당하지 아니하고 아들이나 딸을 나보다 더 사랑(*φιλῶν*필레온~)하는 사람도 나에게 합당하지 아니하다고 하셨습니다(마 10:37).

φιλων(필레온~)은 관계적 사랑 즉 어떤 사람을 자기 사람 중 하나로 사랑한다는 말입니다. 이 단어는 부부간의 사랑, 부모 자

식간의 사랑, 주인과 종 사이의 사랑, 친구간의 사랑, 신과 그의 은총을 누리는 자들간의 사랑을 나타낼 때 사용됩니다.

이 세상에서 모든 관계하는 사랑 중에서 예수님을 실재로 더 많이 더 밀착하여 사랑하여 생활하고 있습니까? 그렇지 못하다면 예수님께 합당한 자가 아닙니다. '내게 합당하지 않다' 고 하신 말씀은 무슨 의미이겠습니까? 지식과 관념으로 사랑하고 생활에 실재가 없는 것은 기만입니다.

성경말씀 탐구와 기도 시간은 하루에 30분도 채 되지 않고, 공쳐 먹는 날이 많은데다 틈만 나면 TV는 켜고, 조용히 주님을 앙망하는 안정을 갖지 못하며 눈만 뜨면 어찌 그리 바쁜지 하루 종일 시간이 모자라고 피곤합니다. 예수님을 진정 사랑하고 먹을 것과 입을 것이 있으면 족한 줄 아는 신앙이라면 자기와 세상일에 그렇게 분망하여 피곤할 필요가 있겠습니까? 두 주인을 섬기고 사랑하고 있지 않습니까? 그는 하나님 앞에서 습관적으로 예사로 간음하는 자입니다.

예수님께서 "네 마음(καρδίᾳ카르디아)을 다(ὅλῃ(홀레) **전체, 모두, 완전히**)하고 ≪**네**≫ 목숨(ψυχῇ 프쉬케~ **호흡, 생명, 목숨, 혼**)을 다하고 뜻(διανοίᾳ디아노이아 **깊은 사고, 의향, 생각**)을 다하여 주 너의 하나님을 사랑('Αγαπήσεις 아가페세이스)하라 하셨으니 이것이 크고 첫째 되는 계명이요"라고 하셨으니(마 22:37, 38) 신앙생활의 중심과 목표가 이것인데 이러한 중요한 하나님(예수님) 사랑을 어떻게 하고 있는가 하는 것입니다.

그리고 예수님께서 베드로에게 "네가 나를 아가파~스(ἀγαπᾷς)로 〈ἀγαπάω 아가파오 ←동사원형. 명사→ ἀγάπη 아가페〉 사랑하느냐?"고 거듭 물으시는데 베드로는 계속 내가 주를 필로(φιλῶ)로 〈Φιλέω 필레오 ←동사원형〉 사랑하는 줄 주님이 아시나이다고 대답했습니다. 아가파오(ἀγαπάω)는 고위자가 하위자를 사랑하는 적극적이고 성실하며 자기를 추구하지 않는 희생적이고 변치 않는 하나님의 사랑을 말하는 것인데, 예수님께서 이런 아가파오(ἀγαπάω) 사랑으로 제자들을 사랑하셨고(요 13:23, 34, 19:26, 21:7), 필레오(φιλῶ)로도 사랑하셨습니다(요 20:2). 예수님과 형제를 아가파오(ἀγαπάω)로 사랑하라 하셨습니다(요 13:34, 14:15,21,23, 15:12). 그러나 베드로는 겁이 나서 예수님과의 관계를 모르는 관계라고 세 번이나 부인했기에 감히 아가파오(ἀγαπάω)로 사랑한다고 하지 못하고 필레오(φιλῶ)로 사랑하는 줄 주님이 아시나이다고 대답한 것입니다. 예수님께서 베드로에게 세 번째는 필레오(φιλῶ)로 네가 나를 사랑하느냐고 물으셨습니다.

나는 진정 예수님을 적극적이고 성실하며 자기를 추구하지 않는 희생적이고 변치 않는 아가파오(ἀγαπάω) 사랑으로 사랑합니다 라고 고백할 수 있습니까? 입술의 고백이 아니라 주님을 위해 죽기까지 할 수 있는 생활에 실재가 있는 고백을 할 수 있느냐 하는 것입니다. 그렇게 주님을 사랑한다면 어찌 주님의 말씀대로 살지 못하겠습니까?

예수님께서 베드로에게 "네가 나를 사랑하느냐?" 고 세 번 거듭 물으서니 베드로는 근심<**고통, 슬퍼, 고민**>하여 말씀드리기를 "주여 모든 것을 아시오매 내가 주를 사랑(φιλῶ 필레오)하는 줄을 주께서 아시나이다" 고 하였습니다. 오늘 나에게도 그렇게 세 번 거듭 물으시는데 어떻게 대답하겠습니까?

예수님을 사랑함에 베드로처럼 대답할 수 있고 고통하고 슬퍼하고 고민하겠습니까? 수제자 베드로가 그러했다면 … 베드로의 주님 사랑은 아가파오(ἀγαπάω) 사랑에 이르지는 못했지만, 필레오(φιλῶ) 사랑으로 사랑하는 줄을 주님께서는 아셨습니다. 주님께서는 지금 내가 주님을 어떤 사랑으로 얼마나 사랑하시는 줄 아십니다. 말과 생각으로만 사랑하지 맙시다.

그리고 주님을 아가파오(ἀγαπάω)로 사랑하지 못하고 필레오(φιλῶ)로 사랑할지라도 그 사랑이 주님께서 아시는 바 진정한 사랑이라면 주님께서는 그에게 사명을 주십니다. 주님과 그 복음을 위하여 나에게 어떤 방면이든 사명을 주셨다는 것을 분명하게 인식하는 것은 주님께서 사랑을 확인하셨다는 증거입니다.

지금 나는 예수님과 바른복음을 위한 사명을 인식했습니까? 주님께서 보실 때 주님을 사랑함이 확실하고 사명을 인식하는 사람에게는 죽기까지 사명에 충성하여 하나님께 영광을 돌리라 하십니다. 그러시면서 그 본으로 주님께서는 "나를 따르라" 하시는 것입니다. 주님을 진정 사랑하는 여부는 "나를 따르라" 하심에 대하여 이러니 저러니 생각과 말이 많지 않습니다. 단순히 어린양과 같이 따를 뿐입니다.

같이 가고 있는 요한을 가리키며 "이 사람은 어떻게 되겠습니까?" 하니 예수님께서 "내가 올 때까지 그를 머물게 하고자 한들 그것이 너와 무슨 상관이냐? 너는 나를 따라 오라" 고 하신 것입니다. 십자가를 지고 주님을 따르는 길은 홀로 가는 고독한 길이지 무리 지어 가는 유희가 아닙니다. 그렇게 외롭고 고독한 길이기에, 사람인지라 자꾸만 동료를 찾습니다. 그러나 동료를 찾을 일이 아닙니다. 내가 주님을 어떻게 따라가고(죽음까지 본받아 가고) 있느냐? 가 집중 관심사가 되어야 합니다. 내가 동료를 찾을 것이 아니라 내가 그렇게 죽기까지 주님을 따라가다 보면 나와 같이 십자가를 지고 골고다로 가고 있는 동료가 있음을 발견하게 됩니다. 그렇게 만나는 동료가 진정 주님과 함께 같은 길로 가고 있는 동료인 것입니다. 내가 찾으려고 하면 찾지 못하고 잘못 찾게 됩니다.

주님께서 베드로에게처럼 믿는 자에게 진정 주님을 사랑하는지를 확인하시고 최종적으로는 "나를 따르라" 하십니다. 나를 따르라 하심은 십자가에 죽으심을 통과하여 부활의 영광을 받으신 예수님을 따라 그렇게 되라는 말씀입니다. "사람이 나를 사랑하면 내 말을 지키리니"(요 14:23)라고 하신 것은 예수님을 사랑하여 따르는 자라면 예수님의 말씀을 지켜 따르는데 대하여 논란할 이유가 없는 것입니다. 그런데도 오늘날 기독교에, 이에 대해 회의하고 논란하는 자들이 많은 것은 거짓된 사랑 때문입니다(요일 2:3~6 ← **만일 우리가 그의 계명들을 지키면 이로써 우리가 그분을 알고 있음을 아는 것이요 나는 그분을 아노라 하면서 그의 계명들을 지키지 아니하는 자는 거짓말쟁이니 진리가 그 사람 안에 있지 아니하니라 누구든지 그의 말씀을 지키는 자는 하나님의 사랑이 참으로 그 사람 안에서 완전해지니 이로써 우리가 그분 안에 있음을 아느니라 그 분 안에 거한다고 말하는 자는 그가 행하신 대로 자기도**≪이 길로, 그와 같이≫ **행해야 하느니라**)

예수님을 사랑하는 것은 그 말씀을 지키는 것이요 예수님을 따르는 것은 그 말씀을 증거하고 지키기 위해 죽기까지 하는 것입니다. 이기는 자는 죽기까지 자기 생명을 아끼지<*ἀγαπάω*(아가파오) **사랑하지**> 않고(계 12:11) 충성한 자들로서 순교자들입니다.

기독교는 한 마디로 예수님을 사랑하고 따르는 십자가 곧 순교의 길을 가는 자들의 실재입니다. 그러므로 주님께서 "나를 사랑하느냐? 나를 따르라!" 하신 것은 기독교의 본질입니다.

♡ 묵상과 기도

[제 5장 정 리 문 제]

1. 예수님께서 산상수훈을 말씀하시면서 너희는 어떻게 되라고 하셨는가?
   마 5:48

---

2. 신약성경에 '완전할 것' 에 대한 말씀이 많은 이유가 무엇인가?

---

3. 교회 사역자들을 세우신 주요 목적이 무엇인가?

---

4. 구원하는 자들을 신격의 성품에 참예케 하시는 이유는?

---

5. 하나님을 본받는 것은 실제적으로 누구를 본받는 것인가?

---

6. 부활하신 예수님께서 베드로에게 말씀하신 두 가지 명제는 무엇인가?
   요 21장

---

7. 제 5 장에서 깊이 깨달은 것은?

♤ 쉼터 ♤

갑돌이는 매우 착하고 공부도 잘하며 그 반의 반장이고 학우회 회장직도 맡고 있고 여학생들 간에 인기도 대단하다. 그런데 갑돌이에게는 한 가지 단점이 있다. 모든 것에 값을 매기는 것이다. "수돌아 너 많이 수고했다. 그거 한 만원어치는 되겠는걸." 또 한 번은 반 학생이 불쌍한 사람을 보자 100원짜리 동전 두 개를 주는 것을 본 갑돌이는 "얘 너 참 좋은 일 했다. 너의 선행은 10만원어치의 선행이야" 그의 반 어린이들은 참으로 역겨워하며 충고를 주지만 소용이 없었다. 어느 날 담임선생님이 갑돌이를 불러서 "갑돌아, 너는 모든 것이 다 좋은데 무엇이든지 값을 매기는 좋지 않은 습관이 있다고 애들이 말하더라. 그것은 참으로 좋지 않은 습관이다. 그러니까 앞으로는 그런 식으로 말하지 않도록 해라. 그래야 모두가 너를 좋아 할거야."

"알겠습니다. 선생님 제가 잘못했습니다." "그래, 네 잘못을 곧 깨달은 것을 보니 역시 너는 영리한 애로구나."

"고맙습니다. 선생님, 역시 선생님의 가르침은 백만불짜리입니다." "??!!"

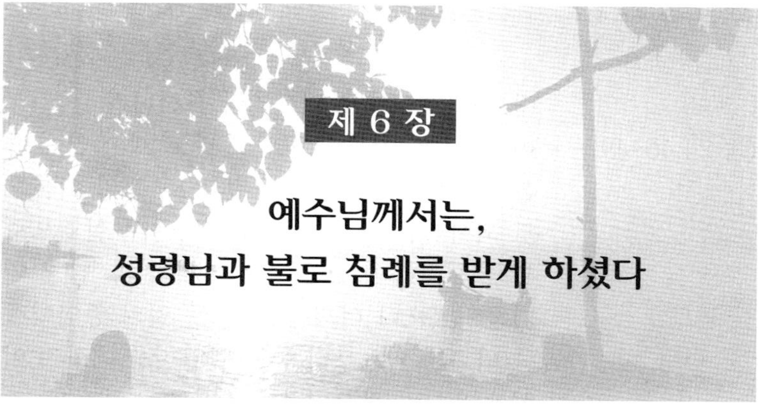

제 6 장

예수님께서는,
성령님과 불로 침례를 받게 하셨다

1. 예수님께서는 성령님과 불로 침례를 주시는 분.

(눅 3:16) → 나는 물로 너희에게 세례를 주거니와 나보다 능력이 많으신 이가 오시나니 나는 그 신들메를 풀기도 감당하지 못하겠노라 그는 성령과 불로 세례<*βαπτίζω*(밥티조) **침례**>를 주실 것이요,

(요 7:38, 39) → 나를 믿는 자는 성경에 이름과 같이 그 배에서 생수의 강이 흘러나리라 하시니 이는 그를 믿는 자의 받을 성령을 가리켜 말씀하신 것이라.

(요 20:21~23) → 아버지께서 나를 보내신 것 같이 나도 너희를 보내노라 이 말씀을 하시고 저희를 향하사 숨을 내쉬며 가라사대 성령을 받으라 너희가 뉘 죄든지 사하면 사하여질 것이요 뉘 죄든지 그

대로 두면 그대로 있으리라 하시니라.

(눅 24:46~49) → 이같이 그리스도가 고난을 받고 제 삼일에 죽은 자 가운데서 살아날 것과 또 그의 이름으로 죄사함을 얻게 하는 회개가 예루살렘으로부터 시작하여 모든 족속에게 전파 될 것이 기록되었으니 너희는 이 모든 일의 증인이라 … 너희는 위로부터 능력을 입히울 때까지 이 성에 유하라 하시니라.

(행 1:8) → 오직 성령이 너희에게 임하시면 너희가 권능을 받고 예루살렘과 온 유대와 사마리아와 땅 끝까지 이르러 내 증인이 되리라 하시니라.

(눅 12:49~51) → 내가 불을 던지러 왔나니 이 불이 이미 붙었으면 내가 무엇을 원하리요 나는 받을 세례<**침례**>가 있으니 그 이루기까지 나의 답답함이 어떠하겠느냐 내가 세상에 화평을 주려고 온 줄로 아느냐 내가 너희에게 이르노니 아니라 도리어 분쟁케<*διαμερισμόν*(디아메리스몬)(견해와 실행에)**분열, 분리**> 하려함이로라.

● 성령님을 받으라 하셨다

침례 요한이 자신은 사람들로 회개케 하기 위하여 물로 침례를 주지만 나보다 능력이 많으신 예수님께서는 성령님과 불로 침례를 주실 것이라 증거하였고, 예수님께서도 성령님에 대하여 중요하게 거듭 말씀하셨다.

부활하신 날 저녁때에 제자들이 유대인들을 두려워하여 모인 곳에 문들을 닫았는데 예수님께서 오셔서 가운데 서서 말씀하시는 중에 "아버지께서 나를 보내신 것 같이 나도 너희를 보내노라" 이 말씀을 하시고 저희를 향하사 숨을 내쉬고 말씀하시기를 "성령을 받으라 너희가 뉘 죄든지 사하면 사하여질 것이요 뉘 죄든지 그대로 두면 그대로 있으리라"고 하신 것이다. 예수님께서 세상에 보내심 받은 것처럼 제자들을 세상에 보내시는데 성령님을 주셔서 먼저 거듭나게 하셔서 보내신다는 말씀인 것이다. 그 후에 다시 예루살렘을 떠나지 말고 성령님으로 능력을 받아 증인되라고 하셨으니 그에 앞서 부활하신 날 저녁때에 제자들 가운데서 숨을 내쉬며 성령을 받으라 하신 것은 거듭나게 하시는 성령님을 말씀하신 것이 확실하다.

이때에 예수님께서 제자들을 향하여 숨을 내쉬며 "성령을 받으라" 하신 것은 사람을 창조하실 때 생기<נִשְׁמַת חַיִּים **살아 있는 바람(영), 살아 있는 생명의 호흡**>를 불어 넣으셔서 살아 있는 생명이 되게 하셨던 것처럼(창 2:7) 거듭난 새 생명을 주신 것이다. 사도 베드로가 "예수 그리스도의 부활하심으로 말미암아 우리를 거듭나게 하사 산 소망이 있게 하셨으며"라고 하였기에(벧전 1:3) 이때에 성령님을 받아 거듭난 것이 확실한 것이다. 예수님께서 부활하신 날 제자들은 거듭나게 하는 성령님, 최고의 선물을 받은 것이다. 성령님의 거듭나게 하심을 받지 않고는 예수님의 증인이 될 수 없는 것이다.

● 성령님의 권능을 받아 증인 되라 하심

성령님의 새 사람 되게 하시는 거듭남만 아니라 성령님의 불

(힘~에너지)로 권능을 받아야 예수님의 증인 될 수 있다. 제자들은 성령님으로 거듭난 새 생명을 받고, 부활 승천하신 예수님께서, 능력 받아 증인되기 위해 열흘 간 전심으로 기도하고 오순절에 모인 자들에게 성령의 불로 침례를 주시므로 권능<*δύναμιν*(뒤나민) **힘, 이적적 능력, 권능**>을 받아 예수님께 증인되니 사도 베드로의 증거하는 말씀을 듣고 찔림을 받은 3천명이 회개하여 구원받는 놀라운 역사가 나타나고, 참다운 교회가 세워지게 된 것이다. 예수님을 믿는 제자들이 거듭남과 권능의 성령과 불의 침례를 받지 않았다면 복음이 그렇게 권능 있게 전파되고 그처럼 정말 교회다운 교회가 세워질 수 있었겠는가? 성령님과 불로 침례를 받으므로 거듭나고 권능을 받아 예수님의 증인이 될 수 있다는 말이니 예수님께서 주시는 성령님(거듭남)과 불(능력)의 침례는 얼마나 중요한가?

"이같이 그리스도가 고난을 받고 제 삼일에 죽은 자 가운데서 살아날 것과 또 그의 이름으로 죄 사함을 얻게 하는 회개가 예루살렘으로부터 시작하여 모든 족속에게 전파 될 것이 기록되었으니 너희는 이 모든 일의 증인이라 … 너희는 위로부터 능력<*δύναμιν*(뒤나민) **힘, 이적적 능력, 권능**>을 입히울 때까지 이 성에 유하라" 하셨으니,(눅 24:49) 위로부터 성령님으로 능력을 입어서 증인이 되라고 하신 것이다. 예수님께서 증거하라 하신 회개함으로 죄 사함을 얻게 하는 바른 복음은 사람들이 싫어하고 대적함으로 성령님(거듭남)과 불(능력)의 침례를 받지 않고는 증거 할 수 없는 것이다.

"내가 불을 던지러 왔나니 이 불이 이미 붙었으면 내가 무엇을 원하리요 나는 받을 세례<**침례**>가 있으니 그 이루기까지 나의 답답함이 어떠하겠느냐 내가 세상에 화평을 주려고 온 줄로 아느냐 내가 너희에게 이르노니 아니라 도리어 분쟁케<(견해와 실행에)**분열, 분리**> 하려 함이로라" 고 하셨으니 예수님께서 전하신 바른복음은 화평케만 하는 복음이 아니고 견해와 실행에서 가족끼리도 분열되고 분리되게 하는 복음인 것이다. 참으로 오순절에 임한 성령님의 불의 혀(능력의 말씀) 같은 힘이 아니고는 감당할 수 없는 일인 것이다. "만일 네 손이 너를 범죄케 하거든 찍어 버리라. 불구자로 영생에 들어가는 것이 두 손을 가지고 게헨나 꺼지지 않는 불에 들어가는 것보다 나으니라" 고 복음을 전해야 하니 예수님처럼 성령님의 능력을 받아야만 예수님께서 전하신 바른복음을 행할 힘과 권세 있는 말씀으로 확신 있는 증인이 될 수 있는 것이다. 그렇지 않으면 시몬이나(행 8:18~24) 제사장 스게와의 일곱 아들 같이 (행 19:14~16) 될 수밖에 없다.

♡ 묵상과 기도

2. 성령님은 하나님 아버지의 약속하신 선물

(눅 4:1, 2) → 예수께서 성령의 충만함을 입어 요단강에서 돌아오사 광야에서 사십일 동안 성령에게 이끌리시며<*ἤγετο*(에게토) **인도되어, 가도록 하여**> 마귀에게 시험을 받으시더라.

(눅 11:13) → 너희가 악할지라도 좋은 것<**선물**>을 ≪**너희들의**≫ 자식≪들≫에게 줄줄 알거든 하물며 너희 천부께서 ≪그를≫ 구하는 자에게 ≪*μᾶλλον*(말~론) **더 좋은**≫ 성령을 주시지 않겠느냐?

(요 3:34) → 하나님의 보내신 이는 하나님의 말씀을 하나니 이는 하나님이 성령을 한량없이 주심이니라.

(약 1:17) → 각양 좋은 은사와 온전한 선물이 다 위로부터 빛들의 아버지께로서 오나니

(행 1:4, 5) → 예루살렘을 떠나지 말고 내게 들은 바 아버지의 약속하신 것을기다리라 요한은 물로 세례를 베풀었으나 너희는 몇 날이 못되어 성령으로 세례<**침례**>를 받으리라.

(엡 5:17~18) → 그러므로 어리석은 자가 되지 말고 오직 주의 뜻이 무엇인가 이해하라 술 취하지 말라 이는 방탕한 것이니 오직 성령의<**안에서**> 충만을 받으라.

(딛 3:5~7) → 우리를 구원하시되 우리의 행한 바 의로운 행위로 말미암지 아니하고 오직 그의 긍휼하심을 좇아 중생의 씻음과 성령의 새롭게 하심으로 하셨나니 성령을 우리 구주 예수 그리스도로 말미암아 우리에게 풍성히 부어 주사 우리로 저의 은혜를 힘입어 의롭다 하심을 얻어 영생의 소망을 따라 후사가 되게 하려 하심이니라.

(고후 1:22) → 저가 또한 우리에게 인(印)치시고 보증으로 성령을 우리 마음에 주셨느니라. 5:5 → 곧 이것을 우리에게 이루게 하시고 보증(保證)으로 성령을 우리에게 주신 이는 하나님이시니라.

● 가장 좋은 선물인 성령님

성령님은 믿는 자들이 구하는 것 중에서 하나님 아버지께서 주시는 가장 좋은 선물이라고 하셨다. 예수님께서 "너희가 악할지라도 좋은 선물을 너희들의 자식들에게 줄줄 알거든 하물며 너희 하늘 아버지께서 구하는 자에게 더 좋은 성령을 주시지 않겠느냐?" 고 하셨으니 하나님 아버지께서 구하는 자에게 주시는 가장 좋은 선물은 성령님이시라고 하신 것이다.

성령님은 죄로 말미암아 하나님의 진노와 멸망의 길에 있던 죄인을 거듭나게 하여 하나님의 무한한 은총과 기쁨의 대상이 되게 하여 하나님의 아들의 유업을 받게하시니 사람에게 말로 할 수 없는 복락이 아닌가? 예수님께서 전파하신 복음과 이루신 구속을 개인에게 실현시키시는 일을 성령님을 보내셔서 하시니 얼마나 귀중한가? "우리를 구원하시되 우리의 행한 바 의로운 행위로 말미암지 아니하고 오직 그의 긍휼하심을 좇아 중생의 씻음과 성령의 새롭게 하심으로 하셨나니, 성령을 우리 구주 예수 그리스도로 말미암아 우리에게 풍성히 부어 주사 우리로 저의 은혜를 힘입어 의롭다 하심을 얻어 영생의 소망을 따라 후사가 되게 하려 하심이니라" 고 하였으니 '아 하나님의 은혜로 이 쓸데없는 자 왜 구속하여 주는지 난 알 수 없도다!' 라고 감격하지 않을 수 없는 것이다.

● 아버지의 약속하신 성령님

성령님은 하나님 아버지의 약속하신 성령님이시라고 거듭 말씀하셨다. 예수님께서 "볼지어다 내가 내 아버지의 약속하신 것을 너희에게 보내리니 너희는 위로부터 능력을 입히울 때까지 이 성에 유하라" 그리고 "예루살렘을 떠나지 말고 내게 들은 바 아버지의 약속하신 것을 기다리라 요한은 물로 세례<**침례**>를 베풀었으나 너희는 몇 날이 못되어 성령으로 세례<**침례**>를 받으리라" "예루살렘을 떠나지 말고 내게 들은 바 아버지의 약속하신 것을 기다리라" 아버지의 약속하신 성령님이시라고 거듭 말씀하신 것이다.

사도 베드로도 "너희가 회개<**개심**>하여 각각 예수 그리스도의 이름으로 세례<**침례**>를 받고 죄 사함을 얻으라. 그리하면 성령을 선물로 받으리니, 이 약속은 너희와 너희 자녀와 모든 먼데 사람 곧 주 우리 하나님이 얼마든지 부르시는 자들에게 하신 것이라" 하여 성령님의 선물은, 부르시는 모든 자들에게 약속하신 선물이라 하였고, 사도 바울도 "우리로 하여금 믿음으로 말미암아 성령의 약속을 받게 하려 함이니라" "그 안에서 너희도 진리의 말씀 곧 너희의 구원의 복음을 듣고 그 안에서 또한 믿어 약속의 성령으로 인치심을 받았으니"라고 약속의 성령님이라고 하였으니, 약속의 성령님이라 함은 하나님께서 구약시대부터 하나님의 영을 내려 주셔서 복된 구원을 확실히 이루어 주시겠다고 거듭 약속하신 성령님이시라는 말이다(사 44:3; 겔 36:26,27; 욜 2:28, 29).

그러므로 성령님은 구원에 대한 하나님의 약속 곧 도장 찍으심과 맹세함과 같다는 말이다. 하나님께서 구원을 꼭 이루시겠다는 약속의 인 곧 성령님의 도장 찍으심이 있어야 구원받는 것이다. 서류가 아무리 중요하고 잘 만들어졌더라도 책임질 사람의 도장이 찍히지 않으면 종이 쪽지에 불과한 것이다. 구원에 있어서 성령님은 하나님 아버지의 약속 곧 인치심인 것이다. 그러니 아! 성령님은 얼마나 귀중하신 분이신가?

"그러므로 어리석은 자가 되지 말고 오직 주의 뜻이 무엇인가 이해하라 술 취하지 말라 이는 방탕한 것이니 오직 성령의<**안에서**> 충만을 받으라". 성령님의 충만은 구원받는 자에게 있어도 되고 없어도 되는 선택(選擇)이 아니라 필수(必須)이다. 하나님 아버지께서 구원을 약속하시는 보증 곧 도장인 것이다(고후 1:22, 5:5).

♡ 묵상과 기도

3. 성령님께서는 예수님과 함께 구원의 중보자이시다.

(요 3:5) → 사람이 물과 성령으로 나지<*γεννηθῇ*(겐네트헤~) **거듭나지, 태어나지**> 아니하면 하나님의 나라<**왕국**>에 들어 갈 수 없느니라.

(요 14:16~17) → 내가 아버지께 구하겠으니 그가 또 다른 보혜사<*παράκλητος*(파라클레토스) **중보자, 위로자, 변호자**>를 너희에게 주사 영원토록 너희와 함께 있게 하시리니 저는 진리의 영이라. 세상은 능히 저를 받지 못하나니 이는 저를 보지도 못하고 알지도 못함이라. 그러나 너희는 저를 아나니 저는, 너희와 함께 거하심이요, 또 너희 속에 계시겠음이라.

(요 15:26) → 내가 아버지께로서 너희에게 보낼 보혜사 곧 아버지께로서 나오시는 진리의 성령이 오실 때에 그가 나를 증거하실 것이요.

(요 16:7) → 내가 너희에게 실상을 말하노니 내가 떠나가는 것이 너희에게 유익이라 내가 떠나가지 아니하면 보혜사<**중보자, 위로자, 변호자**>가 너희에게로 오시지 아니할 것이요, 가면, 내가 그를 너희에게로 보내리니.

(요 16:13) → 진리의 성령이 오시면, 그가 너희를 모든 진리 가운데로 인도하시리니,

(롬 8:26~27) → 이와 같이 성령도 우리 연약함을 도우시나니, 우리가 마땅히 빌바를 알지 못하나, 오직 성령이 말할 수 없는 탄식으로 우리를 위하여 친히 간구하시느니라. 마음을 감찰하시는 이가 성령의 생각을≪*τί*(티) **이 무엇인지를**≫ 아시나니, 이는 성령이 하나님의 뜻대로 성도를 위하여 간구<**위하여 중재, 대하여 탄원, 위해 청원**> 하심이니라.

(갈 5:16, 22) → 너희는 성령을 좇아 행하라 그리하면 육체의 욕심을 이루지 아니하리라. 육체의 소욕은 성령을 거스리고, 성령의 소욕은 육체를 거스리나니, 오직 성령의 열매는 사랑과 희락과 화평과 오래참음과 자비와 양선과 충성과 온유와 절제니,

● 구원에 중요한 일을 하시는 성령님

성령님께서는 구원에 있어서 필수적이고 중요한 일들을 하시는 분이시므로, 예수님께서 보내시는 성령님을 보혜사 곧 중보

자라 하신 것이다. 성령님께서는 하나님의 계시의 말씀을 선지자와 사도들로 전파하게 하시고, 성경에 기록하게 하시며, 구주 예수님을 죄 없이 마리아에게 잉태하게 하신 일과 죄인을 거듭나게 하시는 중대한 일을 하실 뿐만 아니라, 거듭난 자에게 내주하셔서 구원을 완성해 가시는 것이다.

진리의 성령님께서는 예수님을 증거하여 왕과 구주로 영접하게 하며, 예수님께서 증거하신 모든 진리 가운데로 인도하여 깨닫게 하시고, 지켜 행하게 인도하시는 것이다. 그러므로 아버지와 아들과 성령 삼위일체 하나님의 세분 위(位)는 동일하게 구원의 근원(根源)이 되시는 것이다. 할렐루야! 아멘! 아멘!

● 성도 안에서 연약함을 도우시는 성령님

특히 구원에 있어 성령님의 중보자 역할은 거듭난자 안에서 중보하시는 일이다. 예수님께서는 하나님 보좌 우편에서 중보의 기도를 하시고(롬 8:34; 히 7:25; 요일 2:1) 성령님께서 거듭난 자 안에서 연약함을 도우시니 그가 마땅히 빌바를 알지 못하므로 성령님께서 말할 수 없는 탄식으로 위하여 친히 간구하시는 것이다. 성령님께서 하나님의 뜻대로 성도들을 위하여 간구하시기 때문에 모든 것이 합력하여 선을 이루게 되는 것이다. 성도들에게 있어 좋은 일이나 궂은 일이나 잘된 일이나, 잘못된 일이나, 지나고 보면 모든 것이 결과적으로 유익하게 되는 것은 성령님께서 그 성도 안에서 말할 수 없는 탄식으로 하나님의 뜻대로 그를 위하여 중재하시고, 그 일에 대하여 탄원하시며, 그를 위하여 청원하셨기 때문이다.

예수님께서 하나님 앞에서 기도하시지만, 수많은 성도들 개인의 모든 일들에 대하여 성령님의 중재와 탄원과 청원의 중보기도는 너무나 감개무량 감격하지 않을 수 없는 것이다. 예수님의 기도와 함께 성도 안에서 성령님의 중보기도가 있기에 성도는 구원이 보증되는 것이다. 믿는 자들이 이러한 성령님의 중보의 사역과 수고를 얼마나 절실히 알고 있으며 얼마나 감개(感慨)하고 있는가?

무한하신 주 성령 우리 어둔 성품에
생명 빛을 주소서 보혜사시여!

우리들의 연약함 탄식하며 도우사
우리 위해 비소서 보혜사시여!

영생하는 인친 표 기업 얻을 증거니
갈길 인도하소서 보혜사시여!

(찬송 180장)

♡ 묵상과 기도

4. 성령님 안에서 현재 하나님의 왕국인 교회

(행 2:43~47) → 사람마다 두려워하는데 사도들로 인하여 기사와 표적이 많이 나타나니, 믿는 사람이 다 함께 있어 모든 물건을 서로 통용하고 또 재산과 소유를 팔아 각 사람의 필요를 따라 나눠 주고, 날마다 마음을 같이하여 성전에 모이기를 힘쓰고, 집에서 떡을 떼며, 기쁨과 순

전한 마음으로 음식을 먹고, 하나님을 찬미
하며,, 또 온 백성에게 칭송을 받으니, 주께
서 ≪**그 회중에**≫ 구원받는 사람을 날마다 더
하게 하시니라.

(행 4:31~35) → 빌기를 다하매 모인 곳이 진동하더니, 무리
가 다 성령이 충만하여 담대히 하나님의 말
씀을 전하니라. 믿는 무리가 한 마음과 한 뜻
이 되어 모든 물건을 서로 통용하고, 제 재물
을 조금도 제 것이라 하는 이가 하나도 없더
라 … 그 중에 핍절한 <*ἐνδεής*(엔데에스) **부
족한, 가난한**> 사람이 없으니, 이는 밭과 집
있는 자는 팔아 그 판 것의 값을 가져다가 사
도들의 발 앞에 두매 저희가 각 사람의 필요
를 따라 나눠줌이러라.

(롬 14:16~18) → 너희의 선한 것이 비방을 받지 않게 하라 하
나님의 나라 <**왕국**>는 먹는 것과 마시는 것
이 아니요 오직 성령 안에서 의 <*δικαιο-
σύνη*(디카이오쉬네) (성격이나 행위에)**공정**>와
평강 <*εἰρήνη*(에이레네) **평화**>과 희락 <
χαρὰ(크하라) **기쁨**>이라. 이로써 그리스도
를 섬기는 자는 하나님께 기뻐하심을 받으며
사람 ≪들≫에게도 칭찬 <*δόκιμος*(도키모스)
인정>을 받느니라.

(고전 12:4~11) → 은사는 여러 가지나 성령은 같고 … 각 사람
에게 성령의 나타남을 주심은 유익하게 하려
하심이라. 어떤이에게는 성령으로 말미암아

> 지혜의 말씀을, 어떤이에게는 같은 성령을 따라 지식의 말씀을, 다른 이에게는 같은 성령으로 믿음을, 어떤 이에게는 한 성령으로 병 고치는 은사를, 어떤 이에게는 능력 행함을, 어떤 이에게는 예언함을, 어떤 이에게는 영들 분별함을, 다른 이에게는 각종 방언 말함을, 어떤 이에게는 방언 통역함을 주시나니, 이 모든 일은 같은 한 성령이 행하사 그 뜻대로 각 사람에게 나눠주시느니라. 몸은 하나인데 많은 지체가 있고, 몸의 지체가 많으나 한 몸임과 같이, 그리스도도 그러하니라. 우리가 유대인이나 헬라인이나 종이나 자유자나 다 한 성령으로 세례<**침례**>를 받아 한 몸이 되었고, 또 다 한 성령을 마시게 하셨느니라.

● 성령님 안에서 실현된 현재 하나님의 왕국

현재 이 세상에서 하나님의 왕국이 성령님 안에서 실현되어졌다는 중대한 사실이다. 사도행전 2장과 4장에 기록된 최초 예루살렘 교회의 정경은 바로 그것이다. 사도 바울이 말한바 "하나님의 왕국은 먹는 것과 마시는 것이 아니요, 오직 성령님 안에서 의와 평화와 희락이며, 이러한 것들로 그리스도를 왕으로 섬기는 자는 하나님께 매우 기뻐하심을 받으며, 사람들에게도 인정을 받느니라"고 한 그대로였던 것이다. 십자가에 달려 죽으신 예수님을 하나님께서 살리시고 왕과 구주로 높이시며, 성령님께서 임하시어 믿는 자들을 왕국 백성들로 거듭나게 하시고, 능력을 받게 하시니, 최초 예루살렘 교회에 하나님의 왕국이 권능으로 임재하게 된 것을 제자들 모두가 눈으로 보게 된 것이다(마 16:28; 막 9:1; 눅 9:27).

그런데 왜 그렇게 실현된 하나님의 왕국으로써 예루살렘 교회 같은 교회가 그대로 지속되지 않았는가? 의문되는 것이 사실이다. 그러나 사도행전 4장부터 보는바 제사장들과 성전 맡은 자와 사두개인들이 부활의 도 전함을 싫어하여 관원들과 장로들과 서기관들과 대제사장 문중들이 다 모여 공회에서 사도들을 심문하는 박해가 시작되었고, 교회 안으로는 아나니아와 삽비라와 같이 사탄이 가득하여 성령을 속이고 위선하는 일이 나타났으며, 6, 7장에는 전도자 스데반을 돌로 쳐죽이고, 8장에는 예루살렘 교회에 큰 핍박이 나서 사도 외에는 다 유대와 사마리아 모든 땅으로 흩어지고, 사울은 일어나 교회를 잔멸하니 사탄은 하나님의 왕국을 파괴하려고 온갖 방책을 다 동원한 것이다. 그리고 성령의 은사를 돈으로 사려는 시몬과 같은 거짓 일꾼이 나타났으며, 오순절 후 불과 26년 정도밖에 안되었을 때인, 사도들이 사역하고 있던 당시, 사도 바울이 갈라디아서를 쓸 때 다른 복음을 전하고 따르는 자들이 있다고 하였으니(갈 1:6~9) 교회 외적으로는 하나님을 믿는다고 하는 유대인들의 핍박으로, 내적으로는 변질된 다른 복음으로 사탄이 교회를 어지럽히니, 보이는 유형 교회가 최초 예루살렘 교회의 모습 그대로를 유지할 수가 없었던 것이다. 그러므로 하나님은 무형교회, 즉 전 세계에 흩어져 있는 거듭난 성도들 개인개인 전체를 한 왕국의 교회로 보시고 이루어 가시는 것이다.

● 성령님의 교회 안에서의 사역

신약성경 전체에서 보는바 성령님의 교회 안에서의 사역하심은 너무나 중요하고 많으시다. 일일이 다 열거할 수 없을 정도로 많으시다. 그만큼 성령님은 현재 하나님의 왕국인 교회에서 귀중하고 많은 일을 하신다.

거듭난 성도들은 모든 것을 성령님으로 해야 하고, 성령님의 열매를 맺어야 한다. 성령님과 진리로 하나님을 예배하고 섬겨야 하며(요 4:23; 빌 3:3), 성령님으로 충만하여 확신 있게 하나님의 말씀을 전하며(행 4:31), 핍박 중에서도 기쁨과 성령으로 충만하며(행 13:52), 육신을 좇지 않고 성령님을 좇아 행하여야 육체의 욕심을 이루지 않고 하나님을 기쁘시게 할 수 있으며(롬 8:4,8; 갈 5:16), 성령님으로써 몸의 행실을 죽이면 살고(롬 8:13), 성령님의 인도함을 받는 자는 하나님의 아들이며(롬 8:14), 성령님의 능력으로 소망이 넘치며(롬 15:13), 몸을 성령님의 전인줄 알아야 하며(고전 3:16; 6:19), 각양 성령님의 은사 주신 것을 서로 존중하며(고전 12:4~11), 성령님의 열매를 맺으며(갈 5:22,23), 성령님으로 살면 성령으로 행할 것이며(갈 5:25), 성령님으로 말미암아 속 사람이 능력으로 강건해지며(엡 3:16), 성령님의 하나 되게 하신 것을 힘써 지키며(엡 4:3), 성령님의 충만을 받으며(엡 5:18), 성령님의 검 곧 하나님의 말씀을 가지며(엡 6:17), 무시로 성령님 안에서 성령님으로 기도하고(엡 6:18; 유 1:20), 성령님으로 교제와 긍휼과 자비를 행하며(빌 2:1), 당을 짓는 자는 육에 속한 자며 성령님은 없는 자이다(유 1:19). 그리고 귀를 가진 자는 누구든지 성령님께서 교회들에게 하시는 말씀을 들어야 한다(계 2:7, 11, 17, 29, 3:6, 13, 22).

총합적으로 말하면 성령님의 충만함을 받지 않고는 예수님께서 전하신 바른복음대로 따를 수 없고, 완전히 행할 수도 없다는 사실, 성령님의 충만함은 필수적임을 명심해야 하는 것이다.

♡ 묵상과 기도

5. 성령님의 충만함을 받으려면.

(행 5:32) → 우리는 이일에 증인이요 하나님이 자기를 순종하는< *πειθαρχοῦσιν*(페이트하르크후~신) **통치자에 의해 설득되는, 권위에 굴복하는, 충고에 따르는, 귀를 기울이는**> 사람들에게 주신 성령도 그러하니라.

(히 5:8~9) → 그가 아들이시라도 받으신 고난으로 순종함을 배워서 온전하게 되었은즉 자기를 순종하는< *ὑπακούουσιν*(휘파쿠우신) **주의깊게 듣는, 명령이나 권위에 유의하는, 따르는**> 모든 자≪들≫에게 구원의 근원< *αἴτιος*(아이티오스) **원인이 되는 사람, 책임이 있는 사람**>이 되시고,

(행 19:8~9) → 바울이 회당에 들어가 석 달 동안을 담대히 하나님 나라<**왕국**>에 대하여<**대한 일들을**> 강론하며 권하되< *πείθων*(페이트혼) **설득하되**> 어떤 사람들은 마음이 굳어 순종하지 않고 무리 앞에서 이 도를 비방하거늘, 바울이 그들을 떠나 제자들을 따로 세우고,

(눅 11:13) → 너희가 악할지라도 좋은 것을≪ *ὑμῶν*(휘몬~) **너희들의**≫자식≪**들**≫에게 줄줄 알거든, 구하는<**요구하는, 필요로 하는**> 자≪**들**≫에게 하물며<*πόσῳ*(포소) **얼마나**> ≪*μᾶλλον*(말~론) **더좋은**≫성령을 주시지 않겠느냐.

(행 1:4,5,8,13,14) → 저희에게 분부<**명령**>하여 가라사대 예루살렘을 떠나지 말고,≪**오직**≫내게 들은바 아버지의 약속하신 것을 기다리라. 요한은 물로 세례를 베풀었으나, 너희는 몇날이 못되어 성령으로 세례를 받으리라. 8~ 오직 성령이 너희에게 임하시면 너희가 권능을 받고, 예루살렘과 온 유대와 사마리아와 땅 끝까지 이르러 내 증인이 되리라. 13~ 들어가 저희 유하는 다락에 올라가니 … 더불어 마음을 같이하여<*ὁμοθυμαδὸν*(호모드휘마돈) **만장일치로(마음이)하나되어, 한 마음을 가지고**> 기도와≪*δεήσει*(데에세이) **간구**≫에 힘쓰니라<*προσκαρτεροῦντες*(프로스카르테룬테스) **진지하니라, 끈질기게 성실하니라**>.

(행 4:24, 31) → 저희가 듣고 일심으로 하나님께 소리를 높여 가로되 … 빌기를 다하매 모인 곳이 진동하더니 무리가 다 성령이 충만하여,

(겔 36:26, 37) → 또 새 영을 너희 속에 두고 새 마음을 너희에게 주되 너희 육신에서 굳은 마음을 제하고 부드러운 마음을 줄 것이며 또 내 신<**영**>을 너희 속에 두어 너희로 내 율례를 행하게

하리니, 그래도 이스라엘 족속이 이와 같이 자기들에게 이루어 주기를 내게 구하여야 할 지라

● 순종하는 자에게 주신다.

그러면 이렇게 귀중한 성령님의 충만함을 어떤 자가 받게 되는가? 하나님의 귀중한 뜻이며 약속인 성령님으로 충만함의 중요성을 심중(深重)히 헤아려, 믿는 자들은 기필코 성령님의 충만함을 받도록 경주해야 할 것이다.

성령님의 충만함을 받으려면, 무엇보다 먼저 하나님께 순종하는 자라야 한다. 베드로와 사도들이 말하기를 "우리는 이일에 증인이요 하나님이 자기를 순종하는<**통치자에 의해 설득되는, 권위에 굴복하는, 충고에 따르는, 귀를 기울이는**> 사람들에게 주신 성령도 그러하니라"고 하였으니, 최초 예루살렘 교회 사도들과 성도들이 성령님의 충만함을 받은 것은 하나님께 순종하는 자들이였기 때문이라 한 것이다.

예수님께서도 "그가 아들이시라도 받으신 고난으로 순종함을 배워서 온전하게 되었은즉, 자기를 순종하는<**주의깊게 듣는, 명령이나 권위에 유의하는, 따르는**> 모든 자≪들≫에게 구원의 근원<**원인이 되는 사람, 책임이 있는 사람**>이 되시고" 라 하셨으니, 기독교는 순종 없이 구원을 얻으려 하거나, 구원을 받았다고 하는 것은 어불성설(語不成說)이다.

그러면 어떤 자가 순종하게 되는가? 먼저 하나님 왕국의 복음을 듣고 거절하지 않고 영접하는 자라야 하고, 예수님의 말씀을 적극적으로 좋아하여 따르고 탐구하는 자라야 한다. 이 책에서

증거하는 바른복음으로 충만해지면 곧 성령님으로 충만해질 것이다. 부흥사 D.L. 무디는 '하나님의 말씀 충만이 성령충만이다' 라고 하였다. 예수님의 말씀에 순종하지 않고 성령님 충만을 외치는 기독교(?)…….

● 간구하는 자에게 주신다.

사도들과 최초 예루살렘 교회 성도들은 예수님의 증인되라는 말씀을 순종하여, 하나님의 약속하신 성령님의 권능 받기를 간절히 구하였다. 열흘 동안 다락방에서 약 120여 명이 대부분 멀리 갈릴리에 집을 두고 온 저들이 마음이 완전일치 되어 기도에 전념했으니, 회개와 믿음을 확실히 하게 되었을 것이고,(사도행전 2:38절의 사도 베드로의 말을 보아) 모두 성령님의 거듭나게 하심을 받았을 것이다. 그렇게 되고 간절히 기도하는 저들에게 성령님의 불(힘, 능력)의 세례를 받게 하여 증인되게 하신 것이다.

증인이란 말 *μάρτυς*(마르튀스)에서 순교자라는 영어 martyr (마ㄹ터)라는 말이 유래했다고 한다. 초대교회는 예수님의 증인되는 것은 곧 순교자 되는 것으로 인식하고 순교자 되는 것을 가장 큰 영광으로 여겼다고 한다.

오늘날 기독교는 예수님과 전하신 바른복음 증거하기 위해 (기꺼이 순교자 되고져) 성령님의 충만함을 받으려고 그처럼 간절히 기도하는가? 성령님의 충만함을 받으려는 동기와 목적이 사도행전 초기의 예루살렘 교회와 동일한가?

예수님께서 구하는 자, 곧 요구하는 자, 필요로 하는 자에게 성령님을 주신다고 하셨고, 에스겔 36:26, 37절에도 하나님께서 말씀을 지켜 행하게 하기 위해 새 마음과 새 영을 주시고 성령님을 주시겠다고 말씀하셨지만, 이스라엘 백성이 자기들에게 그렇게 이루어 주기를 구하여야 할 것이라 하셨다. 거듭남을 위해서도 구해야 한다. 교회가 성령님의 충만을 예수님과 바른복음의 증인되기 위한 바른 동기와 목적으로 정말 필요로 하고 요구한다면 어찌 주시지 않겠는가?

♡ 묵상과 기도

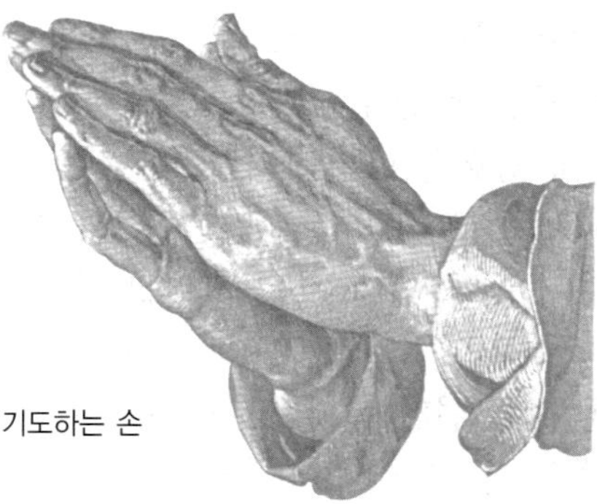

기도하는 손

☆ 설교 ☆

지금은 너희가 감당치 못하리라

【요한복음 16:12~15】

요한복음 16:12~15절은 예수님께서 세상에서 사역을 마치시고 십자가에 못박혀 죽으시기 위해 예루살렘에 올라 오셔서 열두 제자들과 함께 마지막 유월절 만찬을 드시던 자리에서 하신 말씀입니다. "내가 아직도 너희에게 이를 것이 많으나 지금은 너희가 감당하지 < βαστάζειν(바스타제인) **참지, 영접하지, 지탱하지, 짊어지지, 견디지** > 못하리라. 그러하나 진리의 성령이 오시면 그가 너희를 모든 진리 가운데로 인도하시리니, 그가 자의로 말하지 않고 오직 듣는 것을 말하시며 장래 일을 너희에게 알리시리라. … 그가 내 영광을 나타내리니, 내 것을 가지고 너희에게 알리겠음이니라. 무릇 아버지께 있는 것은 다 내 것이라. 그러므로 내가 말하기를 그가 내 것을 가지고 너희에게 알리리라 하였노라" 하셨습니다.

예수님의 제자들이 3년간 밤낮으로 예수님께 듣고 배운 바른복음 진리의 말씀은 기독교인이 한 평생 신앙생활을 하면서 듣고 배우는 말씀보다 수십 배로 더 많고 귀중한 말씀이었고, 보고 경험한 예수님의 능력과 이적들은 수만 배로 많은 것이었습니다. 요한복음 21:25절에 "예수의 행하신 일이 이 외에도 많으나 만일 낱낱이 기록된다면 이 세상이라도 이 기록된 책을 두기에 부족하노라"고 하였으니 그러합니다.

하나님의 아들인 예수님으로부터 직접 바르고 확실한 많은 말씀과 능력을 듣고 보고 경험한 제자들이었음에도 불구하고

"지금은 너희가 감당하지<βαστάζειν(바스타제인) **참지, 영접하지, 지탱하지, 짊어지지, 견디지**> 못하리라" 하셨으니, 오늘날 기독교 신자들은 어떠하겠습니까? 예수님께서 가르치시고 전파하신 바른복음의 말씀과 성령님으로 거듭나고 충만하지 않고는 예수님의 말씀을 감당할 수 없는 것입니다. 사도 바울은 디모데에게 "때가 이르리니 사람≪들≫이 바른 교훈을 받지<ἀνέξονται(아네크손타이) **에 견딜 수 없으며**> 귀가 가려워서 자기 사욕을 좇을<κατὰ τὰς ἐπιθυμίας τὰς ἰδίας ἑαυτοῖς(카타 타스 에피트휘미아스 타스 이디아스 에아우토이~스) **자기 자신의 욕망에 따라**> 스승을 많이 두고 또≪μὲν(멘) **참으로**≫그 귀를 진리에서 돌이켜<ἀπὸ ἀληθείας ἀποστρέψουσιν(아포 알레트헤이아스 아포스트레프수신) **로부터 돌아서서**> 허탄한 이야기를 좇으리라"고 하였습니다.(딤후 4:3, 4)

예수님께서 열두 제자를 데리고 십자가에 죽으시기 위해 예루살렘으로 올라가시면서 말씀하시기를 "보라 우리가 예루살렘으로 올라가노니, 선지자들로 기록된 모든 것이 인자에게 응하리라. 인자가 이방인들에게 넘기워 희롱을 받고 능욕을 받고 침뱉음을 받겠으며, 저희는 채찍질하고 죽일 것이니 저는 삼일만에 살아나리라 하시되, 제자들이 이것을 하나도 깨닫지 못하였으니, 그 말씀이 감추였으므로 저희가 그 이르신 바를 알지 못하였더라." 한 것입니다(눅 18:31~34).

예수님께서 예루살렘에 올라가 장로들과 대제사장들과 서기관들에게 많은 고난을 받고 죽임을 당하고 제 삼일에 살아나야 할 것을 제자들에게 가르치시니, 베드로가 예수님을 붙들고 간하여<**다르게**> 가로되 "주여 그리마옵소서≪**당신에게는 하나님께서 자비로우십니다**≫. 이 일이 결코<οὐ μὴ(우 메) **절대로**> 주에게 미치지 아니하리이다"고 했을 때, 예수님께서 베드로에게 "사탄아 내 뒤로 물러가라. 너는 나를 넘어지게 하는 자로다<**의 덫, 함정, 걸림돌이로다**> "네가 하나님의 일을 생각지<**흥미를 가지지, 관심을 기울이지, 애정을 두지, 주목하지**> 아니하고, 도리어 사람의 일을 생각하는도다" 하시고, 제자들에게 "아무든지 나를 따라오려거든 자기를 부인하고 자기 십자가를 지고 나를 좇을 것이니라"고 하셨습니다(마 16:24).

그리고 엿새 후에 예수님께서 베드로와 야고보와 요한을 데리시고 높은 산 위에 올라 가셨을 때 놀라운 변화의 모습을 보이셨습니다. 그리고 산 아래로 내려오시니, 다른 제자들이 간질병으로 고생하는 아들을 고쳐달라고 데려 온 것을 고쳐주지 못하고 있었습니다. 그것을 보신 예수님께서는 "믿음이 없고 패역한 세대여 내가 얼마나 너희와 함께 있으며, 너희를 참으리요. 그를 이리로 데려오라" 하시고는 고쳐주셨습니다. 그때 제자들이 종용히 예수님께 "우리는 어찌하여 쫓아내지 못하였나이까?"라고 하니, 예수님께서 "너희 믿음이 적은≤*ἀπιστίαν*(아피스티안) **믿음이 없는**≥ 연고니라… 너희가 만일 믿음이 한 겨자씨만큼만 있으면 이 산을 명하여 여기서 저기로 옮기라 하여도 옮길 것이요, 또 너희가 못할 것이 없으리라" 하셨습니다. "너희 믿음이 적은 연고니라"가 아니고(**한글 개역성경의 오역**) "너희의 믿음이 없는 연고니라"고 하신 것입니다(마 17:14~20).

그처럼 예수님께로부터 3년간 말씀을 수없이 배우고 능력과 이적을 경험한 제자들이 3년 끝에 예수님으로부터 믿음이 없다는 질책을 받았으니,(막 16:14) 참으로 답답한 일이 아닐 수 없습니다.

예수님의 제자들이 마지막 만찬석에서까지도 예수님의 말씀을 깨닫지 못하고, 제자들 사이에 '누가 크냐?' 하는 다툼이 났다고 하였으니(눅 22:24), "어린아이들과 같이되지 아니하면 결단코 천국에 들어가지 못하리라"고(마 18:3) 가르치신 말씀이 제자들에게 실현되지 않았으며, 제자들은 그때까지도 거듭나지 못했던 것입니다.

베드로가 "다 주를 버릴지라도 나는 언제든지 버리지 않겠나이다"(마 26:33) "내가 주와 함께 죽을지언정 주를 부인하지 않겠나이다 하고 모든 제자도 이와같이" 말했으나(막 14:31) 예수님께서 잡혀가시게 되자, 제자들은 다 예수님을 버리고 도망갔으며(마 26:56), 베드로는 세 번이나 예수님을 모른다고 부인한 것입니다.

예수님께서 죽으신 후 제자들은 부활하신 저녁때에 유대인들을 두려워하여, 모인 곳에 문들을 닫고 있었는데(요 20:19) 부활하신 예수님을 제일 먼저 만나 뵙고 증거하는 막달라 마리아의 말을 믿지 않았으며(막 16:9~11), 엠마오 도상에서 예수님을 만나 뵌 두 제자가 예루살렘으로 돌아가 된 일을 제자들에게 고하였으나 역시 믿지 않았습니다(막 16:12,13). 그후 열한 제자가 음식 먹을 때 예수님께서 저희에게 나타나셔서 저희의 믿음 없는 것과 마음이 완악한 것을 꾸짖으셨다고 하였습니다(막 16:14).

그러므로 이때까지 제자들은 거듭났다고 할 수 없습니다. 사도 베드로는 예수님의 부활하심으로 말미암아(부활하신 후에) 우리를 거듭나게 하셨다고 하였습니다(벧전 1:3). 예수님께서 말씀하시는 것을 이렇게도 깨닫지 못하고, 믿음과 실천이 되지 않는 제자들, 참으로 땅에 불을 던지러 오신 예수님의 답답함은 이루 말할 수 없으셨을 것입니다(눅 12:50).

예수님께서 제자들의 태도와 심령의 상태를 아셨기에 "내가 아직도 너희에게 이를 것이 많으나 지금은 너희가 감당치<*βαστάζειν*(바스타제인) **참지, 영접하지, 지탱하지, 짊어지지, 견디지**> 못하리라" 하신 것입니다. "그러하나 진리의 성령이 오시면 그가 너희를 모든 진리 가운데로 인도하시리니 … 그가 내 영광을 나타내리니, 내 것을 가지고 너희에게 알리리라" 고 하셨으니, 진리의 성령님이 오실 때 감당케 되리라는 말씀입니다.

예수님께서 가르치고 전하신 바른복음대로 사람이 어떻게 그렇게 할 수가 있느냐? 그리고 그렇게 해야 구원을 받느냐? 믿음으로, 은혜로 구원받지! 이러한 변명과 구실이 오늘날 기독교 대다수 신자들의 공통된 관념이며 생각인 것입니다. 예수님께서 이미 말씀하시지 않았습니까? "너희가 성령님으로 말미암아 거듭나고 충만하기 전에, 지금은 너희가 내가 한 말들을 감당치<*βαστάζειν*(바스타제인) **참지, 영접하지, 지탱하지, 짊어지지, 견디지**> 못하리라." 하신 말씀, 대단히 의미있는 말씀이었습니다.

예수님께서 부활, 승천하신 후에 제자들과 함께 120명 정도의 믿는 자들이 다락방에 모여 열흘 동안 전혀 기도에 힘쓰며 진정 개심하고 믿을 때에 오순절 날 성령님께서 오셔서 성령님과 불로 침례를 받게 됨으로 확실히 변하여 새사람 되었습니다. 예수님께서 말씀하셨던 모든 것이 생각나고 진리를 깨달아 기쁨으로 행하게 되어지고, 큰 확신과 담대함으로 예수님을 증거하는 자들이 된 것입니다. 예수님의 모든 말씀을 감당할<*βαστάζειν*(바스타제인) **참지, 영접하지, 지탱하지, 짊어지지, 견디지**> 수 있는 사람들이 되어졌던 것입니다. 오늘날 교회도 그렇게 되어져야 합니다.

예수님께서 하신 말씀들을 감당치 못하는 원인을 바로 찾지 못하고, 예수님께서 가르치신 말씀대로는 사람이 할 수 없다는 전제하에 거기에 맞추어 행함에 관계없이 은혜와 믿음으로만 구원을 받는다는 복음과 교리를 만들어 가르치고 있는 것입니다. 그때 최초 예루살렘 교회의 현상과 모습이 오늘날 교회에 재현될 수 없을까? 목회자 누구나의 바램이요 소망일 것입니다. 그러나 최초 예루살렘 교회 이후 심지어 사도들의 생존시의 교회들도 최초 예루살렘 교회의 현상은 재현되지 못했습니다. 그 이유는 무엇이겠습니까?

집약해서 말하자면 하나님(그리스도)의 왕국을 대적하는 사탄과 사람들의 끊임없는 훼방과 책략으로 말씀을 혼잡하게 <**섞어서 품질을 떨어뜨리게, 덫에 걸리게**> 하고(고후 2:17, 4:2) 다른 예수, 다른 영, 다른 복음으로 어지럽히기 때문입니다.(고후 11:4) 최초 예루살렘 교회에 아나니아와 삽비라 부부가 성령님을 속이고 사탄이 가득하여 위선하는 신자가 됨으로 징벌을 받아 죽음을 당하는 일이 있어졌고(행 5:1~11), 대제사장과 제사장들, 장로들과 서기관들, 그리고 사두개인의 당파가 일어나 사도들을 시기하고 박해하여 사탄의 하수인 노릇을 한 것입니다. 전도자 스데반의 죽음과 함께 예루살렘 교회에 큰 핍박이 일어나고, 사울이라는 바리새인이 나타나 교회를 잔멸하려고 획책하니, 사도들 외에는 다 유대와 사마리아 모든 땅으로 흩어지게 된 것입니다. 마귀는 사람들을 충동하여 하나님의 왕국으로 세워진 교회를 잔멸하려고 흩어지게 했지만, 하나님은 이를 통해 바른 복음이 유대와 사마리아와 땅 끝까지 전파되게 하시는 전화위복이 되게 하신 것입니다. 할렐루야!

사마리아에서 시몬은 성령님 받게 하는 권세를 돈을 주고 사려 하다가 엄책을 받는 일이 있었고(행 8:9~24), 주 예수님께서는 사울을 극적으로 회개시켜 복음의 사역자로 삼으심으로 복음이 힘있게 전파되게 하신 것입니다. 그러나 한편 사도 바울 당시, 오순절 후 23년경에 이미 다른<**변형된**> 복음을 전하는 자들이 있어, 믿는 자들이 바른복음을 떠나 다른복음을 좇으며(갈 1:6~9), 30년경에는 수다한 사람들이 하나님의 말씀을 혼잡하게<**섞어서 품질을 떨어뜨리게, 덫에 걸리게**> 하고(고후 2:17, 4:2), 심지어 다른 예수를 전파하고, 다른 영을 받게 하고, 다른 복음을 받게 하는 자들이 있었다는 것입니다(고후 11:4). 그러니 한마디로 교회역사는 바른복음과 다른복음과의 전쟁인 것입니다. 그러한 와중에 예루살렘 교회와 같이 모델적 유형교회는 유지되기가 어려운 것이다.

그나마 유형교회, 모델적 바른복음의 교회가 되려면 요한계시록의 서머나 교회와 같이 환란과 궁핍의 환경에 처하거나, 빌라델비아 교회 같이 수가 적은 교회는 가능한 것입니다.

한마디로 말하자면 예수님께서 가르치고 전파하신 말씀대로 사랑하여 따라가는 것은 사람의 생각과 의지와 결심만으로는 감당할 수 없습니다. 예수님께서 친히 가르치고 전파하신 바른 복음과 예수님께서 보내신 보혜사 진리의 성령님으로 진정 거듭나고 충만해질 때 감당할 수 있는 것입니다. 예수님께 친히 배웠던 베드로도 제자들 모두 그러했습니다. 오순절후에야 감당할 수 있었습니다. 할렐루야!

♡ 묵상과 기도

[제 6장 정 리 문 제]

1. 침례 요한은 회개케 하기 위하여 물로 침례를 주었지만 예수님은?

---

2. 성령과 불로 침례를 주신다는 것은 무슨 의미인가?

---

3. 하나님 아버지의 약속하신 성령이란 의미는 무엇인가?

---

4. 예수님께서 하나님 아버지께로 가시면서 또 다른 누구를 보내시겠다고 하셨는가?

---

5. 성령님의 사역이 얼마나 중요하며 특별히 중요한 사역은?

---

6. 현재 이 세상에 실현된 하나님의 왕국은 어떤 것인가?

---

7. 성령님 안에서 충만함을 받기 위해 해야 하는 두 가지는?
1〉 2〉

♤ 쉼터 ♤

선인과 악인의 특질

♥ 악인의 특질

1〉 죄를 모른다.

2〉 죄짓는 일을 그만두려 하지 않는다.

3〉 죄를 깨닫게 하여 주는 것을 싫어한다.

이러한 사람은 대개 자기에게 베푸는 남의 친절에도 감사할 줄 모른다.

♡ 선인의 특질

1〉 선악을 분별할 줄 안다.

2〉 악임을 알았을 때는 바로 그만 둔다.

3〉 악임을 알려주는 사람에게 감사한다.

이러한 사람은 감사하는 마음을 가지며, 자신에게 친절을 베푸는 사람에게만 아니라, 모든 사람에게 대하여 동정심을 가짐과 함께 감사의 마음을 나타내려고 한다.

제 7 장

예수님께서는, 재림을 준비하여 고대하는 자가 되라고 하셨다

1. 거듭 거듭 분부하셨다.

(눅 12:36,37,40) → 허리에 띠를 띠고 등불을 켜고 서 있으라. 너희는 마치 그 주인이 혼인집에서 돌아와 문을 두드리면 곧 열어주려고 기다리는 사람과 같이 되라. 주인이 와서 깨어 있는 것을 보면 그 종들은 복이 있으리로다. 내가 진실로 너희에게 이르노니 주인이 띠를 띠고 그 종들을 자리에 앉히고 나아와 수종하리라. 너희도 예비하고 있으라. 생각지 않은 때<ὥρᾳ(호라) **시, 시간**>에 인자가 오리라.

(눅 17:26~30) → 노아의 때<ἡμέραις(헤메라이스) **날, 낮**>에 된 것과 같이 인자의 때<ἡμέραις(헤메라이스) **날, 낮**>에도 그러하리라 노아가

방주에 들어가던 날<*ἡμέραις*(헤메라이스)>까지 사람들이 먹고 마시고, 장가들고 시집가더니 홍수가 나서 저희를 다 멸하였으며 또 롯의 때와<**에 된 것처럼**> 같으리니 사람들이 먹고 마시고 사고 팔고 심고 집을 짓더니 롯이 소돔에서 나가던 날에 하늘로서 불과 유황이 비오듯하여 저희를 멸하였느니라 인자의 나타나는 날에도 이러하리라.

(마 24:44,48~51) → 이러므로 너희도 예비하고 있으라 생각지 않은 때<*ὥρᾳ*(호라) **시, 시간**>에 인자가 오리라 만일 그 악한 종이 마음에 생각하기를 주인이 더디오리라 하여 동무<**같은 주인을 섬기는 자, 함께 종 된 자**>들을 때리며 주객으로 더불어<**취하도록 마시는 자들과 함께**> 먹고 마시게 되면 생각지 않은 날 알지 못하는 시간에 그 종의 주인이 이르러 엄히 때리고 외식하는 자의 받는≮**자들과 함께**≯율<**그의 몫**>에 처하리니 거기서 슬피 울며 이를 갊이 있으리라.

(마 25:13) → 그런즉 깨어 있으라 너희는 그 날<*ἡμέραις*(헤메라이스) **날, 낮**>과 그 시<*ὥραν*(호란) **시간, 시**>를 알지 못하느니라.

(막 13:33) → 그러나 그 날<*ἡμέραις*(헤메라이스) **날, 낮**>과 그 때<*ὥρας*(호라스) **시간, 시**>는 아무도 모르나니 하늘에 있는 천사들도 아들

도 모르고 아버지만 아시느니라 주의하라 깨어 있으라. ≪**그리고 기도하라**≫그 때<**정해진, 적당한 때**>가 언제인지 알지 못함이니라.

(막 13:36~37) → 그가 홀연히 와서 너희의 자는 것을 보지 않도록 하라. 깨어 있으라. 내가 너희에게 하는 이 말이 모든 사람에게 하는 말이니라.

(눅 21:33~36) → 천지는 없어지겠으나 내 말≪들≫은≪***οὐ μὴ***(우 메) **결코**≫ 없어지지 아니하리라 너희는 스스로 조심하라 그렇지 않으면 방탕함<***κραιπάλῃ***(크라이팔레) **과식**>과 술취함과 생활의<***βιωτικαῖς***(비오티카이~스) **생활에 속하는**> 염려로 마음이 둔하여지고 뜻밖에 그 날이 덫과 같이 너희에게 임하리라 이 날은 온 지구상에 거하는 모든 사람에게 임하리라 이러므로 너희는 장차 올 이 모든 일≪들≫을 피하고 인자 앞에 서도록 항상 기도하며 깨어 있으라 하시니라.

(막 15:43) → 아리마대 사람 요셉이 와서 당돌히 빌라도에게 들어가 예수의 시체를 달라하니 이 사람은 존귀한 공회원이요 하나님의 나라<**왕국**>을 기다리는 자라.

(롬 8:23) → 또한 우리 곧 성령의 처음 익은 열매를 받은 우리≪**자신들**≫까지도≪**우리 자신들**≫ 속으로 탄식하여 양자 될 것 곧 우리 몸의 구속을 기다리느니라.

(고전 1:7) → 너희가 모든 은사에 부족함이 없이 우리 주 예수 그리스도의 나타나심을 기다림이라.

(갈 5:5) → 우리가 성령으로 믿음을 좇아 의의 소망을 기다리노니,

(빌 3:20) → 오직 우리의 시민권은 하늘에 있는지라. 거기로서 구원하는 자 곧 주 예수 그리스도를 기다리노니,

(살전 1:10) → 또 죽은 자들 가운데서 다시 살리신 그의 아들이 하늘로부터 강림하심을 기다린다고 말하니,

(딛 2:13) → 복스러운 소망과 우리의 크신 하나님 구주 예수 그리스도의 영광이 나타나심을 기다리게 하셨으니,

(약 5:8) → 너희도 길이 참고 마음을 굳게하라. 주의 강림이 가까우니라

(유 1:21) → 하나님의 사랑 안에서 자기를 지키며 영생에 이르도록 우리 주 예수 그리스도의 긍휼을 기다리라.

(살전 4:15~18) → 우리가 주의 말씀으로 너희에게 이것을 말하노니 주 강림하실 때까지 우리 살아 남아 있는 자 ≪들≫도 자는 자≪들≫보다 결단코 앞서지 못하리라 주께서 호령과 천사장의 소리와 하나님의 나팔로 친히 하늘로 좇아 강림하시리니 그리스도 안에서 죽은 자들이 먼저 일어나고 그 후에 우리 살아 남은 자≪들≫도 저희와 함께 구름 속으로 끌어

올려 공중에서 주를 영접하게 하시리니 그
리하여 우리가 항상 주와 함께 있으리라 그
러므로 이 여러 말로 서로 위로하라.

(약 5:8) → 너희도 길이 참고 마음을 굳게하라. 주의
강림이 가까우니라.

(벧후 3:11~13) → 이 모든 것이 이렇게 풀어지리니 너희가
어떠한 사람이 되어야 마땅하뇨 거룩한 행
실과 경건함으로 하나님의 날이 임하기를
바라보고 간절히 사모하라 그날에 하늘이
불에 타서 풀어지고 체질이 뜨거운 불에
녹아지려니와≪**그럼에도 불구하고**≫우리는
그의 약속대로 의의 거하는바 새 하늘과
새 땅을 바라보도다.

● 늦어지리라 생각한 종들

예수님께서 전파하신 복음이 종말을 중심한 복음이며, 가르치신 말씀들 거의 모두가 주님의 재림을 전제로 마지막 날 심판을 주로한 말씀이었다. 사복음서와 요한계시록의 말씀을 유심히 읽어보면 그러하다. 예수님께서 친히 세상 끝에 오셨기 때문이다(히 9:26). 위에 예시한 몇 구절들은 예수님의 의중을 읽을 수 있는 말씀들이다. 이렇게 누누이 엄중히 말씀하셨는데도, 재림하심으로 완전히 이루어지기 시작하는 천년왕국과 최후 심판과 불못과 영원한 새 하늘과 새 땅을 예사로 여긴다면 어떻게 될까 심히 두렵고 떨린다.

재림에 대해 마음에 태만히 생각하는 종을 불신자의 받는 몫

에 처할 것이라고 엄중히 경고하셨다. "만일 그 악한 종이 마음에 생각하기를 주인이 더디오리라 하여 동무<**같은 주인을 섬기는 자, 함께 종 된 자**>들을 때리며 주객으로 더불어<**취하도록 마시는 자들과 함께**> 먹고 마시게 되면 생각지 않은 날 알지 못하는 시간에 그 종의 주인이 이르러 엄히 때리고 외식하는 자≮들≯의 받는 율<**그의 몫**>에≮**함께**≯처하리니 거기서 슬피 울며 이를 갊이 있으리라" 하셨다. 그는 불신자가 아니며 재림이 없을 것이라고(주인이 오지 않을 것이라고)도 하지 않았다. 단지 더디오리라 했음에도 말이다. 그러나 더디오리라 생각했기 때문에 방심하여 준비치 않았기 때문이다. 준비치 않게 하는 것은 더디오리라 하는 생각 때문이다. 그렇게 생각하는 종을 악한 종이라 하셨다. 이 글을 읽는 독자께서는 어떻게 생각하고 계신가?

● 고대하고 준비한 성도들

하나님의 왕국과 주님의 재림을 기다리는 것이 교회와 성도들의 특징이었다. 로마 교회에 보낸 말씀에 "또한 우리 곧 성령의 처음 익은 열매를 받은 우리≮**자신들**≯까지도≮**우리 자신들**≯속으로 탄식하여 양자 될 것 곧 우리 몸의 구속을 기다리느니라"고 하였고, 고린도 교회에도 "너희가 모든 은사에 부족함이 없이 우리 주 예수 그리스도의 나타나심을 기다림이라" 하였고, 갈라디아 교회에도 "우리가 성령으로 믿음을 좇아 의의 소망을 기다리노니" 라고 하였고, 빌립보 교회에도 "오직 우리의 시민권은 하늘에 있는지라 거기로서 구원하는 자 곧 주 예수 그리스도를 기다리노니" 라고 하였으며, 데살로니가 교회에도 "또 죽은 자들 가운데서 다시 살리신 그의 아들이 하늘로부터 강림하심을 기다린다고 말하니" 라고 하였고, 디도에게도 "복스러운 소망과 우리의 크신 하나님 구주 예수 그리스도의 영광이 나타나심을 기다리게 하셨으니" 라고 하였으며, 장로 야고보는 "너희도 길이 참고 마음을 굳게하라 주의 강림이 가까우니라" 하였고, 사도 베드로도 흩어진 나그네 된 성도들에게 "너희 마음의 허리를 동이고 근신하여 예수 그리스도의 나타나실 때에 너희에게 가져 올 은혜를 온전히 바랄지어다" 라고 하였고, 유다도 "하나님의 사랑 안에서 자기를 지키며 영생에 이르도록 우리 주 예수 그리스도의 긍휼을 기다리라" 하였으며, 종말의 계시를 기록하여 아시아 일곱 교회에 보낸 사도 요한은 말할 것도 없다.

요한계시록 6:9~11절에 하나님의 말씀과 저희의 가진 증거를 인하여 죽임을 당한 혼들 곧 순교자들의 혼들이 제단 아래서 큰 소리로 하나님께 "거룩하고 참되신 대 주재여 땅에 거하는 자들을 심판하여 우리 피를 신원<ἐκδικεῖς 변호, 복수>하여 주지 아니하시기를 어느 때까지 하시려나이까?" 라고 호소한다고 하였다.

이렇게 모든 교회와 성도들에게 보낸 말씀들에서 한결같이 주님의 재림을 기다림에 대하여 말씀한 것을 볼 때 사도들과 성도들은 예수님의 재림을 얼마나 고대했는가를 알 수 있다. 그러므로 주님의 재림을 고대하는 신앙은 바른 신앙의 표준인 것이다. 신학자 벵겔은 '주를 기다리는 것은 진정한 그리스도인의 가장 확실한 특징이다' 고 하였다.

♡ 묵상과 기도

2. 첫째 부활에 참예하는 성도들

(계 20:1~6) → 또 내가 보매 천사가 무저갱의 열쇠와 큰 쇠사슬을 그 손에 가지고 하늘로서 내려와서 용을 잡으니 곧 옛 뱀이요 마귀요 사탄이라 잡아 일천 년 동안 결박하여 무저갱에 던져 잠그고 그 위에 인봉하여 천 년이 차도록 다시는 만국(萬國)을 미혹하지 못하게 하였다가 그후에는 반드시 잠깐 놓이리라 또 내가 보좌들을 보니 거기 앉은 자들이 있어 심판하는 권세를 받았더라 또 내가 보니 예수의 증거와 하나님의 말씀을 인하여 목 베임을 받은 자들의 영혼＜혼＞들과 또 짐승과 그의 우상에게 경배하지도 아니하고 이마와 손에 그의 표를 받지도 아니한 자들이 살아서 그리스도로 더불어 천 년 동안 왕 노릇 하니 (그 나머지 죽은 자들은 그 천 년이 차기까지 살지 못하더라) 이는 첫째 부활이라 이 첫째 부활에 참예하는 자들은 복이 있고 거룩하도다 둘째 사망이 그들을 다스리는 권세가 없고 도리어 그들이 하나님과 그리스도의 제사장≪들≫이 되어 천년 동안 그리스도로 더불어 왕 노릇 하리라.

(마 19:28) → 세상이 새롭게 되어 인자가 자기 영광의 보좌에 앉을 때에 나를 좇는 너희도 열두 보좌에 앉아 이스라엘 열두 지파를 심판하리라.

(롬 8:19, 22) → 피조물의 고대하는 바는 하나님의 아들들의

나타나는 것이니 피조물이 다 이제까지 함께
탄식하며 함께 고통하는 것을 우리가 아나니.

● 왕 노릇 할 성도들

예수님께서 재림하시는 광경이 계시록 19:11~21절에 기록되어 있다. 하늘이 열리고 백마를 탄 자가 보이는데, 그 이름은 신실과 진실이며, 의로 심판하며 싸우시는데, 그 눈은 불꽃같고 머리에는 많은 왕관들이 있으며, 이름 쓴 것 하나가 있는데 그분밖에 아는 자가 없고, 피 뿌린 옷을 입었는데 그 이름은 하나님의 말씀이라 하며, 하늘에 있는 군대들이 희고 깨끗한 세마포를 입고 백마를 타고 그분을 따라 강림하는 것이다. 그분의 입에서는 예리한 칼이 나오는데, 그것으로 만국을 치고 철장으로 저희를 다스리며, 진노의 포도주 틀을 밟으니, 그 옷과 그 다리에는 만왕의 왕 만주의 주라 이름이 쓰여 있다.

짐승인 적그리스도와 땅의 왕들과 그들의 군대가 말 탄 분(예수님)과 그의 군대에 대적하여 전쟁을 하려고 함께 모였으나, 짐승이 잡히고, 그 앞에서 기적들을 행하여 사람들을 속이던 거짓 선지자도 함께 잡혀, 둘이 유황으로 불타오르는 못에 산채로 던져지고, 왕들과 장군들과 용사들과 말들과 그 위에 탄 자들은 말 위에 앉으신 분의 입에서 나오는 칼로 살해되니, 모든 새들이 그들의 살로 배를 채운다.

그리고 천사가 무저갱의 열쇠와 큰 쇠사슬을 가지고 내려와 용을 잡으니, 옛 뱀이며 마귀요 사탄인데 잡아 천 년 동안 결박하여 무저갱에 던져 잠그고, 그 위에 인봉하여 일천 년이 차도록 만국을 미혹하지 못하게 하였다가, 그후에는 반드시 잠깐 놓이게 한다고 하였다.

그리고 보좌들에 앉은 자들이 있어 심판하는 권세를 받고, 그리고 예수님의 증거와 하나님의 말씀 때문에 목베임을 당한 사람들의 혼들과 그 짐승에게나 그 형상에 경배하지 아니하였을 뿐만 아니라 이마 위에나 손에 그의 표를 받지 아니한 자들이 살아서 부활체로 그리스도님과 함께 천 년을 통치하는 것이다. 그 외에 나머지 죽은 자들은 천 년이 차기까지 살지 못한다고 하였고, 그러므로 이때 천년왕국에서 왕 노릇하는 자들은 첫째 부활에 참예하는 자들로서 복되고 거룩하다고 하였다. 그들은 마태복음 19:27, 28절에 제자 베드로가 "우리가 모든 것을 버리고 주를 좇았사오니 그런즉 우리가 무엇을 얻으리이까?" 라고 했을 때 예수님께서 "세상이 새롭게 되어 인자가 자기 영광의 보좌에 앉을 때에 나를 좇는 너희도 열두 보좌에 앉아 이스라엘 열두 지파를 심판하리라" 하신대로 모든 것을 버리고 예수님을 따른 자들 곧 예수님의 말씀대로 순종하여 따른 자들인 것이다. 예수님의 모든 말씀은 하나님의 왕국의 법으로써 천년왕국의 법이다. 그러므로 예수님께서 말씀하신대로 전심으로 준행한 자들이 법을 모범적으로 잘 지킨 자들이므로 천년왕국에서 심판하는 최고의 영예를 가지게 하시는 것이다.

그리고 예수님의 증인으로서 말씀을 지키는 것 때문에 담대히 죽임을 당한 순교자들에게 왕의 지위를 주어 다스리게 하며, 또한 7년대환란 때 적그리스도와 그 형상에 경배하지 않고 그의 표를 받지 아니한 순교자들에게 왕 노릇을 하게 하시는 것이다. 그리스도님과 함께 왕으로 통치하는 세 부류의 성도들은 모두 그리스도님과 같은 부활체로서 왕 노릇을 하게 된다.

그런데 이때 천년왕국에서 백성들은 어떤 사람들이냐에 대하여 구원받은 자들이라 하기도 하나, 이치적으로나 성경적으로 천년왕국의 백성들은 구원받은 자들이 아닌 것은 성도가 구원받은 자들을 통치한다는 것은 이치에 맞지 않는다.

7년대환란중 후3년반에 짐승 적그리스도의 형상 앞에 경배하지 않는 자들은 다 죽이고 이마나 손에 그의 표를 받지 않으면 사지도 팔지도 못하게 함으로 예수님의 말씀을 잘 지켰던 빌라델비아 교회 성도들 같은 피난처에 숨김을 받는 자들 외에는 (마 24:31; 막 13:27; 눅 21:36; 계 3:10; 사 26:20; 살전 4:16~18) 성도가 땅에 남아 있을 수 없다.

천년왕국이 끝난 후 무저갱에 갇혔던 마귀가 풀려 나와 천년왕국 동안 백성이었던 자들을 미혹하여 왕 노릇하던 성도들의 진과 성을 에워싸고 싸움하려고 하니, 하늘에서 하나님께로부터 불이 내려 와 그들을 소멸한다고 하였으니,(계 20:7~9) 어찌 그들을 구원받은 자들이라고 하겠는가?

이사야 35:8,9절에 "거기 대로가 있어 그 길을 거룩한 길이라 일컫는 바 되리니 깨끗지 못한 자는 지나지 못하겠고 오직 구속함을 입은 자들을 위하여 있게 된 것이라. … 오직 구속함을 얻은 자만 그리로 행할 것이며"라고 한 말씀에서 천년왕국의 백성은 오직 구속함을 얻은 백성이라고 단정하나, 이사야 35장의 말씀은 천년왕국을 예언한 11장과 65:17~25절과는 다른 신약시대를 예언한 것임을 이해치 못했기 때문이다. 이사야 35장 말씀이 천년왕국의 예언이 아닌 것은 9절에 "거기는 사자가 없고 사나운 짐승이 그리로 올라가지 아니하므로" 하였으나 11:6~8절에는 이리와 표범과 곰과 사자와 독사가 있음을 말하였으니 같지 않은 것이다. 이사야 35장을 찬찬히 읽어보면 신약시대 거듭난 자들로 이루어지는 하나님의 왕국을 예언한 것임을 알 수 있다.

그리고 스가랴 14장에 천년왕국 예언에는 불신자들이 있을 것을 분명히 말하였다. 지금 세상에는 구원받지 못한 불신자가 왕 노릇 하나 천년왕국에는 충성된 신앙생활을 한 성도들이 구원받지 못한 사람들을 통치하도록 하시는 것이 하나님의 공의이며 성도들에게 보상인 것이다.

● 백 배나 보상받는 성도들

마태복음 19장과 병행장인 마가복음 10장에 "나와 및 복음을 위하여 집이나 형제나 자매나 어미나 아비나 자식이나 전토를 버린 자는 금세에 있어 집과 형제와 자매와 모친과 자식과 전토를 백 배나 받되 핍박을 겸하여 받고 내세에 영생을 받지 못할 자가 없느니라" 하였으니 백 배를 받되 핍박을 겸하여 받고 그리고 금세에서 라고 하였으니 영생을 받는 내세가 아닌 이 세상에서 받는 것임을 말씀하신 것이 분명하다. 그렇다면 예수님과 복음을 위하여 버린 자는 이 세상에서 백 배를 받는가? 만일 그렇다면 다른 사업 할 필요 없이 그렇게 해서 백 배를 받는 것이 나을 것이다. 그러나 그렇게 되지 않는다. 그래서 기독교는 궁색한 나머지 백 배나 받는 것을 영적으로 누리는 것으로 해석하는 것이다.

그러나 예수님께서 영적으로 말씀하신 것이 아니며 실제로 이 세상에서 백 배나 받을 것을 말씀하신 것이다. 그러면 어떻게 이 세상에서 백 배를 받는가? 예수님께서 말씀하신 것은 예수님께서 이 세상에 재림하셔서 마귀를 무저갱에 가두시고 이 세상의 오염된 것을 정화하여(겔 47:1~12) 새롭게 된 이 세상에서 천 년 동안 성도들과 함께 통치하시는 천년왕국에서 첫째 부활에 참예하는 왕 노릇 하는 성도들에게 내세가 아닌 이 세상에서 백 배나 보상하여 주실 것을 말씀하신 것이다.

이렇게 예수님께서 재림하셔서 이루실 천년왕국에 대한 복음과 신앙을 바르게 확실히 깨달으면 예수님께서 말씀하신 모든 것이 조금도 실천하기 어렵지 않은 것이다. 예수님께서 말씀하신대로 하지 못하는 것은 천년왕국을 모르기 때문이다.

♡ 묵상과 기도

3. 최후 마지막 부활

(요 5:28~29) → 이를 기이히 여기지 말라 무덤 속에 있는 자가 다 그의 음성을 들을 때가 오나니 선한 일을 행한 자는 생명의 부활로 악한 일을 행한 자는 심판의 부활로 나오리라.

(행 24:15) → 저희의 기다리는 바 하나님께 향한 소망을 나도 가졌으니 곧 의인과 악인의∗**죽은 자들의**∗부활이 있으리라 함이라.

(계 20:11~15) → 또 내가 크고 흰 보좌와 그 위에 앉으신 자를 보니 땅과 하늘이 그 앞에서 피하여 간데 없더라 또 내가 보니 죽은 자들이 무론대소하고 그 보좌 앞에 섰는데 책들이 펴 있고 또 다른 책이 펴졌으니 곧 생명책이라 죽은 자들이 자기 행위<**행위, 일, 수고**>를 따라 책들에 기록된 대로 심판을 받으니 바다가 그 가운데서 죽은 자들을 내어 주고 사망과

음부도 그 가운데서 죽은 자들을 내어 주매 각 사람이 자기의 행위대로 심판을 받고 사망과 음부도 불못에 던지우니 이것은 둘째 사망 곧 불못이라 누구든지 생명책에 기록되지 못한 자는 불못에 던지우더라.

(고전 15:42~44) →죽은 자의 부활도 이와 같으니 썩을 것으로 심고 썩지 아니할 것으로 다시살며 욕된 것으로 심고 영광스러운 것으로 다시 살며 약한 것으로 심고 강한 것으로 다시 살며 육의 몸으로 심고 신령한< *πνευματικόν* 프뉴마티콘 **영적인**> 몸으로 다시 사나니 육의 몸이 있은즉 또 신령한< *πνευματικόν* 프뉴마티콘 **영적인**> 몸이 있느니라.

(고전 15:50~53) →혈과 육은 하나님 나라<**왕국**>를 유업으로 받을 수 없고 또한 썩은 것은 썩지 아니한 것을 유업으로 받지 못하느니라 보라 내가 너희에게 비밀을 말하노니 우리가 다 잠잘 것이 아니요 마지막 나팔에 순식간에 홀연히 다 변화하리니 나팔 소리가 나매 죽은 자들이 썩지 아니할 것으로 다시 살고 우리도 변화하리라 이 썩을 것이 불가불 썩지 아니할 것을 입겠고 이 죽을 것이 죽지 아니함을 입으리로다.

(빌 3:21) → 그가 만물을 자기에게 복종케 하실 수 있는 자의 역사로 우리의 낮은<**비천한, 수치스런**>몸을 자기 영광의 몸의 형체와 같이 변케

하시리라.

(요일 3:2, 3) → 우리가 지금은 하나님의 자녀라 장래에 어떻게 될 것은 아직 나타나지 아니하였으나 그가 나타내심이 되면 우리가 그와 같을 줄을 아는 것은 그의 계신 그대로 볼 것을 인함이니 주를 향하여 이 소망을 가진 자마다 그의 깨끗하심과 같이 자기를 깨끗하게 하느니라.

(막 9:43~49) → 만일 네 손이 너를 범죄케 하거든 찍어버리라 불구자로 영생에 들어가는 것이 두 손을 가지고 지옥< ***γέενναν̀***(게헨난) **영원한 형벌의 장소**> 꺼지지 않는 불에 들어가는 것보다 나으니라≪**거기는 그들의 구더기도 결코 죽지 않고 불도 결코 꺼지지 않느니라**≫들 만일 네 발이 너를 범죄케 하거든 찍어버리라 절뚝발이로 영생에 들어가는 것이 두 발을 가지고 지옥< ***γέενναν̀***(게헨난) **영원한 형벌의 장소**> ≪**꺼지지 않는 불**≫에 던지우는 것보다 나으니라≪**거기는 그들의 구더기도 결코 죽지 않고 불도 결코 꺼지지 않느니라**≫만일 네 눈이 너를 범죄케 하거든 빼어버리라 한 눈으로 하나님의 나라<**왕국**>에 들어가는 것이 두 눈을 가지고 지옥< ***γέενναν̀***(게헨난) **영원한 형벌의 장소**> ≪**꺼지지 않는 불**≫에 던지우는 것보다 나으니라 거기는≪**그들의**≫ 구더기도≪**결코**≫죽지 않고 불도≪**결코**≫꺼

지지 않느니라 사람마다 불로 소금 치듯 함을 받으리라.

(마 25:41) → 왼편에 있는 자들에게 이르시되 저주를 받은 자들아 나를 떠나 마귀와 그 사자들을 위하여 예비된 영영한 불에 들어가라.

(눅 16:23,24) → 저가 음부에서 고통 중에 눈을 들어 멀리 아브라함과 그의 품에 있는 나사로를 보고 불러 가로되 아버지 아브라함이여 나를 긍휼히 여기사 나사로를 보내어 그 손가락 끝에 물을 찍어 내 혀를 서늘하게 하소서 내가 이 불꽃 가운데서 고민하나이다<*ὀδυνῶμαι*(오뒤노~마이) **고통을 당하나이다**>.

(계 14:9~11) → 만일 누구든지 짐승과 그의 우상에게 경배하고 이마에나 손에 표를 받으면 그도 하나님의 진노의 포도주를 마시리니 … 거룩한 천사들 앞과 어린양 앞에서 불과 유황으로 고난<**고통**>을 받으리니 그 고난<**고통**>의 연기가 세세토록 올라가리로다 짐승과 그의 우상에게 경배하고 그 이름의 표를 받는 자는 누구든지 밤낮 쉼을 얻지 못하리라 … 자금(지금) 이후로 주 안에서 죽는 자들은 복이 있도다 하시매 성령이 가라사대 그러하다 저희 수고를 그치고 쉬리니 이는 저희의 행한 일이 따름이라.

(벧후 3:13) → 우리는 그의 약속대로 의의 거하는 바 새 하늘과 새 땅을 바라보도다

(계 21:1~5) → 또 내가 새 하늘과 새 땅을 보니 처음 하늘과 처음 땅이 없어졌고 바다도 다시 있지 않더라. 또 내가 보니거룩한 성<**도시**> 새 예루살렘이 하나님께로부터 하늘에서 내려오니 그 예비한 것이 신부가 남편을 위하여 단장한 것 같더라 내가 들으니 보좌에서 큰 음성이 나서 가로되보라 하나님의 장막이 사람들과 함께 있으매 하나님이 저희와 함께 거하시리니 저희는 하나님의 백성이 되고 하나님은 친히 저희와 함께 계셔서 모든 눈물을 그 눈에서 씻기시매 다시 사망이 없고 애통하는 것이나 곡하는 것이나 아픈 것이 다시 있지 아니하리니 처음 것들이 다 지나갔음이러라 보좌에 앉으신 이가 가라사대 보라 내가 만물을 새롭게 하노라<***ποιῶ***(포이오~) **만드노라**> 하시고 또 가라사대 이 말은 신실하고 참되니 기록하라 하시고.

● 생명의 부활로 나올 자들

예수님께서 "이를 기이히 여기지 말라 무덤 속에 있는 자가 다 그의 음성을 들을 때가 오나니 선한 일을 행한 자는 생명의 부활로 악한 일을 행한 자는 심판의 부활로 나오리라"고 하셨고 사도 바울도 의인과 악인의 죽은 자들의 부활이 있으리라 소망한다고 하였다.

예수님께서 마지막 최후 부활에 대하여 사도 요한에게 분명하게 계시하여 주셨다. "또 내가 크고 흰 보좌와 그 위에 앉으신 자를 보니 땅과 하늘이 그 앞에서 피하여 간 데 없더라. 또 내가 보니 죽은 자들이 무론대소하고 그 보좌 앞에 섰는데 책들이 펴 있고 또 다른 책이 펴졌으니, 곧 생명책이라 죽은 자들이 자기 행위<**행위, 일, 수고**>를 따라 책들에 기록된 대로 심판을 받으니, 바다가 그 가운데서 죽은 자들을 내어 주고 사망과 음부도 그 가운데서 죽은 자들을 내어 주매, 각 사람이 자기의 행위대로 심판을 받고, 사망과 음부도 불못에 던지우니, 이것은 둘째 사망 곧 불못이라, 누구든지 생명책에 기록되지 못한 자는 불못에 던지우더라." 그런데 죽은 자가 부활 할 때는 어떤 몸일 것을 말씀하셨으니, 썩을 것으로 심고 썩지 아니할 것으로 다시 살며, 욕된 것으로 심고 영광스러운 것으로 다시 살며, 약한 것으로 심고 강한 것으로 다시 살며, 육의 몸으로 심고 영적인 몸으로 다시 사니, 육의 몸이 있은즉 또 영적인 몸이 있다고 하신 것이다. 그리고 육신의 부모에게서 태어난 피와 육<*σάρξ*(사르크스) **육체, 인간성**>은 하나님의 왕국을 상속받을 수 없고, 주님께서 호령과 천사장의 소리와 하나님의 나팔로 친히 하늘로 좇아 강림하실 때 그리스도님 안에서 죽은 자들이 죽지 않고 썩지 아니할 것으로 다시 살고, 피난처에서 살아 있던 성도들도 순식간에 변화하여 구름 속으로 끌어올려 공중에서 주를 영접하여(살전 4:16,17) 요한계시록 19:11~16절 같이 지상에 강림하는 것이다.

주님께서 만물을 자기에게 복종케 하실 수 있는 자의 역사로 우리의 비천하고 수치스런 몸을 자기 영광의 몸의 형체와 같이 변케 하시는 것이다. 거듭난 자들이 지금 하나님의 자녀이며 장래에 어떻게 될 것은 아직 나타나지 아니하였으나, 주님께서 나타내심이 되면 그와 같을 줄을 아는 것이다. 그렇기 때문에 주를 향하여 이 재림과 부활의 소망을 가진 자마다 그의 깨끗하심과 같이 자기를 깨끗하게 하는 것이다.

● 심판의 부활로 나올 자들

예수님께서 생명의 부활을 할 자들과 함께 심판의 부활로 살아날 자들에 대해서도 분명하게 말씀하신 것을 간과해서는 안 될 것이다. 심판의 부활로 살아날 자들의 상상을 불허할 정도의 끔찍한 저주의 실상을 여실히 말씀하신 것은 악인의 죽는 것을 기뻐하지 아니하고 악인이 그 길에서 돌이켜 떠나서 사는 것을 기뻐하시며(겔 33:11) 아무도 멸망치 않고 다 회개하기를 원하시는 하나님께서(벧후 3:9) 모든 사람이 다 회개하여 구원을 받고 재림을 고대하며 준비하여 영생의 복락과 영광을 받기를 원하셔서 미리 알리고 경고하신 것이다.

예수님께서 심판의 부활로 살아날 자들에 대한 경고의 말씀들을 심중히 들어야 할 것이다. "만일 네 손이 너를 범죄케 하거든 찍어버리라 불구자로 영생에 들어가는 것이 두 손을 가지고 영원한 형벌의 장소(**게헨나**) 꺼지지 않는 불에 들어가는 것보다 나으니라 ≮**거기는 그들의 구더기도 결코 죽지 않고 불도 결코 꺼지지 않느니라 ←개역 성경은 '없음' 이라 하였다**≯. 만일 네 발이 너를 범죄케 하거든 찍어버리라 절뚝발이로 영생에 들어가는 것이 두 발을 가지고 영원한 형벌의 장소(**게헨나**) ≮**꺼지지 않는 불 ←개역 성경은 이 말도 삭제하였음**≯에 던지우는 것보다 나으니라≮**거기는 그들의 구더기도 결코 죽지 않고 불도 결코 꺼지지 않느니라 ←개역 성경은 '없음' 이라 하였다**≯. 만일 네 눈이 너를 범죄케 하거든 빼어버리라 한 눈으로 하나님의 나라<**왕국**>에 들어가는 것이 두 눈을 가지고 지옥<*γέενναν̀*(게헨난) **영원한 형벌의 장소**> 꺼지지 않는 불에 던지우는 것보다 나으니라. 거기는≪**그들의**≫ 구더기도≪**결코**≫죽지 않고 불도≪**결코**≫꺼지지 않느니라. 사람마다 불로 소금 치듯 함을 받으리라." 예수님께서 이렇게 심판의 부활에 대하여 심각하게 거듭 거듭 말씀하셨음에도 불구하고, 사람들은 예사로 들어 넘기고, 심지어 한글 개역성경은 믿는다는 자들이 예수님께서 말씀하신 경고의 말씀들을 없애고, 삭제하고, 오역하여, 경각심을 둔하게 하였으니, 그 책임과 심판이 어떠하겠는가?

"왼편에 있는 자들에게 이르시되 저주를 받은 자들아 나를 떠나 마귀와 그 사자들을 위하여 예비된 영영한 불에 들어가라." 할 것이라 하셨으니, 하나님의 대적이 되어 수많은 인류를 멸망에 빠뜨린 마귀를 영원히 벌하기 위해 만든 영영한 불에 들어가게 하신다는 것은 예수님과 전하신 복음에 대하여 무관심하고 매정하게 했던 자들, 예수님과 그 복음 안에서 지극히 작은 자에게 그러했던 자들에 대하여 주님께서 얼마나 진노하신다는 것을 미리 경보(警報)를 울리신 것이다.

"저가 음부에서 고통 중에 눈을 들어 멀리 아브라함과 그의 품에 있는 나사로를 보고 불러 가로되 아버지 아브라함이여 나를 긍휼히 여기사 나사로를 보내어 그 손가락 끝에 물을 찍어 내 혀를 서늘하게 하소서 내가 이 불꽃 가운데서 고민<*ὀδυνῶμαι*(오뒤노~마이) **고통을 당, 슬퍼**>하나이다." 예수님께서 말씀하신 음부<*ἅδης* 하데스> 눅 16:23; 마 11:23; 계 1:8, 20:13)는 최후 백보좌 심판후에 사망<*θάνατος* 트하나토스>과 음부<*ἅδης* 하데스>도 함께 던져지는 영원한 형벌의 장소인 유황 불못 게헨나(γέενναὶ 마 5:2, 29, 30, 9:43, 45, 47, 23:15; 눅 12:5)와 다른 것이다.

음부는 최후 백보좌 심판 전까지 거듭나지 못한 죽은 자들의 혼만이(육체는 무덤에서 썩은 대로 있고) 불꽃 중에서 고통을 당하는 곳이다. 육체가 없는 혼만이라도 육체와 같은 감관(느끼고 보고 생각하는 기능)이 다 있어 고통을 당하는 것이다. 요한계시록 6:9~11절에 순교자들의 혼들이 호소한다고 하였고 흰 두루마기를 주시며 잠시 동안 쉬라 하신다고 하였다.

그러나 영원한 형벌의 장소인 게헨나는 예수님께서 말씀하신 대로(막 9:43~49) 두 손을 가지고 그들의 구더기도 결코 죽지 않고 불도 결코 꺼지지 않는 게헨나에 들어가며, 두 발을 가지고 게헨나에 던지우며, 두 눈을 가지고 게헨나에 던지우며 사람마다 불로 소금 치듯 함을 받는다고 하셨다.

그리고 그 고통의 연기가 세세토록 올라가며 누구든지 밤낮 쉼을 얻지 못한다고 하셨다. 이것이 둘째 사망이라 하셨다. 이 모든 말씀이 예수님께서 말씀하신 것이다.

♡ 묵상과 기도

4. 예수님께서 예비하신 처소

(계 21:1~7) → 또 내가 새 하늘과 새 땅을 보니 처음 하늘과 처음 땅이 없어졌고 바다도 다시 있지 않더라 또 내가 보매 거룩한 성 새 예루살렘이 하나님께로부터 하늘에서 내려오니 그 예비한 것이 신부가 남편을 위하여 단장한 것 같더

라. 내가 들으니 보좌에서 큰 음성이 나서 가로되 보라 하나님의 장막이 사람들과 함께 있으매 하나님이 저희와 함께 거하시리니 저희는 하나님의 백성이 되고 하나님은 친히 저희와 함께 계셔서 모든 눈물을 그 눈에서 씻기시매 다시 사망이 없고 애통하는 것이나 곡하는 것이나 아픈 것이 다시 있지 아니하리니 처음 것들이 다 지나갔음이러라 보좌에 앉으신 이가 가라사대 보라 내가 만물을 새롭게 하노라 < *ποιῶ*(포이오~) **만드노라** > 하시고 또 가라사대 이 말은 신실하고 참되니 기록하라 하시고 또 내게 말씀하시되 이루었도다 나는 알파와 오메가요 처음과 나중 < *ἡ ἀρχὴ καὶ τὸ τέλος* **시작과 끝** > 이라 내가 생명수 샘물로 목마른 자에게 값없이 주리니 이기는 자는 이것을 유업으로 얻으리라 나는 저의 하나님이 되고 그는 내 아들이 되리라.

(계 22:1~5) → 또 저가 수정같이 맑은 생명수의 강을 내게 보이니 하나님과 및 어린양의 보좌로부터 나서 길 가운데로 흐르더라 강 좌우에 생명나무가 있어 열두 가지 실과를 맺히되 달마다 그 실과를 맺히고 그 나무 잎사귀들은 만국을 소성하기 위하여 있더라 다시는 저주가 없으며 하나님과 그 어린양의 보좌가 그 가운데 있으리니 그의 종들이 그를 섬기며 그의 얼굴을 볼 터이요 그의 이름도 저희 이마에 있으리라

다시 밤이 없겠고 등불과 햇빛이 쓸데없으니 이는 주 하나님이 저희에게 비취심이라 저희가 세세토록 왕 노릇하리로다.

(계 21:10~27) → 성령으로 나를 데리고 크고 높은 산으로 올라가 하나님께로부터 하늘에서 내려오는≮*μεγάλην*(메갈렌) **가장 위대하고**≯거룩한 성 예루살렘을 보이니 하나님의 영광이 있으매 그 성의 빛이 지극히 귀한 보석과 같고 벽옥과 수정같이 맑더라 크고 높은 성곽이 있고 열두 문이 있는데 문에 열두 천사가 있고 그 문들 위에 이름을 썼으니 이스라엘 자손 열두 지파의 이름들이라 동편에 세 문, 북편에 세 문, 남편에 세 문, 서편에 세 문이니 그 성에 성곽은 열두 기초석이 있고 그 위에 어린 양의 십이 사도의 열두 이름이 있더라 내게 말하는 자가 그 성과 문들과 성곽을 척량하려고 금 갈대를 가졌더라 그 성은 네모가 반듯하여<***κεῖται*** (케이 ~타이) **로 세워져**> 장광이 같은지라<***τοσοῦτόν ἐστιν ὅσον καὶ τὸ πλάτος*** (토수~톤 에스틴 호손 카이 토 플라토스) **길이가 매우 거대하고 넓이가 매우 크더라**> 그 갈대로 그 성을 척량하니 일만이천 스다디온이요 ≮**그것의**≯장과 광과 고가 같더라. 그 성곽을 척량하매 일백사십사 규빗이니 사람의 척량 곧 천사의 척량이라 그 성곽은 벽옥으로 쌓였고 그 성은 정금인데

맑은 유리 같더라 그 성의 성곽의 기초석은 각색 보석으로 꾸몄는데 첫째 기초석은 벽옥이요 둘째는 남보석이요 셋째는 옥수요 넷째는 녹보석이요 다섯째는 홍마노요 … 열둘째는 자정이라 그 열두 문은 열두 진주니 문마다 한 진주요 성의 길은 맑은 유리 같은 정금이더라 … 그 성은 해와 달의 비췸이 쓸데없으니 이는 하나님의 영광이 비취고 어린양이 그 등이 되심이라 ≮*σωζομένων*(소조메논) **구원받은 자들의**≯ 만국<*ἔθνη*(에트헤네) **민족들**>이 그 빛 가운데로 다니고 땅의 왕들이 자기 영광을 가지고 그리로 들어오리라 성문들을 낮에 도무지 닫지 아니하리니 거기는 밤이 없음이라 … 무엇이든지 속된<**불결한, 더러운, 속된**> 것이나 가증한 일<**몹시 미운 것**> 또는<**그리고**> 거짓말하는 자는 결코 그리로 들어오지 못하되 오직 어린양의 생명책에 기록된 자들 뿐이라.

● 새 하늘과 새 땅

예수님께서 처소를 예비하러 간다 하시면서, 처소를 예비하면 다시 와서 너희를 내게로 영접하여 나 있는 곳에 너희도 있게 하리라 하셨는데(요 14:1~3) 그 예비하시는 처소를 사도 요한에게 미리 보여 주신 것이 요한계시록 21장과 22장에 기록하신 말씀이다. 이 말씀을 보면 예수님께서 예비하시는 그 처소가 얼마나 복되고 영광스러운지 사도 바울이 주후 56년경 고린도후서를 쓰면서 셋째 하늘 낙원에 이끌려 가서 말로 표현할 수 없는, 그리고 결코 사람에게 말하도록 용인되지 않은 말들을 들었다고 하였는데, 사도 바울이 이렇게 놀라운 낙원에서의 계시까지 받았기에 그처럼 초인적인 그리스도 예수님을 따르는 삶을 살 수 있지 않았는가 생각된다.

그런데 사도 요한이 주후 67년경에 예수님으로부터 천사에 의해 받은 종말과 새 하늘과 새 땅 그리고 새 예루살렘에 대한 계시와 기록해 주신 요한계시록의 말씀은 얼마나 귀하고 감격스런 말씀인지 참으로 거듭난 성도로서 성령님으로 충만하여 요한계시록의 말씀에 감격하는 성도는 사도 요한과 사도 바울을 본받는 신앙과 삶을 살지 않을 수 없는 것이다.

주님의 재림을 준비하며 기다리는 성도는 먼저 주님께서 예비하신 새 하늘과 새 땅에 대하여 사도 요한에게 계시하여 기록해 주신 말씀을 감격함으로 받아야 한다. 더러 천국과 지옥에 갔다 왔다는 사람들의 간증테이프를 들어보고 글을 읽어보면 너무나 유치하고 비슷한 말들인데 사람들이 그런가 하고 귀를 기울이는 것을 보며, 아니 성경에 그렇게 천국과 지옥에 대해 잘 말씀해 주셨는데 무엇이 부족해서 그렇게들 하는지 정말 측은하기 이를데 없다.

재림하실 예수님께서 예비하신 처소인 새 하늘과 새 땅이 어떠함을 보면,

먼저 하늘과 땅이 새롭게 만들어져 새 하늘과 새 땅이 되었다는 것이다. 처음 창조되었던 하늘과 땅과 바다는 사라져 버렸다(계 20:11; 마 24:35; 벧후 3:7, 10 ← **태양이 폭발하면서 지구는 순간에 녹아버림**). 해와 달과 별이 필요 없으니 하나님의 영광이 비

취고 어린양이 등이 되시기 때문이다(계 21:23, 22:5). 바다도 필요 없게 하셨다. 헬라어 성경 원어를 직역해 보면(계 22:2) 새 예루살렘의 길 가운데와 길 양쪽 생명 강가에는 생명나무가 있어 열두 가지 실과를 맺히되 달마다 그 실과를 맺히고 그 나무 잎사귀들은 민족들을 치료하기 위하여 있으며, 하나님께서는 친히 저희와 함께 계셔서 모든 눈물을 그 눈에서 씻기시니 다시 사망이 없고, 애통하는 것이나 곡하는 것이나 아픈 것이 다시 있지 아니하니, 처음 것들이 다 지나갔기 때문이다. 보좌에 앉으신 이가 말씀하시기를 "보라 내가 만물을 새롭게 만드노라 하시고, 또 말씀하시기를 이 말은 신실하고 참되니 기록하라 하시고, 또 말씀하시기를 이루었도다 나는 알파와 오메가요 시작과 끝이라 내가 생명수 샘물로 목마른 자에게 값없이 주리니 이기는 자는 이것을 유업으로 얻으리라. 나는 저의 하나님이 되고 그는 내 아들이 되리라." 하시고, 특히 "만물을 새롭게 만드노라" 하시는 말씀은 "참되고 신실하니 기록하라"고 하셨으니, 구원받은 성도들이 하나님과 함께 영원토록 살 새 하늘과 새 땅은 얼마나 완전하게 잘 만드셨겠는가? 현재 이 세상을 얼마나 잘 만드셨는가를 지구 환경만 보아도 알 수 있다.

"그는 북편 하늘을 허공에 펴시며 땅을 공간에 다시며(욥 26:7) 둘레가 약 40,000km, 중심에는 약 6,000℃의 온도, 무게 5,977×10^{24}kg나 되는 거대한 구형의 지구가 공간에 둥실 둥실 떠서 만유 인력과 원심력에 의해 수천 년을 1°도 1초도 어김없이 정확한 궤도로 운행하게 하셨다는 사실 얼마나 감탄할 일인가?

지구와 같이 생물이 살 수 있는 조건은 창조주의 정밀한 설계가 아니면 불가능하다. 지구와 태양과의 거리, 지구 자전축의 기울기, 자전속도, 바다의 넓이와 깊이, 지각 밀도와 두께, 기압과 기온분포, 지구와 달과의 거리 어느 하나도 알맞게 조화되지 않은 것이 없으니 말이다.

만약 지구의 자전축이 23도 27분만큼 기울어져 있지 않으면 태양이 매일 적도 위에만 비추어 지구에 생물이 살 수 있는 면적은 지금의 반으로 줄어들 것이다. 지구가 기울어져 자전한다는 것 참으로 신기한 일이 아닐 수 없다. 그런가하면 지구의 자전속도가 지금보다 느리다면 낮에는 기온이 너무 뜨거워서 생물들이 타 죽을 것이고 밤에는 얼어죽을 것이다. 반면에 자전속도가 너무 빠르면 바람의 속도가 너무 빨라서 바다에는 늘 폭풍이 일고 있을 것이다.

지구의 크기가 지금보다 10% 정도 더 크거나 작다고 하면 만유인력의 변화, 공전운동의 변화, 조석작용의 변화, 기압과 기후의 변화 등으로 지구의 환경은 달라지니, 지구의 크기가 지금보다 10% 정도 클 경우에는 중력이 너무 커져서 물이 증발을 하지 못하게 되고 구름이 형성되지 못하여 모든 육지는 사막이 되고, 반대로 10% 작으면 중력이 약하게 되어 모든 물들은 증발하게 되고 액체 상태의 물이 존재하지 않을 것이다. 그러므로 우주의 천체 가운데 지구가 작다고 하지만 생물이 살 수 있는 가장 적합한 크기이니 창조주 하나님의 지혜이시다.

뿐만 아니라 달이 현재보다 10% 정도 지구에 더 가까워진다면 달과 지구의 만유인력이 20%가량 더 커지게 되고 밀물과 썰물이 거대해질 것이다. 달에 의한 조류가 지구의 육지를 쓸어버릴 것이다.

그리고 순수한 건조공기의 성분은 질소 약78%, 산소 21%, 아르곤 0,93%, 탄산가스 0,033%로서 산소는 생물들의 호흡에 절대 필요한 원소이다. 섭취한 음식물을 소화하면 산소에 의하여

산화되어 활동에 필요한 에너지로 전환된다. 생물의 존재에 절대불가결의 산소이다. 공기중의 산소량이 지금보다 적어지면 물속의 용존산소량이 적어져서 수중생물들이 살 수 없고, 반대로 공기중의 산소량이 많아지면 쉽게 발화가 되고 지구에는 화재의 재난이 극심해질 것이다. 질소는 보이거나 보이지 않는 방전하는 번개에 의해 끊임없이 산소와 결합하고 이렇게 만들어진 화합물은 비를 통해 지상으로 내려와 식물들의 비료가 되어진다. 이산화 탄소도 없으면 식물은 죽고 만다. 식물이 그 적은 양의 이산화탄소를 흡입하고 그대신 산소를 내놓으면 인간과 식물은 그 산소를 들이쉬고 이산화탄소를 내쉰다. 대기중에 이산화탄소의 비율이 높아지면 인간과 동물은 해를 입게 되고 그 비율이 낮아지면 식물이 생명을 유지하지 못하게 된다. 또한 이산화탄소는 지구의 기온을 유지하는데 큰 역할을 하고 있다. 대기중에 이산화탄소의 분량이 지금보다 두 배만 많아지면 지구의 온도는 3℃ 정도 올라가 지구촌은 심각해진다.

이러한 지구의 신묘한 대기는 태양계 내의 어떤 행성에도 없으며 달에도 없다. 금성의 공기는 주로 이산화탄소로 되어 있고 태양으로부터 가까이 있어서 기온이 450℃ 정도의 지옥과 같은 불덩어리다. 분화구로 뒤덮인 화성의 대기는 주로 이산화탄소와 약간의 질소로 구성되어 있다. 대기압은 지구의 1/200 정도로 매우 희박하며 표면온도는 ~40℃로 냉온 행성이다. 우주과학은 이 화성에 생명체가 있는가 하여 그 많은 자금과 인력을 투입하여 SPIRIT 탐사선을 보내고 야단들이다.

지구를 이렇게 오묘하게 사람이 살기에 적합하게 창조하신 하나님께서 사탄과 죄로 말미암아 하나님의 원수들의 놀이터가 된 이 지구를 불태워버리시고 새 하늘과 새 땅을 창조하시는데 그 새 창조하심은 부활체인 성도들이 영원토록 복되고 영광스런 생명으로 살기에 얼마나 적합하게 창조하셨겠는가 짐작이 가고도 남는다. 다시는 저주가 없다. 할렐루야! 아멘! 아멘!

피조물들 곧 만물들도 썩어짐의 종노릇 한데서 해방되어 하나님의 자녀들의 영광의 자유에 이르기를 탄식하며 고대한다고 하였다(롬 8:19~22).

● 새 예루살렘 성(도시)

예수님께서 예비하신 처소는 새 하늘과 새 땅을 창조하심으로 전체 환경을 복되게 하실 뿐만 아니라 거주할 새 예루살렘성을< πόλις(폴리스) 도시(city)를> 얼마나 복되고 영광스럽게 예비하셨는지 사도 요한에게 보여주시고 기록케 하여 주신 말씀을 볼 때 너무나 감격하지 않을 수 없다. 성경에 기록하여 주신 말씀을 너무나 감격 없이 읽으므로 여기서 한 번 유심히 살펴보자.

"성령으로 나를 데리고 크고 높은 산으로 올라가 하나님께로부터 하늘에서 내려오는≪**가장 위대하고**≫거룩한 성< **πόλις**(폴리스) **도시**(city)> 예루살렘을 보이니 하나님의 영광이 있으매 그 성< **πόλις**(폴리스) **도시**(city)>의 빛이 지극히 귀한 보석과 같고 벽옥과 수정같이 맑더라. 크고 높은 성곽이 있고 열두 문이 있는데 문에 열두 천사가 있고, 그 문들 위에 이름을 썼으니 이스라엘 자손 열두 지파의 이름들이라. 동편에 세 문, 북편에 세 문, 남편에 세 문, 서편에 세 문이니 그 성에 성곽은 열두 기초석이 있고 그 위에 어린양의 십이 사도의 열두 이름이 있더라. 내게 말하는 자가 그 성과 문들과 성곽을 척량하려고 금 갈대를 가졌더라. 그 성은< **πόλις**(폴리스) **도시**(city)> 네모가 반듯하여

＜**로 세워져**＞ 장광이 같은지라＜**길이가 매우 거대하고 넓이가 매우 크더라**＞. 그 갈대로 그 성을 척량하니 일만이천 스다디온이요 장과 광과 고가 같더라. 그 성곽을 척량하매 일백사십사 규빗이니 사람의 척량 곧 천사의 척량이라. 그 성곽은 벽옥으로 쌓였고, 그 성은＜***πόλις***(폴리스) **도시**(city)＞ 정금인데 맑은 유리 같더라. 그 성＜***πόλις***(폴리스) **도시**(city)＞의 성곽의 기초석은 각색 보석으로 꾸몄는데, 첫째 기초석은 벽옥이요, 둘째는 남보석이요, 셋째는 옥수요, 넷는 녹보석이요, 다섯째는 홍마노요, … 열두째는 자정이라. 그 열두 문은 열두 진주니, 문마다 한 진주요, 성의 길은 맑은 유리 같은 정금이더라. … 그 성은 해와 달의 비췸이 쓸데없으니, 이는 하나님의 영광이 비취고 어린양이 그 등이 되심이라. ≪**구원받은 자들의**≫만국＜**민족들**＞이 그 빛 가운데로 다니고, 땅의 왕들이 자기 영광을 가지고 그리로 들어오리라. 성문들을 낮에 도무지 닫지 아니하리니 거기는 밤이 없음이라. … 무엇이든지 속된＜**불결한, 더러운, 속된**＞ 것이나 가증한 일＜**몹시 미운 것**＞ 또는＜**그리고**＞ 거짓말하는 자는 결코 그리로 들어오지 못하되, 오직 어린양의 생명책에 기록된 자들뿐이라."

한글 개역성경은 '**가장 위대한**'이란 말을 삭제하고, '**길이가 매우 거대하고 넓이가 매우 크더라**'는 말을 '장광이 같은지라'로 번역함으로 새 예루살렘 성에 대한 사도 요한의 감탄사를 오역하여 읽는 이로 하여금 감탄을 감소시킨 것이다.

"그 갈대로 그 성을 척량(尺量)하니 일만이천 스다디온이요" 라고 했으니 일만이천 스다디온은 약 2,100km로서 우리나라 길이 3천리(1,200km)의 2배 가까이 되는 보석성이다. 성은 정금이요 맑은 유리 같더라고 하였으며,(계 21:18) 성의 길도 맑은 유리 같은 정금이더라고 하였으니,(계 21:21) 맑은 유리 같은 정금은 다이아몬드 같은 것을 말하는 것이 아닌가? 새 예루살렘 성< πόλις(폴리스) **도시**(city)>의 길이와 넓이와 높이가 약 2,100km밖에 안된다니 말도 안된다고 하겠지만, 그 성 전체 건물 모두가 다이아몬드로 만들어졌고 모든 길도 다이아몬드로 되어졌다는 말씀은 말이 되는가? 우리나라 남북의 약 두 배 되는 입방체 안에 있는 모든 건물이 다이아몬드와 보석으로 지어지고 길이 모두 다이아몬드로 되어졌다면 도대체 상상이나 되는가? 그것이 작은가? 도무지 말로 표현 할 수 없어 가슴이 벅차고 벅찰 뿐이다.

그렇기 때문에 감히 필자는 확신 있게 말하는 바, 세계 제일의 갑부 빌 게이츠 같은 부자라도 내게 비하면 땅거지라는 것이다. 나는 하나님과 천국의 영생복락은 두고라도 물질적 부로만 말하더라도 다이아몬드와 각종 진귀한 보석으로 지은 빌라가 예비되어 있으니 그렇지 않은가? 그리고 천사가 나의 비서이니 도대체 상상을 불허한다.

성경에 어떻게 말씀했던 간에 기독교인들이 천국은 무한정 크다는 통상적 관념을 가지고 있는 것은,

성경에 어떻게 말씀했던, 구원받는 것을 쉽게하여 구원받는 자는 무한정 많을 것이라고 생각하게 하는 기독교의 잘못된 가르침과 그릇된 관념 때문인 것이다.

성곽을 척량(尺量)하니 일백사십사 규빗으로 사람의 척량(尺量) 곧 천사의 척량(尺量)이라고 하였으니(계 21:17) 실제 사람의 척수로 보지 않을 것 같아서 이 말을 첨부한 것으로, 성의 길이와 넓이와 높이 약 2,100km나 성곽의 높이 약 69m를 실제의 크기로 보든, 보지 않든 각자 자유이나 성경에 말씀하시는 바는

하나이다.

그 성곽의 기초가 모두 실제의 열두 보석으로 되었으니 그것이 얼마인가? 성문은 동서남북 각각 셋으로 열두 문이 있는데 한 문이 한 진주로 되었으며 열두 천사가 열두 문에 있다고 하였다.

☆ 예루살렘 금성아 복 가득하도다
내 너를 생각할 때 마음이 기쁘다
비할데 없는 복과 그 빛난 광채와
나 받을 모든 기쁨 다 측량 못하리

☆ 시온산 성전 안에 천사와 성도들
주 찬송하는 소리 그치지 않도다
주께서 계시므로 그 빛이 찬란해
저 방초 동산들은 참 아름다워라

☆ 주 예수 보좌 앞에 내 짐을 내리고
즐거운 잔치할 때 개가를 부르리
주 명령 따라 나가 승전한 성도들
영원한 그곳에서 흰 예복 입겠네

☆ 귀하고 복된 본향 주 예비하셨네
그곳을 사모하며 나 항상 바라네
예수여 비옵나니 큰 은혜 베푸사
영원한 나의 본향 이르게 합소서

(찬송가 538장)

♡ 묵상과 기도

5. 영원토록 하나님께 영광과 찬송

(마 6:9, 13) → 너희는 이렇게 기도하라 하늘에 계신 우리 아버지여 이름이 거룩히 여김을 받으시오며 나라<**왕국, 통치, 주권**>이 임하옵시며… 나라와<**왕국, 통치, 주권과**> 권세와 영광이 아버지께 영원히 있사옵나이다. 아멘

(마 13:43) → 그때에 의인들은 자기 아버지의 나라<**왕국**>에서 해와 같이 빛나리라.

(눅 22:29) → 내 아버지께서 나라를<**왕국을**> 내게 맡기신 것 같이 나도 너희에게 맡겨

(요 5:22) → 아버지께서 아무도 심판하지 아니하시고 심판을 다 아들에게 맡기셨으니.

(요 14:28) → 내가 갔다가 너희에게로 온다 하는 말을 너희가 들었나니 나를 사랑하였더면 나의 아버지께로 감을 기뻐하였으리라 아버지는 나보다 크심<μείζων(메이존) **더 위대하심, 더 연장이심**>이라.

(고전 15:24) → 그후에는 나중<**끝**>이니 저가 모든 정사와 모든 권세와 능력을 멸하시고 나라를<**왕국을**> 아버지 하나님께 바칠 때라.

(빌 2:9~11) → 이러므로 하나님이 그를 지극히 높여 모든 이름 위에 뛰어난 이름을 주사 하늘에 있는 자들과 땅에 있는 자들과 땅 아래 있는 자들로 모든 무릎을 예수의 이름에 꿇게 하시고 모든 입으로 예수 그리스도를 주라 시인하여 하나

님 아버지께 영광을 돌리게 하셨느니라.

(계 1:5, 6) → 우리를 사랑하사 그의 피로 우리 죄에서 우리를 해방하시고<*λούσαντι*(루산티) (목욕)**씻기시고**> 그 아버지 하나님을 위하여 우리를 나라와<*βασιλεῖς*(바실레이스) **왕들과**> 제사장≮들로≯삼으신<*ἐποίησεν*(에포이에센) **만드신**> 그에게 영광과 능력이 세세토록 있기를 원하노라.

(계 5:13, 14) → 내가 또 들으니 하늘 위에와 땅 위에와 땅 아래와 바다 위에와 또 그 가운데 만물이 가로되 보좌에 앉으신 이와 어린양에게 찬송과 존귀와 영광과 능력을 세세토록 돌릴지어다 하니 네 생물이 가로되 아멘! 하고 장로들은 엎드려 경배하더라.

(계 19:1~5) → 이 일 후에 내가 들으니 하늘에 허다한 무리의 큰 음성 같은 것이 있어 가로되 할렐루야 구원과 영광과 능력이 우리 하나님께 있도다. 보좌에서 음성이 나서 가로되 하나님의 종들 곧 그를 경외하는 너희들아 무론대소하고 다 우리 하나님께 찬송하라 하더라.

● 최종적으로 왕국을 하나님 아버지께 바침

하나님의 영원하신 경륜(經綸 일을 조직적으로 잘 계획하여 경영함)은 복되고 영광스러운 하나님의 왕국<*βασιλεία* **왕국, 통치, 주권**>을 완성하시는 것인데 그 아들 예수님과 성령님을 세상에 보내시어(요 15:26) 그 경륜을 이루시고 맨 마지막에 그 왕국은 하나님 아버지께 바쳐진다(고전 15:24)고 하였다.

예수님을 믿는 맨 마지막 목적을 바로 확실하게 알아야 한다. 대단히 중요하다. 이것을 바로 모르면 하나님의 뜻을 바르고 확실하게 알지 못하는 것이다.

예수님을 믿는 맨 마지막 목적은 영원토록 하나님 아버지께 영광과 찬송을 돌리는 것이다. 왜냐하면 예수님을 세상에 구주로 보내신 분이 하나님 아버지시라고 사도들만 아니라 예수님께서 친히 누차 말씀하셨고(롬 8:32; 벧전 1:20; 요일4:14; 마 10:40; 막 9:37; 눅 10:16; 요 5:36, 7:29, 8:42, 10:36, 11:42, 17:18, 20:21) "보냄을 받은 자가 보낸 자보다 크지 못하니"(요 13:16)라고 하셨고, "아버지는 나보다 크심<**더 위대, 더 연장**>이라"(요 14:28) 하셨다. "아버지와 말씀과 성령 이 세 분은 하나이시라" 하였으니(요일 5:7← **한글 개역성경에는 삭제됨**) 삼위일체이신 하나님께서 존재하심과 권능과 영광은 동등이시나 같은 일을 하심에 있어 역할을 분담하시는 것이다. 그러나 한 하나님 안에서 삼위는 순위와 지위가 분명하시다. 성자 예수님께서 아버지를 제쳐두고 앞서거나 성령님께서 역사를 많이 한다해서 스스로 과시하려 하지 않으신다. 축도 할 때 삼위의 순서를 바꾸지 않아야 한다. 예를 들자면 한 사람은 존재(存在)와 인격(人格)과 육체(肉體) 셋이 엄연히 역할이 다르지만 한 사람 안에서 분리되어 떨어질 수 없고 능력과 영예는 한 사람으로서 다 같이 공동의 것이다. 훌륭한 일을 한 사람이 인격이 좋아서 칭찬을 받는다고 해서 인격만 칭찬을 받고 그 사람의 존재와 육체는 칭찬을 못받는 것이 아니고, 육체가 아름답거나 일을 잘해서 칭찬을 받는다해서 그 사람의 존재와 인격은 칭찬에서 소외되고 그의

제Ⅱ부 바른복음

육체만 부러움이 되거나 칭찬을 받는 것이 아니라 다같이 칭찬을 받는 것이 된다

그러나 중요한 것은, 한 사람이 그의 육체나 인격을 통해서 이루어진 사람들의 부러움이나 칭찬 또는 영예는 그의 육체나 인격이 부러움과 칭찬을 받는 것에 그치지 않고 궁극적으로 그 사람 존재에 칭찬과 영예와 부러움이 돌아가는 것이다. 왜냐하면 그 사람의 육체와 인격을 포함한 그 사람 존재가 그 일을 하게 된 근원이 되기 때문이다. 모든 일을 경륜하시고 작정하시고 주관하시는 중심은 아들 예수님이나 성령님이 아니라 하나님 아버지시다. 한 분 하나님 안에서 삼위의 역할과(벧전 1:3) 위계질서는 분명하다. 성경에서 하나님이라 할 때는 특별한 경우 외에는(요 1:18절; **개역성경의 '독생하신 하나님' 이 아니라 '독생하신 아들' 이 전통원문임**) 성경에서 하나님이라 할 때는 항상 하나님 아버지를 가리킨다(요 20:17; 고전 1:3; 갈 1:3; 엡 1:3, 17; 빌 4:20; 골 1:3; 벧전 1:3; 계 1:6, 22:3). 삼위하나님에 대한 많은 이의 잘못된 이해는 대단히 걱정된다. 삼위(三位)일체 하나님을 이해치 못하고 삼일(三一)하나님으로, 하나님이 구약시대는 아버지로 계시되었으나 육체로 오신 예수님께서 보이는 하나님으로 오심으로 아버지가 따로 없고 오로지 예수님 그분이 곧, 하나님이시라는 것이다. 성령님도 예수님께서 성령님으로 오신 것이라 이해한다. 심지어 "주와 합하는 자는 한 영" 이란 말을(고전6:17) 주님과 영이 하나로 섞여 합일(合一)하여 한 영 곧 예수님과 하나가 된다는 것이다. 작은 예수님이 된다는 것이다. 참으로 기막힌다.

하나님 아버지께서 아들과 성령님을 이 세상에 보내시어 하신 일들이 모든 만물과 구속받은 성도들의 감사와 찬양과 존귀

와 영광을 세세토록 받으시기에 합당하신데 예수님과 성령님께서 존귀와 영광을 받으시는 것으로 그치면 안되는 것은 그것으로 궁극적 목적이 아니고 삼위일체 하나님의 존재의 근원이신 아버지께 감사와 찬양과 존귀와 영광을 세세토록 돌리는 것이 궁극적 목적이기 때문이다.

예수님께서 "내가 아버지께로 나와서 세상에 왔고 다시 세상을 떠나 아버지께로 가노라" 말씀 하셨고(요 16:28), '아버지께서 나를 보내셨다' 는 말씀을 누차 하셨다(요 5:36,37, 6:44, 57, 8:18, 10:36, 14:24, 20:21). 성령님도 "내가 아버지께로서 너희에게 보낼 보혜사 곧 아버지께로서 나오시는 진리의 성령이 오실 때에 그가 나를 증거하실 것이요"라고 하셨으니(요 15:26) 두 보혜사 예수님과 성령님은 하나님 아버지에게서 나오신 분이시다. 그리고 "보냄을 받은 자가 보낸 자보다 크지 못하니 너희가 이것을 알고 행하면 복이 있으리라"고 하셨고(요 13:16,17), "아버지는 나보다 크심<*μείζων*(메이존) **더 위대하심, 더 연장**>이니라"고 하셨으며(요 14:28), "아버지께서 아무도 심판하지 아니하시고 심판을 다 아들에게 맡기셨으니"라고 하셨고(요 5:22,27) 아버지께서 모든 것을 자기 손에 맡기셨다고 하셨으며(요 13:3; 마 28:18), 맡긴자가 우선이지 맡김 받은 자가 우선일 수 있는가? 예수님께서 예배도 다만<*μόνῳ*(모노) **유일하게**> 아버지께 하라 하셨다(마 4:10; 요 4:21~23).

기도도 아버지께 하라고 하셨고 본을 보이셨다(마 6:6,9, 14:13~16, 15:16, 16:23; 눅 22:41, 42, 23:46) 요한복음 17장에 제자들 앞에서의 고별기도에서는 '아버지' 라는 말을 52번이나 하셨으니 놀랍지 않은가? 사도 바울도 하나님 아버지 앞에 무릎을 꿇고 기도하며 감사한다고 하였다(엡 3:15; 골 1:3).

요한복음 14:14절에 **"내 이름으로 무엇이든지 내게 구하면 내가 시행하리라" 에서 한글 개역성경은 '내게' 라는 말을 더하여 성경을 변개시켰을 뿐만아니라 기도를 예수님께 하라 하신 것으로 잘못 가르치게 하였으니 엄청난 오류로서 오늘날 기독교는 예배를 하나님 아버지께 하는 것인지 예수님께 하는 것인지 분명치 않고, 기도를 하나님 아버지께 하였다가 예수님께 하였다가 혼동하고 있다. 예수님은 기도를 하나님 아버지께 하라 하셨고**(마 6:6, 9, 18; 눅 12:30; 요 15:16, 16:23), **예수님께서도 친히 그렇게 하셨다**(요 14:16, 17:1~26; 눅 22:39~44; 마 23:46).

그리고 예수님께서는 항상 아버지께 영광을 돌릴 것을 말씀하셨다(**마** 5:16 ←**"저희로 너희 착한 행실을 보고 하늘에 계신 너희 아버지께 영광을 돌리게 하라"** **요** 8:49, 50 ←**"나는 내 영광을 구치 아니하나"** 14:13 ←**"아버지로 하여금 아들을 인하여 영광을 얻(받)으시게 하려 함이라"** 15:8 ←**"너희가 과실을 많이 맺으면 내 아버지께서 영광을 받으실 것이요 너희가 내 제자가 되리라"** 17:4 ←**"아버지께서 내게 하라고 주신 일을 내가 이루어 아버지를 이 세상에서 영화롭게 하였사오니"**). **찬송가에 전체적으로 예배찬송이 적은데다 하나님 아버지와 성령님에 대한 찬송이 너무 적다.**

사도 바울도 "너희로 그리스도 예수를 본받아 서로 뜻이 같게 하여 주사 한 마음과 한 입으로 하나님 곧 우리 주 예수 그리스도의 아버지께 영광을 돌리게 하려 하노라"(롬 15:5, 6), "모든 입으로 예수 그리스도를 주라 시인하여 하나님 아버지께 영광을 돌리게 하셨느니라"(빌 2:11), "하나님 곧 우리 아버지께 세세 무궁토록 영광을 돌릴지어다 아멘!" 하였고(빌 4:20), 사도 베드로도 "범사에 예수 그리스도로 말미암아 하나님이 영광을 받으시게 하려 함이니 그에게 영광과 권능이 세세에 무궁토록 있느니라(벧전 4:11)고 하였다.

한편 그리스도님께서도 영원토록 영광을 받으실 것을 말씀하였으니 "그리스도께서 하나님 곧 우리 아버지의 뜻을 따라 이 악한 세대에서 우리를 건지시려고 우리 죄≪들≫을 위하여 자기 몸을 드리셨으니 영광이 저에게 세세토록 있을지어다" (갈 1:4,5). 요한계시록에 하나님과 어린양의 보좌라 하였고(계 5:7, 7:10, 21:22,23, 22:1,3) 예수님께서 하나님 보좌 우편에 앉으셨다고 하였으니(마 26:64; 막 16:19; 눅 22:69; 행 7:55; 롬 8:34; 히 1:3,13, 8:1, 10:12, 12:2; 벧전 3:22) 보좌 우편에 앉으셨다는 말은 무슨 말인가? 가운데 보좌에 앉으신 분은 하나님 아버지이시고(계 5:1, 7) 그 우편 보좌에는 예수님이 앉으셨다고 수차에 말씀하셨으니 보이지 않는 하나님이 보이는 예수님으로 오셨다고 해서 **삼위**(三位)**하나님**으로 계시는 분을 **삼일**(三一)**하나님**으로 알고 말하는 자들이 있으니 오해치 말아야 할 것이다. 세세토록 영광을 받으실 분은 보좌에 앉으신 하나님 아버지와 그 우편에 앉으신 어린양 예수님이시다. 더하지도 덜하지도 말아야 한다.

● 영원토록 하나님 영광을 찬양함.

구원받은 자들이 예수님께서 예비하신 새 하늘과 새 땅 새 예루살렘에서 말로 다할 수 없는 복되고 영광스런 영생을 누리게 될 때 예수님과 성령님으로 말미암아 하나님 아버지께 영광과 찬양을 돌리게 되는 것이다. 모든 구원의 근원이 하나님 아버지의 많으신 긍휼과 사랑 때문에 있게 된 것이기에 그러하다(벧전 1:2~4).

그러나 무엇보다 하나님은 피조물이 영광을 돌림으로 영광스러운 분이 되는 것이 아니라 하나님께서는 스스로 복되시고 영광스러운 분이신데 피조물들이 하나님의 영광스러움과 하신 복된 일을 보고 마땅히 받으실 영광을 돌려드리는 것이다.

하나님은 자신이 하신 일에 대하여 너무나 기뻐하시고 흡족해 하심으로 복되시는 것이다. 세상을 처음 창조하셨을 때도 엿새 동안 매일 매일 그 지으신 것을 바라보시고는 "하나님의 보시기에 좋았더라" 고 하셨고, 특히 마지막으로 사람을 만들고 복을 주시고는 "하나님이 그 지으신 모든 것을 보시니 보시기에 심히 좋았더라" 고 하셨으니(창 1:31) 둘째 창조 만물을 새롭게 만드신(계 21:5) 새 하늘과 새 땅 그리고 새 예루살렘과(계 21:1~27) 하나님을 경배하며 세세토록 왕 노릇하며 상 받은 성도들을 바라보시며 악인들에 대한 하나님의 엄중한 공의의 심판이 이루어졌을 때(계 22:1~5, 12~15) 하나님께서 얼마나 기뻐하실 것인가 상상할 수 없이 넘치는 기쁨을 하나님께서 친히 가지시는 것이다.

"깊도다 하나님의 지혜와 지식의 부요함이여 그의 판단은 측량치 못할 것이며 그의 길은 찾지 못할 것이로다. 누가 주의 마음을 알았느뇨 누가 그의 모사 <상담자, 의논자> 가 되었느뇨? 누가 주께 먼저 드려 갚으심을 받겠느뇨? 이는 만물이 주에게서 나오고 주로 말미암고 주에게로 돌아감이라 영광이 그에게 세세에 있으리로다" (롬 11:33~36)

"정해진 때가 되면 하나님은 자신에 관하여 복되시고 유일한 전능자시며 왕들의 왕이시며 다스리시는 주님이심을 나타내시리라" 고 하였다(딤전 6:15 직역). 복되신 하나님(딤전 1:11)은 스스로 계신 분으로서(출 3:14) 행복을 창조하시며(사 45:7) 스스로 복된 일을 하심으로 영광되신다.

예수님께서 "인자도 아버지의 영광으로 거룩한 천사들과 함께 올 때에"라고 하신 것은(막 8:38) 구원받은 자들이 하늘왕국에 들어가 영광을 돌리기 전에 이미 예수님께서 아버지의 영광으로 오신다고 하셨으니 구원받은 자들이 영광을 돌리기 전에 하나님은 영광되신 분이시다. 하나님은 피조물이 영광을 돌림으로 그것 때문에 영화로운 분이 되는 것이 아니라 원래 영화로운 분이신데 하나님의 왕국 곧 구원을 이루심으로 피조물들로 하나님의 그 영광 앞에 감사와 찬양과 존귀와 영광을 돌리게 하시는 것이다.

"네 생물이 각각 여섯 날개가 있고 그 안과 주위에 눈이 가득하더라 그들이 밤낮 쉬지 않고 이르기를 거룩하다 거룩하다 거룩하다 주 하나님 곧 전능하신이여 전에도 계셨고 이제도 계시고 장차 오실 자라 하고 그 생물들이 영광과 존귀와 감사를 보좌에 앉으사 세세토록 사시는 이에게 돌릴 때에 이십사 장로들이 보좌에 앉으신 이 앞에 엎드려 세세토록 사시는 이에게 경배하고 자기의 면류관을 던지며" 라고 하였고(계 4:8~10), 모든 **천사들도** 보좌와 장로들과 네 생물의 주위에 섰다가 **보좌 앞에 엎드려 얼굴을 대고 경배하여** "아멘! 찬송과 영광과 지혜와 감사와 존귀와 능력과 힘이 우리 하나님께 세세토록 있을지로다 아멘!"(계 7:11,12) 한다 하였다. "이십사 장로와 네 생물이 엎드려 보좌에 앉으신 하나님께 경배하여 가로되 아멘! 할렐루야! 하니 보좌에 음성이 나서 가로되 하나님의 종들 곧 그를 경외하는 너희들아 무론대소하고 다 우리 하나님께 찬송하라" 한다고 하였다(계 19:4, 5).

모든 천사들도 보좌 앞에 엎드려 얼굴을 대고 경배하며 영광을 돌린다 하였고 이십사 장로들도 엎드려 보좌에 앉으신 하나님께 경배한다고 하였으니 하나님이 얼마나 존귀하고 영광스러운 분이신 것을 말해 주는 것이다.

사도 바울은 하나님께서 구원하시는 자들로 "하나님의 은혜의 영광을 찬미하게 하려는 것이라" "하나님의 영광의 찬송이 되게 하려 하심이라" "하나님의 영광을 찬미하게 하려 하심이라" 하였다(엡 1:3~14).

복되고 영원한 하나님의 왕국은 의와 평화와 기쁨으로 가득하여 늘 새 노래 찬송이 울려 퍼지는 것이다. 요한계시록을 보면 보좌에 앉으신 하나님을 찬양하며 환호하며 경배하는 광경이 중점 기록되어 있음을 본다(계 4:8~11, 5:7~14, 7:9~12, 8:15~18, 14:1~3).

역대상 25장에 다윗 왕이 레위 족속 아삽과 헤만과 여두둔 자손 중 수금과 비파와 제금을 잡아 신령한 노래로 하나님 찬송하기를 배워서 익숙한 자를 24 반차로 세워 하나님을 찬양함으로 섬기는 직임을 하게 했던 것과 같이 천사들과 생물들과 함께 이십 사 장로는 구원받은 자들이 하나님을 찬양하고 경배하는 이십사 반열의 대표자인 것이다. 하루는 24시간인데 하늘 왕국은 하루 24시간이 아니더라도 예를 들자면 구원받은 자들을 24 반열로 나누어 한 시간씩 하나님을 찬양하고 경배하게 하는 것이다. 그러므로 하나님을 찬양하고 경배하는 것이 힘들지도 않으면서 끊임없이 늘 찬양과 경배가 있어 아름다운 노래가 들리며 의와 평화와 기쁨 속에서 살아가는 것이다.

1. 구주 예수 그리스도 다시 세상 오실 때
   기쁨으로 우리 맞아 길이 같이 살겠네

(후렴) 영화롭고 아름다운 우리 본향 천국에서
   주와 같이 영원히 살겠네

2. 괴롬 없고 죽음 없는 하늘나라 올라가
   그 생명강 물가에서 편히 쉬게 되리라

3. 천국에는 해와 달과 별과 등불 없어도
   하나님의 밝은 빛이 찬란하게 비취네

4. 밝고 밝은 성전 안에 쉴새없이 들리는
   거문고와 노랫소리 기이하고 묘하다

5. 만국 백성 사면에서 주의 보좌 둘러서
   천사 노래 화답하며 길이 찬양하겠네

(찬송가 220장)

♡ 묵상과 기도

《 특주 9 》

삼위일체 하나님께 대한 바른 이해

호세아 선지자를 통해 “나는 인애를 원하고 제사를 원치 아니하며 번제보다 하나님 아는 것을 원하노라 <חָפַצְתִּי(하페체트) **기뻐하노라, 원하노라**>” 하셨고(호 6:6), 예수님께서도 “영생은 곧 유일하신 참 하나님과 그의 보내신 자 예수 그리스도를 아는 것이니이다”고 하셨다(요 17:3).

하나님을 아는 것이 이렇게 중요하고 하나님께서 기뻐하시는 일인데도 기독교에서 가장 이해하기 어려워하고 그래서 잘못 아는 경향이 많은 것이 삼위일체이신 하나님에 대해서이다. 본문 앞서 부분에 예수님께서 그 왕국을 최종적으로 하나님 아버지께 바치며 하나님 아버지께 영광을 돌리게 된다는데 대하여 이해가 아리송할 것이다. 천국에서 영원토록 예수님 한 분이 하나님으로 성도들과 함께 살아가시는 것인가? 아니면 하나님 아버지가 따로 계시고 성령님이 따로 계셔서 세 분이 한 하나님으로 살아가시는 것인가? 참으로 중요한 사항이다.

그런데도 이에 대한 즉 삼위일체 하나님께 대한 성경적 명확한 분별과 가르침이 없어 기독교인들은 하나님께 대해서 모호하게 알고 모호하게 믿고 있다.

‘하나님은 삼위(三位)가 계신데 성부와 성자와 성령으로서 삼위는 일체가 되시고 하나님은 한 분이시다’ 는 것이 현재 기독교의 삼위일체(三位一體) 교리이다. 그리고는 더 이상 성경적 명확한 해명이 없기 때문에 기독교인들은 이러한 하나님에 대하여 도대체 어떤 분이신지 잘 이해가 안되고, 그래서 제마다 하나님의 삼위일체에 대하여 상상(想像) 되는대로 잘못 가르치고 믿고 있는 안타까운 실정이다.

이 문제가 너무나 중요한 이유는 삼위일체 하나님을 잘못 이해하고 가르치고 믿으면 성경에 기록하여 말씀해 주신 하나님과는 다른 하나님으로 이해하고 가르치고 믿게 되는 뿐만 아니라 하나님에 대한 모독(冒瀆)이 되기 때문이다.

성경에는 하나님의 삼위일체 되심에 대하여 모호하지 않고 밝고 뚜렷하게 증명하는 말씀들이 많이 있는데, 다만 이해를 제대로 하지 못하기 때문인 것이다.

1. 하나님의 삼위일체(三位一體)는 아버지와 아들과 성령님이시다.

◆ 아버지와 아들과 성령님으로 존재하시는 하나님

"너희는 가서 모든 족속으로 제자를 삼아 아버지와 아들과 성령의 이름으로 세례<**침례**>를 주고"(마 28:19) "이는 하늘에서 증거하시는 이가 세 분이시니 아버지와 말씀과 성령이시요 이 세 분은 하나이시라" (요일 5:7 ←**개역성경은 하나님의 삼위일체이심을 가장 명확하게 증명하는 이 7절 말씀을 삭제해 버리고 읽는 자로 모르게 하려고 6절을 둘로 나누어 7절로 조작하였다**)

"성령이 형체로 비둘기 같이 그의 위에 강림하시더니 하늘로서 소리가 나기를(아버지) 너는 내 사랑하는 아들이라 내가 너를 기뻐하노라 하시니라"(눅 3:22; 마 3:16, 17; 막 1:10, 11) 흔히

들 한 분 하나님께서 구약시대는 아버지로, 신약시대는 아들로 나타내셨고 그리고 예수님께서 승천하신 후는 성령으로 나타내서서 일하신다 하나, 예수님께서 침례를 받으실 때 같은 시간에 같은 장소에서 아들은 땅위에 서 계시고 성령님은 비둘기 형체로 내려오시고 아버지는 하늘에서 말씀하시지 않았는가? 하나님은 항상 아버지와 아들과 성령님으로 존재하신다.

구약에서 하나님의 세 신격을 말씀하신 구절의 예는 시편 33:6절, 이사야 61:1절, 63:9~12절, 학 2:5, 6절 등이 있다.

◆ 아버지와 아들과 성령님 세 분이 한 하나님이시다.

사람은 사람마다 한 인격(人格~실재와 품격)으로 되어 있다. 한 사람에게 각각인 세 인격이 있다고 하면 어떻겠는가? 말도 안되고 이상한 괴존재라 할 것이다. 그런데 창조주이신 하나님께서는 한 하나님이신데 세 신격(神格~실재와 품격으로 사람이 갖지 않은 속성과 사람과 같은 속성을 가지심)으로 되어 있는 분이시다. 그렇기 때문에 구약에서 '하나님' 이라는 말 אֱלֹהִים(엘로힘)은 단수명사가 아니고 복수명사로 되어 있다(창 1:1). 그리고 אֱלֹהִים(엘로힘)께서 사람을 창조하실 때, "우리(복수)의 형상을 따라 우리(복수)의 모양대로 우리(복수)가 사람을 만들고" 라고 하셨고(창 1:26), 사람이 범죄한 후에 여호와 하나님께서 "보라 이 사람이 선악을 아는 일에 우리 중 하나 같이 되었으니" 라고 하셨으며(창 3:22), 노아홍수 후에 그 자손들이 바벨탑을 쌓을 때도 성부 하나님 여호와(יְהוָה)께서 "자 우리(복수)가 내려가서 거기서 그들의 언어를 혼잡케 하여 그들로 서로 알아듣지 못하게 하자" 하신 것이다(창 11:7). 하나님께서 거듭 '우리' 라고 하신 것은 공동체적 하나이심 즉 삼위일체로 하나이신 하나님이심을 말한다.

그러므로 하나님께 대하여 우선적으로 분명히 인식해야 하는 것은 한 하나님께서는 사람과 달리 세 신격(神格~실재와 품격)으로 되어 있는 분이시라는 것이다. 세 신격이 각각 따로 분리되어 세 하나님으로 존재하신다는 말이 아니라, 예를 들자면 등산할 때 음식 끓이는 코펠이 큰 것 안에 들어가는 작은 것이 있고 또 그 안에 들어가는 작은 것이 있어 세 개이지만 한 세트로서, 사용 할 때는 각기 하나씩 별도로 사용되나 다시 큰 것 하나 안에 다 들어가는 한 세트인 것과 같다는 말이다. 무엇이든 셋으로 하나인 세트에서 어느 하나가 빠지면 세트라 할 수 없다. 하나님의 삼위가 그러하다. 세 분으로 한 하나님이시고 하나님의 신격은 셋이다.

"예수께서 가라사대 … 내가 하나님께로 나서 < ἐξῆλθον(에크셀~트혼) **나와서** > 왔음이라 나는 스스로 온 것이 아니요 아버지께서 나를 보내신 것이라" (요 8:42)

"하나님이 예수를 일으키사 … 시편 둘째 편에 기록한 바와 같이 너는 내 아들이라 오늘 너를 낳았도다 < γεννάω(겐나오) = 요 3:5절 사람이 물과 성령으로 **나지**(γεννάω 겐나오) 아니하면에서와 동일한 'γεννάω(겐나오)' 임 > 하셨고" (행 13:33)

"나의 아버지께로 감을 기뻐하였으리라 나의 아버지는 나보다 크심 < μείζων(메이존) **더 연장의, 더 위대한** > 이니라" (요 14:28)

"그는 보이지 아니하시는 하나님의 형상이요 모든 창조물보다 먼저나신(the first~born ← 킹제임스성경) 자니" (골 1:15)

"내가 아버지께로서 너희에게 보낼 보혜사(**중보자**) 곧 아버지께로서 나오시는 진리의 성령이 오실 때에" (요 15:26)

"무릇 하나님의 영으로 인도함을 받는 그들은" (롬 8:14)

"자기 속에 계신 그리스도의 영이 그 받으실 고난과 후에 얻으실" (벧전 1:11)

이상의 성경 말씀과 예수님께서 친히 증명하신 말씀들을 볼 때 분명히 예수님은 하나님 아버지에게서 태어나신 아들이요 아버지께로서 나와서 세상에 보내심을 받았으며, 그리고 아버지께서는 나보다 더 연장이라 하셨으니, 하나님의 삼위에서 아들은 아버지가 아니며 아버지가 될 수 없으며 아버지와 같지 않은 신격(神格)인 것이다. 아들이 성령님이 될 수도 없다. 예수님께서는 내가 아버지께로 가면 다른 보혜사 성령님을 너희에게 보내겠다고 하셨으니(요 16:7) 성령님은 예수님께서 이루신 구원의 공효를 적용하고 완성하시기 위해서 보내신 하나님의 또 다른 중보자이신 것이다.

따라서 성령님은 예수님께서 보내신 아버지께로서 나오시는 성령님이라 하셨고, 하나님의 영이라 하셨으며, 또한 그리스도의 영이라 하셨으니, 하나님의 삼위에서 성령님이 아들이 될 수 없고 아버지가 될 수 없는 것이다. 하나님의 삼위에 있어서 성령님은 앞서 비유한 코펠의 세 번째 제일 안에 들어가는 짝이 있는 것과 같이 하나님께 있어 세 번째 영의 신격이신 것이다. 하나님께서는 한 분이신데 역할만 다르게 한다는 삼일하나님론은 하나님에 대해 대단히 잘못된 견해이다.

◆ 하나님의 각 삼위께서는 존재 형태가 다르시다.

하나님의 삼위가 하나 곧 일체 되심을 이해를 돕기 위해 셋이 하나의 세트인 코펠에 비유했지만 하나님의 삼위가 코펠처럼 크기나 순서만 다를 뿐 똑 같은 재질 또는 성질과 모양인 코펠과 같이 규격품이 아닌 것이다. 하나님의 본질에서는 같지만 삼위가 각각의 특색과 모양을 가지신 분이시다.

먼저 성부이신 하나님 아버지는 하나님의 근본으로써 예배를 받으시는 영이신데(요 4:23, 24) 영이라 해서 아무 형체도 없는 분이 아닌 것이다.

요한계시록에 영원한 하나님의 보좌의 광경을 항상 '하나님(아버지)과 어린양의 보좌라 하였지(계 5:7, 13, 7:10, 21:22, 22:1) 예수님만 보좌에 앉으신 것으로 말하지 않은 것이다. 보좌에 앉으신 분이 있다고 하였는데 경배를 받으시는 하나님 아버지가 영이시라 해서 아무 형체도 보이지 않고 보좌만 보이는데 보이는 보좌에 경배한다는 말인가? 보좌에 앉으셨다고 한, 하나님 아버지의 형체는 실제로 사람의 몸을 입으신 예수님과는 다른 영체(靈體)이시지만 사람의 모습으로서 한없이 아름다운 빛의 하나님으로서(딤전 6:16) 그분의 아름다운 영광의 광채가 새 하늘과 새 땅, 새 예루살렘에 빛이 되시는 것이다

하나님 아버지의 영체(靈體)가 있으시다. 사람의 몸 아닌 혼도 눈에 보이지 않으나 몸과 같은 실제적 감관(監官)과 형체를 가지고 있다. 지옥 불꽃 중에서 고통하는 부자의 혼이(몸은 무덤에 있는데) 보고 느끼고 말하고 듣고 생각하는 것으로 예수님께서 말씀하셨으며(눅 16:22~31), 사도 요한에게 주신 계시에서도 순교자의 혼들이 제단 아래서 부르짖어 땅의 심판을 호소할 때에 긴 옷을 주시면서 잠시 쉬라 하셨으니 혼들에게 긴 옷을 주시는 것은 형체가 있음을 말하는 것이다.

그와 같이 지금 범죄 타락한 인간의 눈으로는 보이지 않고,

볼 수도 없으나 하나님께서 보실 때는 영의 영체가 있는 것이다. 사데 교회에 몇 명의 성도들은 흰 옷을 입고 주님과 함께 동행할 것이라 함은 그들의 육체가 입은 옷이 아닌 주님께서 보시는 그들의 영체가 입는 흰옷을 말씀하신 것이다(계 3:4). 라오디게아 교회에게도 "흰옷을 사서 입어 벌거벗은 수치를 보이지 않게 하라" 하신 것도 육신의 옷이 아닌 영체가 입는 옷을 말한 것이다(계 3:17, 18) 라오디게아 교인들만 아니라 허다한 기독교인들이 자신들의 영체가 벌거벗고 있는지? 어떤 옷을 입고 있는지를 도무지 보지 못하고 알지 못하고 있다(계 3:17).

그러므로 하나님께서는 영이시지만 영체를 가지고 계시는 분이시다. 영체가 하나님의 본체이시다. 그 하나님의 본체의 형상과 모양으로 사람으로 나신 분이 예수님이시다(요 1:18; 골 1:15; 히 1:3). 뿐만 아니라 '우리' 이신 하나님께서 사람을 창조하실 때 '우리의 형상을 따라 우리의 모양대로 우리가 사람을 만들고' 라고 하셔서 만드신 하나님의 형상과 모양이 역시 예수님과 같은 현재 우리 사람의 형상과 모양이니(창 1:26, 27) 하나님의 본체 곧 영체의 형상과 모양은 우리 사람의 형상과 모양인 것을 알 수 있다. 예수님 오시기전 주전 593년경에 부름 받은 선지자 에스겔이 본 계시는 하나님 보좌에 한 형상이 있어 사람의 모양 같더라고 하였으니(겔 1:26), 역시 영이신 하나님의 본체(영체)의 형상은 예수님의 사람과 같은 모양이심이 확실하다. 사람을 하나님의 형상과 모양으로 만드셨다고 하셨으니(창 1:26, 27), 의문의 여지가 없는 것이다.

보좌에 앉으신 하나님 아버지의 형체는 사람 모양의 영체로서 그 아름다운 영광이 한량없기에 새 예루살렘은 하나님 아버지의 영광이 비취고 어린양이 그 등이 되셔서 해나 달의 비췸이 필요 없는 것이다(계 21:23). 여기서도 아버지의 영광이 비취는 데 예수님은 그 등이 되신다고 한 것이다. 마치 전기 불이 비췰 때 전구를 통하여 아름답게 효과적으로 밝게 비춰듯이 아버지의 본체 곧 영체의 영광과 그 형상과 모양이신 예수님의 역할은 불가분의 관계인 것이다. 그러므로 하나님 아버지와 아들 예수님을 혼동하지 말아야 한다. 예수님께서는 하나님 보좌 가운데가 아니라 보좌 우편에 앉으셨다고 성경은 거듭 거듭 말하였다(마 22:44, 26:64; 막 16:19; 눅 22:69; 행 7:56; 롬 8:34; 히 1:3, 13, 8:1, 10:12, 12:2; 벧전 3:22). 기독교는 하나님 아버지에 대해 너무나 무관심하고 모르고 있다.

그리고 하나님 보좌 앞에 일곱 등불 켠 것이 있는데 이는 하나님의 일곱 영이라 하였으니(계 4:5) 성령님을 말한 것이 분명하다. 보좌에서 성령님은 그렇게 위치하신다. 성경대로 아무리 잘 이해를 해도 지금은 우리가 거울로 보는 정도이고 천국에 들어 갈 때는 직접 보게 될 것이므로 그 때 그 감탄과 감격 이루 말할 수 없을 것이며 영원토록 찬양하고 찬양하며 보고 보아도 더 좋을 뿐일 것이다.

◆ 하나님 각 삼위의 사역의 특징

하나님의 각 삼위는 앞서 말한 것 같이 한 하나님 안에서 실재하심에서 특색이 있는 동시에 일하심에 있어서도 특징이 있다.

▷ 성부(아버지): 작정(作定)하고 주관하는 일을 하신다.

"알지 못하던 시대에는 하나님이 허물치 아니하셨거니와 이제는 어디든지 사람을 다 명하사 회개하라 하셨으니 이는 정하신 사람으로 천하를 공의로 심판할 날을 작정하시고 이에 저를 죽은 자≮들≯가운데서 다시 살리신 것으로" (행 17:30, 31)

"사람이 제비를 뽑으나 일을 작정하기는 여호와께 있느니라" (잠 16:33)

"사람의 마음에는 많은 계획이 있어도 오직 여호와의 뜻이 완전히 서리라" (잠 19:21)

"사람의 일의 작정은 여호와께로 말미암느니라" (잠 29:26)

"만군의 여호와께서 맹세하여 가라사대 나의 생각<**생각, 뜻**>한 것이 반드시 되며 나의 경영<עֲצָתִי **결심, 결정**>한 것이 반드시 이루리라. 만군의 여호와께서 경영<עֲצָתִי **결심, 결정**>하셨은즉 누가 그것을 능히 폐하며 그 손을 펴셨은즉 누가 능히 그것을 돌이키랴" (사 14:24, 27)

"온 땅을 멸망시키기로 작정하신 것을 내가 만군의 주 여호와께로서 들었느니라" (사 28:22) .

▷ 성자(아들): 아버지의 뜻을 실행하는 일을 하신다.

"예수께서 이르시되 나의 양식은 나를 보내신 이의 뜻을 행하며 그의 일을 온전히 이루는 이것이니라" (요 4:34)

"내가 하늘로서 내려 온 것은 내 뜻을 행하려 함이 아니요 나를 보내신 이의 뜻을 행하려 함이니라" (요 6:38, 39)

"아버지께서 내게 하라고 주신 일을 내가 이루어 아버지를 이 세상에서 영화롭게 하였사오니" (요 17:4)

"예수께서… 다 이루었다 하시고 머리를 숙이시고 영혼이 돌아가시니라" (요 19:30)

"자기 피로 영원한 속죄를 이루사 단번에 성소에 들어가셨느니라" (히 9:12)

"영원하신 성령으로 말미암아 흠없는 자기를 하나님께 드린 그리스도의 피가 어찌 너희 양심으로 죽은 행실에서 깨끗하게 하고 살아계신 하나님을 섬기게 못하겠느뇨" (히 9:14)

▷ 성령(영): 하나님의 모든 일을 완성하는 일을 하신다.

"내가 떠나가는 것이 너희에게 유익이라 내가 떠나가지 아니하면 보혜사가 너희에게 오시지 아니할 것이요, 가면 내가 그를 너희에게 보내리니, 내가 아직도 너희에게 이를 것이 많으나 지금은 너희가 감당치 못하리라. 진리의 성령이 오시면, 그가 너희를 모든 진리 가운데로 인도하시리니, 그가 자의로 말하지 않고 오직 듣는 것을 말하시며, 장래 일을 너희에게 알리시리라" (요 16:7, 12, 13)

"하나님의 나라<**왕국**>는 먹는 것과 마시는 것이 아니요, 오직 성령 안에서 의와 평강과<**평화와**> 희락이니라. 이로써 그리스도를 섬기는 자들은 하나님께 기뻐하심을 받으며, 사람에게도 칭찬을 받느니라" (롬 14:17, 18)

"너희도 성령 안에서 하나님의 거하실 처소가 되기 위하여 예수 안에서 함께 지어져 가느니라" (엡 2:22)

이사야 9:6~7절에 "이는 한 아기가 우리에게 났고 한 아들을 우리에게 주신 바 되었는데, 그 어깨에는 정사를 메었고, 그 이름은 기묘자라, 모사라, 전능하신 하나님이라, 영존하신 아버지라, 평강의 왕이라. 할 것임이라 … 만군의 여호와의 열심이 이를 이루리라" 예언한데서 나실 메시야 곧 그리스도를 '영존하신 아버지' 라 한 것인데 '아버지' 라는 호칭은 직접적 의미로만 아니라 비유적 · 간접적 적용에서도 '아버지' 를 사용하기도 한다. 성경의 예를 보면, 음부에 간 부자가 '아버지 아브라함이여' 라고 부른 것이나(눅 16:24), 유대인들이 자기들의 조상 아브라함을 '우리 아버지는 아브라함이라' 한 것이나(요 8:39), 엘리야가 회리바람을 타고 승천할 때 엘리야의 제자 엘리사가 '내 아버지여' 라고 한 것(왕하 2:12), 그리고 나아만 장군이 엘리사의 지시에 불평했을 때 신하들이 '내 아버지여' 라고(왕하 5:13) 한 것 등이다. 조상이나 스승이나 상관 또는 지극히 존경하는 대상에 대하여 '아버지' 라는 호칭을 한 것이다.

세상에 오실 메시야 그리스도를 예언자가 '영존하신 아버지' 라고 했다해서 성자가 곧 성부라는 말이 아니며, 메시야가 구원하실 자들에게 아버지와 같이 높여지실 분이라는 말인 것이다. 왜냐하면 이사야 9:6~7절에 '영존하신 아버지' 라 할 "한 아기 … 한 아들을 우리에게 주신 바 되었는데" 라고 하였으니 하나님 아버지는 아들을 메시야로 보내 주시는 분이시고, 보냄 받아 태어나실 그리스도님은 아들 곧 성자인 것이다. 전능하신 하나님께서 아들이나 성령이 필요하시니 두실 수 있는 것이다. 이에 대하여 사람이 감히 하나님께 어떻게 그러하실까 하고 왈가왈부 의문을 가지는 것은 아주 어리석은 처사이다. 그래서 이해가 어렵다 하여 자기 이해하는 대로 '영존하신 아버지라' 한 한 곳의 말을 가지고 예수님께서 친히 하나님 아버지께서는 한 분만 계신다 하시고(마 23:9), 아버지가 엄연히 달리 계심을 무수히 말씀하셨는데도 불구하고 아버지 하나님과 아들 하나님을 동일한 분으로 해석하여 삼위 하나님을 삼일 하나님으로 가르치고 믿게 하는 것은 대단히 잘못하는 일이다.

그리고 빌립보서 2:5,6절에 "너희 안에 이 마음을 품으라 곧 그리스도 예수의 마음이니 그는 근본<ὑπάρχων 휘파르크혼 **아래에서(조용히)시작하다, 생기다, 참석하다, 가까이 있다, 존재하다**> 하나님의 본체<μορφῇ 모르프헤~ **모양, 형태, 본성**>시나 하나님과 동등<**동등, 같음. 유사**>됨을 취할 것으로 여기지 아니하시고" 라고 하신 말씀은 성자 예수님께서 성부 하나님 그 자체시라는 말이 아니다. 오히려 이 말씀은 예수님께서 세상에 오시기 전에 하나님의 모양으로 아버지 아래서 (아버지를 닮은 아들로 생겨나)조용히 시작되어 아버지와 함께 영광 중에 계시던 분으로 사람과 같이 되어 세상에 오셔서 죽기까지 하나님 아버지의 뜻에 복종하셨다는 것이다. 그러므로 개역성경의 번역은 예수님을 하나님 아버지와 같은 분으로 오해하게 하는 잘못된 번역이다.

그리고 9~11절에 "이러므로 하나님이 그를 지극히 높여 모든 이름 위에 뛰어난 이름을 주사 … 모든 무릎을 예수의 이름에 꿇게 하시고 모든 입으로 예수 그리스도를 주라 시인하여 하나님 아버지께 영광을 돌리게 하셨느니라"고 하였으니 높여 주신 분은 하나님 아버지요 높임을 받은 분은 하나님의 아들인 것이다. 분명히 아버지의 실재와 아들의 실재가 다르지 하나의 실재가 아닌 것이다. 그리고 아들 그리스도 예수님으로 말미암아 영광을 받으시는 분은 아들 자신이 아니요 하나님 아버지시라고 하였으니, 하나님 아버지와 하나님의 아들이신 예수님을 하나의 실재라고 하는 것은 하나님께 대한 큰 잘못인 것이다.

◆ 하나님이라는 본질에는 삼위가 동등하시다.

예수님께서 아버지와 나는 하나이시라고 하신대로(요 10:30)

하나님의 삼위는 하나이신 하나님이면서 이렇게 아버지와 아들과 성령님이라는 신분에서 다르고, 존재하시는 형태가 다르고, 사역하심이 다르지만, 하나님이라는 본질에는 하나이며 동등하신 것이다. 아버지와 아들과 성령님을 구별하여 말하였으나 삼위가 하나님이심에는 동등하다.

성부 하나님 → "여호와는 하나님이시요" (신 4:35). "오직 여호와는 참 하나님이시요 사시는 하나님이시요 영원한 왕이시라" (렘 10:10) "인자는 아버지 하나님의 인치신 자니라" (요 6:27) "아버지는 한분 뿐이시니 곧 하나님이시로다" (요 8:41) "영생은 유일하신 참 하나님과 그의 보내신 자 예수 그리스도를 아는 것이니이다" (요 17:3) "내가 내 아버지 곧 너희 아버지, 내 하나님 곧 너희 하나님께로 올라간다 하라" (요 20:17) "우리에게는 한 하나님 곧 아버지가 계시니 만물이 그에게서 났고" (고전 8:6) "나라를 아버지 하나님께 바칠 때라" (고전 15:24) "예수 그리스도의 아버지 하나님이" (벧전 1:3) "하나님 우리 아버지와 주 예수 그리스도로 좇아 은혜와 평강이 있기를 원하노라" (롬 1:7; 고전 1:3; 갈 1:3; 엡 1:2; 빌 1:2; 골 1:2; 살전 1:1; 딤전 1:2)

성자 하나님 → "태초에 말씀이 계시니라 이 말씀이 하나님과 함께 계셨고 이 말씀이 곧 하나님이시니라" (요 1:1) "그리스도가 저희에게 났으니 저는 만물 위에 계셔 세세에 찬양을 받으실 하나님이라" (롬 9:5) "너희 안에 이 마음을 품으라 곧 그리스도 예수의 마음이니 그는 근본< ***ὑπάρχων* 가까이 있다, 존재하다**> 하나님의 본체< ***μορφῇ* 모양, 형태, 본성**>시나 하나님과 동등< **동등, 같음, 유사**> 됨을 취할 것으로 여기지 아니하시고" (빌 2:5,6) "복스러운 소망과 우리의 크신 하나님 구주 예수 그리스도의 나타나심을 기다리게 하셨으니" (딛 2:13) "참된 자 곧 그의 아들 예수 그리스도 안에 있는 것이니 그는 참 하나님이시요 영생이시라" (요일 5:20).

성령 하나님 → "하나님의 사정도 하나님의 영 외에는 아무도 알지 못하느니라" (고전 2:11) "육에 속한 사람은 하나님의 성령의 일을 받지 아니하나니" (고전 2:14) "만일 너희 속에 하나님의 영이 거하시면 육신에 있지 아니하고 영에 있나니 누구든지 그리스도의 영이 없으면 그리스도의 사람이 아니라" (롬 8:9) "예수 그리스도의 성령의 도우심으로 내 구원에 이르게 할 줄 아는고로" (빌 1:19) "자기 속에 계신 그리스도의 영이 그 받으실 고난과 후에 얻으실 영광을 미리 증거하여" (벧전 1:11)

그러나 성경 헬라 원어를 보면 아버지 하나님에는 언제나 정관사가 붙은 ὁ θεὸς(호 트헤오스 ← **그 하나님**)이고, 아들 하나님은 관사가 생략된 θεὸς(트헤오스 ← **하나님**)이다(요 1:1; 롬 9:5; 딛 2:13; 요일 5:20). 특히 요한복음 1:1절을 보면 "이 말씀이 하나님<ὁ θεὸς 호 트헤오스>과 함께 계셨으니 이 말씀은 곧 하나님<θεὸς 트헤오스>이심이라" 하였으니 아버지와 아들에 대한 같은 하나님이라 한 말이라도 성경 원어는 분명히 구별하고 있는 것이다.

♡ 묵상과 기도

2. 하나님의 삼위일체(三位一體)에 대한 바른 이해

◆ 하나님의 삼위는 하나이면서 각각 현존하신다.

하나님의 삼위 일체이심에 대하여 좀처럼 바로 이해하지를 못하여 잘못 생각하는 것은 하나님의 삼위께서 하나이면서 각각 현존하신다는 사실을 잘 이해하지 못하는 것이다. 그래서 자꾸만 한 하나님이 세 과정으로 구약시대는 아버지로, 신약시대에 와서는 아들로, 그리고 예수님이 승천하신 후는 성령님(일곱 영)으로 오셨다는 것이다. 사람이 이해하기는 단순하여 쉽지만 성경에 맞지 않는 것이다. 사람에게 이해하기 쉽게 하는 것이 능사가 아니다.

예수님께서 "나와 아버지는 하나<ἕν 헨>이니라" (요 10:30) 하신 말씀은 단지 외형적 숫적으로 하나라는 말이 아니라 아버지와 근본과 본질이 같은 하나라는 말씀인 것이다. 그런데 사람들은 말의 의미를 제대로 이해치 못하고 숫적으로 하나라는 데만 집착하기 때문에 바른 이해가 어려운 것이다. "주와 합하는 자는 한 영이라"는(고전 6:17) 말씀도 예수님의 영과 거듭나는 자의 영이 섞여서 하나의 영이 되어 예수님과 하나의 신(神)이 된다는 것이다. 참으로 딱하다. 거듭난 자의 영은 새 피조물로서 어디까지나 피조물이지 하나님이신 예수님의 영과 섞여서 창조자와 피조물이 섞여서 하나가 된다는 것은 있을 수 없고 불가능한 것이다. 방자한 신성모독이다. 예수님께서 "나는 하나님 아버지와 하나이라" 하니 유대인들이 하나님을 모독한다고 돌을 들어 치려 했었는데(요 10:30, 31) 예수님께서 하나님 아버지와 하나이시라는 말과 예수님과 구원받은 자가 한 영이라는 말과는 다른 것이다. 신(神)으로서 가지신 속성을 제외하고는 같은 공유적 모든 속성을 가지게 되었다는 말인 것이다. 지나치거나 못미치지를 말아야 한다.

그처럼 아들 예수님께서 "아버지와 나는 하나라" 하신 말씀을 예수님께서 곧 아버지라고 생각하는 것이 바로 그러한 착오인 것이다. 예수님께서 "나와 아버지는 하나이라" 하시면서 하늘에 계신 아버지께 기도하고 아버지를 현존하는 실재로 무수하게 말씀하신 것이다. 예수님께서는 예배를 오직 아버지께 하라 하셨고(눅 4:8, 요 4:23), 기도도 아버지께 하라고 하셨음에도(마 6:9, 요 16:23) 오늘날 기독교는 삼위일체에 대한 명확한 가르침이 없음으로 예배와 기도를 하나님 아버지께 하는 것인지 예수님께 하는 것인지 분간이 없이 왔다 갔다 헷갈리고 있다.

◆ 하나님의 삼위는 하나이면서 순위가 있다.

하나님의 삼위일체에 있어서 또 하나의 문제는 하나님 아버지를 인정하더라도 아버지보다 아들 예수님을 더 앞세우고, 더 부르고, 더 찬양하는 것이다. 마치 예수님께서 복음을 전하시던 유대 땅에 있는 것 같은 기독교의 분위기다. 예수님께서 복음을 전하시던 당시에는 어디서나 '다윗의 자손 예수여 나를 불쌍히 여기소서!' 라고 부르짖었다. 예수님께서 세상에 오시고 복음을 전파하신 목적은 자기로 말미암아 사람들을 하나님 아버지께로 인도하는 것이지 자기에게 오게 함이 아니시었다(요 14:6, 갈 4:6, 엡 2:16~18)

예수님께서 "내가 하늘로서 내려 온 것은 내 뜻을 행하려 함이 아니요 나를 보내신 이의 뜻을 행하려 함이니라"고 하셨고(요 6:38, 39), 가르치고 전파하신 모든 말씀은 예수님께서 친히 하신 말씀이 아니고 하나님 아버지께서 전할 것을 친히 명령하여 주신 말씀이라 하셨고(요 12:49,50) 아버지께서 주신 말씀들을 저희에게 주었다고 하셨다(요 17:8).

예배도 오직 아버지께 하라 하셨고(눅 4:8, 요 4:23), 기도도 아버지께 하라고 하셨다(마 6:9, 요 16:23). 예수님께서 "아버지께서 내게 하라고 주신 일을 이루어 아버지를 이 세상에서 영화롭게 하였다"고 하셨다(요 17:4). 사람의 모양으로 세상에 오셔서 자기를 낮추시고 십자가에 죽기까지 아버지의 뜻에 복종하심으로 아버지께서 그를 지극히 높여 모든 무릎을 예수의 이름에 꿇게 하시고 모든 입으로 예수 그리스도를 주라 시인하여 하나님 아버지께 영광을 돌리게 하셨다고 하였다(빌 2:5~11). 예수님의 이 마음을 품으라고 하였다. 오늘날 기독교는 예수님의 이 마음을 품고 있는가? 예수님께서는 오로지 하나님 아버지를 영화롭게 하는 것이었다. 십자가에 죽기까지 복종하셨다. 베드로는 예수님을 '하나님의 그리스도시니이다'고 고백했고(눅 9:20), 예수님께서는 "≪**나의**≫아버지는 나보다 크시다<*μείζων μού ἐστιν* 메이존 무 에스틴 **나보다 더 연장이시다, 나보다 더 위대하시다**>" 하셨으며(요 14:28), 사도 바울은 '그리스도의 머리는 하나님이시라'고 하였다(고전 11:3)

그런데 오늘날 기독교는 하나님 아버지 보다 예수님이 전면에 부각하고, 그러면서도 예수님의 말씀은 빌라델비아 교회처럼 지키지는 않고 도대체 어떻게 된 것인지, 그 본심 이유는 오로지 믿어 죄사함 받아 지옥 가지 않고 천국 가려는 것이 기독교의 목표가 되어 있기 때문이다. 오로지 구원받기 위해 믿음의 대상이 예수뿐이다. '오직 예수' 라는 말이 사도 바울의 관념에 아주 못미치고 있다.

하나님의 삼위이신 아버지와 아들과 성령님은 엄연히 순위와 서열이 있으시다. 성경에서, 그리고 예수님께서 항상 그 서열을 바꾸어 말씀하신 적이 없다. 사도 바울이 그의 모든 서신에서 '하나님 아버지와 주 예수 그리스도로 좇아 은혜와 평강이 있기를 원하노라' 고 항상 하나님 아버지를 먼저 말했는데(롬 1:7; 고전 1:3; 갈1:3; 엡 1:2; 빌 1:2; 골 1:2; 살전 1:1; 딤전 1:2), 단 한 번 고린도 교회에 기원의 말에서 "주 예수 그리스도의 은혜와 하나님의 사랑과 성령의 교통하심이 너희 무리와 함께 있을지어다" 한 것을(고후 13:13) 기독교는 축도문으로 하고 있다. 그러나 이것은 기원문이기 때문에 사도 바울이 한번 그렇게 말하였다고 해서 크게 잘못은 없다. 그러나 이러한 순서를 교회의 공식적 축도로 하는 것은 잘못이다. 왜냐하면 내용상으로도 주 예수 그리스도의 구원의 은혜는 하나님의 사랑이 먼저 있음으로 이루어진 은혜이기 때문이며, 사도 바울의 모든 서신에서도 보는 바 이것을 교회의 공식적 축도로 하는 것은 옳지 않고, 그리고 무엇보다 하나님의 삼위의 서열상 정당하지 않으며 예수님의 의사와도 결코 맞지 않는 것이다(예→마 28:19; 요 14:8). 하나님은 무질서(어지러움)의 하나님이 아니시다(고전 14:33).

◆ 삼위일체와 유일하신 하나님

하나님께서는 삼위일체이시고 또한 유일하신 하나님이라고 함에서 혼동한다. "이스라엘아 들으라 주 곧 우리 하나님은 유일한<εἶς(에이스) (숫적인) **하나**>주시라" 함은(막 12:29) 숫자적으로 오직 하나인 것을 말한 것이며, "유일하신<*μόνου*(모누) **하나인, 유일한, 단순한**> 하나님께로부터 오는 영광은 구하지 아니하니 어찌 나를 믿을 수 있느냐"(요 5:44) 하신 것은 하나님 아버지를 말씀하신 것이며, "만군의 여호와여 주는 천하 만국의 유일하신 <בַּד(바드) **분리, 오직, 혼자**> 하나님이시라" (사 37:16)에서 '유일하신' בַּד(바드)라는 말은 여럿이 있는 가운데서 하나를 분리해 낸 하나를 말한다. 그러므로 유일하신 하나님이라 할 때는 한 분밖에 없으신 하나님을 뜻하는 것은 사실이나 하나님의 삼위 중에서도 특별히 성부 하나님을 따로 구별하여 유일하신 하나님이라고 해야 하는 것이다.

성경에서 유일하신 하나님이라 할 때는 반드시 정관사가 붙은 *ὁ θεὸς*(호 트헤오스 ← **그 하나님**)는 성부 하나님(여호와 하나님)만을 지칭하고 있는 것이다(신 4:35, 4:39, 6:4; 삼하 22:32; 왕상 8:23; 사 37:16, 44:6, 45:5; 렘 10:10; 막 12:29).

예수님께서도 자신을 제외한 성부 하나님만을 지칭하여 유일하신 하나님이라 하신 것이다. "예수께서 대답하시되 첫째는 이것이니 이스라엘아 들으라 주 곧 우리 하나님은 유일한 주시라"(막 12:29) "유일하신 하나님께로부터 오는 영광은 구하지 아니하니 어찌 나를 믿을 수 있느냐" (요 5:44) "영생은 곧 유일하신 참 하나님과 그의 보내신 자 예수 그리스도를 아는 것이니이다" (요 17:3)

사도 바울도 "하나님은 한 분이시요 또 하나님과 사람 사이에 중보도 한 분이시니 곧 사람이신 그리스도 예수라" 하였으니(딤전 2:5) 하나님은 한 분이시라 한 것은 성부 하나님을 지칭한 것이며 성자 하나님에 대하여는 중보자, 그리스도, 예수님이라 하였으니 유일하신 하나님이라 할 때는 삼위 하나님 중에서 성부 하나님만을 지칭한다는 것을 알 수 있다.

그리고 삼위 하나님을 함께 기록한 말씀에서(마 3:16; 롬 14:17,18; 고전 8:6; 고후 13:13; 딛 3:4~6) 볼 수 있는 것은 성자와 성령님께 대해서는 예수 그리스도와 성령님이라는 명칭을 사용했지만 성부 하나님이신 여호와 하나님을 특별히 하나님이라고 명칭하고 있으니 유일하신 하나님이라 할 때는 성부 하나님을 지칭한다는 것을 알 수 있다.

또한 성부 하나님께서 성자 하나님을 '아들' 이라고만 하셨지 한번도 '하나님' 이라고 하시지 않으셨다(마 3:17, 21:37; 막 9:7). 그러나 성자 하나님께서 성부 하나님을 지칭할 때는 언제나 '하나님' 이라고 하신 것이다(마 4:10, 5:45, 15:4, 6, 16:23, 19:6, 26, 22:21, 29, 31, 32, 23:22; 막 3:35, 7:8, 9, 10:14, 15, 18, 23, 25, 27, 11:22, 12:27, 34, 13:19; 눅 7:28, 8:21, 11:20, 28, 42, 12:6, 8, 9, 20, 24, 16:15, 17:18, 18:27, 20:36, 38, 22:69; 요 3:16, 17, 18, 33, 34, 36, 4:10, 24, 5:42, 44, 6:29, 33, 46, 7:17, 8:40, 42, 47, 9:3, 10:35, 11:4, 40, 13:3, 13:31, 32, 14:1, 16:27, 17:3, 20:17)

이렇게 성부 하나님과 성자 하나님간에 서로 지칭하시는 칭호가 이렇게 완전히 다른 것이다. 그러니 여기서도 유일하신 하나님이라 할 때는 성부 하나님을 지칭한다는 의미를 알 수 있는 것이다.

성자 하나님과 성령 하나님께서 성부 하나님으로부터 나시기 전에는 성부 하나님 한 분 뿐이셨는데 성부 하나님께서 아들을 낳으셨다고<*γεννάω*(겐나오) 시 2:7; 행 13:33; 히 1:5; 참조→ 요 5:26; 골 1:15; 히 1:2; 잠 8:22~31> 하셨으며, 예수님 자신도 하나님에게서 나와서 세상에 보냄을 받았다고 하셨으며(요

8:42), 성령님도 하나님에게서 나오시는 영으로서 세상에 보내졌다고 하신 것이다(요 15:26).

기도도 예수님의 이름으로(요 16:23,24) 성령님에 의해(엡 6:18) 하나님 아버지께 드리는 것이며(요 16:23), 예수님도 하나님 보좌 우편에서 하나님 아버지께 기도하시며(롬 8:34; 히 7:27), 성령님께서도 성도 안에서 하나님의 뜻대로 성도를 위하여 기도하신다고 했다(롬 8:27).

◆ 삼위일체의 지혜와 권능과 영광

하나님의 삼위간에 질서가 있고 유일한 하나님은 아버지를 지칭한다고 해서 성자와 성령님은 별스럽지 않으신 신격으로 생각하면 오해이다. 다만 하나님의 존엄하신 삼위의 존재하심에 엄연히 질서가 있고 대표성이 있다는 의미이지 성자와 성령님은 별 위엄(威嚴)이 없는 분이란 말이 결코 아니다. 삼위 하나님에게 있어 성부와 성자와 성령님의 지혜와 권능과 영광 그리고 하나님의 모든 속성에 있어 동등하신 것이다. 왜냐하면 세 신격이 삼위일체로 한 하나님이시기 때문이다.

하나님만이 가지신 비공유적 속성인 홀로 충족하심, 불변하심, 무한(영원,편재)하심, 유일하심, 절대적 완전하심이 삼위 하나님 아버지와 아들과 성령에게 있어 동일한 것이다. 사람이 생각하는 차원의 하나님이 아니시다. 한마디로 상상을 초월하신다.

성경에 계시하여 주신 바 하나님의 삼위일체에 대한 바른 이해는 하나님을 참되고 살아 계시며 그 존재하심이 얼마나 영화롭고 충만하신 분이심을 알아 경외하게 한다. 또한 그러한 말로 다할 수 없는 위대하신 하나님께서 아들과 성령님으로 더불어 교통하시며, 아들과 성령님으로 말미암아 피조물인 사람에게 자신을 주시고 임마누엘로 함께 하시는 분이심을 알므로 감격케 하는 것이다.

그러므로 삼위일체에 대한 바른 이해는 기독교 실제의 중요한 초석이며 전(全) 하나님의 구속계시의 심장이다. 삼위일체 하나님께서는 인간이 받는 모든 복락의 원천이시며, 구속받은 성도들이 영원토록 찬양하고 경배드려도 다 할 수 없는 감동의 대양(大洋)이시다.

◆ 삼위일체와 영광 받으심

하나님께서 영광 받으시는 것이 모든 최후의 궁극적 목적이다. “여호와여 신 중에 주와 같은 자 누구니이까? 주와 같이 거룩함에 영광스러우며 찬송할 만한 위엄이 있으며 기이한 일을 행하는 자 누구니이까?” (출 15:11) 하였다.

창조하심을 하나님의 영광을 위하여 찬송을 부르게 하시려고 지으시고 만드셨다고 하셨으며(사 43:7, 21), 만물도 하나님의 말씀이신 그 아들로 말미암아<δία **통하여, (그것)때문에, ~에 의해서, ~를 위하여**> 지은바 되었고 지은 것이 하나도 그가 없이는 된 것이 없다고 하셨다(요 1:3, 골 1:16). 창조하실 때에 하나님께서 ‘우리가 사람을 만들고’ 라고 하셨으니(창 1:26) 창조를 삼위 하나님께서 같이 하신 것을 분명히 알게하는 것이다.

그리스도 예수님으로 말미암아 구속하심도 하나님의≪그≫ 은혜<ὁ χάριτος (호 크하리토스)>의 영광을 찬송하게 하려 하심이라고 하였고(엡 1:3~14), 예수 그리스도로 말미암아 의의 열매가 가득하여 하나님<θεοῦ>의 영광과 찬송이 되게 하신다고 하였으며(빌 1:11), "영광의 영 곧 하나님의 영이 너희 위에 계심이라" 하였다(벧전 4:14). 하나님 아버지의 영 곧 성령님은 '영광의 영' 이라하였으니 하나님 아버지와 아들 예수님이 영광과 찬송과 경배를 받으시는 것은 곧 성령님께서 영광과 찬송과 경배를 받는 것이기에 성경에 별도로 말하지 않고 있는 것이다. 삼위일체 하나님께서 함께 영광을 받으시는 것이다. 천국에서 '거룩하다, 거룩하다, 거룩하다 세 번 말하는 것은 삼위께 돌리는 영광을 의미한다. 그러나 영광의 궁극적인 귀착점은 하나님 아버지께 돌려지는 것이다. 하나님 아버지께서는 근원이시기 때문이다. 할렐루야! 아멘!

♡ 묵상과 기도

갈릴리의 나사렛은 요셉과 마리아의 고향 땅이었다. 이곳에서 예수님은 어린 시절과 청년 시절의 대부분을 보내셨다.

☆ 설교 ☆

동일한 규칙과 표준으로 행진하라

【빌 3:1~21; 갈 6:14~17】

교회의 중요한 요소 중에 하나는 개인과 가정과 교회가 일치되고 하나 되는 것입니다. 요한복음 17장에 예수님의 고별기도에서도 제자들이 완전함을 이루어 < τετελειωμένοι(테텔레이오메노이) > 하나 되기를 기도하셨습니다(21~23). 사도 바울도 에베소 교회에 보낸 서신에서 교회에 대하여 말씀하면서 하나 되게 하셨다는 것을 거듭 말씀하였습니다(1:10, 22, 2:14~18, 22, 3:6, 4:3~6, 13).

예수님이 세우셨던 최초 예루살렘 교회는 먼저 예수님의 명하심에 따르는 약120명이 하나가 되어 < **만장일치로, (마음이)하나가 되어, 한 마음을 가지고** > 기도와 간구에 전념하더라 < **진지하더라, 끈질기게성실하더라, 정성을 들이더라** >고 하였고(행 1:14), 오순절후 사도들의 가르침을 받으며 교제하고 떡을 떼며 기도하기를 전혀 힘쓰며 "그들은 날마다 하나가 되어 < **만장일치로, (마음이)하나가 되어, 한 마음을 가지고** > 꾸준히 성전에 모이며"라고 하였습니다. 그리고 사도행전 4:24, 32절에도 "다같이 < **한마음을 가지고** > 하나님께 음성을 높여 아뢰기를" "믿는 사람들의 무리가 한 마음과 한 혼이 되어 아무도 자기 소유를 자기 것이라고 주장하는 자가 없고 모든 것을 공동으로 쓰니라"고 하였습니다. 완전히 일치하여 하나의 몸과 같은 공동체, 예수님을 머리로 하여 완전한 한 몸이 되었던 놀라운 사실입니다.

그런데 오늘날 기독교의 복음과 신앙은 천태만상(千態萬象)

일치되지 않고 어찌 그리 중구난방 제마다 다른지 통탄할 일입니다. 원인은 최초 예루살렘 교회와 같은 사도들이 일치되어 가르친 동일한 규칙과 표준이 없기 때문입니다.

사도 바울은 빌립보 교회에 편지하면서 자신의 신앙생활의 상태와 모습을 일괄하여 말하면서 "오직 우리가 어디까지 이르렀든지 그대로<**동일하게**> 행할 것이라<***στοιχεῖν*** **규칙을 지켜 행하며, 행진하며(군대가 발을 맞추어),(질서 있게) 걸으며, 경건과 덕을 이루며**> ≮*αὐτῷ* **동일한**≯ ≮***κανόνι*** **규칙을 (믿음과 행함의)표준을**≯ ≮***φρονεῖν*** **생각할 것이라**≯" 하였습니다.(16)

"오직 우리가 어디까지 이르렀든지 동일한 규칙을 지켜 행진하며 동일한 표준을 생각할 것이라"는 말씀을 한글 개역성경에는 삭제하고 변개하여 "오직 우리가 어디까지 이르렀든지 그대로 행할 것이라"고 성경을 번역해 놓았으니 오늘날 기독교는 변개한 성경대로 천태만상 각기 제멋대로 신앙생활을 하고 있는 것입니다.

사도 바울이 동일한 규칙을 지켜 행진하고 동일한 믿음과 행함의 표준을 생각하라 하면서 이어 "형제들아 너희는 함께 나를 본받으라<*Συμμιμηταί*(쉼미메타이) **본받는 자가 되라**>하고는, 사도 바울 자신의 신앙과 삶을 일괄하여 보이기를

1〉 성령으로 하나님께 봉사하며 그리스도 예수 안에서 자랑하고 육체를 신뢰하지 않으며(2~5),

2〉 자신에게 유익하던 무엇이나 그리스도를 위하여 해로운 것으로 여기고, 잃어버리고 배설물로 여겼으며(7~9),

3〉 부활의 능력과 그의 죽으심의 고난에 참예하여 그의 죽으심을 본받으며(10,11),

4〉 뒤에 있는 것은 잊어버리고 부르심의 상을 향해 좇아갈 뿐

이며(12~15),

5〉 시민권이 하늘에 있으므로 주 예수 그리스도를 기다린다고 한 것입니다(20, 21).

사도 바울은 자신을 본받으라 하면서 기독교인들에게 이러한 규칙과 표준을 동일하게 생각하여 행진할 것을 권면한 것입니다.

그리고 이 규칙<***κανών***(카논) **표준**>으로 행하는 자들 곧 하나님의 이스라엘에 대하여 말한 갈라디아 6:14~17절에서 '나에게는 우리 주 예수 그리스도의 십자가 외에는 결코 자랑할 것이 없나니' 라고 한 말을(14절) 오늘날 기독교는 단편적으로 이해하기를 인간의 행위와 관계없이 오직 십자가에 흘리신 속죄의 보혈의 은혜로 죄인을 구원하시는 놀라운 은혜를 자랑한 것으로 알고 열심히 전파하고 있습니다. 그러나 이것은 사도 바울이 십자가를 자랑한다고 한 말의 의미를 바로 알지 못하고 올바로 전하지 못하고 있는 것입니다.

사도 바울이 자랑한다고 한 주 예수 그리스도님의 십자가는 '**그**(십자가)**로 인하여**' 세상이 나에게 십자가에 못 박히고 나도 세상에게 십자가에 못 박힌 것을 말한 것이며(14절) 그리하여 새로운 피조물된 것을 말한 것이지(15절) 단지 십자가에 피흘리심으로 죄를 속하신 것만을 말한 것이 아닌 것입니다. 복음을 표면적으로만 알고 믿는 경향 때문인 것입니다. 그리스도 예수님의 십자가는 새 피조물 되게 하십니다.

십자가는 수치와 고통과 죽음의 도구입니다. 이러한 십자가가 기독교의 상징이 되어 있지만 그 의미를 사도 바울처럼 자신의 삶에 올바로 적용한 새 피조물 된 기독교인은 극히 찾아보기 어렵습니다. 그리스도 예수님의 십자가는 먼저 그의 죽음과의 연합이며 그런 자, 그리스도 예수님과 함께 죽은 자가 그의 부활과 연합하여 새 피조물로 거듭나는 것입니다. 그리스도 예수님과 함께 죽지 않은 자는 그리스도님의 부활에 연합할 수 없습니다. 함께 죽고 함께 부활한 것을 믿으면 그렇게 된 것이라고 일반적으로 인식케 하는데, 그러나 중요한 것은 그러한 그리스도 예수님과 함께 죽음과 부활이 자신에게 실재화 되었는가 하는 것입니다. 실재가 없으면 허구(虛構)입니다. 그 실재화는 먼저 그리스도인에 대한 세상의 죽음입니다. 나에게 있어 세상이 못 박혀 죽어졌습니까?

세상은 구속받지 않은 피조물을 총체적으로 나타내는 것입니다. 사도 바울은 자기에게 있어 세상이 십자가에 못 박혀 어떻게 되었다고 말하였습니까? 자신에게 유익하던 것<*κέρδη* (케르데) **이득, 재물**>은 무엇이나 그리스도를 위하여 다 손해로<*ζημίαν* (제미안) **해로운 것으로**> 여기며 모든 것을 잃어버리고 배설물로 여겼다고 하였습니다(빌 3:7, 8). 세상에 있는 것들은 바울에게 더 이상 관심과 매력의 대상이 되지 못하였습니다. 그리스도를 위하여 해로운 것으로 까지 여겼습니다.

그렇다고 해서 세상을 무조건적으로 거부하는 것도 아니며 무조건 굴복하는 것도 아닙니다. 그리스도인들은 세상 안에서 사는 만큼(고전 5:10; 빌 2:15) 세상과의 관계는 면할 수 없습니다. 그럼에도 불구하고 그리스도인들의 생활은 세상과 하등의 관련이 없는 듯해야 하는 것입니다(고전 7:29이하).

이렇게 세상은 신자들에게 있어 십자가에 못 박혀 죽어 가치 없고 관심 없게 되었으며, 또한 그리스도인들은 세상에 대하여 십자가에 못 박혔습니다(갈 6:14). 그리스도인들은 이 세상에 휩쓸리지 않으며(벧전 4:4). 이 세상과 친구가 되지 않습니다.

그것은 하나님과 원수가 되는 것이기 때문입니다(약 4:4). 바울은 세상의 쓰레기 같이 되고 만물의 찌꺼기가 되었다고 하였으며(고전 4:13). 전염병자로 그리고 이단의 두목으로 취급받았습니다(행 24:5). 그리스도 예수님과 함께 십자가에 못박히고 그리스도 예수님의 부활에 연합한 성도는 세상 사람이 볼 때 하등의 존재 가치가 없고 쓸모 없는 존재인 것입니다.

그리스도 예수님의 십자가가 자랑이 되는 것은 속죄하심만 아니라 새로운 존재 곧 새로운 피조물이 되게 하신 것 때문입니다. 바울처럼 새로운 피조물 되는 구원을 받는 자들은 구원이 상실 될 수 없고 영만 아니라 마음까지 새로워지는 것입니다. 속죄함을 받을 뿐만 아니라 새로운 피조물로 창조함을 받아 사도 바울을 본받는 자가 되는 이 규칙과 표준으로 행진해야 할 것입니다. "이 규례<**표준 *κανών***(카논) **규칙, 표준**>를 따라 행진하는 자들에게와 하나님의 이스라엘 위에 평화와 자비가 있을 지어다"고 하였으니(16절) 십자가의 진정한 자랑 곧 새로운 피조물 되는 규칙과 표준을 따라 발맞추어 행진하는 자들이 진정 하나님의 이스라엘이란 말입니다. 기독교는 이 동일한 규칙으로 행진하고 동일한 표준을 생각해야 합니다.

♡ 묵상과 기도

[제 7 장 정 리 문 제]

1. 예수님이 가르치신 말씀과 전파하신 복음은 주로 무엇을 목표로 하였는가?

2. 주님의 오심이 늦어지리라 생각한 종들은 어떤 자와 함께 몫을 받는가?

3. 진정한 그리스도인의 가장 확실한 특징은 무엇인가?

4. 백 배나 보상받는 것은 언제 어떻게 받는 것인가?

5. 예수님이 예비하신 처소는 어떠한지 보여 주시고 기록하여 주신 말씀이 어디에?

6. 새 예루살렘의 구도와 크기는 얼마이며 모두 무엇으로 되었는가?

7. 최종적으로 왕국은 누구에게 바쳐지는가?

♤ 쉼터 ♤

우주 비행사가 그의 달 여행 준비로 매우 분주한 우주비행사에게 신문 기자들이 인터뷰를 했다. "지금 소감이 어떻습니까?" 그러자 우주비행사는 "만약 당신이 십오만개 이상의 많은 부속품으로 조립된 우주선을 타고 달나라를 가게 되었는데 그 부속품들이 모두 최저 입찰가격으로 낙찰된 부속품들이라는 것을 알았을 때 당신의 소감은 어떻겠소?"라고 반문했다.

제Ⅱ부 맺는 말

하나님께서는 아모스 선지자를 통해 이스라엘 백성들의 패역함으로 인해 말씀의 기근을 보내신다고 하셨는데, 지금도 그러하다.

"주 하나님이 가라사대 보라 날이 이를지라, 내가 기근<רָעָב(라아브) **굶주림, 기근**>을 땅에 보내리니, 양식이 없어 주림<רָעָב(라아브) **굶주림, 기근**>이 아니며, 물이 없어 갈함<צָמָא(짜마) **목마름, 갈망**>이 아니요, 여호와의 말씀을 듣지<לִשְׁמֹעַ(샤마) **듣지(주목, 순종), 순종하지, 복종하지, 지각하지, 이해하지**> 못한 기갈이라. 사람이 이 바다에서 저 바다까지 북에서 동까지 비틀거리며<נוּעַ(누아) **방랑하며, 돌아다니며, 비틀거리며**>, 여호와의 말씀을 구하려고 달려 왕래하되<שׁוּט(슈트) **돌아다니되, 이리저리 뛰되**>, 얻지<מָצָא(마짜) **나타나지, 존재하지, 발견하지, 획득하지, 만나지, 충족하지**> 못하리니, 그날에 아름다운 처녀와 젊은 남자가 다 갈하여<צָמָא(짜마) **목말라**> 피곤하리라."(암 8:11~13) 하였으니, 오늘날도 말씀의 기근은 귀로 말씀을 듣지 못하는 기근과 갈함이 아니라, 말씀은 너무나 많으나 바른 말씀이 희귀하고, 말씀은 무수히 보기도 하고 들을 수도 있으나, 특히 바른복음의 말씀을 보고 들어도 깨달아지지 않고, 실행되지 않으므로, 영혼에 영양이 되지 않고, 해갈이 되지 않아, 곤비하고, 약하게 된다는 말씀인 것이다.

바로 깨닫기 위해서는 우선 바른 복음의 말씀을 들어야 하고, 그리고 깨달아 순종하는 것이 중요하다. 이 두 가지가 구비되면 진리의 성령님께서 역사하신다.

성령님을 하나님의 일곱 영이라 하셨다.(계 4:5) 완전하게 일곱 가지 또는 일곱 단계로 역사하시는 영이시라 해서 틀리지 않을 것이다. 그러고보니 예수님(사도들)께서 가르치고 전파하신 복음의 일곱 요소와 단계는 예수님께서 보내신 진리의 성령님께서 생각나게 하시는 예수님의 말씀이며, 인도하시는 진리임을 확신한다(요 14:26, 16:13). 복잡하고 어려운 것 같지만 단순하고 너무나 명료하며 확실하다.

하나님의 통치를 받지 않고 마귀의 통치를 받으며, 하나님의 주권 아래 살지 않고 자기 주권으로 살던, 마귀와 함께 영원한 형벌에 처해질 마귀적 죄를 절실히 깨달아 하나님 앞에 통회자복하고, 마음과 영을 하나님께로 완전히 새롭게 하여 살고자 개심(改心)하면, 성령님께서 거듭나는 새 영과 새 마음을 주셔서 하나님(예수님)의 말씀을 지켜 행하는 사람이 되게 하신다는 것이다. 그런 사람에게는 성령님의 충만함을 선물로 주셔서 하나님(예수님)의 뜻을 완전히 이루는 자가 되게 하시는 것이다. 하나님의 은혜라 함은 예수님을 구주로 믿기만 하면 구원을 주신다는 싸구려 복음이 아닌, 이렇게 영광스럽고 완전하게 구원하시는 은혜를 말함이다. 하나님의 왕국의 복음을 바겐세일 하지 말아야 한다.

한편 하나님을 모르는 자들만 아니라 주 예수≮**그리스도님의**≯복음을<**에**> 복종치<*ὑπακούουσιν*(휘파쿠우신) **아래에서 듣지, 주의 깊게 듣지, 명령이나 권위에 유의하지, 따르지**> 않는 자들에게 멸망의 형벌을 주실 것을 명심해야 한다(살후 1:7~10)

"살리는 것은 영이니 육은 무익하니라 내가 너희에게 이른(말한) 말≮**들**≯이 영<*πνεῦμά* 프뉴~마>이요 생명<*ζωη* 조에>이라. 이러므로≮**그의**≯제자 중에 많이 물러가고 다시 그와 함께 다니지 아니하더라"(요 6:63, 66). 요즘은 바른 복음에 굶주린 심령들을 미혹하는, 해괴망측한, 생명을 받게 한다, 성령을 마시게 한다는 등, 귀신을 쫓는다거나 치유 받게 한다는 정도 이상의 고상해 보이는 고단수 집회가 유행하고 사람들은 이리 몰리고 저리 몰려다니며 가관(可觀)이다. 기독교의 복음에 참된 생명이 없기 때문이다.

"내 양은 내 음성을 들으며 <***ἀκούει***(아쿠에이) (여러 감각에서) **들으며, 깨달으며**> 나는 저희를 알며 저희는 나를 따르느니라 <***ἀκολουθοῦσίν***(아콜루트후~신) **함께 같은 길에 있느니라.** (제자로서)**동행하느니라, 따르느니라**>" (요 10:27) 아멘! 아멘!

♡ 묵상과 기도

제 III 부

바른영성

제 1 장

바른영성이란 무엇인가?

1. '바른영성' 이란 말의 의미

● '영성' 이라는 말의 의미

'영성' (Spirituality)이라는 말은(기독교 신학과 영성, 1995, 협성신학연구소 논문) 「1975년 케냐의 나이로비에서 열린 제5차 에큐메니칼 총회에서부터 이전까지 사용되고 있던 독일어 '경건' (Frőmmigkeit) 혹은 '영적 생활' (geistliches Leben), 영어로는 devoutness(경건) religiosity(믿음이 깊음) 대신 새로운 용어로 사용되기 시작했다. '경건한 것' 은 무언가 다르게 구별된 것으로써 세상과는 동떨어진 것, 그리고 세속을 벗어난 것으로 이해되어지며, '경건' 이란 말은 온순하게 복종하며 사는 사람의 태도를 표현하는데 사용되고 있었다. 그리하여 '영성' (Spirituality)이라는 말로 선택한 것은 '현재 존재하고 있는 모든 영적 자원들을 모두 찾아냄으로써 그리스도인들이 사회를 변화시키기 위하여 애쓰며 싸울 때에 이를 위해 필요한 영적 전제조건을 갖출

수 있게 하기 위함이며, 뿐만 아니라 그리스도인들이 현 시대의 요구에 더 잘 맞는 공동체의 삶을 교회들에게 본보여 줄 수 있게 하기 위함' 이었다.

그러나 '영성' (Spirituality)이라는 용어는 새로운 것이 아니라 이미 옛적부터 있었던 단어이다. 단지 에큐메니칼운동에서 공식적으로 채택되어 사용된 것이다. '영성' (Spirituality)이라는 용어는 터툴리안(A.D. 160~220)에 의하여 처음으로 사용되었던 것 같다. 터툴리안은 라틴어를 사용한 첫 신학자로서 그 당시 헬라어로만 쓰여왔던 많은 용어들을 라틴어로 번역하였는데 그중 하나가 'Spiritualis' 이다. 이것은 헬라어의 *πνευματικός*(프뉴마티코스←**영적인**)를 라틴어로 번역한 것이었다.

성경과 성경 이외의 철학문서들이 모두 다 일률적으로 '*πνευματικός*(프뉴마티코스←**영적인**)' 를 '*ψυχικός*(프쉬크히코스←**혼적인**)' 와 '*σαρκικός*(사르키코스←**육적인**)' 와 대조시켜 사용하고 있는 것이다.(고전 2:13,14, 3:1) 헬라 지식인들은 피조물적 존재에 기초를 둔 자연적인 행위에서 해방되어 육적이며 세속적인 욕구에 이끌려 사는 삶과는 다른 삶, 즉 자신의 영에 이끌려 사는 삶을 살기 위하여 갈망하며 애쓴다. 이것은 개인의 자연성향과 심신의 상태를 있는 그대로 주권적으로 자유롭게 사용하며 이루어 가는 삶이다. 그런데 초대교회의 용어 사용에서는 *πνευματικός*(프뉴마티코스←**영적인**)를 좀더 정확히 정의하고 있으니 거의 대부분의 경우에서 이 용어를 하나님의 '영' 즉 '성령님' 과 연관시키고 있는 것이다. 피조물인 인간이 세속적이며 육적인 상태와 행위에서 해방되는 것이 인간의 영이 노력하여 이루어지는 것이 아니라 그것은 하나님께서 주시는 성령님의 역사와 관련 있는 것으로 이해된 것이다. 그리하여

πνευματικός(프뉴마티코스)는 '영적(靈的)' 이라는 의미의 용어로 쓰여진 것이다.

그러므로 영적 곧 **기독교의 영성이란 '육적이며 세속적인 욕구에 이끌려 사는 삶과는 다른 삶, 즉 성령님으로 말미암아 새 사람으로 거듭난 자신의 영에 이끌려 사는 삶'** 을 말하는 것이다.

법학자이었던 터툴리안은 그리스도교의 순교자들을 보며 감동을 받았고, 또한 부패와 방종이 가득한 대도시들 내에서 흔들리지 않는 높은 도덕성을 보여준 그리스도인들의 영향을 받아 그들의 신앙을 본받게 되었다.

● '바른영성' 이란 말의 의미

그런데 필자가 '바른영성' 이라 지칭(指稱)하는 것은 오늘날 기독교 내에 영성에 대한 견해들이 구구할 뿐만 아니라 일반적으로 진정한 영성 오직 하나의 영성(one exact Spirituality) 곧 예수님께서 보내신 진리의 성령님으로 바른복음을 깨달아 되어진 영성에 정통(正統)하지 못함이 안타까와하는 말인 것이다.

예수님께서는 하나님 아버지께 들은 진리를 증거하러 오셨고(요 8:40, 12:49,50,17:8,17, 18:37) 예수님께서 아버지께 구하여 보내실 보혜사(중보자) 곧 성령님은 진리의 영으로서 그가 예수님께서 제자들에게 말한 모든 것을 가르치고 생각나게 하시며 모든 진리 가운데로 인도하시리라고 하신 것이다(요 14:16, 17, 26, 16:13).

그러므로 보혜사 성령님께서 오셔서 하시는 주요한 첫째 임무는 예수님께서 말씀하신 모든 것을 믿는 자들에게 가르치고 생각나게 하여 그 진리 가운데로 인도하시는 것이다. 그리고 그 진리의 말씀으로 거룩하게<=깨끗하게>하고(요 15:3, 17:17; 엡 5:26; 벧전 1:22) 새 사람으로 거듭나게 하시는 것이다(요 3:5,6, 6:63; 요일 5:1~4; 약 1:18; 벧전 1:22~25; 겔 37:1~10). 그러므로 예수님께서 가르치고 전파하신 바른복음 진리의 말씀과 일치하지 않고 관계치 않으면서 제마다 거듭났다고 하는 것은 자기 기만이요 예수님께 대한 모욕(侮辱)인 것이다.

그러므로 오직 유일하고 정확한 바른영성(one exact spirituality)은 '예수님(사도들)께서 가르치신 말씀과 전파하신 바른복음 진리의 성령님으로 거듭난 자의 삶의 영성' 인 것이다. 그것은 바로 예수님과 사도들의 삶의 질과 일치하고 본받아 성숙해 가는 삶의 영성이다.

영성생활의 목표는 '완전한 사람을 이루어 예수 그리스도님의 성숙의 충만한 정도까지 이르는 것' 이다(엡 4:13). 예수 그리스도님은 믿음의 주(主)이실 뿐만 아니라 완전(完全)케 하시는 분이시므로 주님을 목표로 바라보아야 한다(히 12:2).

♡ 묵상과 기도

2. 기독교의 영성 이해

● 영성의 분분한 이해

그런데 문제는 기독교의 영성에 대한 견해들이 하나로 일치하지 않고 이해가 분분한 것이다. 마치 예수님의 얼굴이라고 그린 화상이 그린 사람마다 다 달라서 똑같은 것이 하나도 없다.

모든 예수님의 상이 다 다르다는 것은 그 중에 맞는 것이 하나도 없다는 말이다. 원인은 예수님의 얼굴 모습이 전해져 오지 않았기 때문에 화가들 각자가 생각하는 예수님상을 그렸기 때문에 모두가 다르고 진짜 예수님 얼굴은 없는 것이다.

복음이나 영성에 대한 견해가 각각 다른 원인은 예수님(사도들)께서 가르치시고 전파하신 바른복음과 영성에 하나로 일치하지 않기 때문이다. 복음과 진리에 대한 견해가 분분하니 영성에 대한 견해가 분분한 것은 당연지사다. 기독교가 영성의 이해에 일치하려면 먼저 바른복음에 일치해야 한다.

현재 '영성' 에 대한 견해들을 들어보면,

* "기독교의 영성은 그리스도 예수님과의 일치와 깊은 하나님 체험 즉 하나님과의 깊은 관계성 회복을 말한다" (류기종)
* "영성이란 하나님과 성서적인 관계를 맺는 삶이다" (리차드)
* "생명으로 충만한 삶이다" (Fax)
* "성경의 진리 안에서 구원받은 자가 하나님의 온전하심에 도달하려는 열망과 전 과정에 대해 그 원리와 방법들을 제시하는 신학의 한 영역이다. 믿음 안에서 예수님과 인격적 교제 가운데 체험되어지는 변혁의 힘이다' (이영두)
* "하나님과 자신의 참된 또는 건강한 자와 모든 사람들, 그리고 피조물 전체와의 여전히 깊은 사랑의 관계 속에서 살아가는 일상적인 매일의 삶이다" (존 웨스터 호프)
* "성령님이 부여하신 활성화와 믿는 자의 영 또는 마음의 지속적인 재활성화를 의미한다" (데이빗구쉬. 월터 잭슨)
* "인간의 하나님 경험과 창조주이시며 구속주이신 하나님께로 그의 삶을 방향전환 하는 것이다" (제임수 구스탑슨)
* "성령님의 능력 안에서 그리스도 예수님을 통하여 성부께

로 나아가는 삶이다. 영성생활은 성령의 능력 안에서 그리스도 예수님께서 사신 것처럼 살므로서 하나님과 일치하는 것, 성령님 안에서 아들과 아버지와 함께 살아감으로써 신앙인의 존재가 하나님의 것으로 변모되는 것을 지향한다" (이학율)

* "영성신학을 실천하는 삶으로 그리스도인의 완덕의 생활을 뜻하는 것인데 완덕이란 창조된 영신에 이룩된 신적 완전함이다" (E . 미루상)
* "성령께 마음을 열고 그 분의 뜻을 따르면서 그리스도 예수님안에서 그 분의 정신과 일치하여 아버지께 나아가는 삶이다" (정대식)
* "성령님의 역사로 거듭난 그리스도인들이 우리를 위해 십자가에서 고난 당하시고 부활 승천하셨으며 하나님의 나라를 완성하시려고 이 세상에 재림하실 예수님을 기다리는 신부들로서 오늘이라는 삶의 현장에서 그리스도 예수님의 완덕에 이르기를 힘쓰며 하나님의 현존을 늘상 체험하며 성령님과 동행하는 하나님을 향한 영적여행이다" (홍성주)
* "기독교 신앙을 삶 속에서 일반적인 형태로 또는 보다 특수화 된 형태로서 실제로 체험하는 것이다" (버나드 맥긴)
* "주 예수님과의 인격적 교제 가운데서 경험하는 삶의 변화인데 하나님이 선물로 주시는 것이다" (노만 사우척)
* "하나님 앞에서 그가 지으신 세계 한 가운데서의 실존적 삶 그 자체, 즉 하나님 안에서 기도하며 사는 것, 그리고 그 분을 통하여 변형되어 가는 인간 정신 일체를 포괄하는 것이다" (김이곤)
* "하나님과의 관계에 기초를 두고 세상으로부터 도피하는

> 탈세계적인 영성이 아니라 그가 지으신 세계 가운데서 그리스도 예수님의 삶을 오늘 우리의 삶 속에서 재현해 냄으로써 체험되는 변혁의 힘이다" (김경재)

오늘날 기독교에 있어 영성의 이해가 분분한 것처럼 오순절 이후 기독교 역사에서도 영성에 대한 이해가 각양각색이었다. 최초 예루살렘 교회에 있었던 바른복음만 아니라 바른영성이 모본으로 변질 없이 이어지고 전수(傳受)되어야 할 것인데 복음이 여러 가지 모양으로 변하여 전파되었듯이 영성의 양상도 여러 모양으로 전파되었다.

대표적인 것이 기독교의 초기부터 A.D. 313년 로마 콘스탄틴 대제의 기독교 자유화칙령이 발표되기까지 오랜 세월 동안 교회에 가해진 가혹한 박해로 인해 모름지기 기독교는 세상에서 도피하여 은둔하여 살아가는 것으로 인식되어진 것이다. 실제 로마 시 근교 카타콤 지하 무덤 동굴에서 발굴된 엄청난 기독교인들의 도피생활처 흔적이 이를 대변하고 있다.

그러한 기독교 박해의 역사 가운데서 중세 로마 교황의 기독교 배척시대까지 발전하게 된 것이 세상과 격리되어 오로지 신앙증진에 힘쓰는 은둔수도자들의 수도원으로의 발전이었다.

기독교 최초의 개인 은둔수도자로 유명한 사람은 성 안토니(A.D. 251~356)인데, 기독교인 부모 밑에서 자란 안토니가 20세 때 양친이 세상을 떠나게 되고 막대한 재산을 남겨두었다. 얼마 후 안토니는 예수님께서 부자 청년에게 하신 말씀 '네가 완전하고져 할진대 가서 네 소유를 다 팔아 가난한 자들에게 주라 그리고 와서 십자가를 지고 나를 따르라' 하신 말씀대로 실천하고져 결심하고, 200에이커가 넘는 비옥한 농원을 처분하여 빈민들에게 나누어주고, 자신은 근처의 한 늙은 은자 밑에서 기도와 단식과 노동의 생활을 보내다가, 그후 멀리 떨어진 묘지로 가서 지하묘지에서 35세가 되도록 수도했고(A.D. 285), 그후 말년에는 나일강에서도 100 마일 들어간 산중에 폐허가 된 성채로 옮겨가서 그곳에서 20년 동안 살며 수도하였다. 그의 소문을 듣고 찾아오는 사람들을 처음에는 거절했으나, 그들의 열정에 못 이겨 자연히 그들이 제자가 되고 함께 생활하며 그들의 지도자가 되었던 것이다. 기도, 명상, 고행, 노동에 주력하였으며 A.D. 356년 105세의 고령으로 세상을 떠났다.

이집트에서 시작된 수도원 운동은 점점 퍼져 시나이 반도와 팔레스틴, 그리고 수리아 지방과 메소포타미아 사막, 알메니아, 카파도키아 지방까지 검은 옷 입은 수도자의 수는 무수하게 늘어갔으며 모두가 이집트의 영향을 강하게 받았다.

이들 동방 여러 지방에서는 수도하는 방법도 각각의 형태로 고안해 냈고, 특히 고행하는 형태에서 서로 경쟁하는 양상을 보였다. 그렇게 남보다 더 고행하려는 이유에는 여러 가지가 있었는데, 자기 죄를 보속(補贖)하려는 생각, 고행이 공덕이 되는줄 여기는 경향, 육체를 죄악시하는 인식, 그리고 호강하고 편한 만큼 영이 죽는다는 관념, 게다가 더러는 가장 극단적인 고행으로 자기 높은 덕을 보이려는 의중이 있기도 했다.

북 이탈리아 여러 도시에는 한 동안 피를 줄줄 흘리는 고행자들이 긴 행열을 지어 다니기도 했다. 그들은 끝에 쇠조각들이 주렁주렁 달린 채찍으로 자기 몸을 사정없이 후려치며 다녔다. 이런 고행을 33일과 반나절 계속만 하면 영혼이 모든 죄에서 씻김을 받는다고 믿었다. 아일랜드의 콜딩함에 아다만(Adaman)은 일주일에 수요일과 주일 두 번만 음식을 먹고 수행했다. 그리고 짐승들처럼 네발로 기어다니며 풀만 뜯어먹는 초식(草食)고행자들도 있었고 스스로 자기 몸을 쇠사슬로 묶는 고행자들도 있었다.

기둥위(柱上) 성자라고 불리는 시메온은(A.D. 390~459) 매일같이 기둥 위에서 계속 서서 있는 고로 몸은 심한 통증에 시달리고, 눈부신 태양의 반사 때문에 시력을 잃어버리는 때도 있었고, 그의 썩어 가는 다리에는 구더기가 우글거리고 있어도 그대로 내버려두었다. 구더기들은 때때로 다리에서 떨어져 기둥 밑에 굴러 떨어지면 그 밑에 앉았던 제자가 구더기를 주어 모아 다시 기둥 위로 던져 올리면 시메온은 위에서 구더기를 받아 다시 자기 다리 상처에 붙여주며 '하나님이 너희들에게 주신 것을 먹으라' 했다는 것이다. 시메온의 기둥 위에서의 수행은 27년 동안 행해졌다. 주후 5세기에 시메온을 기념하는 큰 수도원을 그 자리에 세워 현재까지 오고 있다.

10세기의 어떤 기록에는 겟세마네에는 백 명의 주상수행자들이 있어 한 사람의 지도자 중심으로 집단생활을 하고 있었다고 한다. 그들이 기둥을 택해서 수행한 것은 기둥머리가 지면에서 높이 들린 만큼 하늘에 가깝다는 생각과 높은 것을 동경하는 본능, 그리고 좁은 장소에서의 생활 그 자체가 고행의 이상형이라고 생각했기 때문이다.

이렇게 금욕주의적 수도형태가 일찍부터 교회에 일어나 발전하게 된 여러 가지 복합적 이유들은,

우선 헬라철학의 영향으로 극기 금욕적인 생활이 사람의 마음을 깨끗하게 하고 강하게 한다는 사상과 영지주의가 표방하는 육은 악의 자리임으로 구원은 죄사함을 받는 것보다는 불결한 것을 벗어버리고 극복하는 것이며, 심오한 신비를 깨달아 알

수 있는 소수의 선택된 사람이 있다는 사상으로 금욕주의와 독신주의와 채식주의를 강조하고 선호하게 된 사회적 인식 바탕에다 정치적 혼란, 경제적 빈곤, 도덕적 퇴폐가 영적 갈망자들로 하여금 그러한 수도의 길을 찾게 한 것이다.

A.D. 313년 콘스탄틴 대제의 기독교 자유화 칙령 이후 교회는 급속도로 부패해져 갔고 A.D. 476년 로마의 멸망을 전후하여 극심한 전 유럽의 혼란은 이러한 세상과 육신을 저버리고 오로지 신앙과 수도의 길로만 매진하게 하는 현상을 부채질한 것이다.

최초 예루살렘 교회에 형성된 바른복음과 영성이 계승되지 못한 채 영적 갈망들을 바르게 인도 받지 못함으로 건전하고 올바른 영성생활을 하지 못하고 제각각 나름대로의 수도생활을 하게 된 것이다.

그러나 한편 유럽 수도원 역사에 확실한 업적과 영향을 끼치고 지금까지도 수도원 생활에 규범이 되고 있는 '베네딕또 수도원 규칙' 을 보면 영성자의 생활이 어떠해야 할 것인가 하는 규범을 주고 있음으로 참고할 필요가 있다.

수도자의 서약에서 보면,

"그리스도님을 따르기 위하여 자기를 끊으며, 육신을 편태(鞭笞 채찍질)하고, 쾌락을 받아들이지 말며, 깨끗함을 지키기 즐겨하고, 가난한 자를 위로하고, 헐벗은 자를 입혀주며, 병든 자를 찾아보고, 죽은 자를 장사하며, 환란 중에 구원하고, 근심하는 자를 위로하고 세속적인 행위를 모르는 체하며, 아무 것도 그리스도님께 대한 사랑보다 더 낫게 여기지 말지니라. 격분하지 말고, 분을 오래 품어두지 말며, 꾀를 마음속에 지니지 말며, 거짓 평화의 입맞춤을 하지 말며, 사랑을 버리지 말고, 헛맹세를 할까 삼가 맹세치 말며, 진실을 마음과 입으로 말하며, 악을 악으로 갚지 말고, 능욕을 끼치지 말고, 오히려 받은 능욕을 인내로 견딜 것이니라"

"심판 날을 두려워하고 지옥을 무서워하며, 영원한 생명을 온갖 신령한 욕망으로서 갈망할 것이요, 죽음을 매일 눈앞에 두고 두렵게 볼 것이며, 일상행위를 모든 시간에 삼갈 것이니라"

"십계명을 매일 실행으로서 채울지니 정결을 사랑하고, 아무도 미워하지 말며, 다투기를 좋아하지 말고, 교만을 피하고, 연장자를 존경하고, 연소자를 인도하며, 원수를 위해 기도할지니라"

● 신앙생활과 영성을 별도로 이해

기독교는 종교개혁 이후 '오직 믿음으로 의롭다함을 받는다'는 칭의(稱義) 교리를 강조하여 왔고, 이를 기본구원이라 하여 믿음으로 일단 구원은 받았고, 성화 되어 가는 것을 건설구원 또는 성화구원이라 하여 구원을 이중으로 두 가지 구원이 있는 것으로 인식케 한 것이다. 물론 그러한 구별이 구원을 잘 설명하기 위하여 표현하는 말이기는 하나, 그러한 구차한 표현을 함으로 '구원은 일단 오직 믿음으로만 받는다'는 왜곡된 복음을 바탕으로 하기 때문에 예수를 구주로 믿는 자는 일단 구원은 받았고, 성화는 이루어가야 하는 것(구원의 과정)이라 하여 사실상 영성생활인 성화를 믿음(구원)에서 분리시키고 이원화시킨 것이다.

수 백년을 그렇게 가르쳐져 왔기 때문에 오늘날 기독교인들 특히 서구의 기독교에 비해 거듭남을 강조하지 않는 한국 개신교 거의 모두는 영성생활은 별도로 제쳐놓고 오직 믿음으로 구원받았다고 안주케 하고 있는 것이다. 예수님(사도들)이 가르치고 전파한 바른복음을 안다면 얼마나 소경된 인도자의 가르침인가? 참으로 두렵고 애통한 일이다.

'오직 믿음만으로 구원은 일단 받는다' 는 왜곡된 교리 때문에 거의 모든 기독교인들이 자신은 구원받은 줄로 안주하고 있고, 구원에 절대적인 요소인(요 3:5; 딛 3:5) 거듭남도 상관치 않게 하고 있는 것이다. 거듭남이 없이 믿기만 해도 구원받았다 하니 그러한 믿음에 영성(靈性)이 있을리 없고 영성생활은 고사하고 기본적인 기독교인의 양심적 행함도 보여지지 않는 것이다. 전 세계에서 교인 많은, 소위 대 교회 50교회 중에 23개 교회가 남한 땅 한국에 있고, 교인 제일 많은 1위 교회가 한국교회에 있다고 하니 도대체 어찌된 일인가? 흔히들 한국교회에 주신 하나님의 축복이라 하지만 글쎄올시다(?)……

그런데 어찌하여 대형비리에 연류 되는 사람들 중에는 기독교인이 빠지지 않는가? 이렇게 하나님의 축복으로 부흥된 한국교회가 참으로 이 나라와 민족 앞에 빛과 소금이 되는 영성이 있다고 하겠는가? 이 말에 '그렇다' 고 확신있게 대답할 사람이 있겠는가?

이 모든 기현상의 근본 원인은 바른복음을 잃어버리고 믿음만으로 구원받는다는 왜곡된 복음으로 영성(거듭남)이 없는 믿음만으로 신앙생활을 하게 하기 때문이다. 정말 초긴급으로 바른복음을 찾아 영성이 있는 믿음, 믿음과 영성생활이 유리(遊離)되거나 이원화되지 않은 바르고 확실하게 구원받은 하나님께서 기뻐하시는 영적 사람들이 나타나도록 해야 할 것이다. 기독교의 제 3의 개혁은 반드시 예수님의 바른복음으로 이루어져야 한다.

다시금 말하지 않을 수 없는 것은 이것은 너무나 통탄스런 일이며 요긴한 일이기 때문이다. 기독교인들로 하여금 구원받은 자의 신앙생활에서 영성생활은 새삼 달리 추구해야 하는 어떤 것으로 생각하게 하여 신앙생활에서 영성생활을 수도원적 별도의 것으로 유리시키는 일은 당장 시정해야 한다.

영성에 대한 견해가 분분함으로 어지럽게 할뿐 아니라 또한 영성을 거듭난 자의 신앙생활과 달리 특별한 어떤 것으로 취급하는 것도 지양해야 한다. 그리함으로 참으로 거듭난 자의 신앙과 삶 자체가 하나님이 원하시는 영성생활인데도 특별나게 어떤 '영성' 이라는 것이 있는 것처럼 별도로 다루니 일반 신자들에게는 오히려 영성생활을 멀리 있는 것으로 생각하게 하고, 별도로 갖추어야 하는 것이고, 보통 신자로는 여의치 않는 것으로 인식케 한다. 이것이야말로 병폐이다.

1970년대 중반 최근(한국교회는 1980년대 중반)에 이르러 '영성' 이라는 용어가 세계 교계에 널리 퍼져 입에 오르내리고 갑자기 많은 책들이 발간돼 나오는 것은 어떤 새롭고 신비한 영성 분야가 발견되고 개척되었기 때문이 아니라, 기독교에 있어 중요하고 매우 필요한 '영성' 이 결여되어 있음을 여실히 느꼈기 때문이다. 그 결여된 원인을 바로 찾아 바른 처방을 해야 할 것인데 '영성' 이 어떤 것이라는 규명에 열의를 내고 영성을 훈련하고 이루어 가는 방법들을 제시하는데 긍지들을 가진다. 그러나 의사가 병을 고치기 위해서는 병의 원인을 정확히 진단하지 못하면, 병을 어떻게 고치게 한다는 조치(措置)나 방법이 훌륭하더라도 그 환자는 부분적으로는 고칠 수 있을지 몰라도 근본적으로 완치시킬 수는 없는 것이다. 그러므로 가장 우선해야 할 일은 원인을 정확하게 찾아내는 일이다.

예나 오늘이나 기독교의 영성 결여의 근본 원인은 복음이 뒤틀려진데 있는 것이다. 왜냐하면 복음 진리가 바로 되지 않으면 진리의 성령이 거듭나게 하는 역사를 하시지 않고 진리의 성령으로 거듭나지 않고는 영성이 갖추어지지 않으며, 그렇기 때문에 예수님을 믿는다고는 하나 영성생활이 되지 않는 것이다. 예수님을 따르는 영성생활이 안되는 이유는 진리의 성령님으로 거듭나게 하심이 없기 때문이요, 거듭나게 하심이 없는 이유는 복음 진리가 바로 되어있지 않기 때문이다.

이렇게 영성 결여의 근본원인을 바로 알지 못하고 해결하지 않고는 영성에 대하여 아무리 좋은 말을 많이 할지라도 해결은 되지 않는 것이다.

영성 결여는 비단 오늘날 기독교만 아니라 사도시대부터 있어 왔다. 왜냐하면 사도시대에 벌써 다른 예수를 전파하고, 다른 영을 받게 하고, 다른 복음을 받게 하는 자들이 있었고, 믿는 자들이 그것을 잘 용납하고 따른다고 사도 바울이 개탄했기 때문이다(고후 11:4; 갈 1:6~9). 그렇게 하여 예수님을 믿되 다른 예수를 믿고, 그러니 다른 영을 받게 하고, 또한 다른 복음을 받게 하여 신앙생활을 하게 하니 자신들 스스로는 예수님을 바로 믿고, 그래서 성령님을 받고, 복음으로 구원을 받았다고 자신 있게 확신하나 하나님께서 보실 때는 그러한 자는 다 가짜요 바른영성이 있을 수 없고 바른 영성생활을 할 수 없는 것이다. 교회사 가운데 그러한 자들이 많았고 오늘날 기독교도 마찬가지다.

그러므로 오늘날 기독교에서 '영성' 이 결여된 것을, 영성을 별도로 다루는 것은 복음이 잘못된데 그 근본 원인이 있음을 알지 못하기 때문이다. 바른영성은 바른신앙에 별도의 것이 아니다.

♡ 묵상과 기도

3. 바른영성은 어떤 것인가?

● 거듭난 자의 생활 자체

진정한 영성생활은 별스럽고 야단스런 것이 아니다. 지극히 평범한, 진리의 성령님으로 거듭남으로 구원받은 그리스도인의 생활 그 자체라는 사실이다. 진정한 의미에서 정상적으로 살아가는 구원받은 자의 생활이 곧 진정한 영성생활인 것이다.

'영성신학은 기독자의 완덕을 목표로 하여 신자로 하여금 성숙한 신앙에 이르도록 그 원리와 방법을 제시한다. 영성훈련을 통하여 신자로 하여금 높은 영적 차원에 이르게 하며, 영성에 관한 구체적인 연구를 통하여 영성을 개발코자 하는 신학의 한 분야라고 한다. 신앙인이 어떻게 하면 하나님의 자녀다운 생활을 성실히 살아갈 수 있는가를 연구하는 학문이라고 한다' 고 했다 (이영두 ~영성신학).

기독자의 완덕(완전)을 목표로 하여 신자로 하여금 성숙한 신앙에 이르도록 그 원리와 방법을 영성신학이라 하여 별도로 연구하고 제시할 것이 아니라 예수님(사도들)께서 가르치신 말씀과 전파하신 복음 그대로를 가감 없이 바르고 확실하게 깨달아 체득하고 예수님과 사도 바울의 영성생활을 따라 가는 그리스도인이 되도록 진리를 가르치고 전파해야 하는 것이다.

재차 말하지만 영성은 별도의 어떤 한 분야가 아니고 바른복음으로 구원받는 자의 생활의 처음부터 마지막이며, 구원의 본질이고, 거듭난 자에게서 지울 수 없는 그의 성품인 것이다. 이러한 영성을 별스럽게 따로 다룬다면 그 자체가 자기모순(自己

矛盾)이며 기독교인들로 하여금 영성을 별스런 것으로 생각하게 하여 오히려 존중하면서도 실제로는 실천하지 않게 하는 것이다. 먹고살기 힘든 세상에 예수 믿는 것만도 어려운데 영성생활이라 달리 말하면 몇 사람이나 반응을 가지겠는가? 말하자면 아예 예수 믿는 것은 영성생활을 하는 것이라는 바른복음을 가르치고 전해야 한다는 말이다. 그래야 비록 소수라도 참으로 영성 있는 신자를 얻을 수 있을 것이다. 예수님(사도들)께서 가르치고 전파한 바른복음대로의 신앙생활이 진정 올바른 영성생활인 것이다.

● 성령충만한 생활 자체

그러나 바른복음대로의 영성(신앙)생활은 사람의 결심과 의지만으로는 어렵다. 날마다 순간마다 육신의 생각을 따르지 말고 영의 생각을 따라 살아야 한다. 그러나 삶의 현장과 환경이 바른복음대로의 영성(신앙)생활을 하기에 너무나 적합하지 않고 방해되는 것이 많아 좀처럼 쉽지 않다. 참으로 자기를 부인하고 날마다 십자가를 지고 가는 자, 좁은 길로 가는 자가 되지 않고는 어렵다. 그렇기 때문에 먼저 예수님을 따르는 바른복음 앞에서 자신의 일생일대에 단호한 결단과 획기적인 전환이 이루어져야 한다. 하나님께 대한 개심과 주 예수께 대한 믿음과 성령의 거듭나게 하심이 실현되어 진정 예수님과 바울을 실제로 본받는 자가 되어야 한다. 어느 정도라야 하느냐 하는 정도는 문제가 아니다. 그러한 사람으로 변화되었느냐가 관건(關鍵)이다. 그렇게 확실히 변화된 거듭난 사람은 주님께서 반드시 영성의 목표인 완덕에 이르게 성령으로 이끄신다.

왜냐하면 그렇게 확실히 변화되고 거듭난 사람은 영성의 목표에 이르기를 그의 전 생애의 보배와 기쁨으로 알기 때문에 그것을 이루기 위해서 성령의 충만함을 받는 것을 필수로 하는 것이다. 하나님께 대한 개심과 주 예수님께 대한 믿음과 성령님의 거듭나게 하심이 실현되어 진정 예수님과 바울을 실제로 본받는 자가 되어 성령님의 충만함을 받아 살아가면 바로 그의 생활 자체가 영성생활인 것이다. 그에게 있어 끊임없는 순종과 기도는 생활의 기본 상식이다. 그런 자의 인도자와 보혜사는 성령님이시기 때문에 인위적인 수덕훈련의 방법을 유별나게 가르침 받지 않아도 그 자신에게 가장 적당한 방법으로 하게 하신다.

여기서 우선적으로 명시(明示)코져 하는 것은 가장 먼저 바른 복음을 듣고 깨달아 참으로 거듭나야 한다는 것이다.

♡ 묵상과 기도

4. 성경에 말씀하신 사람의 삼분일체(三分一體)

영성생활을 효과적으로 하기 위해 반드시 알아야 할 것은 사람은 영과 혼과 몸으로 된 삼분일체라는 사실이다. 이 구조를 알아야 할 이유는 일반적으로 기독교는 사람이 영혼과 육신으로 되어 있다는 이분설을 가르침 받고 그렇게 알고 있기 때문에 영성생활의 주체가 되어야 할 영의 역할과 혼의 역할을 구분치 못하고 나아가 몸의 역할을 이해치 못함으로 효과적인 영성생활을 하지 못하는 것이다.

먼저 성경은 사람이 영혼과 육신의 이분 구조로 되어 있는 것이 아니라 영과 혼과 몸의 삼분일체로 되어 있다고 하는 것이다.

제III부 바른영성

용어 자체가 영혼과 육신이 아니라 영과 혼과 몸으로 되어 있는 것이다.

● 사람을 영과 혼과 몸으로 지으셨다고 하셨다.

사람이 영과 혼과 몸으로 되어진 원인은 하나님께서 사람을 자기 형상을 따라 창조하셨기 때문이다. 하나님이 아버지와 아들과 성령으로 삼위일체이심 같이 하나님의 형상과 모양을 따라 사람을 만드실 때 영과 혼과 몸으로 된 삼분일체로 만드신 것이다.

"여호와 하나님이 흙으로 사람(몸)을 지으시고 생기<חַי **살아 있는** רוּחַ נְשָׁמָה(네샤마) ←**바람, 호흡, 영**>를 그 코에 불어넣으시니 사람이 생령<חַי **살아 있는** לְנֶפֶשׁ 혼>이 된지라" 하였고(창 2:7), 이사야 42:5절에 "땅 위의 백성에게 호흡<נְשָׁמָה(네샤마) ←**바람, 호흡, 영**>을 주시며 땅에 행하는자≪들≫에게 신(רוּחַ **영**)을 주시는 하나님 여호와께서"라고 하였고, 이사야 57:16절에는 "나의 지은<**만든**> 영(רוּחַ)과 혼(נְשָׁמָה)이 곤비할까 함이니라" 하였으며, 스가랴 12:1절에는 "사람 안<**중심, 속**>에 심령(רוּחַ **영**)을 지으신<**만드신**> 자가 가라사대"라고 하였으니, 하나님은 사람의 몸(בָּשָׂר 바사르)만 아니라 영(רוּחַ 루아흐)과 혼(נֶפֶשׁ 네페쉬)도 만드셨다고 하신 것이다. 전도서 12:7절에는 "흙은 여전히 땅으로 돌아가고 신(רוּחַ 루아흐 **영**)은 그 주신 하나님께로 돌아가기 전에 그리하라"고 하였으니 사람에게 영을 주셔서 있게 하셨다가 죽을 때 몸은 흙으로 돌아가고 영은 그 주신 하나님께로 돌아간다고 하신 것이다. (혼은 각각 낙원과 지옥으로).

● 성경의 용어가 증명한다.

구약성경 히브리어로 영은 רוּחַ 루아흐, 혼은 נֶפֶשׁ 네페쉬, 몸은 בָּשָׂר 바사르라 하는데 한글 개역성경은 영(רוּחַ 루아흐)과 혼(נֶפֶשׁ 네페쉬)을 '마음' '생명' '명' '자' '스스로' '신' '기운' '중심' 등으로 혼잡케 번역하였다. 예를 들어보면 ▶ 창 41:8절 '아침에 그 마음(רוּחַ **영**)이 번민하여' ▶ 창 42:21절 '그 마음(נֶפֶשׁ 혼)의 괴로움을 보고도' ▶ 창 46:27절 '도합이 칠십 명(נֶפֶשׁ 혼)이었더라' ▶ 출 12:15절 '유교병을 먹은 자(נֶפֶשׁ 혼)는 이스라엘에서' ▶ 출 30:12절 '각 사람은 그 생명(נֶפֶשׁ 혼)의 속전을' ▶ 출 35:21절 '마음이 감동된 자와 무릇 〈אֹתוֹ רוּחַ **영에←삭제**〉 자원하는 자가' ▶ 레 23:27절 '너희는 스스로(נֶפֶשׁ 혼을) 괴롭게 하여' ▶ 신 2:30절 '그 성품(רוּחַ **영**)을 완강케 하셨고' ▶ 시 34:18절 '중심(רוּחַ **영**)에 통회하는 자를' ▶ 시 51:10절 '정직한 영(רוּחַ **영←바로됨**)을 새롭게 하소서'

신약성경 헬라어로 영은 *πνεῦμα*(프뉴~마), 혼은 *ψυχή*(프쉬케), 몸은 *σῶμα*(소~마)인데 영 *πνεῦμα*(프뉴~마)을 '심령' '마음' '중심' '영혼' '신령' '영' 으로 번역하고, 혼 *ψυχή*(프쉬케)을 '목숨' '영혼' '생명' '제자의 수' '뜻' '혼' 으로 역시 혼잡하게 번역하였다. 원인은 성경 번역을 히브어와 헬라어 사본에서 직역하지 않았기 때문이며, 번역하는 자가 영과 혼과 몸의 삼분일체에 대하여 명확히 몰랐기 때문이다.

그러므로 성경 번역에 있어서 성경원어에서 직역하는 것이 얼마나 중요하고 진리의 성령으로 깨달은 신앙자가 해야 하는 것이 얼마나 중요한가 하는 것이다.

▶ 마 2:20절 '아기의 목숨(*ψυχή* 혼)을 찾는 자들이' ▶ 마

5:3절 '심령(πνεῦμα 영)이 가난한 자들은' ▶ 마 10:28절 '몸(σῶμα 몸)은 죽여도 영혼(ψυχή 혼)은 죽이지 못하는' ▶ 마 26:41절 '마음(πνεῦμα 영)에는 원이로되 육신이 약하도다' ▶ 막 2:8절 '예수께서 중심(πνεῦμα 영)에 아시고' ▶ 눅 2:35절 '또 칼이 네 마음(ψυχή 혼)을 찌르듯 하리라' ▶ 눅 23:46절 '내 영혼(πνεῦμα 영)을 아버지 손에 부탁하나이다' ▶ 요 4:24절 '신령(πνεῦμα 영)과 진정(**진리로, 참됨**)으로' ▶ 행 2:41절 '이날에 제자의 수가(ψυχή **혼들이**) 삼천이나 더하더라' ▶ 행 4:32절 '무리가 한 마음과 한 뜻(ψυχή 혼)이 되어' ▶ 살전 5:23절 '너희 온 영(πνεῦμα 영)과 혼(ψυχή 혼)과 몸(σῶμα 몸)이' ← 바로됨.

이렇게 구약성경 히브리어도 영(רוּחַ 루아흐)과 혼(נֶפֶשׁ 네페쉬)과 몸(בָּשָׂר 바사르)으로 분명하게 구별되어 있고, 신약성경 헬라어도 영(πνεῦμα 프뉴마)과 혼(ψυχή 프쉬케)과 몸(σῶμα 소마)으로 구별되어 있기 때문에 사람의 삼분일체는 명확히 성경적이다. 이렇게 명확한데도 성경이나 관념을 바로 고치려 하지 않을 뿐 아니라 바르게 말하는 사람을 무시하는 것이다.

♡ 묵상과 기도

5. 영과 혼과 몸의 상호 작용

● 타락과 거듭남에 있어서의 작용

영의 기능 ⇒ 사람의 영과 혼과 몸에 있어 가장 고상한 것은 인간 존재의 가장 깊은 곳에 있으며 영의 세계와 교통하는 영(*πνεῦμα* 프뉴~마)이다. 영의 대표적 기능은 양심과 직관과 영교인데, 양심은 옳고 그름을 판단하고 명령하는 의식능력으로서 독립적이고 직접적이어서 외부의 의견에 굽히지 않는다. 혼이 외부의 압력에 굴복치 않는 영의 양심에 따라 선포하는 것이 양심선언이라는 것이다.

그리고 영의 직감의 기능은 영의 감각기능으로서 외부의 영향과 전혀 무관하게 영적인 일을 직감하는 것이다. 하나님의 계시와 성령님의 감동은 직관을 통하여 신자에게 알려진다.

영교의 기능은 영이신 하나님과 교통하는 기능으로서 사랑과 신뢰와 찬양과 기도를 드리는 것이다. 예수님께서 "하나님은 영(*πνεῦμα* 프뉴~마)이시니 예배하는 자가 영(*πνεῦμα* 프뉴~마)과 진정<*ἀληθείᾳ*(알레트헤이아) **진리, 참됨**>으로 예배할지니라" 하셨으니(요 4:24) 신자들이 예배하는 주요 기능은 영이 하는 것이다. 비록 거듭나지 못한 사람이나 불신자라도 '하나님을 알만한<*γνωστὸν*(기노스톤) **아는, 잘 알려진**> 것이 저희 속에 보임<**명백함, 뚜렷함**>이라 하나님께서 이를 저희에게 보이<**명백하게하**>셨음이라' 하였기에(롬 1:19) 하나님을 몰랐다고 핑계치 못할 것이라고 한 것이다(롬 1:20). 타락한 사람 그대로 거듭나지 못한 사람은 다만 하나님과는 단절되어 교통할 수는 없지만 고장난 TV라도 일부 방송 채널은 볼 수 있는 것과 같아 모든 인생은 영의 세계를 의식하고 찾으며 각기 종교와 영성을 가지는 것이다. 하나님을 믿지 않는 자들도 하나님께 대한 영성은 단절되었으나 짐승들에게는 없는 일반적 영의 기능이 있어 신을 찾고 마귀의 영과 교류하기도 하고 섬기는 것이다.

인간은 아담 하와로부터 범죄하고 타락하여 하나님의 생명에서 끊어지고 마귀의 영의 조종을 받는 인간이 되어 온갖 육체의 욕심을 따라 행하는 진노의 자녀가 된 것이다(엡 2:1~3, 4:17~19). 하나님과의 주파수 곧 참된 영성이 완전히 파쇄된 것이다. 바른복음으로 말미암아 진리의 성령님으로 거듭나야만 복구가 되는 것이다.

혼의 기능 ⇒ 성경 원어는 '사람' 또는 '생명' 대신에 혼(ψυχή)이라 하였다. 사람의 생명 곧 존재와 특징과 생활이 혼(ψυχή)에 있기 때문이다. 사람의 자아 곧 인격을 구성하는 지식, 감정, 의지가 혼의 대표적 기능이다. 생각의 기구라고 할 지성은 사람의 지적인 능력이며, 감정은 좋아하고 싫어하는 것을 좌우하는 기구이며, 의지는 결정과 실행을 위한 기구로서 사람의 선택의 기능인 것이다. 이러한 인간 자아 곧 인격의 세 주요 기능이 혼에 속해 있음을 성경이 말해 주고 있는 것이다.

인간의 범죄 타락 ⇒ 영은 그 생각을 혼에 전달하고 혼은 영의 명령에 복종하도록 몸을 부리는 것이다. 인간이 범죄타락하기 전에는 영이 혼을 통하여 전 인간을 주관하였다. 그러나 인간의 혼은 하나님께서 조종하시는 기계가 아니라 선택의 자유의지가 주어진 자율적 존재로서 혼이 영에게 복종할 수도, 배반할 수도 있었던 것이다. 인간은 순종이나 불순종을 선택하는데 있어서 자기의 의지를 행사할 수 있는 주권을(자유의지를) 가지고 있었다.

이것은 매우 중요한 점으로써 우리의 영적생활에서 하나님께서는 인간의 자유의지를 짓밟거나 무시하고 강압적으로 하시기를 원치 않으신다. 그러므로 인간이 순종하려 하지 않는 한, 하나님께서는 어떤 일도 행하지 않으신다. 주님께서 라오디게아 교회에게 하신 말씀에서 "보라 내가 문밖에 서서 두드리노니 누구든지 내 음성을 듣고 문을 열면 내가 그에게로 들어가 그로 더불어 먹고 그는 나로 더불어 먹으리라" 고 하셨으니(계 3:20), 주님께서는 사람의 마음에 강압적으로 들어오지 않으시고 단지 두드려 신호를 보내시고 그 신호를 알아차려서 스스로 마음의 문을 여는 자의 마음에 들어가시는 것이다. 마음의 문을 여는 문제는 대단히 중요한 것이다. 왜냐하면 오늘날 기독교의 공통적인 아주 그릇된 관념은 마음을 여는 것도 하나님께서 열도록 해주셔야 한다는 것이다. 아주 배역(背逆)한 가르침이다. '회개하라! 믿으라!' 명령하신 것인데도 하나님이 하게 해주셔야 하지 사람은 전적타락하고 전적무능 해져서 아무것도 할 수 없다는 것이다. 사람이 해야 할 책임을 회피해 버린 채, 은혜로 회개하게 해 주셔야 회개하고 믿게해 주셔야 믿는다 하고 있다. 개신교의 모든 관념의 기본바탕이 그렇게 가르쳐져 있다.

이점에 대하여 오해할 소지가 많은지라 좀더 언급하고 넘어가야 하겠다.

필자가 말하고자 하는 성경에서 말씀하시는 하나님의 관념은, 하나님의 주권적 은혜에 치우쳐 인간의 책임과 노력을 등한시하는 것을 옳게 보지 않으며, 또한 인간의 책임과 노력을 중시하여 하나님의 주권적 은혜를 경시하는 것도 옳게 보지 않는 것이다. 좌우로 치우친 두 관념이 조화되고 일치를 이루는 것이 올바른 신앙관념인 것이다.

예를 들자면 어떤 농부가 하나님의 주권과 은혜를 철저히 의지하는 사람이라서, 아무리 노력한다고 해도 하나님께서 농사가 되게 하지 않으시면 아무 소용이 없고, 하나님께서 되게 하시면 잘 된다하여, 밭을 갈고, 씨를 뿌리고, 김을 매고, 거름을 주는 농부로써 해야 할 일을 등한히 한다면 어찌 좋은 수확을 얻을 수 있겠는가? 하나님께서 그런 농부를 기뻐하시겠는가? 개신교가 하나님의 절대적 주권과 은혜를 강조하다 보니 인간의 책임과 노력을 경솔히 하는 하나님의 뜻을 반(反)하는 엉뚱한 결과를 초래한 것이다.

반면에 어느 농부는 철저한 인간의 책임과 노력을 중시하는 신앙인이라, 인간이 하는데 따라서 하나님께서는 그만큼 수확을 주신다고 믿고 농부로서 할 일을 잘하여 많은 수확을 얻어 하나님께 감사한다고 하자, 하나님의 주권적 은혜 보다 인간의 책임과 노력을 더 중요시하는 농부의 감사를 하나님께서 얼마나 기뻐하시겠는가? 더욱이 하나님께서 가뭄이 있게 하여 그 해에 흉년이 들므로 농부의 애씀과 노력이 헛되게 되었을 때 그 농부는 하나님의 주권과 은혜에 대해 무어라 하겠는가?

이와같이 개신교에서 한편 인간의 책임과 노력을 강조하다보니, 하나님의 절대적 주권과 전적 은혜로 된다는 중요한 핵심을 잃게 한 것이다.

그러므로 성경적 바른 관념은 앞서 말한, 어느 한 편으로 치우친 신앙이 아닌 하나님께서 하라 하시고 요구하시는 인간이 해야할 책임과 노력을 다 하면서도 그것으로 다 되는 것이 아니고, 하나님의 전적이고 주권적 은혜가 없이는 인간의 노력과 수고는 헛될 수밖에 없다는 관념에 철저해야 하는 것이다. 예수님께서 분명히 말씀하셨다. "이와같이 너희도 명령받은 것을 다 행한 후에 이르기를 우리는 무익한 종이라 우리의 하여야 할 일을 한 것 뿐이라 할지니라" (눅 17:10) 이상도 이하도 아닌 이 말씀대로라야 한다.

사도 바울도 "이를 위하여 나도 내 속에서 역사 하시는 이의 역사를 따라 힘을 다하여 수고하노라"고(골 1:29) 하였으니 성령님께서 역사 하셔서 하시지만 사람으로서 해야 할 일은 힘을 다하여 수고해야 하는 것이다.

사탄의 유혹을 받은 하와는 영으로 하나님께서 먹지 말라 하셨다는 말씀을 기억하고 먹지 말아야 한다고 영의 양심과 직감을 따라 혼이 생각했다. 그러나 마귀가 "너희가 먹어도 결코 죽지 아니하리라." 그리고, "그것을 먹는 날에는 너희 눈이 밝아 하나님과 같이 되어 선악을 알(분별할) 줄을 하나님이 아심이니라"고 하나님의 말씀과 의도를 의문케 하고 하나님과 같이 선악을 분별할 수 있게 된다는 그릇된 희망을 심어 주었던 것이다(창 3:4, 5). 하와의 혼은 영의 지시와 마귀의 충동 사이에서 갈등하게 되었다. 거기서 하와의 혼의 자유의지가 그의 영에 순응하여 예수님처럼 '하나님께서 말씀하시기를' 하고 물리치지 않고 그 나무 가까이 서서 육신의 눈으로 본<רָאָה(라아) **보았을, 주목했을**> 즉<כִּי(키) **때**> 먼저 달콤하게 먹기에 좋게 보여 하와의 혼에 먹고 싶은 욕구를 일으켰다. 그리고 색깔이 얼마나 보기에 좋은지 가지고 싶은 욕망이 절실해졌다. 뿐만 아니라 마귀의 말처럼 먹으면 지혜롭게 하여 하나님처럼 선악을 분별할 수 있게 할만큼 고귀해 보였다. 하와의 혼 곧 지성과 감정과 의지의 마음속에 욕심이 잉태하여 죄를 짓게 된 것이다(약 1:15). 먹고 싶은 육신의 욕망, 즐기고 싶은 안목의 욕망, 아담에게 자랑하고 싶은 생활의 욕망이 불일 듯 하여 하와의 선한 영의 욕망을 거스르고 그의 혼이 자유의지로 하나님의 명령을 거역하는 쪽을 선택한 것이다. 이것이 범죄케 된 실상이었다. 범죄 타락의 주범은 지식과 감정과 의지의 주체인 혼이며 마음이었다.

아담과 하와는 하나님을 순종하려는 영(רוּחַ 靈)을 따르지 않고 그들의 혼(נֶפֶשׁ 魂)이 마귀를 따라 육신의 욕망대로 함으로 범죄하였으니, 그러므로 죄를 '혼(נֶפֶשׁ 魂)의 죄'라 하였고(미

6:7), '범죄하는 혼(נֶפֶשׁ 魂)은 죽으리라' 하였으며(겔 18:4, 20), '너희의 생명(נֶפֶשׁ 魂)을 속하기 위하여' 라고 하셨다(출 30:12, 15, 레17:11). 매년 '칠월 십일 속죄일에는 너희가 성회로 모일 것이요 마음(נֶפֶשׁ 魂)을 괴롭게 하고' (민 29:7) 영(רוּחַ 靈)을 괴롭게 하라 하지 않았으며, 그리고 베드로전서 1:9절에는 '믿음의 결국 곧 영혼(ψυχή 魂)의 구원을 받음이라' 고 하였고, 이사야 53:12절에는 메시야 그리스도님께서 '자기 영혼(נֶפֶשׁ 魂)을 버려 사망에 이르게 하며' 라고 하였으며, 마태복음 20:28절에도 '인자가 온 것은 … 자기 목숨(ψυχή 魂)을 많은 사람의 대속물로 주려 함이니라' 고 하였다.

죄를 짓기로 선택하는 것은 영(πνεῦμα 靈)이 하는 것이 아니고 자기 혼(ψυχή 魂)이 주동하여 하는 것이므로 죄의 책임은 혼에게 있는 것이다.

하나님과 교통하는 영이 혼을 주관하고 영을 따르는 혼이 몸을 주관할 때는 범죄치 않고 의를 이루나 그의 영이 거듭나지 않은 상태에서 혼이 독단으로 몸을 주관하여 살 때는 단지 육신(σάρκινος(사르키노스) **육적인, 중생치 못한 자**)의 욕망을 따라 사는 것이다.

하나님께서 아담에게 금하신 선악과에 대해 "네가 먹는 날에는 정녕 죽으리라 <מוֹת תָּמוּת(모트 타무트) **죽고 죽으리라**>" 하신 것은 두 번 확실히 죽는다는 말로서 아담이 선악과를 먹은 날 죽지 않고 930세까지 살고 죽었으니(창 5:5) "먹는 날에는 죽으리라" 하신 말씀은 무슨 의미인가? 범죄하는 그 날 아담과 하와의 영은 하나님의 생명에서 끊어지게 되어(엡 2:1, 4:18) 하나님과 교통할 수 없게 되고 하나님께 대한 양심과 직감의 기능도 상실되어 영은 하나님으로부터 생명의 기운을 공급받지 못하는 빈사 상태에 있다가 마침내 육체도 완전히 죽게 될 것을 말씀하신 것이다. 하나님께서 창조하신 인간 존재의 목적을 상실한 한갓 동물에 불과한 존재일 뿐 아니라(시 49:20) 오히려 만물보다 거짓되고 심히 부패한 존재가 된 것이다(렘 17:9).

이제 다시 거듭나는 구원을 받는 것도 범죄 타락할 때와 같은 원리인 것이다. 하와와 아담이 하나님께 용서를 받으려면 어떻게 해야 하겠는가 생각하면 자명한 일이다. 먼저 범죄의 책임이 있는 혼이 그 기능에 있어 지성과 감정과 의지로 죄가 어떠함을 통절히 깨닫고 두려움과 슬픔으로 잘못됨을 자백하고 이제는 순종하려는 마음의 의지를 굳게 가짐으로, 마치 예수님께서 말씀하신 돌아 온 탕자와 같이 되어야 하는 것이다. 돌아온 탕자와 같이 혼의 전적인 돌이킴이 있어야 하며 부친에 대해 전적으로 신뢰하고 순종하려는 의지의 실천이 있어야 하는 것이다. 그럴 때에 새 영(רוּחַ 루아흐 靈)과 새 마음(לֵב 레브 心)을 주시는 거듭나게 하시는 성령님의 선물을 주신다고 하신 것이다(겔 36:25~27).

♡ 묵상과 기도

영 혼 몸을 구원하심 ⇒ 사람이 범죄할 때 영과 혼과 몸의 역할이 달랐고 범죄의 결과인 죽음도 영 혼 몸의 죽음이 각각 있게 되었으니 구원도 영 혼 몸의 구원을 각각 하시는 것이다. 영의 구원은 성령님으로 영이 거듭나는 것이며(요 3:1~13) 그리고 혼의 구원도 믿음의 결과로 받았다고 하였다(벧전 1:9~ "믿음의 결국 영혼<혼들>의 구원을 받음이라"). 영과 혼과 몸이 점차 그리스도님의 형상으로 닮아 성숙해 가는 것을 구원을 완성을 향해 이루어 간다고 하였다. (빌 2:12~"항상 복종하여 두렵고 떨림으로 너희 구원을 이루라" 엡 4:13~"온전한 사람을 이루어 그리스도의 장성한 분량이 충만한 데까지 이르리니")

그리고 거듭난 자의 몸도 그리스도님의 지체로서(고전 6:15) 성령님이 계시는 전(殿)으로(고전 6:19) 용도가 달라짐으로 잘못된 용도 곧 죄의 종노릇하는데서 구원되어 의의 병기가 되어지고, 몸의 완전한 구원인 부활체는 현재 받는 것이 아니고 세상 끝날 구주 예수 그리스도님께서 재림하실 때 받게 되는 것이다. 부활이 곧 몸의 완전한 구원이니 몸의 구원은 영과 혼의 구원과 시기적으로 차이가 있는 것이다. 로마서 8:23절에는 "우리 몸의 구속을 기다린다"고 하였으며 빌립보서 3:20~21절에는 "우리의 시민권은 하늘에 있으므로 우리가 그곳으로부터 오실 구주이신 주 예수 그리스도를 기다리고 있으니 … 우리의 천한 몸을 그분의 영광스러운 몸같이 변모시키리라"고 한 것이다.

그러므로 구원을 받는 사람은 영은 거듭나서 성장해 가야하고 혼은 날마다 변화받아 거듭난 영에 내주하시는 성령님의 인도를 따름으로 그리스도님을 닮아가며 부활의 날에 받을 몸의 구원을 간절히 기다려야 하는 것이다.

가장 중요한 것은 혼이 회개함으로 새롭게 변화되고 영이 거듭나는 것이다. 그래야 그 사람이 하나님의 생명에 연결되어져서 영원한 생명을 얻게 되며 성령님의 인도를 따라 하나님과 교통하게 됨으로 영과 혼과 몸의 기능과 용도가 새롭게 되는 것이다. 그러므로 영의 활동이 혼에게 영향을 미치고 몸까지 바르게 사용토록 하는 것이다. 그러한 거듭난 영에 예수님의 보내신 진리의 성령님이 내주하셔서 인도하시는 것이다. 그런데 영이 거듭나지 않은 사람이 혼으로 신앙생활을 하는 사람이 대부분이고 영이 거듭난 사람도 주위의 많은 사람들이 혼으로 신앙생활을 하는대로 하면서 조금도 이상함을 느끼지 못하는 것이다.

거듭나지 않고 구원을 받지 못한 사람의 영도 대단히 도덕적이고 양심적인 것을 볼 수 있다. 세상 종교인들을 보면 저들의 신을 섬기는데 있어서 얼마나 정성껏 하며 영계에 깊기도 하는 것이다. 기독교인들도 거듭나지 못한 영으로도 하나님을 섬긴다고 하는 것이다. 대제사장과 바리새인들이 그러했고 바울이 회개하기 전에도 하나님을 열심히 섬겼다. 그러한 사람을 신앙이 좋다고 칭찬도 하고 교회에서 유력한 직분도 맡을 것이다. 그러나 거듭난 영으로 섬겨야 하나님께서 받으시지 영이 거듭나지 않고 혼으로 아무리 섬겨도 가인의 제물처럼 굽어보시지 않고 가룟 유다와 같이 될 수밖에 없는 것이다.

석가모니나 공자는 얼마나 도덕적이고 양심적인가? 타고난 천성이 자비롭고 희생적 사랑이 있고 온유하고 친절한 사람이 있다. 그러한 사람이면 구원을 얻는가? 그렇기 때문에 구원을 얻는다면 인간이 자기의 의로 구원을 얻는 것이 될 것이다. "누구든지 온 율법을 지키다가 그 하나에 거치면<넘어지면, 잘못하면, 죄를 지으면> 모두 범한 자가 되나니"라고(약 2:10) 하였는데 과연 석가모니나 공자가 죄를 한 번도 짓지 않았겠는가? 하나님께서는 "의인은 없나니 하나도 없으며"(롬 3:10), "선을 행하고 죄를 범치 아니하는 의인은 세상에 아주 없느니라"고(전 7:20) 하였으니 그래도 하나님 앞에 의인으로 구원을 받을 수 있는 사람이 있겠는가?

예수님께서 거듭 말씀하신 것은 "아무든지 나를 따라 오려거든 자기를 부인하고 날마다 제 십자가를 지고 나를 좇을 것이니라"고 하신 것이다.(눅 9:23, 막 8:34, 마 16:24) 이 말씀은 예수님께서 베드로가 "주는 그리스도시요 살아계신 하나님의 아들이시니이다"고 했을 때 "바요나 시몬아 네가 복이 있도다"하시고 "너는 베드로(돌)라 내가 이 반석 위에 내 교회를 세우리니…"라고 하시고 예수님께서 고난을 받아야 될 것과 죽임을 당하실 것과 제 삼일에 살아나야 할 것을 제자들에게 알려 주기 시작하니 그때에 베드로가 주를 붙들고 말리기 시작하면서 말하기를 "주여 그리마옵소서 <**하나님은 당신에게 자비로우십니다**> 이 일이 결코 주에게 미치지 아니하리이다"라고 하니 주님께서 돌아서서 베드로에게 말씀하시기를 "사탄아 내 뒤로 물러가라 너는 나를 넘어지게 하는 자로다 네가 하나님의 일을 생각지 아니하고 도리어 사람의 일을 생각하는도다" 하시고는 "아무든지 나를 따라 오려거든 자기를 부인하고 자기 십자가를 지고 나를 좇을 것이니라"고 하신 것이다(마 16:21~24).

그렇게 주님께 대하여 바른 신앙고백을 한 제자 베드로, 고난을 받고 죽임을 당해야 한다고 할 때 정말 주님을 위하고 사랑하고 존중하는 마음으로 "주여 당신에게 하나님은 자비로우십니다 이 일이 결코 주에게 미치지 아니하리이다" 하였는데 무엇이 잘못이란 말인가? 왜 "사탄아 내 뒤로 물러가라!"라고 말씀하셨는가? 베드로는 자기 혼으로 열렬히 충성되게 말했기 때문이다. 그리고 "나를 따라 오려거든 자기를 부인하고 날마다 자기 십자가를 지고 나를 따르라"고 왜 말씀하셨는가 하는 것이다.

자기 혼 곧 마음을 부인하고 날마다 자기 십자가를 지고 주님을 따르지 않고는 주님을 따라 갈 수가 없는 것이다. 자기 부인이라는 것은 죄를 짓지 않아야 한다는 말만 아니다. 부모로부터 타고난 타락한 영 혼 몸 곧 자기의 모든 것이 부인되되 한 번만 아니라 날마다 자기가 부인되고 죽는 십자가를 지고 주님을 따라야 한다는 것이다.

영이 거듭나지 않고서 단지 예수님이 하나님의 아들인 줄 알고(눅 4:33, 34) 한 분 하나님이 계심을 믿고 떠는 마귀들도 믿는 믿음(약 2:19) 정도는 누구나 가질 수 있는 것이다. 예수님으로부터 "화 있으리라" 고 책망 받았던 서기관들과 바리새인들도 하나님께 대한 믿음이 얼마나 확실하고 철저했으며, 하나님의 말씀인 율법을 얼마나 존중하고 연구하며 알고 열심히 지켰던지 바울이 회개하기 전에 바리새인으로서 "율법의 의로는 흠이 없는 자라" (빌 3:6) 하였다. 이렇게 거듭나지 않고 구원을 받지 못한 사람도 하나님의 말씀을 많이 알고, 말씀을 지키며, 기도를 많이 하고, 금식도 하며. 자선도 하고, 하나님을 열심히 섬길 수 있는 것이다. 그러나 서기관과 바리새인들, 회개하기 전의 바울의 흠이 없이 하나님 앞에 행한 모든 신앙생활이 하나님께 기쁨이 되었겠는가?

최후 심판의 "그날에 많은 사람들이 나에게 주여 주여 우리가 주의 이름으로 선지자 노릇하며, 주의 이름으로 귀신<**악령들**>을 쫓아내며, 주의 이름으로 많은 권능≪**들**≫을 행치 아니하였나이까 라고 말하리니, 그 때에 내가 저희에게 밝히<**동일하게**>말하되 내가 너희를 도무지<**전혀**> 알지 못하니 불법을 행하는 자들아 내게서 떠나가라 하리라" (마 7:22, 23)고 하셨다. 그들이 주님의 말씀대로 참으로 거듭나고(요 3:3~8) 주님의 말씀대로 지켜 행하는 자들이었다면(요 12:48~50, 14:23~25) 그럴 수가 없는 것이다.

거듭나지 않은 영을 가진 구원받지 못한 불신자 곧 부모로부터 타고난 육신적인 사람도 반드시 추잡스런 죄만을 짓는 것이 아니다. 하나님을 섬기고 말씀을 열심히 지킬 수도 있는 것이다. 거듭나지 않고도 의로운 행동을 할 수 있을 뿐만 아니라, 그것도 능란히 잘 할 수 있다. 그러나 하나님의 뜻을 따르지 않고 자기 육신의 생각을 따라 하나님을 섬기는 것이다. 생각하고 의도하고 행하는 일체가 나 자신이기 때문에, 거기에는 성령을 의지할 필요도 없고, 기도의 필요성을 절실히 느끼지 못하며, 신앙생활을 자기가 노력하고 향상하는 것이다. 의도하고 생각하고 행하는 일체가 자신이기 때문에, 공로나 영광을 자신에게 돌릴 수밖에 없는 것이다. 그러나 영이 하나님과 연결되지 못한 죄인의 상태에서 자신의 혼으로 자기를 위한 모든 선은 구원과 관계없다

♡ 묵상과 기도

거듭남 ⇒ 오늘날 기독교의 복음은 '예수님을 구주로 믿기만 하면 누구나 구원을 받는다'는 것이다. "사람이 물과 성령으로 ≪**태어**≫나지 아니하면 하나님의 나라<**왕국**>에 들어갈 수 없느니라"(요 3:5) "너희는 거듭나야<**위로부터 태어나야**> 하겠다는 말을 기이히 여기지 말라"(요 3:7) 하신 예수님의 말씀은 필수적인 구원의 조건으로 하지 않고, 중요시하지도 않는다. 교회가 영적이지 못하기 때문이다.

중생은 만물보다 더 부패하고 더러워진 사람의 영과 혼과 몸을 "중생의 씻음과 성령의 새롭게 하심으로"(딛 3:5) "하나님을 따라 의와 진리의 거룩함으로 지으심을 받은 새사람을 입는"(엡 4:24) 것이다. 그러나 거듭난 새사람은 장성한 사람이 아니고 어린아이이므로 자라고 성숙해져 가야 하는 것이다. 영적 생활에 약함이 있는 것이다. 그러나 자라고 성숙해져 가야지 어린아이

처럼 약한 상태로 오래 가는 것은 정상적이 아닌 것이다. 자라고 성숙해져 가는 것만 아니고, 여러 가지 질병과 위험과 더불어 싸우며 대처해 나가야 하는 것처럼 자신과 밖으로부터 오는 온갖 사탄의 미혹과 죄와 더불어 싸워 이기며 강건해지며 성장해 가야 하는 것이다. 거듭난 자라고 해서 당장 어른처럼 강해지는 것은 아니다. 침례 요한을 가리켜 "아이가 자라며 심령이<***πνεῦμα* 영에**> 강하여지며 이스라엘에게 나타나는 날까지 빈 들에 있으니라" 고(눅 1:80) 하였고, 예수님도 "아기가 자라며≮***πνεῦμα* 영에**≯강하여지고 지혜가 충족하며 하나님의 은혜가 그 위에 있더라" 고(눅 2:40) 하였으니 '영이 강하여지며' 라는 말에 주목해야 하는 것이다. '강하여지다(*κραταιόω* 크라타이오오)' 라는 말은 '힘이 강화되다, 강해지다' 는 말로서 에베소서 3:16절에 "그의 성령으로 말미암아 너희 속<*ἔσω*(에소) **안에**> 사람을 능력으로 강건하게<*κραταιόω*(크라타이오오) **힘이 강화되게, 강해지게**> 하옵시고" 라고 한 말에서 같은 말을 사용한 것이다. 그러므로 영의 성장은 힘이 강해지는 것이다.

정도에서는 완전하지는 않으나, 질적으로는 중생의 씻음과 성령님의 새롭게 하심으로 영원히 사시는 하나님의 생명과 연결되어 그에게는 영원한 생명이 있고, 하나님을 따라 새롭게 창조된 사람으로서의 영과 혼과 몸이기 때문에, 땅에 얼마동안 살지라도 하늘에 시민권이 있는 자요(빌 3:20) 위에 있는 것을 구하는 자이며(골 3:1), 바울처럼 예수님을 따르는 자가 되는 것이다.(고전 11:1; 빌 3:17) 영적으로 하나님을 기쁘시게 하는 자가 되는 것이며, 부모에게서 타고난 인간으로 살지 않고 거듭난 새사람으로 성령님의 인도를 따라 그의 사는 것이나 죽는 것이 모두 그리스도님을 위한 삶인 것이다. 이런 사람이 거듭난 사람이다.

참으로 거듭나지 못한 신자는 하나님을 알되 지식적으로 알고 마치 자식이 자기 부모를 부인할 수 없듯이, 심령에 하나님으로 믿어지지 않는 것이다. 하나님을 경외하고 사랑하고 말씀을 순종하지만 참으로 하나님이 경외할 분이시고 사랑할 분이시며 순종하는 것이 좋아서 하는 것이 아니라, 내가 그렇게 하면 구원을 받기 때문이며, 그렇게 하지 않으면 구원을 받지 못하기 때문에 그렇게 하는 것이다. 이렇게 그 사람 자체 성질이 새로워지지 않고 신앙 생활을 열심히 하는 자가 얼마나 많은가? 하나님에게서 다시 태어난 사람은 거듭나게 해 주신 하나님을 분명히 사랑한다(요일 5:1). 당신은 하나님을 심히 기뻐하고 예수님께서 그 말씀하신 것이 너무너무 귀중하고 좋아서 사모하고 순종하며 찬송하고 기도 생활을 하는가? 이렇게 되어야 거듭남과 구원이 확실한 것이다. 의심스런 자리에 머물러 있어서는 안된다.

거듭나지 않은 사람 즉 부모로부터 한 번 밖에 태어나지 않은 사람은 육신에 속한 사람이며 "육체의 욕심을 따라 지내며 육체와 마음의 원하는 것을 하여 본질상 진노의 자녀" 인 것이다.(엡 2:3) 믿지 않는 세상 사람이나 거듭나지 못한 신자들처럼 육신과 마음의 욕망을 이루며 살지 않고 거듭난 새사람으로 성령님을 따라 하나님을 기쁘시게 하는 말씀을 따라 살아가는 자가 거듭난 자인 것이다. 거듭나지 않은 사람과는 생각하는 것이나 말하는 것이나 행하는 것이 확실히 다른 것이다.

참회하고 죄에 대하여 통분히 여기고 눈물을 흘리고 믿기로 결심한다고 구원이 이루어지는 것이 아니다. 고백이나 결심 그 외의 어떠한 종교적 행위로 중생이 될 수 없고 거듭나는 것으로 혼동해서도 안되는 것이다. 이성적인 판단이나 지적인 이해나 정신적인 수궁 또는 진 선 미의 추구 같은 것은 그 사람이 영으로부터 성령님의 새사람되게 하심을 받지 않는 한 구원과는 아무런 상관이 없는 것이다.(마 7:13~28; 눅 13:23~27; 히 6:1~6).

거듭남은 부패하고 더럽고 어두워졌던 사람의 영이 새롭게 되어 신적 영원한 생명을 받아 영원히 하나님과 함께 천국에서 살게 될 새사람으로 창조되는 것이니 어찌 자신 스스로나 다른 사람이 볼 때 단지 부모에게서 태어난 사람과 다른 것을 알지 못하겠는가? 거듭남이 구별되지 않거나 알지 못한다는 것은 혼미케 하는 사탄의 수작인 것이다. "우리가 시작할 때에 확실한 것을 끝까지 견고히 잡으면 그리스도님과 함께 참예한 자가 되리라" 고(히 3:14) 하셨다. 신적 영원한 생명을 받게 되고 성령님이 그 안에 계시는 자가 어찌 자신이 거듭났는지 또는 다른 사람이 볼 때 저 사람은 아무래도 다르다는 말을 듣지 않겠는가? 그것이 없다는 것은, 만약 그렇게 거듭나게 하신다면 주님께 불명예가 될 것이다. 그렇게 불분명하고 흐릿하게 거듭나게 하시지 않는다. 아들의 영을 보내셔서 아바 아버지라 부르게 하실 뿐만 아니라(갈 4:6) 옛 사람을 그 행위<활동, 기능, 일>와(과) 함께 벗어버리고 새 사람을 입게 하신다(골 3:9, 10).

중생할 때 사람은 하나님께서 본래의 계획대로 주고자 하신 영원한 생명을 받으며 하나님께로서 새로 태어나는 것이다. 진리의 성령님께서 그의 영과 함께 계시고(롬 8:16) 몸은 성령이 계신 전(殿)이 되어(고전 6:19) 영과 혼과 몸을 거룩하게 보존하시고 또 그리스도님의 충만하심의 장성한 분량에까지 이르게 하시는 것이다(엡 4:12, 13).

베드로전서 1:22절에 "너희가 ⁎*διὰ πνεύματος*(디아 프뉴마토스) **성령님에 의하여**⁎ 진리에 순종함으로 너희 영혼<혼들>을 깨끗하게 하여" 라고 했으며 히브리서 10:22절에는 "우리가 마음에 뿌림을 받아 양심의 악을 깨닫고 몸을 맑은 물로 씻었으니"라고 하였다. 거듭난 사람은 새생명만 아니라 진리의 성령님께서 몸 안에 내재하신다는 사실을 확실히 의식하고 믿어야 영적 생활에 진보할 수 있다. 성령님께서 내재하시고 인도하심을 경시하고 이성의 지시를 따르는 때가 너무나 많은 것이다. 거듭나지 않은 자의 영에는 성령님께서 계시지 않는다. 반면에 거듭난 자가 성령님이 자기 안에 계심을 알지 못하면 안된다(고전 3:16).

성령님을 따라 행한다는 것은 '이 가장 깊이 숨겨져 있는 지역'의 움직임(동태)을 이해하고 그 움직임에 따라 행하는 것이다. 요즘 기독교는 찬양과 기도의 소음이 너무 심하여 갈멜 산 위의 바알 선지자들 같은 기도는 익숙하고 선지자 엘리야 같은 기도는 익숙하지 않아, 영 안에서 말씀하시는 세미한<דַּק(다크) דְּמָמָה(데마마) **아주 작고 고요한**> 성령님의 음성은 들을 줄을 모른다 (왕상 18:20~40, 19:9~18) 불의 혀같이 임한 성령님만 알고 비둘기 같이 임한 성령님은 모른다. 두 가지를 균형있게 알아야 한다. '웅변은 은이고 침묵은 금이다.' 영성생활에 되도록 말을 적게 하고 침묵하는 것은 영을 따라 사는데 대단히 유익하다.

진리의 성령님께서 내 안에 내재하신다는 것을 의식적으로 알고 영의 귀를 기울이는 것은 나의 육신적 상태를 극복하는데 큰 방편이 되는 것이다.

그런데 현대 기독교는 침묵의 가치를 망각하고 소란과 광란의 문화 패턴을 따라 찬양과 기도가 마냥 열광적이기만 하다. 조용하고 깊은 영의 찬양과 침묵의 기도는 성령님과 은혜가 없는 것으로 여기고 아주 낯설어 한다. 예수님께서 기도를 가르치시기를 "너는 기도할 때에 네 골방에 들어가 문을 닫고 은밀한<

κρυπτός(크맆토스) **숨겨진, 비밀한**> 중에 계신 네 아버지께 기도하라 은밀한 중에 보시는 네 아버지께서 ≪**드러나게 네게**≫갚으시리라"고 하셨다(마 6:6). 기도를 들으시는 하나님 아버지는 은밀한 중에 계신 분임으로 기도를 은밀히 하라고 하셨는데 어찌하여 기도하는 자들이 마냥 열광적으로 기도하는 것만이 잘하는 기도라 생각하는지 참 딱하다. 물론 합심하여 큰 소리로 기도해야 할 경우도 있다(행 4:24). 그러나 오늘날 교회의 소란스런 기도의 형태는 다분히 혼적이고 진지한 영의 기도가 되지 못하는 경향이다. 은혜와 성령님에 대한 현대 기독교인들의 기대는 슬프고 답답한 심정을 풀어주고 사업성공 병고침을 도와주는 것 이상이 되지 못하고 있다. 잘못된 신앙과 삶의 정황은 그대로 놔두고 그런 가운데 살고 있는 이들을 축복해 주며 위로하고 안정하여 살도록 도와주는 것이 성령님의 하시는 일이라고 흔히 생각한다. 하나님은 사랑이시어서 죄인들에게 한없이 자비하시고 긍휼이 여기신다는 것이다. 이런 영성을 지닌 이들을 괴로움과 답답함을 드럼과 반주로 고성능 스피커의 울림과 함께 홍겹게 찬양하고 고성을 내어 소리쳐 기도하게 함으로 스트레스를 풀며 은혜 충만인 줄 알게 한다.

예수님께서는 한적한 곳으로 가셔서 기도하셨다고 하였다(막 1:35, 눅 5:16). 더글러스 스티어(Douglas V. Steere)는 '침묵기도는 성숙한 크리스챤의 표시이다'고 하였다. 성숙치 못한 신자는 얕은 개울물 같이 마냥 소리쳐 찬양하고 기도하나 성숙한 그리스도인은 깊은 대양(大洋)같이 폭풍이 있을 때 파도 소리 같을 때 외에는 늘상 유유(愉愉)하여 깊고 장중하고 조용하다. 찬양과 기도가 그러하고 삶과 태도가 그러하다.

하나님께서는 은밀한 중에 계시는 침묵의 하나님이시며 영에 말씀하시는 하나님이시므로 주로 침묵 속에서 영에 말씀하시는 음성, 성령의 음성을 들을 줄 알아야 한다. 특별한 경우 외에는 결코 소리내어 말씀하시지 않는다.

♡ 묵상과 기도

거듭남의 범위 ⇒ 사람의 어떤 부분이 어느 정도까지 어떻게 되는 것이 거듭나는 것인가? 이러한 영적인 부분에 대하여 신자들에게 명확하게 가르치고, 거듭남이 어떤 것인지 바르게 알고 가르쳐서 신앙 생활을 하게 하여야 할 것이다.

거듭남이 어떤 것인지 분명히 알기 위해서는 먼저 사람이 어떤 것들로 이루어져 있으며 어떤 기관으로 어떻게 작용하는지를 알아야 사람이 그 자신 안에서 어떻게 작용하여 범죄 타락하였고 거듭날 때는 어떻게 작용하여 거듭나는지를 알 수 있고 그리고 거듭난 후의 신앙 생활도 어떻게 작용되는지를 알아야 거듭남에 대하여 분명히 구별하여 알 수 있고, 영적으로 이기며 성숙해져 가는 생활을 할 수 있는 것이다. 이러한 영적 방면에 대하여 무지하고 등한함으로 오늘날 신자들이 말할 수 없는 영적 희미함 속에 헤매고 있는 것이다.

먼저 사람은 가장 깊은 중심에 하나님 곧 영의 세계와 접촉하는 직관과 양심과 영교의 기능을 가진 영이 있으며 그 외곽으로 영과 접촉하는 지식과 감정과 의지의 기능을 가진 혼(자아~인격)이 있어 물질 세계와 접촉하는 몸과도 밀접히 접촉하는 것이다. 그러므로 혼(자아~인격)은 사람 안에서 영과 몸의 중간에서 연결하는 역할을 하는 것이다.

그리고 이러한 영 혼 몸의 구조에서 그 작용하는 기관으로 마음(정신=이성)이 있는데, 마음은 '이치에 따라 사리를 분별하는 기관' 인 것이다. 그리고 '생각' 은 '마음이 무엇인가 포착하는 것' 이다.

사람의 영과 혼과 몸은 서로 밀접하게 연결되어 있어 어느 한 부분의 일이 전체적으로 영향을 미치는 것이다. 사람이 범죄 타락할 때 먼저 몸의 욕구인 '먹음직하고 보기에도 즐겁고' 혼의 욕구인 '현명하게 할 만큼 탐스러운' 나무로 '생각' 되어졌던 것이다. 하와와 아담의 사리를 분별하는 기관인 마음에서 하나님의 말씀은 "네가 거기서 나는 것을 먹는 날에는 반드시 죽으리라" 하셨고 뱀(사탄)의 말은 "너희가 반드시 죽지는 아니하리라 너희가 그것을 먹는 날에는 너희의 눈이 열리고 너희가 하나님과 같이 되어서…" 라는 말에 지식과 감정과 의지의 기능을 가진 혼이 뱀(사탄)의 말을 따라 먹기로 결정한 것이다. 그러므로 죄를 짓게 한 결정적 책임은 혼(자아=인격)에 있는 동시에 전인간에게 있는 것이다. 죄의 벌 곧 죽음은 영과 혼과 몸 인간 전체에 오게 된 것이다.

영의 죽음은 하나님과의 관계가 끊어짐으로 하나님을 감지하는 직관의 기능을 잃어버리게 되고, 하나님을 경외하는 양심의 기능을 잃어버리고, 하나님과 교통하는 영교의 기능을 잃어버린 것이다. 사람의 중심인 영이 하나님께 대하여 죽게 되니 혼도 그 영향으로 하나님과는 상관이 없는 단지 한 종류의 동물적인 혼에 불과하게 된 것이다. 그렇기 때문에 "사람이 존귀에 처해 있어도 깨닫지 못하면 멸망하는 짐승들과 같도다" (시 49:20)고 한 것이다. 몸은 하나님께 대하여는 기능이 죽어 영적 공급이 중단된 영과 하나님과는 상관없이 살아가는 혼을 따라 고통과 병과 죽음의 운명 아래 살아가게 된 것이다. 생명이 없이 죽은 고기에 쉬파리가 와서 쉬를 쏠 듯이 생명과 기쁨과 축복의 근원이신 하나님과 관계가 끊어져 하나님 없이 죽은 남은 생명으로 살아가는 사람에게 사탄은 그 영과 혼과 몸 전체를 자기의 주거지로 삼아 역사하며 온갖 더럽고 추악한 죄 하나님을 분노케 하는 일들을 충동하여 자행케 하는 것이다.

그러니 그러한데서 거듭난다는 것은 범죄 타락한 것의 역으로 알면 자명한 것이다. 먼저 영이 하나님께 대한 기능이 회복되는 것이다. 어른 같이 성숙한 기능은 아닐지라도 어린아이에게도 사람의 기능이 미숙하나마 다 갖추어 있듯이 영의 기능이 본래 하나님의 창조하신 계획대로 영으로 하나님을 직관적으로 부인할 수 없이 알아지고, 하나님을 알아짐과 같이 양심이 정직하여 하나님과 사람에 대한 선악과 정사를 판단하고 명령하는 의식 능력이 바른 기능을 찾고 하나님과 영교하는 영의 기능이 살아남으로 하나님께 감사하고 영광을 돌리며 기뻐하는 것이다. 이러한 하나님과의 영의 기능이 자신에게 있는가 없는가를 분별하여 봄으로 자신의 영이 거듭났는가 거듭나지 못하였는가를 알 수 있는 것이다. 아기가 생명으로 태어나면 숨을 쉬고 먹으려고 하듯이 새 생명으로 거듭나면 끊임없이 기도하고(영의 호흡) 말씀사모(영의 양식) 한다. 거듭난 생명의 증거이다.

따라서 자신의 혼(자아=인격)의 기능도 영을 따라 그의 지식으로 하나님을 알고 감정으로 두려워하며 사랑하고 의지로 하나님을 순종하며 기쁘시게 하려고 하는가를 보아 거듭난 자의 혼인가 아닌가를 알 수 있는 것이다.

몸은 거듭난 기능을 가진 영과 혼을 따라 죄에게 사용되기보다 의에게 사용되는 것이다. 하나님의 영이 그의 영에 계시고 그 영에 따르는 혼은 몸을 움직이게 하는 것이다.

사람을 거듭나게 하실 때 죄를 짓지 않을 수 있도록 영과 혼과 몸을 완전하게 하시지 않고 왜 육신적인 부패성이 남아 있게 하셔서 어렵게 하셨는가 하는 것이다. 이는 마치 에덴 동산에 왜 선악과나무를 두고 먹지 말라는 명령을 하셨는가 하는 질문과 같은 것이다. 하나님께서는 사람으로 하여금 자기를 기뻐하고 순종하는 것을 기계처럼 하는 것을 원치 않으시고 자원하여 하기를 원하셨기 때문에 거듭난 사람도 육신과 마음의 욕망을 부인하여 따르지 않고 성령님을 따라 의지로 선택하여 스스로 순종하기를 원하셔서 그렇게 하신 것이다.

♡ 묵상과 기도

● 영성생활에 있어서의 작용

이 부분에서는 워치 만의 저서 「영에 속한 사람」이 바로 되어 있으므로 많이 응용하였다.

영성생활이란 거듭난 자의 생활인 것이다. 영성생활은 먼저 앞서 말한 바와 같은 거듭남이 있어 그의 영과 마음이 새 영과 새 마음이 되어지고 성령님이 내주 하시는 사람이 되어져야 한다. 이것이 바르고 확실하게 되지 않고서 영성생활을 말하고 추구하는 것은 세상 일반 종교의 영성 추구와 조금도 다름없는 기독교 종교영성에 불과한 것이다. 진정한 거듭남이 어떤 것인지 체득치 못하고 기독교 진리를 탐구하고 바른복음을 깨달았다고 자부하는 것도 기독교 종교진리를 지적으로 학문적으로 안 것에 불과할 뿐이다 거듭난 자는 자신의 거듭난 영과 내주 하시는 성령님의 생각을 따라 사는데 유의해야 한다. 거듭난 혼(마음)이라 할지라도 지성과 감정과 의지의 주체인 혼이 하나님(예수님)의 성령님과 교통하고 직감하고 양심이 있는 영의 주관을 따라 살지 않으면 영성생활을 할 수 없다. 양심과 직감과 교통의 기능을 하는 영은 주로 영의 세계와 영의 일을 주로 하고 현실과 외부의 영향을 받지 않는다. 그러나 지성과 감정과 의지의 혼은 영의 일과 관계를 하지만 육체와 세상 모든 일에 관여하기 때문에 외부의 영향을 받게 된다. 그러므로 혼이 혼란이 없고 영의 일에 주력하는 영을 따르지 않고 혼이 주가 되어 몸을 부리며 앞장서서 활동하면 영적인 사람보다 혼적인 사람이 되어 자신은 대단한 활동적인 영의 사람이라고 생각할지라도 진정 삼위 하나님께서 기뻐하시는 아들로 살지는 못하는 것이다.

몸은 순진무구한 아기 같아서 혼이 어떻게 하든 너무 피곤하여 도무지 할 수 없는 경우나, 힘에 지나치거나 아파서 할 수 없는 경우를 제외하고는 언제나 '예' 하는 'Yes Man' 이다. 몸은 황토 흙으로 된 참 순수한 재질(材質)이다.

거듭난 자로서 혼이 나서서 살지 않도록 하기 위하여 ⇒ 영이 거듭나서 영원한 새 생명을 받은 하나님의 자녀라 하면서 온전히 영이 주도하는 생활을 하지 않고 혼이 나서서 좌지우지하는 생활을 하면서도 영적 생활의 이상을 조금도 느끼지도 못하는 사람이 너무나도 많다는 슬픈 사실이다. 그 이유는 영적 생활에 대한 가르침이 없어 너무나 무지하기 때문이다.

영적 사람의 개발은 뒷전으로 돌리고 이생의 유익을 얻는 데만 많은 시간과 온갖 정열을 마다 않는 신자가 자기는 하나님을 사랑한다고 한다면 하나님께서 과연 그렇다고 하시겠는가?

혼은 사람을 육신으로 살아 움직이게 하는 힘이다. 사람이 거듭나기 전에 행하고 또 행할 수 있는 모든 것은 육신의 노력에 불과한 것이다. 이러한 육체의 힘은 악뿐 아니라 선도 행할 수 있는 것이다. 석가모니나 공자나 회개하기 전의 바울이 대단한 선을 행했던 것과 같은 존재이다. 그러나 그러한, 사람의 의는 하나님 앞에 더러운 걸레에 불과한 것이다.(사 64:6~ '우리의 모든 의는 더러운 걸레 같으며') 그리스도 예수님의 피흘리심으로 죄를 용서받고 부활하심으로 받는 완전무결한 의만이 영원히 사는 새 생명의 의인 것이다.

그리고 육체 가운데 사는 동안 육신(혼)을 따르지 않고 영을 따라 사는 의만이 새 생명이 행하는 의인 것이다. 그러므로 거듭난 자라도 영을 따라 행하지 않고 혼이 나서서 행하는 어떤 선한 것도 하나님 앞에 인정을 받지 못하는 것이다. 그렇기 때문에 거듭난 자가 혼이 나서서 살지 않도록 하는 것이 얼마나 중요한지를 알아야 한다.

그러므로 자기를 부인하고 그리스도님을 따른다고 하는 것은 육신에 속한 악만 아니라 육신으로 살아 움직이는 혼으로 하는 선을 행하는 것까지도 포함해서 일체를 부인해야 하는 것이다. 바리새인들은 자기의 행하는 것을 사람들에게 보이려고 했고 사람들에게 영광을 얻으려고 했기 때문에(마 6:1, 2) 예수님으로부터 '화있을진저 위선자들이여!' 라고 책망을 받았던 것이다. 하나님께서는 사람들의 행함의 동기와 원천을 중요시 하신다. 하나님께서는 '불의' 를 싫어하시는 것과 마찬가지로 '인간의 의' 를 증오하신다. 중생을 하지 않고서든지 중생했더라도 온전히 영으로 하지 않고 혼(육신)의 지혜와 능력과 열심으로 하는 모든 선한 것들은 부도덕이나 음란이나 방탕과 같은 죄보다 하나님 앞에 조금도 덜 미운 것이 아닌 것이다. 오히려 더 자기를 선으로 포장하는 위선이기 때문에 더욱 사악한 것이다.

그러므로 우리에게 결핍되어 있는 것은 '더 잘사는 것' 이 아니라 '더 잘 죽는 것' 이다. 거듭난 그리스도인은 불신자들 같이 영이 죽어 있어 하나님을 알지 못하거나 하나님을 섬기지 않아도 양심의 가책이 없거나 말씀과 찬송과 기도 없이도 영의 갑갑함을 느끼지 못하는 그러한 상태에 있지 않다. 그리고 자신을 방탕에 내어주어 욕심으로 모든 불결한 것들을 행하지 않는다. 부패한 옛사람은 죽어버렸다. 그러나 그의 혼은 그의 삶을 주관하는 힘(자유 의지)으로 남아 있다. 육체 가운데 사는 동안 죄의 성품은 남아 있는 것이다. 비록 옛 사람이 더 이상 혼을 주장하지는 못하게 되었다. 그래도 혼은 신자의 일상 생활에 계속 힘(의지)을 발휘하는 것이다. 하나님의 성품이 그의 죄된 성품을 대치시켰기 때문에 그의 모든 성향과 욕망과 바람은 이전의 불결한 상태와 달리 선한 것으로 변했다. 그러나 그의 새로운 욕망과 바람(영의 욕망)을 집행(의지)하는 것은 혼의 힘임을 지나쳐서는 안되는 것이다. 부정적으로 죄를 정복하긴 했지만 적극적인 영의 욕망을 따라 행하는 데는 아직 연약한 것이다. 자신의 약점과 무능력 곧 말씀과 기도와 성령님으로 충만하지 못함을 실제적으로 인정하고 전적으로 하나님께 의존하는 사람은 너무나 적다. 그는 의(거룩한 행위)를 행하는데 말씀과 기도와 성령님을 의존할 생각을 좀처럼 갖질 못하고, 자신(혼)의 힘으로 행동을 바로 잡으려 하고 향상시키며 하나님을 기쁘시게 하려고 하는 것이다. 그렇기 때문에 그의 영적 생활은 아직 모든 하나님의 성품의 덕을 표현할 수 있는 성숙함에 이르지 못하고 어린 아이 단계에서 맴돌고 있는 것이다.

영의 힘은 우리가 거듭날 때 받은 새로워진 영의 힘이며 혼의 힘은 모태로부터 태어날 때 타고난 자신의 힘을 말한다. 우리가 신령한 영적 사람인가 아닌가 하는 것은 우리가 이 두 가지의 힘을 어떻게 다루느냐에 따라서 좌우된다. 우리는 우리 자신에게서 나오는 것은 일체 우리의 현재의 됨됨이 가지고 있는 것 할 수 있는 것들을 부인하고, 매일 말씀과 기도와 성령님을 따라 움직이도록 해야 한다. 세상의 정당한 일에 몰두하면서 우리의 영성을 지키기 위해서 하루 중 기도와 성경을 읽기 위한 시간을 따로 떼어두는 것이 매우 중요한 일이며, 그러한 시간들은 규칙적으로 지켜져야한다. 육신적인 그리스도인은 그에게 말씀과 성령님이 계신데도 그의 삶을 그에 따라 살지 않는 것이다. 죄를 안 짓는 것이 복된 일이긴 하지만 이것은 신자의 가장 기초적인 경험에 지나지 않는다. 죄를 이겼다(짓지 않는다)고 해서 그렇게 놀라울 것이 없다. 죄를 이기지 못한다면 우리는 놀라서 마땅하다. "죄에 대하여 죽은 우리가 어찌 그 가운데 더 살리요"(롬 6:2)

성령님 안에서 행하는 것은 죄를 안 짓는 것만을 의미하는 것이 아니고, 성령님에 의하지 않는 자아(혼)로서 하는 것을 정지시키는 것까지를 말한다. 죄에게서 해방되었는데도 '사람' 들이 생각하는 대로 같은 생각을 가지고 사람들이 바라고 원하는 대로 바라고 원하며 산다면, 성령님께서 어떻게 그의 안에서 기뻐하시며 능력을 나타내시겠는가? 우리가 성령님의 충만을 갈망하며 참으로 신령한 영적 사람으로 살려고 한다면, 성령님께서 우리 안에 역사하실 수 있도록 전적 따르려 하고 혼을 때려부수어야 하는 것이다.

하나님을 향하여 진정으로 새 마음과 새 영을 받은 거듭난 구원을 받은 자라고 자신을 인정하고, 자신의 영이 성령님과 더불어 하나님을 아바 아버지라 하는 지울 수 없는 자녀 의식이 확실히 있다면, 하나님을 기쁘시게 하는 생활을 해야 하는 것이다. 영적인 사람이 되어야 하지, 부모에게서 타고난 육신을 따라 살아서는 안되는 것이다. 그런데도 거의 대부분의 신자들이 영적인 사람으로 살지 못하고, 거듭나고 구원을 받은 하나님의 자녀라 하면서도, 부모에게서 타고난 육신적인 사람으로 살고 있는 것을 본다.

영적인 사람으로 온전히 살아가려면 진리의 성령님으로 충만해져야 한다. 그러나 성령님으로 충만하지 못한 신자라도 기본적으로 그리스도님과 함께 살아났으면(골 3:1), 그 행위와 함께 옛 사람을 벗어버리고, 그를 창조하신 분의 형상을 따라 지식 안에서 새롭게 된 새 사람을 입었으니(골 3:9, 10) 응당 해야 할 것과 하지 않아야 할 것이 있다고 말씀하신 것이다. 그리스도님과 함께 살아났으면 위에 있는 것을 구하며 위에 있는 것에 마음을 두고 땅에 있는 것에 마음을 두지 않아야 하는 것이다.(골 3:1, 2) 그런데도 그리스도님과 함께 살리심을 받은 자인데도 불구하고 위에 있는 것에 마음을 두는 것보다 땅에 있는 것에 더 마음을 두고 사는 것은 하나님을 기쁘시게 하지 못하는 육적인 사람의 생활이며 십자가의 원수로 행하는 것이다.

예수님께서 "오직 너희는 먼저 하나님의 나라와(왕국과) 그 분의 의를 구하라. 그리하면 이 모든 것을 너희에게 더해 주시리라"(마 6:33)하신 말씀대로 사는 그리스도인이 얼마나 되겠는가? "이는 너희가 죽었고 또 너희의 생명이 그리스도님과 함께 하나님 안에 감추어졌기 때문이라"고(골 3:3) 하신 말씀대로 구원받은 그리스도인은 부모로부터 태어난 자기는 죽었고, 그리스도님과 함께 영원히 살 새 생명으로 살림을 받아 하나님 안에 감추어져 있으며, 그리스도님께서 재림하실 때에 그 분의 영광스러운 몸과 같이 변모시키실(골 3:4; 빌 3:21) 그러한 사람으로 지금 기다리며 살고 있는 것이다.(딛 2:12, 13) 거듭나지 않은 사람과는 삶 자체가 완전히 다른 것이다. 그런데도 관념만 그럴 뿐 삶은 거듭나지 못한 사람과 별반 다름이 없는 것은, 육신적으로 산다는 증거인 것이다. 지금 나의 삶은 거듭나지 못한 사람과 어떤 점들에서 다른가를 생각해 보라. 영적인 사람의 가장 두드러진 특징은, 위에 있는 것을 구하고, 거기에 마음을 두며 땅에 있는 것에 마음을 두지 않고(골 3:1, 2), 그의 심령에는 항상 진리의 말씀으로 가득하며, 주님의 재림을 간절히 기다리는 것이다. 이 재림 소망의 간절함이 땅의 것 육신적인 모든 것들을 배설물로 여길 수 있게 해주며, 고난과 박해를 능히 이기게 하는 원동력이 된다는 사실이다. 오늘날 교회 신자들이 영적인 사람으로 살지 못하는 가장 큰 원인이 재림 신앙의 희박함에 있는 것이다.

"그러므로 땅에 있는≪**너희의**≫지체를 죽이라. 곧 음란과 부정과 사욕과 악한 정욕과 탐심이니, 탐심은 우상 숭배니라"고(골 3:5) 하였다. 불순종의 자식들 거듭나지 못한 사람들이 하는 지체의 죄악들은 나타나지 못하도록 죽여야 하며, "분과 악의와 훼방과 너희 입의 부끄러운 말이라"(골 3:8). 이러한 죄와 육신적인 것들을 극복하고, "긍휼과 자비와≪**친절과**≫겸손과 온유와 오래참음을 옷입으라"고(골 3:12) 한 것이다. "누가 뉘게 혐의<**비난, 실수**>가 있거든 서로 용납하여 피차 용서하되 주<**그리스도님**>께서 너희를 용서하신 것과 같이 너희도 그리하고"라 (골 3:13)하였다. 과연 이렇게 생활하고 있는가?

"이 모든 것 위에 사랑을 더하라 이것이 온전함의 띠니라"(골

3:14)고 하였다. 사랑은 어떻게 하는 것인가? 진정 거듭난 그리스도인이라면 사랑이 있어야 하니 곧 "사랑은 오래 참고, 사랑은 온유하며, 투기하는 자가 되지 아니하며, 사랑은 자랑하지 아니하며, 교만하지 아니하며, 무례히 행치 아니하며, 자기의 유익을 구치 아니하며, 성내지 아니하며, 악한 것을 생각지 아니하며, 불의를 기뻐하지 아니하며, 진리와 함께 기뻐하고, 모든 것을 참으며, 모든 것을 믿으며, 모든 것을 바라며, 모든 것을 견디는"(고전 13:4~7) 것이다. 성령님으로 충만하여 완전하지 못하더라도 이러한 사랑이 기본적으로 있는가 하는 것이다.

"그리스도≲**하나님**≳의 평강이<**평화가**> 너희 마음을 주장하게 하라. 평강을<**평화를**> 위하여 너희가 한 몸으로 부르심을 받았나니 또한 너희는 감사하는 자가 되라"(골 3:15) 하나님의 평화가 나의 마음을 다스리고 있는가? 범사에 감사하는 자인가?

"그리스도의 말씀이 너희 속에 풍성히 거하여 모든 지혜로 피차 가르치며 권면하고 시와 찬미와 신령한 노래를 부르며 마음에 감사함으로 하나님을 찬양하고"(골 3:16), " '아내들아≮**너희 자신들의**≯남편≮**들**≯에게 복종하라. 이는 주안에서 마땅하니라"(골 3:18). "남편들아 아내를<**들을**> 사랑하며≮**그녀들을 향하여**≯ 괴롭게 하지 말라"(골 3:19) 하신 대로하고 있는가? "자녀들아 모든 일에 부모에게 순종하라. 이것이 주안에서 기쁘게 하는 것이니라"(골 3:20) 그리고 "아비들아 너희 자녀를 격노하게 말지니 낙심할까 함이라"(골 3:21) 또한 "종들아 모든 일에 육신의 상전들에게 순종하되, 사람을 기쁘게 하는 자와 같이 눈가림만 하지말고, 오직 주를 두려워하여 성실한 마음으로 하라"(골 3:22, 23) "이는 유업의 상을 주께 받을 줄 앎이니, 너희는 주 그리스도를 섬기느니라"(골 3:24) 역시 모든 것의 최종적 목표는 주님의 재림이 영적 사람의 목표이다.

영과 혼이 혼합되어 혼이 주도하는 생활의 위험을 알아, 혼(자기)을 부인하는 생활을 날마다 힘써야 한다.

혼적인 자기를 대충 네 가지 분류로 표현된다고 볼 수 있으니 1) 타고난 힘 2) 하나님께 대하여 굽힐 줄 모르는 강퍅한 마음 3) 많은 의견과 계획을 가지고 있는 자기 나름대로의 지혜 4) 영적인 경험 가운데서 추구된 감정적 흥분 등이다. 이것은 혼의 생명은 곧 자기이기 때문이며 혼의 주요 기능이 이성과 감정과 의지이기 때문이다. 혼 속에는 이와 같이 여러 기능이 있기 때문에 혼적인 많은 그리스도인들의 경험은 다양할 수밖에 없는 것이다. 영의 기능인 직관과 양심과 영교는 혼처럼 그렇게 다양하게 나타나지 않는다.

혼적인 사람은 어떤 사람은 이성(지적)에 기울어지는 경향이 있고, 또 어떤 사람은 감정과 의지에 더 기울어지는 사람이 있다. 비록 이들의 생활 모습이 크게 다르다 하더라도, 이들은 모두가 똑같은 '혼적인 생활'에 빠져 있는 것이다. 이성(지식)쪽으로 기울어져 있는 사람은 감정적인 사람에게서 '육신적인 냄새'를 분별해 낼 수 있을 것이고, 반대로 감정에 기울어져 있는 사람은 이성에 기울어져 있는 사람에게서 육신적이라는 느낌을 받을 것이다. 그러나 이들은 둘 다 '혼'에 속해 있는 것이다.

혼적인 것의 가장 두드러진 표현은 진리를 지적으로 추구하고 지적으로 받아들이고 지식적으로 전파하는 것이다. 이러한 신자에게는 어떠한 영적 경험을 보고 들어도 그리고 아무리 깊고 오묘한 진리를 읽고 들어도 그의 마음 곧 이성을 연마하는데 그칠 뿐이다. 지적인 기능에 의하여 마음이 잡혀 있는 신자들은 영적인 것에 대하여 흥미를 지니고 있다. 그러나 이런 갈구를 채우는 데 이들은 하나님의 감동과 계시보다 자기의 생각에 더 많은 기대를 건다. 이들은 기도보다는 계산하고 따지는데 더 많은 시간과 노력을 사용하는 것이다.

그리고 신자들이 신령한 영적 상태로 가장 많이 오인하는 것은 감정적인 것이다. 성격적으로 감정적인 경향이 있는 육신적인 신자는 습관적으로 감정적 흥분을 추구한다. 이들은 하나님의 임재하심을 마음 속에나 감각 기관에 느낄 수 있기를 바란다. 이들은 이런 감각을 느끼면 열심을 내어 주를 섬기고 이런 감각을 느끼지 못할 때는 한발짝도 움직이기를 원치 않는다.

그래서 혼 속에서 생활하는 신자들은 자기 자신을 모든 생각과 말과 행동의 중심으로 삼는다. 하나님을 위해서 모든 것을 해야 하는 줄 알고 또 자신이 그렇게 살고 있다고 생각하고 노력도 하나 그 이면에는 자기 곧 혼적인 자아가 부인되지 못한 채 자신의 만족을 위하여 성경을 읽고 알기를 원하고 자신의 기쁨과 안심을 위해 더 기도하고 경험하기를 원하며 자신의 의견과 생각에 따라 일하기를 원하는 것이다. 실제적 생활의 중심은 자신에게 있고 주된 목표는 자신에게 유익되는데 있는 것이다. 육신적인 신자의 특징은 계속적으로 부지런히 움직이는 것이다. 몸이 움직이지 않으면 마음이나 감정이 움직인다. 이러한 '생활' 은 '동물적인 활동' 으로 분주하다. 하나님께서는 하나님을 섬기는 일이나 주님을 경험하고 아는 일에나 하나님의 말씀을 읽고 듣고 이해하는데 있어서도 이런 부모에게서 태어난 사람으로서 동물적인 관심과 노력을 못마땅히 여기시는 것이다. 혼의 힘으로 행하는 것이 무엇이 잘못인가 할 것이다. 죄만 범하지 않으면 되지 타고난 힘을 따라 최선을 다해 선을 행하고 타고난 미덕과 재능을 살려 나가는 것을 반대할 이유가 무엇인가 하는 것이다.

이는 영적인 것과 혼적인 것을 구별하지 못하는 것 때문이다. 혼적인 것을 영적인 것으로 오해하고 영적인 것을 혼적인 것으로 착오함으로 말미암아 결국 혼의 힘에 의존하여 생활함으로써 영을 억압하게 되는 것이다. 그리하여 실상은 혼을 따라 행하고 있으면서 영을 따라 행하고 있다고 생각하는 것이다. 영을 따라 행해야 할 것도 분별치 못하므로 바깥 혼과 몸의 주도에 따라 행하게 되는 것이다. 이러한 신자의 영적 감각은 몸과 혼의 힘에 압도당한 채 둔감하게 된다. 이들의 영은 하나님과 협조하는 기능을 잃고 영적으로 성장하지 못하는 것이다. 하나님의 자녀들이 죄에 대하여 이기는 경험을 하고 나아가 혼의 생활을 정복하지 못하고 계속 혼의 생활에 거한다면 몸과 혼이 점차적으로 다시 합하여 과거에 내어버렸던 죄속으로 다시 끌고 들어가는 것을 발견할 것이다. 전진하지 못하는 것은 후퇴를 가져올 수밖에 없는 것이 영적 생활이다.

예수님께서 고난을 받아 죽임을 당하시고 삼일만에 부활할 것을 말씀하시자 수제자 베드로가 '주님께 다르게 말씀드리기를' "당신께 하나님은 자비로우십니다. 주님, 당신께 그것은 절대로 미래일 것입니다" 주님께 고난과 죽으심이 있으실 수 없다는 베드로의 말은 자기를 위한 것이 아니고 주님을 위한 것이었다. 그러나 주님께서는 베드로가 한 말이 사탄에게서 나온 것이라고 말씀하셨다. 그리고 바로 직전에 베드로는 '주는 그리스도 곧 살아계신 하나님의 아들이시니이다' 라고 고백함으로 칭찬을 받았고 '이 반석 위에 나의 교회를 세우리니' 라고까지 하셨는데도 베드로의 말에 "사탄아 내 뒤로 물러가라 너는 나에게 걸림이 되는도다 이는 네가 하나님의 일들을 생각하지 않고 사람

의 일들을 생각하는도다"라고 하신 것이다.(마 16:21~22)

주님을 사랑하고 위하는 것도 혼적이며 사탄의 일이 되기도 한다. 베드로는 주님을 진정으로 사랑하였다. 자기를 위해서가 아니었고 주님 자신을 위한 것이었다. 그의 마음의 태도는 올바른 것이었고 그의 의도도 선하였다. 그렇지만 이것은 하나님의 일을 우선으로 생각하는 영으로부터가 아닌 베드로 자신의 혼의 생각에서 나오는 것이었다. 이것은 그리스도인들이 주님을 사랑하고 섬기는 일에 있어서도 혼적인 사탄의 공작에 이용될 수 있다는 것을 의심할 여지없이 증명해 주는 것이다. 사탄은 그리스도인들에게 주님을 사랑하라고 권유할 수도 있고 기도하라고도 하며 신앙 생활에 관한 모든 것을 열심히 하도록 한다. 그러나 하나님의 생각대로가 아니라 자기 곧 혼의 생각과 열심으로 하게 하는 것이다. 사탄은 그리스도인들이 주님을 사랑하거나 기도하거나 성경을 공부하거나 헌금을 하거나 어떤 신앙생활의 충성된 것들도 두려워하지 않는다. 사탄이 두려워하는 것은 그리스도인이 자신의 '타고난 힘'으로 하지 않고 온전히 영적 사람으로 하는 것이다.

자기 부인은 이미 완전히 이루어진 일이 아니다. 자기 부인은 매일 매순간 해나가야 할 과제이므로 혼의 영향력이 상실될 때까지 이기는 자가 되기 위해서는 '죽기까지 자기 생명(혼)'을 사랑하지 아니해야 하는 것이다.(계 12:11) 자아의 생명은 단계적으로 하나씩 정복하여야 한다. 하나님의 말씀이 깊이 관철될수록(히 4:12) 십자가는 더욱 깊이 역사하며 성령님은 주 예수님과 우리의 영의 생명과의 연합을 더욱 완전하게 만드는 것이다.

주님께서는 "롯의 아내를 기억하라 누구든지 자기 목숨을 구하려고 애쓰는 자는 잃을 것이요 자기 목숨을 잃는 자는 보존하리라"(눅 17:32, 33) 하셨는데 주님께서 여기서 세상의 소유와 관련된 자기 부인을 말씀하신 것을 볼 수 있다. 신자들이 세상의 소유로부터 마음을 뗀다는 것은 얼마나 어려운 일로 보이는가? 롯의 아내는 자기 생명의 구원을 위한 절박한 상황에서도 자기의 소유를 잊지 못했던 여자였다. 소돔을 향하여 한 발짝이라도 뒷걸음질쳤다고 하지 않았다. 잘못이란 단지 한 번 뒤를 돌아 본 것 뿐이다. 그러나 이 한 번 돌아본 것은 그의 마음 상태가 어떠하다는 것을 잘 말해 주는 것이 된다. 그리스도인이 외적으로 세상을 포기하고 모든 것을 뒤로했다고 하면서도 속으로는 포기한 세상의 것을 '동경의 눈길로 바라 볼 수' 있다는 사실이다. 혼의 생명이 참으로 부서졌을 때 이 세상의 아무 것도 다시 신자의 마음을 움직일 수 없는 것이다. 자기의 혼의 생명을 완전히 그리스도께 바친 사람만이 겉옷을 벗어달라는 청을 받았을 때 속옷까지 내어 줄 수 있는 것이다. 온전히 영적이 된 사람은 세상의 물질과 절단되는 것이다. 주님께서 가르치신 산상수훈을 지키는 자가 된다.

♡ 묵상과 기도

영과 혼의 분리 ⇒ 주님께서는 "무릇<**누구든지**> 자기 (타고난)목숨을 보존하고자 하는 자는≮**그것을**≯잃을 것이요≮**그것을**≯잃는 자는 살리리라"(눅 17:33)고 말씀하셨다. 타고난 생명을 보존하려고 하지 말고 잃도록 하라고 하셨다. 그리스도인 안에서 영과 혼과 주도권 쟁탈은 끊임없이 계속된다. 그러므로 하나님의 말씀과 성령님을 그리스도인의 경험 가운데서 '혼의 작용과 표현'과 '영의 작용과 표현'의 차이점을 발견하여 혼에 속한 것과 영에 속한 것의 다른 점을 감지할 수 있어야 하는 것이다. 그리고 신자 자신이 성령님과 기꺼이 협조함으로써 혼의 주도를 받지 않고 영이 주도하도록 하는 것이다.

구약 시대에 사람들이 제물을 바칠 때 제물을 묶고 예리한 칼로 제물을 찔러 쪼갬으로 관절과 골수가 드러나고 분리되듯이 신자들의 영과 혼은 하나님의 말씀에 의하여 갈라내고 분리되는 것이다. 그리하여 혼은 더 이상 영에 영향을 미칠 수 없으며 영이 혼의 주도 아래 놓일 수가 없는 것이다. 영과 혼은 혼란이나 혼합이 없이 각각 제자리를 찾게 되는 것이다. 태초에 하나님께서 말씀으로 빛과 어두움을 나누셨던 것처럼 이제는 말씀으로 영과 혼을 찔러 쪼개는 성령님의 검으로 그리스도인 안에서 역사하는 것이다. 하나님의 말씀은 얼마나 예리한지 영(영적 생명)과 혼(육적 생명)을 나누기까지 하시는 것이다. 하나님의 말씀은 타고난 육적 생명인 혼에 관철하실 뿐만 아니라 거듭난 영적 생명인 영에 관철하시고 구별케 하시는 것이다. 누가복음 2:35절에 시므온이 성령님으로 마리아에게 한 말 "정녕 칼이 또 네 자신의 혼을 찌름같이 되어 많은 사람의 마음속에 있는 생각들이 드러나게 되리라" 고 한 것처럼 옛 사람의 영과 혼이 하나님 앞에 찔러져 바쳐져야 하는 것이다. 옛 사람이 죽임을 당할 때 혼 속에 묻혀 있는 영에까지 말씀의 칼이 미치기 위해서 먼저 혼이 찔러 깨뜨려져야 하는 것이다. 그리고 영은 새로운 영으로 거듭나서 육체 가운데 살지라도 육신적 생명과는 구별되이 살아야 하는 것이다.

1) 영과 혼이 혼합되지 않은 구별된 생활의 필요성을 알자
2) 영과 혼을 구별하여 사는 생활을 진심으로 갈구하자
3) 육적 생명을 십자가의 제단 앞에 바쳐야 생명 얻는 줄 알자

4) 롬 6:11절 말씀대로 육적생명이 이미 바쳐진 자임을 믿음으로 살자
5) 기도와 말씀과 순종함으로 혼을 깨끗하게 하도록 힘쓰자
6) 날마다 혼을 부인하고 십자가를 지며 영을 유의하여 따르자

♡ 묵상과 기도

영의 주관에 순응하여 사는 혼 ⇒ 예수님께서 십자가 위에서 마지막 숨을 거두셨을 때 성전의 지성소와 성소를 구분하였던 중간의 휘장이 위에서 아래까지 둘로 찢어졌다. 그래서 지성소와 성소는 하나로 통하게 되었다. 지성소는 성전의 가장 엄숙하고 깊은 곳으로서 대제사장이 일년에 한 번만 들어가는 하나님의 법궤와 그 위의 시은소에서 하나님께서 말씀하시는 곳이다. 거듭난 성도의 몸은 성전인데(고전 6:19) 몸은 성전 뜰이며 혼은 성소이고 영은 지성소와 같은 것이다. 주님의 십자가의 속죄의 죽으심으로 구속함을 얻는 성도는 영과 혼이 일치되고 통일될 것을 나타내신 것이다. 주 예수 그리스도님의 십자가의 죽음이 자신 안에 역사한 사람은 영과 혼의 일치됨을 경험하게 되는 것이다. 그의 영은 말씀에 의해 회개와 믿음으로 죄와 더러움을 씻고 성령님으로 영이 새롭게 지음을 받아 성령의 인도를 따르는 영이 되고 그의 혼은 왕과 구주이신 예수 그리스도님께 온전히 헌신된 제자로서 자신의 이기심과 독립권을 양도하고 육신적으로 사는 것이 자기를 위한 것이 아니고 그리스도님의 것으로 살게 되는 것이다. 사도 바울의 고백과 같이 "내가 그리스도와 함께 십자가에 못 박혔으나 그럼에도 나는 살아 있노라 그러나 내가 사는 것이 아니요 그리스도께서 내 안에 사시는 것이라

내가 이제 육신으로 사는 삶은 나를 사랑하시어 나를 위해 자신을 주신 하나님의 아들을 믿는 믿음으로 사는 것이라" (갈 2:20)고 함 같이 사는 것이다. 그리고 사도 바울은 빌립보서 1:20~21절에서 "나의 간절한 기도와 소망에 따라 … 항상 그러하듯이 지금도 온전히 담대하여 살든지 죽든지 그리스도가 내 몸 안에서 늘 높임을 받으시게 하려는 것이라 이는 내게 사는 것이 그리스도니 죽는 것도 유익함이니라" 고 하였으니 참으로 그리스도인이라면 그렇게 사는 것이다. 그런데도 왜 오늘날 교회에 그리스도인들이 그렇게 제대로 살지 못하는가? 그것은 우선 가르치는 자가 참으로 영적인 사람이 되어서 바로 가르치지 않기 때문이다. 설령 가르치는 말씀은 상당히 그렇게 가르치는 것 같더라도 그 자신이 경험하지 못하고 실행하여 본을 보여주며 따르게 하지 않기 때문이다. 행하며 가르치지 않기 때문이다. 그런데다 이 세대가 세상을 사랑하는 풍조로 가득하기 때문에 바르게 가르침을 받고 본을 보여주는 자가 혹 있다 하더라도 여간해서 따르는 자가 없는 것이다. 참으로 슬픈 세대인 것이다.

주 예수 그리스도님의 십자가의 사건이 우리 자신 안에서 영과 혼을 통일시키는 역사가 있도록 갈구해야 한다. 그리하면 나 자신의 혼(존재=생명)을 그리스도님께 양도해 드린 것은 결국에 가서 내가 얻게 되는 것에 비하면 극히 아무 것도 아니었다는 것을 알게 되는 것이다. 우리의 혼은 이렇게 온전히 거듭난 영의 주관하에 있게 되면 굉장한 변화를 거치게 된다. 자아 의식이 혼의 제일차적인 표현인데 십자가로 말미암아 자기 사랑, 자기 추구를 포함하는 혼이 주도하는 모든 일이 제거되고 더 이상 자아 중심적이 되지 않는 것이다. 모든 생각과 뜻과 말과 행하는 것이 어떻게 하면 하나님께서 기뻐하시는 대로 할가를 염두에 두는 것이다. 시켜서 하지 않고 자원하여 자발적으로 하는 것이다.

그리고 더 이상 스스로 분주한 계획을 세우지 않는 것이다. 무슨 일이나 서둘지 않고 자기 생각과 의견을 앞세우지 않고 하나님께서 어떻게 하기를 원하실가를 생각하고 말씀에 맞도록 하며 그의 영 속에 감화하시는 성령님의 영감에 따르며 성령님의 인도하심을 믿고 바라며 일하며 행하여 나갈 때 하나님의 인도하심을 체험하게 되는 것이다.

또한 영과 혼이 일치되어 영의 주관아래 사는 성도는 결코 스스로 염려하는 일이 없이 주님 안에서 온전히 쉼을 얻는 것이다. 한때는 바쁘게 계획을 세웠으나 이제는 조용히 주님을 신뢰하는 것이다. 근심걱정으로 불안정하고 얼굴을 붉힌 것도 있었으나 이제는 어머니의 품에 안겨 있는 어린아이와도 같이 평온한 것이다. 한때는 많은 생각에 분주했으며 여러 가지 포부를 품었었다. 그러나 이제는 하나님의 뜻을 최선의 것으로 믿고 스스로 주님 안에서 쉬게 된 것이다. 주님을 온전히 순종하는 중에 그의 마음은 충만한 기쁨으로 가득 차다. 완전한 헌신과 신뢰에 완전한 평안이 따르는 것이다. “수고하고 무거운 짐진 자들아 다 내게로 오라 그러면 내가 너희에게 쉼을 주리라 나는 마음이 온유하고 겸손하니 내 멍에를 메고 나에게서 배우라 그리하면 너희가 너희 혼에 쉼을 얻으리라”(마 11:28~29)고 주님께서 말씀하셨다. 우리가 기쁜 마음으로 주님께 순종하고 주님의 멍에를 메고 주님을 따른다면 우리의 혼은 무질서하게 혼란을 일으키지 않을 것이다.

뿐만 아니라 혼이 영에 일치되어 사는 성도는 말할 수 없는 소망과 기쁨을 간직하고 살게 되는 것이다. 혼의 생각 곧 자기 생각이 영의 생각에 잘 따르기 때문에 질서와 조화가 있고 갈등이 없이 한없이 평안한 것이다. 너무나 평안한 것이다.

나아가 영에 잘 순응하는 혼이 주관하는 몸이 또한 혼과 영에 잘 조화가 되고 잘 따르게 되며 혼과 몸의 모든 기능과 재능들이 영적인 사람으로서 살아가는데 유용하게 쓰이는 것이다. 지식으로 하는 모든 것, 감정에 관련된 모든 것 그리고 의지로서 하는 모든 것들이 모두 영적인 생활을 위해 귀하게 사용되는 것이다. 몸으로 하는 모든 것도 영적 생활에 유익하다.

♡ 묵상과 기도

[제 1 장 정 리 문 제]

1. '영성' 이란 말은 어떤 의미인가?

---

2. '바른영성' 이란 어떤 의미인가?

---

3. 오늘날 기독교의 영성에 대한 문제는 무엇인가?
1) 2)

---

4. 바른영성은 어떤 것인가?

---

5. 성경에 사람의 존재성을 어떻게 구분하여 말씀하셨는가?

---

6. 범죄 타락과 거듭남에 영과 혼과 몸의 상호작용은 어떠한가?

---

7. 영성생활에 있어서 영과 혼과 몸의 작용은 어떠해야 하는가?

♤ 쉼터 ♤

어떤 험상궂게 생긴 남자 하나가 정형외과 병원을 찾아 왔다. 그를 본 의사도 섬짓하게 생각할 정도로 험상궂다. 그는 가장 인자스런 사람의 얼굴 사진을 모델로 보여달라고 했다. 의사는 예수님의 모델 얼굴 사진을 보여주었다. 그는 한참 들여다 보더니 그 모델과 같게 정형수술 하려면 얼마나 걸리며 수술비는 얼마인가를 물었다. 의사는 칼로 수술하는 방법과 마음으로 수술하는 방법이 있는데 칼로 수술하는 방법은 엄청나게 많은 비용이 든다는 것을 설명해 주며 완전한 수술이 되지 못한다고 일러 주었다. 결국 그는 마음으로 수술하는 방법을 택하기로 했다.

의사는 매일 그리스도 예수님의 말씀을 읽고 묵상하며 그의 얼굴을 바라보는 것이라고 했다. 그는 매일 그대로 했다. 그리고 그는 7년이란 세월이 흘렀다. 그는 어디로 가나 "목사님이시죠?"라고 묻는 사람이 많아졌고 가장 인자한 사람의 얼굴로 소문이 났다. 가장 인자스런 얼굴이 있다는 소문을 들은 정형외과 의사가 그의 얼굴을 모델로 삼으려고 사진을 찍으려고 찾아갔다. 그를 만난 의사는 깜짝 놀랐다. 7년전 마음의 수술을 가르쳐준 그 사람이 아닌가! 너무나 얼굴의 모습이 바뀌었는데 적이 놀라지 않을 수 없었다. 결국 가장 험상궂은 얼굴이 가장 인자스런 얼굴로 바뀐 것이다.

제 2 장

바른영성의 실제

1. 거듭나지 않고 영성생활을 하려는 자

영성생활을 희구하는 자들이 많다. 그러나 영성생활을 희구하고 방법을 동원하고 훈련을 한다고 해서 되는 것이 아니다. 거듭남이 없이 하는 기독교의 영성생활은 기독교라는 종교의 영성생활에 불과할 뿐이다. 그렇게 희구하는 경향이 많아 심히 안타깝다.

왜냐하면 거듭남은 영성을 갖는 기본 바탕이기 때문에 거듭나지 않고는 영성생활이 있을 수 없기 때문이다. 그런데 기독교에 예수님과 사도 바울 , 그리고 최초 예루살렘 교회와 같은 영성생활이 기독교에 제대로 실현되지 않고 있는 것은 복음이 바로 되어 있지 않기 때문이다. 그리고 거듭남이 어떤 것인지에 대한 올바른 규명이 없이 예수님을 구주로 믿는 자는 거듭났다고 하는 기현상적 규명이 일반화되어 있고, 명확한 규명이 있을지라도 그렇게 거듭나게 하는 바른복음이 부재(不在)하기 때문이다.

● 바르게 개심되어야

올바른 영성의 바탕을 갖추는 거듭남을 위해서 무엇보다 먼저 바른복음으로 개심이 되어야 하는 것이다. 구원의 서정(序程)에 회개와 믿음보다 거듭남을 먼저 두는 견해들이 있는데, 성경의 말씀도 그러하지만 이치적으로도 어떻게 회개하지 않고 믿지도 않은 상태에서 새사람 되는 거듭남을 먼저 주시는가 이치에도 맞지 않는 말이다.

성경 말씀을 보면, '옛 사람과≮σὺν(순) **함께**≯그 행위<πράξεσιν(프라크세신) **활동, 일, 기능, 행위**>를 벗어버리고 새사람<νέον(네온) **새로움, 재생시킴, 신선함**)을 입었으니' 라고 했으니(골 3:9, 10), 목욕할 때 먼저 입었던 옷을 벗어 던지고 목욕을 한 후에 새 옷을 입듯이 새로움을 입는 거듭남을 받을 때 먼저 옛 사람과 함께 옛 사람의 모든 것을 벗어버리는 회개가 앞서야 하는 것은 성경 말씀도 그렇고 이치상으로도 마땅한 것이다. 사도행전 11:18절에는 "생명 얻는 회개(개심)를 주셨도다"고 하였으니 생명 얻는 것이 먼저인가 회개(개심)가 먼저인가?

그리고 로마서 12:2절에는 "≮**너희의**≯마음(νοῦς(누~스) **마음, 이해**(력), **이성, 사고**)을 새롭게함으로 변화를 받아"라고 하였으니 변화를 받기 위해서는 의식을 새롭게 해야 한다고 한 것이다. 중생을 직접적으로 말씀한 디도서 3:5절에는 "중생의 씻음과 성령의 새롭게하심으로" 하셨다고 하였으니 새롭게 하심보다 더러움을 씻는 것이 먼저인 것을 말하고 있는 것이다

오물 구덩이에 온통 빠졌던 사람이 건져냄을 받았을 때 제일 먼저 어떻게 해야 하는가? 아무리 좋은 옷을 입었었더라도 아낌없이, 부끄러움을 무릅쓰고 팬티 양말까지 완전히 벗어 던져 버

리고 물로 씻고 또 씻고 비누로 씻고 또 씻고 냄새가 안 나게 까지 씻고 닦은 후 새 옷을 입지 않는가? 입었던 옷이 아무리 고급이고 자기가 좋아하던 옷이(행위)라 하더라도 아까워하지 않고 벗어 던져 버리듯이, 죄 사함 받는 회개는 하나님 앞에 더럽고 부패한 옛 사람과 그 행위를 벗어 던져 버려야 하는 것이다. 대제사장 여호수아가 더러운 옷을 입고 천사들 앞에 서 있는데 여호와 하나님께서 자기 앞에 서 있는 천사들에게 명하여 그 더러운 옷을 벗기라 하시고, 여호와께서 여호수아에게 말씀하시기를 "내가 네 죄를 제하여 버렸으니 네게 아름다운 옷을 입히리라"고 하신 것이다. 선지자 스가랴가 "정(淨)한 관을 씌우소서"라고 하니 정한 관을 씌우고 옷을 입히셨다고 하였다(슥 3:3~5). 죄가 사하여 지는 것을 더러워진 옷을 벗어버리는 것으로 하나님께서도 말씀하셨다. 회개하고 돌아온 탕자에 대한 예수님의 말씀에서도 그러했다(눅 15:20~22). 예수님을 집으로 모신 세리장이며 부자인 삭개오가 예수님으로부터 친히 "오늘 구원이 이 집에 이르렀다" 하시는 말씀을 듣게 된 것은 삭개오가 철저히 그의 삶을 회개하여 "내 소유의 절반을 가난한 자들에게 주겠사오며 만일 뉘 것을 토색한(속인) 일이 있으면 사 배나 갚겠나이다"고 했었기 때문이다. 사람마다 회개의 양태(樣態)는 어떠하든지 주요한 것은 아무튼 예수님께서 인정하시는 회개가 먼저 되어져야 하는 것이다.

최초 예루살렘 교회에 부흥이 일어났을 때 사도 베드로의 증거하는 말씀을 듣고 마음에 찔림을 받은 많은 사람들이 "사람들아 형제들아 우리가 어떻게 해야 하는가?"라고 했을 때 사도 베드로가 말하기를 "너희가 회개하였으니 예수 그리스도의 이름으로 침례를 받고 죄 사함을 받으라 그리하면 성령을 선물로 받으리니"라고 했으니(행 2:37, 38) 회개는 구원받는데 제일 먼저 선행되어야 하는 것이다. 에베소에서 3년간 복음을 전한 사도 바울도 "하나님께 대한 회개와 우리 주 예수 그리스도께 대한 믿음을 증거" 했다고 하였으니(행 20:21) 회개와 믿음은 동반하는 것으로 손바닥과 손등이 하나의 손이지만 손바닥이 언제나 무슨 일에나 우선이고 주요한 것처럼 회개가 우선적이고 주요한 역할을 하는 것이다. 그렇지만 손등이 없는 손바닥만 있는 손이 있을 수 없듯이 믿음이 없는 회개가 있을 수 없는 것이다. 반드시 구원받는 회개에는 구원받는 믿음이 동반한다.

그런데 문제는 오늘날 기독교는 구원받는 복음에서 회개를 생략해 버리고 믿음만으로 구원받는다고 가르치고 전파하니 진정한 회개가 없는 믿음은 진정 구원받는 믿음이 아닌 것이다. 진정한 회개와 진정한 믿음이 없으면 어떻게 성령님의 거듭나게 하심을 받을 수 있겠는가? 진정한 거듭남을 받지 못한 기독교 신자에게 기독교 종교영성이 아닌 진정한 영성이 있을 수 있겠는가? 그러므로 영성을 거론함에 있어 이 문제를 가장 우선으로 하고 중요시 하는 것이다. 거듭남과 영성을 위해서 가장 먼저 회개를 바로 해야 한다. 회개에 있어서 누구에게 어떤 죄를 지었으며 어떻게 누구에게 왜 회개하는가? 하는 회개의 대상과 내용과 방법과 목적이 바르고 합당해야 진정한 회개가 되는 것이다.

요리문답 제 14문에 죄가 무엇이뇨? "죄는 하나님의 말씀에 순종에 부족한 것이나 혹 어기는 것이니라"고 했는데 '죄'라는 헬라어 ἁμαρτία(하마르티아) '목표(과녁)를 못 맞히다'의 의미를 잘 나타낸 것이다. 그러나 보다 구체적으로 말하면,

죄는 에덴 동산 아담 하와로부터 나를 비롯한 모든 인류가 창조주 하나님 아버지의 통치와 주권을 거역(拒逆)하고 마귀를 따

라 자기가 자기 주인이 되어 세상을 살아가는 것이 타락한 근본인 원죄인 것이다. 이로 인하여 모든 자범죄가 자행되는 것이다.

그러므로 구원받는(거듭남을 받는) 회개는 타락한 근본인 원죄를 근원으로 회개해야 한다. 병을 완치하려면 병의 근원을 알아내서 근원을 치료해야 하지 근원은 치료하지 않고 그로 인한 여러 가지 합병 증상들을 아무리 치료해봐도 병은 완치되지 않고 또다시 나쁜 합병증상들은 나타나는 것이다. 구원, σῴζω(소조)라는 말은 '안전(σάος 사오스)'에서 유래한 말로서 '구(원)조하다, 보존하다, 고치다, 완전하게 만들다'라는 의미의 말이다.

인간이 고침 받아야 할 불치의 병은 앞서 말한 **'창조주 하나님 아버지의 통치와 주권을 거역(拒逆)하고 마귀를 따르고 자기가 자기 주인이 되어 세상을 살아가는 타락의 근본인 원죄와 그로 인하여 모든 죄를 짓는 한마디로 마귀를 섬긴 죄인 된 것'** 이다. 그러므로 예수님께서 "아무든지 나를 따라 오려거든 자기를 부인하고 자기 십자가를 지고 나를 좇을 것이니라"라고(마 16:24; 막 8:34; 눅 9:23) 하신 말씀은 곧, 옛 사람 자기를 완전히 부인하고 죽는 회개를 하고 나를 따라야 한다는 의미의 말씀인 것이다.

그러니 회개라는 것을 결단코 가볍게 보아서는 안된다. 예수님께서 말씀하셨듯이 아버지의 영접을 받은 탕자가 아버지께로 돌아오는 심정과 태도라야 하며(눅 15:18~21), 자비히 여김을 받은 세리와 같은 심정과 태도라야 하며(눅 18:13), 구원을 받았다고 선언 받은 삭개오와 같은 심정과 태도라야 한다(눅 19:1~10).

그리고 회개는 하나님 아버지께 하는 것임을 분명히 해야 한다. 하나님의 삼위일체에 대한 관념이 올바르지 않고 분명하지 않으면 회개를 받으시고 용서하시는 분이 하나님 아버지시라는 관념이 분명하지 않는 것이다. 사도 바울이 "하나님께 대한 회개와 우리 주 예수 그리스도께 대한 믿음을 증거한 것"이라 하였으니(행 20:21) 회개는 하나님 아버지께 하는 것이고 믿음은 주 예수 그리스도님께 대한 것임을 분명히 구별하여 말한 것이다. 사도 요한도 "만일 누가 죄를 범하면 아버지 앞에서 우리에게 대언자<**중보자, 변호자**>가 있으니 곧 의로우신 예수 그리스도시라" 하였으니(요일 2:1) 하나님 아버지는 죄를 용서하시는 분이시고 예수님은 중간에서 아버지께서 죄인들을 용서하여 주시기를 변호해 주시는 분이신 것이다. 하나님의 삼위일체 관념이 올바르지 않으면 회개와 용서가 올바르게 되지 않는다. 먼저 회개가 올바르게 되지 않고 회개가 올바르게 되지 않으면 죄의 용서도 올바르게 되지 않는 것은 당연하다. 그러므로 기독교에 있어 이 문제는 대단히 중요하고 특히 오늘날 기독교가 복음에서 회개를 생략하고 곧바로 믿음으로 직행하게 하는 것은 성령님의 검 곧 예수님의 입에서 나오는 말씀으로(엡 6:17; 마 10:34; 계 19:15) 마음에 세차게 찔림을 받고 어찌할꼬? 하는 회개의 정문으로 들어가지 않고 슬쩍 담을 넘어 곧장 믿음으로 가서는 십자가 앞에서 나는 구원을 받았네 하고 불법을 조금도 거리껴 하지도 않고 태연해 하고 있는 형국(形局)인 것이다. 정말 통탄(痛嘆)할 일이다.

♡ 묵상과 기도

하나님의 탄식과 슬픔 ⇒ 바른 복음을 깨닫고 보면 신령한 은혜의 비밀은 말로 다할 수 없이 더해지고 날마다 더 확실해지는데 그 중에 하나가 진정한 회개와 거룩한 삶을 확실하게 하는 동기가 창조 때부터 세상 끝날 까지 하나님의 탄식과 슬픔이 어떠함을 헤아려 알게 되는 것이다.

하나님께서 나를 포함한 인간의 죄 때문에 창조한 첫 사람 아담과 하와로부터 지금까지, 또 남은 세상 끝날까지 얼마나 탄식하시고 슬퍼하시는가를 조금이라도 생각한다면 하나님이 계심을 믿는 자일진대 어찌 죄 문제를 다시 한 번 심각하게 생각해 보지 않을 수 있겠는가 하는 것이다.

아담이 범죄한 후 하나님께서 동산에 거니시면서 "아담아! 네가 어디 있느냐?" (창 3:9) 부르셨다고 하였는데 하나님의 아담(사람)을 부르시는 심정은 어떤 심정이셨겠는가? 노하시고 벌하시려는 심정이 아니라 바로 탄식하시며 슬퍼하시는 심정의 부르심이었던 것이다. 동산에서 내보내실 때도 가죽옷을 지어 입혀 주셨다(창 3:21). 죄는 절대 용납할 수 없는 공의와 진노의 하나님이시지만 또한 사랑과 긍휼의 하나님이신 것이다. .

노아 홍수 전에도 "여호와께서 사람의 죄악이 세상에 관영함과 그 마음의 생각의 모든 계획이 항상 악할 뿐임을 보시고 땅 위에 사람 지으셨음을 한탄하사 마음에 근심하시고 가라사대 나의 창조한 사람을 내가 지면에서 쓸어버리되 사람으로부터 육축과 기는 것과 공중의 새까지 그리하리니 이는 내가 그것을 지었음을 한탄함이니라" (창 6:5~7)고 하셨으니 하나님의 탄식과 슬픔이 어떠하셨겠는가? "땅 위에 사람 지었음을 한탄하사<נָחַם(나함) **한숨쉬며, 후회하며**> 마음에 근심<עָצַב(아차브) **몹시 슬퍼, 불쾌**>하시고" 라고 했으며 "나의 창조한 사람을 내가 지면에서 쓸어버리되" "이는 내가 그것을 지었음을 한탄함이니라" 하였으니 인간의 죄 때문에 하나님께서 비통해 하심은 인간이 상상할 수도 없는 것이다.

매일 매일 그 창조하신 것을 보시고는 보시기에 좋았더라고 하시고 여섯째 날 사람을 창조하신 후에는 보시기에 심히 좋았더라 하셨던(창 1:31) 하나님께서 이렇게 인간 지으셨음을 후회할 만큼 인간의 죄악을 탄식하셨으니 하나님께서는 죄를 얼마나 싫어하시고 인간의 죄 때문에 얼마나 한탄하시고 비통해 하셨는가를 심각히 생각해 보아야 하는 것이다. 사사기 10:16절에는 이스라엘의 비참함으로 인하여 하나님의 영이 슬퍼하셨다고 하였다.

하나님께서 특별히 사랑하여 구별하신 이스라엘 백성들이 패역하고 불순종할 때에 선지자 에스겔을 세우셔서 "너는 내 입의 말을 듣고 나를 대신하여 그들을 깨우치라" 하시고(겔 3:17) "인자야 너는 탄식하되 허리가 끊어지는 듯이 그들의 목전에서 슬피 탄식하라"(겔 21:6) 하셨다. 하나님의 슬픔과 탄식을 대신하라 하신 것이다

에스겔 9:4절에는 "예루살렘 성읍 중에 순행하여 그 가운데서 행하는 모든 가증한 일로 인하여 탄식하며 우는 자의 이마에 표하라" 하시고는 이마에 표 없는 자는 아껴보지 말고 다 죽이라 하셨던 것이다. 하나님께서는 죄로 인하여 탄식하며 우는 자만을 긍휼히 여기신다는 사실을 알아야 한다. 이것은 하나님께서 인간의 죄를 인해 얼마나 탄식하시며 슬퍼하신다는 것을 말씀하시는 것이다. 야고보서 4:9절에는 "슬퍼하며 < ταλαιπωρήσατε(탈라이포레사테) **자신의 불행을 깨달으며, 슬퍼하며**> 애통하며 울지어다 너희 웃음을 애통으로, 너희 즐거움을 근심으로 바꿀지어다"고 하였다.

누가복음 19:41, 42절에는 이 세상에 오셨던 성자 예수님께서 예루살렘 백성들이 회개치 않으므로 멸망케 될 것을 내다보

시고 탄식하시며 우셨다고 하였다. 히브리서 5:7절에는 예수님께서 "육체에 계실 때에… 심한 통곡과 눈물로 간구와 소원을 올렸고"라 하였고, 이사야 선지자는 오실 그리스도님에 대하여 예언하면서 "그는 슬픔의 사람이요"(사 53:3)라고 하였으며, 그리고 "우리의 슬픔을 당하였다"고(사 53:4) 하였다. 이렇게 하나님의 성자께서도 인간의 죄 때문에 탄식하고 눈물을 흘리셨고 지금도 그러하시다. 하나님 우편에서 기도하신다고 하신(롬 8:34) 예수님께서 지금은 웃으시겠는가? 전에 신문에 보도된 적이 있는데 논현동 어느 성당 강대상에 예수님의 얼굴 형상이 나타났는데 눈물을 흘리시는 모습이라고 한 적이 있다.

로마서 8:25절에는 "성령이 말할 수 없는 탄식으로 우리를 위하여 친히 간구하시느니라"고 하였고 에베소서 4:30절에는 "하나님의 성령을 근심하게 하지 말라"하였으니 인생들이 성령님을 근심하지 않게 보다는 근심되게 하는 일이 많은 것이다.

이렇게 성경에는 삼위 하나님께서 모두 인간의 죄 때문에 탄식하시고 슬퍼하신다 하고 있다. 창세기부터 요한계시록까지 전체가 하나님의 기쁨보다는 이러한 하나님의 인간의 죄 때문에 얼마나 탄식하시고 노하시며 비통해 하시며 고통해 오시는가를 보여주는 기록인 것이다(사 43:24). 어떤 신학자는 '기독교 신학은 하나님의 고통의 신학이다' 고 하였다.

뿐만 아니라 하나님께서 창조 때부터 6천년이 지나온 지금까지 천 년을 하루 같이, 하루를 천 년같이 참고 기다려 주시며, 인생들이 "아무도 멸망치 않고 다 회개하기에 이르기를 원하신다"고(벧후 3:8, 9)하였으니 얼마나 오랜 세월 동안 하나님의 탄식과 슬픔이 계속되어 오는 것을 말씀하신 것이다. 이렇게 하나님께서 오랜 세월 동안을 인간들의 죄로 인해 탄식하시며 비통해 오시며 아무도 멸망치 않고 다 회개하기에 이르기를 원하셔서 오래 오래 참아 주셨기 때문에 마귀처럼 고집하고 회개치 않는 인간들은 마귀와 함께 영원한 불과 유황으로 타는 못에 던지시고는 조금도 긍휼히 여기지 않는 것이다.

하나님 앞에 "열방은 통의 한 방울 물 같고 저울의 작은 티끌 같으며 섬들은 떠오르는 먼지 같은데" (사 40:15) 그러한 하나님께서 지금까지 6천년 동안 탄식하시며 슬퍼해 오셨으니 그 흘리신 눈물이 저 바다의 물보다 많다고 해도 과언이 아닐 것이다. 하나님을 이렇게 탄식하며 슬프시게 한 나와 인간들의 죄와 책임이 얼마나 중하겠는가? 이러한 하나님의 탄식과 눈물을 조금이라도 깨달아 안다면 어찌 인생이 회개치 않을 수가 있으며 죄를 예사로 지을 수 있겠는가 하는 것이다.

죄 문제를 인간 내가 용서를 받고 지옥에 가지 않게 되는 그 정도로만 보아서는 안된다. 하나님의 입장에서 보고 생각해야 한다. 그러해야 죄를 바로 볼 수 있는 것이다. 하나님께서 보시는 관점에서 죄를 보고 그 하나님께 대한 죄를 회개해야 근본적 회개가 되는 것이다. 사도행전 20:21절에 "하나님께 대한 회개와 우리 주 예수 그리스도께 대한 믿음을 증거" 했다는 말은 회개는 하나님께 하는 것이며 믿음은 예수 그리스도의 피흘리심과 부활하심을 믿음으로 구원을 받는 것을 말하는 것이다.

회개만 아니라 죄를 범치 않는 거룩한 영적 삶의 동기도 이러한 하나님께서 보시는 죄의 관점에서 죄를 보아야 하는 것이다. 이러한 관점에서 죄를 보면 근본적으로 진정한 회개를 할 수 있고 죄의 유혹을 이길 수 있는 힘이 되는 것이다. 진정한 회개를 한 사람의 특징은 바로 하나님께서 보시는 죄관(罪觀)으로 죄를 보는 것이다. 하나님께서 죄를 증오하시는 것처럼 죄를 미워하고, 하나님께서 죄를 슬퍼하시는 것처럼 죄를 슬퍼하는 것이다. 하나님을 닮는 자가 되는 것이다. 하나님과 같이 될 수는 없으나 하나님처럼 닮는 것이다.

● 바르고 확실하게 믿어야

앞서 말한 바지만 손바닥과 같은 회개를 손(구원받는) 전부라고 해서는 안된다. 예수님께서 "회개하고 복음을 믿으라" 하셨고(막 1:15) 사도들도 그러했다(행 2:38, 20:21). 하나님께서 사람을 죄 없는 상태로 만드셨는데 하나님께 엄중한 죄를 지었고, 그 죄를 회개하여 용서를 받으면 죄 없던 본래의 상태로 되는 것이다. 말하자면 아담과 하와가 지은 죄를 용서받아 죄 짓지 않았던 본래의 상태로 원상회복 된 것뿐이니 용서받은 것으로는 다시 죄를 지을 수 있는 상태로서 용서만으로는 영원한 생명을 얻지 못하는 것이다. 하나님 앞에 완전히 순종하는, 말하자면 하나님의 목표(과녁)를 적중시켜야 하는 것이다. 그런데 사람으로서는 하나님의 목표를 맞추는 "선을 행하고 죄를 범치 아니하는 의인은 세상에 아주 없으므로"(전 7:20) 하나님께서 영생을 선물로 주시기 위해서 하나님 아버지께 죽기까지 복종하셔서 완전한 의인이신 예수님을(빌 2:8; 요일 2:1) 구원자로 전적 믿고 따르는 자는 예수님의 완전하신 의를 그에게 돌려 입혀 주셔서 영생 얻을 자로 인정해 주시는 것이다. 진정한 믿음은 예수님의 말씀에 거하는 참 제자가 되었는가에서 분별된다(요 8:31, 32).

예수님을 구주로만 아니라 나의 왕으로 영접하여 믿어야 한다(행 5:30~32). 오늘날 기독교가 과연 예수님을 구주로 믿도록 신자들에게 가르치고 강조하는 것만큼 예수님을 왕으로 영접하여 믿도록 하고 있는가? 그렇지 않고 있다. 예수님을 주라고 한다 하지만 거의 실재가 없고 예수님을 왕으로는 도무지 인식되지 않고 있다. 도대체 어째서 그런가? 참으로 이상하고 이상하다.

그러니 내용이나 실재는 두고라도 외형마저도 제대로 갖추어지지 않은 복음으로 어떻게 성령님이 역사하시기를 바라고 거듭난다고 하겠는가?

영성(靈性)을 말하기 전에 복음이 바로 되어 있는가를 먼저 점검해야 한다.

♡ 묵상과 기도

2. 거듭나고도 영성생활을 못하는 자

● 혼이 주가 되어 살기 때문

기독교의 복음이 일반적으로 변질되어 있지만 선지자 엘리야가 '이스라엘 자손이 주의 언약을 버리고 주의 단을 헐며 칼로 주의 선지자들을 죽였으며 오직 나만 남았거늘 저희가 내 생명을 찾아 취하려 하나이다' 고 했을 때 하나님께서 세미한 소리로 엘리야가 할 일을 말씀하시고 "내가 이스라엘 가운데 칠천인을 남기리니 다 무릎을 바알에게 꿇지 아니하고 다 그 입을 바알에게 맞추지 아니한 자니라" 고 하셨던 것처럼(왕상 19:11~8) 마지막 때도 은혜로 택하심을 따라 남은 자가 있는 것이다(롬 11:3~5).

그런데 거듭나지 못하고 스스로 거듭났다고 하는 자들이나 거듭났음에도 불구하고 영을 따라 살지 않고 혼을 따라 살면서 자신은 영을 따라 사는 자라고 착각하고 있는 사람이 너무나 많은 것이다. 그 원인은 영과 혼의 주관하는 삶의 상태에 대하여 면밀한 가르침과 이해가 부족해서인 것이다.

사도 바울이 고린도 교회에 시기하고 분쟁하는 자들에 대해 "형제들아 내가 신령한< *πνευματικός*(프뉴마티코스) **영적인, 중생한**> 자들을 대함과 같이 너희에게 말할 수 없어서 육신에 속한 자< *σάρκινος*(사르키노스) **시육적인, 중생치 못한**> 곧 그리스도님 안에서 어린아이(*νήπιος* **유아**(작은), **미성숙한 그리스도인**) 들을 대함과 같이 하노라" 하였다(고전 3:1). 여기서 육신에 속한< *σάρκινος*(사르키노스) **시육적인, 중생치 못한**>자를 그리스도님 안에서 어린아이< *νήπιος*(네피오스) **유아**(작은), **미성숙한 그리스도인**>라고 한 말에서 혼돈 되는 것이다. 교회 안에서 시기하고 분쟁하는 육신적인 신자들이 진정 거듭난 자인가? 아니면 거듭나기는 했으나 미성숙한 어린아이라서 그런가 하는 것이다. 사도 바울이 육신에 속한 자< *σάρκινος*(사르키노스) **시육적인, 중생치 못한**> 곧 그리스도님 안에서 어린아이< *νήπιος*(네피오스) **유아**(작은), **미성숙한 그리스도인**>라고 한 말에서 육신에 속한 자란 말은 고린도 교회 신자 중에 거듭나지 않은 자를 말한 것이 분명하고(**그리스도님을 믿는다 하고 그리스도인이라 하지만 거듭나지 않은 신자들이 고린도 교회에 있었을 것임**) '곧 어린아이< *νήπιος*(네피오스) **유아**(작은), **미성숙한 그리스도인**>' 라고 한 말은 거듭났으나 미성숙한 자란 말이 아니고 단지 어린아이라는 말인데 그러나 거듭나지 않은 자라 하면, 태어나지 않고 어린아이일 수 있느냐고 반문할 수 있기 때문에(거듭났으나 미성숙한 자가 있을 수 있기에) 이 말에서 거듭난 자를 말한 것이냐 거듭나지 않은 자를 말한 것이냐 왈가왈부 하는 것은 끝없는 논쟁이 될 것이다.

다만 중요시해야 할 것은 그리스도님 안에서 신앙(교회)생활을 하면서 거듭나지 않고(또는 스스로 거듭났다고 하면서) 육신(인간)적 혼의 생활을 하는 신자는 무슨 말을 해도 통할 수 없고, 거듭났으나 단지 미성숙한 그리스도인에게는 영적 또는 혼(육신)적 생활에 대한 가르침과 이해가 필요한 것이다. 웬만한 성숙한 신자임에도 이에 대한 가르침과 이해가 없음으로 혼(육신)이 주도하는 생활을 하면서 자신은 영적생활을 하는 줄로 착각하는 경우가 이외로 많은 것이다.

혼(육신)적이라는 말은 혼에 의해서 지배를 받는다는 말이다. 기독교 신자이면서도 세상 사람들과 같이 생각하고 욕망하고 행동하는 것을 말한다. 생명의 말씀의 빛에 의하여 육신적인 자신의 하나님 앞에서의 추악함을 깨닫고 육신에 대한 승리를 갈구하는 거듭난 자임에도 육을 이기기에 너무나 미약한 자신을 발견하고 슬픔의 눈물을 흘리는 것이다. 죄를 이기고 하나님을 기쁘게 하고픈 갈망이 있는데도 죄의 욕망을 죽이는데 굳세지 못한 자신을 발견할 때 어찌 자신에게 화를 내지 않을 수 있겠는가? 승리는 적고 패배는 많은 것이다.

사람이 거듭나기 전에 행하고 또 행할 수 있는 모든 것이, 육신 가운데 살아 움직이게 하는 혼이 하는 육신적인 일이다. 육신적인 일은 악한 일만 아니라 선을 행하기까지 하는 일체를 말하는 것으로 영적 생활을 하기 위해서는 이러한 자기가 육신적으로 하는 일체가 부인되어야 하는 것이다. 바리새인들은 이러한 자신들이 하는, 율법을 지켜 옳게 보이는, 혼으로 하는 육신적인 의였던 것이다. 하나님을 너무나 열성적으로 섬겼던 것이다. 그러나 예수님께서는 그들의 혼으로 하는 모든 의와 열성을 외식하는 자라 통책하셨다. 바울도 회개하여 거듭나기 전에 율법을 지키는 의로 흠이 없을 정도였다(빌 3:6).

하나님께서 모든 죄, 곧 불의를 싫어하시는 것처럼 인간의 누더기 같은 의도(슥 3:4) 증오하시는 것이다. 영의 중생함 없이 그리스도님과 하나됨 없이, 성령님의 감화와 인도를 따름이 없이, 혼(육신)의 힘으로 행한 하나님을 위한 공적들은 부도덕이나 음란이나 방탕과 같은 죄보다도 하나님 앞에 조금도 덜 육신적인 것이 아니다. 거듭난 자임에도 불구하고 신앙생활을 하는데 주님을 닮은 중생한 영과 예수님의 진리의 영을 따라 침착하게 생각하고 의도하고 말하고 행하지 않고 자기 인간적인 지혜와 지식과 재능과 방도를 따라 열심히 하는 것이다. 자신의 힘으로 하나님을 기쁘게 하려고 시도하는 것이다. 성령 안에서 행하는 것은 죄를 안짓는 것만을 의미하는 것이 아니고 성령님에 의하지 않는 자아로서 하는 것을 정지시키는 것까지를 말한다.

거듭나지 않은 불신자나 거듭나지 않은 의식적 신자가 성경을 익히 알 수 있고 기독교의 기본 교리를 정확무오하게 해득하고 자기의 타고난 재능을 발휘하여 선교사업을 확장시키고 놀라운 웅변술로 청중을 사로잡고 이적으로 나타내 보여도 영이 죽어 있는 상태가 얼마든지 가능한 것이다(마 7:22,23).

거듭난 신자 속에는 두 개의 생명 곧 세상에서 살다가 죽어야 하는 부모에게서 타고난 생명과 세상에서 살다가 죽어도 죽지 않는 영원한 생명을 소유하고 있는 것이다. 거듭나지 않은 사람은 부모에게서 타고난 생명만 있다.

그리고 거듭난 신자 속에는 두 가지 성품이 있으니 부모에게서 타고난 타락한 육신적 성품과 거듭난 하나님을 닮은 성품이 있는 것이다. 이러한 옛 성품(죄의 육신적 옛 사람)과 새 성품(의의 영적 새 사람)은 매일 매 순간 그 사람 위에 지배하려고 다투는 것이다. 부모에게서 타고난 육신적 성품과 욕망에 이끌려 사는 사람의 몇 가지 특징을 보면,

1〉 자신의 우월감을 나타내 보이려고 한다. 의복이나 말이나 일에 있어서 남보다 우월하다는 것을 나타내 보이려고 혼신을 다한다. 자기의 하는 일을 남에게 알리고 싶어한다. 이들은 자기의 사소한 의견을 끝까지 물고 늘어진다.

2〉 육적인 그리스도인은 너무나 감동에 좌우된다. 한 번 흥분하면 마냥 즐거워하다가도 다음에는 낙담하며 슬퍼한다. 행복한 순간에는 세계가 너무 좁다싶어 날개를 달고 하늘에 오르지만 슬픈 순간에는 세상이 나를 더 필요로 하지 않는다고 차라리 죽어 없어졌으면 하고 슬퍼한다.

3〉 육적인 그리스도인은 지나치게 감수성이 예민하다. 영적인 사람은 기분으로 살지 않고 육적인 그리스도인은 종종 외적인 문제로 마음이 불안하게 된다. 주위의 사람이나 환경이나 일이나 물건이 툭 하면 그의 속 사람까지 억압하여 영의 평안까지 뒤흔들어 놓는다.

4〉 육적인 그리스도인은 말이 많다는 공통된 도장을 찍고 다닌다. 말이 많아서는 안된다는 것을 알고 있지만 흥분된 감정 때문에 참지 못하고 말을 하게 되고 자기의 생각을 내세우게 된다. 말에 있어서 자제할 줄을 모른다. 일단 입을 열면 그들의 마음은 자제력을 잃고 말이 마치 폭포수처럼 쏟아져 나온다.

5〉 육적인 그리스도인은 또한 안목의 정욕에 빠진다. 이들의 마음을 지배하는 것은 눈으로 보는 것들이다. 세상에서 유행하는 것들에 대한 흥미를 덮어두고 있지를 못한다. 그렇기 때문에

끊임없이 눈의 욕구를 찾아 분망하다. 세상에서 유행하는 것들에 대한 일가견이 있어 스스로 지성적이라 생각한다.

6〉 육을 따라 사는 사람들의 또 하나의 성향은 성급하다는 것이다. 이들은 묵묵히 하나님의 섭리를 바라고 기다리며 그 섭리를 따라 자연스럽게 행동해 나가지를 못하는 것이다. 무슨 일을 하든지 성급하게 전격적으로 서둘러서 행하는 것이다. 이들은 원칙에 따라 행동하기보다는 충동에 따라 행동한다. 무수한 계획과 노력으로 마음이 온통 가득차 있다.

♡ 묵상과 기도

● 성령님의 충만함을 받지 못하여

거듭난 후에 말씀과 성령님의 감화에 순종하는 생활을 하지 않고, 성령님의 충만함을 받지 못하면, 타고난 육신적 성품과 욕망에 이끌리게 되는 것이다.

믿음과 성령님으로 충만해야 한다.

육신, 곧 혼을 따라 살지 않으려면(롬 8:12) 믿음 안에서 성령님을 통하여 몸의 행실을 죽여야(이겨야) 한다.(롬 8:13) 주님을 따라 가려면 자기(혼)을 부인하고 날마다 자기 십자가(죽음)를 지고 주님을 따라가야 한다.(눅 9:23) 그러나 이것은 거듭난 자라 할지라도 쉬운 것이 아니다. 믿음과 성령님으로 충만해야 용이한 것이다. 자신이 그리스도 예수 안에서 속죄함을 받은 얼마나 귀중한 존재임을 확실히 믿는 믿음을 충만하게 하고 성령님으로 충만해질 때 육신(혼)을 따르지 않고 성령님을 따라 행하는 것을 쉽게 할 수 있는 것이다.

최초 예루살렘 교회에 일곱 일꾼을 세울 때 '믿음과 성령님이 충만한 사람' 을 뽑아 세웠다. 다른 믿는 자들보다 믿음과 성령님이 충만했던 것이다. 참 그리스도인은 믿음이 있고 그에게는 성령님이 내주 하신다. 그러나 믿음이 충만하고 성령님으로 충만하게 되는 것은 그리스도인 모두가 되는 것이 아니다. 육신에게 져서 육신을 따라 살지 않고 성령님을 통하여 몸의 행실을 죽이는(롬 8:12,13) 하나님을 기쁘시게 하는 믿음과 성령님이 충만한 자들은 심히도 적은 것이다. 믿음과 성령님으로 충만하지 않고는 하나님을 기쁘시게 하는 영적 생활을 제대로 할 수 없는 것이다. 그렇기 때문에 예수님께서 세우신 최초 예루살렘 교회는 성령님으로 충만한 교회였다고 하였으며(행 2:4, 4:31) 오직 성령님으로 충만하라고 하였으며(엡 5:18) 하늘에 계신 하나님 아버지께서 구하는 자에게 주시는 가장 좋은 선물이 성령님을 주시는 것이라고 하였다.(눅 11:13)

그렇기 때문에 믿는 자들이 믿음과 성령님으로 충만한 것은 반드시 필요한 것이다. 그런데도 대부분의 거듭나고 구원을 받은 그리스도인들이 믿음과 성령님으로 충만함의 절실한 필요성을 느끼지 못하고 있으며 그것을 위해 갈망함과 노력을 하지 않고 있는 것이다. 영적 사람으로 하나님을 기쁘시게 하는 삶을 살지 못하는 원인이 여기에 있는 것이다. 그리스도인으로 하여금 영적 사람이 되지 못하게 하는 부모로부터 타고난 육(혼)적인 요소들이 지체 속에 뿌리 깊이 잠재해 있고 살아가는 환경 또한 너무나 영적 생활을 방해하는 것들로 가득하기 때문에 믿음과 성령님으로 충만하기 위한 처절한 싸움과 희생적 노력이 없이는 영적 사람이 되기가 어려운 것이다.

믿음과 성령님으로 충만하여 하나님을 기쁘시게 하는 영적 사람이 되기 위해서 어떻게 해야 하는가?

(1) 먼저 지금까지 말한 믿음과 성령님으로 충만함이 왜 절실히 필요한가를 심각하게 느껴야 한다. 절실한 필요성을 인식하지 않고는 구하고 찾고 두드리지 못하기 때문이다. 노력과 희생을 감수하지 못하기 때문이다. 거듭나고 구원을 받았다고 하면서도 육신(혼)적 생각과 일을 따르고 있는, 탄식스런, 성령님을 슬프시게 하고(엡 4:30) 성령님을 소멸하는(살전 5:19) 생활을 하고 있는데도 거의 잘못됨을 느끼지 못하고 있는 사람이 너무도 많은 것이다. 참으로 기독교의 이상한 타락 현상인 것이다. 은혜로 믿음으로만 구원을 받는다는 수월하고 안일한 복음으로 길들여졌기 때문에 기독교의 이 독소를 제거하기가 너무나 어려운 것이다. 영적 사람에 대한 말씀을 잘 깨닫지 못할 뿐 아니라 실천할 의지를 못 가지는 것이다.

육신(혼)에 속한 생활을 하는 그리스도인이 아니라 영(성령님)에 따라 살아가는 그리스도인이라야 하나님을 기쁘시게 할 수 있으며 그러기 위해서는 믿음과 성령님으로 충만해야 하니 얼마나 필요하고 중요한가 말이다. 구원을 받고 구원이 어떤 것인 줄을 참으로 아는 자라면 어찌 이 일을 등한히 해 둘 수 있겠는가? 그리고 영적인 생활을 하게 되면 자신이 또한 얼마나 행복한 사람이 되는지를 안다면 어떤 희생도 마다하지 않고 찾고 구할 것인데 실로 이 세대에 진정 그러한 영적 사람으로 영적 생활을 체험적으로 살아가며 가르치는 자가 희귀한 것이 슬픈 일인 것이다.

(2) 진리의 말씀과 기도와 순종함으로 믿음과 성령의 충만한 사람이 될 수 있다.

믿는다는 많은 사람들이 제마다 바른 말씀을 깨닫고 있고 기도를 힘쓰고 있으며 순종을 하고 있으며 심지어 믿음과 성령님이 충만하다고 한다. 그러나 무엇이 바른 진리의 말씀이며 하나님께서 들으시는 기도이며 순종이며 믿음과 성령님의 충만함인가 하는 것이다. 그 분별의 표준이 무엇인가 하는 것이다. 오늘날 교회는 이 진리의 표준이 없이 제 각각인 것이다(삿 21:15).

그래서 제마다 다른 예수를 전파하고 다른 영을 받게 하고 다른 복음을 전파하면서 올바로 하고 있는 줄 알고 있는 것이다. 참으로 영적인 사람이 되려면 진리의 말씀으로 믿음과 성령님이 충만해야 한다. 믿음은 하나님의 말씀을 들음에서 나온다고(롬 10:17) 하였고 "아버지의 말씀은 진리니이다"(요 17:17)고 하였으며 예수님께서 세상에 진리를 증거하려 오셨고 "진리에 속한 자는 누구나 나의 음성을 듣느니라"(요 18:37)고 하셨다. 바른 말씀은 예수님의 가르치신 말씀과 경건에 따른 가르침이라고(딤전 6:3) 하였으며 "범죄하고 그리스도의 가르침 안에 거하지 아니하는 자마다 하나님이 없으나 그리스도의 가르침 안에 거하는 그 사람은 아버지와 아들이 있는 자니라"(요이 9)고 하였다. 그리고 성령님은 진리의 영으로서 예수님의 가르치신 말씀 진리 가운데로 인도하신다(요 16:13)

영은 인간의 가장 고상한 부분으로서 인간 존재의 가장 깊은 곳에 있다. 모든 피조물 중에 오직 인간만이 영이신 하나님께서 자기 영의 형상대로 영(생명의 호흡=숨)을 불어 넣으셔서 혼과 몸으로 살아서 하나님과 교제하는 피조물이 되게 하신 것이다. 몸은 혼의 외곽이며 혼은 영의 외곽이다. 영은 그 생각을 혼에 전달하고 혼은 영의 생각에 복종하도록 몸을 부린다. 인간이 범죄하기 전에는 몸을 지배하는 혼이 영의 생각을 따르고 있었다.

영이 영의 세계와 교제하는데 쓰이고 몸이 육의 세계와 접촉하듯이 혼은 영과 몸의 중간에서 영의 세계를 순종할까? 다스릴까? 몸의 욕구에 따를까? 지배할까?를 분별하고 결정하는 자유의지를 행사한다. 영이 전인간을 지배하려면 반드시 혼의 찬성과 동의가 있어야 한다. 결정은 혼에 달려 있다. 혼에 인간의 인격(자아)이 있기 때문이며 인간의 의지가 혼에 속해 있기 때문이다. 하나님께서 인간을 스스로 자율적이고 책임적인 존재로 창조하신 것이다.

마귀의 유혹을 받아 인간이 육신과 마음의 욕망을 따라 범죄함으로(엡 2:3) 진노의 자녀가 되었고 영은 하나님과 단절되어 하나님의 생명의 근원에서 끊어져 영과 혼과 몸에 죽음이 오게 된 것이다. 어두워지고 무지해지고 영적 감각을 상실한 인간은 완고하고 방탕해져서 욕심으로 모든 불결한 것을 행하는 마귀의 지배 아래 있게 된 것이다.(엡 4:17~19)

영이 하나님에게서 끊어진 영원한 생명을 다시 얻고 새롭게 거듭난 영이 혼을 주관하며 몸이 순응하는 영적 사람이 되려면 자연만물을 보고서든지 어떤 일을 계기로 해서든지 성령님의 일반적 감화로서든지 또는 기록해 주신 성경의 특별계시로서든지(율법으로나 복음으로나) 어떤 연유로서든지 하나님의 존재와 인간이 어떤 존재임을 마음으로 분별하고 그 혼(자아)이 겸손하여져서 그 마음(지식 감정 의지)으로 하나님께로 돌이킬 때 새 마음과 새 영을 주시는 것이다.

부모에게서 타고난 육신적 욕망과 성품을 죽이고 새 영과 성령님을 따라 순종하는 정도에 따라 성령님으로 충만해지고 성령님으로 충만한 영적 람은 부모에게서 타고난 육신의 혼이 주관하여 살지 않고(진리 곧 예수님의 영으로 충만하지 못한 거듭난 신자는 영이 주관할 때보다 혼이 주관할 때가 많다) 거듭난 영과 내주하시는 성령님과 말씀을 따라 살게 되는 것이다. 하나님께서 그의 자녀들이 진리의 말씀과 성령님으로 충만하기를 그토록 원하시는 이유가 영적 사람이 되기를 원하시기 때문이다. 그런데도 믿는다고 하는 수많은 사람들이 이러한 하나님의 뜻을 제대로 분별치 못하고 있으니 탄식할 일이다.

중요한 것은 인간의 혼(의지)이 하나님께 순종하기를 원(택)한다면 하나님의 지시하시는대로 영으로 하여금 그의 전인간을 주관하게 하신다. 영이 전인간을 지배하는 것은 혼이 기꺼이 겸손한 지위로 내려갈 때에만 가능한 것이다. 사람이 적극적으로 협조하지 않는 이상 하나님께서는 어떠한 일도 우리를 위하여 행사하지 않으신다.

육에 속한 그리스도인은 거듭남으로 영원한 생명을 받은 하나님의 자녀가 되었으나 진리의 말씀과 성령님으로 충만하지 못하여 육신을 정복하지 못하고 육신(혼)의 지배를 받고 있는 신자를 말한다. 하나님의 자녀가 언제라도 성령님을 따라 행하지 않을 때 즉시 육신을 따라 행하게 되는 것이다. 신자는 그리스도님 안에서 새로운 피조물임을 항상 인식해야 한다.

자신이 육신을 따라 살고 있다면 그것은 자신이 그렇게 살기를 원하기 때문이다. 이제 어떠한 태도를 취하려고 하는 것은 우리 자신에게 달려 있다.

우리는 혼의 일을 물리쳐야 한다. 혼이 하는 일은 반드시 추잡스러운 죄만은 아니다. 혼이 하는 일의 근본적인 특징은 독립 아니면 자기 의지이다. 성령님을 대적하는 것이다. 육신은 자아를 중심으로 만들어 놓고 자기의 뜻을 하나님의 뜻 위에 올려놓는다. 육신은 하나님을 섬길 수도 있다. 그러나 하나님의 뜻을 따르지 않고 육신의 생각을 따라 하나님을 섬긴다. 육신은 자기가 좋아하는 생각대로 자기가 보기에 좋은 대로 한다. 시내산 아래서 금으로 송아지를 만들어 놓고 저들을 애굽에서 인도하여 낸 하나님이라고 노래하며 춤추고 경배하였으나 하나님은 진노하셨던 것이다. 모든 행동의 이면에는 자아가 도사리고 있다. 육신은 사람들이 죄라고 하는 것을 하지 않을지라도 심지어 온 힘과 정성을 다하여 하나님의 계명을 지키려고 하기도 한다. 그러나 모든 활동의 중심부에는 언제나 자기가 앉아 있는 것이다. 육신은 하나님을 대적하여 죄를 범함으로 영을 대적할 뿐 아니라 하나님을 섬기고 하나님을 기쁘게 하는 일에까지 영을 대적한다. 전적으로 하나님의 은혜에 젖어진 심령으로 성령님의 감화하심을 따르지 않고 그 자신의 열성과 의지에 의해 행함으로 성령님을 대적하고 소멸하는 것이다.

신자가 증오하는 것은 죄다. 따라서 갈라디아서 5:19~21절에 나오는 육신의 일과 죄에서만 해방되면 만족한다. 그리고 갈망하는 것은 갈라디아서 5:22~23절의 성령님의 열매이다. 이것을 행하려고 갖은 노력을 다할 것이다. 그러나 그는 육신 그 자체가 완전히 부서질 필요가 있다는 것을 깨닫지 못하는 것이다. 거듭난 자라 할지라도 자기의 지혜와 능력으로 이면에 자기가 완전히 배제되지 않은 채 하는 어떤 선한 것도 하나님의 인정을 받지 못한다.

구원받은 성도의 삶의 목표 ⇒ 하나님은 자기와 함께 영원히 복되게 살게 하시려고 새 생명으로 구원한 성도들을 자기 아들 예수 그리스도님의 충만하심의 분량까지 이르도록 하시는 것이다. 구원받은 자들은 그리스도님의 죽으심과 생명에 하나로 연합되었기 때문에 그리스도님과 일치되어야 하는 것이다. 로마서 8:29절에 “그 분께서는 미리 아신 자들을 자기 아들의 형상과 일치하게 하시려고 또한 미리 정하셨으니”라고 하셨다.

하나님께서 죄인을 구원하여 자기와 영원토록 교제하며 살게 하시기 위해 구원하시는 그 시간부터 영적인 생활 곧 그 아들 예수 그리스도님의 형상과 삶을 따르는 자가 되게 하시는 것이다. 이것이 재창조 곧 구원하신 목적이다. 구원하시는 목적을 알고 목적을 따라 살아야 하지 않겠는가?

영이 예수 그리스도님의 충만하신 분량까지 자라가야 하는 것이다. 영의 주요 기능인 직관과 양심과 영교의 기능이 성숙해져 가야 한다. “모든 지혜와 영적 지각 안에서 그 분의 뜻을 아는 지식으로 충만케 되어 … 하나님을 아는 지식이 자라나며”(골 1:19, 20)라고 하였으니 영적 감각과 분별력이 자라가야 하는 것이다. 양심 또한 의식과 판단력이 성장해 가야 한다. 사도 바울은 “나는 이 날까지 하나님 앞에 온전히 선한 양심으로 행하여 왔노라”(행 23:1)고 하였으며 디모데에게는 “순수한 양심으로 섬겨오는 하나님”(딤후 1:3)이라 하였으니 하나님을 섬기는데는 양심으로 섬겨야 하는 것이다. 그리고 영교의 기능도 자라가야 하는 것이다. 말씀과 기도로 교통하며 찬송으로 감사하는 삶이 날마다 성장해 가야 하는 것이다. 누가복음 2:40절에 예수님에 대하여 “아기가 자라매 영 안에서 강건해지고”라고 하였으며 세례요한도 역시 그러했다고 하였다(눅 1:80). 거듭난 성도는 그의 영에 내주하시는 진리의 성령님으로 충만해짐으로 성장하고 강건해지는 것이다.

혼도 예수님을 닮아가야 하는 것이다. 자기 자아가 예수님을 높이는 영을 따라 지식과 감정과 의지의 모든 기능이 잘 조화하는 그리스도님의 모습으로 화하여 가는 것이다. “나는 마음이 온유하고 겸손하니 나의 멍에를 메고 내게 배우라 그러면 너희 마음<*ψυχαῖς*(프쉬크하이~스) 혼>에 쉼을 얻으리니”라고(마 11:29) 예수님께서 말씀하셨다. 예수님을 배워 가는 혼에 참된 쉼이 있는 것이다. 혼의 변화와 성장은 혼의 생각하는 기관인 마음의 새로움을 유지해 가야 하는 것이다. 그러므로 영이 진리의 성령님으로 충만함으로 성장하고 강건해지듯이 혼의 성장은 마음의 생각을 날마다 새롭게 함으로 혼이 그리스도님을 따라 성장해 갈 수 있는 것이다. 로마서 12:3절에 “너희는 이 세대를 본받지<**이 세상과 일치하지**> 말고 오직≪**너희의**≫마음<*νοῦς*(누~스) **마음, 이해**(력)**, 이성, 사고**>을 새롭게 함으로 변화를 받아 하나님의 선하시고 기뻐하시고 온전하신 뜻이 무엇인지 분별<*δοκιμάζειν*(도키마제신) **(시험후의)입증**>하도록 하라’ 고 하였다.

세상 사람들이 생각하는 대로 생각하지 말고 영을 따라 행하려는 생각을 가지고 영의 일에 마음을 쓰고 마음속에 영의 일을 채울 때 영의 사람이 되어지는 것이다. 그러나 마음의 생각이 육의 일을 생각하되 영의 목적으로 육의 일을 생각하지 않고 단지 육의 일을 육의 주 목적으로 생각하고 마음을 채울 때 그는 육의 사람이 되는 것이다. 쉽게 말하자면 밥을 먹거나 운동을 하거나 공부를 하거나 돈을 벌거나 무슨 일이든지 영적 목적으로 생각하고 하면 육의 일을 생각하고 하지만 그는 영적 사람이며 혼이 성장하는 것이다. 이런 사람에게는 그의 하는 모든 일이 하나님 앞에 유용한 것이며 보람과 영적 성장을 가져오는 것이다.

몸도 그리스도님의 형상과 일치하여 가야 하는 것이다. 비록 몸의 완전한 구속은 그리스도님께서 세상에 다시 오실 때 신령한 몸으로 부활되고 살아있는 사람들은 변화됨으로 완성되지만 이 세상에 있을 때도 몸이 구원과 전혀 무관한 것이 아니다.

영과 혼은 강건하고 흠이 없는데 몸은 연약하고 병에 시달리며 고통하는 것을 주님께서 원하시지 않는 것이다. 성도의 몸은 "하나님으로부터 받은 바 너희 안에 계신 성령님의 전(殿)인 것을 알지 못하느냐?" (고전 6:19)고 하셨다. 그리고 "너희 몸이 그리스도님의 지체인 줄 알지 못하느냐?" "너희 몸이 그리스도의 지체인 줄을 알지 못하느냐… 너희는 너희의 것이 아니라 값으로 산 것이 되었으니 그런즉 몸으로 하나님께 영광을 돌리라" 고 (고전 6:15, 19, 20) 하였다.

주님과의 연합을 영과 혼에만 국한시켜서는 안된다. 몸까지도 주님의 것이 되었다. 주님의 생명이 육체에까지도 나타나야 한다. 주님께서는 우리의 죄만 아니라 "우리 연약한 것을 친히 담당하시고 병을 짊어 지셨도다 함을 이루" 신 주님이시다(마 8:17). 주님의 복음 사역은 죄사함과 함께 병을 고쳐주시는 것이었다. 사도들에게 복음을 전하라 하시면서 병고침도 함께 할 것을 명하셨다(마 10:7,8, 막 16:15~18). 특별한 경우 아닌 이상 성도는 몸이 강건하여 몸으로 영광 돌리기를 주님께서 원하신다.(롬 12:1; 고전 3:16,17, 7:34; 요삼 1:2)

질병은 죄로 인해 오는 것과(요 5:14) 마귀의 훼방으로 오는 것과(욥 2:7) 육체를 신뢰하지 않고 하나님을 전적 신뢰하여 능력 있게 일하게 하시는 특별한 목적의 경우도 있는 것이다(고후 12:7~9). 그리고 부주의와 욕심과 환경으로 오는 질병도 있으니 이러한 여러 가지 원인으로 오는 질병에 대해서 그 원인을 바로 알아 대처해야 하는 것이다. 그런데 중요한 것은 어떤 경우의 질병이든 하나님의 허락하에 있음을 알고 낫기 위해서 애쓰기 전에 하나님 앞에 구해야 하는 것이다. 뿐만 아니라 질병에서 고침 받는 것이 하나님께 유익이 되지 못한다면 오히려 낫기를 거부하는 것이다. 주님께서는 죽음의 고통까지도 "내 뜻대로 하지 마옵시고 아버지의 뜻대로 하옵소서"라고(눅 22:42) 하셨다. 성도는 온전히 거룩하여 영과 혼과 몸이 책망할 것이 없게 끝날 까지 보존되어야 한다(살전 5:23).

진정 영적인 생활을 하는 그리스도인이 세상에서 누리고 있는 영적인 것들에 대한 기쁨은 그들이 장차 누릴 천국의 복락이 어떠한 것임을 미리 맛보는 것이다.

♡ 묵상과 기도

영적인 사람의 열매들 ⇒ 그 열매를 보아 그 나무를 안다고 하셨다(눅 6:44). 성령님의 사람은 성령님의 열매를 맺어야 마땅하고(갈 5:22~23), 그리스도 예수 님 안에 있는 자라면 열매를 많이 맺어서 아버지를 기쁘시게 하고 주님의 참 제자가 될 것이다(요 15:8).

성경에 여러 가지 열매에 대한 말씀이 있으니 의인의 행위의 열매(사 3:10), 모든 착함과 의로움의 빛의 열매(엡 5:9), 하나님의 영광과 찬송이 되는 의의 열매(빌 1:11), 하나님의 이름에 감사하는 입술의 찬양의 열매(히 13:15), 선한 열매(약 3:17) 등이 있다.

그런데 갈라디아서 5:22~23절에는 직접적으로 성령님의 열매를 아홉 가지로 말했으니 모두가 영적인 사람의 표본인 예수 그리스도님의 성품과 생활을 말하고 있는 것이다.

① 사랑(아가페: 애정, 자비심) ② 희락<카라: 유쾌함, 은은한

기쁨> ③ **화평**<에이레네: 평화, 고요, 안식> ④ 오래참음<마크로뒤미아: 오래참음, 꿋꿋함, 인내> ⑤ 자비<크레스토테스: 인자, 선량함, 친절> ⑥ **양선**<아가도쉬네: 참함, 덕행, 선함> ⑦ 충성<피스티스: 신용, 신실, 확신~진리 · 하나님께 대한, 신뢰~그리스도의 구원에 대한, 꾸준함~직업에 대한> ⑧ 온유<프라오테스: 온순, 겸손> ⑨ 절제<엥크라테이아: 자기 통제, 자제력, 금욕>

이러한 성품과 생활의 열매가 어느 정도인가를 면밀히 살펴보면 자신의 영적 성숙도를 짐작해 볼 수 있는 것이다. 진정 거듭난 영적인 그리스도인이라면 이러한 성령님의 열매들이 확실히 있어야 할 것이다.

♡ 묵상과 기도

영적인 은사들 ⇒ 성령님의 사람 곧 영적인 사람은 성령님의 열매를 맺어 하나님께 영광과 기쁨이 되고 성령님께서는 교회 곧 성도의 유익을 위하여 각양 성령님의 은사를 믿는 사람들에게 나누어 주셔서 일하게 하신다.

중요한 것은 은사는 구원받는 것과 절대적인 관계는 없다는 것이다. 구원받지 못하는 형식적 신자에게도 교회의 유익을 위하여 필요한대로 은사를 주시기 때문이다. 예를 들어 구원을 받지 못할 가룟 유다를 주님께서 처음부터 아셨으나(요 6:64) 교회의 최고의 직분인 사도로 세우셨으며(눅 6:13), 귀신을 쫓아내며 모든 병과 모든 약한 것을 고치는 권능을 주셔서 사역하게 하신 것이다(마 10:1). 하늘의 은사를 맛보고 성령님에 참예한 바 되고 하나님의 선한 말씀과 내세의 능력을 맛보고도 타락한 자들이 있을 것을 말씀하셨다(히 6:4~6). 그러므로 어떤 은사가 있거나 직분을 받았다고 해서 구원을 받은 줄로 생각하면 오산이다.

고린도전서 13:8절에 사랑(성령의 열매)은 언제까지든지 떨어지지 아니하나 예언(은사)도 폐하고 방언(은사)도 그치고 지식(은사)도 폐하리라. 9~10절에는 "우리가 부분적으로 알고 부분적으로 예언하니 온전한 것이 올 때에는 부분적으로 하던 것이 폐하리라" 하였다. 그러므로 신약교회 초창기에 신약성경이 기록되기 전에 있었던 직임과 은사들과 역사들이 신약성경이 기록되고 완성된 이후에는 **~신약계시의 성경이 기록되기 전까지의 은사들은 부분적이고 임시적인 것이어서 대부분 폐하여졌다~** 대부분이 폐하여지거나 성격을 달리하게 된 것이다.

고린도전서 12:7~11절에 당시 교회에 있었던 아홉 가지 은사를 말하고 있는데 지혜의 말씀<*λόγος σοφίας*(로고스 소프히아스) **숙달된 말씀**>은 그리스도님 안에 지혜와 지식의 모든 보화가 감추어 있고(골 2:3), 사도 바울이 "우리가 그를 전파하여 각 사람을 권하고 모든 지혜로 각 사람을 가르침은"라고(골 1:28) 하였으니, 지혜의 말씀의 은사는 신약성경이 완성되기 전 초대교회, 사도시대에 그리스도님을 전파하고 가르칠 때의 은사를 말한 것이다. 지식의 말씀<*λόγος γνώσεως*(로고스 그노세오스) **아는 말씀**>도 골로새서 2:3절 말씀에서 지혜와 함께 그리스도님 안에 있는 보화라고 하였으니 지혜의 말씀의 은사와 함께 당시에 필요한 은사였다. 에베소서 4:11절에 직임 중에 사도와 선지자는 사도 시대이후에 없는 것이다. 고린도전서 14:6절에 계시나 지식이나 예언의(비밀을 말하는 고전 13:2) 은사도 성경이 기록되기 전의 은사였다.

A.D. 59년경 고린도전서 12:7~11절의 믿음, 병고침, 능력 행함, 예언, 영들 분별, 방언, 방언통역의 (공중의 유익을 위한) 은사도 성경이 완성되기 전 초대교회에 특별히 필요하여 주신 은사였다. 병고치는 은사를 보면 A.D. 53년경 바울의 손수건이나 앞치마를 가져다가 병든 사람에게 얹으면 그 병이 떠나고 악귀도 나갔으나(행 19:12), A.D. 65년경 사도 바울의 귀한 믿음의 아들이며 동역자인 디모데의 비위와 자주 나는 병을 고쳐주려 하지 않고 물만 마시지 말고 포도주를 조금씩 쓰라고 했으며(딤전 5:23), A.D. 66년경 동역자 드로비모는 '병듦으로 밀레도에 두었노니' 라고 하였으니(딤후 4:19) 이때만 해도 병고치는 은사가 폐하여지고 있었던 것 같다. A.D. 60년경에 예루살렘 교회의 기둥같이 여김을 받던(갈 2:9) 야고보가 기록한 야고보서 5:14~16절에는 병든 자가 있을 때 교회의 장로들을 청하여 주의 이름으로 기름을 바르며 위하여 기도할 것이라고 하였으니 병고치는 은사가 예루살렘 교회에서 이미 폐하여지고 있었음을 말해주는 것이다. 지금은 이 말씀같이 병든 자가 있을 때 믿음으로 기도하면 주님께서 낫게 해 주시는 것이다. 필자도 기도하여 자신의 불치의 만성기관지염도 완전히 고침을 받았고, 여집사님의 남동생이 악한 귀신 들린 것을 금식 기도하여 쫓아내어 지금은 결혼하여 직장에 정상적으로 다니고 있다. 그러므로 기도하면 귀신을 쫓아내고 병 낫게 해 주시는 것을 절대적으로 믿는다. 그러나 지금은 귀신을 쫓아내고 누구에게 병고치는 은사를 주어서 하게 하시는 것은 성경을 볼 때 그렇지 않다고 본다. 누구나 믿음으로 간절히 기도함으로 하게 하신다.

로마서 12:6~8절 예언, 섬기는 일, 가르치는 일, 권위하는 자, 구제하는 자, 다스리는 자, 긍휼 베푸는 자 등 각 지체에게 주신 은사들을 말하고 있다.

아무튼 은사는 여러 가지나 성령님은 같고(고전 12:4) 직임은 여러 가지나 주는 같으며(5절) 또 역사는 여러 가지나 모든 것을 모든 사람 가운데서 역사하시는 하나님은 같으니(6절) 각 사람에게 성령님의 나타남을 주심은 유일하게 하려 하심이라(7절) 하였으니 성부, 성자, 성령 하나님께서 몸된 교회와 지체들의 유익을 위해 필요한 은사와 직임과 역사를 시대를 따라 고착되지 않고 적절하게 변화있게 주시고 세우시고 역사하심을 믿어 의심치 않아야 하는 것이다. 그런데 오늘날 교회에 은사에 대한 이러한 성경적 이해가 부족하여 혼미한 중에 있다.

그러므로 영적으로 사는 그리스도인은 자신에게 주신 은사와 직임과 역사가 무엇임을 확인하고 알아서 하나님의 교회와 지체 그리고 자신에게까지 많은 유익이 되게 하는 것이 영적 생활에 중요한 것이다.

지금까지 상고하여 본 바 이러한 영적 문제는 하나님이 원하시는 구원의 목적인 성도가 영적인 사람으로 나아가는데 얼마나 중요한 일인가? 그런데도 이러한 방면에 잘 알지 못하고 등한히 하는 것은 사탄으로 하여금 얼마나 쾌재를 부르게 하는 것인가? 의로운 성도는 이를 안 이후 지난날의 영적인 사람이 되지 못한 죄를 슬퍼하고 애통하여 회개하며 하나님의 뜻대로 하려는 간절함과 분개함과 두려워함과 사모함과 열성 내게 하는(고후 7:8~11) 성령님의 역사하심이 있기를 축원하는 바이다. 할렐루야! 아멘! 아멘!

♡ 묵상과 기도

3. 예수님을 사랑하여 따라감

● 하나님(예수님)을 사랑하여 그 말씀하신 대로 따른다.

하나님께서 구약시대 아브라함의 자손 이스라엘을 애굽에서 구출하여 내셔서 자기 백성으로 삼으시고 율례와 법도를 주시고는 하나님을 사랑하여 그 계명을 잘 지켜 따르면 천대까지 그 언약을 이행하시며 인애를 베푸시겠다고 거듭 말씀하셨다(출 20:6; 레 26:3; 민 15:40; 신 7:9, 30:16; 수 22:5). 하나님께서 보내신 예수님께서도 온 율법과 선지자의 강령이 "마음을 다하고, 목숨<*ψυχή*(프쉬케) 혼>을 다하고 뜻<*διάνοια*(디아노니아) **의향, 생각**>을 다하여 하나님을 사랑하고, 이웃을 자신과 함께 사랑하라"는 것이라고 말씀하시고(마 22:37~40), '나를 사랑하여 내 말을 지키는 자는 하나님 아버지께 사랑을 받으며 삼위 하나님께서 거처를 저와 함께 하리라' 고 하셨다(요 14:23).

역사적으로 영성에 대한 본격적인 관심은 수도원 운동과 중세의 신비신학에서 그 뿌리를 찾을 수 있으며, 수도자의 그리스도님의 정신을 이어 받는 수덕생활을 의미하는 전통적 영성이해가 영적인 요소의 결핍이 절감되는 물질문명의 현대에 이르러 제 2차 바티칸공의회(A.D. 1962.10~1965.2) 이후에는 '예수 그리스도를 따르는 기독교인들의 모든 삶을 의미하는 것' 으로 영성이해의 폭이 확대되었다. 그래서 비교적 영성 주제에 대한 소극적인 관심을 보여온 개신교도 이러한 변화의 영향을 받아 1970년대에 영성에 대한 신학적 논의가 시작되었고 1980년대 이후에는 활발하게 관심을 가지게 되었다.

그러나 새롭게 관심을 불러일으키고, 그 필요성이 새삼 강조되는 '영성' 은 그 의미가 분명하게 규정되지 않은채 다양하게 사용되고 있다. 전통적으로 '영성' 은 중세의 수도원적 경건, 금욕생활과 개인의 내면적 신비체험 등을 포괄하는 영적인 활동을 총칭하는 것으로 여겨져 왔으나, 보다 기독교의 영성이해는 '예수 그리스도님을 사랑하여 따르는 삶의 전반을 의미하는 것' 으로 이해되어야 할 것이다. 왜냐하면 "옛적 <**아주 오랫동안**>에 선지자들로 여러 부분과<(**시간과 방법에 있어서)다양하게**> 여러 모양<**여러가지 방법**>으로 우리 조상들에게 말씀하신 하나님이 이 모든 날 마지막에 아들로 우리에게 말씀하셨으니"라고 하셨고(히 1:1, 2), 그리고 하나님 아버지께서 친히 하늘로부터 "이는 내 사랑하는 아들이요 내 기뻐하는 자라 너희는 저의 말을 들으라"고 말씀하셨으며(마 17:5), 예수님께서도 "내가 자의로 말한 것이 아니요 나를 보내신 아버지께서 나의 말할 것과 이를<**λαλέω 전파할**> 것을 친히 명령하여 주셨으니 나는 그의 명령이 영생인줄 아노라 그러므로 나의 이르는 것은 내 아버지께서 내게 말씀하신 그대로 이르노라"고 하셨으니(요 12:49, 50) 기독교는 무엇보다 예수님께서 말씀하시고 가르치신 복음진리를 예사로 여기지 말고 가장 중심으로 해야 할 것이다. 오늘날 기독교에 가장 긴요(緊要)한 일이 이것이다. '영성' 도 예수님의 말씀에 맞는 영성이라야 한다.

예수님께서 하신 말씀의 핵심은, 간명하게 말하자면 '**나를 사랑하느냐**? **나를 따르라**!' 하신 것이다. 바른영성도 바로 이것이다. 바른 수도자들이나 영성을 바로 말하는 자들은 여기에 일치한다. 예수님께서 말씀하신대로, 행하신대로 하는 것이 바른영성의 표준이다(요일 2:4~6). 더도 덜도 아니다. 인간의 짧은 지식과 이론으로 가감하지 말아야 한다. 모든 기독교인들은 누구나 다 하나님(예수님)을 사랑하고 따른다고 한다. 그러나 그분의 말씀을 지켜 따르며 사랑하는 자는 극히 드물다. 예수님께서는 '내게 합당치 않은자, 결코 나의 제자가 될 수 없다' 고 하시는 자들이 많다.

● 하나님(예수님)을 사랑하여 따르는 삶

과거의 영성가들은 사막으로 들어갔으며, 은수자의 길을 택하였다. 그리고 영성생활의 길은 언제나 산을 넘고, 물을 건너 황야를 헤메는 순례의 상징으로 그려졌던 것이다. 그러한 자들은 그들대로의 독특한 영적 기질이나(지나친 자들도 있었음) 혹독한 박해의 상황에서 그럴 수도 있었음을 이해한다. 앞으로도 박해의 상황이 닥치면 그렇게 은둔할 수도 있다. 그러나 특별한 경우가 아니고는 그러한 은둔수도의 방법은 성경적이거나 예수님 또는 사도들이 보인 모본이 아닌 것이다.

뭐니해도 영성의 모본은 예수님이시며 사도 바울일 것이다. 예수님은 40일을 광야에서 금식하시며 기도하셨다. 어떤이는 예수님께서 공생애를 시작하신 30세 이전에 인도에 가서 수도를 하셨다 하기도 하나 추측일 뿐이다. 그러나 중요한 것은 예수님께서 일생을 개인적인 수도생활로만 일관하셨느냐는 것이다. 사도 바울도 다메섹 도상에서 예수님을 만난 후 아라비아 사막으로 가서 3년 동안 수도하였다(갈 1:17, 18). 수도생활은 하나님(예수님)과의 개인적인 정진의 삶이다. 그러나 하나님(예수님)께 부름받은 구원받는 자들은 개인적 추구의 삶을 살도록만 하신 것이 아니라 하나님(예수님)의 명령하신 일들을 수행해야 하는 것이다. 그러지 않고 일생을 개인적인 수도의 길로만 가는 것이 과연 하나님(예수님)의 뜻이겠는가?

예수님도 광야기도를 하신 후 사람들이 있는 사람들 가운데로 가셔서 생활하시면서 일하시고 사도 바울 역시 그러했다. 그러므로 기독교의 영성생활의 가장 합리적인 모본이 어떠해야 할 것은 자명(自明)한 것이다. 예수님을 사랑하는 거듭난 자들의 영성생활은 예수님을 모본으로 따르는 자들이여야 하는 것이다.

♡ 묵상과 기도

4. 성령님의 충만함을 받음

● 바른복음의 말씀으로 충만

영성생활 곧 구원받은 자의 소명의 삶은 거듭난 것으로 다 되는 것이 아니다. 성령님의 충만함을 받지 않고는 성공적으로 이루어 갈 수 없다. 성령님의 충만함은 효과적인 영성생활을 위해서는 필수적이다. 그런데 오늘날 기독교는 다른 예수를 전하고, 다른 영을 받게 하고, 다른 복음을 전하는 자들이 너무나 많아, 참으로 사도 바울이 말하고 살았던 예수님의 복음과 영성을 그대로 받아 살아가는 사람은 찾아보기 극히 드물다.

다른 영이 아닌 최초 예루살렘 교회 사도들과 성도들이 받았던 바른 성령님의 충만은 어떤 성령님의 충만인고 하면, 예수님이 보내신 진리의 영으로서 예수님께서 말씀하신 모든 것을 생각나게<**생각나게, 기억을 떠오르게**> 하며 예수님을 증거할<**증거할, 깨우칠**> 것이라 하셨으니(요 14:17, 26, 15:26) 진리의 성령님으로 충만한 것은 예수님과 그 말씀을 성령님에 의해 바로 깨달아 충만해지는 것이다. 그렇게 되면 예수님과 그 말씀을 담대하게<*παῤῥησία*(파르흐레시아) **확신있게, 자신있게**> 증거하지 않을 수 없는 것이다.(행 4:29, 30) 길과 진리와 생명이신 예수님과 그 모든 말씀을 바로 깨달아 확신 있게, 자신 있게 증거하지 않는 영은 진리의 성령님의 충만이 아닌 것이다. 이런 성령님의 충만이 아니면 예수님처럼, 바울처럼 예수님이 인정하시는 올바른 영성생활을 성공적으로 할 수 없는 것이다.

예수님께서 말씀하신 그대로 행하지 않아도 예수님을 믿기만 하면 구원을 받는다고 전하는 예수는 분명히 다른 예수이다. 예수님께서 말씀하신대로 따르지 않는 영은 분명히 다른 영이며, 예수님이 말씀하신 것은 제쳐놓고 믿기만 하면 은혜로만 구원을 받는다고 전하는 복음은 분명히 다른 복음이다(고후 11:3,4; 딤전 6:3~5; 요일 2:4~6). 다른복음으로는 진리의 성령님으로 충만함을 받을 수 없다. 따라서 그의 영성생활은 예수님이 인정하시지 않는다. 그러므로 예수님(사도들)이 전한 바른 복음의 진리의 성령님으로 충만함을 받는 것은 영성생활에 대단히 중요하다.

● 바른복음으로 교제와 기도에 힘씀

개인적으로 바른 복음과 성령님으로 충만하다고 해서 다 된 것이 아니다. 예수님은 바른 복음과 진리의 성령님으로 충만한 개인만 아니라 그러한 자들의 공동체 곧 교회를 세우신 것이다.

예수님은 최소한의 교회의 기본 단위를 두 세 사람이 모인 곳이라고 하시고, 두 사람이 합심하여 무엇이든지 구하면 하늘에 계신 아버지께서 이루게 하신다고 하셨다(마 8:19, 20). 최초 예루살렘 교회도 구원받은 자들이 모여 사도들로부터 예수님의 말씀을 가르침 받으며 교제하고 기도하기를 힘씀으로 성령님의 역사하심이 날로 더해지고 그들과 같은 동질의 구원받는 사람들을 날마다 더하게 해 주셨다고 하였다(행 2:42~47).

그러므로 효과적인 영성생활을 위해서 개인적으로만 아니라 공동체적으로 모이기를 힘쓰며 바른복음으로 교제하고 기도에 힘쓰면 영상생활이 엄청나게 증진되며 성령님의 역사하심이 놀랍게 나타나는 것이다. 어제나 오늘이나 영원토록 동일하신 교회의 머리이신 예수님께서는 오늘날 교회가 처음 세우셨던 예루살렘 교회와 같이 되기를 명하시고 원하신다는 사실은 분명한 것이다. 여기에 투철한 사명과 목표를 가지는 종들은 참으로 에녹처럼 하나님(예수님)을 가장 기쁘시게 하는 종들인 것이다.

25년만의 결실인 이 책이 발간되면서부터 주님께서는 분명히 이 일을 이루실줄 확신한다.

♡ 묵상과 기도

5. 예수님께 증인됨

● 지상 최대의 사명으로

이 땅에서 영성생활의 최대 목표는 예수님께 증인되는 것이다. 내 자신이 그리스도님을 닮아 완덕을 이루어 하나님(예수님)을 기쁘시게 하고 구원의 영광에 이르는 것을 영성생활의 목표로 하는 것은 소극적인 생각이며 주님께서 진정 원하시는 목표가 되지 못한다. 그러므로 수도원에서의 수도생활은 분명 그들로서의 소명과 사명이 있으나, 그것이 영성생활의 궁극적 목적은 아니다.

세상을 버리고 수도원에서 수도할 만큼 영성이 있는 자라면 얼마 동안은 그러할지라도 오히려 세상 사람들 가운데서 영성생활을 함으로 세상 사람들에게 소금과 빛이 되어 착한 행실을 보는 자들로 하여금 하나님 아버지께 영광을 돌리게 하라 하신 것이 예수님의 가르치심인 것이다 (마 5:13~16). 목표는 예수님과 그 가르치신 말씀을 실천하여 증거하는 것이다. 부활하신 예수님께서 최후로 사도들에게 명(命)하신 말씀이 예수님의 모든 말씀들을 가르쳐 지키게 하고 예수님께 증인되라는 것이다(마 28:18~20; 행 1:8).

예수님의 최대 관심사와 명령을 주요 목표로 하는 영성생활이라야 예수님께서 가장 기뻐하실 것이다. 그런데 예수님의 최대 관심사와 명령을(마 28:18~20; 눅24:46~48; 행 5:30~32) 왜곡하여 그대로 하지 않으면서 아무리 영성을 외치고 가르친들 잘했다는 칭찬을 들을 수 있겠는가?

● 천상 최고의 영광으로

사도행전 1:8절에 “땅 끝까지 이르러 내 증인이 되리라” 하신 말씀에서 ‘내’ 라는 말 ‘*μοι*(모이)’ 는 여격으로서 ‘내게’ 라는 말이다. 그때 당시 하나님을 믿는 유대 종교적 상황에서 예수님께 대하여 증인이 되는 것은 죽음을 각오하지 않으면 될 수 없는 일이었다. 그래서 초대교회는 예수님의 증인되는 것은 순교자가 되는 것이고 순교는 최고의 영광스러운 성도의 영예라고 생각했다. 증인이란 말 'μάρτυς(마르튀스)' 에서 영어의 순교자 'martyr' 라는 말이 유래하게 되었다고 한다. 예수님과 그 말씀대로 해야 한다고 오늘날 기독교의 복음이 틀렸다고 하면 죽이려고 할만큼 무시하고 증오할 것이다.

그러나 예수님께서 하나님 아버지의 보내심을 받아 친히 세상에 오셔서 가르치고 전파하신 복음 그대로(막 1:15; 눅 4:43), 그리고 십자가에 죽으시고 부활하신후 40일간 계시면서 말씀하신 하나님 왕국에 관한 일들(행 1:3), 그리고 승천하시기 전 최후로 명령하신 그 말씀대로 신실하고 참되게 증인 된 자들은 주님께서 예비하신 하늘의 말할 수 없는 영광의 상급을 받을 것이다. 할렐루야! 아멘!

♡ 묵상과 기도

[제 2장 정 리 문 제]

1. 영성생활은 근본적으로 무엇이 되어져야 하는가?

____

2. 거듭난 자가 영성생활을 하지 못하는 두 가지 이유는?

____

3. 영성생활의 목표는 무엇이어야 하는가?

1) ______________ 2) ______________

4. 바른 성령충만을 받으려면 어떻게 해야 하는가?

1) ______________ 2) ______________

5. 예수님이 원하시는 영성생활의 목적은 무엇인가?

____

6. 수도원 생활은 성경적 영성생활과 어떤 차이가 있는가?

____

7. 오늘날 기독교가 예수님처럼 영성생활을 위해서 시급히 해야 할 일이 무엇인가?

____

♤ 쉼터 ♤

한 노인이 정오만 되면 교회에 찾아 왔다가 2분도 채 못되어 나가곤 했다. 하도 이상해서 사찰 집사가 물었다. "노인은 무슨 일로 매일 12시만 되면 예배당에 오십니까?" 라고 하자 "나요? 기도하러 오죠." 그러자 사찰 집사가 다시 물었다. "아니 2분도 채 못되어 나가시곤 하는데 그 짧은 시간에 무슨 기도를 하신다는 거죠?" 라고 하자 그 노인은 "나는 길게 기도 못합니다. 그저 그저 12시만 되면 이곳에 와서 '예수님, 나요 나, 짐(Jim)이요, 짐.'라고만 하고 나가죠. 그래도 주님은 내 기도를 다 들어준다는 생각이 들어서 자주 오죠."

얼마 후 짐 할아버지가 병원에 입원했는데 문병 오는 사람이 없는데도 그는 늘 기뻐 보이며 주위의 환자들을 위로하는 것이었다. 이상히 여긴 간호사가 물었다. "할아버지는 아무도 안 계십니까? 아무도 문병을 오시지 않는군요."라고 하자, "아무도 문병을 안오시다니? 날마다 12시만 되면 문병오시는데." 깜짝 놀란 간호원이 "날마다 12시만 되면 문병을 오신다구요? 나는 한 번도 못봤는데요?" 했더니, 그 노인은 기쁨을 감추지 못하며 입을 열었다.

"날마다 12시만 되면 그분이 오셔서 내 침대 저쪽에 서서 방긋 웃으시면서 '짐, 날세, 나 예수일세'라고 하신다오."

제 3 장

바른영성의 복됨

1. 세상에서 가장 행복한 자 됨

● 체득한 자만이 앎

바른복음과 바른영성을 알고 예수님께 증인되어 살아가는 자는 세상에서 가장 행복한 자이다. 성부 성자 성령 삼위일체 하나님께서 주시는 가장 위대하고 엄청난 구원의 행복이 그에게 확실하게 성취된 사람이기 때문이다. 이것은 실제로 체득한 자만이 아는 신비이다. 성령님으로 된 것이므로 신비한 것이고 체득한 자만이 아는 것이기에 비밀이다.

바른복음으로 진정 거듭난 그리스도인은 최초 예루살렘 교회와 같이 현재 이 세상에 실현된 하나님의 왕국의 생활을 체득하고 누리기 때문에 너무나 행복한 것이다. 오늘날 기독교는 예수님을 믿고 죽어서 가는 천국밖에 모르니 현재 이 세상에 실현된 하나님의 왕국의 왕된 제사장으로서의 구원의 행복을 제대로 알지 못한다. 그러니 영성 영성 아무리 외쳐봐도 실감되지 않고 허공에 메아리에 불과하다. 복음을 먼저 제자리 찾기 하기 전에는 영성은 공중에 뜬 흰구름을 잡으려는 것같이 체득되지 않는 갈망에 불과하다.

사도 바울이 말한대로 현재 이 세상에 실현된 하나님의 왕국 <**왕국, 통치, 주권**>은 먼저, 먹는 것과 마시는 물질적인 것이 주가 아니고 성령님 안에서 의<*δικαιοσύνη*(디카이오쉬네) (성격이나 행위에)**공정, 옳음, 정의**>와 평강<*εἰρήνη*(에이레네) **평화, 번영, 하나됨, 고요, 안식**>과 기쁨<*χαρὰ*(크하라) **기쁨, 즐거움**>으로 예수님을 왕과 구주로 섬기는 자들이 하나님께 매우 기쁨이 되며 사람들에게 인정을 받는 것' 이다(롬 14:17,18).

거듭난 구원받은 자의 영성은 첫째 성격이나 행위가 아주 공정하고 옳으며 정의로운 것이다. 예수님처럼 완전하지는 못하고 개인의 영성의 성숙도에 따라 다소 차이는 있으나 예수님과 같은 동질의 품성이 그의 주된 성품인 영성의 사람인 것이다. 예수님은 그의 모든 본성과 행동이 하나님의 뜻에 일치하기 때문에 의로우시며 우리의 의가 되신다.

하나님은 의로우시고 의로운 통치자이시며 재판관이시다. 이사야 선지자는 또한 '장차 오실 메시야 예수 그리스도님은 의로 통치하시며 방백들이 공평으로 정사(政事)할 것이라' 고 예언한 바(사 32:1) 예수 그리스도의 부활하심과 성령님의 강림하심으로 이 세상에 실현된 하나님의 왕국은 의의 왕국인 것이다. 삼위 하나님의 법은 의로운 것이 특징이다. 그렇기 때문에 하나님의 법은 인간에게 생명과 안전을 준다. 거듭남으로 하나님의 왕국에 들어간 자들은(요 3:5) 하나님(예수님과 성령님)의 명령을 성실히 따르는 의로운 영성을 가진 자들로서 하나님(예수님과 성령님)이 현재 성령님 안에서 의와 공평과 정의로 통치하시는 왕국의 의무들을 성실히 즐거이 수행한다. '행복' 이란 영어 단어 'happeness' 는 본래 '옳은 일이 자신 속에 일어난다' 는 뜻을 가진 'happen' 에서 나온 말이라고 한다.

성령님 안에서 이런 영성 곧 거듭난 자들의 순전한 모임이면 영적 또는 육적 일에 공정치 못하거나 옳지 못한 것은 거의 없는 것이다. 사도행전 5:1~11절에서 보는 바 최초 예루살렘 교회 아나니아와 삽비라 부부가 성령님의 감동을 전적으로 따르지 않고 땅 판 값의 얼마를 숨기고 바쳤다가 죽음을 당한 일은 하나님의 왕국이 성령님 안에서 성격이나 행위가 얼마나 공정하고 옳으며 정의로운 자들의 왕국임을 명확히 보여주는 것이다. 그리고 사도행전 8:17~24절에 시몬이 베드로에게 돈을 드려 성령님 받게 하는 권능을 사려 하다가 혼나는 일도 그 예인 것이다.

거듭난 영성을 가진 그리스도인이 그리스도님을 믿음으로 하나님 앞에 법적으로 영생 얻는 의롭다함을 받은 칭의만 아니라 자기 안에 의로운 성품이 창조되었음을 자신의 생활에서 확인하며 얼마나 감격하고 감사한지, 뿐만아니라 의의 왕이신 예수님께서 말씀과 성령님으로 다스리시는 하나님의 왕국이 현재 실현되어 그 왕국의 백성 되어 사는 것이 얼마나 행복하고 복된지 이를 체득하여 누리고 사는 자 아니고 어떻게 알겠는가?

그를 거듭나게 하여 구원하신 삼위 하나님께서도 매일 밤낮으로 그를 바라보시고 좋아하시는 것이다. 기독교인들이여 삼위 하나님과 함께 거하는(요 14:23) 이 행복을 아는가?!

그리고 거듭난 자의 영성생활의 복됨은 평화가 있음이다. 이사야 선지자는 메시야를 שָׁלוֹם (샤 롬 **평안, 평화**)의 왕이시라 예언하였다(사 9:6). 예수님께서도 "내가 너희에게 평안 < εἰρήνη(에이레네) **평화, 번영, 하나됨, 고요, 안식** > 을 끼치노니 < **보**

내니, 허락하니> 곧 나의 평안<*εἰρήνη*(에이레네) **평화, 번영, 하나됨, 고요, 안식**>을 너희에게 주노라 내가 너희에게 주는 것은 세상이 주는 것 같지 아니하니라 너희는 마음에 근심도 말고 두려워하지도 말라" 하신 것이다(요 14:27). 거듭난 자와 그들의 모임인 교회 곧 현재의 이 세상에 실현된 하나님의 왕국은 성령 안에서 예수님께서 허락하신 평안<*εἰρήνη*(에이레네) **평화, 번영, 하나됨, 고요, 안식**>을 누리며 사는 것이다.

내 영혼의 그윽히 깊은데서 맑은 가락이 울려나네
하늘 곡조가 언제나 흘러나와 내 영혼을 고이 싸네

(후렴) 평화 평화로다 하늘 위에서 내려오네
그 사랑의 물결이 영원토록 내 영혼을 덮으소서

내 맘속에 솟아난 이 평화는 깊이 묻히인 보배로다
나의 보화를 캐내어 가져갈자 그 누구랴 안심일세

내 영혼에 평화가 넘쳐 남은 주의 축복을 받음이라
내가 주야로 주님과 함께 있어 내 영혼이 편히 쉬네

이 땅위의 험한 길 가는 동안 참된 평화가 어디 있나
우리 모두 다 예수를 친구 삼아 참 평화를 누리겠네

〈찬송가 469장〉

♡ 묵상과 기도

또한 현재 이 세상에 실현되어진 하나님의 왕국에 들어간 거듭난 자의 영성생활은 성령님 안에서 기쁨과 즐거움이 있는 것이다. 죄와 이 세대에 대한 애통함과 슬퍼함이 있어 마땅하지만 그것만이 전부가 아니다. 영성의 대가라 할 수 있는 사도 바울은 빌립보 교회에 “주안에서 항상 기뻐하라 내가 다시 말하노니 기뻐하라” 하고(빌 4:4) 데살로니가 교회에도 “항상 기뻐하라 … 이는 그리스도 예수 안에서 너희를 향하신 하나님의 뜻이니라” 고 하였다(살전 5:16). 주님 안에서 기뻐하는 기쁨은 육신과 세상적으로 기뻐하는 것과는 다르다. 예수님께서는 “나를 인하여 너희를 욕<*ὀνειδίσωσιν*(오네이디소신) **책망, 중상, 비난, 욕**>하고 핍박하고 거짓으로 너희를 거스려<***καθ’* 에 대하여**> 모든 악한 말을 할 때에는 기뻐하고 즐거워하라<*ἀγαλλιᾶσθε*(아갈르리아~스트헤) **미칠듯이 기뻐하라, 넘치게 기뻐하라**> 하늘에서 너희의 상이 큼이라”고 하셨고(마 5:11,12), “귀신들이 너희에게 항복하는 것으로 기뻐하지 말고 너희 이름이 하늘에 기록된 것으로≪*μᾶλλον*(말~르론) **더욱더**≫기뻐하라” 하시고 비록 슬픔의 사람이신 예수님께서도 성령님으로 (넘치게)기뻐하셨다고 하였으니(눅 10:20, 21), 올바른 영성의 사람은 성령님 안에서 올바르게 기뻐할 줄도 아는 것이다.

이러한 진정한 평화와 기쁨과 만족한 영성생활을 하는 자는 그의 영과 혼만 아니라 육신까지도 질병이 치유되고 건강을 누리게 된다. 영성이 더 많이 필요한 사람은 그 정도에 따라 주님의 섭리 가운데 시련과 육신의 약함과 고통이 있으며, 사도 바울 같이 주님의 뜻 가운데 육체의 연약함이 필요한 경우도 있으나,(고후 12:7~9) 영성이 깨끗하고 성숙해진 사람은 영과 혼과 몸이 함께 평화와 기쁨과 만족의 건강한 삶을 누리게 된다.

☆ 주님께서 필자에게 1986년에 엄청난 만성기관지염을 완전히 고치게 하여 주셨으며, 2006년에는 놀라운 건강비법을 깨우쳐 주셔서 본인이 임상실험 중에 있다. 너무나 놀랍고 신기한 비법이며, 이것은 누구를 막론하고 전 세계 모든 인류가 실시해야할 건강

비법이다. 실로 존 뉴톤의 만유인력 발견 같은 놀라운 것이다.

그것은, 사람이 매일 세 번 먹는 식사가 소화되어 대장에 이르게 되면 엄청난 가스를 발산하는 상태가 되어 어쩌다가 방귀로 나오기는 하나 많은 가스가 몸 안에 배이게 된다. 오줌도 가스가 독하다. 변과 오줌이 대장과 방광에 머무는 시간이 길면 길수록 가스가 계속 발산되는 상태에 있으므로 무용지물이요 해로운 것이다. 그렇기 때문에 변과 오줌과 가스를 배출시키지 않고 지닌채 하루 이틀을 지나니 많은 사람이 소위 말하는 똥배가 나오고 수십년 계속 몸에 배이고 배이는 가스로 인하여 몸은 가스의 독으로 침해를 받고 있는 것이다. 이것이 건강의 독소 제일의 적이다.

그러므로 대장에서 가스와 오줌을 하루에 세 번, 적어도 아침 저녁 두 번은 반드시 배출시켜 주어야 하고, 변도 가스 배출과 함께 대장에 이르러 머물러 있지 않도록 가스와 함께 수시로 배출시켜 주어야 하는 것이다. 비용들이지 않고 매번 꼭 배출되는 것이 신기한 비법이다. 건강에 미치는 그 효과는 말할 필요가 없다.

영적으로 말하자면 적어도 매일 아침 저녁으로 죄를 회개하고 버리는 기도를 해야 하는 것이다. 그래야 영과 혼과 육의 성결과 건강을 잘 유지하며 살아갈 수 있다.

여기서 왜 이 건강원리를 말하는고 하면 참된 영성생활은 주님께서 육체의 건강까지도 회복하게 하여 주시는 복된 사실을 증거하고자 함이다.

거듭난 영성자의 현재 이 세상에서 체득하고 누리는 행복은 이러한 의와 평화 기쁨으로 하늘과 땅의 모든 권세를 받으신 주 예수 그리스도님을 왕과 구주로 모시고 섬기는 자 된 행복이다. 작은 한 나라의 대통령(왕)의 비서만 되어도 뿌듯한데 예수님을 왕으로 모시고 섬기는 자 되었다는 것은 세상에 나서 그보다 더 크고 위대한 출세가 없는 것이다.

예수님께서는 그의 선구자로 온 침례 요한을 선지자보다 나은 자이며 여자가 낳은 자 중에 요한보다 더 위대한 자가 없지만 하나님의 왕국에서는 가장 작은 자라도 저보다 더 위대하다고 하셨다(눅 7:26~28). 그러니 예수님으로 말미암아 이 세상에 실현되어진 하나님의 왕국에 들어가는 신약시대에 올바로 거듭나는 자가 얼마나 위대하고 복된 자인 것을 분명히 말씀하신 것이다.

이러한 자이기에 하나님 아버지께서 얼마나 기뻐하시는지 만물을 창조하시고 매일 그것을 바라보시며 좋아하시던 하나님께서(창 1:4, 10, 12, 18, 25, 31) 하나님의 왕국의 성도들을 보시고 기쁨을 이기지 못하여 하시는 것이다. 말하자면 거듭난 성도가 성령님 안에서 의와 평화와 기쁨으로 그리스도님을 섬기는 모습을 바라보시고 너무나 기뻐하신다는 것이니 바른복음으로 확실하게 거듭난 자로서 하나님의 왕국의 영성생활을 하는 자체가 하나님을 한없이 기쁘시게 한다는 사실을 안다면 올바른 영성생활이 얼마나 귀중함을 알고도 남는 것이다. 시급히 갈구하고 가장 우선으로 힘써야 할 일임을 기독교는 깨달아야 한다.

또한 이러한 영성의 생활을 하는 성도는 사람들에게 인정을 받는다고 하였다. 사람들에게 인정을 받는다고 한 것은 내세의 천국이 아니고 현재의 이 세상에서의 하나님의 왕국이라는 말이 명확한 것이다. 진정 올바른 영성생활을 하는 사람은 신앙과 진리 문제로 인하여 비난이나 핍박을 받는 일도 있지만 일반적으로 사람들에게 인정을 받는 것이다. 바른 신앙생활을 하는 자를 믿지 않는 자들이 욕하고 핍박은 하면서도 그의 정당한 인품을 무시 못하고 인정하는 경우와 같은 것이다.

세상에서 가장 행복한 자는 올바른 영성생활을 하는 바른복음으로 거듭난 사람이다.

● 가장 행복함이 어떤 것인 줄 아는 자

바른 복음을 깨닫고 진정 거듭난 구원받은 자라로서 지금까지 말한 영성생활을 하는 자라면 분명히 자신이 이 세상에서 가장 행복한 사람 중에 하나라고 서슴없이 말할 수 있을 것이다. 그런데 영성이라는 수도생활을 하는 이들의 말과 면면을 보면 거의 한결같이 십자가를 지신 고난의 주님을 주 표상으로 하는 것이다. 그래서 고행을 완덕에 이르는 주요 방도로 삼는 것이다. 어찌하여 부활의 주님과 성령의 충만함은 주가 되지 못하는가? 어찌하여 평생을 갈보리 언덕에 십자가에 못박힌 그리스도님만을 바라보고 있는가? 자신의 죄성을 이기고 극복하기 위해 육체를 가혹하게 굶기고, 불편하게 하고, 누추하게 하고, 괴롭히고, 심지어 채찍질까지 하는 것을 영성이 뛰어난 사람으로 치부하는 것은 자신의 행위들에< **πράξεσιν**(프락세신) **활동, 행위, 기능, 일**> 함께 옛 사람을 벗어버리고 새 사람을 입어 자기를 창조하신 자의 형상을 좇아 지식에까지 새롭게 하심을 받은 자임을(골 3:9, 10) 체득하고 아는 자인지 알 수 없다.

부활의 주님으로 말미암아 거듭남과 성령의 충만함은 완덕을 향한 주요 방도가 되지 않고 금욕과 고행과 침묵 등을 완덕에 이르는 주요 방도로 하니 사도 바울이 과연 그러했는가 하는 것이다. 예수님이나 사도 바울의 영성생활은 금욕과 고행과 침묵이 주 방도가 아니였다. 모든 것을 통일성과 조화와 균형있게 그리고 적절하게 하지 못하면 항상 기독교의 모습은 왜곡되고 비정상이 되는 것이다. 참으로 안타깝다.

예수님께서 '복이 있다' 고 말씀하시고 신약성경의 '복' 이라는 말 *μακάριος*(마카리오스)는 마카르(*μάκαρ* **행복한**)에서 유래한 말로서 그 의미는 '일상적인 염려와 걱정들로부터 놓여 자유하는' 것이다. 시적인 언어에서 이 단어는 '신들의 행복' 을 가리키는 말이며, 신들의 상태와 또한 신들의 행복한 실존을 함께 나누는 자들의 상태를 나타내는 것이다. 소유의 부자보다 더욱 더 일상적인 걱정 근심에서 놓여나는 영성자가 진정 최고의 복 있는 자, 행복한 사람인 것이다.

♡ 묵상과 기도

2. 세상에서 가장 부요한 자가 됨

● 부족함이 없음

세상에서 행복한 자라 함에 있어서 부요함에 대한 내용이 어떠한가 하는 것이다. 행복함에 있어 부요함이 빠진다면 진정 행복이라 할 수 없기 때문이다. 영성자가 세상에서 가장 행복한 자라면 가장 부요한 자라야 하는 것은 당연지사다. 그런데 문제는 거듭난 영성자가 과연 세상에서 물질적 가장 부요함이 있느냐 하는 것이다. 분명히 거듭난 자가 세상과 물질적으로 부요하지 못한 것이 현실이다. 그러면 부요함이란 영적이란 말인가?

필자가 말하고자 하는 부요함은 영적인 것만도 아니고 영적이면서 또한 물질적인 것이지만 세상 사람들의 관념과도 같지 않은, 예수님과 사도들이 말씀하신 대로의 실제적 부요인 것이다. 신불신간 육신적이고 세상적인 사람들은 자신이 많이 소유하고 관리하고 있는 것이 부요(富饒)한 것이라고 생각한다. 그러나 부요라는 것이 좋은 것을 많이 소유하고 있는 그 자체가 부요가 아닌 것이다. 좋은 것을 많이 소유하고도 부요를 누리지 못하는 거듭나지 못한 인생 부자들인 것이다. 이 세상 부자들에게 물어 보라 진정 행복한가를?

부자들은 부족한 것이, 더 가져야 할 것이, 더 필요한 것이 더 많다. 우선 그 좋고 많은 것을 좀더 오래 소유하고 싶기 때문에 생명과 건강이 필요함을 보통 사람보다 더 많이 절감하고 산다. 부요함 때문에 상대적으로 생명의 부족함을 더 많이 느끼고 산다.

그리고 많은 것을 지키고 더 늘려나가기 위해 불철주야 혼신(魂身)을 거기에 집중해야 함으로 영적인 일에 엄청 부족하다. 그렇기 때문에 하나님께서는 세상에서 가난한 자≪들≫을 택하시어 믿음에 부요하게 하시고 자기를 사랑하는 자들에게 약속하신 왕국을 유업으로 받게 하셨다고 하였다(약 2:5). 사실상 부요한 자들에게는 있어야 할 것, 부족한 것이 더 많다.

그러면 진정 육신적으로 세상적으로 부요한 것이 어떤 것이냐? 그리고 거듭난 영성자는 어떻게 부요한 것인가? 한 마디로 말해서 '부족함이 없는 것' 이다. 예수님께서 말씀하신 바 구하는 자에게 '일용할<ἐπιούσιος(에피우시오스) **그날의 필요한**> 양식' 을 주시며(마 6:11), 사도 바울이 말한대로 '모든 필요한 것을 채워주시는 것' 이다(빌 4:19). 그리고 필요하다 하더라도 절제하여 최소한 필요 이상의 무엇을 소유하려 하지 않는다. 되도록 간편하고 단순하게 하여 영성생활에 유익을 도모한다. 적절한 단식이나 금식 금욕도 유익하다. 그러나 지나치거나 태만한 것은 다같이 좋지 못하다.

결혼의 문제도 동정만이 유일한 영성이 아니다. 예수님께서는 제자들이 "결혼하지 않는 것이 좋겠습니다"고 하니 "사람마다 그러지 못하고 타고난 자라야 한다 왜냐하면 어미의 태로부터 된 고자(성교불능)도 있고, 사람들이 만든 고자도 있고, 천국을 위하여 스스로 된 고자도 있으니 이 말을 받을 수 있는 사람은 받으라"고 하신 것이다(마 19:11, 12). 사도 바울도 "동정이 좋으나 음행의 연고로 남자마다 자기 아내를 두고 여자마다 자기 남편을 두라" "절제할 수 없거든 혼인하라 정욕이 불같이 타는 것보다 혼인하는 것이 나으니라"고 하였다(고전 7:1~9).

말하고져 하는 것은 모든 것을 균형 있게 적절하게 할 줄 아는 영성자가 되어야 하며 그리하여 영성의 성숙자는 무엇에나 부족이 없는 자가 되는 것이다. 사도 바울은 "어떠한 형편에든지 내가 자족<αὐτάρκης(아우타르케스) **충분한, 족함, 만족**>하기를 배웠노니 내가 비천에 처할 줄도 알고 풍부에 처할 줄도 알아 모든 일에 배부르며 풍부와 궁핍에도 일체의 비결을 배웠노라 내게 능력 주시는 자≪**그리스도님**≫안에서 내가 모든 것을 할 수 있느니라" 하였으니(빌 4:11~13), 이것이 사도 바울의 성숙한 영성인 것이다. 한 마디로 모든 것에 부족함이 없는 것이다. "내가 궁핍하므로 말하는 것이 아니라 어떠한 형편에든지 내가 자족하기를 배웠노니." 바울에게 있어서 자족의 태도는 하나님이 주시는 것이면 무엇이든지 받아들이겠다는 완전한 수용의 태도로부터 나온 것이다. 그는 필수분과 잉여분을 구분하지 않고 그저 범사에 감사하였다. 그는 부요함과 가난함 모두를 자기 삶의 정체로써 받아들였으며, 하나님의 자비로우신 죄사함과 자신의 생애에 적절하게 공급하시는 주님의 섭리와 더불어 부요함과 가난함을 선물로 받은 것을 감사하였다. 그가 육체의 가시로서 견뎌내지 않으면 아니되었던 병에 대해서도 그는 자족의 덕을 실천하고 하나님께서 은혜로 즐겨 주시는 것 이상을 요구하지 않았다. 이 병은 그가 행하는 모든 일에 있어서 자기가 능력주시는 주님께 철저히 의존하고 있다는 사실을 끊임없이 자각시켜 주는 유익한 것이었다.

영성자의 진정한 부요함은 모든 것에 부족함이 없는 것이다. 무엇을 많이 소유하고 있어 부요한 것이 아니고≪목회자에게 있어 교회당 건물과 교인 수도 마찬가지≫소유하고 있는 것은 없는데도 실제 누구보다 부족이 없이 부요함을 누리는 것이다. 필자는 이 말이 지식과 이론이 아니고 주님의 크신 은혜와 긍휼하심으로 자신이 말 그대로 실제 체득하고 누리고 사는 실재(實在)인 것이다. 많은 사실 내용은 자랑으로 들릴 가봐 말하지 않는 바이다. 많이 소유하는 사람(목회자)은 그만큼 베풀어주지 않으면 심판 날 문책이 따른다.

● 남을 부요하게 함

진정 부요한 자는 자기 혼자 부요함을 누리는 자가 아니다. 혼자 부요함을 누리는 자는 채신이 옹졸한 졸장부이다. 이런 사람은 영성 이전에 하나님의 왕국에 들어갈 생각을 접어야 한다. 이런 신자들이 천국에 들어간다면 천국 아닌 마국(魔國)이 되지 않겠는가?

진정한 영성자는 자기보다 어떻게 하면 남을 잘되게 부요하게 할가에 관심이 크다. 예수님께서는 “부요하신 자로서 … 가난하게 되심은 그의 가난함을 인하여 너희로 부요케 하려 하심이니라”고 하였으며(고후 8:9), 사도 바울은 “슬퍼하는 자 같으나 항상 기뻐하고 가난한 자 같으나 많은 사람을 부요하게 하고 아무것도 없는 자 같으나 모든 것을 가진 자로다"라고 하였다(고후 6:10).

예수님과 사도 바울이 많은 사람을 부요하게 한다는 말은 세상적이고 물질적인 소유를 많게 한다는 말인가? 그렇게 이해하고 기독교인들을 오도하는 자들도 더러 있다.

예수님과 사도 바울처럼 남을 진정 부요하게 하는 자는 이 책이 의도하는 바와 같이 기독교인들로 하여금 진정 영성의 생활을 할 수 있도록 돕는 것이다. 그리할 때 도움 받는 그는 진정 부요한 자가 될 수 있기 때문이다.

♡ 묵상과 기도

3. 예수님과 함께 공동상속자 됨

● 아버지와 함께 영화롭게 되신 예수님

영성자의 본격적인 복됨은 예수님과 함께 영화로운 하나님 아버지의 상속자 됨에 있다. 예수님께서 만찬석 제자들 앞에서 최후의 고별 기도를 하시면서 "아버지께서 내게 하라고 주신 일을 내가 이루어 아버지를 이 세상에서 영화롭게 하였사오니 아버지여! 창세 전에 내가 아버지와 함께 가졌던 영화로써 지금도 아버지와 함께 나를 영화롭게 하옵소서!"라고 하셨다(요 17:4, 5).

예수님께서는 이 세상에 육신을 입고 오시기 전에 창세 전부터 아버지의 품속에서 영화를 가지셨던 분이시다. 그런데 아버지의 뜻을 따라 죄와 멸망에 빠진 인간을 구하시려 그 영화를 떠나 비천한 사람의 모양으로 이 세상에 오신 것이다. 그런데 이제 아버지께서 하라고 주신 일들을 다 이루어 아버지를 영화롭게 하였사오니 이제 다시 아버지와 함께 영화롭게 하옵소서 라고 기원하신 것이다. 이제 예수님께서는 하나님 보좌 우편에 앉으셔서 영화롭게 되셨다(마 26:64; 막 16:19; 행 7:55; 롬 8:34; 히 1:3, 8:1, 12:2; 벧전 3:22).

● 도무지 상상할 수 없는 상속자

"때가 차매 하나님이 그 아들을 보내사 여자에게서 나게 하시고 율법 아래 나게 하신 것은 율법 아래 있는 자들을 속량하시고 우리로 아들의 명분을 얻게 하려 하심이니라. 너희가 아들인고로 하나님이 그 아들의 영을 우리<**너희**> 마음 가운데 보내사 아바 아버지라 부르게 하셨느니라 그러므로 네가 이 후로는 종이 아니요 아들이니 아들이면 하나님≲**그리스도님**≳으로 말미암아 ≮하나님의≯ 유업을 이을 자니라" 고 하였다(갈 4:4~7).

로마서 8:17절에는 "자녀이면 후사<**기업 무를자**> 곧 하나님의 후사<**기업 무를자**>요 그리스도와 함께한 후사니<*συγκληρονόμοι*(쉬그클레로노모이) **공동 상속자**>니" 라고 하였으니 그리스도님이 어떤 분이시며 하나님 아버지께서 구원받는 자들을 그리스도님과 함께 하나님의 기업의 공동상속자가 되게 하셨다니 어찌 상상할 수 있겠는가?

하나님께서 사람의 생명에 없어서는 안될 물과 공기와 햇볕을 무한정으로 값없이 주셔서 누리게 하신 것처럼, 영원한 하나님의 왕국의 기업을 그리스도님과 함께 성도들이 받는다는 것은 말로 할 수 없는 은총인 것이다. 기독교인은 이 사실을 너무나 제대로 모르고 있고 살펴보지도 않고 있다. 영성의 정도는 이 영광과 복됨을 아는 만큼이다.

♡ 묵상과 기도

4. 천사들도 기이히 여기는 자 됨

● 천사들이 어떤 자들인가?

천사들이 구원받는 자들과 그들이 받게 될 하나님의 기업의 영광스러움에 대해 너무나 기이하고 놀라와 굽어 살펴보기를 원한다고 하였다(벧전 1:12).

천사들은 하나님께서 그 뜻을 이루시려고 창조하신 인간적 특성과 신적 특성들을 겸비한 장엄한 존재들로서(시 148:2~5) 하나님과 사람 사이에 중재자 역할을 한다. 시편 103:20, 21절에는 "능력이 있어 여호와의 말씀을 이루며 그 말씀의 소리를 듣는 너희 천사여 여호와를 송축하라 여호와를 봉사하며 그 뜻을 행하는 너희 모든 천군이여 여호와를 송축하라" 고 하였다.

천사들은 하나님의 뜻을 알리는 일을 하고(창 18:9; 눅 1:13,30, 2:8~15; 계 1~22장), 인도와 교훈의 일을 하며(출 14:19; 민 20:16; 마 1:20; 행 10:3~5), 보호하며 수호하는 일을 한다(창 32:24; 시 34:7; 대상 12:22; 단 3:28, 6:22; 마 18:10). 한 천사가 하룻밤 사이에 앗수르 군대 십팔만 오천 인을 시체로 만들만큼 능력 있는 천사이다(사 37:35, 36). 그러므로 모든 천사들의 직무는 어떤 형태로든 사람들의 필요에 도움을 주는 구원 사역에 속한다. 그래서 천사들은 부리는 영으로 구원 얻을 후사들을 위하여 섬기라고 보내심을 받는 자라 하였다(히 1:14).

외경인 에녹서에는 천사들의 이름에 관한 흥미 있는 목록이 쓰여 있는데 "이것들은 파수하는 거룩한 천사들의 이름이라. '우리엘' 은 세계와 지옥을 맡아 다스리는 자요 … '라파엘' 은 인간 영혼들을 맡아 다스리는 자요 … '라구엘' 은 발광체들의 세계를 맡아 다스리는 자요 … '미가엘' 은 인간의 지성과 혼돈을 맡아 다스리는 자요 … '사라카엘' 은 영으로 범죄하는 영들을 맡아 다스리는 자요 … '가브리엘' 은 낙원과 뱀들과 그룹들을 맡아 관리하는 자요 … '레미엘' 은 하나님께서 넘겨주신 부활한 자들을 맡아 다스리는 자였다" 하였다(에녹1서 20장).

천사의 활동에 의해 요한계시록이 기록된 이후 가시적인 천사의 활동은 지금까지 성령님에 의해 대체되어 왔는데 요한계시록의 말씀대로 마지막 때는 천사들의 활동이 대폭 나타나날 것을 예고하고 있다.

● 천사들의 섬김을 받을 자

천사들은 부리는 영으로 구원 얻을 후사들을 위하여 섬기라고 보내심을 받은 자라고 하였는데(히 1:14) 예수님께서 "삼가 이 소자 중에 하나도 업신여기지 말라 너희에게 말하노니 저희 천사들이 하늘에서 하늘에 계신 내 아버지의 얼굴을 항상 뵈옵느니라"고 하셨고(마 18:10), 사도 베드로가 감옥에서 천사의 구출을 받아 성도들이 기도하고 있는 집에 이르러 문을 두드리니 로데라는 소녀가 듣고 나왔다가 베드로의 음성인줄 알고 기빼하여 문을 미처 열지 못하고 달려들어가 말하니 "네가 미쳤다" 함으로 소녀가 힘써 말하기를 "참말이라" 하니 저희가 말하기를 "그러면 그의 천사라" 고 하는데 베드로가 계속 문을 두드리므로 저희가 문을 열어 베드로를 보고 놀랐다고 한 것이다.

예수님의 말씀과 초대교회 성도들의 인식은 구원받은 자들의 수호 천사가 있다고 함이다. 이치적으로도 이것은 합당한 것임이 틀림없다. 그러므로 영원한 천국에서만 아니라 현재 실현된 하나님의 왕국에서 이미 "택하신 자손이요 왕다운 제사장이요 거룩한 민족이요 특별한 백성으로서 어두운데서 불러내어 그의 경이로운 빛에 들어가게 하신 자의 탁월하심을 선전하게 하려 하신 자들" 을 어찌 그의 천사들로 보호하시지 않겠는가? (벧전 2:9)

그리스도님과 함께 하나님의 후사된 자들은 하나님의 능력으로 보호하심을 입는다는 사실을 담대하게 확신해야 여러 가지 시험을 당할지라도 오히려 기뻐할 수 있는 것이다(벧전 1:5,6).

이것은 필자가 체험한 사람 천사를 보내어 보호하신 정말 신기하고 놀라운 경험담이다. 선교 기밀상 구체적인 것은 말할 수 없지만, 몇 년 전 대단한 사건적 선교기획을 가지고 선지자 엘리사가 "여호와여 아람 군대의 눈을 어둡게 하소서" 라고 기도하여 응답하셨던 것처럼(왕하 6:18) 한 달 간 교회가 함께 기도하고 편안한 마음으로 갔더니 주님께서 신기하고 놀랍게도 생면부지인 한 무역하는 사장을 나에게 접근하게 하여 그를 통하여, 뻔히 검색대에서 죽음을 각오해야 할만큼 크게 걸릴 수밖에 없는 것인데도 검색치도 않고 통과하게 하고 나르는 것까지도 무료로 다 해 주었으니 너무 너무 감격했던 것이다. 선교지에 가서나 돌아와서 사실을 보고하며 얼마나 하나님께 감사했던지!!

꼭 필요하고 긴급할 시는 주님께서 반드시 그 사랑하는 자를 보호하신다는 사실은 털끝만큼도 의심하지 않는다. 앞으로 7년 대환란 때는 긴급한 때이므로 주님께서 천사를 실지로 보내시어 활동케 하시는 것이다.

♡ 묵상과 기도

5. 영원토록 하나님께 영광을 돌림

● 영원토록 복락의 하나님과 함께 거함

영성자의 궁극적인 복됨은 영원 영원토록 복락의 하나님과 성도들과 함께 살게 되는 것이다. 영성자의 가장 절실한 요망은 영성생활에 적합하지 않은 생활환경과 함께 거하는 자들의 동질의 영성이다. 개인적으로 넘치는 영성생활은 하지만 가족이나 이 세상은 영성생활에 적합치 못하고 방해되는 것이 가득하기 때문에 너무나 슬프고 아프고 고독하다. 그러므로 영성자의 영과 혼은 넘치는 기쁨과 함께 언제나 눈물의 흔적이 있다. 때때로 하나님을 앙망하며 북받치는 눈물이 뜨겁게 흐른다. 그러나 오래지 않을 것이다.

노아의 홍수 있기 900년 전부터 에녹은 300년 동안 하나님을 기쁘시게 하며 하나님과 동행하다가 죽음을 보지 않고 낙원으로 옮기워졌다고 하였다(창 5:21~24, 히11:5). 에녹이 바로 영성생활을 한 성도이다. 에녹이 하나님을 기쁘시게 한 생활의 주된 것은 유다서 1:14, 15절에 "아담의 칠 세 손 에녹이 사람들에게도 예언하여 이르기를 보라 주께서 그 수만의 거룩한 자와 함께 임하셨나니 이는 뭇 사람을 심판하사 모든 경건치 않은 자들의 <ἀσεβής ← 형용사> 경건치 않게들 행한<ἀσεβέω ← 동사> 경건치 않은<ἀσέβεια ← 명사> 일들과 또 경건치 않은<ἀσεβής ← 형용사> 죄인들의 주께 거스려 한 모든 강팍한 말을 인하여 저희를 정죄<=벌>하려 하심이라" 한 것을 보면 에녹은 경건한 생활 곧 영성생활로 하나님과 동행했다는 것을 확실히 알 수 있고, 경건한 영성생활을 하지 않는 그 시대 사람들에게 하나님의 심판이 임박했다고 300년간을 외치고 살았으니 사람들이 그를 죽이려고 하지 않았겠는가? 그래서 하나님께서 에녹을 안전하게 옮기워 가신 것이 분명하다. 선지자 엘리야도 회리바람을 타고 올리워 간 것도(왕하 2:1, 11) 이세벨이 그를 죽이려고 했기 때문이다. 오늘날도 참 영성자들은 이 시대의 에녹과 엘리야가 되어야 하며 사람들을 겁낼 것 없다. 할렐루야! 아멘! 경건치 않은 이 세상에서 얼마나 오래 살겠기에 그렇게 영성생활에 비굴하게 살려는가?

하나님께서 예비하신 하나님께로부터 내려 올 새 하늘과 새 땅, 그리고 새 예루살렘은 (계 21~22장) 영원히 하나님께서 의와 공평으로 통치하시는 왕국으로서 아무 흠이나 결점이 없이 절대 완벽하기 때문에 썩는 것이나 더러워지는 것이나 낡아지는 것이 없다. 그렇기 때문에 영원할 수 있는 것이지 한 점이라도 모자란 것이나 잘못된 것이 있으면 영원히 존속할 수 없는 것이다. 태양에도 흑점이 있는 것은 영원히 있을 수 없는 것임을 말해주는 것이다. 시간적으로만 영원한 것이 아니라 완전한 것으로서 영원한 것이다.

새 예루살렘 성이 네모로 세워졌다는 것은 안전하게 확고하게 세워졌음을 의미하며, 길까지도 다이아몬드 같은 맑은 정금으로 되었다는 것은 낡아지지 않고 변하지도 않는 영원히 영화로운 왕국임을 말해주는 것이다. 상상할 수도, 말로 표현 할 수도 없다. '영원' 이라는 말부터도 상상을 초월하고 말로 나타낼 수 없는 하나님의 속성이다.

예루살렘 내 복된 집 네 이름 높도다
이 수고 언제 그치고 반가이 만날가 반가이 만날까

보옥으로 된 천성 문 늘 보고 싶도다
그 높은 탑과 황금길 나 언제 보리까 나 언제 보리까

이 세상 환란 받는 것 무서워 맙시다
네 앞에 복지 좋은 땅 영 누릴 복일세 영 누릴 복일세

그 선지 사도 성인들 제 주를 모셨네
내 예수 아는 친구여 쉬 함께 모이세 쉬 함께 모이세

예루살렘 내 복된 집 나 언제 가리까
내 언제 수고 그치고 내 복을 받을까 내 복을 받을까

(새찬송가 636장)

● 성삼위 하나님께 영광과 찬송을 돌림

성삼위 하나님의 영화로우심과 이루신 구원과 예비하신 영원한 왕국이 너무나 영화롭고 복되기 때문에 찬송이 절로 나오게 되는 것이다. 지금 이 세상 교회에서 부르는 찬송과는 완전히 질과 차원과 내용이 다르다. 완전한 찬송이다. 예수님께서 "어린 아기와 젖먹이들의 입에서 나오는 찬양을 완전히 완성하였나이다 함을 읽어 본 일이 없느냐"라고 하셨다(마 21:16). 어린 아기와 젖먹이들의 입에서 옹을거리는 노래같이 정말 순수한 심령으로 하는

찬양을 하나님은 완전한 찬양으로 기뻐 받으신다는 말씀이다.

참된 영성자는 어린 아기와 젖먹이들과 같은 심령을 가진 자이다. 예수님의 심령이 바로 그러한 심령이다(마 11:29). 엄마의 품속에 있는 아기 같은 평온함이 있는 것이다.

오늘날 교회의 찬송은 완전히 세상 음악을 따라 소란해졌다. 하나님의 보좌에서 하나님을 찬양하는 찬양대장이었던 천사 '루쉬퍼' 가 지위를 지키지 않고 떠나 반역함으로 사탄이 되었다고 한다. 오늘날 기독교 찬양의 세상적 변질은 염려를 지나 두려울 정도다. 천국에서 하는 주된 일은 찬양과 경배인데 요한계시록의 찬양과 경배를 유의해 보아야 할 것이다

기독교인들의 심령이 하도 무디어서 조용한 영의 찬양으로는 도무지 감각을 못가진다. 몸과 혼의 찬양은 늘비하게 있고 흐뭇하여 은혜가 된다고들 하지만 하나님이 원하시는 영의 찬양을 알고 영의 찬양을 하는 자는 극히 적다.

사도 베드로는 베드로전서 1:1~25절에서 먼저 "찬송하리로다" 하면서(3) 세상에서 비록 흩어져 나그네 생활을 하는 성도들이나 얼마나 행복한 자임을 잘 말하고 있다. 주 그리스도 예수님의 아버지 하나님이 그 많으신 긍휼대로 그리스도 예수님의 부활하심으로 말미암아 거듭나게 하셔서 산 소망이 있게 하시고(3, 23~25), 썩지 않고 더럽지 않고 쇠하지 아니하는 하늘에 간직한 기업을 잇게 하시며(4), 여러 가지 시험이 있는 것도 크게 기뻐하는 것은 믿음이 금같이 시련을 받음으로 그리스도 예수님의 나타나실 때에 칭찬과 영광과 존귀를 얻게 되기 때문이다(7, 8)고 했다.

예수를 보지 못하였으나 사랑하고 지금도 보지 못하나 믿고 말할 수 없는 영광스러운 즐거움으로 기뻐하는 것은 믿음의 결과 곧 혼의 구원을 받았기 때문이라고 한 것이다(8, 9). 이 구원

에 대하여는 천사들도 살펴보기를 원하는 것이며(10~12), 마음의 허리띠를 졸라매고 근신하여 예수 그리스도님의 나타나실 때에 가져올 은혜를 흔들림 없이 희망하라는 것이다(13). 그러므로 성도를 부르신 거룩하신 자처럼 모든 행실에 거룩하기를 힘쓰며(15), 나그네로 있는 세상에서 최후 심판을 바라보며 마땅한 두려움으로 지내고(17), 어린양 그리스도님의 보배로운 피로 구속함을 받아 믿음과 소망을 하나님께 두게 하셨고(18~21), 진리를 순종함으로 혼을 깨끗하게 하여 거짓 없이 형제를 사랑하게 된 것이라고 하였다(22).

사도 바울도 역시 "찬송하리로다" 하면서 하나님 곧 우리 주 예수 그리스도님의 아버지께서 그리스도님 안에서 하늘에 속한 모든 영적인 복으로 성도들에게 복 주셨음을 말하였다(엡 1:3~14). "그의 은혜의 영광을 찬미하게 하려는 것이라"(6). "그의 영광의 찬송이 되게 하려 하심이니라"(12). "그의 영광을 찬미하게 하려 하심이라"(14) 구원하신 목적이 하나님의 영광을 찬양하는 것임을 거듭 말한 것이다.

♡ 묵상과 기도

[제 3 장 정 리 문 제]

1. 영성자가 어떻게 세상에서 가장 행복한 자인가?

___

2. 예수님께 말씀하신 '복있는 자'는 어느 정도의 복있는 자를 말씀하신 것인가?

___

3. 진정 부요한 자는 어떤 자인가?
   1) 2)

___

4. 구원받은 자는 누구와 함께 누구의 무엇이 됨으로 복된가?

___

5. 구원받은 자들은 누구의 섬김을 받는가?

___

6. 천국에서 무엇을 주로 하는가?

___

7. 찬양과 경배는 무엇을 유의해야 하는가?

___

♤ 쉼터 ♤

TV 23편

TV는 나의 목자시라 그는 그의 이름을 위하여 나로 하여금 아무것도 하지 않게 만드는 도다. 왜냐하면 그는 나의 여가 시간을 전부 차지해야 하기 때문이라. 그것은 나로 하여금 크리스챤으로서 본분을 하지 않게 하는 도다. 왜냐하면 내가 보아야 하는 너무나 많은 좋은 프로들을 제시하고 있기 때문이라. 그것은 세상에 관한 나의 지식을 소생케 하며 하나님의 말씀을 연구하지 않게 하는 도다. 그는 저녁 예배 가는 길을 막으며 하나님의 왕국을 위하여 아무것도 하지 않게 만드는 도다. 옳도다, 내가 비록 100살까지 산다할지라도 내 TV가 작동하는 한 나는 TV를 계속 하여 보리니 그것은 나의 가장 친한 벗이기 때문이라. 그의 소리와 화면이 나를 안위하는 도다. 그것은 내 앞에 즐거움을 펼칠 것이니 내 가족과의 대화하는 것을 막는 도다. 그것은 내 머리 속에 하나님의 말씀이 제시하는 것과는 다른 생각을 나에게 주는 도다. 정녕 내 인생에 아무것도 좋은 것은 오지 않으리니 TV가 하나님의 뜻을 행할 좋은 시간을 주지 않기 때문이라. 그러므로 나는 악마와 그의 영들이 사는 곳에서 영원히 거하리라.

모두 맺는 말

위로부터 물과 성령님으로 거듭난 자라야 하나님의 왕국에 들어간 구원받은 자이며, 그는 영성이 있는 사람이다. 그러므로 영성을 별도로 다룰 것이 아니고, 확실히 거듭난 구원받은 자의 삶 자체가 영성생활임을 깨우쳐야 한다. 그리고 구원받은 자의 삶인 영성생활의 완성 곧 완전한 사람을 이루어 그리스도 예수님의 성숙의 충만한 정도에까지 이르기 위해서는 보혜사 진리의 성령님의 충만함이 반드시 있어야 한다.

진리의 성령님의 충만함은 예수님께서 가르치신 말씀과 전파하신 복음을 제외시키고는 있을 수 없다(요 14:26; 요일 2:4~6). 다른 예수, 다른 영, 다른 복음을 전하고 받는 자들이 사도 시대에도 있었거든(고후 11:4) 오늘날은 더더욱 말할 것 없다.

거듭난자라 하더라도 혼이 주도하여 살지 않도록 조용하고 고요한 영의 인도함에 유의하여 사는 자가 되어야 한다. 그러기 위해서는 너무 복잡하고 분망하게 살지 않아야 하며, 소란하고 혼을 충동하는 것을 피하며 절제가 필요하다. 그리고 적극적으로 형제들과 함께 바른복음의 말씀과 기도로 교제하며 전도와 선한 일에 힘써야 한다. 그래야 영성생활이 효과적으로 향상되며 열매를 맺어 하나님께 기쁨이 된다.

성령님 안에서 의와 평화와 기쁨으로 그리스도 예수님을 섬김으로, 현재 이 세상에 실현된 하나님의 왕국을 이루어 가며 행복한 생활로서 빛들로 나타내며 증거해야 한다.

말로 다할 수 없는 영성자의 복됨을 소망 가운데 누리며 영성생활에 적합치 않은 세상을 이기며 나아가야 한다. 성령님께서 함께 하시고 천사가 보호함을 의심치 말아야 한다. 이 책을 읽어서 아는 것으로 다 되는 것이 아니다. 실제 강론을 듣고 목마른 사슴 같이 갈구하고 찾아 실재가 되어야 한다.

성경이 바로 되어 있지 않음을 하나님 앞에서 심히 두려워하고 떨어야 한다.

보다 더, 복음이 변질되어 있음을 시급히 깨닫고 통절히 예수님께서 가르치신 말씀과 전하신 복음으로 돌아가야 화를 면하고 멸망치 않을 것이다. 영성은 바른복음으로 거듭나고 진리의 성령님으로 충만하여 사는 최초 예루살렘 교회 성도들과 같은 예수님께 증인된 삶이다. 비결은 예수님의 말씀에 순종하며 기도하여 올바로 거듭나는 것이다. 할렐루야! 아멘! 아멘!

♡ 묵상과 기도

신앙의 사람 맥아더 장군의 아들을 위한 기도

오, 주여!
저의 자식이 이러한 사람이 되게 하소서.

약할 때 자기를 분별할 수 있는 힘과
두려울 때 자신을 잃지 않는 용기를 가지고
정직한 패배에 부끄러워하지 않고 태연하며
승리에 겸손하고 온유한 사람이 되게 하소서.

자신이 한 일에는 책임을 질 줄 알고
하나님을 아는 사람이 되게 하시고
여기에 자신의 굳건한 인생을 쌓아가게 하소서.

그를
요행과 안락의 길로 인도하지 마시고
폭풍우 속에서도 일어설 줄 알고
패한 자를 불쌍히 여길 줄 알도록 해 주소서.

그의
마음은 깨끗하고 목표는 높게 하시며
남을 다스리기 전에 자신을 다스리게 하시고
기쁠 때는 웃을 줄 알고
슬플 때는 울 줄도 아는 사람이 되게 하시고
미래를 지향하면서도 과거를 잊지 않게 하소서.

그 위에 유머를 알게 하시어
인생을 엄숙히 살아가면서도
삶을 즐길 줄 아는 마음과
자기 자신을 너무 드러내지 않고
겸손한 마음을 갖게 하소서

그리고
「참으로 위대한 것은 소박한 데 있다는 것과,
참된 지혜는 넓은 아량에서 솟는다는 것과,
참된 힘은 너그러움에 있다는 것」을
항상 명심하는 사람이 되게 하소서.
그리하여 그의 아비인 저는 「헛된 인생을 살지 않았노라」고
나직이 속삭이게 하소서. 아멘!

《 김한기 역 》

종합 설교집

차 례

3. 바른영성 종합 설교

★ 종합 설교집 머리말 ☆

이 종합설교집은 제 I 부 바른성경, 제II부 바른복음, 제III부 바른영성에 대한 주요 내용을 파악하고 설교할 수 있도록 저술하였다. 책을 읽고 주요한 내용을 정리하여 다른 사람에게 요점적으로 말하여 주기는 쉽지 않다. 이 설교집은 이 일을 할 수 있도록 도움을 주고자 한 것이다.

다른 사람에게 설교하기 이전에 자신이 먼저 확실히 요점을 파악할 수 있도록 하는 것이 중요하다. 남에게 전파한 후에 자신은 버림을 당하지 않도록 해야 한다.(고전 9:17) 이 설교집의 말씀들은 일반적 설교와 다르다. 너무나 말씀의 질이 다르므로 애통한 눈물로 간구하여야 주님의 긍휼히 여기심으로 성령님의 조명이 주어진다. 얍복 강가의 야곱의 씨름과 울면서 간구함이 있어야 하고,(호 12:4) 사도 요한의 울음이 있어야 한다.(계 5:4)

설교 내용은 간명하고 다소 교과서적이다. 그럴 수밖에 없는 것이, 많은 중요한 내용을 쉽게 듣기 좋게 설명할 수는 있지만, 그렇게 하려면 말이 장황하게 길어지고 초점이 흐려지기 때문에 지면의 제한상 그렇게 할 수가 없기 때문이다. 교사가 교과서를 기본으로 하여 설명하여 학생들이 이해할 수 있도록 가르치듯이 해야 할 것이다.

양옆에 Memo란을 두어서 감동과 참조 또는 보충할 것을 기록할 수 있도록 하였다.

아무쪼록 주님의 크신 은총과 사랑이 독자님 위에 부어지시기를 간절히 축원하는 바이다.

I 바른성경 종합 설교

1. 하나님께서 나타내 보이신 계시

【 성경/ 히 1:1 】

Memo	‘계시(啓示 아포칼륍시스)’ 라는 말은 ‘이전에 감추인 것을 나타냄’ 을 의미합니다. 하나님께서는 계시하심으로 하나님 자신과 영원하신 계획과 일들을 사람에게 나타내 보이셨습니다. **1〉 여러 부분과 여러 방법으로 계시하여 말씀하신 하나님** 히브리서 1:1절에 여러 부분과 여러 모양으로 계시하여 말씀해 오시던 하나님께서 이 모든 날 마지막에 아들 예수님을 통해서 우리에게 말씀하셨다고 하였습니다. ‘여러 부분으로’ 말씀하셨다는 것은 창조하신 자연만물을 통해서 모든 인류에게 계시하셨고, 예수님께서 세상에 오시기까지 구약시대에 이스라엘 백성에게 율법을 주심으로 말씀하셨고, 이스라엘 백성의 역사 중에서도 말씀하셨고, 그리고 선지자들로 예언하게 하셔서 말씀하셨으며, 시편과 잠언 등을 기록하게 하심으로 계시하신 것을 말합니다. 한꺼번에 계시를 다 주시지 않고 아담으로부터 여러 부분으로 계시하시고 말씀하여 오셨음을 말합니다. 그리고 ‘여러 모양으로’ 말씀하셨다는 것은 방법에 있어서 다양한 방법으로 계시하고 말씀하셨음을 말합니다. 자연현상을 통하여 보여 주셨고, 직접 음성

Memo

으로 말씀하시기도 하시고, 꿈과 환상으로 하시기도 하시고, 이적과 능력으로 나타내 보이시기도 하시고, 성령의 감동으로 말하게도 하시고, 기록하게도 하셨던 것입니다. 하나님께서는 적절하고 다양한 방법으로 계시하시고 말씀하셨던 것입니다.

2〉 최후에 성자 예수님을 통하여 말씀하여 주신 하나님

하나님께서는 이 모든 계시의 날들 마지막에 최종적으로 아들 예수님을 친히 세상에 보내시어 계시하시고 말씀하셨습니다. 그러므로 하나님의 최종적이고 확실한 말씀의 권위인 아들 예수님을 친히 세상에 보내시어 나타내 보이신 모든 계시와 말씀은 너무나 귀중한 계시이며 말씀입니다. 하나님께서는 예수님을 지극히 높여 모든 무릎을 예수님의 이름 앞에 꿇게 하시고, 모든 입으로 예수님을 주라 시인하여 하나님 아버지께 영광을 돌리게 하셨다고 하셨습니다.(빌 2:10, 11) 변화산 위에서 구름에서 음성이 들린 것은 "이는 내 <극진히>사랑하는 아들이며 내가 그 안에서 기뻐하노니 너희는 저의 말을 들으라" 하신 것입니다.(마 17:5; 막 9:7; 눅 9:35)

예수님께서 세상에 오셔서 하신 모든 말씀에 특별히 유의해야 합니다. 예수님의 모든 말씀은 하나님 아버지의 말씀인 것입니다.(요 12:47~50)

종합설교집

Memo

기독교는 왜 예수님의 말씀을 유의하지 않고 지키지 않는지 참으로 이상합니다. 세상 종교를 말하면 교주의 말을 지키지 않는 것과 같으니 교주를 무시하는 것입니다. 있을 수 있는 일입니까?

예수님께서 말씀하셨듯이 포도원 주인이 세를 받으려 세 번이나 보낸 종들을 능욕하고 죽인 농부들에게 네 번째로 아들을 보내면 들으리라 하고 보냈지만 아들도 역시 죽이고 포도원을 빼앗으려고 한 농부들을 주인이 와서 진멸한다고 한 것입니다.(눅 20:9~16)

하나님께서 그 아들 예수님을 세상에 보내신 것은 최종적인 보내심이며 계시입니다. 그러므로 하나님께서 예수님을 통해 최종적으로 하신 말씀들을 무시하는 것은 하나님 앞에 엄중한 진노를 받을 일인 것입니다.

3〉 성경에 기록하게 하시어 말씀하여 주신 하나님

그런데 여러 부분과 여러 모양으로 계시하여 말씀하신 것만 아니라 최종적으로 아들 예수님을 통해 말씀하신 모든 것 중에서 성령님의 감동으로 성경에 기록하게 하시어서 모든 믿는 자들에게 나타내신 것입니다.(롬 15:4) 그러므로 성경에 기록하여 주신 모든 하나님의 계시의 말씀을 글로서 보게 된 것은 너무나 놀랍고 가슴 벅찬 일이 아닐 수 없는 것입니다.

특히 주후 1450년 인쇄기술이 발명된 이후 최

근대 지금까지 불과 550여년 이래에 성경을 누구나 쉽게 가지고 읽을 수 있게 되었다는 것은 말할 수 없는 은혜이며 복인 것입니다. 그러나 오늘날 현대 기독교를 믿는 신자들이 성경이 얼마나 귀중한 하나님의 계시의 말씀인지 인식을 올바로 하고 있는지 염려스럽습니다.

하나님께서는 그 말씀을 하나님의 모든 이름 위에 크게 하셨다고 하셨습니다.(시 138:2) 그렇게 하나님 자신께서 하신 말씀을 두렵고 존귀하신 자신의 이름보다 크게 하셨다고 하였으니 하나님께서는 말씀을 얼마나 귀중히 여기시는가를 명확히 인식하여야 합니다.

Memo

예화

☆ 하나님께서 인간에게 주신 선물 중 가장 고귀한 것은 성경인 줄 안다. 하나님께서 인간을 구원하심과 또 구주를 통해 인간에게 부여되는 온갖 행복은 이 책을 통해서만 알게 되었다. - 에이브라함 링컨

☆ 가정이 하나님의 말씀에 따라 지배될 때 천사들이 그들과 동거하여 그들의 가족이 될 것이다. - 스펄젼

☆ 성경이 없었으면 인류는 이미 멸망하였을 것이다. - 제퍼슨

☆ 나는 영국을 버릴지라도 성경은 버릴 수 없다. 영국은 성경으로 부강해졌기 때문이다. - 엘리자베스 여왕

☆ 우리나라의 흥망은 국민이 성경을 읽느냐 읽지 않느냐에 달려 있다. - 윌슨

2. 사탄과 사람의 성경 말씀 변개

【 성경/ 창세기 3:1~19 】

Memo	
	하나님께서는 하나님께서 하시는 말씀을 하나님 자신의 모든 이름 위에 크게 하셔서 하나님 자신보다 높게 하셨다 하셨습니다.(시 138:2) 그러므로 하나님의 말씀을 존중하는 것은 하나님 자신을 존중하는 것이요, 하나님의 말씀을 사모하는 것은 하나님 자신을 사모하는 것입니다. **1〉 에덴 동산에서부터 하나님의 말씀을 예사로 변개하고 거역한 사탄과 사람** 사탄은 '대적자' 라는 말입니다. 하나님의 보좌에서 최고로 아름답고 지혜롭고 보배롭게 지음받은 그룹 천사였으나 교만하여 하나님과 같이 되려하다 많은 천사들과 함께 타락하여 대적하는 영 사탄이 되고 그를 따르는 천사들은 악령들이 된 것입니다.(사 14:12~15; 겔 28:12~17; 유 6) 이 사탄이 하나님의 창조하신 에덴동산에서 모든 것을 다스리며 하나님을 섬기며 살도록 지음받은 사람을 미혹하여 하나님을 섬기지 말고 네가 하나님과 같이 되라고 한 것입니다. 이러한 사탄의 미혹을 따라 자기 욕심대로 하나님의 말씀을 거역하여 범죄하고 사탄처럼 타락한 것입니다. 그 범죄 타락의 원인은 하나님의 권위와 말씀을 무시하여 예사롭게 변개하고 거스린 것 때문

Memo

입니다. 사탄은 하와에게 접근하여 말하기를 "하나님이 참으로 너희에게 동산 모든 나무의 실과를 먹지 말라 하시더냐?" 고 하였습니다. 하나님께서 처음 아담에게 명령하신 것은 "동산 각종 나무의 실과는(생명나무도 포함하여) 네가 자유롭게 먹되 선악을 알게 하는 나무의 실과는 먹지 말라. 네가 먹는 때부터는 죽고 죽으리라" 고 하셨습니다.(창 2:16, 17) 그런데 사탄은 하나님의 말씀을 혼잡하게 하여 "동산 모든 나무의 실과를 먹지 말라 하시더냐?" 고 변조하여 말했습니다. 하나님의 말씀의 변개는 하나님께서 말씀하신 그대로 순전하게 말하지 않고 변조하여 혼미하게 하는 것입니다. 하나님께서 처음 말씀하신 것은 분명하게 "동산 각종 나무의 실과는 네가 자유롭게 먹되, 선악을 알게 하는 나무의 실과는 먹지 말라" 하셨는데, 사탄은 사람에게 "동산 모든 나무의 실과를 먹지 말라 하시더냐?" 하고 하나님께서 말씀하신 그대로가 아닌 살짝 변조하여 판단의 혼란을 조성한 것입니다. 오늘날 기독교는 사탄의 혼란술책에 빠져있습니다. 성경에 처음 기록하게 하여 주신 말씀을 변조하고 왜곡하여 신자들에게 가르치게 한 것입니다. 그 상태가 너무나 통탄스럽고 두려움으로 바른성경에 대한 말씀을 먼저 설파하는 것입니다.

사탄만 아니라 사람도 하나님의 말씀을 변조하는데 일조를 한 것입니다. "동산 나무의 실과를

Memo	우리가 먹을 수 있으나 동산 중앙에 있는 나무의 실과는 하나님의 말씀에 너희는 먹지도 말고 만지지도 말라 너희가 죽을까 하노라" 하셨다고 하였습니다. 하나님께서 아담에게 말씀하신 것과 어떻게 변조하였는지를 세밀히 비교해 보십시요. 하나님께서는 "동산 각종 나무의 실과는 네가 자유롭게 먹되"라고 하신 것을, 하와는 "동산 나무의 실과를 우리가 먹을 수 있으나"라고 하였으니 어떤 차이입니까? 그리고 하나님께서는 "선악을 알게 하는 나무의 실과는"라고 하셨는데, 하와는 "동산 중앙에 있는 나무의 실과는"이라 하였으니 '선악을 알게 하는 나무' 라고 하신 실과의 이름을 분명하게 말하지 않고 얼버무린 것입니다. 그리고 "먹지도 말고 만지지도 말라"라고 하셨다고 '만지지도 말라' 는 말을 더하였으니 하와는 하나님의 말씀을 더 철저하게 강조하는 의미에서 한 말이지만 옳지 못한 일인 것입니다. 이렇게까지 진행되자 사탄은 본격적으로 하나님의 말씀을 부정하고 하나님의 자리에 도전하도록 거짓으로 회유하고 충동한 것입니다. "너희가 결코 죽지 아니하리라. 너희가 그것을 먹는 날에는 너희 눈이 밝아 하나님과 같이 되어 선악을 알 줄을 하나님이 아심이니라"고 하였습니다. 하와가 뱀(사탄)의 말을 듣고 그 나무를 보니 육신의 욕망이 일어나 얼마나 '먹음직' 하고, 안목의 정욕이 일어나 '보암직' 하고, 생의 자랑이 될 '지혜롭게 할 만큼'

탐스런 나무로 보였던 것입니다. 하와는 욕심에 끌려 미혹되었으니 욕심이 잉태하여 죄를 낳고 죄가 순식간에 장성하여 사망을 낳게 된 것입니다.(약 1:14, 15)

하와는 선악과를 따먹고 그 남편에게도 주니 그도 먹었다고 하였습니다.(창 3:6) 분명히 하와는 사탄의 말로 남편 아담을 설득하였기에 아담이 먹었을 것입니다. 왜냐하면 하나님께서 아담에게 "네가 네 아내의 말을 듣고 내가 너더러 먹지 말라 한 나무 실과를 먹었은즉"이라 하셨으니 그런 것입니다.

이렇게 처음부터 사람의 범죄와 타락은 사탄과 사람으로부터 하나님의 말씀을 예사롭게 가감하고 변개하여 순종하지 않고 거역함으로 유발된 것입니다. 사탄의 술책은 그 이후로 인류의 전 역사에서 같은 술법으로 사람을 미혹하여 미혹해 오고 있습니다. 사탄과 그 하수인인 인간들이 가장 효과적으로 써 먹는 방법이 하나님 말씀 변조입니다.

Memo

3. 예수님을 넘어뜨리려 한 사탄

【 성경/ 마태복음 4:1~11 】

Memo

하나님의 말씀을 변조하여 사람을 타락시킨 사탄은 하나님의 아들 예수님께서 세상에 오셔서 하나님의 왕국복음을 전파하시려고 사역을 시작하실 때도 역시 하나님의 말씀을 잘못 적용하게 하여 사역을 잘못되게 함으로 넘어뜨리려고 시험했던 것입니다. 하나님의 말씀을 변개 없이 그대로 사용하면서 적용과 해석을 잘못하게 하여 잘못되게 하는 것도 하나님의 말씀을 변개 하는 것입니다. 베드로가 하나님의 일보다 자기 인간적 생각으로 예수님께 고난을 만류하다가 '사탄' 이라는 책망을 받았던 것입니다.(마 16:21~23)

1〉 예수님께 사탄의 첫 번째 시험

예수님께서 사역을 시작하시기 위해서 유대 광야에서 십일을 완전히 금식하신 후에 사탄(마귀)에게 시험을 받으셨습니다.

첫 번째 시험은 사십 일을 금식하시고 심히 주리신 예수님께 "만일 네가 하나님의 아들이라면 이 돌들이 떡덩이가 되게 하라"고 한 것입니다. "만일 네가 하나님의 아들이면"이라 한 것은 돌들이 떡덩이가 되게 하여 사람들의 가장 절박한 문제인 먹는 문제를 우선 해결해 줌으로 자신이 능력 있는 하나님의 아들이라는 것을 증명해 보이라는 것이었습니다.

하나님의 일을 하는 자들에게 가장 먼저 바래지는 것은 인간의 문제를 해결해 주는 하나님의 능력 있는 사역자라는 것을 사람들에게 나타내 인정을 받고자 하는 것입니다. 사람들이 알아주는 것입니다. 이적과 능력을 나타내 사람들의 문제를 해결해 주는 것이 하나님을 증거하는 것이라고는 하나 자칫하면 자신은 하나님의 택하신 특별한 종이라는 사실을 사람들이 인정해 주기를 바라는 것이 더 많게 되는 것입니다. 그것을 위해서 능력을 더 많이 나타내고 더 알리려고 하는 것입니다. 사탄의 이 첫 번째 시험은 예수님도 사역을 시작하시면서 사탄으로 말미암아 그러한 유혹이 심중에서 일어났다는 것을 말합니다.

하나님의 일을 함에 있어 능력이 나타나 사람들의 문제가 해결되는 그 자체는 귀중한 일입니다. 그러나 그 능력을 자기가 인정받으려는 의도를 가진다면 잘못되는 것입니다. 사탄은 하나님의 말씀이 진리임을 증거하기 위하여 나타나게 하시는 능력을 자기 인정받는 의도로 하게 하여 잘못 적용하게 함으로 잘못되게 하는 것입니다. 하나님의 말씀을 잘못 해석하게 하는 것도 마찬가지입니다. 말씀을 잘못 해석하여 가르치면 잘못 적용되기 때문입니다. 사탄은 첫 사람 아담 하와에게보다 예수님께 더 교묘한 방법으로 넘어뜨리려고 한 것입니다.

Memo

Memo

2〉 예수님께 사탄의 두 번째 시험

사탄의 두 번째 시험은 예수님으로 하여금 성전 꼭대기에서 아래로 몸을 던지면 천사가 받들어 발이 돌에 부딪히지 않게 할 것이라고 한 것입니다. 성경 시편 91:11, 12절을 그대로 인용하였습니다. 하나님을 믿고 성경 말씀을 믿는다면 그대로 실행해 보라는 것입니다. 예수님께서 성전 꼭대기에서 뛰어내리면 천사들이 받들어 발이 돌에 부딪히지 않게 할 수 있다는 것입니다. 그러나 그러한 이적을 행할 필요가 있으며, 그렇게 행할 때 실제로 천사들이 그렇게 할 것이라고 믿을 수 있느냐 가 문제입니다. 사람에게 보이기 위한 이적은 시험입니다.

예수님께서 사탄에게 "주 너의 하나님을 시험치 말라"고 물리치셨습니다. 성경에 있는 말씀 대로라 하더라도 그 말씀대로 되는지를 시험해 보는 것은 완전히 믿지 못한다는 것이며, 이 역시 하나님의 말씀의 적용에 있어서 변질인 것입니다. 사탄은 이렇게 성경에 기록된 하나님의 말씀을 교묘하게 잘못 이용하고 적용하여 하나님과 그 말씀을 시험하게 하는 것입니다.

3〉 예수님께 사탄의 세 번째 시험

사탄의 세 번째 시험은 세상 모든 왕국과 그 영광을 보여 주며, "만일 엎드려 내게 경배하면 이 모든 것을 네게 주리라"고 한 것입니다. "이 모든

Memo

권세와 모든 영광은 내게 넘겨준 것이므로 내가 원하는 자에게 주노라" 고 하였습니다.(눅 4:6)

세상 모든 왕국과 그 영광은 사탄에게 넘겨져 사탄의 원하는 대로 움직여지고 있습니다. 그러므로 세상에서 권세와 영광을 얻으려면 사탄을 경배하고 섬겨야 합니다. 과연 예수님께서 세상 권세와 영광을 얻으려고 사탄에게 경배하였다면 어떻게 되겠습니까? 하나님의 일을 세상 권세와 영광을 얻어서 하면 사람 보기에 얼마나 위대하고 칭송을 받겠습니까?

오늘날도 사탄은 많은 기독교 사역자들과 신자들을 세상 권세와 영광으로 사람들에게 보여주며 사역하고 신앙생활을 하라고 부추깁니다. 많은 사람들은 보여 줄 수 있는 세상 권세와 영광 그것이 옳다고 환영하며 따르고 있습니다.

예화

☆ 마태복음과 누가복음에 두 번째 시험과 세 번째 시험의 순서가 바뀌어져 있는 것은 마태복음은 이적을 중요시하는 유대인을 대상으로 썼기 때문에 성전 꼭대기에서 뛰어내리라 한 시험을 먼저 말했고, 누가복음은 세상 권세와 영광을 중요시하는 헬라 문화권에 살고 있는 이방인들을 위하여 썼기 때문에 세상 권세와 영광의 시험을 먼저 말한 것이다. 순서보다는 주안점이 어디 있나에 차이가 있는 것이다.

4. 변개된 수많은 성경 사본들

【 성경/ 에스겔 8:4~12 】

Memo	
	사람이 하나님을 불신하여 순종하지 않고 거역하게 만드는 사탄의 주무기는 하나님의 말씀을 혼잡하게 하고 변조시키는 것입니다. 하나님의 말씀을 혼잡하게 하고 변조시키면 사람들이 하나님을 의심하게 되어지고, 하나님을 의심하게 되어지면 순종치 않게 되어 범죄하게 되기 때문입니다. 범죄하면 하나님과 관계가 끊어지는 영적 육적 사망이 오고 그렇게 하여 하나님의 영원한 계획인 하나님의 왕국이 이루어지지 않게 하려는 것이 하나님의 대적자 사탄의 하는 일인 것입니다.
	1〉 최초로 외경을 구약성경에 포함시킨 70인역과 오리겐 성경
	주전 1450년경 모세가 최초로 성경을 기록하게 된 후로 독일의 쿠텐 베르크에 의해 인쇄 기술이 발명된 주후 1450년 이전까지 약 2800년간 이상 성경을 옮겨 써 왔지만 하나님의 섭리 가운데 구약 히브리어 성경은 유대인들의 철저한 성경 필사원칙에 의해 완벽하게 전승되어져 왔습니다.
	그런데 말라기 선지자 이후 구약성경 기록이 완료된 주전 400년경부터 하나님께서 선지자를 보내지 않으셨는데, 신약성경이 기록되기 시작한 주후 50년경까지 소위 신구약 중간시대에 유대 작가들

에 의해 인간의 추상으로 기록해 놓고 비밀한 하나님의 말씀인것처럼 행세한 '외경' 들이 무수히 나타났던 것입니다. 이단적이거나 사이비하고 해로운 책들로서 성경의 유명한 사람들의 저작이라고 사칭한 22종이 넘는 외경들이 있습니다.

오늘날 기독교에서 가장 신임하는 70인역에는 외경이 많이 들어 있습니다. 70인역은 애굽 알렉산드리아 도서관장이 톨레미 II세 왕에게 요청하여 유대교의 히브리어 모세오경 율법들을 헬라어로 번역할 것을 요청하여 이루어진 것입니다. 12지파에서 매 지파마다 6명씩 72인의 유대인 학자들로 파로스 섬에서 72일 만에 모세오경을 번역한 것입니다. 그러나 모세오경 외의 구약 본문들은 그 이후로 다른 사람들에 의해 추가 번역된 것으로 오류가 많고 외경도 넣게 된 것입니다.

그리고 최초로 70인역 구약성경을 대대적으로 변개하여 헥사플라 6란성경 50권을 필사하여 만들어 낸 사람은 오늘날 기독교에서 위대한 신학자라 지칭하는 오리겐(주후 184~254)에 의해서입니다. 70인역은 유대인의 전통원문 성경 목록 순서와도 다릅니다.

그리고 주후 1611년 전통원문을 영어로 번역한 킹제임스 성경도 외경을 포함하여 번역되었으나 이후에 외경은 제외되었습니다.

또한 구약성경 본문 변개로 대표적인 사람은 독일의 구약신학자였던 루돌프 키텔(주후

Memo

Memo	1853~1923)입니다. 그는 전통 맛소라 본문을 페이지마다 평균 15~20 군데씩 수정하여 편찬한(BHS) 것으로 알려져 있습니다. **2〉 헬라어 신약성경 사본을 변개시킨 수많은 신약성경 사본들** 로마 카톨릭은 구약 외경과 신약 외경 중에서 다수를 성경에 넣었습니다. 주후 1800년대 중반에는 영국 성공회의 주교였던 웨스트코트(1825~1903)와 케임브리지 대학의 교수였던 호르트(1828~1892)가 1881년 외경을 담고 있는 시내사본을 근거로 하여 친 카톨릭 원문을 편집하였는데 이는 오리겐 이후 성경변개의 절정을 이룬 것입니다. 당시 공인본문에서 무려 5,604군데나 수정하여 소위 '수정본문' 이라는 개악된 본문을 만들었던 것입니다. 이들이 공인본문에서 빼거나 변개시키거나 추가한 단어들은 무려 9,970개나 되며, 이것은 신약성경 전체 본문에서 나오는 140,521개 단어의 7%를 차지합니다. 이와 함께 독일에서는 에버하트 네슬이 '시내사본' 과 '바티칸 사본' , 그리고 웨스트코트와 호르트의 사본을 근거로 '네슬원문' 을 만들고 그의 아들 어윈 네슬이 '네슬판' 을 계속 출간했으며, 커트 알란드가 동참함으로 '네슬~알란드 원문' 이 출간되기에 이르렀습니다. 커트 알란드와 브루스 메츠거, 메투 블랙, 알렌

웍그린, 칼로 마타니 등이 네슬~알란드 25, 26, 27판과 연합성서공회 원문 1,2,3,4판 등을 만듦으로 전 세계 성경번역에 영향을 미치게 되었습니다. 그리고 1898년에 편집하여 만들어진 헬라어 신약 네슬레~알란드판은 1992년까지 무려 26번이나 판을 개정하였는데 알란드는 배도한 독일인이였습니다.

1988년에 무어만 목자는 공인본문의 단어와 현대역본(한글 개역성경)의 근간이 된 네슬레~알란드판의 헬라어 본문의 단어 수를 비교하였는데 네슬레~알란드판의 본문이 공인본문에 비해 무려 2,886 단어나 부족하다는 것을 알게 되었습니다. 웨스트코트와 호르트의 수정본문이 1,952군데를 삭제한데 비해, 네슬레~알란드판의 본문은 그보다 934단어를 더 삭제한 것입니다. 이만큼 단어가 삭제되면 결과적으로 신약성경에서 베드로전후서에 상당하는 분량이 없어지게 되는데, 이런 본문에서 번역된 성경을 읽으면 그만큼 짧은 성경을 읽게 되는 것입니다. 하나의 예로 13구절이 (없음)으로 된 성경을 읽어도 상관이 없겠는가? 그렇지 않고 다 있는 성경과 비교해 보아 선택해야 하지 않겠는가? 하는 것입니다. 이런 말을 하면 현 기독교인 십중팔구는 그래도 구원받는데는 상관이 없으니 문제될 것 없다고 합니다. 기독교는 성경이 어찌됐든 인간 구원만 받으면 된다고 합니다. 그럴까요?

Memo

5. 변개된 성경 사본들의 실상

【 성경/ 예레이마 23:36 】

Memo	불교의 경전인 '불경' 과 이슬람교의 경전인 '코란' 이 지금 기독교의 '성경' 처럼 서로 차이가 나는, 같지 않은 불경과 코란들이 세계적으로 유통되고 사용되고 있을 수 있겠습니까? 만약 그렇다면 불교와 이슬람교는 벌써 조치를 취하지 않았겠습니까? 그러나 기독교는 불교나 이슬람교의 경전이 변개없이 하나이듯 하지 않고, 정확무오한 하나님의 말씀이라고 하는 성경책이 서로 차이가 나는 책이 아무렇지도 않게 유통되고 있다는 것은 너무나 통탄할 일이 아닙니까? 그리고 이에 대해 기독교는 도무지 조치를 취하지 못하고 있으며 통탄해 하지도 않고 있으니 어찌해야 하겠습니까? **1〉 변개된 성경 사본들의 차이와 원어를 잘 못 번역한 실상들** 특히 신약성경 사본에서 우선 차이가 나는 것은 삭제되어 없는 구절이 많은 사본과 삭제된 것이 있는 사본의 차이입니다. 없는 사본 입장에서는 있는 사본이 오히려 없는 것을 더했다고 합니다. 먼저 공인본문(전통원문)성경에 있는 말씀이 네슬레~알란드 사본과 그 계통인 한글 개역성경에 (없음)으로 되어있는 13구절을 보면, 마 17:21

〈그러나 이런 종류는 기도와 금식에 의하지 않고는 나가지 아니하느니라고 하시더라〉 마 18:11 〈인자가 온 것은 잃어버린 자들을 구원하려는 것이라〉 마 23:14 〈화 있을진저 너희 외식하는 서기관들과 바리새인들이여 왜냐하면 과부들의 집을 삼키며 외식으로 길게 기도하니 그러므로 받을 형벌이 더욱 중하리라〉 막 9:44 〈거기는 그들의 벌레도 결코 죽지 않고 불도 꺼지지 아니하느니라〉 46 〈거기는 그들의 벌레도 결코 죽지 않고 불도 꺼지지 아니하느니라〉 막 11:26 〈그러나 만일 너희가 용서하지 아니하면 하늘에 계신 너희 아버지께서도 너희 과실을 결코 용서하지 아니하시리라〉 막 15:28 〈범죄자들과 더불어 헤아림을 받았다고 말한 성경이 이룬 것이라〉 눅 17:36 〈또 두 사람이 들에 있는데 한 사람은 데려가게 되고 한 사람은 남게 되리라〉 눅 23:17 〈그리고 명절에는 반드시 저희에게 한 사람을 놓아주어야 하는데〉 행 8:37 〈이에 빌립에게 말하기를 너의 온 마음으로 믿으면 합당하니라. 그가 대답하여 말하기를 그리스도 예수님이 하나님의 아들이심을 내가 믿나이다〉 행 15:34 〈그러나 실라는 그와 함께 유하기를 작정하고〉 행 28:29 〈그가 이 말을 할 때에 그들 사이에 논쟁이 일어나 많은 유대인들이 떠나가니라〉 롬 16:24 〈우리 주 그리스도 예수님의 은혜가 너희 모두와 함께 있을지어다. 아멘〉 (없음)이라고 한, 구절 전체가 없는 것만 아니라	Memo

종합설교집

Memo	한 구절 중에서 없는 말들도 수없이 많습니다. 예를 들어보면, 마 5:44 〈너희를 저주하는 자들을 축복하며, 너희를 미워하는 자들을 선대하고, 너희를 비난하는 자들과〉 너희를 핍박하는 자들을 위하여 기도하라. 마 6:4 은밀한 중에 보시는 너희 아버지가 〈그분께서 드러나게 네게〉 갚으시리라. 마 9:13 죄인을 〈개심하도록〉 부르러 왔노라. 마 19:9 〈그리고 이혼한 여자에게 장가드는 자도 간음함이니라〉 마 20:7 너희도 포도원에 들어가라 〈만일 적당하면 무엇을 받으리라〉 마 20:16 〈왜냐하면 부름을 받은 사람들은 많되 택함을 입은 사람들은 아주 적으니라〉 막 6:11 〈진실로 내가 너희에게 이르노니 심판 날에 그 도시보다 소돔과 고모라가 더 견디기 쉬우리라〉 막 7:16 〈누구든지 들을 귀 있는 자는 들으라〉 막 10:7,8 사람이 그 부모를 떠나 〈그의 아내와 합할 것이며〉 그 둘이 한 몸이 될지니라. 막 10:24 애들아 〈재물들을 의존하는 자들이〉 하나님의 왕국에 들어가기가 어떻게 어려운지, 막 13:14 〈선지자 다니엘에 의해 말해졌던 바〉 멸망의 가증한 것이 막 13:33 주의하라 깨어 있으라 〈그리고 기도하라〉 눅 4:4 사람이 〈결코〉 떡으로만 살 것이 아니라 〈하나님의 모든 말씀으로 살 것이라〉 하였느니라. 눅 4:18 나를 보내사 〈마음이 상한 자들을 치유하시며〉 포로 된 자들에게 자유를, 이렇게 삭제된 것이 많습니다.

Memo

공인본문(전통원문)을 대조해 볼 때 구절 가운데 대체로 긴 말씀이 삭제된 부분만 예를 들어 보아도 이렇게 많은 것입니다.

이것만도 아닙니다 번역상 히브리어나 헬라 원어대로 바르고 확실하게 번역되지 않고 잘못 번역된 것이 너무나 많은 것입니다.

그러니 신약성경 전체에서 얼마나 많은 차이가 있겠는가? 도대체 하나님의 말씀이라 하는 성경이 이래도 괜찮은가? 말입니다.

기독교가 성경을 하나로 통일시키기는 완전히 불가능합니다. 각자의 주관과 고집이 너무나 세기 때문입니다. 참으로 탄식할 일입니다.

하나님께서 자신의 말씀을 자신의 이름 위에 크게 하셨다고 하였는데(시 138:2) **이런 존귀한 말씀을 기록한 성경이 이렇게 되어 있음에 대하여 마지막 날 하나님 앞에 엄중한 심판을 받을 줄 알고 각자가 통절히 각성해야 합니다. 가르치는 자의 책임이 더 중대합니다.**

예레미야 23:36절에 '하나님의 엄중한 말씀이라 말하지 말라 너희가 하나님의 말씀을 망령되이 씀<הָפַךְ(하파크) **변개시켰기**> 때문이라' 했습니다.

6. 변개되고 오역된 성경의 결과

【 성경/ 예레미야 8:8~12 】

Memo	성경이 변개되고 잘못 번역됨으로 어떤 결과가 초래되었는가? 기독교는 이에 대하여 아무렇지 않게 생각하고 있습니다. **1〉 하나님의 노하심과 복음과 교리에 미치는 영향들** 하나님께서 성경을 이렇게 변개하고 잘못 번역한데 대하여 얼마나 노하시는 가를 알아야 합니다. 기독교는 이 사실에 대하여 너무나 태연해 하고 있습니다. 참으로 놀라운 일입니다. 하나님이 어떤 분이신지를 아는지 의문입니다. 이것부터 올바로 하지 않고 무엇을 아무리 잘 한들 하나님께서 기뻐하시겠는가 하는 것입니다. 아모스 2:4절에 이스라엘 백성이 하나님의 율법을 멸시하고 그분의 계명들을 지키지 아니하고, 그 열조들의 따라 갔던 거짓 것에 미혹되었기 때문에, 5:21~23절에 "내가 너희 절기를 미워하며, 멸시하며, 너희 성회들을 기뻐하지 아니하나니 너희가 내게 번제나 소제를 드릴찌라도 내가 받지 아니할 것이요 너희 살진 희생의 화목제도 내가 돌아보지 아니하리라 네 노래소리를 내 앞에서 그칠찌어다 네 비파소리도 내가 듣지 아니하리라"고 하신 것입니다. 하나님께서 노하시면 받지 않으실 뿐만

아니라 은혜의 역사를 하시지 않으십니다. 그렇기 때문에 지금까지 구원받는 수가 좀처럼 차지를 않음으로 주님의 재림이 지연되어 온 이유의 하나인 것입니다.

성경이 변개되고 잘못 번역됨으로 기독교에 어떤 영향을 미쳤는가를 예를 들어보고져 합니다. 우선 복음과 교리에 미치는 영향들을 살펴보면, 한글 개역성경에 '하나님의 나라' 하고 번역하고 중국 성경에 '神的國' 이라 번역한 헬라어 원어 '바실레이아' 는 '하나님의 왕국' 이라고 번역해야 하는 것입니다. '나라' 는 '국가' 라는 말로서 '일정한 영토에 거주하는 다수인으로 구성된 통치권을 가진 사회집단' 을 말합니다. 그러나 '왕국' 이라는 말은 '왕을 통치자로 하는 체제' 라는 말로서 '왕을 통치자로 한다' 는 의미가 부각되는 것입니다. 하나님의 왕국은 '하나님을 통치자로 하는 나라' 라는 말입니다. 이것은 전 성경과 복음의 핵심되는 말로서 이것을 이해하지 못하고 바로하지 않으면 하나님께서 전 성경에 걸쳐 계시하신 복음의 진리를 바로 알 수 없는 것입니다.

그리고 사람의 영(프뉴마)을 심령(마 5:3), 중심(막 2:8), 영혼(눅 23:46), 신령(요 4:24)으로 번역하고, 혼(프쉬케)을 목숨(마 2:20), 영혼(마 10:28), 마음(눅 2:35), 수(행 2:41), 뜻(행 4:32)으로 번역하여 통일성이 없고 혼미케 한 것입니다. 그로 인해 기독교는 영성에 있어 중요한 사람의 3분설에

Memo

Memo

대하여 모르고 있는 것입니다.

그리고 '죄' 라는 말 '하마르티온' 은 성경 전체에서 '죄들' 이라고 복수로 되어 있는데 모두 '죄' 라고 단수로 번역한 것도 중대한 오역입니다.

또한 한글 개역성경에 '귀신(鬼神)' 으로 번역하고 중국성경에는 귀(鬼)로 번역한 헬라어 원어 '다이모이온' 은 '악령(惡靈)' 으로 번역해야 합니다. '귀신(鬼神)' 은 죽은 사람의 넋을 말하는데 이렇게 번역해 놓음으로 사탄의 사자인 악령을 '죽은 사람의 넋이 귀신이라' 고 잘못된 귀신론을 가르치는 자가 있게 한 것입니다.

그리고 헬라 원어 '하데스' 를 '음부(저승←불교용어)로 번역하고(마 11:23' , 16:18; 눅16:23; 행 2:27; 계 1:18) '게헨나' 를 모두 '지옥' 으로 번역했는데.(마 5:22, 29, 30, 18:9; 눅 12:5; 약 3:6) 이것도 잘못된 번역입니다. '하데스' 는 최후 심판 전까지 혼만 불 속에 있게 되는 지옥이고, '게헨나' 는 최후 심판후 영원히 던져지는 형벌의 불인 것입니다. 영어 성경도 이것을 분별치 못하고 모두 'hell~지옥' 으로 번역하였습니다.

이렇게 사탄은 성경 말씀을 혼잡하게 하여 진리를 바로 분별치 못하도록 혼미케 하였습니다.

2〉 신앙생활에 미치는 영향들

계시록 1:4절에 한글 개역성경에 "이제도 계시고, 전에도 계시고, 장차 오실 이와" 로 번역되었

Memo

는데 헬라 원어를 바로 번역하면 "지금 계시고, 전에도 계셔 오시고, 오고 계신 분과"라고 해야 하는 것입니다. 8절에는 하나님께서 말씀하신 것인데, "지금도 있고, 전에도 있어오고, 가고 있는 자며 전능한 자라"고 하신 것이다. 주 하나님은 '전에 계셨던 분'이 아니라 '계셔오시는 분'이십니다. 그리고 '장차 오실 분'이 아니라 '현재 오고 계시는 분'이십니다. '장차 오실 분'이라고 번역해 놓았기 때문에 한국교회 신자들의 관념은 주님의 재림은 어느 때인지 모르게 미래에 오실 것으로 생각하고 있는 것입니다. 22:7절과 12절과 20절에 세 번이나 거듭 "보라 내가 속히 간다"라고 현재형으로 말씀하셨는데 한글 개역성경은 "보라 내가 속히 오리니"라고 번역해 놓음으로 신자들이 주님께서 현재 오신다는 사실을 전혀 생각지 않고 있는 것입니다. 계시록에서 이 잘못된 번역은 얼마나 많은 기독교인들의 신앙생활을 주님의 뜻대로 하지 못하게 하고 있는가 말입니다. 중국 성경에는 더 잘못 번역하였으니 "영원히 계시는 자"라고 한 것입니다. 참으로 통탄할 일입니다.

7. 성경을 보존하시는 하나님

【 성경/ 시 12:6~7; 롬 3:1~2 】

Memo

하나님께서는 계시의 말씀을 주셔서 성경에 기록하게 하시고 그 기록하게 하신 말씀이 없어지거나 변개 되도록 내버려두시는 하나님이 아니십니다. 시편 12:6,7절에 "여호와의 말씀은 순결함이여 흙 도가니에 일곱 번 단련하여 정제된 은 같도다. 여호와 당신께서 이 말씀들을 지키시리니 이 세대로부터 언제든지 보존하시리이다"고 하였습니다.

1> 기록한 말씀을 주시면서 가감하지 말라고 엄히 명하신 하나님

하나님의 말씀을 제일 처음 기록하는 모세에게 하나님께서 "내가 너희에게 명하는 말을 가감하지 말고… 지켜 보존하라(샤마르)"고 하시고,(신 4:2) 또 한 번 "내가 너희에게 명하는 이 모든 말을 너희는 지켜 보존하고(샤마르) 행하며(아싸) 그것에 가감하지 말라"고 하셨습니다. '지켜 보존한다' 는 말 '샤 마르' 는 '행한다' 는 말 '아싸' 가 아니고 '둘레에 (가시로) 울타리 치다' 는 말로서 해나 손실이 없도록 망을 보고 수호한다는 말인 것입니다. "너희는 어찌 우리는 지혜가 있고 우리에게는 여호와의 율법이 있다고 말하겠느뇨 보라 참으로 서기관들의 거짓 붓이 거짓되게 하였나니"라고 하였으니 기록된 하나님의 말씀을 변개하려는 시도는 끊임없이 있어왔음을 말해 주는 것입니다. 그러나 하나님께서는 말씀들을 이 세대로부터 언제든지 지키시고 보존하여 오시는 것입니다. 할렐루야! 아멘!

Memo

2〉 최초에 기록된 성경 원본들은 필사하고 낡아지면 땅에 묻었습니다

하나님은 십계명을 친히 두 돌판에 새겨 주셨습니다. 그리고 그 두 돌판은 법궤에 넣어져 주전 586년 예루살렘이 바벨론에 의해 멸망할 때까지 거의 800년 이상 아주 잘 보존되어져 왔습니다. 그 법궤는 예레미야 선지자가 동굴에 숨겼다고 전해져 오고 있습니다. 주님 오실 때까지 완전하게 보존되는 것입니다.

그리고 모세가 하나님께로부터 받은 말씀들은 이스라엘 백성들이 조상 대대로 양을 길러 왔으므로 양피지에 기록되었습니다.(출 17:14, 24:7; 신 29:20 ←(쎄페르) 두루마리) 그 양피지 두루마리가 낡아지자 기록된 말씀은 새 두루마리에 옮겨 쓰여졌고, 사용불가하게 된 두루마리는 경건히 땅에 묻혀졌던 것입니다. 모든 성경이 그렇게 필사되어 전해졌으며 그렇게 하기를 계속하였습니다.

3〉 하나님께서 유대인들을 택하셔서 성경기록과 필사를 맡기셨습니다

Memo	로마서 3:1~2절에 "유대인의 뛰어남이 무엇이며 … 모든 면에 많으니 첫째는 저희가 하나님의 말씀을 맡았음이라"고 하였습니다. 실로 하나님께서는 가장 귀중한 하나님의 말씀을 유대인들에게 맡겨 주셔서 전승케 하신 것입니다. 하나님의 말씀이신 그리스도 예수님도 세상에 오실 때에 유대인으로 오셨고, 구원이 유대인에서 나온다고 예수님께서 말씀하셨습니다.(요 4:22) 구약성경만 아니라 신약성경까지 성경 말씀을 기록한 저자는 모두 유대인이라는 사실은 놀라운 일입니다. 이렇게 하나님의 말씀을 맡은 유대인들이 하나님의 말씀이 기록된 성경을 얼마나 완벽하게 필사하여 전승하였는가를 알면 이방인인 오늘날 기독교는 죄와 부끄러움을 면치 못할 것입니다. 유대인들은 주후 1450년 인쇄기술이 발명되기까지 무려 2800년 동안을 성경을 옮겨 써서 전해 왔습니다. 유대인들은 서기관이라는 직을 두고 성경을 전문적으로 필사하게 하였는데 성경을 필사하는 원칙은 놀라울 정도입니다. 양피지 한 면을 필사한 후 대조하여 한 면에 한 개의 오류가 발견되면 그 면을 폐기해야 하고 또 어떤 한 면에 세 개의 오류가 발견되었을 때는 그 필사본 전체를 폐기처분 했습니다. 그리고 단어 하나 하나의 수를 세었으며, 만일 어떤 글자가 다른 글자와 겹쳐 있으면 그 필사본은 즉시 폐기처분 하였습니다. 그 외에도 엄격한 규정이 많았습

니다. 이렇게 하나님의 말씀을 존중하고 철저히 보존하여 왔으니, 2800년을 거듭 거듭 필사해와도 변개 되지 않고 보존되어 온 것입니다.

4〉 주후 27년경 1400여 년간 필사해 온 성경을 예 수님께서 인정하셨습니다

이스라엘 백성이 출애굽하여 시내산에서 모세가 처음 하나님께로부터 율법을 받아 기록한 때가 주전 1450년경인데 예수님께서 주후 27년경 회당에서 두루마리 성경을 읽으시고 오류나 변개를 말씀하시지 않은 것은 그만큼 유대인들이 성경보존 만큼은 완벽하게 하여 왔기 때문입니다. 예수님께서 모세의 율법과 선지자들의 글과 시편과 구약의 모든 성경을 인정하신 것입니다.(눅 24:27, 44, 45)

오늘날 교회가 번역하여 사용하는 성경을 예수님께서 그처럼 인정하시겠는가? 진지하게 생각하고 자문해 보아야 합니다. 이후에 말하게 되지만 도무지 예수님께서 인정하실 수 없는 성경이라는 사실입니다.

예 화

Memo

8. 말씀을 지키라 하신 바른 뜻

【 성경/ 신 4:2,6,9; 계 1:3 】

Memo	
	성경에서 말씀을 '지키라' 하신 것을 기독교는 성경 원어를 유의해 보지 않음으로 모두 '행하라' 하신 것으로 알고 있습니다. **1〉 구약성경에 '지키라' 하신 히브리어의 바른 뜻** 하나님께서 모세를 통해 이스라엘 백성에게 율법의 말씀을 주시고 "내가 너희에게 명하는 말을 너희는 가감하지 말고 내가 너희에게 명하는 너희 하나님 여호와의 명령을 지키라" 누차 강조하셨습니다.(신 4:2, 6, 9, 40, 5:1, 29, 6:2, 17, 7:11, 8:6, 10:13, 11:1, 8, 22, 13:4, 18 등) 구약성경에 말씀을 '지키라' 하신 히브리어는 '샤마르' 입니다. 이 히브리어의 뜻을 사전에 보면, 본래의 의미는 '둘레에(가시로)울타리 치다, 즉 '지키다' 일반적으로 보호하다, 조심하다, 신중하다, 주의를 기울이다, 세심히 보다, 준수하다, 보존하다, 주시하다, 망보다.로 되어 있습니다. 가감하지 말고 하나님의 명령을 '지키라' 하신 말 '샤 마르' 는 단지 행하라는 의미만 아닌 것입니다. 변개하지 말고 지켜 보존하라는 의미가 더 강조되는 말씀입니다. 하나님께서 모든 율법의 중심인 십계명을 변개할 수 없는 두 돌판에 친히 기록하여 모세에게 주시면서 금으로 만든 법궤 안

에 보존하라고 하신 뜻도 그러한 의미인 것입니다. 예수님께서는 "율법의 일점 일획도 반드시 없어지지 아니하고 다 이루리라" 하셨고, "누구든지 이 계명 중에 지극히 작은 것 하나라도 버리고 또 그같이 사람을 가르치는 자는 하늘의 왕국에서 지극히 작다 일컬음을 받을 것이라"고 하셨습니다.(마 5:18, 19)

그러므로 이스라엘 백성들은 하나님께서 주신 명령과 말씀들을 문자적으로 가감하지 않고 변개되지 않도록 하기 위해서 그렇게 주의를 기울였던 것입니다. 그러나 외면적으로는 지켰으나 내면적으로 심중에서 지키지 못함으로 징책을 받게 되었던 것입니다. 유대인들은 율법을 지키기 위해, 즉 잘 보존하고 행하기 위해 얼마나 주의를 기울였는지 경탄할 정도입니다. 그러나 오늘날 기독교는 하나님께서 지키라 하신 바른 뜻을 모르고 있습니다.

2〉 신약에서 '지키라' 하신 헬라어의 바른 뜻

신약성경에서 말씀을 '지킨다'는 헬라어는 '테레오'입니다. 이 헬라어의 뜻을 사전에서 보면, '지키다(손실과 해로부터, 정확히는 시선을 계속 둠으로써), 주의하다, 굳게 붙잡다'는 뜻으로 도피를 방지하는 의미의 수호하다, 감시하다는 말 '휠랏소'와는 다릅니다. 그러므로 말씀을 '지킨다'는 '테레오'라는 말은 말씀을 단지 수호하고 감

Memo

종합설교집

Memo	시하며 보존한다는 의미만 아니라, 너무나 귀중한 말씀이기 때문에 말씀 한 마디라도 없어지거나 변개되지 않도록 지극한 관심과 주의를 가지고, 또한 굳게 붙잡는 것을 말합니다. 물론 그렇게 하는 자는 그 말씀을 행하는 것은 당연한 것입니다. 단지 행한다는 의미를 강조하는 말만 아니라는 말입니다. 그 증거로 예를 들면, 계시록 3:10절에 주님께서 빌라델비아 교회에 하신 말씀에서 "네가 나의 인내의 말씀을 지켰은즉(에테르사스→원형은 테레오) 내가 또한 시험의 기간 중에 너를 지키리니(테레소→원형은 테레오)"라고 하신 것이다. 앞에 말씀을 '지켰으니'를 '행하였으니'라고 하면 뒤에 '지키리니'도 너를 '행하리니'라고 해야 하지 않겠습니까? 그렇다면 말이 되지 않습니다. 그러므로 말씀을 '지켰으니', 너를 '지키리니'는 빌라델비아 교회 성도들이 주님의 말씀이 너무나 귀중한 말씀들이기 때문에 말씀 한마디라도 없어지거나 변개되지 않도록 지극한 관심과 주의를 가지고, 또한 굳게 붙잡은 것을 말하며, 그러니 말씀을 따라 행하는 것은 당연한 것입니다. 그러므로 시험의 기간 중에 빌라델비아 교회 성도들을 또한 주님께서 너무나 귀중한 성도들이기 때문에 한 사람도 잃어버리거나 손상되지 않도록 지극한 관심과 주의를 가지고, 또한 굳게 붙잡아 주시겠다는 것을 말씀하신 것입니다. 이런 의미로 '테레오'가

사용된 성경 구절들을 보면, 마 23:3, 27:54; 요 17:12; 행 24:23; 엡 4:3; 살전 5:23; 딤후 4:7; 약 1:27; 벧전 1:4; 요일 5:18; 유 1:1; 계 3:10, 14;12. 등입니다.

그러므로 말씀을 '지킨다'는 말은 '행한다'는 의미 이전에 주님의 말씀이 얼마나 귀중한 말씀인줄 알고 한마디 말씀이라도 소홀히 하여 손실되지 않도록 관심과 주의를 가지고 굳게 붙잡는 자를 말합니다. 그렇지 않으면 말씀을 행하려고 힘쓰더라도 주님께서 기뻐하시지 않으시며, 잘 행하여지지 않는 이유가 바로 그것입니다.

오늘날 기독교가 하나님의 말씀인 성경을 이렇게 부실하게 해놓고도 예사롭게 여기고 열심히 신앙생활을 한다고 하지만 과연 하나님께서 얼마나 기뻐하시는가를 신중히 성찰해야 할 것입니다. '말씀을 지키라' 하신 말의 의미를 바로 알아야 합니다.

예화

Memo

9. 기독교의 중대하고 시급한 일

【 성경/ 마태복음 6:33 】

Memo	
	전 세계 기독교는 시급히 공인본문(전통원문)에서 각국 언어로 직역하는 일을 최우선 중대 과제로 해야 합니다. 특히 한국교회는 더욱 시급합니다. 왜냐하면 다른 나라들 성경은 한글 개역성경 만큼 부실하지 않고, 그리고 영어를 사용하는 나라들이 많기 때문에 공인본문(전통원문)에서 직역한 영어 킹제임스 성경을 볼 수 있기 때문입니다. **1〉 구원을 받고 못 받는 문제 이전에 엄중한 심판을 받을 문제** 성경의 부실함에 대하여 말하면 흔히 '그래도 이 성경으로 다 구원을 받고 신앙생활을 잘 한다' 라고 일축합니다. 물론 성경이 어찌 됐다고 해서 구원받을 사람이 못 받는 일은 없습니다. 기록된 성경이 없던 에녹이나 아브라함 시대에도 구원을 받았기 때문입니다. 그러나 인간이 구원을 받는 것이 기독교의 전부인가 말입니다. 인간이 구원을 받기만 하면 성경이 어떻게 되었든 상관이 없는 것입니까? 하나님께서 과연 그렇다고 하시겠는가 말입니다. 기독교가 존재하고 또는 성경을 주신 목적이 인간이 구원을 받기만 하면 아무래도 상관없는 것입니까?

Memo

구원받을 사람은 기록된 성경 없이도 구원을 받겠지만, 구원을 받고 못 받고 하는 문제 이전에 하나님의 말씀을 훼손한 데 대한 엄중한 문책을 받아야 하는 것입니다. 심판의 죄 중에서도 가장 엄중한 죄이기 때문에 기독교인은 누구나 시급히 각성해야 합니다.

따라서 하나님의 계시의 말씀인 기록된 성경을 변개하고 손상시킨 일은 구원과 결코 무관하지 않음을 알아야 합니다. 하나님께서는 자신의 이름 위에 크게 하신 말씀을(시 138:2) 멸시하고 예사롭게 하는 자들에게 구원의 은혜를 베푸신다는 것은 하나님의 속성과 이치에 맞지 않는 것입니다. "그런 사람은 여호와의 말씀을 멸시하고 그 명령을 파괴하였은즉 그 죄악이 자기에게로 돌아가서 온전히 끊쳐지리라"고 하신 말씀을 기억해야 합니다.(민 15:31; 삼상 2:30)

하나님을 사랑하는 것은 하나님의 말씀을 존귀히 여기는 것입니다. 시편의 말씀(119편)에서 구약의 진정한 성도들은 하나님의 말씀을 얼마나 사랑하고 존귀히 여겼습니까?

2〉 특히 한국교회는 한글 개역성경이 얼마나 부실함을 절감해야 합니다

특히 한글 개역성경은 신약성경에서 13구절이 (없음)으로 되어 있고, 그 외에도 헬라어 공인본문 (전통원문)과 대조할 때 엄청난 많은 말씀이 차이가

Memo	날 뿐만 아니라 사본상 차이는 논란상 두고라도 번역이 헬라어 원어대로 바로 되지 않은 것이 너무 많아 이대로는 도무지 하나님의 말씀 성경이라 할 수 없는 상태인 것입니다. 그러므로 진정 하나님이 어떤 분이심을 바로 안다면 절대로 이대로 둘 수 없는 것입니다. 한국교회가 가장 시급하게 최우선적으로 해야 할 일은 바른 성경번역입니다. 이를 절감해야 합니다. 바른 성경번역을 위해서는 번역자에게 있어야 할 요건이 있습니다. 첫째는 바른 성경번역에 대한 절대적인 사명감이 있어야 합니다. 바른 성경번역을 하나님께서 얼마나 귀중히 여기시는가에 대한 절박한 사명의식이 간절해야 합니다. 한글 개역성경이 왜 바로 되어 있지 않은지? 공인본문(전통원문)에서 번역하지 않은데 그 첫째 원인이 있음을 확고히 인식하는 자라야 합니다. 둘째는 예수님께서 전파하신 바른복음으로 거듭난 영성을 가진 자라야 합니다. 하나님의 최종계시자는 세상에 친히 보내신 그 아들 예수님이십니다. 신약성경의 처음인 마태복음과 마지막인 계시록이 예수님께서 계시하여 주신 말씀입니다. 그러므로 예수님께서 전파하시고 계시하여 주신말씀을 바로 체득한 영성을 가지지 못하면 진리의 성령님이 같이 하시지 않으며, 성경말씀을 바로 번역할 수 없는 것입니다.

셋째는 성경원어에 대한 바르고 분별력 있는 지식을 갖추어야 합니다. 특별히 앞서 두 가지 요건이 있는 자로서 어느 정도 원어에 대한 지식을 갖추면 성령님께서 지혜와 분별력을 주셔서 하게 하시는 것입니다. 기도와 수고로 최선을 다하며 자신의 지식보다 주님을 전적 더 의뢰해야 하는 것입니다.

넷째는 번역하는 일에 전념할 수 있는 생활의 환경이 되어진 자라야 합니다. 앞서 세 가지 요건이 되더라도 네 번째 요건인 번역하는 일에 전념할 수 있도록 생활 환경이 안정되지 못하면 번역하는 일이 충실히 될 수 없는 것입니다. 이것 또한 쉽지 않습니다. 그러므로 이러한 요건이 되어져서 번역하는 일에 전념하고 헌신할 수 있는 자라면 참으로 복된 것입니다.

오늘날 혼란한 기독교의 신앙생활에 있어서 제일 먼저 바로 해야 할 것은 성경 말씀에 대한 바른 인식과 번역입니다.

예화

Memo

10. 바른 사본을 직역해야 바른성경

【 성경/ 로마서 15:4~6 】

Memo	
	변개된 원어사본으로 번역된 성경을 가지고 다시 번역하면 본래의 성경 말씀과 얼마나 차이가 나겠는가는 자명한 일입니다. 특히 바르고 확실한 진리를 생명으로 하는 기독교에 이것은 최우선의 중요한 과제이며, 대충 예사로 한다면 상상을 불허하는 큰 불행인 것입니다 **1〉 성경은 반드시 공인본문에서 번역해야 한다** 공인본문(전통원문)은 '누구나 이를 인정했다'는 의미의 공인본문(共認本文)이며, '다수 필사본' 이라고도 하는 것은 다수 사본에 근거했기 때문이며, 가장 널리 사용되었기 때문에 '보편적 본문' 이라고도 하며, '비잔틴 사본' 이라고도 하는 것은 '다수 필사본' 이 비잔틴 제국 기간 동안(주후 312~1453년) 거의 모든 지역에서 일반적으로 사용된 신약원문이었기 때문입니다. 종교개혁 이전 수세기 동안 비잔틴원문은 전체 프로테스탄트 교회의 성경이었습니다. 종교개혁자 마틴 루터는 이 비잔틴 원문에서 성경을 번역하였으며(주후 1534년) 지금 전 세계적으로 사용되고 있는 영어 킹제임스 성경(주후 1611년)도 이 헬라어 공인본문에서 번역한 것입니다. 주후 90년 유대인 학자들이 암니아 회의에서

39권으로 된 구약 정경을 결정 선포했을 때 알렉산드리아에 있는 유대인들은 이의를 제기하기를 구약성경에 외경까지 다 넣어서 정경으로 해야 한다고 주장했습니다. 구약 히브리어 성경을 헬라어로 번역한 70인역은(주전 285~247) 모세오경은 70(72)인이 번역하여 충실히 번역되었으나 그 외에는 주전 150년까지 다른 사람들에 의해 번역되었고, 율법서를 제외하고 순서를 많이 바꾸어버렸으며, 사이사이에 외경들을 포함시킨 것입니다. 그런데 오늘날 프로테스탄트 개신교라 하면서도 공인본문(전통원문)보다 70인역을 따르는 성경이 많은 것입니다. 그리고 '시내사본' 과 '바티칸 사본' , 그리고 주후 1881년 외경을 담고 있는 '시내사본' 을 근거로 친카톨릭 원문을 편집한 이후 네슬~알란드판으로된 변개된 사본으로번역된 성경을 사용하고 있는 것입니다. 공인본문(전통원문)과 엄청나게 많은 차이가 있습니다.

특히 한글 개역성경은 마태복음 21:28~32절의 두 아들의 비유에서 반유대주의자들이 번역한 영어 신미국표준역을 따라 첫째 아들과 둘째 아들의 말을 완전히 바꾸어 놓은 것입니다. 이것은 실수가 아닌 의도적인 것으로, 도대체 성경이 이럴 수가 있는가 하는 것입니다.

그러므로 기독교인 각자는 이 문제의 중대성을 자각하고 하나님 앞에서 엄중한 문책을 받을 줄 알고 태도를 취해야 합니다. 내가 보고 있는 성경

Memo

종합설교집

Memo

이 공인본문(전통원문)에 따른 번역성경인지 아니면 변개된 사본을 따른 번역성경인지를 분별해야 합니다. 오늘날 기독교인들은 목회자들까지도 이 문제에 대해 너무나 알지 못하고 있고, 조금 알아도 그 중대성을 인식하는 사람이 거의 없습니다. 참으로 두렵고 안타까운 일입니다.

2〉 성경은 반드시 바른복음 영성으로 직역해야 한다

성경 번역은 반드시 공인본문(전통원문)에서 직역을 해야 합니다. 직접 번역하지 않고 원어에서 번역한 영어성경으로 재 번역하면 제아무리 영어에 능통하고 충실히 번역하더라도 성경원어와는 거리가 멀어지게 되는 것입니다. 영어 번역도 원어상 정확한 번역이 되지 않은 경우도 있기 때문입니다. 예를 들어 한글개역 성경과 중국성경에 회개(悔改)라고 번역한 헬라어 '메타노에오' 는 마음을 바꾼다는 개심(改心)인데 영어성경은 'reform 개심' 으로 번역하지 않고 'repent~회개' 로 번역했기 때문에 영어 성경을 보고 모두 '회개' 로만 번역한 것입니다. '개심' 은 마음을 바꾸는 것이며, '회개' 는 잘못을 고치는 것으로 같은 의미가 아닌 것입니다.

그러므로 영어로 번역해서는 성경 원어의 뜻을 바로 나타낼 수 없는 것입니다. 마태복음 28:1절에 '안식일들의' 라고 두 번 나오는 헬라 원어 '삽바톤' 을 영어성경에는 'of the sabbath(안식일의)', 'of the week(주의)' 라고 번역하였으니 정확한 번역이 아닌 것입니다. 이것은 예수님께서 십자가에 못박혀 죽으신 그 주간에는 유월절 안식일과 계명의 안식일, 두 안식일이 있었기 때문에 '안식들<삽바톤 ← 복수>' 이라고 한 것이지 의미 없이 한 말이 아닌 것입니다. 이것은 예수님께서 십자가에 못박히신 날이 수요일이라는 증거의 하나로서 중요한 것입니다.

그리고 성경 원어를 직역하더라도 예수님께서 전파하신 바른복음을 간파하고 예수님의 영성으로 확실하게 되어진 자가 번역해야 바로 할 수 있는 것입니다. 영어성경이 원어에 맞게 번역해 놓은 것도 한글 개역성경은 바로 번역하지 않은 것이 너무도 많은 것입니다.

예화

Memo

이스라엘에 있는 약 5,000년 된 감람나무. 감람나무는 아무리 오래되어도 그루터기(몸체)에서 새싹이 나와 자란다.

Ⅱ 바른복음 종합 설교

1. 내가 속히 간다 강조하신 예수님

【 성경/ 계 22:7, 12, 20 】

Memo

1〉 계시록 마지막 22장에 세 번이나 '내가 속 히 간다' 강조하셨다.

7절과 12절과 20절에 세 번 반복 강조하셨는데, 성경 헬라어 바른 번역은 7절→"보라! 내가 속히 간다. 이 두루마리 책의 예언의 말씀들을 보존하여 지키는 자가 복이 있다" 12절→"보라! 내가 속히 간다. 그리고 내가 줄 보상이 내게 있어 각자에게 그의 행한 대로 나눠 줄 것이다" 12절→"진실로 내가 속히 간다" 하신 것입니다.

그런데 이렇게 세 번이나 '내가 속히 간다' 반복하여 강조하셨는데도 1940년 이상 지난 2007년 지금까지도 왜 재림하시지 않으셨는가? 성경을 어떻게 믿을 수 있겠는가? … 참으로 난감한 문제이며, 의문을 제기하지 않을 수 없는 일입니다. 형제께서는 어떻게 생각하고 계십니까?

그러므로 성경과 기독교의 최대의 모순이라 할 만한, 이 문제의 올바른 해결 없이는 어떤 교리와 가르침을 잘 한다 하더라도 설득력을 얻지 못할 것입니다. 기독교는 이 문제에 대하여 구차한 변명으로 '아직 전 세계에 복음이 전파되지 않은 민족이 많기 때문이다' 또는 '사람들이 회개치 않아서' (벧후 3:10)라고 합니다. 그러나 이것은 바르고 확실한 대답이 되지 못합니다. 왜냐하면 사도 바울께서 로마에서 순교하기 전 주후 62년경 에 기록하여 보낸 골로새서 1:6절과 23절에 당시 온 세상, 그리고 하늘 아래 모든 피조물에게 복음이 전파되었고 바울은 이 복음의 사역자가 되었다고 했기 때문입니다. 이 사실을 바로 아는 자가 극히 적습니다.

사도들은 예수님께서 부활하신 후 '모든 민족에게 가서 제자를 삼고, 침례(세례)를 주고, 말씀을 가르쳐 지키게 하라' 명령하신 대로(마 28:19~20), 그리고 '성령이 너희에게 임하시면 너희가 권능을 받고 예루살렘으로부터 땅 끝까지 내게 대하여 증인이 될 것이다' 라고(행 1:8) 하신 대로 사명을 완수하기 위하여 당시 세계 인구 7천만명쯤 되는 온 세상을 12지역으로 나누어 한 지역씩 복음전파의 책임을 지고 모두 순교까지 하며 전파하였던 것입니다. 그러므로 사도들은, 땅 끝까지 내게 대하여 증인 될 것이라 하신 예수님의 말씀대로 사명을 다 완수했던 것입니다. (참고; 행 19:8~10, 26, 28:23~31; 롬 1:8, 10:18, 11:25) 사도들이 주님의 분부하신 사명을 다 완수하지 못하고 모두 생을 마쳤다고 생각할 수 있습니까?

2〉 이방인들의 구원받는 때가 차야 한다고 예수님께서 말씀하셨음.

예수님께서 사도 요한에게 '내가 속히 간다' 하시며 계시록을 기록하게 하시기 37년전, 주후

Memo

종합설교집

Memo	30년경 감람산 위에 앉으셨을 때 제자들에게 주후 70년에 있을 예루살렘 멸망을 예언하시면서 눅 21:24→ 예루살렘 멸망후 "예루살렘은 이방인들의 때가 차기까지 이방인들에게 짓밟히리라"고 하신 말씀에 유의해야 합니다. 주후 30년 예루살렘 오순절부터 크게 부흥된 복음전파가 예루살렘에 큰 핍박이 일어나 사도 외에는 다 흩어져, 가는 곳마다 그들이 말씀을 전하니 온 유대와 사마리아에까지 전파되고, 그리고 오순절에 당시 20여개 지역에서 모여왔던 유대인 이산자(디아스포라)들이 각 지역으로 돌아가, 각 곳의 방언으로 복음을 전파한 것은 사도행전 8:1~40절에서 보는 대로, 오순절 후 몇 년 되지 않아서 주후 40년 이전이었습니다. 그리고 사도 바울은 이방인들의 사도로 부름을 받았다고 하였으니(행 9:15; 롬 11:13), 주후 33년경 회심한 사도 바울이 사역을 마칠 즈음인 주후65년경에 땅 끝까지 복음이 전파된 것은 당연하고도 남습니다. 그렇기 때문에 예수님께서 감람산 종말 예언에서 말씀하신 바 "이 왕국복음이 모든 민족에게 증거 되기 위하여 온 세상에 전파되리니 그런 후에야 끝이 오리라" 하신 대로(마 24:14) 사도 바울은 당시 성도들이 살았을 때에 주님의 재림을 볼 것으로 여러 번 말하였던 것입니다.(고전 15:51~52; 살전 4:15~18; 빌 3:20; 딤전 6:14 등)

Memo

그러므로 요한 계시록을 기록하게 하신 당시 주후 67년경 주님께서 "보라 내가 속히 간다"라고 강조하신 것은 진실한 말씀이었습니다. 주후 70년 히에루살렘 멸망 이후 재림 전 이방인의 때가 차는 것과 7년대환란 만이 남은 것입니다. 이방인의 때가 차는 것은 로마서 11:25절 말씀에 "이방인들의 구원받는 수가 가득차기까지"라는 말씀입니다.(예→계 6:11 순교자의 수가 차기까지 잠시) 만약 계시록 기록 이후 30년 동안 이방인들의 구원받는 수가 오순절처럼 찼더라면 주후 100년경 주님께서 재림하실 수 있었을 것입니다.

지금 인간들과 온 세상은 사형 언도를 받고 감방에 갇혀 있는 사형수와 같은 운명에 있어서, 언제 어느 날 어느 시에도 불려 나가 사형을 집행 당해야 하는 운명에 있습니다. 하나님께서 세상에 보내신 독생자의 이름을 믿지 않은 사람은 이미 정죄를(심판) 받은 것이라 하였고(요 3:18), 현재 있는 하늘과 땅은 경건치 아니한 자들의 심판과 멸망의 날에 불사르려고 간수되어진 것이라고 하였습니다.(벧후 3:7) 주후 67년경 복음이 세상 끝까지 전파되어졌던 그때, 그리고 주후 70년 히에루살렘 멸망 후 오래지 않아 이방인의 구원받는 수가 차기를 원하셨으므로 계시록에 "내가 속히 간다"라고 세 번이나 강조하신 것입니다.(계 22:7, 12, 20)

2. 계시록 기록 당시 구원받은 수

【 성경/ 로마서 11:11~12, 25 】

Memo	
	주님께서 사도 요한에게 계시록을 기록하게 하시던 주후 67년경에 복음이 세상 끝까지 전파되었고, 그리고 주후 70년 예루살렘 멸망 후 오래지 않아 이방인의 구원받는 수가 차기를 원하셨으므로 계시록에 "내가 속히 간다"라고 강조하신 것입니다. 오순절부터 사도 바울이 3차 전도여행을 마치던 주후 58년경까지 구원받는 자의 수가 어느 정도였음을 알고, 계시록을 기록하던 당시 사도 바울이 복음을 전한 교회들에 구원받은 자들이 어느 정도였는지를 가늠해 보면 그 이후에 구원받는 자의 수가 얼마나 차지를 않아서 이방인의 때가 지금까지 지연되어 옴을 알 수 있는 것입니다. **1〉 오순절부터 사도 바울의 3차 전도여행 때까지 구원받은 자들의 수** 행 1:4 ~사도들(**11명**)과 함께 모이셨을 때에 15 ~다락방(**약 120명**) ← 유대인 2:41 ~말씀 받아들이고 침례(세례) 받은 자들이 **3,000명** ← 유대인 47 ~주님께서 구원받는 사람들을 그 교회에 **날마다 더해 주심** ← 유대인 4:4 ~말씀을 들은 **많은 사람이 믿으니 남자의 수가 약** 5,000**명** ← 유대인

		Memo
5:14	~**믿는 사람**(남자들과 여자)**들이 더 많이 주님께 더하여짐** ← 유대인	
6:1	~그 당시에 **제자들의 수가 늘어나고**	
7	~하나님의 말씀이 널리 전파되니 예루살렘 에 있는 **제자들의 수가 크게 늘었으며, 제사장의 큰 무리도** 이 믿음에 순종하니라 ← 유대인	
8:1, 4	~사도들을 제외한 모든 사람이 … **흩어져 가는 곳마다 말씀을 전함** ← 유대인	
9:1	~바울의 개심 (주후 33년경)	
11:1	~**이방인들도** 하나님의 말씀을 받았다는 것을 들으니라 ← 이방인	
18	~**이방인들에게** 생명에 이르는 개심을 주셨도다 ← 이방인	
19	~스테판에게 일어난 박해로 인하여 널리 흩어진 사람들이 멀리 페니케와 쿠프로 와 안디옥까지 가서 오직 유대인들에게만 21 ~주님의 손이 그들과 함께 하시니 **많은 수가 믿고 주께 돌아서니라** 24 ~**많은 무리가 주님께 더해지니라**	
13:1	~안디옥 교회에서 바울과 바나바를 선교사 로 보냄 (주후 46년경) 43 ~집회가 끝 난 후 **많은 유대인과 경건한 사람들이 … 따르니라** ← 유대인, 이방인	
14:1	~**유대인과 헬라인의 큰 무리가 믿더라** ← 유대인, 이방인	

종합설교집

사도 바울의 1차 전도여행의 성과로 "교회들이 믿음으로 강건해지고 날로 그 수가 늘어가니라"고 하였습니다.(행 16:5) 2차 유럽 전도여행에서는 데살로니가 회당에서 세 안식일에 말씀을 증거하니 "몇 사람이 믿고 바울과 실라를 따랐으며 경건한 헬라인들의 큰 무리와 적지 않은 수의 저명한 부인들도 그러하니라"고 하였습니다.(행 17:4) 그리고 베뢰아에서도 "많은 사람이 믿었고 헬라 상류 사회의 부인들과 남자들도 적지 아니하니라"고 하였습니다.(행 17:12) 3차 전도여행은(행 18:23~21:16, 주후 53~58년) 주로 에베소에서 3년간 머물면서 복음을 전하였는데 아시아에 사는 유대인이나 헬라인이나 할 것 없이 모든 사람이 말씀을 들었다고 하였으며,(행 19:10) 그리고 에베소 뿐만 아니라 아시아 온 지역의 많은 사람들을 설득하여 돌아서게 하였다고 하였습니다.(행 19:26)

3차 전도여행을 마치고 사도 바울이 밀레도에서 에베소 교회 장로들을 청하여 고별의 말을 하는 가운데 "내가 떠난 후에 흉악한 이리들이 너희 가운데로 들어와서 양떼를 아끼지 아니할 것이며 또한 너희 가운데서도 사람들이 일어나서 왜곡된 것을 말하여 제자들을 끌어내어 자기들을 좇게 할 것이다. 그러므로 깨어있어 내가 삼년 동안 밤낮으로 각 사람에게 쉬지 않고 (반대하는 자들이 많아 ~고전 16:9) 눈물로 훈계하던 것을 기억하라" 고 하였습니다.(행 20:29~31)

2〉 계시록 기록 당시 아시아 일곱 교회에서 구원받은 수

Memo

주님께서 사도 요한에게 계시록을 기록하게 하시면서 아시아에 있는 에베소 교회로부터 일곱 교회에 대하여 말씀하시고 기록하여 보내라 하셨습니다. 사도 바울이 그렇게 3년 동안이나 복음을 전하고 가르친 에베소 교회가 주님으로부터 처음 사랑과 행위를 행하지 않으면 등대를 옮기겠다는 경고를 받은 것입니다. 거짓 사도들을 가려내는 일 때문에 그렇게 되고 니골라당의 행위를 미워하다 보니 그렇게 된 것입니다. 복음을 가장 잘 가르침 받은 에베소 교회도 거짓 사도들과 잘못된 니골라당의 행위들 때문에 그렇게 된 것입니다. 가장 능력이 적은 빌라델비아 교회가 가장 칭찬을 많이 받았고, 사데 교회는 몇 명의 이름 만이 생명책에 있다고 하신 것입니다.

사도 바울에게서 바른복음을 가르침 받은 대표적 교회들이 그 정도이니 당시 전 세계에 있던 교회에서 구원받은 자의 수가 모두 얼마나 되었겠는가? 몇 만 명이 될 수 있었겠습니까? 그러므로 계시록 2~3장에서 주님께서 말씀하신 아시아 일곱 교회에서 구원받은 자가 얼마나 되었겠는가를 짐작해 보면 그 이후에도 구원받는 자들이 얼마나 적었겠는가를 알 수 있고, 이방인의 구원받는 수가 좀처럼 차지 않았던 것입니다.

종합설교집

3. 이방인의 때가 지연되어 온 이유

【 성경/ 갈 1:6~12; 살후 2:1~12 】

Memo	
	예수님과 사도들이 전파하신 바른복음이 사도 바울 이전처럼 특히 오순절 후 예루살렘에서 유대인들에게서처럼 전파되었으면 주후 100년 이전에 이방인의 때가 찰 수 있었기 때문에 주후 67년경 주님께서 계시록 마지막에 "보라! 내가 속히 간다" 고 세 번이나 강조하셨던 것입니다. 순교자들과 고난 받는 성도들을 위해서는 지금도 주님께는 하루가 천 년 같으십니다. 그런데도 2007년 지금까지 이방인의 구원받는 자의 수가 차는 것이 지연되어 재림이 늦어진 이유는 바른복음이 어떤 것인지 모르고는 누구도 해답할 수 없는 문제인 것입니다. 예수님과 사도들이 전파하신 바른복음대로가 아니면 구원받는 자가 되지 못하기 때문입니다. 사도 시대부터 많은 사람들이 바른복음이 아닌 다른복음을 전하면서 구원을 받는다고 하고 있습니다. 말하자면 다른복음을 열심히 전하고 믿고 있으나 구원받는 자의 수가 차지를 않는 것입니다. **1〉 사도 때부터 다른복음 전하는 자들이 많았기 때문.** 사도 바울은 주후 55년경 고린도 교회에 기록하여 보낸 말씀 중에 "우리는 하나님의 말씀을 섞어서 변개시킴으로 이익을 취하는 여러 사람들과 같지 않고"라고 하였으며,(고후 2:17) "만일 누가

와서 우리가 전파하지 아니한 또 다른 예수를 전파하거나 너희가 받아들이지 아니한 또 다른 영을 받게하거나 너희가 영접하지 않은 또 다른 복음을 전파하면 너희가 그를 잘 용납하는도다"라고 하였으니(고후 11:4) 이때에 하나님의 말씀을 변개시키고 다른 예수를 전하고 다른 영을 받게 하고 다른복음을 전하는 여러 사람들이 있었다고 한 것입니다. 그리고 주후 56년에 쓴 갈라디아서 1:6~9절에도 "너희가 그리스도의 은혜 안으로 너희를 부르신 분으로부터 그렇게 빨리 떠나 다른 복음을 따르게 됨을 내가 이상히 여기노라 다른 복음은 (있을 수) 없나니 다만 너희를 교란시키는 어떤 사람들이 있어서 그들이 그리스도의 복음을 변개시키려는 것이라. 그러나 우리뿐만 아니라 하늘에서 온 천사라도 우리가 너희에게 전한 것 외에 어떤 다른복음을 전한다면 저주를 받으리라. 우리가 전에도 말한 것 같이 지금도 내가 다시 말하노니 누구든지 너희가 받은 것 외에 어떤 다른복음을 전한다면 그는 저주를 받으리라"고 강력하고 단호하게 말한 것입니다. 지금도 말씀 전하는 자들은 대단히 주의해야 합니다.

주후 55년경 고린도 교회에 여러 사람들이 하나님의 말씀을 섞어서 품질을 떨어뜨리고, 덫을 놓고 다른 예수 다른 영 다른복음을 전파하는 자들이 있었으며, 역시 56년경 갈라디아에 있는 교회들도 사도 바울이 전한 바른복음을 속히 떠나

Memo

종합설교집

Memo	다른복음을 좇았다고 하였으며, 사도 바울이 에베소에서 3년간이나 복음을 전하고 가르친 에베소 교회도 그렇게 주님으로부터 경고를 받을 만큼 변했으니 사탄이 얼마나 하나님 왕국의 바른 복음을 방해공작 했음을 알 수 있는 것입니다. **2〉 로마 10대 황제 시대에는 사탄이 기독교 말살 정책을 폈다.** 예수님과 사도 시대에는 사탄이 하나님의 왕국이 세워지는 복음을 총력으로 방해하여 공작하였으나 되지 않자, 전략을 바꾸어 로마 황제를 통하여 기독교를 말살하려는 정책으로 10대 황제 약 250년간 말로 할 수 없는 박해를 감행한 것입니다. 그러나 기독교인들은 사자의 밥이 되고 십자가의 처형과 화형을 당하면서도 믿음을 굽히지 않고 지하 공동묘지 카타콤에 숨어들어 일생을 죽어가면서도 믿음을 지켰던 것입니다. **3〉 주후 313년에 이르러 사탄은 기독교에 자유를 주어 오도계책을 썼다.** 카타콤에 은신하여 살아야 했던 기독교인들에게 자유롭게 세상에 나와 살게 하고 진실한 기독교인들에 대한 우대정책을 폄으로 사회에서 너나 할 것 없이 기독교인이 되다보니 교회는 형식적 신자들로 넘쳐나게 되고 타락의 길로 치닫게 된 것입니다. 또한 중세 1000년간 로마 카톨릭을 통해 고행과

공덕으로 구원을 받는다는 이행득의(以行得義)의 잘못된 교리로 사탄이 전 세계에 믿는 자들을 구원받지 못하게 오도하게 했던 것입니다. 이방인들 중에서 남은 자, 소수의 경건한 신앙생활에 힘쓰던 자들 중에서 구원받는 자로 수가 채워져 왔던 것입니다.

4〉 1517년 종교개혁도 바른복음으로 돌아가 지 못했기 때문이다.

성경을 떠났을 뿐만 아니라 신자들에게 성경을 보지도 못하게 했던 로마 카톨릭 교회에서 벗어나 성경으로 돌아가자고 한 운동이 종교개혁이었습니다. 그러나 종교개혁 운동은 로마 카톨릭의 이행득의(以行得義)의 교리를 이신득의(以信得義) 교리로 바꾸었을 뿐, 예수님과 사도들이 전파한 하나님 왕국의 바른복음으로는 돌아가지 못했습니다. 종교개혁으로 교회가 바로 되어 엄청난 수의 믿는 자들이 구원받은 것으로 알고 있으나 사탄은 쉬운 복음으로 구원받은 줄로 확신케 하는 착각술책을 쓴 것입니다. 교묘한 사탄의 최후 술수입니다.

종교개혁으로 이루어진 개신교의 이신득의(以信得義) 교리는 오직 은혜와 믿음으로만 구원을 얻는다는데 집착하여 예수님과 사도들이 전파한 복음과 진리를 완전히 배제해 버렸으며, 사탄이 혼미케 하였습니다.(고후 4:3, 4) 사탄은 하나님의 왕국을 막으려고 온갖 수단을 다하여 이방인의 때를 지연시켜왔습니다.

4. 이방인들의 때 끝이 임박했다

【 성경/ 눅 21:24; 살후 2:3~4 】

Memo	주님께서 계시록에 "보라 내가 진실로 속히 간다" 하신 후로 1930년 이상 이방인의 구원받는 수가 차지 않은 것은 그만큼 참 구원받는 바른복음이 전파되지 않았기 때문입니다. 주후 70년 예루살렘이 멸망한 후 무려 1878년이 지난 1948년에 이스라엘이 기적같이 독립을 하게 됨으로 예루살렘이 짓밟힘이 끝나는 시작이 된 것입니다. 따라서 이방인의 때도 끝나기 시작한 것입니다. **1〉 주후 70년 이후 1878년 만에 이스라엘이 독립하게 됨** 1948년 5월 14일 이스라엘의 독립은 하나님의 작정이 아니고는 있을 수 없는 일입니다. 인류역사에 어느 한 나라가 멸망했다가 180년도 아니고 1878년이 지나서 독립한 예가 있는가? 말입니다. 있을 수 있는 일입니까? 이것은 누가복음 21:24절에 예수님께서 예언하신 말씀이 성취되기 시작한 것입니다. 예루살렘이 이방인들에게 짓밟히는 것이 끝나기 시작한 것은 따라서 이방인들의 구원받는 때가 차기 시작한 것입니다. 그 완전 성취는 지금 예루살렘 성전이 세워질 때 이 예언의 말씀은 완전히 이루어지는 것입니다.

Memo

1948년 이스라엘이 독립은 하였지만 예루살렘 지역은 회교 사원이 세워져 있는 관계로, 유엔에서 팔레스타인의 수도로 정해주었기 때문에 예루살렘의 짓밟힘이 끝나지 않은 것입니다. 하나님의 섭리 가운데 예루살렘에 대한 예언성취는 하나님께서만이 되게 하시는 것입니다.

2〉 1967년 6일 전쟁 때 예루살렘 지역을 이스라엘이 빼앗았다.

종말의 예언은 20년 만에 한 걸음 더 앞으로 성취되었으니, 이스라엘이 독립한 20년이 되는 1967년 6일전쟁 때 예루살렘 지역을 이스라엘이 빼앗은 것입니다. 주후 70년 로마 군대에 의해 빼앗겼던 예루살렘 지역을 이스라엘이 군사력으로 다시 빼앗은 것입니다. 그리고 1980년 이스라엘 의회에서 예루살렘은 이스라엘의 영구한 수도라고 의결하고 선포했으니 놀라운 예언성취의 진전입니다.

그러나 예루살렘 성전 터에는 주후 691년에 세워진 회교 사원이 그대로 있고, 성전 터만은 지금까지 팔레스타인이 짓밟고 있으니 누가복음 21:24절의 예언은 완전성취는 되지 않은 것입니다.

하나님께서 마지막 날들에 예루살렘을 사면 국민들에게 혼취케 하는 잔과 무거운 돌이 되게 하시고, 열국 백성들이 그것을 치려고 함께 모이게 한다고 하셨으니,(슥 12:2, 3) 이 때는 3차 세계대전이 되는 것입니다.

3〉 1970년 예루살렘 성전을 짓기 위한 성전 연구소가 세워졌다.

이스라엘 백성은 아직도 예수님을 진정 구주로 믿는 자는 100명중에 2명도 채 되지 않습니다. 저들의 최대의 관심은 예루살렘 성전 터에 성전을 다시 짓는 것입니다. 그러기에 6일전쟁이 끝난 3년 후인 1970년에 예루살렘에 성전 건축을 위한 랍비들과 학자들로 구성된 성전연구소가 세워졌던 것입니다. 성경과 모든 역사자료들을 수집하고 연구하여 성전 설계도가 완성되고, 성전기구가 다 만들어지고, 제사장의 옷과 정결에 필요한 붉은 송아지도 생명공학으로 생산하게 된 것입니다. 1994년도에는 모든 것을 다 준비하게 되었고, 제사 드릴 성전건축은 6개월이면 완공할 수 있다고 합니다. 마치 인공위성을 발사하기 위하여 오랜 동안 준비를 다 완성하여 발사대에 장치해 놓고 최종 점검과 발사를 위한 카운트다운 시작을 기다리는 긴장의 시간과 같은 때인 것입니다.

4〉 성전터의 회교사원은 하나님께서 지진으로 무너뜨리신다.

에스겔 38:8절, (이방인의 때가 마감되는) 말년에 많은 백성들로 예루살렘을 치러 오게 하시고, 17~23절→ 그때 하나님의 진노가 나타나 이스라엘 땅에 큰 지진이 있어 산들이 무너져 내리고, 절벽들이 떨어지며, 모든 성벽들이 바닥으로 무너져 내릴 것이라 하셨으니, 그때에 회교사원이 무너질 것은 당연한 것입니다. 그리고 유럽 대통령은 다니엘 9:27절 예언대로 이스라엘의 평화를 보장해 주겠다 하면서 7년 평화조약을 맺으며 성전을 짓게 하는 것입니다. 그러나 3년반이 지나면 제사를 금지하고 성전에 자기 형상을 세우고 절하게 하며, 자기 이름의 수인 666표를 받아서 매매를 하게 하는 것입니다. 따르지 않는 자는 다 죽이는 것입니다.

사도 바울은 멸망의 아들 적그리스도가 성전에 앉아 자기를 하나님처럼 보여 자신을 하나님이라 하는 일이 있기 전에는 주님의 재림의 날이 오지 않을 것이라 하였습니다.(살후 2:1~12) 그러므로 이제 이방인의 구원받는 때가 끝나고 7년대환난이 시작되는 징후는 너무나 임박하고 확실한 것입니다. 이스라엘 예루살렘에 세계적 전쟁이 일어나는 때가 말년인 것입니다. 그 일이 일어나는 때는 이방인들이 구원받는 때는 끝나는 말년임으로 그때에 믿어서 구원받으려해도 때는 다 지나가 버리는 것입니다. 설령 그 직전에 믿었다 하더라도 주님 맞이할 준비의 신앙생활을 못하였기 때문에 기름 없는 등만 가진 미련한 처녀와 같이 되는 것입니다.

그러므로 지금 이 말씀을 듣고 깨어 일어나 시급히 준비하는 자라야 구원을 얻을 수 있을 것입니다.

Memo

5. 바른복음 시급히 찾는 자 구원

【 성경/ 누가복음 21:20~36 】

Memo	사탄이 자기 왕국이 멸망하는 주님의 재림이 속히 되지 않도록 이방인의 구원받는 수가 차지 못하도록 얼마나 백방으로 활동해 왔음을 보았습니다. 그 주된 활동은 하나님의 왕국복음 바른복음이 전파되지 못하도록 획책한 것입니다. 예수님과 사도시대에 방해공작으로 해서 안되니, 로마 10대 황제를 통해 기독교인 말살정책을 편 것입니다. 그러나 오히려 기독교를 진실되고 충성되게 만들어 주었을 뿐 없애지 못했던 것입니다. 사탄은 계책을 바꾸어 기독교에 자유를 주고 우대정책을 펴서 타락하게 만들려고 했습니다. 핍박보다 자유를 주니 기독교는 타락하기 시작하여 중세 천년간 암흑의 시대가 되어 많은 기독교인들은 구원받지 못하게 된 것입니다. 소수의 경건한 성도들이 구원받는 수에 채워 졌습니다. 오랜 세월이 지나 로마 카톨릭의 잘못된 것을 드러내는 종교개혁이 일어나자 사탄은 이제 착각술책을 쓴 것입니다. 종교를 개혁하여 바로 된 것으로 인식케 하여 착각하게 한 것입니다. 종교개혁으로 교회가 바로 된 줄 알지만 예수님께서 전파하신 바른복음으로 돌아가지 못했습니다. **1〉 이 세대가 지나가기 전에 이 모든 일들이 이루**

Memo

어지리라 하셨다.

주님께서 예루살렘 멸망과 재림의 징조를 말씀하시고 "이 세대가 지나가기 전에 이 모든 일들이 이루어지리라" 하셨습니다. 주후 70년 예루살렘 멸망 전에 모든 민족 세상 끝까지 복음이 전파되었고,(골 1:23) 주님께서 감람산 예언에서 "이 왕국 복음이 모든 민족에게 증거 되기 위하여 온 세상에 전파되리니 그때에 끝이 오리라" 하셨습니다. 세 복음서 모두 그렇게 되어 있으니(마 24:34; 막 13:30; 눅 21:32) 그 당시의 세대가 지나가는 주후 100년경까지라고 봄이 합당합니다. 주후 30년 오순절 이후 당시 유대인 중에서 구원받는 수가 급증했으며,(행 2:40, 41, 4:4, 6:1, 7) 이방인들 중에도 구원받는 수가 많아졌던 것입니다.(행 10:45, 11:18, 13:48, 14:1,27, 19:10) 그러므로 주후 70년 전에 계시록이 기록되었고 22장에 "보라 내가 속히 간다"고 세 번이나 강조하신 것이나 감람산 종말 예언의 말씀을 볼 때 주님의 재림은 주후 70년 예루살렘 멸망 후 그렇게 오래지 않아 될 것으로 말씀하신 것이 확실합니다.

그런데 "이 세대가 지나가기 전에 이모든 일이 다 이루리라" 하신 대로 주후 100년경에 왜 재림하시지 않았는가? 그 해답은 누가복음 21:24절에 "이방인의 충만한 수가 차기까지 예루살렘은 이방인들에게 밟히리라" 하신 말씀대로 이방인의 구원받는 수가 차지 않아서 지연되었다고 볼 수

Memo	밖에 없는 것입니다. 그 분명한 근거는 앞서 말한 바와 같이 사도들 때부터 사탄이 바른복음이 전파되지 못하도록 백방으로 책동해 왔기 때문인 것입니다. 바른복음을 이렇게 반대해온 사탄과 인간들이었기 때문에 하나님께서는 그들을 최후에 유황불못에 아낌없이 던져버리는 것입니다. 에덴 동산에서 하나님의 왕국을 망쳤던 사탄과 인간처럼, 재림으로 이루려는 하나님의 왕국을 이렇게 방해한 죄악이 얼마나 엄중하겠습니까? 재림의 약속을 지연되게 한 사탄과 인간들은 되려 그 책임을 예수님께 돌리고 있으니 적반하장입니다. **2〉 이런 일이 되기를 시작하거든 일어나 머리를 들라 하셨다.** 이 말씀도 예루살렘의 멸망의 징조들과 재림의 징조들을 함께 가리켜 말씀하신 것입니다. 그러므로 예수님의 승천 이후로 예루살렘 멸망의 징조들을 보게 되는 성도들의 일생은 깨어 있어야 했습니다. 실제로 당시 사도들과 성도들은 그들의 세대에 주님의 재림이 있을 것으로 알고 신앙생활을 했습니다.(고전 1:7; 살전 4:16, 17; 약 5:8, 9) 성도들의 인사말은 '마라나타' 였습니다. 그러하거든 이방인의 때가 사탄의 방해로 지연되기는 하였지만, 1967년 6일전쟁으로 예루살렘의 짓밟힘이 끝나기 시작하여 40년이 지난 지금 성도들은 어떠해야 하겠습니까? 오늘날 기독교에

	Memo
참으로 머리를 들고 하나님의 날 재림을 서둘러 열심히 준비하고 간절히 기다리고 있는 성도가 얼마나 있겠습니까?(벧후 3:12)	

3〉 주의하여 주님 앞에 서기에 합당하게 여겨 지도록 하라 하셨다.

정말 지금은 스스로 주의해야 할 때입니다. '주의하다' 라는 헬라어 '프로세코' 는 '마음을~에 두다, 주의하다, 조심하다, 전념하다, 유의하다, 주목하다, 관심을 가지다, 종사하다' 의 뜻을 가진 말입니다. 재림하시는 주님 앞에 서기에 합당하게 여겨지도록 바른복음에 '마음을 두고, 주의하고, 조심하고, 전념하고, 유의하고, 주목하고, 관심을 가지고, 종사하면' 복된 자가 될 것입니다. 재림하시는 주님 앞에 설 때 어떻게 한 자가 잘했다는 칭찬을 받을 수 있겠습니까? 무엇보다 계시록에 일곱 번 복 있는 자에 대한 말씀에 합당한 자가 되도록 하는 것이 중요하고,(계 1:3, 14:13, 19:9, 20:6, 22:7, 14) 그리고 계시록 2, 3장에 일곱 교회에 주신 말씀을 듣고 이기는 자가 되는 것이 중요합니다. 특히 가장 칭찬을 많이 받은 빌라델비아 교회 성도들처럼 예수님의 인내의 말씀을 잘 지키는 것입니다. 이것이 주님으로부터 가장 칭찬을 받는 일이며 7년대환란 때 지켜주시겠다고 약속하신 것입니다.

6. 바른복음이 어떤 것인가?

【 성경/ 눅 4:43; 딤전 6:3~6 】

Memo	
	바른복음이 어떤것인가? 복음의 대 사도인 바울이 주후55년 고린도 교회에 보낸 말씀에서 수많은 사람들이 하나님의 말씀을 순전하게 전하지 않고 섞어서 품질을 떨어뜨린다고 하였으며(고후 2:17) 누가 와서 우리가 전파하지 아니한 다른 예수를 전파하고, 너희가 받지 아니한 다른 영을 받게 하고 너희가 받지 아니한 다른 복음을 전하는 그를 잘 용납한다고 탄식하였습니다.(고후 11:4) 터키 북부지방의 갈라디아 교회들은 사도 바울이 전한 바른복음을 속히 떠나 다른 복음을 좇는 것을 이상히 여긴다고 하였으며 단호히 경고하였습니다.(갈 1:6~9) 그리고 에베소교회에는 말씀을 잘못 해석하여 전파하는 사람들이 일어나 자신들을 따르게 할 것이라 하였습니다.(행 20:30) 그리고 목회자 디모데에게는 배우는 사람들도 귀를 진리에서 돌이켜 꾸며낸 이야기로 향할 것이라고 하였습니다.(딤후 4:4) 성경에 이렇게 무수하게 경계한 말씀들에 기독교는 아무 관계없는 것처럼 유의하지 않고 있습니다. 다른복음과 바른복음을 분별치 못합니다. **1〉 사탄은 어떻게 바른복음을 믿지 못하도록 방해하여 왔는가?**

Memo

사탄은 예수님과 사도시대에는 바른복음에 방해공작을 하여 하나님의 왕국이 이루어지지 못하게 하려고 하였으나 뜻을 이루지 못하자, 로마 10대 황제를 통해 기독교인을 지상에서 없애버리려고 온갖 참혹한 박해로 기독교인 말살정책을 폈으나 오히려 기독교인을 진실하게 만들었던 것입니다. 사탄은 정책을 바꾸어 주후 313년부터는 로마 콘스탄틴 대제를 통해 기독교에 자유를 주고 기독교인 우대정책을 폄으로 기독교를 타락시키려 했습니다. 이것이 적중하여 기독교는 타락의 늪으로 빠져 들어가게 되었으며, 기독교 타락의 반작용으로 수도원 운동이 일어났던 것입니다. 그리하여 1517년 종교개혁이 일어나기까지 약 1000년간 로마 카톨릭 교황시대에는 막강한 교황정치와 종교통치 아래 고행과 선행으로 구원에 이른다는 이행득의(以行得意)의 잘못된 복음과 교리로 전세계 교회를 오도(吾道)하게 한 것입니다. 지금도 사탄은 카톨릭 천주교의 잘못된 교리로 수많은 교인들을 구원받지 못하게 하고 있습니다.

그런데 사탄은 로마카톨릭의 교리가 잘못되었다고 항거하여 일어난 종교개혁을 교묘한 술책으로 로마 카톨릭의 이행득의의 교리에서 이신득의(以信得意))의 교리로 보다 성경적으로 돌아가게는 하였으나 예수님과 사도들이 증거한 하나님왕국의 바른복음으로 돌아가지 못하게 한 것입니다.

예수님과 사도들이 증거한 바른복음으로 거듭나지 않고는 절대로 구원을 받지 못하는데,(벧전 1:23~25) 오직 믿음으로만 구원을 얻는다고 하니 구원받은 자가 셀 수 없이 많은 것입니다. 사탄은 종교개혁이후 기독교에 착각술책을 편 것입니다. 가장 교묘한 술책으로 기독교인들이 착각하게 하여 속은 책임이 자신에게 돌아가게 한 것입니다.

2〉 예수님께서 전파하고 가르치신 말씀 그대로가 바른 복음이다.

디모데전서 6:3절에 바른말씀은 우리 주 예수 그리스도의 말씀과 경건에 관한 교훈이라고 하였습니다. 예수님께서는 복음을 어떻게 전파하시고 가르치셨는가를 매우 유의해야 합니다. 그런데 종교개혁 이후에도 기독교는 여전히 복음이 바로 개혁된 줄 알고 다른복음을 따르고 있으면서 거의 모든 기독교인들은 모두 구원을 받은 줄로 알고 있습니다. 사탄의 착각전술에 빠져 있습니다.

예수님께서는 내가 하나님 아버지께로부터 하나님의 왕국복음을 전하기 위하여 세상에 보내심을 받았다고 분명하게 말씀하셨습니다.(눅 4:43) 예수님께서 갈릴리에 오셔서 제일 처음 복음을 전하실 때 하나님의 왕국을 전파하셨습니다.(막 1:14~15) 14절에 한글성경과 중국어 성경에 '하나님의 복음' 이라 번역하였으나 헬라어 성경원문은 '하나님 왕국의 복음' 으로 '왕국' 이란 말이 있으니 복음의 핵심 되는 말을 빼버린 것입니다. 고의든 실수든 사탄이 기뻐할 일입니다. '천국' '하나님의 나라' 라고 번역한 것도 모두 '하늘의 왕국' '하나님의 왕국' 이라고 번역해야 바르고 확실한 번역이 됩니다. 예수님께서 제자들을 복음을 전하려 보내시면서도 '하나님의 왕국을 전파하며 또 모든 병든 자를 치유하라고 하셨습니다. (눅 9:2, 마 10:7) 마태복음 19:23,25절을 유의해 보면 하늘의 왕국에 들어가는 것과 하나님의 왕국에 들어가는 것과 구원받는 것은 같은 것입니다. 마태복음은 하나님의 이름 사용을 꺼리는 유대인들에게 썼으므로 하늘의 왕국이라 한 것입니다. 마가 누가 요한복음에는 모두 ' 하나님의 왕국 '으로 되어있습니다. 예수님께서 전파하고 비유로 가르치신 모든 말씀은 하나님의 왕국에 관한 말씀이었습니다. 마 9:35(왕국복음) 13:11(하늘왕국의 신비들) 13:9(왕국의 말씀) 13:24, 31, 33, 45, 47, 52(하늘의 왕국) 13:41,43(아버지의 왕국에서) 4복음서에 ' 왕국 '이란 말이 110번입니다. 예수님께서 부활하신 후 40일간 계시면서도 하나님의 왕국에 관한 일들을 말씀하셨으니(행 1:3) ' 하나님의 왕국 '은 복음의 핵심이며 목적으로서 매우 중요하기 때문입니다.

기독교 복음의 핵심이며 목적인 '하나님의 왕국' 을 못 깨달으면 복음에 소경입니다.

Memo

종합설교집

7. 바른복음의 중심이 무엇인가?

【 성경/ 사도행전 28:23~31 】

Memo	종교개혁 이후 오늘날까지 기독교는 사도 바울이 오직 믿음으로만 구원을 받는다 했다고 왜곡하여 가르쳐 오고 있으며, 모든 기독교인들은 오직 믿음으로만 구원을 받았다고 착각하고 있습니다. 사탄의 착각하게 한 술책에 완전히 말려들어 있습니다. 사도 바울의 전한 바른복음을 완전히 왜곡하여 가르치고 있으니 정말 통탄할 일입니다. 사도 바울은 그리스도 예수님의 종이라 하였고,(롬 1:1) 그리스도 예수님의 사도라 하였습니다.(고전 1:1; 갈 1:1) 그리고 사도 바울이 전한 복음은 그리스도 예수님의 계시를 통하여 된 것이라고 하였습니다.(갈 1:11, 12) 그러므로 사도 바울이 전한 복음은 예수님께서 전하신 복음과 조금도 다를 수 없습니다. 그런데 오늘날 기독교의 복음과 가르침은 그리스도 예수님께서 전하신 복음과 가르치신 말씀을 완전히 배제해 버린 것이요, 사도 바울이 전한 복음과 가르침도 완전히 왜곡하여 전하고 가르치는 것입니다. **1〉 사도 바울은 하나님의 왕국과 주 예수 그리스도님에 관하여 증거했다.** 사도 바울께서 3차 전도여행 중에 가장 오래 머물면서 3년간 복음을 전하고 가르친 곳은 에베

Memo

소였습니다. 에베소에서 복음을 어떻게 전하였는가를 사도행전 20장에서 자세히 말하였습니다. '하나님께 대한 개심(회개)과 주 예수 그리스도님께 대한 믿음을 증거했다' 하였고,(21절) '하나님의 은혜의 복음' (24절) '하나님의 왕국을 선포하였다' 하였고,(25절) '하나님의 모든 계획을 전해주었다' 고 하였습니다.(27절)

그리고 사도 바울께서 순교하기 전 마지막 로마에서 2년간 복음을 전한 기록이 사도행전 28장에 기록되었는데, 23절과 31절에 두 번 다 '하나님의 왕국을 증거하고 주 예수 그리스도님께 관한 일들을 가르쳤다' 고 한 것입니다. 사도 바울의 복음전도 사역이 가장 중점적으로 이루어졌던 곳이 에베소에서의 3년간과 로마에서의 만 이년(3년)간이었습니다. 이곳에서 사도 바울은 하나님의 왕국과 주 예수 그리스도님께 관한 일들을 증거하고 가르쳤다고 한 것입니다. 예수님께서 증거하고 가르치신 말씀도 이 두 가지, 하나님의 왕국과 예수님 자신에 관한 증거였습니다. 이 두 가지가 중심이 돼야 바른복음입니다.

2〉 왜 하나님의 왕국과 주 예수 그리스도님께 관한 것이 복음의 중심인가?

사탄은 처음 하나님의 보좌에서 수종드는 그룹천사들의 대표로 가장 완전히 지혜롭고 아름답고 보배롭게 지음 받은 천사였습니다.(겔 28: 12~15)

Memo

그런데 그가 교만하여 하나님과 같아지려고 하다가 쫓겨나게 된 것입니다.(사 14:12~15; 겔 28:15~17) 하나님의 권위를 배반하고 거스린 것입니다. 이것이 영원히 용서받지 못하고 유황 불못에 던져지는 사탄이 스스로 고의적으로 지은 죄악인 것입니다.

그런데 사탄이 하나님께서 창조하신 에덴동산에 창조된 아담과 하와를 미혹하여 하나님의 주권과 통치를 거역하고 하나님과 같이 되라고 하였습니다. 사람은 사탄의 말을 따라 자기가 주가 되어 자기의 욕망대로 행함으로 범죄하였습니다.(창 3:1~7; 엡 2:1~3) 그리하여 하나님의 왕국으로 창조된 세상이 사탄의 왕국이 된 것입니다.(눅 4:6) 사탄은 이 세상 임금이 되었습니다.(요 12:31, 16:11; 히 2:2~3))

그러므로 하나님께서 그 아들 예수님을 세상에 보내신 것은 하나님의 왕국의 복음을 전하시고,(눅 4:43) 마귀(사탄)의 일을 멸하시며,(요일 3:8) 죽음의 세력을 가진 자 마귀를 없이하시고 죽음을 두려워하여 평생을 노예로 속박되어 있는 자들을 해방시켜 주시기 위함이라 하였습니다.(히 2:14~15) 그리하여 사탄의 종노릇하는 자들을 흑암에서 광명으로, 사탄의 권세에서 하나님께로 돌아서게 하여, 죄사함을 받아 하나님 왕국의 유업을 받게 하기 위함인 것이다.(행 26:18) 궁극적인 목표는 의롭고 영광스런 하나님의 왕국

Memo

인 것입니다.

인간의 구원은 하나님의 왕국을 완성하기 위한 것이지 인간 구원 그 자체가 주목적 중심이 아닌 것입니다. 그런데 오늘날 기독교의 복음과 가르침은 인간의 구원과 축복이 중심과 목표로 되어 있습니다. 인간 중심의 기복적 구원관입니다. 인간의 구원과 행복을 위해 존재하시고 전적 일하시는 하나님으로 인식되어 있습니다. 그래서 좋으신 하나님이라 찬양합니다. 기독교의 모든 관념과 관심이 온통 인간의 구원과 행복입니다. 말은 하나님 중심이라 하지만 실은 인간이 중심이 되어 있습니다. 이것은 대단히 중대한 문제입니다. 사탄은 교묘히 그럴듯하게 착각하게 하고 있습니다. 얼마나 간교한지 이 교묘한 복음에 쇠뇌된 대부분의 기독교인들은 절대적으로 자기가 믿는 복음이 옳다 하고 조금도 성찰해 보려고 하지 않으니 정말 기독교의 기막힌 비극입니다.

하나님의 왕국이 세 단계로 이루어지는데 현재 이 세상에 실현되어졌다는 사실,(롬 14:17, 18) 예수님은 왕과 구주시며,(행 5:31) 구원받은 성도들을 왕들과 제사장으로 만드셨다는 사실,(계 1:6) 기독교는 너무나 오랫동안 바른복음을 잊어왔기에 모두 생소한 것입니다.

8. 세 단계로 완성되는 하나님 왕국

【 성경/ 눅 17:20, 21; 계 1:5~6 】

Memo	
	예수님께서 전파하신 복음의 중심이 하나님의 왕국입니다. 그런데 바리새인들이 '하나님의 왕국이 언제 임하는가?' 하고 예수님께 질문하였습니다. 하나님을 믿는 자들에게 매우 중요하고 관심 있는 질문입니다. 이에 대하여 성경에 말씀하신 바를 바르고 확실하게 아는 것은 신앙생활에 대단히 중요한데도 불구하고 기독교가 잘 모르고 있고 잘 가르치지 않고 있는 것은 매우 안타까운 일입니다. 복음의 궁극적인 목표인 하나님의 왕국은 세 단계로 완성된다는 사실입니다. **첫째 단계: 현재 이 세상에 실현된 하나님의 왕국을 알아야 한다.** '하나님의 나라' 라고 하는 용어부터 바로 해야 바른 관념을 가질 수 있습니다. 헬라어 원어 '바실레이아' 는 '나라' 가 아니고 '왕국,주권,통치' 라는 말입니다. 영어성경은 Kingdom으로 바로 번역되어 있습니다. 그러므로 '하나님의 나라' 는 '하나님의 주권, 통치, 왕국' 이란 말입니다. '나라' 라는 말은 '일정한 영토에 모여 사는 백성들의 통치권을 가진 사회집단' 을 말합니다. '왕국' 이란 말과 다릅니다.

Memo

'하나님의 왕국' 이란 말은 '하나님께서 주권으로 통치하는 왕국' 이란 의미입니다. 보다 성경적으로 말하면 구원받은 자들 곧 왕들로 이루어진 왕들의 나라입니다. 왜냐하면 계시록 1: 5, 6절에 예수님께서 자신의 피안에서 목욕하게 하신 자들을 그분의 아버지 하나님을 향하여 왕들과 제사장들로 만드셨다고 하셨기 때문입니다. 그리고 계시록 20:4~6절에 성도들이 재림하신 예수님과 함께 천년 동안 왕노릇 한다고 하였으며, 계시록 22:5절에는 영원 영원토록 통치한다고 한 것입니다. 그러므로 구원받은 성도는 하나님의 왕국에서 왕노릇 하는 왕의 신분임을 알아야 합니다. 예수님은 구속받은 왕 된 자들의 왕 곧 만왕의 왕이신 것입니다. 그렇기 때문에 계시록 19:16절에 재림하시는 주님의 이름은 '만왕의 왕' 이시라 한 것입니다.

하나님의 왕국이 언제 임하는가? 묻는 바리새인들에게 예수님께서 말씀하시기를 '하나님의 왕국은 볼 수 있게 오는 것이 아니다. 그리고 사람이 보라 여기 있다. 또는 저기 있다고도 말하지 못한다. 왜냐하면 하나님의 왕국은 너희 가운데 있기 때문이라' 고 하신 것입니다. 바리새인들 마음에 있다는 말이 아니라 현재 하나님의 왕국이 사람들 가운데 임하여 있다는 말씀인 것입니다. 예수님께서 '내가 하나님의 손가락으로 악령들을 쫓아낸다면 그때에는 하나님의 왕국이 너희에게 '임한 것이 분명하니라' 고 하셨고,(눅 11:20) 율법과 선지서들은 요한 까지요 그 후로는 하나님의 왕국이 전파되어 사람마다 그 안으로 밀려들어가느니라' 고 하셨습니다.(눅 16:16) 그리고 예수님께서 "네가 왕이냐"고 묻는 빌라도에게 "네 말한대로 내가 왕이니라. 내가 이를 위하여 세상에 왔노라"고 하셨고,(요 18:37) 무리와 제자들에게 "여기 서 있는 누구든지 하나님의 왕국이 권능으로 임하는 것을 다 볼 것이다"고 하셨습니다.(막 9:1←헬라어 직역) 예수님께서 십자가에 죽으시고 부활하심으로 하늘과 땅의 모든 권세를 받으셨습니다.(마 28:18) 현재 실현된 하나님의 왕국에 대하여 너무나 중요한데도 오늘날 기독교는 너무나 알지 못하고 가르치지 않으므로 특별히 이에 대하여 다음 번에 설명하고저 합니다.

둘째 단계: 예수님께서 재림하셔서 이 세상 에 이루실 천년왕국.

계시록 20:1~6절에 예수님께서 재림하셔서(계 19:11~21) 천사로 하여금 용 곧 마귀이며 사탄인 옛뱀을 잡아 무저갱에 가두고. 땅과 바다를 정화하여(겔 47:6~12) 천 년 동안 성도와 함께 왕노릇 하시는 것입니다. 예수님께서는 감람산에 재림하신다고 했으며(슥 14:4) 천년왕국의 수도는 예루살렘입니다. 백성은 7년대환란 마지막에 살아 남았던 불신자들이며 예수님과 함께 왕노릇 하는 성도들은 부활체입니다. 예수님께서 부활하신 후 부활체로서 부활체가 아닌 제자들과 함께 걸어가시며 대화하시고 음식을 드셨던 것처럼(눅 24:13~43) 천년왕국에서도 부활체인 성도가 부활체가 아닌 백성들을 다스리는 것입니다. 예수님께서 재림하시기까지 세상 사람들에게 온갖 핍박과 고난을 받았던 세 부류의 성도들이기에(계 20:4) 영원한 새하늘과 새땅 이전에 이 세상에서 천 년 동안 왕노릇 하게 하시는 것이 하나님의 공의이기 때문입니다. 마가복음 10:29~30절에 '누구든지 예수님과 복음 때문에 집이나 형제나 자매나 아버지나 어머니나 아내나 자식이나 토지를 버린 사람은 현세에서 일백 배로 받되 박해와 더불어 받겠으며' 라고 하신 말씀이 천년왕국에서 참 성도들에게 실제로 이루어지는 것입니다.

세째 단계: 천년왕국후 대심판 후에 완성될 영원한 왕국.

천년왕국이 끝날 때 무저갱에 갇혀 있던 마귀가 잠시 풀려나서, 천년동안 바다 모래같이 많아진 땅의 백성들을 미혹하여, 왕의 도성 예루살렘을 에워싸고 왕들을 대적하여 전쟁을 일으키니, 하늘의 하나님께로부터 불이 내려와 저들을 다 삼켜버립니다. 그리고 하늘과 땅은 간데 없이 사라져 버리고, 크고 흰 보좌 앞에 죽은 자들이 모두 살아나 심판을 받고, 영원한 불못과 영원한 왕국으로 나뉘어 지는 것입니다. 아멘! 아멘!

Memo

종합설교집

9. 세상에 실현된 하나님의 왕국

【 성경/ 막 9:1; 롬 14:17, 18 】

Memo

하나님의 왕국은 현재 이미 이 세상에 실현되어져 있습니다. 그럼에도 기독교가 이 중대한 사실에 대하여 알지 못하고 있다는 것은 놀라운 일입니다. 사탄이 어둡게 하였습니다. 예수님께서 "나의 왕국은 이 세상에 속한 것이 아니라" 하시고, "나는 왕이니라 내가 이를 위하여 왔고 세상에 났느니라" 하시고는 "진리에 속한 자는 내 음성을 듣느니라"고 하셨습니다.(요 18:36, 37) 그리고 위로부터 태어난 자라야 하나님의 왕국을 볼 수 있으며 지각하고 알 수 있다고 하셨습니다.(요 3L3) 이 사실은 너무나 중대한 일입니다.

1〉 무리들과 제자들이 죽기 전에 하나님의 왕국이 권능으로 임하는 것을 누구든지 볼 것이라 하셨다.

이 말씀이 마가복음 9:1절과 마태복음 16:28절과 누가복음 9:27절에 기록되어 있는데 거의 모든 성경이 헬라 원어를 바로 번역하지 않았습니다. 여기 섰는 '몇 사람' 이라고 번역한 헬라어 '티스'는 '누구든지' 라는 말로서 신약성경에 60번 이상 '누구든지' 로 번역하였습니다. 예수님께서 이 말씀을 하신 때가 부활하시기 1년전이므로 부활하시고 오순절 성령강림으로 하나님의 왕국이 권능으로 임하셨으므로 그때 거기 섰던 사람은 누구든지 다 보게 된 것입니다. 그러면 하나님의 왕국이 언제 어떻게 권능으로 임하였으며 예수님께서 자신의 왕국 안으로 오셨는가를 살펴보면,

먼저 예수님께서 십자가에 죽음을 당하시기 전 재판정에서 빌라도 총독이 "네가 왕이냐?"는 물음에 "네 말이 옳도다 내가 왕이니라 이를 위하여 내가 태어났고 이런 연유로 내가 세상에 왔으니 진리를 증거하려는 것이라. 진리에 속한 자는 누구든지 나의 음성을 듣느니라"고 하셨습니다.(요 18:37)

그리고 부활하신 후 하늘과 땅의 모든 권세를 내게 주셨다고 하셨고,(마 28:18) 하나님께서 통치자와 구주로 높이셨다고 하였습니다,(행 5:31; 빌 2:8~11) 왕으로 오실 메시야로 예언된 예수님은(시 2:6~8; 사 9:6, 7; 렘 23:5; 단 2:44; 미 5:2) 왕으로 세상에 오셨습니다. 그러나 예수님의 왕국은 이 세상에 속한 것이 아니라고 하셨습니다.(요 18:3) 사도 바울께서 말씀하신대로 "하나님의 왕국은 먹는 것과 마시는 것이 아니요 성령 안에서 의와 평화와 기쁨으로 그리스도를 섬기는 자들이 하나님께 기쁨이 되어지며 사람들에게 인정을 받는" 것입니다.(롬 14:17, 18) 이런 하나님의 왕국이 최초 예루살렘 교회에서부터 실현된 것입니다.(행 2:37~47)

Memo

Memo

2〉 거듭난 성도는 세상에 실현된 하나님의 왕국의 생활을 하게 된다.

기독교 신자들은 현재 이 세상에 실현된 하나님의 왕국을 재대로 인식하지 못하고 누리지도 못하고 있습니다. 그 근본 원인은 예수님과 사도들이 전한 하나님의 왕국 바른복음을 알지 못하기 때문입니다. 바른복음을 잊은지 너무나 오래되고 사탄이 눈을 어둡게 하여 바른복음을 보지 못하게 해 오고 있기 때문입니다. 예수님과 사도 바울께서 전파하신 복음의 핵심은 하나님의 왕국과 주 예수 그리스도님의 왕과 구주되심인데, 이것을 바로 하지 않고 조작하여 기독교는 예수 그리스도님의 구주되심과 인간의 구원받는 것을 복음의 중심으로 하고 있으니, 하나님의 왕국에 대하여 잘 알지 못하는 것은 당연한 것입니다. 흔히 전 성경은 죄인을 구원하시는 예수 그리스도에 대한 것이라고만 합니다.

세상은 사탄의 왕국이며(눅 4:5, 6) 사탄은 이 세상의 임금으로서(요 12:31, 16L11) 공중의 권세를 잡고 믿지 아니하는 자들 가운데 역사하는 영이며(엡 2:3) 모든 사람은 사탄의 조종을 받고 있는 것입니다.(히 2:15)

예수님은 마귀의 일을 멸하려 오셨으며(눅 4:34; 요일 3:8) 구원받은 성도는 흑암에서 광명으로 사탄의 권세에서 하나님께로 돌아서서,(행 26:18) 하나님을 향하여 왕들과 제사장으로 만들어진 자들입니다.(계 1: 6) 사랑의 아들의 왕국으로 옮겨졌으며(골 1:13) 그리고 위로부터 거듭난 자는 하나님의 왕국을 지각하여 보며, 물과 성령으로 거듭난 성도는 하나님의 왕국에 들어간 자로서 왕국생활을 하는 것입니다.(요 3:3, 5)

그러므로 하나님의 왕국의 복음을 바로 알고 거듭남으로 구원을 받은 성도는 현재 이 세상에서 하나님의 왕국생활을 누립니다. 현재 이 세상에 실현된 하나님의 왕국은 먹는 것과 마시는 육신적이고 이 세상적인 것이 아니라 성령님 안에서 의와 평화와 기쁨으로 그리스도를 왕과 구주로 섬기며 하나님께 기쁨이 되고 사람에게 인정을 받는 것입니다.(롬 14:17, 18) 이러한 하나님의 왕국이 이미 현재 이 세상에서부터 이루어지는 것이 인간을 구원하시는 목적입니다. 그러나 오늘날 기독교 복음의 전부는 예수 믿어서 죄사함 받아 죽은 후에 부활하여 천국에 가는 것이 전부입니다.

현재 이 세상에서 실현된 하나님의 왕국을 지각하여 보며(요 3:3) 들어간 자가 진정 거듭난 구원받은 자입니다.(요 3:5) 그러한 자로서 예수님의 말씀대로 산 자들이 재림하시는 주님과 함께 새롭게 되는 이 세상 천년왕국과 영원한 새 하늘과 새 땅의 하나님의 왕국에 들어가는 것입니다. 현재 이 세상에 이미 실현된 하나님의 왕국에 들어가지 못한 자가 어떻게 영원한 하나님의 왕국에 들어갈 수 있겠습니까? 참으로 답답한 일입니다.

Memo

10. 성도가 어떻게 왕노릇 하는가?

【 성경/ 계 1:5, 6; 롬 14:17, 18 】

Memo	구원받은 성도가 현재 이 세상에서 실현된 하나님의 왕국에서 어떻게 왕 노릇 하는가를 명확하게 알아야 합니다. **1〉 사탄의 지배에서 벗어나 악령들을 쫓아 내며 왕노릇한다.** 사탄은 예수님의 발굼치를 상하게 하는 십자가의 죽음을 당하게 하였으나 예수님께서는 부활하심으로 사탄의 머리를 상하게 하여 마귀의 일을 멸하셨으므로(창 3:15; 요일 3:8; 눅 4:34)) 사탄의 권세 아래에서 지배를 받던 자가 하나님께로 돌아와(행 26:18) 예수님의 이름 권세로 사탄의 사자인 악령들을 쫓아내게 된 것입니다.(막 16:17) 최후에 사탄은 예수님으로부터 불못에 던져집니다.(계 20:10) **2〉 죄의 종이었던 자가 죄를 이기며 의의 왕노릇을 한다.** 인간은 이 세상의 신으로 공중의 권세 잡은 마귀를 따라 자기 욕심으로 죄를 지음으로 죄의 종이었고 죄가 왕노릇 하던 자였습니다.(엡 2:2, 3; 요 8:34; 롬 6:12, 17) 그러나 그리스도 예수님으로 말미암아 구속 곧

죄사함을 받아 죄에서 해방되어 죄를 이기며 의의 왕노릇을 하게 된 것입니다.(롬 5:21, 6:5, 6)

Memo

3〉 사망의 종노릇하던 자가 생명의 왕노릇을 한다.

마귀와 죄와 사망은 멸망의 삼총사입니다. 맨 처음 범죄한 마귀로부터 미혹받은 첫 사람 아담으로 인하여 죄가 세상에 들어왔고 죄로 말미암아 사망이 왔기 때문입니다(요일 3:8; 롬 5:12). 그러나 그리스도 예수님으로 말미암아 구속받은 성도들은 죽음의 세력을 가진 자 마귀를 멸하심으로 죽음을 두려워하여 평생을 노예로 속박되어 있는 자들을 해방시켜 주시고 이제는 죽음을 두려워하지 않고 영원 영원한 생명을 소유한 자로서 강력하고 담대하게 왕으로 살아가는 것입니다. 왕에게 '만세수 하옵소서' 하듯이 그리스도 예수님 안에서 새생명으로 살아가는 왕의 이 복된 삶을 현재 성도는 이 세상에서부터 진정 누리는 것입니다.

4〉 가난하지 않고 모든 것에 부요한 왕노릇을 한다.

부족이 없이 부요한 것이 왕입니다. 그리스도 예수님으로 말미암아 죄와 멸망에서 구속받은 왕된 성도는 부족이 없이 모든 것에 부요합니다. 이것은 오늘날 기독교의 기복적인 신앙으로 가르치는 부요와 다른 것입니다. 이 부요함이란 서머나 교회에 주님께서 말씀하신 바와 같이 물질적으로

궁핍한데도 실상은 부요한 것을 말합니다.(계 2:9)

영적 부요함입니다. 뿐만 아니라 사도 바울 같이 어떤 처지에서도 만족하기를 배워서 비천에 처할 줄도 알고 풍부에 처할 줄도 알아 모든 처지와 모든 일에 있어서 배부름과 배고픔과 풍부함과 궁핍함을 다 배웠다고 함과 같은 것입니다. 물질이나 환경에 지배를 받는 것이 아니라 그것을 능히 왕처럼 자유자재로 지배하는 삶인 것입니다.

5〉 성령님 안에서 주님과 함께 평화의 왕노릇을 하는 것이다.

바른복음으로 진정 거듭난 구원받은 성도는 주님께서 주신 큰 평안이 있어 평화의 삶을 살아가는 것입니다. 그의 모든 삶은 평화의 삶입니다. 주님께서는 평화의 왕이시며 구속받은 성도는 주님과 함께 평화의 왕으로 삶을 다스리십니다. 그 자신이 말할 수 없이 행복할 뿐만 아니라 그와 관계하는 많은 사람을 행복하게 합니다.

6〉 성령님 안에서 말할 수 없는 기쁨으로 왕노릇 하는 것이다.

왕의 생활은 복되고 기쁜 것입니다. 구속받은 성도는 성령님 안에서 말할 수 없는 기쁨이 있어 모든 삶에 기쁨으로 살아갑니다. 세상 사람이 알 수도 받을 수도 없는 주님으로부터 받은 복이 말

	Memo
로 다할 수 없는 것이기에, 자는 중에도 웃는 기쁨이 있는 것입니다. 주님 안에서 복됨으로 기쁨이 삶을 지배하니 더욱 복되지 않을 수 없는 것입니다. 이것이 현재 하나님 왕국의 왕노릇입니다. **7〉 하나님께 기쁨이 되며 사람에게 인정받는 왕노릇을 한다.** 성령님 안에서 이렇게 왕노릇 하는 성도들은 단순히 자신이 왕노릇을 하는 것만이 아니라 하나님께 매우 기쁨이 되고 사람들에게도 인정을 받는 왕노릇을 하게 되는 것입니다. 성도의 왕노릇은 무엇보다 하나님께 매우 기쁨이 되는 것이므로 복된 것입니다. 하나님께서 성도들을 구속하여 이렇게 복된 왕노릇을 하게 하시는 것은 하나님께 기쁨이 되도록 하시기 위함입니다. 그리고 사람들에게 인정을 받는 왕노릇을 하게 하시는 것입니다. 구속받은 성도의 삶이 사람들에게 인정을 받지 못한다면 올바로 되지 않은 것입니다. 사도행전 2장에서 보는바 최초 예루살렘 교회에 실현된 하나님의 왕국은 사람들에게 칭찬곧 인정을 받음으로 주님께서 구원받는 사람들을 날마다 그 교회에 더하여 주셨다고 한 것입니다. **하나님의 왕국은 영원한 새 하늘과 새 땅에서만 아니라 현재 이 세상에서 실현되어졌습니다. 진정 구원받은 성도는 성령님 안에서 이상과 같은 복된 왕의 생활을 하게 되는 것입니다.**	

종합설교집

11. 하나님의 왕국과 예수님에 관해

【 성경/ 눅 4:43; 요 8:14 】

Memo	
	예수님과 사도들께서 전파하신 복음을 총괄적으로 살펴보면 구비되어야 할 일곱 요소가 있다는 사실입니다. 구원을 받고 신앙생활을 하는 자에게 없어도 되는 것이 아니라 반드시 갖추어져야 하는 것으로 하나님의 보좌 앞에 일곱 등불이 있다고 하심과 같습니다.(계 4:5) **첫째 요소**는 하나님의 왕국과 예수님에 관하여 전파해야 합니다. **1〉 예수님께서 하나님의 왕국과 예수님 자신에 관하여 증거하셨다.** 예수님의 복음전파의 첫 일성은 '때가 찼고 하나님의 왕국이 가까웠으니' 였습니다.(막 1:15) 제자들을 전도하러 보내시면서도 병자들을 고쳐주며 그들에게 말하기를 "하나님의 왕국이 너희에게 가까이 왔다" 하라 하셨습니다.(눅 10:9) 왜냐하면 "(구약)율법과 선지서들은 (침례)요한까지요, 그 후로는 하나님의 왕국이 전파되어 사람마다 그 안으로 밀려들어가느니라" 하셨으니(눅 16:16) 하나님 왕국복음이 전파되기 시작한 것은 예수님께서 복음을 전하기 시작하신 때부터이며, 그리고 하나님의 왕국이 권능으로 임한 것은 오순절 성령강림부터인 것입니다.(롬 14:17, 18) 그러므

로 예수님께서 복음을 전파하기 시작하실 때, 그리고 제자들을 전도하러 보내실 때 "하나님의 왕국이 가까웠다" 하라 하신 것은(눅 9:2, 10:9, 11) 현 세상에 하나님의 왕국 실현이 가까웠었기 때문이었습니다.(막 9:1; 눅 9:27)

예수님께서 십자가에 죽으시고 부활하신 후 성령님이 강림하시면 최초 예루살렘에 시작되었던 것처럼(행 2:40,41) 구원이 본격적으로 이루어지기 시작하여 하나님의 왕국이 세상에 권능으로 실현 될 것이며, 예수님께서 성령으로 하나님의 왕국에 왕으로 임재하실 것이기 때문에 "하나님의 왕국이 가까웠으니"라고 전파하시고 제자들에게도 그렇게 전파하라 하신 것입니다. 재림 후 이루어질 천년왕국이나 천년왕국후의 영원한 하늘의 왕국이 가까웠다는 말씀이 아니었습니다.

예수님께서 전파하고 증거 하신 말씀은 하나님의 왕국에 관한 말씀과 예수님 자신에 관한 말씀이었습니다. ➡ 눅 4:43 →막 1:14,15 →눅 8:1 →눅 9:11 →마 9:35 →마 6:9~13 →요3:3,5 →막 9:1 →요 18:37 → 마 28:18 →행 1:3 ➡ 요 3:16 →8:14 →10:7~9 →10:30 →13:20 →14:6 →15:1,2 →14:26 →15:26 →16:28 →17:1~26 →눅 24:27.

'때가 찼고 하나님의 왕국이 가까웠다' 는 복음은 당시 유대인들에게는 너무나 기쁘고 좋은 소식이었습니다. 왜냐하면 구약시대 오랜 동안 고난의 여정을 살아온 유대인들은 여러 선지자들로

Memo

Memo

부터 복되고 평화로운 메시야 왕국에 대한 하나님의 약속을 예언으로 들어왔기 때문에 메시야 왕국 곧 하나님의 왕국에 대한 갈망함이 있었기 때문입니다.(출 15:17, 18; 대상 16:31; 시 10:16, 103:19; 사 35:1~10, 32:1, 65:17~25; 단 2:44) 그러나 이방인 기독교는 하나님의 왕국에 관하여 생소합니다. 이해하기가 쉽지 않습니다.

2〉 사도들도 하나님의 왕국과 주 예수 그리스도님에 관하여 증거하였다.

오순절 후 사도들은 하나님의 왕국이 가까웠다고 하지 않고 하나님의 왕국에 관하여 증거 하였다고 한 것입니다.(행 19:8) 그것이 당연함은 오순절 이후는 하나님의 왕국이 실현되었기 때문입니다.(행 5:31; 롬 14:17, 18) 또한 주 예수 그리스도님에 관하여 증거 하였다고 하였습니다.(행 28:31)

오순절 후 전도자 빌립이 사마리아에 내려가서 복음을 전할 때 하나님의 왕국과 예수 그리스도님의 이름에 관하여 전파하였다고 하였으며,(행 8:12) 사도 베드로께서도 구원받은 성도들을 '왕 같은 제사장들이라' 하였고,(벧전 2:9) 구원받는 것을 주 곧 구주 예수 그리스도님의 영원한 왕국에 들어가는 것이라고 하였습니다.(벧후 1:11) 바울은 회심후 주 예수님께 계시를 받고 14년 후 주 예수 그리스도님의 사도로 복음전파의 사역을 시작했던 사도 바울도 복음의 명제를 하나님의 왕국과 주 예수 그리스도님에 관한 것으로 분명히 하였습니다.(행 19:8, 11, 20:21, 25, 28:23, 31) 기독교 복음전도자는 이 복음의 명제가 분명하고 확실해야 합니다.

하나님의 왕국과 주 예수 그리스도님에 관한 것이 예수님과 사도들께서 전파하신 복음 전체를 총칭하는 명제로서 마치 계란이 껍질 안에 흰자 부위와 노른자 부위 둘로 되어 있듯이 껍질과 흰자 부위를 하나님의 왕국에 관한 말씀이라 한다면 노른자 부위는 주 예수 그리스도님에 관한 말씀으로서 전체가 하나님의 왕국복음인 것입니다. 계란이 껍질과 흰자와 노른자가 따로 분리되어 각각으로 있을 수 없듯이 하나님의 왕국복음은 하나님의 왕국과 주 예수 그리스도님에 관한 것이 분리되는 것이 아니고 함께 증거 되어야 하는 것입다. 침례 요한은 하나님의 왕국과 세상 죄를 속하시는 하나님의 어린양 예수님에 관하여 증거하였고,(마 3:2; 행 19:4) 예수님께서 이방인의 사도로 택하여 세우셨던 사도 바울도 하나님의 왕국과 주 예수 그리스도님에 관하여 분명하고 확신 있게 증거 하였습니다.

오늘날 기독교는 이 복음의 두 명제를 바로 깨닫고 실행하기에는 때가 너무나 늦은 것 같습니다.

Memo

종합설교집

12. 왜 하나님의 왕국과 예수님인가?

【 성경/ 행 19:8~10, 20:25, 28:23~31 】

Memo	1. 하나님의 영원하신 경륜은 하나님 자신의 복된 왕국 완성이기 때문이다 여호와 하나님은 그 보좌를 하늘에 세우시고 만유를 통치하시는 분이십니다.(시 103:19) 여호와 하나님의 말씀을 이루며 하나님을 섬기며 그 뜻을 행하도록 하시기 위하여 천군 천사들을 창조하셨습니다.(시 103:21; 겔 28:12~18) 또한 하나님께서 다스리시는 복되고 영광스러운 왕국을 이루시기 위하여 천지만물과 사람을 창조하셨습니다.(사 43:15, 21; 시 103:19~ 104:5) 하나님의 보좌에서 하나님을 찬양하며 섬기도록 지음 받은 그룹 천사는 무수한 일반 천사들보다 월등하게 지혜롭고 보배롭고 아름답게 지음을 받았습니다. 그런데 그 그룹 천사 중 하나가 자신이 너무나 지혜롭고 영광스러우므로 교만하여져서 자기를 하나님과 같이 되려하여 영광을 받으려고 했던 것입니다.(사 14:12~15) 그러므로 하나님께서 그를 하나님의 성산에서 쫓아 내셨으니 그와 동조하여 수많은 천사들이 자기들의 지위를 떠나 함께 타락한 것입니다.(겔 28:12~18; 벧후 2:4; 유 1:6) 그 타락한 영들 곧 천사들의 주동자 하나가 용이며 옛 뱀이고 마귀이며 사탄인 것입니다.(계 12:9, 20:2) 예수님께서 재림하실 때 한

천사를 보내어 사탄을 잡아 묶어 무저갱에 가두어 천년 동안 백성들을 미혹하지 못하게 하고, 천년이 마치면 잠간 놓여서 천년왕국 동안 번성한 백성들을 다시 미혹하여 자기들을 통치한 주님과 성도들을 대항하여 싸우려고 하나, 하나님께로부터 하늘에서 불이 내려와 저들을 다 삼켜 버리고, 사탄이 불과 유황 못에 던지우게 됩니다.(계 20:1~3) 그리고 최후의 크고 흰 보좌 심판대 앞에서 모든 인류가 살아나 각자가 자기 행한 대로 심판을 받고 최종적으로 생명의 책에 이름이 없는 사람은 둘째 사망인 불못에 던지우고,(계 20:11~15) 생명의 책에 이름이 있는 자들은 새 하늘과 새 땅에서 하나님을 섬기며 영원무궁토록 왕노릇 하게 하시는 것입니다.(계 21:27, 22:1~5) 이렇게 최종적으로 하나님의 영원하신 왕국을 완성하시어 하나님 자신과 만물과 인생을 복되고 영광스럽게 하는 것이 하나님의 영원한 경륜입니다. 그렇기 때문에 예수님께서 "나는 하나님의 왕국을 전파하기 위해 세상에 보냄을 받았다"고 하시고,(눅 4:43) 하나님의 왕국복음을 전파하셨으며,(막 1:14,15; 눅 9:11) 제자들에게도 "하나님의 왕국이 가까웠다"고 전파하라 하셨던 것입니다.(눅 9:1,2; 10:9~11) 이방인의 사도로 세움을 받은 사도 바울도 하나님의 왕국에 대하여 분명히 전파하였습니다.(행 19:8, 20:25, 28:23, 31)	Memo

하나님의 왕국은 하나님의 영원한 경륜(**포부를 가지고 일을 조직적으로 계획함**)이시고 복음전파의 궁극적 목표인 것입니다.

2. 하나님께서는 그 아들 그리스도 예수님에 의해서 왕국을 완성하시기 때문이다

사탄과 인류를 당장 모두 멸망에 처하시고 새로 창조하실 수도 있지만, 그렇게 하시지 않고 하나님의 왕국이 더 영광스럽고 복되게 하시기 위해 마귀를 영원한 형벌에 처하심으로 하나님의 공의가 드러나 영광스럽게 하시고 마귀와 함께 범죄하여 함께 형벌을 받아야 할 인생들에게 구원의 왕국복음을 전파하여 개심하고 믿는 자들을 그 왕국의 백성(왕들과 제사장들)이 되게 하심으로 그들로 하여금 말로 할 수 없는 감격으로 하나님을 더욱더 찬양하게 하려 하신 것입니다.(엡 1:3~7) 그러나 예수님께서 전파하신 복음에 복종치 < 휘파쿠우신 **아래에서(하급자로서) 듣지, 주의 깊게 듣지, 명령이나 권위에 유의하지, 따르지** > 않는 자들에게는 마귀와 함께 불못에 던져 형벌을 주십니다.(살후 1:8)

마귀와 함께 같은 죄를 범한 인간이지만 사람은 마귀의 미혹을 받아 범죄했으므로 하나님의 왕국에 들어가는 구원받을 기회와 방도를 주신 것입니다. 그 방도가 하나님께서 그 독생자 그리스도 예수님을 보내셔서 죄인들의 죽음을 대신하여 속죄의 제물로 피흘려 죽으시고, 죄 없으신 증거로 영원히 사는 부활을 하게 하심으로, 하나님의 왕국복음을 듣고 개심하여 믿는 자들이 죄 사함과 의롭다함을 받고 거듭나게 하시어, 하나님의 왕국에 들어가게 하시는 것입니다. 하나님의 왕국에 들어가는 것은 구원받는 것입니다.(마 19:23~25)

하나님께 대한 개심 즉 마귀를 따라 하나님의 왕권과 통치를 거역했던 죄악을 진정 개심하고 주 예수 그리스도님께서 나의 죄를 인해 죽으시고 의롭다하심을 얻게 하시려고 부활하심에 대한 전적인 믿음이 없이는 하나님 앞에 죄 사함과 의롭다함을 받을 수 없고, 거듭남을 받을 수 없으며, 하나님의 왕국에 들어 갈 수 없는 것입니다.

그러므로 하나님께서 당신의 왕국을 이루시기 위해 복음을 전파하게 하실 때 하나님의 왕국에 관한 말씀과 함께 그리스도 예수님에 관하여 증거 하게 하신 것입니다. 복음의 이 두 명제는 계란이 흰자위와 노른자위가 함께 있어 생명이 부화되는 것과 같습니다. 흰자위와 노른자위 어느 하나만 있어서는 생명이 탄생될 수 없듯이 하나님의 왕국에 관한 말씀과 주 예수 그리스도에 관한 복음의 두 명제가 함께 있어야 합니다. 아멘!

Memo

13. 개심하고 복음을 믿으라 하심

【 성경/ 막 1:15; 행 20:21 】

Memo

복음전파의 일곱 요소 중 **둘째는** 개심하고 믿는 것입니다. 보통 '회개' 라고 번역한 헬라 성경 원어 '메타노에오' 는 '마음을 바꾼다' 는 말입니다. '회개' 라는 말은 잘못을 뉘우치고 고친다는 말이며, '개심' 이란 말은 잘못된 마음을 고친다는 말로서 헬라 원어 '메타노에오' 는 개심(改心)으로 번역하는 것이 더 정확한 것입니다.

1〉 예수님께서는 개심(改心)하고 그리고 복음을 믿으라 하셨다.

하나님의 왕국에 들어가려면 즉 구원을 받으려면, 먼저 개심 즉 마음을 바꾸어야 한다는 것입니다. 지금까지 사탄의 왕국에서 사탄을 따르고 자신의 욕망을 따라 살며, 하나님을 떠나 하나님의 주권과 통치를 거역하여 살아왔던 죄악을 깨닫고, 개심하고 돌아온 탕자처럼(눅 16장) 마음을 바꾸어 하나님의 주권과 통치 아래 살겠다고 그 마음의 의도와 목적을 하나님께로 바꾸는 것이 죄를 용서받는 개심(改心)인 것입니다. 마음을 하나님께로 바꾸는 개심(改心)이 없이는 하나님께 범한 죄를 용서받을 수 없습니다. 성경에서 어느 구절에서나 죄사함은 개심(회개)함으로 받는 것으로 말씀하고 있습니다. 예수님께서는 '죄인들을 개심에 이르게 하려고 왔노라' 고 하셨고,(눅 5:32) 권능과 말씀을 가장 많이 베푼 성읍들이 개심치 아니함으로 경고하여 책망하셨습니다.(마 11:20~24) 그리고 예수님께서 부활하신 후 "죄 사함을 얻게 하는 개심이 예루살렘으로부터 시작하여 모든 민족 가운데 선포되어야 하리라"고 하셨습니다.(눅 24:47) 특히 레위기 4장과 5장에서 죄를 사함 받는 속죄제사의 규례에 죄를 지은 자는 죄를 깨달을 때에 속죄제물을 가져와서 제사장 앞에서 죄를 자백하고 본인이 레위인과 함께 제물을 잡아서 드리도록 하신 것이다.

또한 하나님께서는 구약에서 선지자들을 통해 이스라엘 백성들이 개심하고 죄를 용서받아 구원을 받으라고 무수하게 말씀하신 것을 볼 수 있습니다. 잘못했다고 하지 않는 자에게 잘못을 용서하는 것이 있을 수 없습니다. 그리고 "복음을 믿으라" 하셨습니다. 복음은 예수님께서 증거하신 하나님 왕국의 복음안에서 믿으라 하신 것입니다. 요한복음 12:47~50절에 "어떤 누구든지 나의 말들을 깨닫지 아니하며 믿지 아니할지라도 내가 그를 벌하지 아니하나 … 나를 얕보고 나의 말들을 받지 아니한 자를 심판하는 이가 있으니 마지막 날에 내가 전파한 그 말 저가 그를 심판하여 벌하리라" 하셨습니다. (요 12:48) 또한 나를 보내신 아버지와 나를 믿으라고 누누이 말씀하셨습니다.(요 3:15~18, 36, 5:24, 6:40, 7:39, 8:31, 14:1)

Memo

Memo

2〉 사도들은 하나님께 대한 개심과 주 예수님께 대한 믿음을 증거했다.

사도들 역시 죄 사함은 개심으로 얻는다고 했습니다. 사도행전 3:19절에 "그러므로 너희가 개심하고 돌이켜 너희 죄 없이함을 받으라" 하였고, 5장 31절에는 "이스라엘로 개심케 하사 죄 사함을 얻게 하시려고 그를 오른손으로 높이사 통치자와 구주를 삼으셨느니라" 하였습니다. 26:18절에는 사탄의 권세에서 하나님께로 돌아가 죄 사함과 성도의 기업을 얻게 하신다고 하였습니다.

사도 바울은 에베소에서 3년간 복음을 전할 때, 하나님께 대한 개심과 주 예수 그리스도님께 대한 믿음을 증거 했다고 했습니다.(행 20:21) 예수님과 꼭같이 개심과 믿음을 증거한 것입니다. 개심은 하나님께 대하여 하는 것이며, 믿음은 주 예수 그리스도님께 대하여 하는 것입다. 왜냐하면 인간은 하나님의 주권과 통치를 받지 않고 마귀를 좇아 자신의 욕망대로 살았던 죄인이기 때문에 하나님께 대하여 잘못된 마음의 의도와 목적을 바꾸어야 하기 때문입니다.

이렇게 하나님께 대한 개심은 죄 사함을 얻게 하고, 그러한 죄를 사함 받고 의롭다함까지 받는 공효는 주 예수 그리스도님으로 말미암기 때문에 주 예수님의 피흘려 죽으심은 죄를 용서받고 깨끗이 씻음을 받게 하는 공효이며, 주 예수님을 믿음은 죽기까지 아버지께 완전히 순종하신 의롭다함을 받게 하는 것입니다.

성경에는 믿음으로 의롭다함을 받는다고 누차 말씀하였습니다. 로마서 3:26~ "예수 믿는 자들을 의롭다 하려 하심이니라" 30절~ "믿음으로 의롭다 하실 이는 하나님 한 분이시니라" 5:1절~ "그러므로 우리가 믿음으로 의롭다하심을 얻었은즉" 10:4절 "그리스도는 모든 믿는 자에게 의를 이루기 위하여 율법의 마침이 되시니라" 10절~ "사람이 마음으로 믿어 의에 이르고" 갈라디아 2:10절~ "사람이 의롭게 되는 것은 … 오직 예수 그리스도를 믿음으로 되는 줄 아는고로" 3:24절~ "믿음으로 말미암아 의롭다함을 얻게 하려 함이니" 빌립보서 3:9절~ "믿음으로 하나님께로 서 난 의라" 야고보서 2:3절~ "아브라함이 하나님을 믿으니 이것을 의로 여기셨다는 말씀이 응하였고" 라고 한 모든 말씀이 믿음으로 죄 사함을 받았다 하지 않고 의롭다함을 받았다고 한 것입니다. 예수님께서 대제사장들과 장로들에게 침례 요한을 말하며 "너희는 도무지 뉘우쳐 그를 믿지 아니하였느니라"고 하셨습니다.(마 21:32) 믿기만 하면 되는 것이 아니라 개심(改心)하여 믿어야 합니다.

Memo

종합설교집

14. 죄사함과 의롭다함 받는 구별

【 성경/ 로마서 4:23~25 】

Memo

하나님께 대한 개심을 함으로 죄를 용서함 받고 그리스도 예수님께 대하여 믿음으로 의롭다함을 받는 사실에 대하여 확실한 깨달음이 있어야 합니다. 그리고 왜 그러면 죄 용서함을 받는 것과 의롭다함을 받는 두 방면이 있어야 하는가? 그 차이가 무엇인가에 대하여도 명확하게 알아야 구원에 있어서 이 두 사실의 귀중함을 알 수 있고, 그리고 이 두 방면이 반드시 있어야 한다는 것을 알 수 있는 것입니다.

1. 죄를 사(용서)함 받는 것은 죄를 짓지 않은 상태로 돌아가게 함이다.

아담과 하와가 마귀의 말을 따라 하나님의 명령을 거역하고 먹지 말라한 선악과를 따먹은 죄를 용서받았다면 명령을 거역하지 않았던 본래의 상태로 돌아가는 것입니다. 그러나 다시 죄를 지을 수도 있는 상태입니다. 하나님께서 아담과 하와를 에덴 동산에서 쫓아내실 때 “이제 혹 그가 자기 손을 내밀어 생명나무의 과실을 따먹고 영원히 살까 함이라”(창 3:22)고 하신 것은 아담과 하와가 그때까지 생명나무의 과실을 한 번도 먹지 않았다는 말입니다. 먹으면 영원히 살 수 있은 생명나무의 과실은 하나님의 말씀에 완전히 순종

Memo

하는 의를 이루었을 때 보상으로 먹도록 주시는 것입니다.

그러므로 하나님께 대하여 범한 죄를 깨닫고 개심 하여야 하나님의 속죄의 어린양 그리스도 예수님의 피로써 그의 죄를 용서해 주시되 지은 그의 모든 죄를 남김없이 완전히 다 용서해 주시는 것입니다. 그러나 죄를 용서함 받는 것만으로는 영원한 생명을 받지 못합니다. 죄를 짓지 않았던 죄 없던 본래의 상태로 돌아가는 것뿐입니다.

2. 의롭다함을 받는 것은 영원히 복된 생명을 누릴 공로를 받는 것이다.

죄를 용서함 받는 것만으로는 영원한 생명을 누릴 자격이 없습니다. 영원한 생명을 받아서 누릴 자격은 하나님의 모든 말씀과 뜻에 한 번도 어기지 않고, 순종하는데 한 번도 부족함 없이 완전한 순종을 한 자라야 합니다. 한 번 순종을 부족하게 하여도 죽어야 합니다.

이렇게 완전히 순종하여 죽지 않을 수 있는 사람은 아담부터 한 사람도 없습니다. 오직 한 사람 그리스도 예수님뿐이십니다. 예수님만이 하나님께 완전히 순종하실 수 있고 완전히 순종하셨습니다.(빌 2:7,8) 예수님은 우리와 꼭 같은 사람이면서 하나님이시기 때문에 가능한 것입니다. 하나님 아버지께서는 그렇게 가능한 방법으로 독생자 예수님을 보내셔서 하나님께 대하여 개심하는 자들의 죄를 예수님의 피흘려 죽으심 때문에 용서해 주시고 예수님께서 죽으심에서 죄 없으시므로 부활하심을 확실히 믿는 자들에게는 그 예수님께서 하나님 아버지께 완전히 순종하셨던 의를 그들에게 전가하여(轉嫁~넘겨씌워) 의롭다해 주시는 것입니다. 이러한 예수님의 완전한 의의 공로를 입어서 영생을 받게되는 것입니다. 이 방법 외에는 인생이 영원한 생명을 받을 방법이 없는 것입니다.(행 4:12)

천주교에서, 마리아에게 기도하면 마리아가 아들 예수님에게 요청하여 기도가 잘 응답된다고 신자들에게 인식시켜 그렇게 하고 있는 것은 너무나 유치한 인간적 발상인 것입니다. 천주교만 아니라 개신교에서도 이토록 귀중한 믿음으로 의롭다함을 받는 사실에 대하여 신자들에게 너무나 잘 가르치지 않고 바로 가르치지 못하고 있습니다.

3. 개심하여 올바른 의인 된 사람이 믿음으로 의롭다함을 받는 것이다.

기독교는 이처럼 중요한 이신득의(依信得意) 교리에 대하여 크게 곡해하고 있습니다. 대표적으로 로마서 1:17절에 "의인은 믿음으로 살리라"는 말씀을 '오직 믿음으로 의롭다함을 받아 구원을 받는다' 고 해석하는 것입니다.

피상적으로 보면 맞는 말 같지만 오늘날 개신교에서 알고 가르치는 개념은 성경에 말씀하신 하나님의 의도와는 맞지 않는 것입니다. 로마서 1:17절에 믿음으로 살리라 한 '의인' 은 < Ὁ(호) 그는 δίκαιος(디카이오스) **(성격이나 행위에)공정한, 흠 없는, 거룩한, 의로운, ←형용사**>' 이라는 말입니다. '의롭다함' 이라는 헬라어는 형용사가 아니고 동사 <δικαιόω(디카이오오) **의롭다고 간주하다, 흠 없다고 여기다**>' 입니다.(롬 5:1) 같은 구절인 구약 하박국 2:4절의 히브어도 <צַדִּיק(찻디크) **의로운, 공정한, 올바른**> 입니다.

그러므로 로마서 1:17절에서 '의인' 은 그냥 믿는 사람을 말한 것이 아니라 개심하여 성격이나 행위가 의롭고 공정하고 올바로 된 사람이 그것으로는 영생 얻을 완전한 의가 못되므로 예수님을 믿음으로 완전한 의를 전가 받아서 영원한 생명을 얻는다는 말인 것입니다. 믿어서 의롭다함을 받은 사람을 말한 것도 아닙니다. 의롭다함을 받은 사람이 믿음으로 또 의롭다함을 받아 산다는 것은 말이 안됩니다.

그러므로 여기서도 죄인이 하나님 앞에 개심 하여 의롭고 올바른 사람이 되는 것이 우선되어야 하는 개심의 중요성을 의미하고 있는 것입니다.

예화

똥 구덩이에 빠졌던 사람을 끌어올려서 옷을 벗겨서 물로 철저히 씻고 새 옷을 입히는 두 방면과 같음.

Memo

15. 물과 성령님에 의해 거듭나야

【 성경/ 요 3:3, 5; 딛 3:5 】

Memo

예수님께서 전파하신 복음에 없어서는 안될 **셋째 요소**는 진리의 성령님으로 거듭나야 한다 하신 것입니다. 기독교에 있어 모두 거듭나야 한다고 말은 하지만, 거듭나는 것이 어떤 것인지 개념이 바르고 확실하지 못하면 거듭남이 아닐 수 있기 때문에 이 문제는 매우 중요합니다.

1〉 예수님께서는 어떤 누구든지 물과 성령님에 의하여 거듭나게 되지 아니하면 하나님의 왕국에 들어갈 수 없다고 하셨다.

예수님께서 "사람이 위로부터 나게 하심이 아니면 하나님의 왕국을 지각할 수 없고,(3절) 어떤 누구든지 물과 성령님에 의하여 거듭나게 되지 아니하면 하나님의 왕국에 들어갈 수 없느니라"고 하셨습니다.(5절) '위로부터' 새로 다시 나는 것은, 예수님께서 "너희는 아래로 났고 나는 위를 향하여 났으며 너희는 이 세상에 속하였고 나는 이 세상에 속하지 아니하였노라"고 하셨고,(요 8:23) 예수님은 마리아에게서 났지만 성령님에 의하여 잉태되어 태어나셨으며,(마 1:20) 위를 향하여 나셨고, 육신으로 나셨지만 세상에 속한 사람이 아니셨던 것을 생각해야 합니다. 그러므로 하나님의 왕국에 들어갈 거듭나는 성도는 물과 성령님에 의

하여 위로부터, 위를 향한, 세상에 속하지 않은 사람으로 다시 태어나야 하는 것입니다.

거듭남에 있어 물은 더러운 것을 씻는 것을 말함인데 고린도전서 6:11절에 "주 예수 그리스도의 이름과 우리 하나님의 성령 안에서 씻음과 거룩함과 의롭다하심을 얻었느니라"고 하였고, 에베소서 5:26절에는 "물의 말씀으로(←헬라 원어) 씻어 깨끗하게 하사 거룩하게 하시고"라고 한 것입니다. 거듭나는 사람은 옛 사람의 더러움을 씻어버림을 받는 것입니다. 진정으로 하나님의 왕국의 복음을 듣고 하나님께 대하여 어떻게 잘못되었음을 깨닫고 개심하는 사람은 그 죄성과 성질의 더러움을 씻어 주시는 것입니다. 거듭나게 하심에 있어 사람 자신의 더러움을 씻는 방면을 말하는 것입니다.

성령으로라는 말은 "하나님을 따라 의와 진리의 거룩함으로 지으심을 받은 새사람으로 지으심을 받는" 것을 말합니다.(엡 4:24) 이에 대하여 사도 바울께서 디도서 3:5절에 "우리를 구원하시되… 그의 긍휼하심을 좇아 중생의 씻음과 성령의 새롭게 하심으로 하셨나니"라고 하였으니 하나님의 왕국에 들어가는 구원받은 자는 옛사람의 더러움을 씻음과 하나님을 따라 새사람으로 지으심 받는 두 방면의 시작이 확실해야 하는 것입니다.

Memo

Memo

2〉 진리의 성령님의 거듭나게 하심이 어떤 것임을 바로 알아야 한다.

거듭나게 하심이 어떤 것임을 바로 알려면 성령님께서 어떤 분이신가를 바로 알아야 합니다. 예수님께서 보내신 성령님은 '진리의 성령님' 이라고 하셨고,(요 14:17, 15:26, 16:13, 요일 4:6) 성령님께서 모든 것을 가르치시고 내가 너희에게 말한 모든 것을 기억을 떠오르게 하며, 나를 증거하시며, 모든 진리 가운데로 인도하시리라고 하셨습니다.(요 14:26, 15:26, 16:13) 예수님께서 증거하신 왕국에 관한 말씀은 진리로서(요 18:37) 예수님께서 말씀하신 하나님의 왕국복음의 모든 것은 아버지께 보고 들으신 말씀으로서 진리라고 하셨습니다.(요 8:40, 12:50. 17:17) 그러므로 물과 성령님의 거듭나게 하심은 예수님께서 증거하신 바른복음 진리의 말씀으로 새사람으로 지으시는 것을 말합니다. 사도 바울은 "누구든지 그리스도 안에 있으면 새로운 피조물이라 이전 것은 지나갔으니 보라≪모든 것이≫새것이 되었도다"고 하였고,(고후 5:17) 야고보서 1:18절에는 "하나님 아버지께서 자신의 뜻을 좇아 진리의 말씀으로 우리를 낳으셨느니라"고 하였으며, 사도 베드로도 "너희가 거듭난 것이… 하나님의 살아 있고 항상 있는 말씀으로 되었느니라… 너희에게 전한 복음이 이 말씀이니라"고 하였습니다. (벧전 1:23, 25) 그러므로 거듭나는 사람은 예수님의 모든 말씀에

Memo

부합하고 예수님의 말씀을 준행하는 사람으로 하나님의 왕국에 합당한 새사람으로 새롭게 태어나는 것입니다. 요한일서 2:4절에 "저를 아노라 하고 그의 명령들을 지키지 아니하는 자는 거짓말하는 자요 진리가 그 속에 있지 아니하되 누구든지 그의 말씀을 지키는 자는 하나님의 사랑이 참으로 그 속에서 온전케 되었나니 이로써 우리가 저 안에 있는 줄을 아노라"고 하였습니다. 그러므로 물과 성령님에 의하여 거듭남을 받은, 하나님의 왕국에 들어가는 자, 구원받은 자는 예수님의 말씀을 잘 지키는 새사람이 되는 것입니다.

사도 요한은 "지내쳐 <파스 호 파라바이논, 카이 **~빗나가고 있으며 그리고**> 그리스도 교훈(가르침)에 거하지 아니하는 모든 자는 하나님을 모시지 못하되 ≮그리스도의≯ 교훈(가르침)에 거하는 이 사람이 아버지와 아들을 모시느니라 누구든지 이 교훈(가르침)을 가지지 않고 너희에게 나아가거든 그를 집에 들이지도 말고 ≮그에게≯ 인사도 말라 그에게 인사하는 자는 그 악한 일에 참예하는 자임이니라"고까지 하였습니다.(요이 1:9, 10)

기독교는 바른복음과 성령님이 어떤 분이심을 바로 알지 못함으로 거듭남이 어떤 것인지를 바로 알지 못하고 혼란과 미혹이 만연되어져 있습니다.

16. 주님 사랑하는 자, 말씀 지킨다

【 성경/ 요 14:23~25 】

Memo

예수님과 사도들이 전파하신 복음의 일곱 요소 중에 **네 번째**는 구원을 받은 사람은 주님을 사랑하여 말씀을 지키는 자라고 하신 것입니다. 기독교는 이를 거의 무시해 버리고 있습니다.

1〉 예수님께서는 말씀을 지키라고 누누이 강조하셨다.

예수님께서 전파하고 가르치신 말씀들을 유의해 보면 말씀을 지키라고 누누이 강조하신 것입니다. 마태복음 16:27~"인자가 아버지의 영광으로 그 천사들과 함께 오리니 그때에 각 사람의 행한 대로 갚으리라" 28:20절~"내가 너희에게 분부한 모든 것을 가르쳐 지키게 하라" 마가복음 12:33,34절~"마음을 다하고 지혜를 다하고 힘을 다하여 하나님을 사랑하는 것과 이웃을 제 몸(자신←헬라 원어)과 같이 사랑하는 것이 전체로 드리는 모든 번제물과 기타 제물보다 나으니이다. 예수께서 그 지혜 있게 대답함을 보시고 이르시되 네가 하나님의 나라(왕국←헬라 원어)에 멀지 않도다." 누가복음 6:46~ 49절~"너희는 나를 불러 주여 주여 하면서도 어찌하여 나의 말하는 것을 행치 아니하느냐. 내게 나아와 내 말을 듣고 행하는 자마다 누구와 같은 것을 너희에게 보이리라. 집

	Memo
을 짓되 깊이 파고 주초를 반석 위에 놓은 사람과 같으니 큰물이 나서 탁류가 그 집에 부딪히되 잘 지은 연고로 능히 요동케 못하였거니와 듣고 행치 아니하는 자는 주초 없이 흙 위에 집 지은 사람과 같으니 탁류가 부딪히매 집이 곧 무너져 파괴됨이 심하니라" 8:15절~"좋은 땅에 있다는 것은 착하고 좋은 마음으로 말씀을 듣고 지키어(굳게 붙잡아←헬라 원어) 인내로 결실하는 자니라" 8:21절~"예수께서 대답하여 가라사대 내 모친과 내 동생(형제←헬라 원어)들은 곧 하나님의 말씀을 듣고 행하는 이 사람들이라" 10:37절~"가로되 자비를 베푼 자니이다. 예수께서 이르시되 가서 너도 이와 같이 하라(행하라←헬라 원어)" 11:42절~"화 있을진저 너희 바리새인(들)이여 너희가 박하와 운향과 모든 채소의 십일조를 드리되 공의와 하나님께 대한 사랑은 버리는도다. 그러나 이것도 행하고 저것도 버리지 아니하여야 할찌니라" 14:25~33절~"허다한 무리가 함께 갈새 예수께서 돌이키사 이르시되 '무릇 내게 오는 자가 자기 부모와 처자와 형제와 자매와 및 자기 목숨까지 미워하지 아니하면 능히 나의 제자가 되지 못하고, 누구든지 자기 십자가를 지고 나를 좇지 않는 (십자가를 지지 않고 나를 좇는 ←헬라 원어) 자도 능히 나의 제자가 되지 못하리라. … 이와 같이 너희 중에 누구든지 자기의 모든 소유를 버리지 아니하면 능히 내 제자가 되지 못하리라" 요한복음	

종합설교집

12:47~50절~"사람이 내 말(들)을 듣고 지키지(믿지←헬라 원어) 아니할찌라도 내가 저를 심판하지 아니하노라. 내가 온 것은 세상을 심판하려 함이 아니요 세상을 구원하려 함이로라. 나를 저버리고(**세운 것을 얕보고, 무효로 하고, 따로 치워놓고←헬라 원어**) 내 말(들)을 받지 아니하는 자를 심판할 이가 있으니 곧 나의 말한 그말이 마지막 날에 저를 심판하리라 내가 자의로 말한 것이 아니요 나를 보내신 아버지께서 나의 말할 것과 이를(**전파할**←헬라 원어) 것을 친히 명령하여 주셨으니 나는 그의 명령이 영생인줄 아노라 그러므로 나의 이르는(**전파하는**←헬라 원어) 것은 내 아버지께서 내게 말씀하신 그대로 이르노라(**전파하노라**←헬라 원어)" 하셨습니다.

계시록 22:7절~"보라 내가 속히 오리니(**간다**←헬라 원어) 이 책의 예언의 말씀들을 지키는 자가 복이 있다" 12절~"보라 내가 속히 오리니(**간다**←헬라 원어) 내가 줄 상이 내게 있어 각 사람에게 그의 일한(=**행위**) 대로 갚아 주리라" 14절~"그의 두루마기를 빠는(**명령들을 행하는**←헬라 원어 전통원문) 자들은 복이 있으니 이는 저희가 생명나무에 나아가며 문들을 통하여 성에 들어갈 권세를 얻으려 함이로라(**얻기 때문이라**←헬라 원어)"고 하였습니다.

2〉 예수님 말씀 지키는 자라야 예수님 사랑하는

자라 하셨다.

요한복음 14:21절~"나의 계명을 가지고 지키는 자라야 나를 사랑하는 자니 나를 사랑하는 자는 내 아버지께 사랑을 받을 것이요 나도 그를 사랑하여 그에게 나를 나타내리라" 23,24절~"예수께서 대답하여 가라사대 사람이 나를 사랑하면 내 말(들)을 지키리니 내 아버지께서 저를 사랑하실 것이요 우리가 저에게 와서 거처를 저와 함께 하리라. 나를 사랑하지 아니하는 자는 내 말(들)을 지키지 아니하나니 너희의 듣는 말은 내 말이 아니요 나를 보내신 아버지의 말씀이니라." 15:10절~"내가 아버지의 계명을 지켜 그의 사랑 안에 거하는 것같이 너희도 내 계명을 지키면 내 사랑안에 거하리라" 요한일서 2:4~6절~"저를 아노라 하고 그의 계명(들)을 지키지 아니하는 자는 거짓말하는 자요 진리가 그 속에 있지 아니하되 어떤 누구든지 그분의 말씀을 지키는 자는 참으로 하나님의 사랑이 이 사람 안에 완전하게 되었나니"라고 하였습니다. 하나님(예수님)의 사랑이 참으로 그 사람에게 성취되어진 증거는 그가 하나님(예수님)을 사랑하여 그 말씀을 수행(守行)하는 것이다. 가장 확실한 증거입니다.

이렇게도 성경에 분명히 말씀하셨는데도 오늘날 기독교는 오직 은혜, 오직 믿음으로만 구원을 얻는다는 교리만 믿고 있는 것입니다.

Memo

17. 아버지께서 완전하신 것처럼

【 성경/ 마태복음 5:48 】

| Memo | **1〉 사람을 완전하게 하시는 것이 하나님께서 구원하시는 목표이다**
하나님께서 사람을 창조하셔서 에덴 동산에 살게 하셨을 때 하나님의 모습과 형상대로 죄 없이 창조하셨습니다.(창 1:26,27) 그렇다면 새 하늘과 새 땅에서 영원토록 왕노릇 하게 하실 사람들을 구원하심을 어느 정도로 하시겠습니까? 로마서 8:29절에 "하나님이 미리 아신 자들로 또한 그 아들(예수님)의 형상을 본받게 <쉼모르프후스 **같은 모양 되게**> 하기 위하여 미리 정하셨으니"라고 하였으며, 에베소서 1:4절에는 "창세 전에 그리스도 안에서 우리를 택하사 우리로 사랑 안에서 거룩하고 흠이 없게 하시려고… 자기의 아들들이 되게 하셨으니"라고 하였습니다. 빌립보서 3:21절에는 "우리의 낮은 몸을 자기 영광의 몸의 형체와 같이 변케 하시리라"고 하였으니, 생명과 몸만 아니라 성품까지도 예수님과 같게 하시는 것이 하나님의 구원의 목표입니다. 왜냐하면 영원한 새 하늘과 새 땅에서 천사들을 거느리고 주님과 함께 영원토록 왕노릇 할 성도들을 어느 정도로 영광스럽게 하실 것을 거듭난 성도는 짐작이 됩니다.
그런데 해와 달과 별의 영광이 다르며, 별과 별의 영광이 다르듯이(고전 15:41) 구원받은 성도들 |

의 기본적인 영광은 천사보다 더 존귀하나 구원받은 자들이 세상에서 어떻게 완전하도록 힘썼는가에 따라 영광의 큼이 다른 것입니다. 주님께서 재림하셔서 각 사람의 행(일)한 대로 갚아 주실 것이라고 누차 말씀하셨습니다.(마 16:27; 막 8:38; 롬 2:6; 계 22:12)

구원받은 의인들은 자기 아버지의 왕국에서 해와 같이 빛날 것이라고 하셨습니다.(마 13:43) 아침 동편에 막 솟아 오른 해가 얼마나 아름답고 빛납니까? 너무나 감동적이 아닙니까? 변화산 위에서 예수님의 모습이 변화되었을 때 제자들은 엎드려져 심히 두려워했다고 하였으며,(마 17:1~8) 사도 요한도 밧모섬에서 계시를 받을 때 주님의 영광스런 모습을 보고 엎드러져 죽은 자같이 되었다고 하였으니,(계 1:13~19) 너무나 영광스럽고 위엄찬 모습이었기 때문입니다. 한 천사가 하룻밤에 앗수르 군대 십 팔만 오천 명을 시체로 만들었으니,(사 37:36) 천사가 호위하는 구원받은 성도는 어떤 위상(位相)이겠습니까?

2〉 교회 사역자를 세우신 것은 성도를 완전 케 하기 위한 것이다.

하나님께서 성도를 구원하신 목표와 교회에 사역자들을 세우신 목적은 구원받은 성도들로 하여금 완전한 사람을 이루어 그 아들 예수님의 성숙의 충만한 정도까지 이르게 하기 위함인 것입니

Memo

종합설교집

Memo

다.(엡 4:11, 12) 그러므로 교회 사역자들은 하나님의 목표와 사역자로 세우심 받은 목적을 바로 알아야 올바로 일을 할 수 있으며, 이것을 바로 알지 못하면 일을 잘했다고 할 수 없는 것입니다. 오늘날 기독교는 이를 완전히 망각하고 있으니 너무나 탄식할 일이 아닐 수 없습니다.

홍수에서 구원받은 노아는 의인이요 당세에 완전한 자라 하였고(창 6:9) 아브라함의 믿음을 의롭다하신 하나님께서는(창 15:6) 또한 그의 99세 때에 나타나셔서 "나는 전능한 하나님이라 너는 내 앞에서 행하여 완전하라"고 하셨습니다.(창 17:1) 그리고 이스라엘 백성들에게도 "너는 네 하나님 여호와 앞에 완전하라" 하셨고,(신 18:13) 제물도 흠없는 완전한 것으로 드리라 하셨습니다. 구약성경에 흠없는 완전한이라는 말 '타밈'은 91회 사용되었습니다. 시편 119:1절에는 "행위 완전하여 여호와의 법에 행하는 자가 복이 있음이여"라고 하였습니다.

은혜와 믿음으로 구원받는 줄로 알고 있는 신약성경에 완전이란 말 '텔레이오'가 49회나 사용되었으니 무슨 이유입니까? 유의해서 읽어야 할 성구는 마 5:48, 19:21; 눅 8:14; 요 4:34, 17:4, 23, 19:28; 롬 12:2; 고전 13:10, 14:20; 고후 12:9, 엡 4:13; 빌 3:15; 골 1:28, 3:14, 4:12; 히 5:14, 6:1, 10:14, 12:2, 23; 약 1:4, 17, 2:22, 3:2; 벧전 1:13; 요일 2:5, 4:12절 등입니다. 구약에는 완전이라는

'타밈' 이란 말이 흠없는 제물을 드리라 함에서 많이 사용되었지만 그렇지 않은 신약에서 완전이란 말 '텔레이오' 가 이렇게 많이 사용된 것은 매우 유의해야할 일입니다.

사도 바울은 "평강의 하나님이 친히 너희로 온전히<홀로텔레이~스 **절대적으로 완벽히, 끝까지 완전히**> 거룩하게 하시고 또 너희 온<홀로클레론 **모든 부분의 완전한**> 영과 혼과 몸이 우리 주 예수 그리스도의 강림하실 때에 흠 없게 보전되기를 원하노라… 그가 또한 이루시리라" 하였고,(살전 5:23,24) "너희는 하나님을 본받는 자가 되라" 고 하였습니다.(엡 5:1) 사도 베드로께서도 성도들에게 "주 앞에서 점도 없이 흠도 없이 평강 가운데 나타나기를 힘쓰라" 고 하였습니다.(벧후 3:14)

예수님께서는 산상수훈을 말씀하시면서 "그러나 하늘에 계신 너희 아버지께서 완전하신 것처럼 너희는<휘메이~스 **너희를 스스로**> 완전할 것이다<에세스드헤(**미래 중간디포**)~**미래 자발적으로**>" 고 하셨습니다. "증인이 되리라" 도 같은 '에세스드헤' 입니다.(행 1:8) 그러므로 '완전하라' 는 말씀은 구원과는 관계없다고 칠색팔색 분개까지 하는 오늘날 기독교는 크게 각성하고 주의깊이 말씀을 새롭게 올바로 깨닫도록 해야 합니다.

Memo

종합설교집

18. 성령님 안에서 충만함 받아야

【 성경/ 요 20:19~23; 눅 24:49 】

Memo	
	성령님 안에서 충만함을 받아야 예수님께서 말씀하신 모든 것을 성취할 수 있습니다. 그러므로 성령충만은 선택 사항이 아니고 필수입니다. **1〉 성령님 안에서 충만함의 목적이 무엇인가?** 먼저 성령님 안에서 충만함의 목적이 무엇임을 바로 알지 못하면 올바른 성령님의 충만함을 받을 수 없고 목적을 성취 할 수도 없으므로 대단히 중요한 문제입니다. 이를 위해서는 예수님께서 제자들에게 성령님을 받으라, 보내 주시겠다 하시고, 그리고 성령님은 어떤 분이시며, 성령님이 오시고 제자들이 권능을 받게 되면 어떻게 될 것이라고 하신 말씀에서 성령님으로 충만해야 할 목적과 역할을 알 수 있는 것입니다. 예수님께서 제자들에게 말씀하시기를 “내가 아버지께 구하겠으니 그가 또 다른 보혜사<돕는 자>를 너희에게 주사 영원토록 너희와 함께 있게 하시리니 저는 진리의 영이라 세상은 능히 저를 받지도 못하나니 이는 저를 보지도 못하고 알지도 못함이라. 그러나 너희는 저를 아나니 저는 너희와 함께 거하심이요 또 너희 속에 계시겠음이라”하셨습니다.(요 14:16, 17) 성령님은 예수님의 사역과 또 다른 보혜사라 하셨습니다. ‘보혜

사' 라는 말은 '중보자, 위로자, 변호자' 라는 의미로서 '돕는자' 라는 말입니다. 성령님께서는 성도와 함께 계시며 성도 안에 계셔서 중보해 주시고 위로해 주시고 변호해 주시는 분이십니다. 성도에게 있어 구원과 신앙에 너무나 중요한 역할을 하시는 거룩한 영이십니다. 성령님의 충만함은 가장 먼저 성도가 구원과 신앙에 확신과 담대함과 위로와 기쁨이 충만하게 되는 것입니다. 오순절에 성령님의 충만함을 받은 사도들과 성도들을 그렇게 되게 하셨던 것입니다.

그리고 그 성령님은 '진리의 영' 이라 하셨습니다. 예수님께서는 세상에 왕으로 오셨고, 진리를 증거하려 오셨다고 하셨습니다.(요 16:7, 18:37) 그리고 진리의 성령님이 오시면 그분이 너희를 모든 진리 가운데로 인도하시리라고 하셨으며,(요 16:13) "보혜사 곧 아버지께서 내 이름으로 보내실 성령 그분께서 너희에게 모든 것을 가르치시고 내가 너희에게 말한 모든 것을 생각나게 하시리라" 고 하셨습니다.(요 15:26)

그러므로 성령님께서 하시는 일차적 사역은 예수님께서 증거하신 진리의 말씀들을 깨닫게 하시고, 생각나게 하셔서, 진리의 말씀 가운데로 인도하시는 일입니다. 왜냐하면 성령님을 보내신 목적은 바른복음 진리의 말씀을 증거하신 예수님의 사역하신 것을 구원받는 자들에게 적용하고 완성하시기 위함이기 때문입니다.

Memo

그리고 성령님을 보내신 주요한 목적 또 한가지는 예수님을 증거하기 위한 목적입니다. "내가 아버지께로서 너희에게 보낼 보혜사 곧 아버지께로서 나오시는 진리의 성령이 오실 때에 그가 나를 증거하실 것이요 너희도 처음부터 나와 함께 있었으므로 증거하느니라"고 하셨고,(요 15:26, 27) 그리고 부활하신 후 제자들에게 "오직 성령이 너희에게 임하시면 너희가 권능을 받고 예루살렘과 온 유대와 사마리아와 땅 끝까지 이르러 내(**게 대하여**←헬라 원어) 증인이 되리라"고 하셨기 때문입니다.(행 1:8) 증인이라는 헬라어 '마르투스'에서 영어 순교자라는 말 martyr(마~터)가 유래했다고 합니다. 초대 기독교는 예수님께 대한 증인이 되려면 순교를 각오해야 하기 때문이었습니다.

오늘날 기독교는 올바른 성령충만을 알고 있습니까? 그리고 올바른 성령충만을 받고 있습니까? 예수님께서 증거하신 복음진리를 바르게 깨닫고 그 진리 가운데서 살아가고 있습니까? 그리고 예수님과 바른복음 진리에 대하여 증인이 되어 순교하려고 합니까? 이것이 없다면 바른 성령충만이 아닌 것입니다. 예수님께서 마지막 유월절 만찬 자리에서 제자들에게 "내가 아직도 너희에게 말할 것이 많으나 그러나 지금은 너희가 감당하지 못한다"고 하신 것은(요 16:12) 성령님 안에서 충만함을 받아야 예수님의 말씀대로 감당할 수 있다는 말씀인 것입니다.

2〉 성령님 안에서 충만함과 성령님의 은사의 다름.

성령님의 충만함과 성령님께서 주셔서 사역하게 하시는 은사와는 다름을 알아야 합니다. 앞서 말한 보혜사 성령님의 충만함을 받아야 올바른 신자가 될 수 있지만, 성령님께서 복음사역과 교회를 위하여 나눠주시는 직분이나 재능 곧 달란트는 구원받지 못하는 사람에게도 주시는 것입니다. 구원받지 못한 가롯 유다에게도 사도의 직분을 주시고 회계의 직책을 맡기셨으며 병 고치고 귀신을 쫓아내는 권능도 주셨습니다.(마 10:1~4) 이렇게 사역을 한 많은 자들이 마지막 날 예수님 앞에서 외면당할 것을 미리 경고하셨습니다.(마 7:22,23) 오늘날 기독교는 마지막 날 주님으로부터 외면당할 자들이 어떤 자들인지도 모르고 가룟 유다가 열심당이었듯이 열심히만 하고 있습니다. 그러나 사도 바울께서 "저희가 하나님께 열심히 있으나 지식을 좇은 것이 아니니라"고 함과 같이(롬 10:2) 하나님의 의를 모르고 자기 의를 세우려고 하는 것은 큰 오산입니다. 은사와 능력을 부인해서도 안되지만 성령님의 충만함과 은사를 분별할 줄 알아야 하는 것입니다.

Memo

19. 지금은 감당할 수 없으리라

【 성경/ 요한복음 16:12~15 】

Memo

예수님께서 세상에서 사역을 마치시고 십자가에 못 박혀 죽으시기 위해 예루살렘에 올라 오셔서 열두 제자들과 함께 마지막 유월절 만찬을 드시던 자리에서 하신 말씀입니다. “내가 아직도 너희에게 말할 것들이 많으나 지금은 너희가 감당하지 <바스타제인 **영접하지, 짊어지지, 버티어 유지하지, 견디지**> 못하리라” 하셨습니다.

1〉 3년 간 훈련받은 제자들도 오순절 전에는 감당치 못했다.

예수님의 제자들이 3년 간 밤낮으로 예수님께 듣고 배운 바른복음 진리의 말씀들은 기독교인이 한 평생 신앙생활을 하면서 듣고 배우는 말씀보다 양적으로 수십 배 많을 뿐만 아니라, 질적으로도 비교할 수 없을 만큼 위대하였고, 경험한 이적으로는 말할 수 없을 정도입니다.

하나님께서 친히 보내신 아들 예수님으로부터 3년 간이나 직접 말씀과 이적과 능력을 듣고 보고 경험한 제자들이었음에도 불구하고 확실히 깨달아 믿지 못하고 변화되지 못하고 거듭나지 못하였던 것입니다.

사도 베드로는 그리스도 예수님의 부활하심으로 말미암아 우리를 거듭나게 하사 산 소망이 있게 하셨다고 하였으니(벧전 1:3) 예수님께서 부활하신 후 성령님 안에서 거듭나게 되었다고 고백한 것입니다.

제자들에게 예수님께서 고난을 받으시고 죽으셔야 하며 부활하신다는 말씀을 하셔도 하나도 깨닫지 못하였다고 하였으며,(눅 18:31~34) 수제자 베드로는 "예수님을 붙들고<향하여> 간하여<다르게> 가로되<말하기 시작하기를> 그리하지 마옵소서<하나님은 자비로우십니다> 주여<당신에게는> 이 일이<그것이> 결코 미치지 아니하리이다<미래일 것입니다>"라고 했을 때 예수님께서는 베드로에게 "사탄아 내 뒤로 물러가라 너는 나를 넘어지게 하는<덫, 함정, 걸림돌이 되게 하는> 자로다"라고 하셨던 것입니다.(마 16:21~23) 뿐만 아니라 심지어 마지막 유월절 만찬석에서도 "저희 사이에 누가 크냐 하는 다툼이" 남으로 예수님께서 섬김을 가르치셨다고 하였으니,(눅 22:24~27) 얼마나 변화되지 못했습니까? 그리고 베드로와 제자들 모두 "주님과 함께 죽을지언정 주님을 부인하지 않겠나이다"라고 했지만,(막 14:31) 다 도망쳤던 것입니다.(50절) 그렇게 장담하던 베드로도 세 번 부인하게 되었으니,(마 26:53~56, 67~75) 얼마나 애통한 일입니까?

부활하신 예수님께서 제자들이 음식 먹고 있을 때에 나타나셔서 자기의 살아난 것을 본 자들의

Memo

Memo

말을 믿지 않는 제자들의 믿음 없음과 마음이 완악한 것을 꾸짖으셨다고 하셨습니다.(막 16:14) 참으로 제자들은 예수님께서 부활하시고 성령님이 오셔서 깨닫게 하시고 거듭나게 하시기 전에는 그처럼 바른 진리의 말씀을 많이 듣고 이적과 능력을 수없이 보고 체험했음에도 예수님의 말씀을 감당할 수<영접할 수, 짊어질 수, 버티어 유지할 수, 견딜 수> 없었던 것입니다.

2〉 오순절 후 성령님으로 거듭나고 충만해지니 감당할 수 있었다.

예수님께서 부활하신 지 40일만에 승천하시고 제자들이 예수님께서 명령하신 대로 순종하여 예루살렘을 떠나지 않고(눅 24:49; 행 1:4) 마가 요한의 다락방에서 오순철까지 약 열흘 간 한 마음으로 기도에 전심하여 성령님의 충만케 하심을 받은 후 완전히 달라졌던 것입니다. 예수님께로부터 듣고 배운 모든 말씀을 실행하고 감당할 수 있게 되어졌던 것입니다. 오순절 후 사도들은 개심한 제자들에게 예수님께서 명령하신 모든 말씀을 가르쳐 지키게 하였고,(마 28:20; 행 2:42~ 47; 4:31~35) 사도들은 예수님의 이름을 위하여 능욕받는 일에 합당한 자로 여기심을 기뻐하게까지 되었던 것입니다.(행 5:41)

“내가 아직도 너희에게 말할 것들이 많으나 지금은 너희가 감당하지 못하리라. 그러하나 **진리**

의 성령님이 오시면 그가 너희를 모든 진리 가운데로 인도하시리니 ~~ 그가 내 영광을 나타내리니 내 것을 가지고 너희에게 알리겠음이라" (요 16:12~15) 예수님께서 보내신 진리의 성령님은 예수님께서 하신 말씀들을 가지고 알리는 일을 하시고 예수님과 그 말씀을 증거하기 위해 순교까지 하게 하십니다.

이 설교집에서 예수님께서 증거 하신 말씀들 요점 그대로를 명확하게 설명하였습니다. 설교집을 읽는 자나 설교를 듣는 자들이 곧바로 말씀을 이해하고 영접하고 감당할 수 없는 것입니다. 최소한 3년 이상 이 말씀을 지속적으로 들어야 하고 기도하여 진리의 성령님으로 거듭나야 하고 충만함을 받아야 감당할 수 있는 것입니다. 이 설교집의 말씀을 읽고 기존 교리와 신앙으로 당장 이해가 되지 않는다고 배척해서는 안됩니다. 이 설교를 듣고 반박하고 떠나는 사람도 있을 것입니다. **예수님께도 그런 일이 있었고,**(요 6:60~71, 7:7, 43, 44) **사도 바울도 그러했습니다.**(행 19:8, 9, 28:23~29) 바른복음을 전하는 자들은 반드시 이 점을 감안하고 각오하여야 합니다. 복음전파의 반응과 결과에 너무 과민하지 말아야 합니다. 순종하든지 저버리든지 전하라 하셨습니다.(겔 2:4)

Memo

20. 하나님의 왕국에 들어가는 요건

【 성경/ 마 18:3; 눅 18:17; 계 21:27 】

Memo

하나님 왕국의 복음을 전파하신 예수님께서, 이런 자는 절대로<οὐ μὴ ← 이중부정>하나님의 왕국에 들어가지 못한다고 여러 번 말씀하셨으므로 유의해야 합니다. 오늘날 기독교는 예수님께서 하신 이런 말씀들을 완전히 무시하고 있습니다.

1〉 하나님의 왕국을 어린 아이와 같이 영접하지 않으면 절대로 들어가지 못한다고 하셨다.〈막 10:15; 눅 18:17〉

"내가 진실로 너희에게 말하노니 누구든지 하나님의 왕국을 어린아이와 같이 영접하지(받들지 ←**한글성경**) 않는 자는 절대로<우 메 ←**이중 부정**> 그곳에 들어가지 못한다"(막 10:15; 눅 18:17) 하셨습니다. '우 메' 이중으로 부정한 '절대로' 라고 하신 말씀을 유의해야 합니다. 하나님의 왕국은 복음의 핵심입니다. 그럼에도 기독교는 이렇게 중요하고 강조하신 말씀을 오랜 동안 망각하고 있으니 참으로 개탄스럽습니다.

2〉 돌이켜 어린 아이들과 같이 되지 아니하면 하늘의 왕국에 절대로 들어가지 못한다고 하셨다.〈마 18:3〉

제자들이 예수님께 "하늘의 왕국에서는 참으

로 누가 크니이까"라고 여쭈웠을 때 말씀하시기를 "내가 진실로 너희에게 말하노니 너희가 돌이켜 어린 아이들과 같이 되지 아니하면 하늘의 왕국에 절대로<우 메 ←**이중 부정**> 들어가지 못하리라" 하셨습니다. 그러면 어린아이들과 같이 되는 것이 어떤 것인가? 바로 이어서 하신 말씀, "그러므로 누구든지 이 어린 아이와 같이 자기를 낮추는<*ταπεινώσῃ* (타페이노세) **신분과 마음을 낮추다**> 그이가 하늘의 왕국에서 큰 자니라"고 하신 것입니다. 제자들은 '하늘의 왕국에서 누가 크니이까' 라고 여쭈었는데, "너희가 '돌이켜<**방향을 바꾸어**> 어린 아이들과 같이 되지 아니하면 하늘의 왕국에 절대로 들어가지 못한다"고 말씀하셨으니, 하늘의 왕국에서 누가 큰 자인가 이전에 어떤 자가 들어가는 가가 더 우선적 문제라는 말씀입니다. 마가복음 10:14절에는 하늘의 왕국은 이런 자들의<*τοιούτων*(토이우톤)**이러한 종류의(성격이나 개성을 표현하는)**> 자들의 것이라고 하셨습니다. 오직 믿음만을 중요시하는 오늘날 기독교는 어린 아이들과 같이 되어야 한다는 말씀도 '잘 신뢰하는 것' 으로만 생각합니다. 모든 것을 믿음에만 맞춥니다.

3〉 너희 의가 서기관들과 바리새인들 보다 더욱 뛰어나고 탁월하지 않으면 하늘의 왕국에 절대로 들어가지 못한다고 하셨다.(마 5:20)

Memo

"내가 너희에게 말하노니 만일<ἐὰν 에안> 너희들의 의가 서기관들과 바리새인들보다 탁월하고<περισσεύσῃ 프릿슈세 **(질과 양에 있어서) 초과하고, 탁월하고**> 더욱 뛰어나지<πλεῖον 플레이온 **더욱 뛰어나지, 더욱 위대하지, 매우 많지**> 않으면<μὴ 메> 하늘의 왕국에 절대로<우 메 ←**이중 부정**> 들어가지 못한다"(마 5:20)고 하셨습니다.

예수님께서 이 말씀을 하시면서 바로 앞서 "누구든지 이 계명 중에 지극히 작은 것 하나라도 버리고 또 그같이 사람을 가르치는 자는 하늘의 왕국에서 지극히 작다 일컬음을 받을 것이요, 누구든지 이를 행하며 가르치는 자는 하늘 왕국에서 크다 일컬음을 받으리라" 하시고 이 말씀을 하신 것입니다. 서기관들과 바리새인들은 당시 하나님을 믿는 사람들을 가르치는 자들입니다. 그런데 저들은 자기들의 교훈인 전통과 유전으로 하나님의 계명을 무효화하고(마 15:6) 이같은 일을 많이 행한다고 하셨습니다.(막 7:13) 오늘날 기독교는 종교개혁자들이 만든 전통적 교리로 하나님의 명령인 예수님의 말씀을 무효화하였습니다. 그리고 서기관들과 바리새인들은 사람들에게 보이기 위해서 사람들 앞에서 의를 행하고,(마 6:1~5) 박하와 운향과 모든 채소의 십일조는 드리되 공의와 하나님께 향한 사랑은 소홀히 하며(눅 11:42) 돈을 좋아하고,(눅 16:14) 서기관들은 긴 옷을 입고 다니며 사람들에게 문안 받는 것과 회당의 상좌와 잔치의 상석을 좋아하였습니다.(눅 20:46) 말하자면 거듭나지 못하고 종교적 의무와 행위를 열심히 했던 것입니다.

히브리서 9:14절에 "영원하신 성령으로 말미암아 흠 없는 자신을 하나님께 드린 그리스도님의 피가 어찌 너희 죽은 행실로부터 양심을 깨끗하게 하고, 살아 계신 하나님을 섬기게 하지 못하겠느냐"고 하였습니다. 하나님의 왕국과 십자가와 부활을 통해 진정 거듭난 자는 양심이 깨끗해져서 죽은 행실이 깨끗해짐으로, 자연적으로 그의 언행심사가 서기관들과 바리새인들보다 질과 양에서 탁월하고 더욱 뛰어나게 되는 것입니다.

4〉 모든 불결하게 하고 미운 것과 거짓말을 행하는 자는 새 하늘과 새 땅의 새 예루살렘 도시에 절대로 들어오지 못한다고 하셨다.(계 21:27)

예수님께서 하신 모든 말씀은 예수님 스스로 하신 말씀이 아니고 아버지께서 명령하여 주신대로 말하는 것이고 아버지의 말씀은 영생이라 하셨습니다.(요 12:50) 계시록의 말씀도 아버지께 받아 사도 요한애게 계시하여 주신 말씀입니다.(계 1:1) 같은 사도 요한이 기록한 요한일서 2:4절에 그분을 아노라 하면서 그분의 명령들을 준수하지 않는 자는 **거짓말쟁이며** 진리가 그 안에 있지 아니하다고 하였습니다. 어떤 자가 거짓말하는 자인지 많이 기도하고 생각해야 합니다.

Memo

21. 재림 맞을 준비하여 고대하라

【 성경/ 누가복음 12:35~48 】

Memo	예수님께서 전파하신 복음의 일곱 요소 중 마지막 **일곱 번째**는 주님의 재림을 맞이할 준비를 하여 간절히 기다리고 있으라 하신 것입니다. **1〉 주님께서 재림을 맞이할 준비를 하여 간절히 기다리라 거듭 강조하셨다.** 세상에 초림하신 예수님께서 구원받은 성도들에게 재림을 맞을 준비를 하여 고대하라고 왜 그렇게 강조하셨겠습니까? 계시록 마지막 22장에서도 세 번(7, 12, 20절) 거듭 강조하셨습니다. 그것은 분명히 속히 재림하실 것이었기 때문이었습니다. **세상은 사형 판결이 나서 언제든지 사형을 집행할 수 있는 감방에서 대기하고 있는 사형수와 같습니다.** 주후 30년 감람산 종말 예언에서도 주후 70년에 있을 예루살렘의 멸망과 세상 끝의 재림이 “이 세대가 지나가기 전에 이 모든 일이 다 이루리라” 하셨으니,(마 24:34; 막 13:28; 눅 21:29) 그때부터 70년 이내에 재림하실 것이라는 말씀입니다. 예언상 주후 70년 예루살렘이 멸망하여 이방인들에게 밟히는 동안 이방인의 구원받는 수가 차는 기간이 있어야 했는데(눅 21:24) 주후 40년 경 이방인 백부장 고넬료의 가정에 이방인들에게도 성령님을 부어 주셨고 (행 10:45) 생명 얻는 회개

를 주셨으며,(행 11:18) 주후 47년경 사도 바울의 1차 전도여행 때 "이방인들이 듣고 기뻐하여 하나님의 말씀을 찬송하며 **영생을 주시기로 작정된 자는 다 믿더라**" 하였으며,(행 13:48) 하나님께서 "**이방인들에게 믿음의 문을 여신 것**"을 보고하였다고 하였으니,(행 14:27) 이방인들의 구원받는 수가 차기 시작한 것도 오순절 후 약10년부터였습니다. 그러므로 오순절후 유대인들처럼 구원받는 수가 증가됐으면 주후 100년경까지 이방인의 구원받는 수가 찰 수 있었던 것입니다. 그렇기 때문에 주님께서 재림을 맞이할 준비를 하여 간절히 고대하고 있으라 하셨고, 초대교회 사도들과 성도들은 그들 당대에 주님께서 재림하실 것으로 알고 준비하며 고대했던 것입니다.

그런데 주후 55년경에 기록하여 보냈던 고린도후서 2:17절과 11:4절을 보면 이때 고린도 교회에 하나님의 말씀을 섞어서 품질을 떨어뜨리는 여러 사람이 있다 하였고, 다른 예수, 다른 영, 다른 복음을 전하는 것을 잘 용납한다고 한 것입니다. 주후 56년에 쓴 갈라디아 여러 교회들에 보낸 서신에도 "이같이 속히 떠나 다른복음을 좇는 것을 내가 이상 히 여기노라" 하였으며,(갈 1:6~9) 주후 67년경에 기록한 계시록에도 아시아 교회들 중에 중심 되는 일곱 교회 중에서 다섯 교회나 주님으로부터 잘못된 것들을 경고 받았으니,(계 2~3장) 얼마나 사탄의 역사가 극심했음을 보여줍니다.

Memo

Memo

이 세상 임금인 사탄은 주님께서 재림하시면 자기의 왕국이 멸망할 것이기 때문에 백방으로 총력을 다하여 바른복음 하나님의 왕국복음이 전해지지 못하도록 획책하여 하나님의 왕국이 이루어지지 못하게 하고, 오늘까지 이방인들의 구원받는 수가 차지 않음으로 재림이 지연되어온 것입니다. 오늘날 기독교는 재림이 왜 1930년 이상 지연되어 오는지 바로 알지 못하고 있습니다. 이렇게 하나님의 계획을 방해하여 온 사탄(마귀)과 인간들은 함께 영원한 불못의 형벌을 면치 못하는 것입니다.

주님께서는 얼마나 재림을 맞을 준비를 하여 고대하라고 절절하게 분부하셨는지 유의하지 않으면 안됩니다. "**허리에 띠를 띠고 등불을 켜고 서 있으라.** 너희는 마치 그 주인이 결혼의 이유로 언제든지 출발하여 들어오기 위하여 문을 두드리면 바로 열어주려고 기다리는 사람과 같이 되라"고 하셨습니다,(눅 12:35, 36←헬라 원어 직역) 얼마나 긴박감 있게 깨어 있어 기다리라는 말씀입니까? 그리고 주인이 더디 오리라 마음에 생각하고 예비치 않은 종은 신실치<민지> 아니한 자의 받는 몫에 처하리라고 하셨습니다.(눅 12:45~48) 주님의 재림을 긴장감 있게 기다리지 않은 자를 얼마나 엄중하게 다루실 것을 말씀하신 것입니다.

사도 베드로는 "하나님의 날이 임하기를<**의 재림을**> 바라보고<**생각 희망 두려움으로 예기하**

고, 부지런히 열심히 하도록 서두르고←헬라 원어> 간절히 사모하라<**기다리라**>"고 하였습니다.(벧후 3:12)

Memo

2〉 오늘날 기독교는 얼마나 재림을 준비하고 고대하는가?

오늘날 기독교는 개인적으로 극소수의 남은 자 올바른 성도 외에는 재림을 기다린다고 생각하고 말은 하나 바른 재림신앙의 실제가 없습니다. 주후 313년 이전 기독교인들의 세상 왕국과 자기를 부인한 예수님 말씀대로의 재림 고대 신앙이 거의 사라져 버렸습니다. 그 이유는 예수님과 사도들께서 전파하고 가르치신 하나님의 왕국복음을 잃어버렸기 때문입니다. 예수님과 사도들께서 전파하고 가르치신 하나님의 왕국복음은 예수님의 재림을 준비하고 고대하는 신앙생활을 하지 않을 수 없게 하는 복음입니다. 사도 바울처럼 세상이 내게 십자가에 못박히고 내가 세상에 못박혀서 부활로 새로운 피조물이 되어 전에 사람 또는 이 세상 사람과는 완전히 다른 사람으로 이 세상에 소망 두지 않고 살아가게 하는 복음이기 때문입니다.

오늘날 개신교의 원조인 종교 개혁자들은 예수님께서 종말의 일들을 계시하신 계시록을 믿음으로 구원받는다는 성경 말씀에 맞지 않는다 하여 꺼려했습니다. 참으로 두렵고 통탄할 일입니다.

〈고난 주간 설교〉

22. 죽기까지 복종하신 십자가 피

【 성경/ 빌 2:1~18; 히 9:14 】

Memo

"너희 안에 이 마음을 품으라 곧 그리스도 예수의 마음이니 그는 근본 하나님의 **본체**<모르프헤~**형상이**>시나, 하나님과 동등 됨을 취할 것으로 여기지 아니하시고, 오히려 자기를 비어 종의 형체를 가져 사람들과 같이 되었고, 사람의 모양으로 나타나셨으매, 자기를 낮추시고 죽기까지 복종하셨으니, 곧 십자가에 죽으심이라, 이러므로 하나님이 그를 지극히 높여 모든 이름 위에 뛰어난 이름을 주사, 하늘에 있는 자들과 땅에 있는 자들과 땅 아래 있는 자들로 모든 무릎을 예수의 이름에 꿇게 하시고, 모든 입으로 예수 그리스도를 주라 시인하여, 하나님 아버지께 영광을 돌리게 하셨느니라. 그러므로 나의 사랑하는 자들아 너희가 나 있을 때 뿐 아니라, 더욱 지금 나 없을 때도 두렵고 떨림으로 너희 구원을 이루라" (빌 2:5~12)

1. 성육신부터 십자가에 죽기까지 흠 없는 어린양의 속죄의 피이다.

예수님께서 십자가에 피흘려 죽으신 것은 단지 전능하고 존귀하신 그 분이 죄인 위해 죽으신 고마운 죽음이라 감격하는 그 정도만 아닙니다. 죽기까지 하나님 아버지를 기쁘시게 하고 완전히 순종하고 복종하여 의로우신 흠 없는 하나님의

어린양으로서 죽으심이었기 때문에 그 흘리신 보혈은 마귀와 함께 영원한 불 못에 던져질 죄인의 죄를 용서받아 깨끗이 씻을 수 있는 것입니다. 만약 예수님의 성육신부터 33년 생애와 십자가에 죽으심까지 하나님을 기쁘시게 하는 완전한 순종이 없었다면, 예수님의 죽으신 십자가의 피는 죄인들의 죄를 용서받게 할 수 없는 것입니다. 흠 없는 어린양이 아니면 속죄를 위한 제물이 될 수 없기 때문입니다.(레 4:3, 23, 28, 32) 사도 바울은 예수님의 성육신 곧 그는 근본 하나님의 **본체**<모르프헤 **형상이**>시나 하나님과 동등 됨을 취할 것으로 여기지 아니하시고, 오히려 자기를 비어 종의 형체를 가져 사람들과 같이 되었고, 사람의 모양으로 나타나셨으며, 자기를 낮추시고 죽기까지 복종하셨으니, 곧 십자가에 죽으심이라. 그 예수님의 마음을 품으라고 하였습니다.예수님의 복종하신 성육신과 생애가 어떠했음을 얼마나 알고 있습니까? 이스라엘 성지순례를 해보면 조금 실감이 납니다. 성지 순례를 함으로 예수님의 발자취를 더듬으며 한없이 한없이 그리움과 눈물로 가득 차게 됩니다. 작은 마을 나사렛에서 30세 될 때까지 결혼하지 않으시고 어머니와 동생들을 돌보며 사역을 준비하셨던 생애. 12세 때부터 매년 유월절에 예루살렘 성전에 가셨던 예수님.(눅 2:40~52) "너희 중에 누가 나를 죄로 책잡겠느냐?" 고 하셨던 예수님.(요 8:46)	Memo

Memo	겟세마네 동산에서 힘쓰고 애써 더욱 간절히 기도하시니 땀이 땅에 떨어지는 피 방울같이 되셨던(눅 22:44) 예수님의 심정을 누가 알겠습니까? 우리는 오늘부터 두 주간 예수님의 생애와 고난에 대한 말씀들을 읽으며 우리 죄인들을 위한 흠(죄) 없는 속죄의 어린양으로 피흘려 죽으시며 하나님 아버지께 버림까지 받으셨던 예수님을 깊이 생각하기를 바랍니다.(히 3:1~2) 계시록에서 하나님의 보좌에 계신 예수님을 항상 어린양으로 말씀하신 이유가 무엇이겠습니까?(계 5:8, 13, 6:16, 7:9, 10, 14, 12:11, 13:8, 14:4, 10, 15:3, 17:14, 19:7, 9, 21:9, 14, 27, 22:1, 3) **2. 죄 없는 예수님의 피는 행실까지 깨끗하게 하여 하나님을 섬기게 한다.** 예수님께서 십자가에 죽으셔서 흘리신 피는 개심 하는 죄인들의, 마귀와 함께 영원한 형벌을 받아야 하는 죄를 법적으로 말끔히 없애 주시는 것만 아닙니다. 오늘날 기독교는 그것밖에 모르고 그것으로 감격해 합니다. 그러나 그것은 십자가 보혈의 목적과 효험을 제대로 모르고 체득하지 못한 처사입니다. 죄 사함 받는 것에만 주목하기 때문입니다. 히브리서 9:14절에는 "영원하신 성령으로 말미암아 흠 없는 자기를 하나님께 드린 그리스도의 피가 어찌 너희 양심으로 죽은 행실에서 깨끗케 하고 살아 계신 하나님을 섬기게 못

하겠느뇨?" 라고 하였고, 히브리서 10:22절에는 "우리가 마음(혼)에 뿌림을 받아 양심(영)의 악을 깨닫고 몸을 맑은 물로 씻었으니 참 마음과 믿음의 확신으로 함께 나아가자"고 하였습니다. 참 믿음으로 구원받은 자는 행함이 없을 수 없는 것입니다.

하나님 아버지를 기쁘시게 순종을 완전히 한 어린양 예수님께서 십자가에 죽으셔서 흘리신 생명의 피는 개심 하는 자의 영과 혼과 몸까지 말씀과 성령으로 깨끗하게 하여 하나님을 섬길 수 있게 하는 것입니다. 이것은 이론과 지식이 아니고 실제입니다. 이것이 실재가 된 사람이 참으로 하나님 왕국으로 구원받은 사람이며 그의 섬김을 하나님께서 받으십니다.

십자가에 피흘려 죽으신 예수님의 피의 의미와 효력을 올바로 체득합시다. 그래야 진정 하나님 왕국으로 구원을 받아서 하나님을 섬길 수 있는 것입니다.

Memo

〈부활절 설교〉

23. 의롭다함과 거듭남을 위한 부활

【 성경/ 롬 4:23~25; 벧전 1:2~4 】

Memo

예수님께서 부활하심으로 개심하여 구원받은 성도들에게는 장래의 부활만 아니라 현재에 실재가 되어진 두 가지 놀라운 사실이 있습니다.

1〉 영원한 생명을 얻을 수 있는 의롭다하심을 얻게 하신 것이다.

예수님께서 죄(흠)없는 하나님의 어린양으로 십자가에 죽으신 것은 구원 얻는 자들의 죄와 죄의 형벌인 죽음을 없이 하려고 대신 죽으신 것입니다. 법적으로만 아니라 구원 얻는 자에게는 실제로 죄와 죽음이 없어져서 하나님을 섬길 수 있게 되어지는 것입니다. 죄가 없다는 것은 하나님께 전적 순종하는 의로움이 있는 상태를 말하는 것이며 죽음이 없어졌다는 것은 영원한 생명을 얻었기 때문에 한번 죽은 후에 영원히 사는 부활을 하게 되는 것을 말합니다.

예수님께서 부활하심으로 구원 얻는 자에게 하나님 앞에서 영원한 복된 생명을 얻을 수 있는 자격인 의롭다 하심을 얻게 하신 것입니다. 하나님께서 주시고자 하는 복되고 영광스러운 영생은 이런 의로움이 있어야 얻을 수 있는 것입니다.

에덴 동산의 아담과 하와는 하나님의 말씀을 순종치 않고 어기면 죽음을 당해야 했고, 보다 적극적으로 순종하여 의로움이 있지 않으면 생명나무의 과실을 먹을 수 없었습니다. 아담과 하와가 범죄 한 후 에덴 동산 생명나무로부터 격리 당한 것은 먹음으로 영원히 살게 하는 생명나무 과실을 먹을 자격인 적극적으로 순종하는 의로움이 없었기 때문입니다.

죄 있는 사람은 자신이나 다른 사람의 죄과를 없애기 위해 대신 죽어줄 수 있는 자격이 없습니다. 죄 없는 사람이 죄 있는 사람을 대신하여 죽어야 죄가 사해집니다. 그러므로 죄(흠) 없는 예수님의 피흘려 죽으심이 구원받는 사람의 죄와 그 결과인 죽음을 없이하는 것입니다.

뿐만 아니라 죽지 않는 영원한 복된 생명을 얻기 위해서는 하나님께 적극적으로 순종하는 흠 없는 의로움이 있어야 하는 것입니다. 그러나 사람은 이러한 의로움을 스스로 이룰 수 없습니다. 그러므로 하나님께서는 예수님으로 말미암아 대신 이런 의로움을 이룰 수 있게 하시고 참으로 개심하고 믿는 자에게는 예수님께서 이루신 이 의로움을 돌려 받게 하시는 것입니다. 이것이 칭의 곧 구원받는 자가 자신은 그렇게 의롭지 못함에도 불구하고 의롭다 여겨 주시는 것입니다. 예수님께서 부활하지 못하셨다면 죄가 없다는 것이 증명될 수 없었고, 죄가 있어 죽는 모든 사람과 다름이 없는 것입니다. 그러므로 예수님께서 죄가 없이 다만 죄인들을 대신하여 죽으셨음을 증명하기 위하여

Memo

Memo

다시 부활하신 것입니다. 그러므로 예수님께서 부활하셨기 때문에 영생을 얻을 의롭다함을 얻어서 구원을 받을 수 있게 되는 것입니다.

그러므로 사도 바울께서는 "예수님께서는 우리 범죄함을 인하여 넘겨지셨고, 또한 우리들의 의롭다하심을 위하여 살아나셨느니라"고 하였습니다.(롬 4:25) 의롭다 하심을 얻게 하기 위한 부활의 의미를 바로 알아야 합니다.

2〉 예수님의 부활로 새 피조물로 거듭남을 받게 하신 것이다

개심하고 믿음으로 죄 사함과 의롭다함을 받는 것은 법적으로 받는 것이요 실재가 아닙니다. 그 죄 사함과 의롭다함이 구원받는 사람에게 실제적으로도 되게 하시는 것이 새 피조물로 거듭나게 하시는 것입니다. 이 거듭나게 하시는 직접적 재료가 예수님의 십자가와 부활의 공로이며, 포괄적이고 간접적인 재료가 예수님의 말씀 전체 곧 하나님의 왕국복음인 것입니다. 알 전체 곧 흰자와 노른자가 있어 생명이 부화되는 것과 같습니다. 어느 한쪽만 있어서는 참으로 거듭나지 못합니다.

사도 베드로와 제자들은 3년 간 하나님의 왕국의 바른복음을 예수님께 집적 그렇게 많이 듣고 표징들을 보았지만, 십자가의 죽으심과 부활을 깨닫지도 믿지도 못함으로, 그리고 성령께서 임하시지 않았으므로 새 피조물로 거듭나지 못했던 것입니다. 그래서 사도 베드로는 "예수 그리스도의 죽은 자 가운데서 부활하심에 의해 우리를 다시 태어나게 하사 산 소망이 있게 하셨으며"라고 한 것입니다.(벧전 1:3) 그러므로 예수님께서 전파하고 가르치신 말씀과 예수님께서 죄 없이 십자가에 피흘려 죽으시고 부활하신 사실로 새 사람으로 태어나게 하는 성령님의 역사가 없이는 구원이 이루질 수 없는 것입니다.

이렇게 참으로 거듭난 성도는 죄 사함과 의롭다함과 거듭남이 법적으로만 아니라 그 자신의 영과 혼과 몸에 전인적으로 실재가 된다는 사실입니다. 그렇게 되었다고 믿는 관념적인 것만이 아니라 실제로 그의 영과 혼과 몸이 전인적으로 하나님께 순종하는 사람으로 깨끗해지고 의로운 성품으로 새 사람 되어진 것을 확실히 체감하여 살아가는 것입니다. 자신만 아니라 하나님께 기쁨이 되어짐으로 하나님께서 자신과 함께해 주신다는 신비한 증거를 받으며 살아가고, 사람에게도 무시를 받지 않고 인정을 받게 됩니다. 하나님께서 그렇게 되게 하여 주십니다. 너무나 행복하고 은은한 기쁨이 강물같이 넘치는 것입니다.

사도 바울은 예수님의 십자가와 부활로 말미암아 세상이 내게 못 박히고 내가 세상에 못 박혀 **의로운 새 피조물 됨을 자랑한다**고 하였습니다.

Memo

24. 십자가에 못박혀 구원받은 강도

【 성경/ 누가복음 23:13~56 】

Memo	예수님께서 십자가에 못박히셨을 때 양편에 살인 강도 두 사람도 못박혔습니다. 예수님도 그들과 같은 죄인이라는 표시로 그렇게 했습니다. 두 강도들도 함께 예수님을 비난하고 욕했습니다.(마 27:44; 막 15:32) 그러나 잠시후 한 편 강도는 개심하여 구원을 받게 되었습니다. 오늘날 기독교는 이 강도는 행함이 없어도 믿음으로 구원을 받은 표상으로 여기고 있습니다. 그러나 예수님께서 이 강도의 고백을 듣고 "오늘 네가 나와 함께 낙원에 있으리라"고 구원을 선언하셨는데 개심한 강도의 고백이 단순히 '예수님을 구주로 영접한' 그런 믿음만이 아니었다는 사실입니다. 예수님께서 증거하신 바른복음을 알아야 이때에 예수님께서 이 강도의 구원을 선언한 의중을 바로 알 수 있는 것입니다. **1. 자신의 죄와 받는 형벌이 마땅함을 시인하고 개심했기 때문입니다.** 예수님께서 가장 먼저 수없이 증거하고 가르치신 말씀은 하나님의 왕국 곧 "하나님의 주권과 통치가 가까웠으니 개심하고 그리고 복음을 믿으라" 하신 것입니다.(막 1:14~15) 그리고 예수님께서 세상에 오신 것은 의인을

Memo

부르러 온 것이 아니고 죄 있는 사람을 개심을 향하도록 부르러 왔노라고 하셨습니다.(마 9:13; 막 2:17; 눅 5:32) 번역성경에서 말하는 헬라어 '메타노이아' 는 잘못을 뉘우치고 고치는 '회개(悔改)' 가 아니고 '마음의 의도와 목적을 바꾼다' 는 말로서 마음의 전향(轉向) 곧 개심(改心)하는 것을 말합니다. 아버지의 유산을 강요하여 탕진하고 돼지 먹이로 연명하던 탕자가 그것도 주는 것이 없자 그 스스로를 향하여 말하기를 "떡이 풍부한 나의 아버지의 일군들이 얼마나 많은고, 그러나 나는 주려서 죽는구나. 내가 일어나 아버지께 가서 말하기를 '아버지여 제가 하늘(하나님)을 향하여 그리고 당신의 면전에 죄를 지었사오니 더 이상 아버지의 아들이라 불리울 수 없으므로 저를 당신의 일군들의 하나처럼 만드소서" 하리라 하고, 그리고 일어나 자신의 아버지를 향하여 갔습니다.(눅 15:16~24) 그리고 16:19~31절 부자와 나사로에 대한 말씀에서도 부자가 개심치 않아서 지옥 불의 고통 중에 왔음을 실토했던 것입니다.(30절)

예수님은 강도의 고백이 진정한 개심에서 나온 것임을 아셨습니다.

2. 예수님은 죄가 없는 구주와 왕이심을 깨닫고 고백했기 때문입니다.

개심한 강도는 또한 예수님이 어떤 분이심을

Memo	바르고 확실하게 깨닫고 알아서 고백했습니다. 지금 죄 많은 자신과 꼭 같이 십자가에 못박혀 고통 중에 계신 예수님, 조금 전까지만 하여도 비난하고 욕하던 그 예수님이 죄 없이 못박히신, 자신을 구원하실 메시야 곧 왕이심을 깨달았던 것입니다. 그리고 고백했습니다. 놀라운 일입니다. **3. 죽으시고 부활하시어 왕국에 임하실 것을 소망했기 때문입니다.** 그뿐 아닙니다. 이 강도는 지금 자기와 같이 못박혀 죽어가고 계신 예수님이 다시 부활하셔서 하나님의 왕국의 왕으로 오실 것을 확실히 소망한 것입니다. 베드로나 제자들보다 먼저 예수님과 자신의 부활할 것을 믿고 소망한 것입니다. 정말 놀라운 일입니다. 평생 한 일이라고는 나쁜 짓만 일삼아 해 온 이 살인강도가 어떻게 이런 바른 복음의 핵심을 깨달아 고백하게 되었는가 하는 것입니다. 이 강도같이 아주 포악한 일을 하는 사람이라도 책을 열심히 읽고 지식과 사회 정보에 능통한 사람이 있습니다. 이 강도는 진리를 믿지는 않았지만 진리(眞理)에 대한 사고(思考)가 깊었고, 예수님에 대한 정보(情報)를 듣고 있었음이 분명합니다. 그러했기에 다메섹 도상의 사울에게 처럼, 하나님의 특별한 섭리 가운데 이 강도가 십자가 위에서 결정적인 고통의 순간에 진정한 개심을 함과

함께 예수님의 십자가 형상을 보며 번개같은 성령님의 깨우침이 임하였던 것입니다. 그러므로 평소에 바른 진리와 하나님의 왕국에 대하여 궁구(窮究)하는 것은 결정적인 개심의 순간에 깨달아 구원을 받게 하는 귀중한 매체가 되는 것입니다.

Memo

4. 예수님을 변호하고 신앙고백을 그대로 증거한 행함 때문입니다.

기독교는 십자가 위에 못박혀 구원받은 이 강도야말로 아무런 행함이 없이 오직 믿음으로만 구원을 받은 표상으로 흠모합니다. 기독교가 자기 교리의 시각으로 보기 때문입니다. 그러나 이 강도야말로 인류역사상 예수님을 절박하고 처참한 그 십자가 형장에서 가장 확실하게 증거한 행위를 한 사람입니다. 베드로도 요한도 마리아도 그 누구도 할 수 없었던 가장 필요하고 귀중한 증인의 일을 한 것입니다. 바른복음으로 거듭난 성도는 예수님과 예수님께서 전파하고 가르치신 그 바른복음 핵심을 그대로 확실하게 증거하는 자입니다. 그는 살아서 증거하는 것이 아니라 이미 예수님과 함께 십자가에 못박혀서 그 현장에서 증거하는 것입니다. 고통과 피와 땀으로 얼룩진 그 모습으로 증거하는 것입니다. 사도 바울이 그러했고,(행 20:24; 빌 3:10~16) 계시록에서 이기는 성도들이 그러합니다.(계 12:11)

현재의 나사렛

Ⅲ 바른영성 종합 설교

1. 영성이란 무엇인가?

【 성경/ 고린도전서 3:1~4 】

Memo

기독교에서 특히 최근에 영성(靈性)이라는 말을 흔히 하고 있음을 볼 수 있습니다. 영성(靈性)이라는 것을 기독교에 어떤 특별한 영역의 것이 있는 것처럼 부각시켜 인지케 하려는 것은 바람직하지 않습니다. 왜냐하면 기독교인의 영성이란 별달리 있는 것이 아니라 바른복음의 말씀으로 진리의 성령님에 의해 거듭난 성도의 삶 자체이기 때문입니다. 왜 기독교에서 영성(靈性)을 목말라 하고 부르짖는고 하니 바른복음을 잃어버려 진정한 거듭남을 받은 자들이 희귀하기 때문입니다.

1〉 영성(靈性)이란 말의 의미가 무엇인가?

기독교에 있어 영성(靈性~프뉴마티코스~Spirituality)이라는 말은 새로운 것이 아니라 오순절부터 있어온 것인데 점차 잃어버려 옴으로 갈구하게 되는 것일 뿐입니다. 특히 1975년 케냐의 나이로비에서 열렸던 제5차 에큐메니칼 총회에서 이전까지 사용되고 있던 '경건' '영적' '심신' 대신 영성(靈性)이란 용어로 채택되어 사용되고서부터입니다. 성경과 성경 이외의 문서들이 다같이 영적(프뉴마티코스)인 것과 육적(소마티코스)인 것으로 대조시켜 사용하고 있습니다.(고전 3:1)

헬라 지식인들은 피조물적 존재에 기초를 둔

	Memo
자연적인 행위에서 해방되어 육적이며 세속적인 욕구에 이끌려 사는 삶과는 다른 삶, 즉 자신의 영에 이끌려 사는 삶을 살기 위하여 갈망하여 애쓴 것입니다. 그런데 초대교회의 용어 사용에서는 '영적' (프뉴마티코스)이라는 말을 좀더 정확히 정의하고 있으니, 거의 대부분의 경우에서 이 용어를 하나님의 영 즉 성령님과 연관시키고 있습니다. 피조물인 인간이 세속적이며 육적인 상태와 행위에서 해방되는 것이 인간의 영이 노력해서 이루어지는 것이 아니라, 그것은 하나님께서 주시는 성령님의 역사와 관련 있는 것으로 이해 된 것입니다. 그러므로 영적 곧 기독교의 영성이란 '육적이며 세속적인 욕구에 이끌려 사는 삶과는 다른 삶, 즉 성령님으로 말미암아 새 사람으로 거듭 난 자신의 영에 이끌려 사는 삶' 을 말하는 것입니다. 그러므로 영성(靈性~프뉴마티코스)을 유별한 어떤 것으로 여겨서는 안될 것입니다. **2〉 기독교의 바르지 못한 영성의 유래들** 기독교의 초기 사도시대 교회로부터 다른 예수, 다른 영, 다른복음을 전파하는 자들이 있었거니와(고후 11:3, 4) 바르지 못한 영성자들도 혼재해 왔습니다. 이를 바로 분별하는 것도 중요합니다. 계시록 2장 3장에 주님께서 당시 아시아 일곱 교회에 하신 말씀 중에, '니골라당의 행위' (2:6)	

Memo	'니골라당의 교훈' (2:15)이라고 에베소 교회와 버가모 교회, 두 교회에 같은 말씀을 하셨는데, 니골라당의 행위와 교훈은 '구원받는 것은 영이고 육은 멸해질 것이므로 죄를 지어도 상관없다' 고 하는 도덕폐기론 주의였습니다. 오늘날 기독교가 '구원은 오직 믿음과 은혜로만 받음으로 행위는 구원받는 것과는 상관이 없다' 고 하는 것과 유사한 것입니다. 그러니 올바른 영성생활이 있을 수 없는 것입니다. 종교개혁 이후에 개신교에 성자라고 할만한 자가 나타나지 않는 것은 개신교의 '오직 믿음으로 만' 의 교리 때문입니다. 그리고 영성이라 하면 수도자들 또는 수도원 생활을 떠올리게 됩니다. 주후 313년 로마 콘스탄틴 대제가 기독교 자유화칙령을 발표하기 전까지 기독교인들은 모진 박해를 피하여 은둔생활을 해야만 했습니다. 로마 시 근교 카타콤 지하 무덤 동굴에서 발굴된 엄청난 기독교인들의 유해는 그 증거가 되고 있습니다. 뿐만 아니라 기독교 자유화 이후 중세 1000년 로마 카톨릭 교회의 타락시대에는 영성을 추구하는 자들이 세상과 격리하여 오로지 신앙증진에 힘쓰는 은둔 또는 수도원의 생활이 발전되었던 것입니다. 기독교 최초의 개인 은둔수도자로 유명한 사람은 성 안토니(주후 251~356년) 인데, 기독교인 부모 밑에서 자란 안토니가 20세 때, 양친이 세상을 떠나게 되고 막대한 재산을 남겨두게 되었습니다.

얼마 후 안토니는 예수님께서 부자 청년에게 "네가 완전하고자 할진대 가서 네 소유를 다 팔아 가난한 자들에게 주라 그리고 와서 십자가를 지고 나를 따르라" 하신 말씀대로 실천하고자 결심하고, 200에이커가 넘는 비옥한 농원을 처분하여 빈민들에게 나누어주고, 자신은 근처의 한 늙은 은자 밑에서 기도와 단식과 노동의 생활을 보내다가, 그후 멀리 떨어진 묘지로 가서 지하 묘지에서 35세가 되도록 수도했고,(주후 285년) 그후 말년에는 나일강에서도 100마일 들어간 산중에 폐허가 된 성채로 옮겨가서, 20년 동안 살며 수도하였습니다. 찾아오는 많은 사람들의 권유에 못이겨 지도자가 되고, 기도 명상 고행 노동에 주력했으며, 주후 356년 105세의 고령으로 세상을 떠났습니다.

이집트에서 시작된 수도원 운동은 멀리 퍼져나갔고, 수도하는 방법도 각각 다른 형태로 형성되어 갔고, 점점 변질되어 갔습니다.

'영성' 이란, 예수님께서 전파하고 가르치신 말씀과 성령님에 의해서 거듭난 자가 성령님의 인도하심으로 예수님의 말씀대로 살아가는 성도의 삶을 말합니다.

Memo

2. 영성에 대한 성경말씀의 곡해

【 성경/ 고린도후서 4:1~7 】

Memo	기독교 역사에 영성에 대한 성경말씀의 곡해로 많은 사람들이 합당치 못한 영성을 추구하고 또한 올바른 영성생활을 하지 못하고 있기도 합니다. 영성의 잘못된 경향들도 알고 바른 영성도 알아야 합니다. **1〉 기독교 역사애 올바르지 못한 영성의 경향들** 이집트에서 시작된 수도원 운동은 점점 퍼져 시나이 반도와 팔레스틴, 그리고 수리아 지방과 메소포다미아 사막, 알메니아. 카파도키아 지방까지 검은 옷 입은 수도자의 수는 무수하게 늘어갔으며 모두가 이집트의 영향을 강하게 받았습니다. 동방 여러 지방에서는 수도하는 방법도 각각의 형태로 고안해 냈고, 특히 고행하는 형태에서 서로 경쟁하는 양상을 보였습니다. 그렇게 남보다 더 고행하려는 이유에는 여러 가지가 있었는데, 자기 죄를 보속(補贖)하려는 생각, 고행이 공덕이 되는 줄 여기는 경향, 육체를 죄악시하는 인식, 그리고 호강하고 편한 만큼 영이 죽는다는 관념, 게다가 더러는 가장 극단적인 고행으로 자기의 높은 덕을 보이려는 의중이 있기도 하였습니다. 북 이탈리아의 여러 도시에는 한 동안 피를 줄줄 흘리는 고행자들이 긴 행열을 지어 다니기도

했습니다. 그들은 끝에 쇠 조각들이 주렁주렁 달린 채찍으로 자기 몸을 사정없이 후려치며 다녔습니다. 이런 고행을 33일과 반나절을 계속만 하면 영혼의 모든 죄에서 씻김을 받는다고 믿었습니다. 아일랜드의 콜딩함에 아다만(Adaman)은 일주일에 수요일과 주일 두 번만 음식을 먹고 수행하였습니다. 그리고 짐승들처럼 네 발로 기어다니며 풀만 뜯어먹는 초식(草食) 고행자들도 있었고, 스스로 자기 몸을 쇠사슬로 묶는 고행자들도 있었습니다. 기둥위 주상(柱上) 성자라고 불리는 시메온(주후 390~459)은 매일같이 기둥 위에서 계속 서서 있는 고로 몸은 심한 통증에 시달리고 눈부신 태양의 반사 때문에 시력을 잃어버리는 때도 있었고, 그의 썩어 가는 다리에는 구더기가 우글거리고 있어도 그대로 내버려두었습니다. 구더기들은 때때로 다리에서 떨어져 기둥 밑에 굴러 떨어지면 그 밑에 앉았던 제자가 구더기를 주어 모아 다시 기둥 위로 던져 올리면 시메온은 위에서 구더기를 받아 다시 자기 다리 상처에 붙여주며 '하나님이 너희들에게 주신 것을 먹으라' 했다는 것입니다. 시메온의 기둥 위에서의 수행은 27년 동안 행해졌습니다. 주후 5세기에 시메온을 기념하는 큰 수도원을 그 자리에 세워 현재까지 오고 있습니다.

10세기의 어떤 기록에는 겟세마네 동산에는 백명의 주상수행자들이 있어 한 사람의 지도자 중

Memo

Memo	심으로 집단생활을 하고 있었다고 합니다. 그들이 기둥을 택해서 수행한 것은 기둥머리가 지면에서 높이 들린 만큼 하늘에 가깝다는 생각과 높은 것을 동경하는 본능, 그리고 좁은 장소에서의 생활 그 자체가 고행의 이상형이라고 생각했기 때문입니다. 이렇게 금욕주의적 수도형태가 일찍부터 교회에 일어나 발전하게 된 여러 가지 복합적 이유들은, 우선 헬라 철학의 영향으로 극기 금욕적인 생활이 사람의 마음을 깨끗하게 하고 강하게 한다는 사상과 영지주의가 표방하는 육은 악의 자리임으로 구원은 죄 사함을 받는 것보다는 불결한 것을 벗어버리고 극복하는 것이며, 심오한 신비를 깨달아 알 수 있는 소수의 선택된 사람이 있다는 사상으로 금욕주의와 독신주의와 채식주의를 강조하고 선호하게 된 사회적 인식 바탕에다 정치적 혼란, 경제적 빈곤, 도덕적 퇴폐, 카톨릭의 부패가 영적 갈망자들로 하여금 그러한 수도의 길을 찾게 한 것입니다. 주후 313년 로마 콘스탄틴 대제의 기독교 자유화칙령 이후 교회는 급속도로 부패해져 갔고, 주후 476년 로마 멸망을 전후하여 극심한 전 유럽의 혼란은 이러한, 세상과 육신을 저버리고 오로지 신앙과 수도의 길로만 매진하게 하는 현상을 부채질한 것입니다. 성경에는 육체의 고행을 지지할만한 말씀들이 많습니다.(요 6:63; 롬 7:18;

8:4~13; 엡 2:3; 빌 3:3; 벧전 2:11, 4:1~5; 벧후 2:10) 그러나 성경말씀을 전체적으로 올바로 알지 못하면 치우치게 됩니다.

최초 예루살렘 교회에 형성되었던 예수님과 사도들의 바른복음과 영성이 계승되지 못한 채 영적 갈망들이 바르게 인도함을 받지 못하고 시대의 흐름과 함께 제각각 나름대로의 영성생활을 하게 되었던 것입니다. 예수님과 바울의 영성에 비추어 볼 때 올바른 영성이라고 할 수 없는 것입니다. 예수님과 바울은 육체 곧 인간성을 고행하여 이룬 영성이 아니었으며 세상과 육신을 저버리고 오로지 신앙과 수도의 길로만 매진하는 영성생활이 아니었습니다.

2〉 종교개혁 이후 현대 개신교의 영성의 견해들

중세 기독교의 수도원적 영성에서 종교개혁으로 성립된 개신교의 영성은 어떠한가? 수행을 중요시하는 수도원적 영성과는 반대로 성경 말씀을, 행함은 구원과 관계없다는 '오직 은혜, 오직 믿음'의 교리를 만들므로 영성은 별도의 추구하는 영역의 일로 치부된 것입니다. 종교개혁 이후 개신교에서 이렇다할 성자라고 할만한 자가 나오지 않는 것이 이를 반증하고 있습니다. 개신교의 교리와 신앙으로는 영성은 요원합니다.

Memo

3. 영성에서 알아야 할 영 혼 육

【 성경/ 겔 36:26; 살전 5:23 】

| Memo | 영성생활에서 사람의 영과 혼과 몸으로 되어 있음과 그 유기체적이며 각각의 역할에 대하여 올바로 아는 것이 대단히 중요합니다. 이를 잘 알지 못하면 영성생활을 잘 할 수 없는 것입니다.

1〉 성경에 말씀하신 사람의 영과 혼과 몸의 삼일체에 대하여
기독교는 일반적으로 사람을 육신과 영혼으로 된 것으로 인식하고 가르치고 있습니다. 그런데 성경 구약의 히브리어나 신약의 헬라어는 육신과 영혼으로가 아니라 영과 혼과 몸으로 되어 있는 것입니다. 그리고 성부 성자 성령 삼위일체이신 하나님께서 사람을 창조하실 때 하나님 자신인 "우리의 형상을 따라 (구조나 외모에 같게) 사람을 만들자"라고 하셨듯이.(창 2:26) 구조를 영과 혼과 몸 삼분일체로 만드신 것입니다.
성경 원어에 사람에 관한 용어가 영과 혼과 몸의 삼분설을 뒷받침합니다. 먼저 구약의 히브리어를 보면 영은 '루아흐'로, 혼은 '네페쉬'로, 몸은 '바사르'로 말해지고 있습니다. 구약성경에 영은(루아흐) 757회, 혼은(네페쉬) 378회, 몸은(바사르) 270회 사용되어져 있습니다. 욥기 12;10절에 "생물들의 ≪모든≫ 혼(네페쉬)과 사람 몸(바사르)의 |

모든 영이(루아흐) 그분의 손에 있느니라" 사람의 세 구성요소를 한 구절에서 말하고 있습니다. 욥기 7:11절에는 "내 영(루아흐)의 아픔을 인하여 말하며, 내 혼(네페쉬)의 괴로움을 인하여 불평하리이다"고 영과 혼으로 말하였으며, 시편 63:2절에도 "내 혼이(네페쉬) 주님을 갈망하며, 내 육체(바사르)가 주님을 앙모하나이다."고 혼과 육으로 말하였습니다. 이사야 26:9절에도 "내 혼이(네페쉬) 밤에 주님을 사모하였으며≪참으로 내 속에 있는≫ 내 영이(루아흐) 간절히(아침 일찍 부지런히) 당신을 구하였사오니"라고 혼과 영으로 말하였습니다. **특히 에스겔 36:23절에는 하나님께서 사람이 영과 혼과 몸으로 되어 있음을 분명하게 말씀하셨습니다.**

그리고 예레미야 38:16절에는 "우리에게 이 혼을(네페쉬) 지으신 여호와께서 사시거니와"라고 하였으며, 스가랴 12:1절에는 "사람 안에 영을(루아흐) 지으신 자가 가라사대"라고 하였으니 하나님께서는 사람을 몸과(바사르) 혼과(네페쉬) 영(루아흐)로 지으신 것입니다. 그렇기에 창세기 35:18절에는 "죽기에 임하여 그 혼이(네페쉬) 떠나려 할 때에"라고 하였고, 전도서 12:7절에는 "흙(몸)은 여전히(×) 땅으로 돌아가고 영은(루아흐) 그 주신 곳 하나님께로 돌아가기 전에"라고 하였으니, 사람이 죽을 때에 몸과 혼과 영이 어떻게 됨을 알 수 있는 것입니다.

신약성경에는 더욱더 영과 혼과 몸에 대하여

Memo

Memo	뚜렷하게 말씀하셨습니다. 사람의 영(프뉴마) 58회, 혼(프쉬케) 103회, 몸(소마) 142회 사용되어 있습니다. 사도 바울은 "너희의 전체 영과(프뉴마) 혼과(프쉬케) 몸이(소마) 우리 주 예수 그리스도 강림하실 때에 흠 없이 보전되기를 원하노라"고 하였으니,(살전 5:23) 사람의 전체 3요소를 말한 것입니다. 히브리서 4:12절에도 "하나님의 말씀은 살았고 운동력이 있어 양쪽에 날선 모든 검보다도 더 예리하여 혼과(프쉬케) 영과(프뉴마) 관절과 골수를(몸~소마) 찔러 쪼개기까지 하며, 마음의 의도와 생각을 식별하느니라"고 하였으니 사람은 영과(프뉴마) 혼과(프쉬케) 몸이(소마) 세 요소가 하나로 유기체로 통일되어 있습니다. 예수님께서 사람의 세 요소를 말씀하셨습니다. "영이(프뉴마) 가난한 자들은 복이 있나니 하늘의 왕국이 저희 것이요"라고 하셨고,(마 5:3) 십자가에서 운명하실 때 "나의 영을(프뉴마) 아버지 손에 위임하나이다"고 하셨습니다.(마 23:46) 제자들에게 "시험에 들지 않게 깨어 있어 기도하라. ≮참으로≯ 영(프뉴마)은 준비되어 있으나 육신(사르케~몸과 혼)이 약하도다" 하셨고,(막 13:38) 그리고 "혼이(프쉬케) 음식보다 중하고, 몸이(소마) 의복보다 중하니라"고 하셨습니다.(눅 12:23) 또한 "몸과(소마) 혼을(프쉬케) 게헨나(영원한 형벌의 장소)에 멸하시는 자를 두려워하라"고 하셨습니다.(마 10:28)

히브리어나 헬라어 원어성경은 용어가 분명하게 되어 있는데도 번역성경들은 혼돈 되게 번역하여 영적 진리를 가리고 있습니다.

예를 들면 한글 개역성경은 영 '(히)루아흐 (헬)프뉴마' 를 ~신(창 6:3) 마음(창 26:35; 막 8:12) 심령(출 35:21; 마 5:3) 성품(신 2:30) 정신(수 2:11) 헛된(욥 15:2) 중심(욥 34:19; 막 2:8) 영혼(마 27:50) 신령(요 4:24)등으로 번역하고, 혼 '(히)네페쉬 (헬)프쉬케' 는 사람(창 12:5) 목숨(창 12:13) 마음(창 42:21; 마 11:29)) 명이니(창 46:27) 정경(출 23:9) 누구든지(레 2:1) 몸(민 5:6) 시체(민 6:6) 영혼(마 10:28) 등으로 번역하였습니다.

사람의 구성요소에 대한 성경진리를 바로 정통하지 못하면 이렇게 성경을 일관성 없게 혼란하게 번역하게 되고, 읽는 자로 하여금 진리에 혼미하게 하는 것입니다. 그러므로 하나님께서 창조하시고 성경에 계시로 기록하여 주신 사람의 구성요소에 대한 말씀을 바로 번역하여 알지 못하면 중대한 무지와 오류에 머물러 있게 되는 것입니다.

Memo

4. 범죄할 때 혼의 주도적 역할

【 성경/ 겔 18:4, 20; 사 53:11~12 】

Memo	
	사람이 범죄 타락함으로 영과 혼과 몸이 유기적 역할을 하지 못하게 되었습니다. 하나님을 직감해야 할 영이 둔해지고 사탄을 직감하며 하나님과의 교통이 두절되고 사탄과 교통하며 하나님 앞에서 순수하던 양심이 거짓되게 더러워졌습니다. 혼의 지성과 감정과 의지도 죄성으로 타락하고 더러워졌습니다. 따라서 몸도 영광을 잃고 기능이 저하되었으며, 타락한 혼과 영의 죄의 도구가 되어졌습니다. 창조의 본래의 상태가 완전히 못쓰게 된 사람으로 타락하였습니다. **1〉 최초 범죄를 혼과 몸이 주도하였다.** 하나님의 보좌에서 찬양하도록 최고의 아름다움과 지혜와 보배로움으로 지음 받은 그룹 천사가 교만하여 하나님을 대적하다가 쫓겨나서 사탄이 되었습니다.(겔 28:12하 ~17; 사 14:12~15) 그 사탄이 또한 하나님께서 창조하신 사람으로 하여금 하나님을 대적하도록 미혹하였습니다. 하와에게 "하나님이 참으로 너희에게 동산 모든 나무의 실과를 먹지 말라 하시더냐?" 하고 하나님께서 먹지 말라 하신 선악과도 에덴 동산의 모든 실과와 다름없는 먹을 수 있는 과실임을 먼저 인지시킨 것입니다. 여자가 뱀에게 말하기를 "동산 나무의

실과를 우리가 먹을 수 있으나 동산 중앙에 있는 나무의 실과는 하나님의 말씀에 너희는 먹지도 말고 만지지도 말라 너희가 죽을까 하노라 하셨다"고 하였습니다. 여자 하와는 하나님께서 하셨던 말씀에 "만지지도 말라"를 더하였고, "죽고 죽으리라"하신 말씀을 "죽을까 하노라" 하셨다고 변조했던 것입니다. 이것은 여자 하와가 영이 주도하지 않고 그의 혼이 주도하여 생각하고 말한 것입니다. 범죄는 영적 일에 하나님과 관계하는 영이 주도하지 않고 혼이 나서서 주도할 때 사탄이 틈타서 범죄 하게 하는 것입니다.

사탄이 하와에게 말하였습니다. "너희가 결코 죽지 아니하리라. 너희가 그것을 먹는 날에는 너희 눈이 밝아 하나님과 같이 되어 선악을 알 줄을 하나님이 아심이니라" 사탄은 하나님의 말씀을 정면으로 부정하여 "결코 죽지 아니하리라"고 대적하여 말하였습니다. 사탄은 하나님도 무서워하지 않고 대적하는 존재입니다. 하와의 혼의 기관인 마음에 하나님의 말씀에 대한 불신을 부추겼습니다. 그리고 하나님과 같이 될 수 있다는 허황되고 배신적인 욕망을 충동한 것입니다.

도대체 선악을 알아서 하나님과 같이 되어 무얼 하겠다는 것입니까? 그런데 혼이 이렇게 주도하니 하와의 몸도 맞장구를 쳐서 선악과를 보니 얼마나 맛이 있어 보이는지 몸의 식욕이 발동하여 먹어보지 않고는 견딜 수 없을 정도였습니다.

Memo

Memo	눈의 욕망도 발동하니 선악과가 얼마나 보기에 좋은지 정말 만져보고 싶어 견딜 수 없었습니다. 뿐만 아니라 얼마나 지혜롭게 할 만큼 탐스러운 나무로 보였습니다. 참으로 요한일서 2:16절 말씀대로 세상에 속한 모든 것 '육신의 정욕과 안목의 정욕과 이생의 자랑' 그대로였습니다. 혼이 주도하고 바라는 것은 바로 그러한 육신적이고 이 세상적인 것입니다. 영이 주도하고 바라는 것은 하나님을 위주로 하는 것이므로 범죄타락하기 전이나 거듭난 후나 영이 주도하는 것을 따르면 죄가 되지 않으며 사탄이 틈타지 못하는 것입니다. 그러나 혼이 주도하는 것을 따르면 사탄이 틈타서 범죄 하게 하는 것이 예사인 것입니다. **2〉 성경은 몸과 혼의 죄라고 강조하였다.** 그러므로 성경 어디에서나 죄를 혼과 육신과 연관하여 말씀하였습니다. 에스겔 18:4절과 20절에 "범죄 하는 그 혼(네페쉬)이 죽으리라" 하셨고, 마태복음 10:28절에는 예수님께서 "몸과 혼을 게헨나(유황 불못)에 던지는 자를 두려워하라"고 하셨습니다. 영원한 형벌의 장소인 게헨나에는 사람의 몸과 혼(네페쉬)이 던져진다고 하셨으니 죄를 범한 책임이 몸과 혼(네페쉬)에 있음을 말씀하신 것입니다. 미가서 6:7절에는 "내 혼(네페쉬)의 죄를 인하여 내 몸의 열매를 드릴까"라고 '혼(네

페쉬)의 죄' 라고 하였으며, 하박국 2:10절에는 "네 혼(네페쉬)에게 죄를 범하게 하는 것이 되었도다"라고 한 것입니다.

사실 몸은 자유의지가 없으므로 지성과 감정과 의지로 혼(네페쉬)이 주도하는 대로 도구로 사용될 뿐입니다. 그러므로 죄의 장본인은 혼(네페쉬)인 것입니다. 그리고 예수님께서도 죄인들의 대속을 위하여 혼(네페쉬)을 제물로 드리셨다고 하였습니다. 이사야 53:11,12절 메시야의 예언에서 "그가 자기 혼(네페쉬)의 수고한 것을 보고 만족히 여길 것이라" "그가 자기 혼(네페쉬)을 버려 사망에 이르게 하며 범죄자 중 하나로 헤아림을 입었음이라"고 하였습니다. 사람의 혼이 범죄하였으므로 메시야의 대속은 예수님의 혼(네페쉬)으로 하시는 것입니다.

혼(네페쉬)은 자기 생명의 존재인 자아(自我)를 말하는 것입니다. 죄를 범하는 것은 자기 자아(自我)가 범죄 하는 것이며 책임은 자기인 것입니다.

Memo

5. 영과 혼과 육의 유기적 역할

【 성경/ 창 1:31; 롬 8:13; 히 10:22 】

Memo	사람이 영과 혼과 몸으로 구성되어 있는데 그 3요소가 어떻게 유기적으로 작용하는가를 바로 알아야 합니다. 영성생활에 있어서 알아야 할 요긴한 일입니다. **1〉 영과 혼과 몸의 각각의 역할** 창세기 2:7절에 "여호와 하나님께서 흙으로 사람을 지으시고 생기 < 네샤마 **호흡** > 를 그 코에 불어넣으시니 사람이 생혼 < 하이 네페쉬 **살아 있는 호흡하는 생물** > 이 된지라" 고 하였습니다. 70인역에서 히브리어 '네페쉬' 를 헬라어 '프쉬케(혼)' 로 번역하였습니다. '프쉬케' 는 살아 있는 사람 곧 혼과 몸 모두를 말하지만 엄밀히 나누면 두 가지 요소 즉 흙으로 만들어진 몸과 하나님께서 불어넣으신 호흡이(네샤마) 합쳐져서 살아있는 호흡하는 생물이 된 것입니다. 그러므로 사람이 죽을 때 '네페쉬' 가 떠난다고 하였고,(창 35:18) 몸은 흙으로 되었으니 흙으로 돌아간다고 하셨으며,(창 3:19) 또한 "흙은 땅으로 돌아가고 영(루아흐)은 그 주신 하나님께로 돌아간다" 고 하였습니다.(전 12:7) 영 < 루아흐 **프뉴마** > 은 영이신 하나님과 관계하는 역할을 하는데 직감 교통 양심의 기능을 합니

다. 그리고 혼<네페쉬 **프쉬케**>은 자아(自我)에 관계된 역할을 하며 지식 감정 의지의 기능을 합니다. 몸<바사르 **소마**>은 자기 의지 없이 영이나 혼의 실행기관으로서 기능을 합니다.

영과 혼과 몸이 각각의 역할이 있으나 어느 하나도 서로 떨어져 독립해서는 각각의 역할도 할 수 없고 사람으로서 역할을 할 수도 없는 것입니다. 그러므로 영과 혼과 몸은 각각의 역할이 있으면서 서로 떨어져서는 안 되는 밀접히 접합된 하나의 유기체인 것입니다. 사람의 몸은 제일 바깥에 있고, 혼이 그 안에 있으며, 혼 안에 영이 있는 것입니다.

2〉 하나님께서 사람을 처음 창조하셨을 때의 유기적 역할

하나님께서 에덴동산에 처음 사람을 창조하셨을 때는 죄와 부패함이 없어 사람의 영은 영이신 하나님을 완전하고 순수하게 직감하고, 교통하며, 양심적이었습니다. 혼의 지식과 감정과 의지는 영에 잘 순응하고, 몸은 영에 잘 순응하는 혼에 잘 순응하였습니다. 몸도 피곤하여 순응치 못함이 없었습니다. 영과 혼과 몸이 서로 불응함이 전혀 없고 너무나 서로 잘 조화되고 순응하였으며, 하나님께서 보시기에 심히 좋으셨습니다.(창 1:31)

3〉 범죄 타락한 후 영과 혼과 몸의 유기적 역할

Memo

Memo	그러나 사람의 자아(自我) 곧 혼과 몸이 사탄의 미혹을 받아들여 영을 따르지 않고 거부하여 하나님과 같이 되려고 욕망을 따라 범죄 함으로 타락케 된 것입니다. 범죄하니 하나님을 직감하고 교통하는 영의 기능이 손상되고 양심이 마비되어진 것입니다. 영의 직감 기능이 손상되니 전자기기의 채널이 고장나서 수신이 안되듯이 하나님을 직감하지 못하고 잊어버리게 되어갔으며, 전화기가 고장나서 통화를 못하듯이 하나님과의 교통이 두절되고, 그러니 양심도 어두어져 간 것입니다. 영이 이렇게 되니 등에 불이 꺼진 것처럼 혼도 지식의 출발인 하나님을 두려워하는 지식이 없어지고,(시 111:10; 잠 1:7) 감정도 하나님을 기뻐하지 않고 하나님 알기를 싫어하게 되었으며(창 3:10; 롬 1:28) 의지도 원하는바 선은 하지 아니하고 도리어 원치 아니하는바 악은 행하게 된 것입니다.(롬 7:18,19) 사람의 영과 혼이 이렇게 되니 몸은 자연히 죄의 종노릇을 하게 되었습니다. 그러므로 범죄 타락한 사람은 세상 풍속을 좇고, 공중의 죽음의 권세 잡은 영을 따르며, 자기 인간성의 욕망을 따라 살아가며, 인간성과 마음의 원하는 것을 하는 타고난 성향이 진노의 자녀로 태어나는 것입니다.(엡 2:2, 3) 그러하니 하나님께서 창조하신 사람의 10대 손인 노아 때에 '육신적이 되어 육체를 따라 살아가는' 인간들을 보시고 하나님께서 땅위에 사람 지으셨음을 한숨지으시고

불쾌해 하셔서 창조한 사람을 지면에서 쓸어버리되 사람으로부터 육축과 기는 것과 공중의 새까지 그리 하셨던 것입니다.(창 6:6,7) 하나님께서 사람을 다른 생물들과 다르게 하나님 자신의 형상과 모습으로 창조하셨다는 것은(창 1:26~28) 특히 하나님을 직감하고 교통하며 양심을 가진 영성을 가진 존재로 창조하셨다는 말입니다. 그러나 사람은 먹고, 마시고, 시집가고, 장가가고, 사고, 파는, 육적 일에만 관심을 가지고 흥미를 가진 동물에 불과한 존재가 된 것입니다.

오늘날 기독교는 성경에 분명히 사람이 영(프뉴마)과 혼(프쉬케)과 몸(소마)으로 되어 있는데도 성경을 혼미하게 번역하고 영혼과 육신으로 가르침으로 영과 혼과 몸의 구별을 못하게 하였습니다.

그리고 **거듭남으로 구원받는 사람의 영과 혼과 몸이 유기적 관계로 회복되어 하나님을 섬기는 이치도 가르치지 못함으로(히 10:22) 하나님께서 원하시는 영의 생활을 올바로 하지 못하고 있는 것입니다. 혼이 주도하는 신앙생활을 하면서 자신은 영의 생활을 하는 줄 착각하는 기독교인이 대부분인 것은 영과 혼을 구별하지 못하기 때문이며 영과 혼과 몸이 유기적이기 때문에 자신의 하는 것이 영이 하는 것인지 혼이 하는 것인지 몸이 하는 것인지를 분별하지 못하는 것입니다.**

Memo

6. 구원받을 때 혼의 주도적 역할

【 성경/ 막 1:15; 벧전 1:9 】

Memo	사람이 범죄 할 때 혼이 주도하여 하였듯이 구원받을 때도 혼이 주도하여 해야 하는 것입니다. **1〉 개심하라 그리고 복음을 믿으라 하셨다.** 예수님께서 복음을 전하기 시작하실 때 "때가 찼고 하나님의 왕국이 가까웠으니 개심하고 복음을 믿으라"고 하셨습니다. 한글 성경과 중국 성경은 '회개(悔改)하고' 라 번역했고, 영어성경도 역시 'repent(회개하고)' 라고 번역했습니다. '회개(悔改)' 는 '잘못을 뉘우치고 고치는 것' 입니다. 그러나 헬라 원어 '메타노에이테' 는 '마음을 바꾸라' 곧 마음을 고치는 '개심(改心)하라 하신 것입니다. 마음은 지식과 감정과 의지(知,情,意)의 혼의 기능 곧 활동상태를 표현하는 것으로' 마음을 바꾸는 '개심(改心)' 은 단지 어떤 잘못을 뉘우치고 고치는 것이 아니라, 잘못을 저지른 바탕 곧 마음을 바꾸는 것입니다. 다시 말하면 '마음을 새롭게 하는 것' 입니다.(겔 18:31; 롬 12:2) 잘못을 뉘우치고 고치는 것은 구원받지 않는 불신자도 하는 것입니다. 그러나 구원받는 혼은 단지 잘못을 뉘우치고 고치는 정도만 아니라, 잘못을 하게 하는 바탕인 마음을 바꾸는 것입니다. 혼의 기능이며 활동 상태인 마음이 잘못하여 범

Memo

죄 하였기 때문입니다.

그러므로 죄인이 죄 사함 곧 구원을 받기 위해서는 개심이 우선되어야 하는 것입니다. 그런데도 오늘날 기독교는 예수님께서 전파하신 복음의 첫 관문인 '개심(改心)'을 정확하게 하지 않고, 간과해버림으로 즉 마음(생각)을 새롭게 하지 않음으로 변화를 받지 못하는 것입니다.(롬 12:2)

예수님께서는 "내가 의인을 부르러 온 것이 아니라 죄인들을 개심(改心)에 이르게 하려고 왔노라"고 하셨습니다.(눅 5:32) 예수님께서 세상에 오신 목적이 죄인들의 개심(改心)이라고 하셨음에 유의해야 합니다.

그리고 '복음을 믿으라' 하신 것도 영이 하는 것이 아니라 혼이 해야 하는 것입니다. 믿음은 직감과 교통과 양심의 기능을 하는 영이 하는 것이 아니라 지성과 감정과 의지를 가진 혼이 복음을 듣고서 깨닫고 느끼고 결단해야 하는 것입니다. 믿음도 혼에게 책임이 있는 것입니다. 혼이 범죄하고 타락하여 구원의 필요를 초래했으므로 구원에 책임을 져야 하는 것도 혼입니다.

2〉 믿음의 결과 곧 혼의 구원을 받음이라고 하였다.

구원을 받는데 혼의 책임이 있는 동시에 구원

받는 것을 '혼의 구원'이라고 한 것입니다.(벧전 1:9) 혼이 믿을 때 혼이 구원받는데도 영만 구원받는 것으로 생각하고 혼의 활동상태인 마음은

Memo

성화 되어 가는 것이고 육은 부활할 때 구원받는 것이라고 생각합니다. 이렇게 한 사람에게 있어 영의 구원. 혼의 구원. 몸의 구원으로 구원을 세 부분으로 나누어 각기 다르게 인식케 함으로 혼(마음)의 거듭나는 변화가 되지 못한 신자들을 일단 영은 구원받았다고 거짓 안위시키는 것입니다. 구원을 영의 구원. 마음의 구원. 몸의 구원으로 각각 따로 인식케 하고 혼(마음)의 구원받는 것을 분명치 않게 하는 것은 중대한 잘못입니다.

영(프뉴마)의 구원만 아니라 혼(프쉬케)의 구원과 몸(소마)의 구원이 함께 되는 것이지 어떻게 따로 되는 것입니까? 사람의 혼이 범죄 할 때 어찌 혼만 죄를 짓고 혼만 타락되었습니까? 혼이 죄를 지을 때 영과 몸도 하나인 유기체임으로 함께 죄에 동참하고 타락한 것입니다. 그와 같이 구원받는 것은 영만 거듭나고 구원받는 것이 아니라 혼과 몸도 함께 거듭나고 구원을 받는 것입니다. 예수님께서 '사람이 거듭나지 않으면' 이라고 하셨지, '영이 거듭나지 않으면' 이라 하시지 않았습니다. 거듭남으로 구원을 받을 때 어린 아이로 거듭나지만 미성숙하여 어른으로 성숙해 가야 하는 것입니다. 영과 혼과 몸이 영적으로 성숙하지 못하다 해서 태어나지 않았거나 생명이 없다 하면 말이 안 되는 것과 같습니다.

그러므로 영과 혼과 몸 즉 '사람 전체가' 구원받는데 혼(마음)이 주도적 역할을 하고 혼(마음)이 그 사람을 표현하는 책임 기관이기 때문에 '혼(마음)의 구원' 이라고 한 것입니다. 새 마음이 되지 않은 자는 변화되지 않은 자이며 구원을 받지 못한 자입니다. 예수님께서는 '마음을 바꾸라(명령사). 그리고 복음을 믿으라(명령사).' 고 복음을 전하셨습니다.(막 1:15) 그런데 오늘날 기독교에는 '마음을 바꾸라' 는 것은 생략하고 있습니다. 구원을 되도록 쉽게 하여 기독교인들은 십자가와 부활을 믿기만 하면 구원받는 것으로, 마음을 바꾸어야 한다는 것은 생략해 버리고 있습니다. 마음을 바꾸지 않고 믿기만 하고 있으니 죄사함 받을 수 없고 거듭날 수 없고 구원을 받을 수 없는데 모두 구원을 받은 줄 알고 있는 것입니다. **중대한 오류입니다.**

"그들이 이 말(씀)을 듣고 마음에 찔려" (행 2:38), "너희는 … 마음을 새롭게 함으로 변화를 받아" (롬 12:2), "너희가 진리를 순종함으로 너희 혼들을 깨끗하게 하여" (벧전 1:22) … 기독교는 성경에 말씀하신 속죄와 구원에 있어서 왜 '혼(마음)' 을 주요시했는지 유의해야 합니다.

Memo

7. 성령님의 사역을 바로 알아야

【 성경/ 요 14:26; 15:26; 행 1:8 】

Memo

구원받은 자의 영성생활에 있어 성령님의 사역을 성경대로 바로 알아야 바르고 확실한 영성생활을 할 수 있으므로 매우 중요합니다.

1〉 예수님과 사도들께서 증거하신 성령님의 사역에 대하여 올바로 알아야 한다.

성령님께서 하시는 사역에 대하여 예수님께서 증거 하신 말씀을 특별히 유의하고 올바르게 지각하여야 합니다.

① **예수님께서 아버지께서 보내실 성령님은 다른 돕는자(파라클레토스)라 하셨다.**(요 14:26) 요한일서 2:1절에 "만일 죄를 범하면 아버지 앞에 우리에게 돕는자(파라클레토스)가 있으니 곧 의로우신 예수 그리스도시라" 하였으니 같은 돕는자(파라클레토스)라는 말입니다. 그런데 디모데전서 2:5절에는 하나님과 사람 사이의 **중재자**<메시테스>는 사람이신 그리스도 한 분이시라 하였습니다. 성령님께서 성도의 기도에 돕는자 역할 하심을 로마서 8:14~17절에 말하였습니다.

② **예수님의 모든 말씀을 생각나게 하시고 가르치시는 진리의 영이라 하셨다.**(요 14:26) 무엇보다 예수님께서 성령님을 "보혜사<돕는자> 곧 아버지께서 내 이름으로 보내실 성령 그가 너희에게

	Memo
모든 것을 가르치시고 내가 너희에게 말한 모든 것을 생각나게 하시리라"고 하신 것입니다.(요 14:26) 16:12~15절에는 "진리의 성령이 오시면 그가 너희를 모든 진리 가운데로 인도하시리니 그가 자의로 말하지 않고 … 내 것을 가지고 너희에게 알리겠음이라. 무릇 아버지께 있는 것은 다 내 것이라 그러므로 내가 말하기를 그가 내 것을 가지고 너희에게 알리리라 하였노라" 성령님의 사역에 가장 우선적인 것입니다. ③ **예수님과 사도들께서 전하신 복음과 성령님으로 거듭나게 하여 하나님의 왕국에 들어가게 한다 하셨다.**(요 3:3, 5; **딛** 3:5; **약** 1:18; **벧전** 1:23, 25; **롬** 14:17~18) 성령님의 사역에 가장 중요한 것입니다. 구원에 있어서 성령님의 사역이 얼마나 중요함을 알아야 합니다. ④ **예수님께서 보내시는 성령님은 예수님을 증거하신다고 하셨다.**(요 15:26; **눅** 24:48~49; **행** 1:8) 증인은 순교자입니다.(계 2:13) ⑤ **예수님과 사도들은 구원받은 자들이 진리의 말씀과 성령으로 거룩해진다고 하셨다.**(요 17:17~19; **고전** 6:11; **고후** 7:1; **벧전** 1:2, 15~16) 성도는 진리의 말씀과 성령님으로 말미암아 거룩해집니다. ⑥ **어린양 예수님의 일곱 눈 곧 일곱 영이라 하셨다.**(**계** 5:6) 일곱 영이라 함은 사역의 완전하심을 말함입니다.(사 11:2)	

Memo	⑦ **예수님께서 성령의 충만함을 받으라 하셨다.**(요 20:22; 눅 24:49) **2〉 어떤 사람이 참 성령님의 사람인가를 바로 알아야 한다.** ① **무시로 기도하며 찬송하며 말씀을 탐구하는 자이다.** 성령님의 사람 곧 성도의 특징입니다. 그러나 거듭나지 않은 자도 천주교나 불교나 모든 종교인들처럼 종교적으로 그렇게 하기도 합니다. 기도생활의 외형으로 구별하기 어렵습니다. ② **예수님의 말씀을 좋아하며 준수하는 자이다.** 진리의 성령님의 사람인가를 구별하는 가장 확실한 표준입니다.(요 10:27, 14:15, 21, 23; 요일 2:3~6) 예수님의 말씀을 준수하지 않는 기독교인은 기독교 종교인일 뿐입니다. 한글 국어사전에 '기독교' 라는 명칭 자체가 '예수 그리스도의 인격과 교훈을 중심으로 하는 종교' 라 하였습니다. 그렇지 않으면 기독교 또는 기독교인이 아닙니다. ③ **거듭난 자로서 현재 성령님 안에서 실현된 하나님의 왕국의 생활을 하는 자이다.** ④ **예수님과 바른복음을 증거하는 증인이다.** 예수님을 증거 하되 예수님과 사도들께서 증거하신 하나님의 왕국 바른복음 진리를 알지 못하고 단지 인간의 구원, 십자가와 부활만이 복음의 전부라 하는 자는 다른 예수, 다른 영, 다른 복음을 전하는 자입니다.(고후 11:3)

Memo

⑤ **진리의 말씀과 성령으로 거룩지는 자이다.**(요 17:17~19; 고전 6:11; 고후 7;1; 벧전 1:2, 15~16) 영성으로 사는 성도의 생의 최고의 보람은 거룩한 삶입니다. 모든 것을 버리고 주님을 따르는 자라야 가능합니다.

⑥ **주님의 재림을 준비하여 간절히 고대하며 사는 자이다.** 이상과 같은 삶을 사는 성도는 이 세상이 살만한 데가 되지 못함으로 세상에 정들 수 없습니다. 그러므로 주님의 재림을 간절히 고대할 수밖에 없습니다. 주님의 재림이 간절히 고대되어지지 않는 자는 세상과 가깝고, 다 버리지 못하고, 세상의 소망을 어느 정도 추구하는 자라는 증명입니다.

⑦ **계시록의 말씀을 좋아한다.** 계시록의 말씀을 좋아하는가 그렇지 않은가는 참 성령으로 된 성도인가 아닌가를 분별하는 표준이 됩니다. 계시록의 말씀들이 믿어지지 않고 이해되지도 않는 자가 대부분입니다.

8. 믿기는 하나 사람의 일 관심자

【 성경/ 마 16:13~17:8; 롬 8:1~17 】

Memo	
	기독교인으로서 예수님을 믿는다 하지만 거듭난 사람이 있고 아직 거듭나지 않은 사람이 있습니다. 베드로가 "주님은 그리스도시요 살아계신 하나님의 아들이시니이다"라고 신앙을 고백했을 때 "이 반석 위에 나의 교회를 세우겠다 하시고, 하늘의 왕국 열쇠를 네게 줄 것이다"고 까지 하셨으나, 잠시 후에 베드로에게 "내 뒤로 물러가라, 사탄아, 너는 나의 걸림돌이다. 왜냐하면 네가 하나님의 일을 관심 기울이지(**흥미를 가지지, 애정을 두지, 주목하지**) 않고 반대로 사람의 일을 그렇게 하기 때문이다"고 하신 것입니다. 베드로는 예수님의 부활 후에 거듭났다고 고백했습니다.(벧전 1:3) 오늘날 기독교인들은 거듭나기 전의 베드로처럼 사는 자가 대부분입니다. 진정한 영의 생활을 하지 않으면서 자신은 영의 생활을 하고 있는 것으로 착각하고 있습니다. **1〉 바른영성에 대한 가르침이 없기 때문이다.** 오늘날 기독교에 바른영성이 형성되지 않는 이유 첫째는, 믿는 사람은 다 거듭났다고 잘못 가르치기 때문이며, 둘째는 예수님과 사도들께서 하신 바른복음이 없기 때문에 바르게 거듭나지 못하기 때문이며, 셋째는 성경에 영과 혼과 몸으로

구별되어 있는 것을 혼미하게 번역하여 구별하여 가르치지 못하기 때문입니다.

이러한 이유들 때문에 구원받았다고 하는 기독교인의 수는 셀 수 없을 만큼 많지만 진리의 성령님께서 거듭나게 하시는 자, 영성생활을 하는 자의 수는 하나님의 은혜로 남은 자, 적은 수에 불과합니다.(롬 9:27~29) 이방인의 때 곧 이방인의 구원받는 수가 이렇게 오래도록 차지 않고,(눅 21:24; 롬 11:25; 벧후 3:9) 그렇게 "속히 간다"고 하셨던(계 22:7, 12, 20) 주님의 재림이 이토록 지연된 이유를 바로 알아야 합니다.

예수님을 믿는다 하지만 진정 거듭나서 영을 따라 살면 하나님을 직감하고 교통하며 양심을 따라 살게 되지만 자기 인간성을 따라 행하면 하나님을 기쁘시게 할 수 없는 것입니다. 영<*πνεῦμα* 프뉴~마>을 따라 사는 것이 아니라 인간성<*σάρξ* 사르크스>을 따라 살면서 영적으로 사는 줄로 착각하는 것입니다. 오늘날 기독교는 착각의 늪에 빠져 있습니다.

2〉 올바른 성령님의 충만함을 받지 못한 때문이다.

거듭나고도 영성생활을 하지 못하는 또 한 가지 이유는 진정한 성령님의 충만함을 받지 못하는 것입니다. 아버지께서 예수님의 이름으로 보내실 성령님은 예수님께서 전파하고 가르치신 모든 말씀을 생각나게 하고 가르치며,(요 14:26) 모

Memo

Memo

든 진리 가운데로 인도하시며,(요 16:13) 예수님을 증거 하게 하신다고 하셨기 때문입니다.(요 15:26) 성령님을 보내신 목적을 바로 알아야 성령님을 바르게 충만히 받을 수 있습니다. 오늘날 기독교는 성령님 안에서 충만함이 어떤 것인지 바로 알지 못하고 구원의 은혜를 누림, 또는 방언이나 병 고치는 은사를 성령님의 충만으로 착각하고 더 이상 어떤 성령님의 충만함을 기대하지도 않습니다. 그러므로 올바른 성령님의 충만함을 받지 못하는 것입니다. 진정 바른 영성생활을 할 수 없습니다.

올바른 성령님의 충만함은 예수님과 가르치신 진리의 말씀으로 충만한 것입니다. 이러한 충만함으로 살아가는 것이 진정 올바른 영성생활인 것입니다. 뿐만 아니라 예수님과 가르치신 말씀을 따르고 실천하면서 기쁨으로 증거하는 것이 성령님의 충만함이며 진정한 영성생활인 것입니다.

3〉 사탄은 거듭난 자라도 잘못되게 하려 하기 때문이다.

사탄은 택한 자 곧 거듭난 자라도 할 수만 있으면 잘못되게 하려 합니다.(마 24:24) 사탄은 기독교를 사도시대부터 지금까지 1950년 이상 오랜 세월 동안 혼미하게 하여 왔기 때문에(고후 4:4)

기독교는 복음이나 형태에 원형을 잃어버리고 있습니다. 잘못된 것이 만연되어 있을 뿐 아니라

	Memo
잘못된 것이 바른 것으로 고착되어 가르쳐지고 인식되어 있습니다. 잘못된 것을 말해도 듣지 않습니다. 거듭난 자라도 기독교는 아예 그런 것으로 인식하여 잘못을 모르고 동화되어 있는 것입니다. 사탄은 얼마나 간교한지 첫 사람 아담도 잘못되게 하였을 뿐만 아니라 예수님까지도 잘못되게 하려고 미혹했던 것입니다.(마 4:1~11) 그러니 일반 기독교 신자들을 잘못되게 하려고 얼마나 책략 했겠는가 말입니다. 마귀의 술책을 과감하고 엄밀히 간파하여 대적해야 합니다. 오늘날 기독교 안에 사탄의 계책이 얼마나 극심함을 통찰하고 통감하여야 합니다. 사도 바울이 바른복음을 전하는 곳마다 불신자보다 하나님을 믿는다고 하는 유대인들이 극성으로 반항했듯이, 오늘날도 이러한 사탄의 정체를 드러내면 기독교인들이 벌떼 같이 일어나 반대합니다. 사탄은 기독교의 오류를 통해서만 아니라 세상 물질과 표적과 영광으로 미혹하여 거듭난 자라도 좀처럼 바른 영성생활을 하지 못하도록 방해하고 있습니다. 특히 오늘날 기독교의 젊은 세대들은 사탄의 미혹을 물리치기가 낙타가 바늘구멍에 들어가는 것만큼 정말 어렵습니다.	

9. 혼적으로 사는 사람들의 특징

【 성경/ 롬 8:1~17; 고전 3:1~3 】

Memo

거듭난 사람 곧 구원받은 사람이든, 거듭나지 않은 사람이든 새 사람으로 거듭난 자로서 거듭난 영(프뉴마)을 따라 살지 않으면 혼(프쉬케)을 따라 살게 됩니다. 거듭난 자의 혼과 거듭나지 않은 혼의 차이는 구별하기 어렵습니다. 왜냐하면 거듭나지 않은 사람도 혼이 아주 착한 사람이 있습니다. 석가모니 같은 사람은 영은 하나님과 관계가 없었지만 혼은 얼마나 선하고 올바랐습니까? 거듭나지 않고도 혼으로 그렇게 선할 수 있다는 사실을 명심해야 착각하지 않습니다.

1〉 하나님과 원수가 되는 혼으로 사는 것은 어떤 것을 말함인가?

혼(프쉬케)으로 산다는 말은 영적(프뉴마코이)으로 사는 것이 아니라 육신적(사르키코이)으로 산다는 말입니다.(고전 3:1~3) 기독교 신자이면서 거듭난 자이든 아직 거듭나지 않은 자이든 세상 사람들과 같이 생각하고, 같은 욕망과 관심을 가지고, 같이 행동을 하는 것을 말합니다. 예수님의 말씀 생명의 빛에 의하여 육신적인 자신의 하나님 앞에서의 잘못됨을 알고 육신에 대해 이기기를 갈구하는 거듭난 자임에도 혼(인간성)을 이기기에 너무나 미약한 자신을 발견하고 슬퍼하는 것입니다. 죄를 이기고 하나님을 기쁘시게 하고픈 갈망이 있는데도 죄의 욕망을 죽이는데 군세지 못한 자신을 발견할 때 어찌 자신에게 화를 내지 않을 수 있겠습니까? 승리는 적고 패배는 많은 것입니다.

사람이 거듭나기 전에 행하고 또 행할 수 있는 모든 것이 육신 가운데 살아 움직이게 하는 혼이 하는 육신적인 일입니다. 거듭났다 하더라도 영을 따라 하지 않고 혼을 따라 하는 것 역시 육신적인 것입니다. 혼(육신)적인 일은 악한 일만 아니라 선을 행하기까지 하는 일체를 말하는 것으로 영적 생활을 하기 위해서는 이러한 자기로서 하는 일체가 부인되어야 하는 것입니다. 바리새인들은 하나님을 믿었고, 하나님의 모든 말씀 율법의 행위를 자기의 열심과 의로, 자기가 옳게 보이려고 한 것이었으므로, 주님으로부터 통렬히 책망을 받았던 것입니다. 예수님 당시에 하나님을 열성적으로 섬기는 자 많았지만, 그들이 하는 모든 의와 열성을 외식이라고 책망하셨습니다. 바울도 개심하여 거듭나기 전에는 율법을 지키는 의로는 흠이 없는 자라고 하였습니다.(빌 3:6)

하나님께서는 모든 죄와 불의를 미워하시는 것처럼 인간의 누더기 같은 의도(슥 3:4) 증오하시는 것입니다.

거듭남이 없이, 그리스도를 따름 없이, 성령님의 감화와 인도하심을 따름 없이 혼(육신적)으로 행한 하나님을 위한 공적들은 부도덕이나 음란이

Memo

Memo

나 방탕과 같은 죄보다 하나님 앞에 조금도 덜 육신적인 것이 아닙니다. 성령님 안에서 행하는 것은 죄를 안 짓는 것만을 의미하는 것이 아니고 성령님에 의하지 않는 자아로서 하는 것을 정지시키는 것까지를 말하는 것입니다. 거듭나지 않은 불신자나 거듭나지 않은 의식적 신자가 성경을 익히 알 수 있고, 기독교의 기본교리인 십자가와 부활을 정확하게 확신하고, 자기의 타고난 재능을 발휘하여 선교사업을 확장시키고, 놀라운 웅변술로 청중을 사로잡고, 이적을 나타내 보여도 주님께서 인정하지 않는 자가 많은 것입니다.(마 7:22,23) 거듭난 성도는 "옛 사람과 그 행위를 벗어버리고 새 사람을 입었으니, 이는 자기를 창조하신 자의 형상을 좇아 지식에까지 새롭게 하심을 받는 자니라" 고 한 것입니다.(골 3:9,10)

2〉 십자가의 원수인 혼으로 사는 사람의 몇 가지 특징들

육신적 성품과 욕망에 이끌려 사는 사람의 몇 가지 특징을 보면,

1〉 십자가 원수인 세상에서의 일을 더 생각하고 관심합니다. 영적인 일보다, 어떻게 배에 더 잘 먹고, 성적으로 더 즐거울 수 있으며, 세상의 것을 더 누릴 수 있는가에 흥미가 더 있습니다.(빌 3:17~21)

2〉 안목의 정욕에 이끌립니다. 마음을 지배하

는 것은 눈으로 보는 것들입니다. 세상에서 유행하는 것들에 대한 흥미를 덮어두고 있지를 못합니다. 그렇기 때문에 끊임없이 눈의 욕구를 찾아 영적 일에 시간이 없습니다.

3〉 자신의 우월감을 나타내 보이려고 하는 것입니다. 의복이나 말이나 일에 있어서 남보다 우월하다는 것을 나타내 보이려고 혼신을 다합니다.

4〉 너무나 감정에 좌우됩니다. 한 번 흥분하면 마냥 즐거워하다가도 다음에는 낙담하며 슬퍼합니다. 슬픈 순간에는 세상이 나를 더 필요로 하지 않는다고 차라리 죽어 없어졌으면 합니다. 감정의 기복이 심합니다.

5〉 지나치게 감수성이 예민합니다. 영적인 사람은 기분으로 살지 않고, 육적인 사람은 종종 외적인 문제로 마음이 불안하게 됩니다. 주위의 사람이나 환경이나 일이나 물건이 툭 하면 그의 영의 평안까지 뒤흔듭니다.

6〉 말이 많고 고집이 세다는 공통된 특징을 가집니다. 말이 많아서는 안 된다는 것을 알고 있지만, 흥분된 감정 때문에 자제하지 못하고 말을 하게 되며 신중하게 진리의 분별력 없이 자기 생각만을 고수합니다.

7〉 성급하다는 것입니다. 묵묵히 하나님의 섭리와 인도를 기다리지 못합니다.

Memo

10. 참된 영적 사람이 되려고 하면

【 성경/ 마태복음 11:12 】

| Memo | 기독교인 중에 영성생활에 대하여 조금이라도 아는 사람은 대개 다 영성생활을 하기 원할 것입니다. 그러나 실제로 참된 영성생활이 되어지는 사람은 극히 적습니다. 어떻게 해야 참된 영적 사람이 될 수 있는가?를 잘 알지 못하고 있습니다.

1〉 영적 사람이 되는 것이 왜 필요한가를 절실히 느껴야 한다.
영적 사람이 되는 것이 왜 필요한가? 단지 그것이 참으로 고상하고 신앙인로서 우월한 생활이기 때문에 해야 되겠다 하면 기독교 종교영성 생활은 할지라도 진정 하나님께서 기뻐하시는 영성생활은 할 수 없습니다. 많은 사람이 기독교 종교적 영성생활을 추구하고 있습니다. 종교적 영성생활은 기독교에만 있는 것이 아니라 천주교에도 천주교 영성이 있고, 불교에도 불교의 영성이 있고, 회교에도 회교의 영성이 있습니다. 아무리 그것이 신비하고 고상한 것이라 할지라도 각각 종교적 영성에 불과한 것이지 하나님이 기뻐하시는 참된 영성생활은 될 수 없는 것입니다. 석가모니의 불교적 영성은 너무나 고상하고 뛰어납니다. 그러나 그렇게 훌륭할지라도 하나님과는 아무런 관계가 없습니다. 마지막 날 주님 앞에서 기독교 |

의 많은 사역자들과 신자들까지도 주님으로부터 거부를 당할 것이라 하셨습니다.(마 7:22, 23; 눅 13:23~27)

그러므로 바른영성에 대하여 바르고 확실하게 알고, 알뿐만 아니라 하나님께서 얼마나 원하는 것인가를 절실히 느껴야 하는 것입니다. 이것이 아무나 쉽게 되는 것이 아닙니다. 하나님의 탄식과 슬픔을 제대로 알고 느끼는 사람이 얼마나 되겠는가를 생각해 보면 알 것입니다.

하나님께서는 사모하는 혼을 만족케 하시며 주린 혼에게 좋은 것으로 채워주신다고 하셨습니다.(시 107:9) 예수님께서는 "하나님의 왕국은 열렬한 자들이 잡아챈다(비아스타이 하르파주신~ the violent take it by force" 고 하셨습니다.(마 11:12) 밭에 감추인 보화를 발견한 사람이 자기 소유를 팔 수 있는 것은 다 팔아 그 밭을 사려고 하는 것처럼 열망해야 하며, 영적인 것은 그렇게 열망할 만큼 가치 있는 것입니다.(마 13:44) 무엇보다 하나님께서 원하시고 기뻐하시는 것이기 때문입니다.

2〉 바른복음으로 거듭나서 진리의 성령님으 로 충만해야 한다.

열망한다고만 되는 것이 아닙니다. 바른복음으로 거듭나서 진리의 성령님으로 충만해야 되는 것입니다. 영적 사람이 되는 것은 거듭나지 않고는 될 수 없는 것입니다. 거듭나지 않고도 영성생

Memo

Memo	활을 할 수는 있는데 그것은 단지 기독교의 종교적 영성생활에 불과한 것입니다. 방법을 배워서, 영성을 훈련해서 숙달시켜서 하는 것입니다. 거듭난 자로서 어느 정도 경건의 연습이 필요하기는 하나, 경건의 모양은 있으나 거듭난 자로서 경건의 능력은 없는 것은 형식에 불과한 것입니다. 거듭나는 것도 예수를 구주로 믿기만 하면 거듭났다고 하는 것은 거듭남이 아닐 수 있습니다. 왜냐하면 거듭나는 것은 예수를 구주로 믿는 것이 포함되지만 그것만이 아닌 물의 말씀으로(개심하여) 씻어(죄사함) 깨끗하게(의롭게) 하셔서(엡 5:26) 성령님으로 새롭게(창조) 하시는(딛 3:5; 요 3:5) 새 창조를 받는 새 사람이 되는 것이기 때문입니다.(엡 4:22~24) 믿는 것은 거듭난 것이라고 하는 것은 너무나 단편적인 규정입니다. 거듭남을 그렇게만 규정하니 그렇게 거듭났다고 하는 기독교 신자들이 혼(인간성)의 지배를 받지 않고 거듭난 영을 따라 사는 영성생활을 할 수가 없는 것입니다. 오늘날 기독교에 영성생활을 못하게 하는 가장 주요한 원인은 복음이 잘못된 중에서 거듭남의 규정이 잘못되어 있는 것 때문입니다. 그리고 또 한 가지는 성령님의 사역에 대하여 왜곡하여 바르게 가르치지 않는데 있습니다. 성령님의 충만함을 방언하고 병 고치고 기쁨이 충만한 그런 것이라고 합니다. 성령님의 은사와 구별을 못합니다. 하나님께서 예수님의 이름으로

보내신 성령님은 '진리의 성령님' 이시며, 진리의 성령님이 오시면 예수님께서 말씀하신 모든 것을 생각나게 하시며, 예수님을 증거 하실 것이라 하였습니다.(요 14:26, 15:26) 그리고 권능을 받아 땅 끝까지 예수님께 대한 증인이 될 것이라 하셨습니다.(행 1:8) 성령님 안에서 충만함을 바로 알고 바로 받아야 합니다. 진리의 성령님은 예수님께서 전파하신 그 바른 복음 진리의 말씀으로 믿고 따르는 자들을 거듭나게 하십니다. 사도 베드로께서도 너희가 거듭난 것은 하나님의 말씀으로 된 것이며, 우리가 너희에게 전한 복음이 곧 이 말씀이라고 하였습니다.(벧전 1:22~25) 그러므로 예수님과 사도들께서 전하신 복음의 말씀 그대로 전하고 그 말씀으로 거듭날 때 진정 예수님과 사도들의 영성을 그대로 받을 수 있는 것입니다. 예수님과 사도들이 전한 복음의 말씀과 다른 영성은 기독교 종교영성은 될지라도 예수님과 사도들의 영성은 될 수 없는 것입니다. 그러므로 올바른 참된 영적 사람이 되려면 바르게 분별해야 합니다.	Memo

11. 예수님과 바울이 말씀하신 영성

【 성경/ 마 5:1~12; 갈 5:16~25 】

Memo	예수님과 사도 바울께서 영성생활을 하는 자들이 어떤 자들임을 가르치신 대표적인 말씀이 마태복음 5:1~12절과 갈라디아서 5:16~25절에 기록되어 있습니다. 하나님의 왕국에 들어가는 자의 영적 품성입니다. 유의하여 사는 자 극히 적습니다. **1. 예수님께서 말씀하신 영성자들 (마 5:1~12)** 1〉 **영이 가난한 자들이 복이 있으니 하늘의 왕국이 저들의 것이기 때문이라** 하셨습니다. 한글 개역성경은 '심령(心靈)' 이라 번역하였고, 중국 성경은 '마음(心)' 이라 번역했는데 헬라 원어 성경은 '영(프뉴마 ~spirit)' 으로 되어 있습니다. 거지와 같이 영에 빈곤하여 갈구하는 영적 품성을 말합니다. 2〉 **애통하는 자들은 복이 있으니 저들이 위로를 받을 것이기 때문이다**고 하셨습니다. 여기서의 애통은 죄를 지은데 대한 슬픔을 포함하지만, 이 세대의 모습을 그대로 볼 수 없고, 이 세대에 전혀 매력을 느끼지 못하는 이들의 애통인 것입니다. (애 3:48~51) 이러한 애통의 눈물을 흘린 자들의 눈물을 하나님께서 씻어 주실 것입니다.(계 21:4) 3〉 **온유한 자들은 복이 있으니 저희가 땅을 기업으로 받을 것이기 때문이다**고 하셨습니다. 온유함,

예수님의 마음입니다.(마 11:29)

4〉 **의에 주리고 목마른 자들은 복이 있으니 저들이 배부를 것이기 때문이다**고 하셨습니다. 옳은 것에 배고파하고 목말라 한 자들이 예수님께서 말씀하신 영성자들입니다. 저들이 진정한 의로 배부름을 얻을 것입니다.(계 21:6)

5〉 **긍휼히 여기는 자들은 복이 있으니 저들이 긍휼히 여김을 받을 것이기 때문이다**고 하셨습니다. 하나님은 긍휼이 많으신 분이십니다.(벧전 1:3)

6〉 **마음이 청결한 자들은 복이 있으니 저들이 하나님을 볼 것이기 때문이다**고 하셨습니다. 마음이 깨끗하고 순결한 것이 영성자들이며, 모든 더러운 것은 절대로 하나님 앞에 못갑니다.(계 21:27)

7〉 **화평케 하는 자들은 복이 있으니 저들이 하나님의 아들이라 일컬음을 받을 것이기 때문이다**고 하셨다. 화평과 거룩(깨끗함) 없이는 아무도 하나님을 뵈올 수 없다고 하였습니다.(히 12:14)

8〉 **의를 위하여 핍박을 받은 자들은 복이 있으니 하늘의 왕국이 저들의 것이기 때문이다**고 하셨습니다. 의를 위하여 핍박을 받는 영성자입니다.

9〉 **예수님 때문에 욕과 핍박과 악한 말을 들은 자들은 복이 있으니 하늘에서 저들의 상이 클 것이기 때문이라**고 하셨습니다. 예수님을 따르는 복음과 영성 때문에 욕과 핍박과 악한 말을 듣는 자입니다.

2. 사도 바울이 말씀한 성령님의 열매들 (갈

Memo

종합설교집

Memo	5:22~24) 성령님안에서 살며 행하는 영성자의 열매는, **첫째 '사랑' 이라 하였습니다.** '사랑(아가페)' 은 '애정, 자비심' 이란 뜻인데 적극적이고 자기를 추구하지 않는 사랑을 말합니다. 태양이 쉬임없이 빛을 주면서도 줄지 않고 오직 세상을 비추기 위해서 있듯이 말입니다. **둘째 '희락' 이라 하였습니다.** '희락(카라)' 은 '유쾌함, 은은한 기쁨' 이란 뜻으로 감정보다는 영혼의 '좋은 상태' 를 말하며 축제의 기쁨, 구원의 기쁨을 가진 영성을 말합니다. **세째 '평화' 라 하였습니다.** 한글 개역성경에 '화평' 이라 하였으나 화평이 아닌 '평화(에이레네)' 는 '평화, 고요, 안식' 이란 뜻으로 종말론적인 구원으로서의 평화를 나타내는 말입니다. 영성자는 고요하고 평화롭습니다. **네째 '오래 참음' 이라 하였습니다.** '오래 참음(마크로뒤미아)' 은 '오래 참음, 꿋꿋함, 인내' 라는 말로서 하나님의 오래 참으심을 말해 주고 있습니다. 영성자는 꿋꿋이 잘 참습니다. **다섯째 '자비' 라 하였습니다.** '지비(크레스토테스)' 는 '인자, 선량함, 친절' 이란 뜻의 말로서 그리스도 안에서 죄인들을 향하신 하나님의 은혜로우신 태도를 말합니다.(롬2:4, 11:22) 또한 주님의 성품으로 말합니다.(골 3:12) **여섯째 '양선' 이라 하였습니다.**

	Memo
'양선(아가도쉬네)은' '착함, 덕행, 선함' 이란 말로서 하나님은 선하신 분이십니다.(마 19:17) 사람의 경우에는 '하나님을 기쁘시게함' 을 의미하고, 하나님의 경우에는 '자애로우심' 을 의미합니다. **일곱째 '신실' 이라 하였습니다.** 한글 개역성경에 '충성' 이라 번역하였으나 '충성' 이란 말은 '속에서 우러나는 정성' 이란 말이며, 헬라 원어(피스티스)' 는 '신용, 신실, 확신←진리, 하나님께 대한, 신뢰←그리스도께 대한, 구원에 대한, 꾸준함←직업에 대한' 의 뜻의 말입니다. **여덟째 '온유' 라 하였습니다.** '온유(프라오테스)' 는 '온순, 겸손' 이란 의미의 말로서 부드럽고 온화한 친절을 의미합니다. 예수님께서 '나는 마음이 온유하고 겸손하니' 라고 하셨습니다.(마 11:29) 영성자는 예수님을 닮아 온유하고 겸손합니다. 그러나 예수님의 진리와 비진리에 대해서는 단호합니다 **아홉째 '절제' 라 하였습니다.** '절제(엥크라테이아)' 는 자기 통제, 자제력, 금욕 '의 의미의 말로서 자기 자신을 억누르면서도 모든 것을 자유롭게 통제하는 것을 가리킵니다. 철학과 윤리학에서는 가장 중요한 덕으로 간주합니다. 열매를 보아 그 나무를 압니다.(눅 6:44)	

12. 교회에 주신 직분과 은사들

【 성경/ 엡 4:11, 12; 갈 5:22~24 】

Memo	
	성령님께서 교회를 위해 세우시는 직분들과 나눠주시는 은사들이 여러 가지입니다. 직분과 은사를 혼동하지 말아야 하며, 앞서 말한 성령님의 충만함과도 혼동하지 말아야 합니다. 영성에 관계된 문제입니다.
	1〉 하나님께서 세우시는 직분들
	에베소서 4:11,12절에 "그분께서 성도들의 완전케함을 향하여, 봉사의 일을 하게 하고, 그리스도의 몸을 세우도록, 참으로 사도들을, 그리고 선지자들을, 그리고 전도자들을, 그리고 목자들과 가르치는 자들을 주셨으니"라고 하였습니다. 그리고 고린도전서 12:28~31절에는 직분과 은사들을 같이 말하였으니, "참으로 하나님께서 교회 안에 어떤 자들을, 첫째는 사도들을, 둘째는 선지자들을, 셋째는 가르치는 자들을, 그 다음은 능력들을, 그 다음은 병 고치는 은사들을, 돕는 자들을, 다스리는 자들을, 방언들의 다양함을 두셨다. 다 사도들이겠느냐? 다 선지자들이겠느냐? 다 가르치는 자들이겠느냐? 다 능력을 행하는 자들이겠느냐? 다 병 고치는 은사를 가진 자들이겠느냐? 다 방언을 말하는 자겠느냐? 다 통역하는 자겠느냐? 그러나 너희는 가장 좋은 은사를 사모하라 또

Memo

한 내가 제일 좋은 길을 너희에게 보이리라" 고 하였습니다.

여기서 유의할 것은 여러 은사들 보다 직분이 먼저라고 한 것입니다. 그리고 직분이나 은사는 모두에게 다 같은 것을 주시지 않는다는 것입니다. 그리고 사도시대까지 있었던 직분과 은사들이 사도시대 이후 성경의 기록이 완성된 이후에는 직분 중에서 사도들과 선지자들의 직분은 더 이상 있지 않게 되었다는 사실입니다. 지금도 사도가 세워지고 선지자들이 세워지고 있다면 옳겠습니까? 그리고 은사들 중에도 능력 행함이나 병 고치는 은사들은 더 이상 있지 않게 된 것입니다. '능력' 이란 사도들이 행했던 이적적인 능력 행함을 말하는데 사도의 직분이 사도시대 이후에는 계속되지 않은 것처럼 사도들에게 주셔서 행했던 이적들은 계속되지 않은 것입니다. 병 고치는 능력과 은사들도 사도 바울 마져 믿음의 아들이며 동역자인 디모데의 위와 자주 나는 병을 능력으로 고치 주지 않고 포도주를 조금씩 쓰라 하였으며,(딤전 5:23) 사랑하는 동역자 드로비모는 병듦으로 밀레도에 두었다고 하였으니,(딤후 4:20) 어찌하여 능력의 사도 바울이 능력으로 동역자들의 병을 고치지 않았는가 하는 것입니다.

예루살렘 교회의 장로인 야고보께서 기록한 야고보서 5:14~16절에서 병든 자가 있을 때 교회의 장로들을 청하여 기도하면 주님께서 고치시리라

Memo

고 하였으니 병 고치는 은사로 고치라 하지 않고 기도하면 주님께서 친히 고치신다는 방침을 흩어진 열두 지파 믿는 형제들에게 가르친 것입니다.

2〉 성령님께서 나눠주시는 은사들

고린도전서 12:28~31절에는 성령님께서 교회에 나눠주신 직분과 은사들을 함께 말하였습니다. 교회에 공적으로 세움 받는 직분자들이 있는 동시에 특별히 은사를 받은 것이 나타나는 자들도 있는 것입니다. 잘 돕는 은사, 잘 다스리는 은사나 잘 권위하는 은사와 같이 교회의 유익을 위해 다른 사람 보다 특별히 즐거이 잘하는 것이 성령님께서 주신 은사입니다. 또는 특히 오늘날 교회에 문제가 되는 것은 방언입니다.

누구보다 방언을 더 많이 했던 사도 바울께서(고전 14:18) 고린도 교회에 방언에 대하여 12장과 14장에서 많이 말하면서 '다 방언 하는 자이겠느냐?' 고 하였는데(고전 12: 30) 오늘날 교회는 방언 하는 자 만이 성령을 받은 자인 것처럼 인식하는 것은 분명히 잘못된 것입니다. 그리고 방언은 사람에게 하는 것이 아니고 하나님께 그 영으로 말하는 것이며, 자기의 덕을 세우는 것이며 교회의 덕을 세우는 것이 아니라고 하였습니다.(고전 14:3,4) 그리고 방언 하는 것을 교회의 덕을 세우기 위하여 통역하는 자가 통역하지 않으면 예언하는 자만 못하다고 하였으며,(고전 14:5) "교회에서 남을 가르치기 위하여 깨달은 마음으로 다섯 마디 말하는 것이 일만 마디 방언으로 말하는 것보다 나으니라"고 한 것입니다.(고전 14:19) 그리고 "잘 다스리는 장로들을 배로 존경할 자로 알되 말씀과 가르침에 수고하는 이들을 더할 것이니라"고 하였으니(딤전 5:17) 방언보다 말씀을 바로 깨닫고 가르치는 은사가 얼마나 귀함을 올바로 인식해야 합니다. 그러므로 교회에 방언에 대하여 너무 지나치게 편견을 가진 것은 올바로 해야 합니다. 그러나 방언을 부인해서는 안됩니다. 영으로 하나님께 말하는 방언을 겸비하게 올바로 하면 유익합니다.

성령님께서 교회의 유익을 위하여 나눠주신 은사들을 무시해서도 안될 것입니다. 직분이나 은사나 그 시대 교회의 필요를 따라 자유자재로 주신다는 사실을 알고 성령님의 뜻을 사람으로서 제한하지 말아야 합니다. 지금은 구원받은 자들이 영적으로 선지자이나 7년 대환란 때는 두 증인인 실제로 두 선지자가 있게 된다고 하셨습니다.(계 11:10) 그러나 중요한 것은 서로를 무시하고 자기 직분이나 은사만이 제일인 듯 행세하는 것은 교회의 질서와 평화를 어지럽히는 것입니다. 오케스트라 합주단 같이 서로 존중 할 줄 알아야 하고 서로 질서를 지킬 줄 알아야 합니다.

Memo

13. 바른 영성생활의 넘치는 복됨

【 성경/ 빌립보서 4:10~20 】

Memo

영성생활이 얼마나 복된 것인지 사도 바울처럼 체득한 자 만이 알 수 있는 행복입니다. 바른복음으로 된 영성생활을 말합니다.

1〉 세상에서 가장 행복한 자이다.

바른복음과 바른영성을 알고 예수님께 증인되어 살아가는 자는 바울처럼 세상에서 가장 행복을 누리게 됩니다. 무엇보다 성부 성자 성령 삼위 하나님께서 함께 하시니(요 14:23, 24) 이보다 더한 행복이 세상에 어디 있겠습니까? 그의 영과 혼과 몸과 삶의 전반에 하나님께서 함께 하시는 증거들이 있기 때문에 추호도 의문의 여지가 없습니다.

신앙은 체험입니다. 체득한 자 만이 알고 누리는 신비입니다. 성령님으로 된 것이므로 신비한 것이고 체득한 자만이 아는 것이므로 비밀입니다.

바른복음으로 진정 거듭나게 되면 최초 예루살렘 교회 성도와 같이 됨으로 현재 이 세상에 실현된 하나님의 왕국의 생활을 하게 됩니다. 사도 바울께서 말씀하신 대로 현재 이 세상에 실현된 “하나님의 왕국은 먹는 것과 마시는 것이 아니요 오직 성령님 안에서 의와 ＜ 디카이오쉬네 **〈성격이나 행위에〉 공정, 옳음, 정의** ＞ 와 평화와 ＜ 에이레네 **평화,**

번영, 하나됨, 고요, 안식> 기쁨<크하라 **기쁨, 즐거움**>이라 이러한 것들로 그리스도를(왕과 구주로 – 행 5:31) 섬기는 자는 하나님께 매우 기쁨이 되며 사람들에게도 인정을 받느니라"한 것입니다. 구원받은 성도는 현재 이 세상에 성령님 안에서 실현된 하나님의 왕국에서 왕과 제사장으로 의와 평화와 기쁨으로 그리스도님을 만왕의 왕과 구주로 섬기며 왕노릇 하는 사실을 모르고 있는 것은 얼마나 딱한 일입니까? 기독교의 진수를 모르고 있는 것입니다.

오늘날 기독교는 예수 믿으면 죄사함 받고 죽어서 천국 간다는 것이 전부입니다. 그러니 구원의 행복이 영적이고 가상이며 미래적이고 실제가 아니며 현재가 아닌 것입니다. 따라서 영성생활이 관념적이지 실제적으로 되지 않는 것입니다. 따라서 세상에서 가장 행복한 것이 무엇인지 모르고 있는 것입니다. 보화를 발견하지 못하였으니 환경을 초월하는 넘치는 기쁨이 있을 수 없습니다.

2〉 세상에서 가장 부요한 자이다.

사람들은 행복이라 하면 물질의 부요를 먼저 떠올린다. 바른 영성생활의 행복은 단지 영적인 것만 아니라 물질적이며 환경적인 부요입니다.

그러나 이 부요는 물질을 많이 소유하고 환경이 부요로운 것을 말하는 것이 아닙니다. 왜냐하

Memo

종합설교집

Memo	면 행복한 부요는 물질이 많고 환경이 부요로운 것이 아니기 때문입니다. 복권이 당첨되어 돈 많은 벼락부자가 된 사람 거의 모두가 불행하게 되었다고 합니다. 한국의 최고의 부자 기업의 막내딸이 자살을 한 것은 부요한 환경도 행복한 것이 아니었음을 증명한 것이 아닙니까? 실제 있었던 일인데, 미국의 한 농부가 수십년 만에 2억불 경마표가 당첨되었는데, 심장마비 될가봐 마사회에서 전달 방법을 궁리하다, 농부가 천주교 신자인지라 신부에게 부탁했다고 합니다. “만일 1등으로 당첨되면 상금을 어떻게 하시겠어요?” 하니 “신부님, 맞을 리가 있나요, 하지만 2억불이 당첨되면 그중 1억불은 신부님께 드리고…” 다음 말을 잇기도 전에 ‘꽈탕’ 하고 넘어져 심장마비로 죽었으니, 넘어진 사람은 농부가 아니라 신부였다고 합니다. 예수님과 사도들께서 말씀하신 행복한 부요는 ,내가 많이 소유하고 쌓아두고 관리하는 그런 부요가 아니고, 자신의 하는 일은 오로지 하나님의 왕국과 그분의 의를 추구하는 것이며, 모든 필요한 것은 하나님께서 책임지시고 적절하게 주셔서 살게 하심으로, 조금도 부족이나 넘침이 없이 안심되고 안정된 생활을 하게 하시는 것입니다. 이것이 진정 행복한 부요인 것입니다. 뿐만 아니라 이러한 영성자는 영적으로 얼마나 부요함을 누리는지 말로 할 수 없는 복됨을 누리

는 것입니다. 예수님의 말씀을 따라 살아가니 계시록에 일곱 교회 중에 가장 작은 빌라델비아 교회지만 주님의 말씀을 잘 지켰기 때문에 가장 많은 격려와 약속을 받았던 것처럼 주님의 격려와 약속안에서 참으로 행복한 것입니다. 주님께서 약속하신 부요는 세상에서 가장 부요한 자보다 더 진정 부요한 것입니다. 아멘!

Memo

3〉 다른 사람을 복되게 하는 자이다.

참된 영성자의 부요는 자신만 행복하고 부요한 것이 아니라 다른 사람들을 복되게 함으로 행복한 것입니다. 참된 영성자는 은둔하여 살지 않고 세상에 참된 영성을 전파함으로 사람들을 자신과 같은 복된 자가 되도록 하는데 혼신을 다하는 것입니다. 자신이 복된 참된 영성자만이 사람들에게 진정 복된 것을 가르쳐 줄 수 있습니다.

4〉 영원 영원토록 하나님께 영광을 돌리게 된다

하나님께 진정 영광과 기쁨이 되어지는 영성자야말로 참 행복자입니다. 하나님을 영화롭게 하고 기쁘시게 하는 것이 인생과 만물의 존재 목적이며 그 목적을 수행할 때 인생과 만물이 하나님과의 교통을 누릴 수 있고 그로 말미암아 진정 최상의 행복이 있게 되기 때문입니다.

♡후　기♡

이로써 주님께서 진리의 성령님으로 오늘날까지 인도하시고 섭리하셔서 저술하게 하신 사명을 다하게 된 것 같다.

저술하고 출판하여 출판을 알리는 것까지 필자가 해야할 일인 것 같다. 그 이후의 일은 주님께서 주관하실 것이라 확신한다.

오늘날 기독교의 기존 관념은 너무나 바른 길에서 멀리 벗어나 있다. 한 두 가지가 아닌 총체적인 이반현상이다. 이를 분명히 밝히고 바른 길을 제시하는 본서를 많은 기독교인은 좀처럼 수용하지 못할 것이다. 극히 적은 '남은 자' 만이 받을 것이다. 하나님께서 야헤쯔켈(에스겔) 선지자에게 "듣든지 아니 듣든지 그들 가운데 선지자 있은 줄은 알찌니라" (2:5) "듣든지 아니 듣든지 내 말로 고할찌어다" (2:7) "그들이 듣든지 아니 듣든지 그들에게 고하여 이르기를 주 여호와의 말씀이 이러하시다 하라" 고 하셨다.(3:11)

하나님께서 이스라엘 백성들에게 여러 선지자를 보내 오랜 세월 동안 대언하게 하였으나 듣지 않음으로 북 이스라엘은 주전 722년 앗수르에게 망하고, 남 유다는 주전 586년 바벨론에 망하여 포로로 잡혀갔다. 남 유다가 멸망하기 40년전부터(주전 627~586) 오랜 세월을 선지자 예레미야는 눈물로 그 백성들에게 예언했지만 오히려 핍박하고 듣지 않다가 그렇게 되고 말았다.

부 록

시험산

"성령이 곧 예수를 광야로 몰아 내신지라. 광야에서 40일을 계셔서 사탄에게 시험을 받으시며 들짐승과 함께 계시니 천사들이 수종들더라" (막1:12-13).

서쪽산에 카란텔 수도원 또는 시험수도원이라고 알려진 희랍정교 수도원이 있다.
성경이나 다른 자료들에서는 예수님이 정확히 어느 곳에서 사십 일간 금식을 하셨는지 찾아 볼 수 없다. 훗날의 구전에 의하면 여리고 옛 도시 뒷켠에 높이 솟아 있는 카란탈 산이 예수님께서 요단강에서 침례를 받으시고 40일간 금식 후 사탄에게 3가지 시험을 받으신 시험산이라고 한다. 이 산의 정상은 사탄이 온세상의 모든 왕국을 예수께 주겠다고 유혹한(눅4:5) 최후의 시험장소로 알려져 있다.
6세기에 산 동쪽 기슭 예수님이 있었다는 동굴 윗켠에 교회가 하나 지어져 있었으나 13세기에 없어져 버리고 다시 1874년에 희랍 정교회에서 지은 수도원이 남아 있다.

시험돌

시험수도원

시험산

비잔틴식 모자이크로 그려진 메다바 지도

여리고

지구상에서 가장 오래된 성곽 도시를 가지고 있는 여리고는 사해 북동쪽 지점 유다 광야에 자리잡은 가장 크고 아름다운 오아시스의 도시이다. 여리고는 예로부터 키가 10 m 가 넘는 종려나무들이 많아 '종려의 성읍' 으로 불리며, 출애굽 한 이스라엘 백성이 40년의 광야생활을 청산하고 약속의 땅 '젖과 꿀이 흐르는' 가나안에 첫 발을 디던 도시였다. 성경의 여리고는 구약과 신약의 각각 다른 두 곳이 있다. 여호수아에 의해 점령당한 최초의 도시 여리고는 이라고 불려지는 곳이며, 가나안 점령의 교두보였다. 예수께서 이 도시를 들러 지나가시곤 하였던 신약시대의 여리고는 헤롯이 지은 별장이 있는 와디 캘트의 입구에 위치하고 있다. 여기서 예수는 뽕나무에 올라간 세리장 삭개오와 또 거지 소경 바디매오를 만나 구원을 이루시기도 하셨다.

엘리사의 샘
(앤 에스 술탄)

시험산을 배경으로 한 여리고 예도시 모습

여리고의 뽕나무

스데반 교회
갯세마네
동산 교회
배네딕트 수도원
승천당
마리아 무덤
주기도문 교회
러시아 정교회
감람산 성전

맛사다

사해 근처에 우뚝 솟아 있는 맛사다는 헤롯대제에 의하여 요새화된 요새중의 로마에 대한 항거에 참가했던 유대인 애국자들중 일부 생존자들이 이곳서 마지막 투쟁을 벌였다. 로마군은 엘레아잘 벤야일 휘하의 열성당원들을 3년동안 포위하였다. 더이상 저항할 수 없음을 깨달은 이들 967명은 노예가 되기보다는 차라리 자유인으로 죽겠다며 모두가 자살을 하고 만다.이갈 야딘 교수가 이끈 발굴로 요새지, 저장실, 우물, 목욕탕, 궁전, 회당, 의식용 욕실 등의 잔해가 발견되었다.

6세기에 건축된 비잔틴 교회의 일부

맛사다의 요새 광경

삽입: 북쪽에 인접한 목욕탕

←베드로의 집 모델

가버나움 새 교회의 안 모습 ↓

원형의 가버나움 교회는 전통적으로 베드로의 집으로 알려진 자리와 비잔틴 교회 잔해 위에 세워졌다. 이 교회는 보통 닫혀 있으나, 미사를 원하는 천주교 순례객 단체의 특별 요청 시 열리게 된다.

갈릴리 호수를 배경으로 회당 잔해, 주거지역, 베드로의 집을 덮고 있는 새 교회 등이 보인다.

▲ 예수께서 권능을 가장 많이 베푸신 당시 가장 큰 도시 가버나움이 회개치 않아 책망을 받았는데, 티베리아보다 지리가 훨씬 좋은데도 불구하고 오늘날 폐허가 되어 있다.(마 11:20~24)

▼ 예수님의 행적이 없는 티베리아는 갈릴리 호수 가버나움의 남서안에 있는 현대 도시로 주후 20년에 헤롯에 의해 건설되기 시작했고 번창하다.

◀ 고라신 회당의 폐허 흔적.

갈릴리 호숫가에 있는 가버나움에서 북동쪽 방향에 있었던 당시 번창한 도시였다. 고라신은 세관이 있었던 가버나움과 함께 시리아와 애굽을 통하는 무역 중심 통로에 위치하여 부요한 도시였다. 그러나 예수님께서 권능을 가장 많이 베푸신 고을이며, 말씀을 듣고도 회개치 않음으로 "화 있을진저 고라신아, 화 있을진저 벳세다야. 너희에게서 행한 모든 권능을 두로와 시돈에서 행하였더면 저희가 벌써 베옷을 입고 재에 앉아 회개하였으리라. 심판 때에 두로와 시돈이 너희보다 견디기 쉬우리라."고 말씀하신 대로 폐허가 되어 사람이 살지 않는다.(눅 10:13,14)

이의용의 문화이야기

'엉터리 복음'과 교회의 세속화

일본의 어느 기업 사장 이야기다.

석유 파동 직후, 그는 시장이 변했음을 뒤늦게 깨달았다. 그는 전임 사장은 죽었다고 선언했다. 종전의 경영방식은 어디까지나 전임사장 때 일이라며 새로운 경영을 시작했다. 몇 년 후 그는 감성의 시대가 왔음을 깨달았다. 그는 다시 2대 사장의 사망을 선언하고 여성을 중용하며 새로운 경영을 과감히 시도하고 있다. 그는 지금 3대 사장이다.

현대 교회가 저지른 실수라면 복음을 믿기 편하게 변질시키고 그 의미를 축소 해석한 것이라고 생각한다.

회개나 제자 됨, 개인적인 희생이 없이도 예수 그리스도를 영접하면 공짜로 구원도 얻고 복도 받을 수 있다고 강조하는 엉터리 복음이 교회를 세속화시켜왔다. 그 결과 복음을 교회 안에 묶어두었고, 수많은 그리스도인들을 성화(聖化) 없는 칭의(稱義)의 단계에 머무르게 했고, 행함 없는 믿음을 보편화시켰다. 우리나라 교회가 선교, 봉사, 교육 등은 세계적인 수준이면서도 말씀의 생활화(聖化)에 이토록 무관심한 것도 이 때문이다.

교회의 사명은 하나님 나라의 확장에 있다. 하나님 나라에 대해서는 여러 견해가 있다. 첫째, 하나님의 나라는 내세에 이뤄진다. 둘째, 교회 안에서만 이뤄진다. 셋째, 사람이 사는 사회 모든 영역에서 이뤄진다. 넷째, 하나님이 창조하신 시공간 모든 영역에서 이뤄진다. 첫째 견해가 맞는다면 빨리 이 세상을 떠나야 한다. 둘째 견해라면 교회 바깥 세계의 모든 삶은 무의미하다. 셋째 견해라면 하나님은 지구 안의 하나님에 불과하다.

건물 키우는 데 급급
말씀 생활화엔 무관심
서열·기득권 버리고
'큰믿음'의 길 걸어야

우주 전체가 신앙의 영역이며 복음화해야 할 대상이다. 그러나 아쉽게도 한국 교회의 영향력은 예배당 옆집에까지도 제대로 미치지 못하며, 불의한 세력들은 회원 수천명의 시민단체는 무서워해도 1000만명의 교회는 무서워하지 않는다.

교회가 강도 만난 사람을 싸매주는 일도 중요하지만, 강도를 없애는 일도 중요하다. 교회가 삶의 모든 영역에서 하나님의 뜻에 어긋나는 비도덕적인 사건이 일어나지 않도록 감시하고, 그 가능성을 제거해 사회 전체의 이익을 도모하는 일이야말로 이웃 사랑의 길이며 천국을 이뤄나가는 일이다.

교회를 보통 세 가지로 설명한다. 첫째는 건물 교회, 둘째는 모인 교회, 셋째는 흩어진 교회. 그동안 우리나라 교회는 건물과 모인 교회를 키우는 데에만 주력해왔지 개인의 성화와 흩어진 교회 활동을 통한 사회적 성화에는 관심을 갖지 못했다. 그리스도인들은 교회, 가정, 일터, 사회를 오가며 산다. 이 중에서 성도들이 오래 머무는 곳은 일터와 사회, 가정이고 가장 오염된 곳은 일터와 사회이며 그 다음이 가정이다. 그럼에도 우리의 신앙은 교회 안에 갇힌채 '흩어진 교회' 활동을 포기하고 있다.

교회가 예수 그리스도의 종들을 개교회의 종으로만 묶어두면, 교인들은 교회를 떠나거나 교회 밖의 사회적 성화운동에 나서게 된다. 개종 경험자 중 기독교에서 다른 종교로 옮겨간 이들이 전체의 58.4%나 된다. 이 '구멍'을 막는 것이 전도보다 시급하다. 복음을 통전적으로 바르게 해석해 교회와 그리스도인들이 영향력을 회복하고 하나님의 나라를 삶의 모든 영역으로 확대해나가는 것이 이 시대 교회의 과제다.

신앙의 세계는 연공서열이 아니다. 처음 된 자가 나중 되고, 나중 된 자가 처음 되는 세계다. 그럼에도 불구하고 교회에서 직분이나 경력, 기득권이 지나치게 우선되는 문화가 복음의 회복을 막고 있다. 교회와 그리스도인이 사는 길은 '사망 선언'이다. 목사나 장로부터 '사망 선언'을 하고 새신자반에 입학하여 다시 시작할 수 있는 용기를 회복해야 한다. (그동안 이의용의 문화이야기를 읽어주셔서 고맙습니다)

교회문화연구소장/www.leeeuiyong.pe.kr

로마교에 의해서 변경된 하나님의 율법

1. 하나이신 천주를 흠숭하라

2. 천주의 이름을 헛되이 부르지 말라

3. 주일을 거룩히 지키라

4. 부모에게 효도하라

5. 사람을 죽이지 말라

6. 간음하지 말라

7. 도둑질을 하지 말라

8. 거짓 증언을 하지 말라

9. 남의 아내를 탐내지 말라

10. 남의 재물을 탐내지 말라.

–일반 천주교 교리문답(「카톨릭 교리 사전」.
p. 119. 박도식, 카톨릭 출판사

日 1993년12월29일 水曜日 (12)

文化

天主敎, 祭祀 공식 허용

「喪祭禮」 시안 내년봄 主敎회의 인준

천주교계가 최근 장례·忌祭祀·차례등 유교적 전통 喪祭禮 풍습을 거의 수용, 여기에 미사형식을 접합한「상제례 예식서」試案을 마련했다.

천주교는 그동안 장례절차·제사등을 신자들의 자유의사에 맡겨왔는데 이번 시안 마련으로 이를 공식화, 그리스도교의 토착화 작업을 한층 더 깊게 한 것으로 평가되며 다른 한편으론 제사등을 唯一神인 하느님을 믿는 것과 배치되는 우상숭배라 하여 이를 금지해온 개신교계에도 적지않은 경향을 미칠 것으로 보인다.

예를 들어 고인의 혼이 거처할 자리를 의미하는 위패·紙榜을 그대로 사용하되 이름·세례명·생전의 벼슬만을 쓰고「神位」라는 표기는 안해 위패·紙榜이 조상신이 머무르는 곳이 아닌 고인의 상징물이 되도록했다.

또 제주가 분향후 영정·위패앞에 재배하고 술을 세번 조금씩 따르는 三祭, 고인이 음식을 들 수 있게 하는 揷匙(밥그릇 뚜껑을 열고 숟가락을 꽂는 것), 그리고 제사음식을 나누어 먹는 飮福등 제사절차도 유교식으로 봉행토록했다. 천주교 시안은 이 과

미신적인 요소 강한 부분은 제외
위패·紙榜 사용「神位」표기 안해

천주교 상제례 토착화 특별위원회(위원장 沈相泰신부)가 89년부터 4년여에 걸쳐 마련한「상제례 예식서」시안은 임종·운명예식, 염습및 입관예식, 운구및 하관예식, 火葬예식·虞祭·脫喪·移葬예식제사, 차례등 상제례에 관한 모든 예식을 망라하고 있다.

이 시안은 주교회 전례위원회의 검토를 거친 다음 94년 봄 주교회의의 인준을 받아 공식 시행된다. 시안의 특징은 민간에서 행해지는 상제례가 한국의 고유문화임을 존중, 이를 받아들이는 것을 원칙으로 하되 미신적 요소가 강한 부분은 천주교예식으로 대체했다는 점이다.

정에서 제사의 시작을 알리는 성호긋기, 香床중앙에 십자가 모시기, 로마서14장에서 따온 부활을 믿는 祭主의 말씀, 묵상등을 넣어 천주교의 뜻과 민간풍습의 접합을 시도하고 있다.

이같은 제사예식 방법은 신자들간에 행해져온 제사방식을 구체화한 것인데 이번 상제례시안은 처음으로 火葬·移葬·虞祭·脫喪에 관한 예식을 명문화, 널리 적용토록 했다. 화장은 부활을 믿는 기독교신자들로서는 꺼리는 장례이긴 하나 앞으로 묘지난이 가중될 것에 대한 것으로 불의 의미를 淨化를 통한 육신의 부활이란 의미로 적극 수용하고 있다.

화형(火刑)을 당하는 성도들

죤 위클리프의 유해를 불사르기로 한 콘스탄스 종교회의(1414~1418)의 결의에 따라
죽은 지 41년이 된 그의 뼈와 유골을 불태워 강물 속으로 던짐.

하나님은 지구상에 양식과 물만 아니라 말씀의 기갈을 보내셨다.(암 8:11~13)

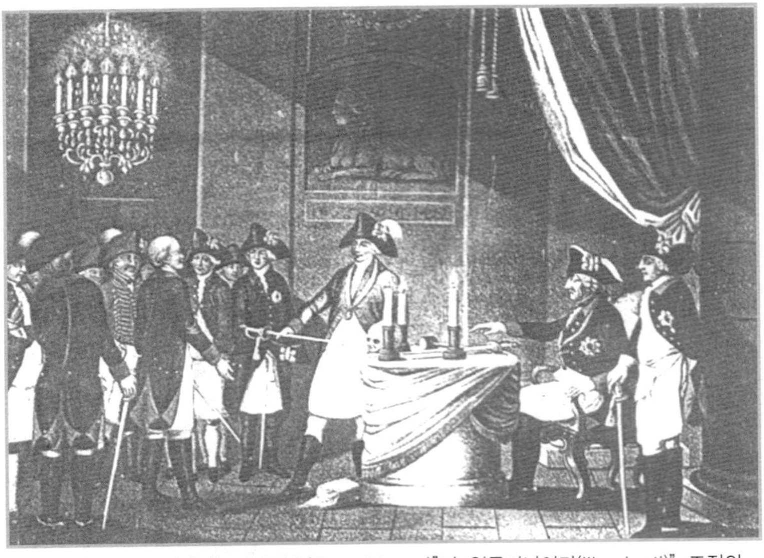

세계정부 비밀 결사 "프리메이슨(Free Mason)"과 일루미나이티(Illuminati)" 조직의 비밀 입단식 모습.

일루미나이티는 13계급이 있고, 프리메이슨은 33계급까지 있는데 30-33계급이 최고위급 회원이다. 워싱톤, 투르만, 루즈벨트, 프랭클린, 죤 아담스, 레이건, 포드, 부시 대통령이 그 회원이며 그들은 모두 "일루미나이티" 회원이며 C. F. R. 등을 겸하고 있다. "카운설 13(Council of 13)"이 일루미나이티 간부들이고, "카운설 33(Council of 33)"은 프리메이슨 간부들이다. 입단식 중앙에 피라밋식의 촛불 세 개와 가운데 칼 그리고 해골을 보라. 그들이 탈퇴하거나 비밀을 폭로할 때는 그 칼로 자살하거나, 혀를 자르거나, 손목을 베거나, 목잘려 죽을 것을 맹세한다.

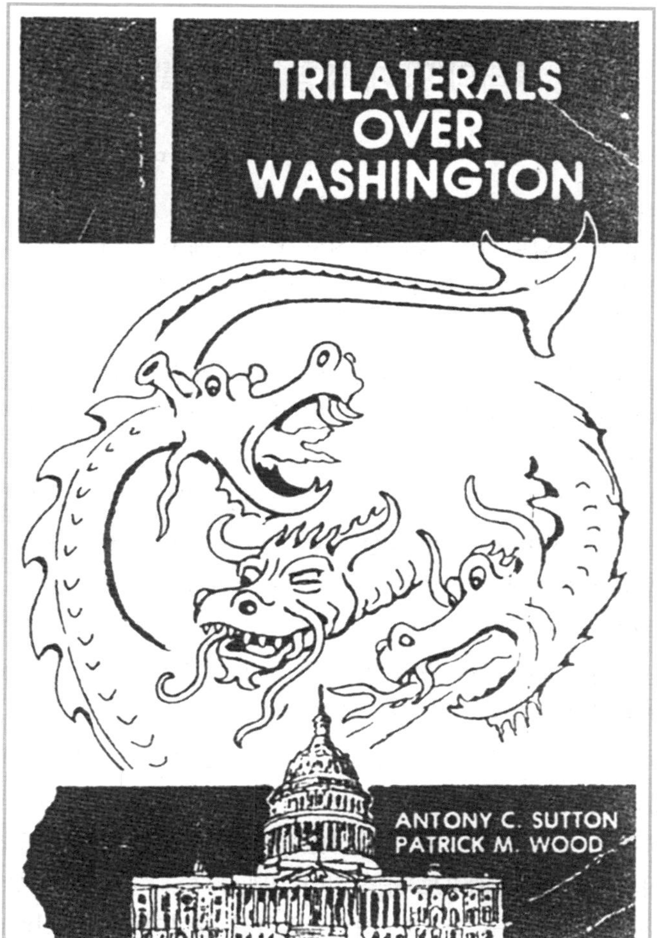

삼극위원회(Trilaterals)가 용의 조직이라고 발표한 책 표지 그림. 삼극위원회는 세계정부 조직인데 사탄의 조직이라고 발표하였다. 사탄은 수많은 조직물 통해 세계정부 수립을 추진하고 있다.

A.D.1517년 종교개혁의 발단이 되었던

루터의 95개 조항 전역(全譯)

이 진 만 중앙아카데미 소장

1〉 만유의 주님이시며 영원한 지도자이신 예수 그리스도가 회개하라고 선포하신 그 골자는, 성도들의 생애가 참회의 요소가 있어야 함을 의미하노라.

2〉 이 증인은 하나님께 드리는 聖禮典的 참회(Sakramentishen Busse), 곧 제사의 직권으로서 수행하는 속죄의 고백이 있어야 함을 선언하노라.

3〉 오늘의 선언은 내적인 회개만을 뜻하는 것도 아니고, 그럴 수도 없는 법이다. 만약 육신의 내적인 회개가 정욕까지도 정복하지 못한다면, 그 회개는 무가치한 것이다.

4〉 그런 이유로 성도가 자기 자신을 버리지 않는 한, 참회의 가치는 무용하며, 징계 또한 계속될 것이며, 성도의 생명이 끝 날 때까지 괴로움은 계속 될 것이다.

5〉 교황은 그 직권으로 교회의 권위를 이용해서 징계나 그 어떤 벌도 용서할 권세를 갖지 못한다.

6〉 교황은 하나님께서 죄를 사하였다는 것을 선언 혹은 시인하는 이외에 그 어떤 죄라도 사할 힘이 없다. 그는 그 자신에게 주어진 사건에도 부족을 느껴야 하며, 오히려 업신여김(Verachten)을 당하게 될 때 그 죄 자체도 그대로 잔재(殘在)하여 있는 것이다.

7〉 하나님은 그의 대행자인 사제의 권력에는 전적으로 복종하면서도, 그 밖의 다른 모든 일에 대해서는 겸손할 줄 모르는 자의

죄를 결코 사하시지 않으신다.

8〉 교회 법은 징계를 전제로 할 때 그것은 산 자에게만 부과 되는 것이며, 임종에 처한 사람에게는 어떤 부담이나 교회의 규정에 적용해서는 안된다.

9〉 그러므로 교황을 통하여 역사하시는 성령께서는 죽음과 곤고의 경우를 제외하고는 교황은 오히려 자비를 베풀면 되는 것이다.

10〉 죽음을 맞이하는 자에게 연옥(煉獄) 문제를 내세워서 종교 상의 속죄를 응용하는 사제들의 행위는 아주 무지하고 어리석은 행위인 것이다.

11〉 성경적인 죄의 적용을 연옥의 죄로 변질시키는 가라지(Unkraut) 같은 행위는 감독들의 잘못임을 지적하고 싶다.

12〉 전례의 법대로 한다면 종교상의 벌은 회오(悔悟)의 증거로서 사면(赦免)의 뒤(後)가 아니라 전에 부과되었던 사실임을 알아야 한다.

13〉 임종에 처한 자는 죽음으로써 자유롭게 되며, 교회 법령의 모든 요구(Foderungen)에 대하여 이미 죽은 것이 되고, 그 법령의 형벌에서 정당하게 자유 해방된다.

14〉 회개치 않은 죄인이 그 죄로 말미암아 죽음에 이르렀을 때 그 사람의 심령상태는 오직 공포를 초래할 것이며, 그 불완전이 크면 클수록 공포 또한 클 것이다.

15〉 여기에 불안과 공포는 연옥의 고통을 뜻하며, 그것은 곧 절망을 뜻하는 것으로 볼 수 있다.

16〉 천국과 연옥과 지옥의 차이점은 구원의 확실성과 절망에 이르는 상태와 절망의 상태의 차이라고 볼 수 있다.

17〉 연옥이란 공포의 장소이며, 그곳은 공포의 감소로도 해석할 수 있다.

18〉 이상의 지적들이(Des Standes Des Verdientes) 성경적 근거로서나 이성의 증거로서도 증명할 수 없는 것 같이 보인다.

19〉 구원의 예정성에 대하여는 확실한 정확성에 의문을 제기할수 없으나 연옥의 영들에 대하여는 그 어떤 것으로도 증명할 수 없다.

20〉 교황이 모든 죄의 문제에 있어서 완전사면(Vollkommenen Erlaszaller Strafen)을 공포할 때 그는 죄를 사면할 자격을 갖지 못한다. 다만 그 자신에게 지은 문제에 대해서만 용서적 사면을 의미해야 한다.

21〉 말씀을 선포하는 자가 교황은 인간의 모든 죄의 문제를 사면해 줌으로써 형벌로부터 용서함을 받을 수 있다는 가르침은 잘못된 행위이다.

22〉 교황은 지옥에 있는 영혼에 대하여 그 어떤 형벌도 사할 수 없다. 죄 문제로 인한 형벌은 오직 성경적 방법으로서 현세에서 사함 받아야만 하는 것이다.

23〉 모든 죄의 문제로 사면이 가능하다면 그는 완전한 사람이어야 하며, 그 수는 지극히 제한된 숫자일 것이다.

24〉 그렇기 때문에 대부분의 사람들은 형벌로부터 해방된다는 무제한하고 어마어마한 약속에 의하여 버젓이 사기 당하고 있는 것이다.

25〉 교황의 내세관의 잘못으로 인해 감독 교구 목사들까지도 그 영향력으로 잘못되어 가고 있다.

26〉 천국의 열쇠를 핑계삼는 일은 아주 잘못되었으나, 영혼들에게 사죄를 가르치는 일은 잘한 점이다.

27〉 연보궤 안에 넣은 돈의 소리가 땡그랑 날 때마다 지옥에 간 영혼이 해방된다는 것은 인간의 학설에 지나지 않는다.

28〉 성도들이 헌금한 돈이 연보궤 안에서 땡그랑 소리 낼 때 그 행위는 탐욕에 가득 찬 행위일 것이다. 그러므로 그 어떤 성직자의 대속의 기도도 불가능하며 하나님의 선하신 뜻(Wohlgefallen)에 의해만 가능한 것이다.

29〉 마치 성 세베린(St. Severin)과 파스칼리스(Paschalis)에 관한 전설의 기록과 같이 연옥에 있는 모든 영혼이 그곳으로부터 구원받기를 원하는지 어떠한지를 누가 알것인가?

30〉 누구든지 자기 참회성의 진실성에 대해서도 알 수 없는데 하물며 그가 지은 죄에 대해서 완전히 사면을 받았는지를 위의 행위들이 무엇으로 증명할 수 있다는 말인가?

31〉 진실로 회개한 사람이 귀한 것 같이 면죄증을 사는 사람도 사실은 거짓의 행위로 그리한 것이다.

32〉 면죄증서에 의하여 자신의 구원이 확실하다고 스스로 믿는 사람은 그것을 가르친 사람들과 함께 영원히 저주를 받을 것이다.

33〉 교황의 사면은 하나님과 인간의 화해의 은총이라고 설득한 사람을 모든 이들은 특별히 징계하지 않으면 안 된다.

34〉 그 이유는 사면의 은총(Ablassgnaden)은 인간에 의해 정해진 예전적인 사죄행위(Sakramentliche Genugtung)의 형벌에만 적용되는 것이다.

35〉 연옥에 가 있는 영혼을 신부의 중견적 역할을 통해서 드려진 사면장의 이유로 그들은 참회할 필요가 없다는 것은 비성서적 교리임을 알아야 할 것이다.

36〉 진심으로 회개한 모든 크리스천들은 면죄증서 없이도 형벌과 죄책에서 완전한 사함을 받는다.

37〉 중생한 성도는 죽은 자나 산 자나 면죄증 없이도 하나님께서

주시는 교회의 모든 영적 은혜(Geistliche guetern)에 참여하는 것이다.

38〉 하나님의 사면 선언이 교황에게 부여됐다면 결코 무시해서는 안될 것이다.

39〉 면죄증에 대한 관대한 생각(Die reiche Fuelle Des Abiasses)과 참다운 회개의 필요성을 동시에 사람들에게 권장한다는 것은 유능한 신학자에게 있어서도 매우 어려운 것이리라.

40〉 참다운 회개는 징계를 달게 받는다. 그러나 면죄증에 대한 놀라운 사실은 징계를 등한시하고 슬픔을 가지려는 행위까지도 가볍게 여기고 있는 것이다.

41〉 사도계승(使徒繼承)과 교황 사면증을 받게 하는 일을 선한 일보다 더 중요한 것으로 알도록 설교해서는 안된다.

42〉 교황의 지도가 면죄증을 미끼로 해서 그것을 자선사업인양 교훈한 것은 교황의 잘못된 의도임을 크리스천들에게 가르쳐야 한다.

43〉 불쌍한 사람과 가난한 사람을 도와주는 행위는 면죄증을 사는 것보다 더 선한 일이라는 것을 모든 크리스천에게 교훈해야 한다.

44〉 면죄증으로 인간은 선하게 되지 못하며, 사랑의 선한 행위로만이 형벌로부터 자유하게 되는 것이다.

45〉 오직 면죄증을 위하여서는 교황에게 돈을 바치고, 가난한 자에게 관심이 없는 자는 하나님의 진노가 있음을 크리스천들에게 가르쳐야 한다.

46〉 딤전 5장 8절의 교훈같이 경제생활이 어려운 가족을 위하여서는 필요한 것을 저축할 수 있어도 결코 면죄증 때문에 낭비해서는 안된다는 사실을 모든 성도들에게 가르쳐야 한다.

47〉 면죄증에 대한 판매 행위는 그 어떤 개인에게는 자유로운 행위일지 모르나 그것을 성도들에게 강요해서는 결단코 안 된다.

48〉 경건의 신앙생활은 교황에게 면죄증을 사는 일보다 그 개인을 위해 훨씬 좋은 행위인 것을 성도들에게 가르쳐야 한다.

49〉 교황의 면죄증에 대하여 관심을 두지 않는다면 옳은 행위이다. 그러나 면죄증 문제로 하나님께 두려움을 갖는다면 그것은 잘못된 것임을 성도들에게 가르쳐야 한다.

50〉 들으라. 교황은 당신의 면죄증을 위해 설교자들의 행상행위(行商行爲)를 묵인한다면 그것은 양의 가죽의 살과 뼈로서 성 베드로 성당이 지어진다는 사실은 차라리 그것을 불태워 재로 만드는 것이 나을거라고 크리스천들에게 교훈함이 좋지 않겠는가?

51〉 교황 사제들의 잘못 때문에 많은 돈을 빼앗긴 자들을 위해서 필요하다면 교황은 성 베드로 성당을 팔아서까지 갚아주어야 하리라.

52〉 교황 자신도 면죄증서로 영혼을 구원받지 못할 것이며 그 행위 자체도 헛된 것임을 알아야 한다.

53〉 모든 교회에서 면죄증 문제가 묵인된다면 그렇게 한 자들은 그리스도의 적이 되는 것이니라.

54〉 말씀을 증거하는 시간에 하나님의 말씀보다 면죄증 문제를 더 깊이 다루는 행위는 부정을 행하는 것이다.

55〉 교황의 의중이 그 어떤 의식이나 행위 따위가 복음보다 앞서지 못한다는 사실을 찬양한다면 그것은 바른 의사임에 틀림없다.

56〉 교황의 면죄사건은 아직까지 교회나 그리스도인에게 표시되어지지도 않았고 알려지지도 않고 있다.

57〉 위의 행위들은 현세적 보화가 아니라는 사실이 분명할진대

오히려 면죄증 판매인들은 이것을 쌓아 두고자만 하고 있다.

58〉 위의 잘못된 행위들은 항상 속사람과 겉사람에게 십자가와 죽음과 지옥에 관한 교훈을 혼돈시키고 있는 것이다.

59〉 성 로렌티이스(St. Laurentius)는 가난한 사람들은 교회의 보배라고 말했지만, 그는 그 시대 그 당시에 사용되었던 어의(語義)에 따라 말한 것이다.(St. Laurentius는 A.D.258년에 순교했다)

60〉 예수 그리스도의 공로로써 주어진 교회의 열쇠는 장보(藏寶)라고 말해도 좋을 것이다.

61〉 왜냐하면 형벌의 면제와 교황관리의 유보사건(留保事件)을 위하여는 교황의 능력에 적용된다고 봄이 좋다.

62〉 교회의 참뜻은 하나님의 영광과 은총과 복음이 되는 것이다.

63〉 먼저 된 자가 나중 되고 나중 된 자가 먼저 되는 이런 일들 때문에 증오의 사건이 있음을 지적한다.

64〉 이와 반대로 면죄증의 사건은 항상 나중된 것을 먼저 하기 때문에 모순이다.

65〉 돈 많은 사람들 때문에 옛날부터 전해오는 복음의 가치는 사람들이 낚던 그물에 비유된다.

66〉 그러므로 면죄증 사건 역시 오늘날에 와서도 재물 많은 사람들을 낚는 그물에 비유된다.

67〉 사실인 것처럼 가장 시키는 면죄증 설교자들은 이것이 가장 큰 은총이라고 소리 높여 부르짖는 것이다.

68〉 하나님의 십자가의 은총은 면죄증이 아무것도 아님을 교훈시키고 있다.

69〉 감독들 교구 목사들은 사도계승의 면죄의 대리자가 아님을 적의를 갖고 받아들일 의무가 없다.

70〉 성직자들의 의무는 교황이나 자기들의 꿈을 설교해서는 안 된다.

71〉 사도계승의 면죄의 진리에 반대하여 말하는 자는 추방과 저주를 분별해야 한다.

72〉 다른 한 편 면죄증 설교자들의 잘못되고 뻔뻔스런 말에 대항하는 자는 복을 받을찌어다.

73〉 교황은 어떤 방법이든지 면죄증 판매를 방해하는 사람에 대하여는 분노로써 책망할 것은 당연하다고 말할 수 있다.

74〉 그것을 구실 삼아 거룩한 사람과 진리를 방해하려고 기도하는 사람에 대하여는 교황은 심한 의분을 나타내어야 하리라.

75〉 하나님을 능욕한 죄 까지도 면죄증으로 사할 수 있다는 교황의 말은 정신나간 발언들이다.

76〉 우리들의 주장은 교황의 면죄증은 아무리 작은 죄라도 사할 수 없다는 사실이다.

77〉 베드로가 교황이라 할찌라도 면죄증과 같은 그 이상의 은총은 줄 수 없다.

78〉 현 교황이나 또는 다른 어떤 교황도 사실 면죄보다 더 큰 은총(고전 12장) 즉 가르치는 은사와 능력 혹은 병고치는 은사는 가지고 있다고 본다.

79〉 교황의 팔로써 사용되는 십자가상이 그리스도의 십자가와 똑같은 능력이 있다고 말하는 것은 십자가를 모독한 행위다.

80〉 위의 가르침이 모든 사람들에게 전달되는 것이 묵인된다면 이는 감독과 교구목사들과 신학자들이 책임을 져야 한다.

81〉 잘못된 면죄증 설교나 비방은 교황의 존경에 대한 것으로 응용되지만 그 반대하는 입장에 있는 사람들은 쉬운 일은 아니다.

82〉 베드로 성당을 짓기 위하여 보잘것없는 돈의 가치를 높이는

교황의 행위가 위대하다면 왜 연옥을 비우지 못하는가?

83〉 구속받은 사람을 위한 기도는 부당한 일인데 무엇 때문에 죽은 사람의 장례식이나 연기제(年忌祭)를 계속하는가? 또 무엇 때문에 교황은 그런 목적으로 교회에 바친 기부금 취소를 명령하지 않는가?

84〉 경건치 못하면서도 하나님께 잘못을 범하고 있는 자를 돈으로 인하여 경건에 이르도록 하는 행위를 인정하면서 하나님의 사랑을 받은 경건한 영혼에 대해서는 그 자신이 구속될 수 없다는 것은 하나님과 관계를 교황 자신이 어떠한 의미를 갖고 있는지?

85〉 회개의 가르침은 교회에서 오래 전에 사라졌고, 이제는 면 죄증 덕분으로 구속된다는 사실 잘못을 인정하지 않으면 안 되는가?

86〉 제일 돈 많은 자들보다 더 많은 재산을 가진 교황이 가난한 자들이 내는 돈으로 하지 않고 자기의 돈으로 성 베드로 교회당쯤은 세울 수 있지 않는가?

87〉 속죄함 받은 자들에게 무엇을 구하려고 또한 무슨 영적 은혜의 참여를 추구할려고 하는지?

88〉 교황이 신자들에게 사면과 은총의 참여를 지금 하루에 한 번씩 행하는 것을 하루에 백 번 실행한다고 한다면 교회는 더 큰 축복을 받겠는가?

89〉 면죄증의 효과가 돈보다 먼저 영혼의 구원을 생각하고 있다면 왜 중지했는가? 그와 같은 능력을 가졌음에도 말이다.

90〉 교황은 수많은 세인들의 예리한 반기에 대해서 떳떳하게 이유를 들어 해결하지 않고, 오히려 이런 일들 때문에 그가 세상사람들에게 조롱거리가 되었음에도 불구하고 왜 신자들을

난처하게 만들고 있는지?

91〉 면죄증이 교황의 바른 정신에 따라 의도되었다면 오늘의 이러한 어려움은 존재하지도 않았을 것이다.

92〉 택함받은 그리스도인을 향하여 불안도 없는 상태에서 평안, 평안만을 부르짖는 예언자들의 외침은 모순이요 잘못이니 떠날찌어다.

93〉 그러나 그리스도인을 향하여 십자가를 강조하는 자에게 복이 있을찌어다.(겔 13:10; 렘 6:14, 8:11; 살전 5:3)

94〉 모든 신자들은 형벌이나 죽음이나 또 지옥 같은 고통을 통해서라도 오직 머리되신 그리스도를 부지런히 따르도록 해야 한다.

95〉 이와같이 하여 크리스천으로 하여금 보다 많은 값진 고난을 통하여 하늘나라에 들어가는데 더욱 깊은 관심을 가지게 할찌어다.

【 **필자 주**: 실로 마틴 루터(A.D.1483~1546)는 담대하고 용감하였다. 당시 교황의 면죄증 발부에 대하여 95개조로 항의한다는 것은 감히 누구도 할 수 없는 죽음을 보장하는 일이었다. 이 일로 인해 로마 교황청으로부터 소환령을 받은 루터는 말하기를 "악령의 떼가 로마의 기와장처럼 많을지라도 주님을 의지하여 나는 가노라!" 고 하였고, "내 주는 강한 성이요 방패와 병기되시니 큰 환란에서 우리를 구하여 내시시로다" (384장) 찬송을 작시 작곡하였다. **오늘날 기독교에 제2의 마틴 루터가 필요하다.**】

성경에 비춰진 인류역사와 하나님의 구원의 역사

시대	연대	성경	성경과 세계역사의 주요 사건	유적과 유물	구원받은자 표상
창조와 홍수와 문명 시대	주전 4004년	창 1:1-31; 2:1-24.	하나님께서 6일 동안 천지를 창조하시고 안식일 정하심	일주일이 7일인 것. 일주일에 하루를 쉬는 것, 밤과 낮의 일정한 교체,	**중요함** ▼
		3:1-6. 계 20:2	뱀(마귀)의 미혹으로 최초의 사람 아담과 하와의 범죄		
		3:7-24.	사람이 하나님께 범죄 타락함으로 처해진 형벌과 불행들	모든 사람이 다 죽게 됨.	
		4:2.	가인과 아벨로부터 농업과 축산업이 시행됨		
		4:1-15.	가인의 아벨 죽임과 하나님께서 가인에게 주신 벌	인간의 최초 살인죄	【아벨】 하나님께 더욱 뛰어난 제사를 드림으로 하나님께 인정받음 〈창4:4. 히11:4〉
	3874년 창조후 130년	4:21~22.	유발 기악의 조상 됨. 두발가인 동과 철로 기계 만듬	**기악과 청동, 철기문화가 이때에 이미 시작되었다.**	
		4:26.	셋의 출생. 사람들이 하나님의 이름을 부르기 시작함		
		5:1-32.	인류가 번성하며 문명과 지식이 고도로 발달함	인간의 평균 수명 900년. 문명 지식 축적되어 고대 문명이 위대함. (원시인은 타락으로 퇴보된 인간임)	
		5:21~24.	에녹이 300년간 하나님과 동행하며 심판이 임박함 예언		【에녹】 하나님과 동행하며 심판 예언한 에녹을 하나님께서 데려가심 〈5:22-24. 유1:14-15〉
	3017년 창조후 987년	6:1-8. 마 24:38,39	사람의 죄악이 세상에 관영하여 하나님께서 한탄 불쾌		
		6:9-22.	하나님께서 명하신 대로 노아가 방주를 지음	터키 동북 아라랏 산 노아 방주 정착 흔적	
	2348년 창조후1656년	7:1-14.	온 세상이 홍수로 멸망함	히말라야 같은 높은 지역에서 조개껍질 같은 바다 유물. 세계 여러 민족 대홍수 설화	
		9:20.	노아가 농경을 시작함		【노아】 노아는 의인이요 당세에 완전하여 하나님과 동행함 〈창 6:9〉
		10:1-31	인류가 다시 번성하게 됨		
	2217년 창조후1787년	11:1-9,(10:25)	바벨탑을 쌓음으로 하나님께서 언어를 혼잡케 흩으심	세계 언어가 다양한 원인. 피라밋 쌓는 문화의 근간. 학계에서는 세계문명 발생 연대를 B.C.3000년으로 봄.	
			※ 메소포타미아 문명 발생 –티그리스강, 유프라데스 강 **※ 이집트 문명 발생 –이집트 나일강 유역** **※ 인더스 문명 발생 –인도 인더스강 유역** **※ 황하문명 발생 –중국 황하강 우역**	문명 발생지의 유적이 남아 있는 것은 홍수후라는 증거.	
			☆ 4대 문명의 공통점 1) 큰 강 유역에서 발생하였으며, 농사가 잘되었다. 2) 전제 군주가 출현하였다.(대규묘 수리사업 감독 권력자) 3) 도시가 형성되고 문명(문자 등)이 발생하였다. 4) 법률이 제정되었다.(권위에 도전하는 자를 처벌하는 법) 5) 지배자의 권위 과시하는 사업 활발(궁전과 무덤의 크기)	홍수후에 인간과 땅이 열악해짐으로 큰 강 유역에 집단 문명이 형성됨. 바벨탑을 쌓던 후손들…	
	주전 **2200년** 창조후1804년		메소포타미아. 아카드 시대가 시작되어 사르곤 왕이 지배함 애굽 고왕국(제3,4왕조–쿠푸, 카프타, 멘카우레 왕 기제 피라민 건설) 이집트에서 이 시대에 갈대로 만든 파피루스를 종이로 사용함	이집트 피라민과 박물관의 유물들	
	2160년 창조후1844년		애굽 중왕국(제11,12왕조. B.C. 2160–1580), 시나이반도에서 동을 채굴		▶기간1914 년◀
아브라함부터 요셉과 모세 시대	**2090년** 창조후1914년	창 12:1-9.	아브라함이 하나님의 부르심을 받고 믿음으로 순종 나아감. 아브라함이 애굽에 내려갔을 때 파라오 왕이 있었음	아브라함이 살던 갈대아 우르는 메소포타미아 문명지로서 가장 우상숭배가 심했던곳.	【아브라함】 아브라함이 믿음의 조상이 됨 〈롬 4:1–24〉
	2000년 창조후2004년		고대 바빌로니아 왕국 성립. 크노소서 왕조. 에게 문명 발생		【욥】 〈욥 1:1~42〉
	1865년		요셉이 애굽에서 총리가 됨.		
	1876년 창조후2138년	41:37-45	야곱의 가족들이 애굽으로 이주. 430년간 살며 압제 받음		【요셉】 신앙 출중하여 장자명분 받음〈 대상 5:1〉
	1792년		바빌론을 중심으로 바빌로니아 왕국 성립 바빌로니아 함무라비 왕때 유명한 함무라비 법전 만들어짐	함무라비 법전 282개조 비문.	
	1600년 창조후2404년		그리스 미케네 문명 시작. 히타이트 고왕국 성립(~1500)		
	1526년		모세의 출생		【모세】 변화산에서 예수님과 함께 〈마 17:1 – 3〉
	1500년		중국 은(殷)왕조 성립		
	1490년		애굽 투트메스Ⅱ세(1490–1436)에 의한 아시아 대 원정 애굽 제19왕조, 힛타이트 제국(1460–1200)과 충돌.		【여호수아. 갈렙】 애굽에서 나온 성인 중 여호수아와 갈렙만 가나안에 들어감. 〈민 14:24,30,〉
	1445년 창조후2558년	출 12:37-51	모세의 인도로 이스라엘 사람들의 애굽 탈출.	세계 역사가 성경의 이스라엘의 애굽 탈출의 기록을 부인하지 않고 인정함.	
	1406년 창조후2598년	수 5:6	40년을 광야에서 유리 방황함. 모세 죽음		▶기간 704 년◀

시대	연 대	성 경	성경과 세계역사의 주요 사건	유적과 유물	구원받은자 표상
여호수아와 이스라엘 사사 시대	주전(B.C) 1407년 1390년 1380년 1375년 1334년 1316년 1300년 1235년 1216년 1200년 1176년 1169년 1100년 1085년 1079년 1075년 1050년	수 1:6-10:41 11:1-24:32 삿 3:5-10:5; 삼상 16:31; 삿 3:8. 7-11 3:12-14 15-30 3:31 4:1-3 4-5:31 6:1-6 7-8:35 10:1-5 6-18 11:1-12:7 12:8-10 12:11-12 12:13-15 13:1 2-16:31 삼상 1:1-25:1	여호수아의 인도로 이스라엘 백성의 가나안 정복. 요단강 도하-중부지역 정복-남부지역 정복-북부 정복 가나안 땅 분배 이스라엘의 사사시대 시작(~1050) 이스라엘의 범죄와 메소포타미아 왕 구산 리사다임 압제. 사사 옷니엘의 40년 사역 시작. 이스라엘의 범죄와 모압 왕 에글론의 18년 압제. 사사 에훗의 80년간 사역 시작. 중국, 갑골문자 사사 삼갈, 불레셋 정벌 이스라엘의 범죄와 가나안 왕 야빈의 20년 압제. 사사 드보라와 바락의 40년간 찬양과 사역 시작. 페니키아인, 알파벳 발명. 이스라엘의 범죄와 미디안인의 7년 압제. 사사 기드온의 40년간 사역 시작. 사사 돌라(23년)와 야일(22년)의 40년간 사역. 불레셋과 암몬의 18년 압제. 중국, 주(周) 왕조 성립. 고조선 8조금법 시행. 미케네 문명 멸망 사사 입다의 암몬 진멸과 6년간 사역. 사사 입잔의 7년간 사역. 사사 엘론의 10년간 사역. 사사 압돈의 8년간 사역. 이스라엘의 범죄와 불레셋의 40년간 압제. 사사 삼손의 20년간 사역시작. 선지자 사무엘의 58년간 사역.	현존하는 여리고의 정확한 위치 성경과 이스라엘 역사의 일치함 1899년 중국의 고대 은(殷) 나라 옛 왕도 자리에서 발견되였다 레바논의 조상 페니키아인들이 상업을 위해서 만든 알파벳은 그리스, 로마, 영어 알파벳의 원조이다. 현존하는 팔레스타인과 요르단 지역이 불레셋과 암몬이었다. 지중해 연안 바다를 중심으로 유럽지역에서 일어난 최초의 문명으로서 독일인 슐레이만이 발견했다.	【라 합】 여리고 성의 기생이었지만 용단 있는 믿음으로 다윗의 고조할머니가 되었다〈마1:5, 히 11:31〉 【기드온,바락,삼손,입다】 히브리서 11장 믿음의 선진들 중에 사사 이름을 들었다.〈히 11:32〉 【사무엘】 사사이며 선지자인 사무엘은 무엇보다 기도의 사람이었다. 〈삼상 12:23〉 ▶기간 345 년◀
이스라엘의 왕국 시대	주전(B.C) 1043년 1017년 1004년 971년 967년 931년 870년 825년 780년 776년 770년 753년 752년 740년 735년 723년 650년 635년 625년 605년 586년 593년 590년 563년	삼상10:1, 20-24. 삼상15:1-35 삼상16:1-23 삼하 2:1-4 왕상1:28-53 왕상 6:1 왕상11:9-13,12:1-20 왕상18:13-40 욜 2:12,13 왕하14:25; 욘1:1-3 호 4:7; 5:4,6,15 사1:13; 9:15;10:22 미 3:5,6,8,10. 왕하17:41 나 1:2,3,7 습 1:6; 2:1,3 렘 2:19,20,30;3:10 합 2:3,5,20 대하36:5-7;단1:1-7, 왕하25:1-21 겔 2:7; 3:11; 12:2 단 2:28-45; 9:1-20	사울의 왕으로 기름 부음 받음 (40년간 통치) 아말렉 완전 진멸 명령을 어김. 다윗의 기름부음 받음과 궁중 악사로 부름 받음. 다윗의 왕위에 오름 (40년간 통치) 고조선의 발전. 솔로몬 왕위에 오름. 예루살렘 성전 건축 시작 (출애굽후 480년, 솔로몬 4년) 이스라엘 남(유다), 북(이스라엘) 왕국으로 나뉨. 엘리야 선자 갈멜산 대결(아합 왕 재위 B.C.874~853) 요엘 선지자 활동 (~796 ?) 요나 선지자 활동. 그리스, 올림픽 경기 시작. 중국, 춘추 전국시대. 로마 건국 (전설상) 호세아 선지자 활동. 이사야 선지자의 활동 (~687) 미가 선지자의 활동 (~680) 북왕국 이스라엘 -앗수르에 의해 멸망함. 신 바빌로니아 왕국(사르곤Ⅱ세) 나훔 선지자의 활동 (~615) 스바냐 선지자의 활동 (~609) 예레미야 선지자의 활동 (~582) 하박국 선지자의 활동 (~589) 애굽의 바벨론에 의한 멸망. 바벨론에 1차 포로, 70년 포로생활 남 왕국 유다- 바벨론에 의해 멸망. 에스겔 선지자의 활동 (~572) 다니엘 선지자의 활동 (~537) ◀ 금 머리 바벨론 석가모니 탄생(~483), 공자 탄생(552~479)	출애굽후 480년 가장 정확한 연도 현재 그리스의 펠로폰네소스 반도 서부연안의 올림피아 유적	【다윗】 하나님의 마음에 합한 사람〈왕상 15: 5; 행 13:22〉 무릎을 바알에게 꿇지 아니하고 입을 바알에게 맞추지 아니한 7000인을 남기심.〈왕상 19:18; 롬11:2-5〉 【선지자들】 아브라함과 이삭과 야곱과 모든 선지자는 하나님의 왕국에 있고 반대로 너희는 밖에 쫓겨난 것을 볼때에 (눅 13:28) 예레미야 5:1 →청컨대 알라. 예루살렘 길거리를 이리저리 다니며 그 넓은 거리에서 바르게 행하며 진실을 추구하는 자 한 사람을 발견하면 내가 이 성을 사하리라 ▶기간 464 년◀

시대	연대	성 경	성경과 세계역사의 주요 사건	유적과 유물	구원받은자 표상
바벨론 포로와 신구약 중간 시대	주전(B.C)	스 1:1-2:2	바벨론 고레스 왕 칙령, 1차 포로 귀환(스룹바벨 영도하에)		
	539년	3:8-4:24	성전 재건 착공, 사마리아인들의 방해로 성전 재건 중단		
	522년		다리오 Ⅰ세의 등극 ◀ 은, 가슴 양팔 메데 파사 시대		
	520년	학 1:-2: 슥1:-14:	학개(520), 스가랴 선지자의 활동(~518)		〔스룹바벨,에스라,느헤미야 에스더,학개,스가랴,말라기〕 바벨론 포로 귀환부터 예수님 나시기까지 시대에 성경에 기록된 신앙의 사람들 〈스, 느, 에, 학, 슥, 말〉
	516년	8:1-6:18	성전 재건의 재개와 완공		
	509년		로마 공화정 시작		
	492년		페르시아 전쟁		
	474년		하만의 유대인 암살 음모와 실패(모르드개 부림절 제정)		
	458년	에 1:1-10:3	아닥사스 왕 7년에 2차 포로 귀환(에스라의 영도하에 귀환)		
	450년	7:1-8:1	에스라의 개혁 운동		
	444년	8:15-10:44	아닥사스다 왕 20년에 3차 포로 귀환(느헤미야의 영도하에)		
	444년	느 1:1-2:10	말라기 선지자의 활동.		
	432년	말 1:1-4:6	느헤미야의 개혁운동		영적 암흑기―말라기 선지자의 예언을 끝으로 예수님 나시기 까지 400여년 하나님께서는 어떤 계시도 주시지 않으셨다. 그리하여 이 공백시기는 유대인들이 극도의 영적 고갈에 시달린 때이다. 또한 정치적으로도 주변 열강들의 손아귀에서 식민지 민족으로서 시달림으로 선민인 자신들을 해방시켜 주고 세계의 지배자로 만들어 줄 메시아를 기다렸다. 그러나 하나님께서 약속하신 만민을 죄악에서 구원하실 메시아의 본질을 망각하고 유대교적 정치적 메시아를 대망하였다. 이러한 중대한 오류는 정작 메시아로 보내신 그리스도 예수님을 십자가에 못박아 죽이는 엄청난 죄악을 저지르게 되었다. 구약의 참 성도들의 구약교회와 구약을 왜곡한 유대인들의 종교를 엄밀히 구분해야 한다.
	404년	느 8:1-13:31	신구약 중간기시작.		
	403년		중국, 전국시대시작		
	336년		알렉산더 대제의 등장 ◀ 놋, 배와 넓적다리 헬라 시대		
	336년	단 7:6 8:21-24	인도, 마우리아 왕조(~184)	바벨론, 메데, 파사 일어난 후 헬라가 일어나며 로마가 일어날 것까지 예언됨.	
	331년		페르시아 시대(~331), 알렉산더에 의한 페르시아 멸망.		
			팔레스틴, 애굽을 비롯한 정복 사업(~323)		
	331년		톨레미 왕조, 알렉산더 사후 4장군에 의한 분할 통치(~201)		
	301년		중국, 진(秦) 시황제, 대륙 통일, 만리장성 축성 시작(214)		
	221년		셀류크스 왕조(~167), 헬라잔존 세력간의 권력다툼 끝에		
			안티오쿠스Ⅲ세가 팔레스틴을 차지함.		
	167년	단 11:24-28	안티오쿠스 Ⅳ세의 유대인 탄압 (성전 모독)		
			독립 유대 시대(~67), 마카비 혁명(166~143)		
			제사장 맛다디아의 반란, 맛다디아의 아들 유다(마카비) 혁명	쿰란 동굴, 엣세네파 저항	
	142년		하스몬 왕조(142~67), 로마의 유대 독립권 인정,		
	108년		고조선 멸망, 한군현 설치.		
			알렉산더 안네우스의 등극(103), 바리새인의 대 반란.		
	63년		로마 장군 폼페이의 예루살렘 점령 ◀ 철, 종아리 로마 시대		
	57년		신라의 건국(57년).		
	37년		이두매 출신 헤롯의 유대 통치, 고구려 건국(37년),	삼국사기	
	20년		헤롯의 예루살렘 성전 건축 시작 (20~A.D 26), 백제 건국		▶기간 530년◀
예수님 사역과 초대교회 시대	주전 3년		고구려, 국내성으로 천도		
	4년	마 2:1-15, 2:16-23	예수님의 나심, 애굽 피신, 나사렛에 이르러 사심	예수님께서30세까지 성장하시면서 사셨던 나사렛, 현재 위치 그대로 있다.	침례 요한과 부모,목자들,동방박사,안나,시므온. (눅 1:1-2:52)
	16년	눅 2:40-52	예수님의 유년 시절, 12세 때 절기에 예루살렘 방문.		
	25년		디베료 황제 즉위(~37),		
			중국, 후한(後漢)의 성립(~220), 광무제 즉위		
	27년	눅 3:21,22	침례 받으심과 공생애 시작	예수님께서 주로 사시면서 복음을 전하셨던 갈릴리 바다와 개심치 않아 책망을 받았던 가버나움과 고라신의 폐허된 유적터.	
	28년	마 9:35-11:1	제1차 갈릴리 전도사역		
	29년	마 17:1-3	제2차 갈릴리 전도사역		
			제3차 갈릴리 전도사역		
	30년		십자가에 죽으심, 부활하심,		
		마 27:1-66, 28:1-10	승천하심,진리의 성령님을 보내심,	겟세마네 동산	
		눅 24:50-53, 행 1:8-2:4	예수님께서 세우신 교회(하나님의 왕국―롬14:17,18)		
		마 16:18;	하늘과 땅의 권세 받으심(), 왕과 구주로 높이 되심(행5:31)		다락방에 모여기도했던 120여명의 성령님의 충만함을 받았던 제자들 (행 1:3-2:4)
		마 28:18	땅 끝까지 예수님의 증인 되라 명하심		
	30년	마 28:19,20; 행1:8	사도시대(30~100) 예루살렘에서의 증인됨		
		행 2:~7:60	유대와 사마리아에 증인 됨.		
	35년	행 8:1	사울의 회심		주님께서 예루살렘 교회에 구원받는 사람을 날마다 더하심 (행 2:47)
	37년	행 9:1-31	바울의 1,2,3차 전도여행(~58)		
	46년		고구려 태조왕 즉위(~146)		
	53년		로마 황제 네로 즉위		사도 바울이 전하는 하나님의 왕국과 주 예수 그리스도님의 복음은 어디서나 반대를 받고 믿는 사람들도 있고 믿지 않는 사람들도 있었음. (행 28:12-31)
	54년		땅 끝까지 증인, 복음이 전파 됨.		
	63년		헤롯 왕 성전 증축 완공.		
	64년		로마의 대화재, 제1차 기독교 박해(네로),	로마 카타콤, 원형 경기장	
		골 1:23	로마 10대 황제 기독교 박해(~305), 베드로와 바울 순교		
	70년		예루살렘멸망 (로마 티투스 장군)	헤롯이 쌓았던 예루살렘 성전 벽 서쪽 일부분(통곡의 벽)	
	100년		교부, 속사도 교부시대(~313), 사상 논쟁 발달, 구약 정경(90년경)		
	105년	눅 21:20-28	중국 채륜, 종이 발명		
	132년		발코크바 지도자, 2차 유대 전쟁, 예루살렘 2차 멸망(135)		카타콤 지하 약330년간 약400만 기독교인 무덤 추산
	143년		인도, 카니슈카의 치세(~173)		
	220년		중국, 후한(後漢) 멸망, 삼국시대		
	231년		성경 변개 시작(오리겐의 6란 구약성경,알렉산드리아 사본 양산)		
	234년		로마 군인 황제시대(~284)		
	313년		콘스탄틴 대제의 밀라노 칙령, 기독교 자유화		▶기간 309년◀

시대	연 대	성 경	성경과 세계역사의 주요 사건	유적과 유물	구원받은자 표상
이방인의 때와 종말의 시대	주후(AD) 325년		니케아 회의 시대, 8차 회의(869, 879).	니케아회시대 이후 ▼ 유물 유적 역사자료 다 있음 ▼	이방인의 구원받는 때가 차기까지 이스라엘은 완악하게 됨. (롬 11:25-26)
			변개된 성경(콘스탄틴의 명령에 의해 유세비우스와 팜필루스		
			가 시내 사본과 바티칸 사본 50권을 만듦. 여기서 제롬이 '라		
			틴 벌게이트를 번역함으로 변개된 '라틴어 성경' 이 유포됨,		
			수도원 시작(최초 안토니우스 320~356년 죽음)		기독교인에 대한 핍박이 사라지고 기독교를 국교화 까지한 로마(사탄)의 기독교 정책은 기독교의 변질과 부패를 조장하게 되었다. 수도원이 이 때에 시작되고 급속도로 유행한 것은 그 단면을 보여주는 것이다.
	361년		서유럽(프랑스,독일, 영국) 전도(~744)		
	392년		로마, 기독교를 국교로 승인. 로마제국, 동 서 분열(395)		
	476년		서로마제국 멸망		
	484년		동서교회 분리		
	500년		인도,힌두교 창시.		
	590년		로마교회 과도시대(~800) 그레고리우스 로마 초대 교황		
	610년		화상예배,(콘스탄틴누스 V세(741~775) 서방교회는 반대	▼ 유물 유적 역사자료 다 있음 ▼	
	618년		모하멜(이슬람-복종)교 창시(기원 원년 622년)		
	630년		중국, 당(唐)의 건국		
	660년		백제 멸망		
	668년		고구려 멸망		
	676년		신라, 삼국통일		
	698년		발해 건국		
	800년		로마교회의 성장시대(~1073)		
	801년		동북 유럽 전도(스칸디나비아,스웨덴,덴마아크,노르웨이,		
			모라비아,보헤미아,불가리아,러시아	▼ 유물 유적 역사자료 다 있음 ▼	
			교리 논쟁		
	862년		러시아 건국		
	918년		왕건, 고려(高麗) 건국		
	935년		신라 멸망		
	960년		중국, 송(宋)의 건국(~1227)		
	962년		신성(기독교적)로마제국 성립(~1303) 로마교회의 전성시대(~1303)		
	1073년		십자군 전쟁(1-8회,~1291)		
	1096년		스콜라 철학, 프랑스,독일 신비가.	▼ 유물 유적 역사자료 다 있음 ▼	
	1177년		옥스퍼드 대학 설립		
	1170년		탁발교단(중심 인물,프란체스코 1182~1226)		
	1182년		종교개혁 이전의 개혁자들(왈도,존 위클립,잔 후스 ~1415)		
	1234년		외국전도(중국선교,징기스칸의 손자 쿠빌라이 원 다스릴 때)		초대 사도시대(박해시대)교회(주후313년) 이후 로마교회 1000년간은 교회의 암흑기였음을 누구나 인정한다, 로마교회의 교리와 신앙에 속하지 않은 자들이 구원을 받았다.
	1303년		로마교회의 쇠퇴시대(~1517) 영국,프랑스 100년 전쟁		
			문예부흥(단테,복가치오,다빈치,라파엘,미켈란젤로)	▼ 유물 유적 역사자료 다 있음 ▼	
	1338년		교회의 대분열(~1417)		
	1378년		고려 멸망, 조선 건국.		
	1392년		훈민정음 창제.		
	1443년		쿠텐베르그, 금속활자 인쇄술 발명.		
	1450년		성경 번역(위클리프,...흠정역(1611)		
	1453년		비잔틴 제국(동로마제국) 멸망.		
	1492년		콜럼버스, 아메리카 신대륙 발견.	▼ 유물 유적 역사자료 다 있음 ▼	
	1517년		종교개혁 시대, 루터,멜랑히톤,쯔윙글리,칼빈(~1648)		
	1524년		로마교회의 반종교개혁,예수회.		
	1530년		종교개혁(스칸디나비아,네델란드,프랑스,스코틀랜드,영국)		
	1618년		30년 전쟁(~1648)		종교개혁은 예수님께서 전하신 바른복음대로 개혁되지 못하였다. 로마교회의 행함 교리에 반하여 믿음으로 구원받는다는 데만 집착했다. 개신교는 지금까지 490여년간을 사람이 믿음으로만 구원받는다는 교리에만 집착되어 예수님께서 전하고 가르치신 복음은버렸다.
			알미니우스파와 칼빈파의 분쟁		
			그리이스 정교회와 러시아 정교회		
	1648년		근세시대(~1800)	▼ 유물 유적 역사자료 다 있음 ▼	
			영국의 청교도 운동		
			근세철학,자연신교,잔세니즘,정숙,계몽사조,경건파 운동		
	1607년		미국 초대 기독교		
	1632년		각종 신흥종파들(1632~현재)		
	1761년		세계선교 운동(웨슬리(1761) 윌리엄 케어리(1795)		
	1768년		실라이허 마허(~1834), 헤겔(1770~1831)		
	1789년		프랑스 혁명	▼ 유물 유적 역사자료 다 있음 ▼	
	1800년		최근세 시대(~현재)		
			변개된 복음이 전세계로, 홀트, 변개된 신약성경 편집(1881)		
			기독교 사회주의 운동,이단 종파들		
	1914년		제1차 세계대전(5년간)		
	1939년		제2차 세계대전(7년간)		
	1948년	단 7:26; 마 24:32	이스라엘 독립(멸망한지 1878년만에), 중대 종말예언 성취.	이스라엘 독립은 역사적 사실	
	2001년	단 7:26,27.	중동평화회담, 걸프(종말의)전쟁, 한 이레언약 예고.		
	2002년	단 2:41-45;	유럽(로마) 유로화 통합◀ 반철 반흙 열발가락 통합 로마		
	2005 년	계 13장	유럽연합(로마EU) 7년 예산안 통과 (2007~20013년)		▶현재까지1681년◀

저자 소개

1945년 3월 12일 출생
부산 고려신학 제35회 졸업
본 저서 외 8종 발행 보급
현 서울 · 새생명교회 담임목회
저서 현지 번역 중국선교

제 I 권

기독교의 바른 길을 제시하는

바른성경 바른복음 바른영성

2006년 11월 11일 초판 1쇄 발행

저자및 발행인 玉 正 男 사역자

발행처 바른복음 성경연구원

등 록 315-2003-32(2003년 11월 11일)

서울시 강서구 화곡 7동 362-1

http://cafe.daum.net/truegospel91

E-mail: brbo9@naver.com

☎ 02) 2696-4119. 6095-5584

ISBN 89-955166-1-5 13230

값 24,000원